中国语言资源保护工程

中国语言资源集·陕西 编委会

主 任
赵昶葆

副主任
陈 娟　李 强

主 编
黑维强　邢向东

副主编
高 峰　柯西钢　陈荣泽

编委（按音序排列）

白振有	卜晓梅	陈荣泽	崔有第	付新军	高 峰	谷丽娟
韩承红	韩 夏	贺雪梅	黑维强	柯西钢	雷 勇	李 婷
马燕娜	孟万春	孙建华	孙立新	谭湘衡	吴 媛	邢向东
姚亦登	张 璐	张 攀	张永哲	赵萍君	周 政	朱富林

秘 书
曹军平

参编人员
侯治中　俄华楠　莫昱鼎

教育部语言文字信息管理司　指导
陕　西　省　教　育　厅
中国语言资源保护研究中心　统筹

本书由中国语言资源保护工程、
陕西师范大学中国语言文学"世界一流学科建设"经费资助出版

中国语言资源集 陕西 语音卷（一）

黑维强 邢向东 主编

高峰 柯西钢 陈荣泽 副主编

陕西新华出版·陕西人民出版社

图书在版编目（CIP）数据

中国语言资源集. 陕西. 语音卷／黑维强，邢向东主编. —西安：陕西人民出版社，2023.11
ISBN 978-7-224-14711-7

Ⅰ. ①中… Ⅱ. ①黑… ②邢… Ⅲ. ①西北方言—语音—方言研究—陕西 Ⅳ. ①H17

中国版本图书馆 CIP 数据核字（2022）第 186354 号

责任编辑　王　辉　黄　刚
封面设计　杨亚强

中国语言资源集·陕西·语音卷（全二册）

主　　编	黑维强　邢向东
出版发行	陕西人民出版社
	（西安市北大街 147 号　邮编：710003）
印　　刷	西安市建明工贸有限责任公司
开　　本	787mm×1092mm　1/16
印　　张	37.5
字　　数	660 千字
版　　次	2024 年 1 月第 1 版
印　　次	2024 年 1 月第 1 次印刷
书　　号	ISBN 978-7-224-14711-7
定　　价	156.00 元

如有印装质量问题，请与本社联系调换。电话：029-87205094

《中国语言资源集·陕西》方言点分布图

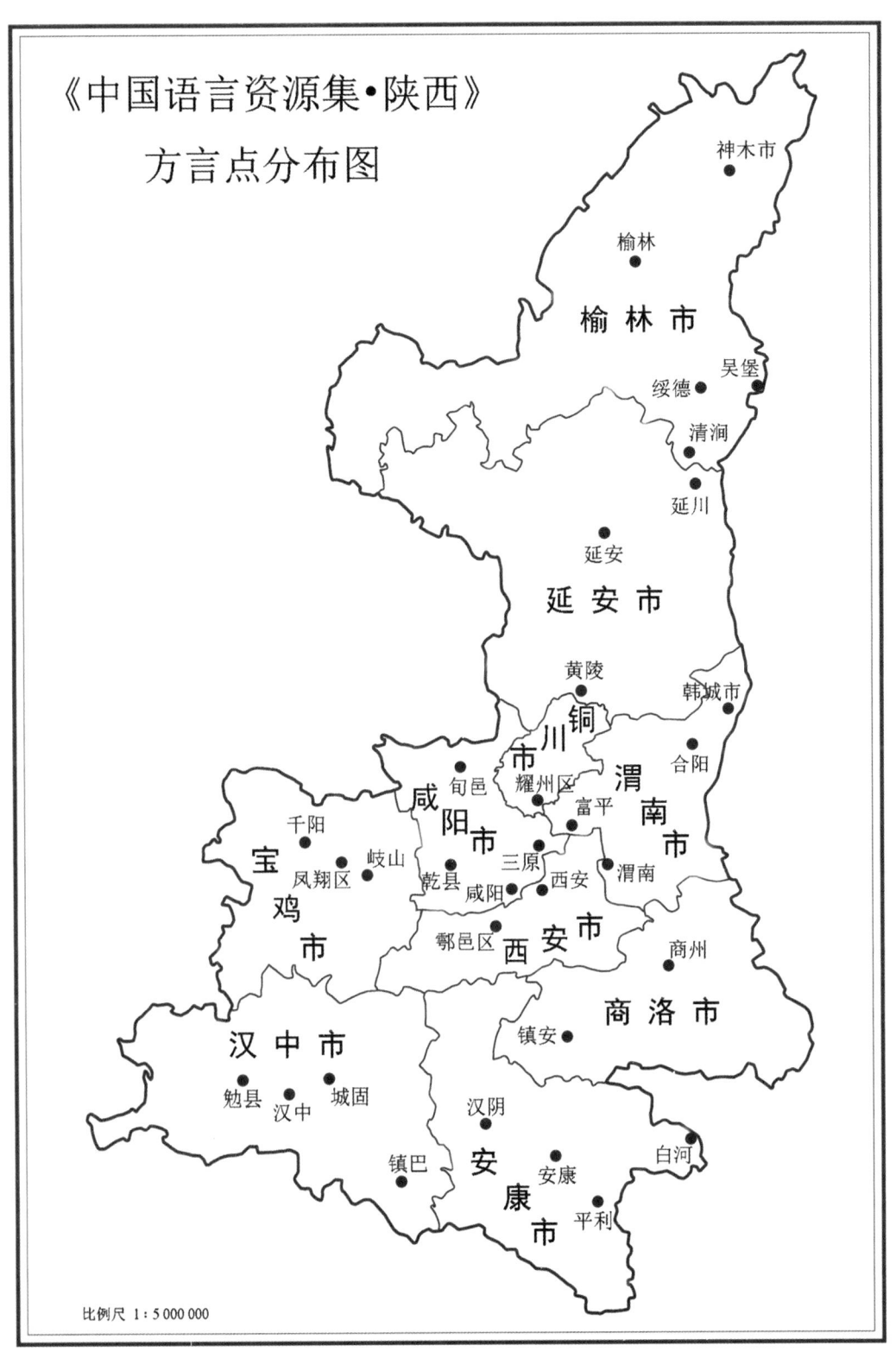

比例尺 1∶5 000 000

审图号：陕S（2022）021号

总　序

教育部、国家语言文字工作委员会于 2015 年 5 月发布《教育部 国家语委关于启动中国语言资源保护工程的通知》（教语信司〔2015〕2 号），启动中国语言资源保护工程（以下简称"语保工程"），在全国范围开展以语言资源调查、保存、展示和开发利用等为核心的各项工作。

在教育部、国家语委统一领导下，经各地行政主管部门、专业机构、专家学者和社会各界人士共同努力，至 2019 年年底，语保工程超额完成总体规划的调查任务。调查范围涵盖包括港澳台在内的全国所有省份和 123 个语种及其主要方言。汇聚语言和方言原始语料文件数据 1000 多万条，其中音视频数据各 500 多万条，总物理容量达 100TB，建成世界上最大规模的语言资源库和展示平台。

语保工程所获得的第一手原始语料具有原创性、抢救性、可比性和唯一性，是无价之宝，亟待开展科学系统的整理加工和开发应用，使之发挥应有的重要作用。编写《中国语言资源集（分省）》（以下简称"资源集"）是其中的一项重要工作。

早在 2016 年，教育部语言文字信息管理司（以下简称"语信司"）就委托中国语言资源保护研究中心（以下简称"语保中心"）编写了《中国语言资源集（分省）编写出版规范（试行）》。2017 年 1 月，语信司印发《关于推进中国语言资源集编写的通知》（教语信司函〔2017〕6 号），要求"各地按照工程总体要求和本地区进展情况，在资金筹措、成果设计等方面早设计、早谋划、早实施，积极推进分省资源集编写出版工作"，"努力在第一个'百年'到来之际，打造标志性的精品成果"。2018 年 5 月，又印发了《关于启动中国语言资源集（分省）编写出版试点工作的通知》（教语信司函〔2018〕27 号），部署在北京、上海、山西等地率先开展资源集编写出版试点工作，并明确"中国语言资源集（分省）编写出版工作将于 2019 年在全国范围内全面铺开"。2019 年 3 月，教育部办公厅印发《关于部署中国语言资源保护工程 2019 年度汉语方言调查及中国语言资源集编制工作的通知》（教语信厅函〔2019〕2号），要求"在试点基础上，在全国范围内开展资源集编制工作"。

为科学有效开展资源集编写工作，语信司和语保中心通过试点、工作会、研讨会等形式，广泛收集意见建议，不断完善工作方案和编写规范。语信司于2019年7月印发了修订后的《中国语言资源集（分省）实施方案》和《中国语言资源集（分省）编写出版规范》（教语信司函〔2019〕30号）。按规定，资源集收入本地区所有调查点的全部字词句语料，并列表对照排列。该方案和规范既对全国作出统一要求，保证了一致性和可比性，也兼顾各地具体情况，保持了一定的灵活性。

各省（区、市）语言文字管理部门高度重视本地区资源集的编写出版工作，在组织领导、管理监督和经费保障等方面做了大量工作，给予大力支持。各位主编认真负责，严格要求，专家团队团结合作，协同作战，保证了资源集的高水准和高质量。我们有信心期待《中国语言资源集》将成为继《中国语言文化典藏》《中国濒危语言志》之后语保工程的又一重大标志性成果。

语保工程最重要的成果就是语言资源数据。各省（区、市）的语言资源按照国家统一规划规范汇集出版，这在我国历史上尚属首次。而资源集所收调查点数之多，材料之全面丰富，编排之统一规范，在全世界范围内亦未见出其右者。从历史的眼光来看，本系列资源集的出版无疑具有重大意义和宝贵价值。我本人作为语保工程首席专家，在此谨向多年来奋战在语保工作战线上的各位领导和专家学者致以崇高的敬意！

曹志耘

2020年10月5日

序

2015年，教育部、国家语委启动了中国语言资源集保护工程。陕西省由教育厅语言文字工作处负责项目管理，黑维强教授和我担任首席专家。语保工程动员了陕西全省的方言研究力量，先后调查了32个方言点，于2019年圆满完成调查任务。《中国语言资源集·陕西》（以下简称《资源集》）就是工程一期的标志性成果。

语保工程是继20世纪50年代全国方言普查之后，第二个由政府主导的全国性语言资源调查工程，目的是记录、保存、开发中国境内珍贵的语言文化资源，为继承和弘扬中华优秀传统文化提供活态的资源，为保护世界语言多样性做出贡献。语保工程在统一的实施方案、调查提纲、规范标准下开展语言文化资源的调查、保存和保护，是中国语言文化建设和中国语言学发展史上的大事件。作为方言学工作者，我们躬逢其盛，并能参与其中，深切感受到自己肩上的责任。在语保工程进行过程中，方言学工作者和发音合作人组成了一个特殊的群体——"语保人"。为了实现共同的目标，"语保人"不但要贡献专业知识和智力，还必须有体力和意志，克服许多难以想象的困难。由于课题组负责人和成员都是高校教师，调查、摄录工作基本上是在寒暑假进行。暑假期间酷热难当，为了避免噪音干扰，达到规范标准的要求，摄录场所既不能开窗户，也不能开空调，必须闷在屋里工作。有的组甚至是在夜深人静的时候摄录的。个中辛苦和喜悦，非局外人所能想见。参加语保工程给我最深的感受是："痛并快乐着！"

在《资源集》编写阶段，各点负责人高度配合，核实材料；三位副主编尽心尽责，分头把关；我同维强兄配合默契，亲力亲为；大家同心协力，保证书稿的质量。在此，谨向参加语保工程和《资源集》工作的所有"语保人"，道一声"谢谢"！

语保工程培养了一批年轻的方言学者，提高了大家的专业水平，尤其是田野调查能力，培养了大家的责任感和问题意识，做到了工程育人、项目育人。这是语保工程的一项重要成果。

经过一年多的编纂工作,《资源集》就要出版了。全书共四卷七册,前三卷分五册收录了32个方言点的调查成果,包括调查点音系、1000个单字音、1200条词汇、50条语法例句,除各地音系外,其他三项内容都用对照表列出,方便专家和读者使用。第四卷分两册收录了地方口头文化,将调查中获得的所有口头材料全部转写出来,并加注国际音标,以尽量反映各地的方言文化特点,兼顾以后深入研究的需要。这是陕西方言文化有史以来最系统的调查成果,系统地反映了境内代表性方言的面貌和整体面貌。在工程项目选点上,按照方言区划、方言特点和使用现状综合平衡的原则,我们反复斟酌,力求选出具有代表性的方言点,做到重点突出,区域、类型平衡。调查点包括了晋语、中原官话、西南官话在陕西境内的所有方言片。其中,晋语4个片7个点,分布在榆林、延安两市;中原官话3个片21个点,分布在榆林之外的其他市县,以关中为主,陕南地区包括白河、平利、镇安等方言分布比较复杂的县;西南官话2个片2个点,分布在安康和汉中。陕南境内还分布着江淮官话黄孝片、赣语太湖片、客家话方言岛,由语保工程的"濒危汉语方言"项目进行调查。

语保工程与个人研究相比,有自己的特点。其中最重要的是各课题组对相关现象的处理原则要一致,比如声韵调表及音变描写的格式、标音法的宽严尺度、方言词语用字,都必须做到全省统一。同时,工程的调查成果与以往的调查成果可能存在一定的差异。造成这种差异的原因,一是方言现象本身发生了变化,调查结果要与时俱进;二是发音合作人有些个人特点,或摄录环境下发音人比较紧张,也可能导致调查结果不同;三是语言现象没有变,但调查人对同一现象的认识有所差异,调查结果也会不同;四是工程项目在中检、验收时,验收专家提出了一些处理意见,我们必须充分尊重他们的建议,结果也可能跟我们以往的调查结果有所不同。总之,我们在调查、编写过程中尽力寻求传承与创新、统一与灵活的平衡。书稿可能还存在这样那样的缺点,欢迎专家和读者提出批评意见。

《资源集》既是语保工程的标志性成果,又是方言应用研究的重大成果。她的出版不仅将大大促进陕西方言乃至整个西北方言的调查研究,而且对推广和应用国家通用语言文字、实施乡村振兴战略、传承和弘扬中华优秀传统文化,都产生积极影响。以此为基础,今后语保工程和语言文化研究可从以下几方面进一步深化和推进。第一,继续深入调查、保存、开发方言文化资源,调查重心则可由方言为主向方言和民俗文化并重转移。比如,开展"陕西方言口传文化遗产典藏与综合研究",调查和整理、典藏各地丰富多彩的口头文化现象（目前该项目已开始实施）；扩大《中国语言文化典藏》在陕西的调查范围，编写、出版一批文化典藏类成果，探索方言文化研究的新范式。第二，进一步开发方言文化资源，挖掘其中的社会价值和经济价值，编写为推广应用国家通用语言文字服务的普及性教材和读物，为西北地区的乡村振兴和经济建设服务。第三，充分利用《资源集》的成果，编写为中小学服务的方言文化教材和地方文化读物，深入挖掘地域文化和老百姓中潜藏的优秀传统文化内涵，为中华优秀传统文化传承发展工程服务。第四，以语保工程中发现的方言事实、语言问题为引导，强化问题意识，深化西北方言研究，力争出版一批区域性方言研究的新成果，加大培养方言学人才和语言学人才的力度，为西部发展新格局和西北地区高校的语言学科发展贡献力量。

在本书即将付梓之际，我代表编写组同仁，深切感谢所有参与语保工程调查的课题组成员、发音合作人和研究生的辛勤付出，感谢中国语言资源保护研究中心对我们的指导和支持，感谢陕西师范大学中国语言文化"世界一流学科建设"项目对出版这项成果的资助，感谢陕西人民出版社出版本套丛书，感谢责任编辑王辉专业、细致的工作。我们虚心期待着来自各方面的意见和建议。

是为序。

邢向东

2021 年 10 月 11 日

陕西方言概况

一、陕西省概况

陕西省简称"陕"或"秦",位于我国西北地区东部的黄河中游,地处东经105°29′~111°15′和北纬31°42′~39°35′之间,东隔黄河与山西相望,西连甘肃、宁夏,北邻内蒙古,南连四川、重庆,东南与河南、湖北接壤。全省地域南北长、东西窄,南北长约880公里,东西宽约160~490公里。全省以秦岭为界,南北河流分属长江水系和黄河水系。主要有渭河、泾河、洛河、无定河和汉江、丹江、嘉陵江等。

陕西是中华民族古代文明发祥地之一。大约在80万年前,蓝田猿人就生活在这块土地上。1963年发现的"蓝田猿人",是我国发现的时间最早、最为完整的猿人头盖骨化石。约三四万年前,关中地区的原始人类逐步进入氏族公社时期。1953年发现的西安半坡村遗址,是六七千年前母系氏族公社的一座定居村落。大约在公元前28世纪,传说夏部落的始祖黄帝、炎帝都曾在陕西活动过。公元前21世纪至前16世纪的夏朝时期,陕西有扈国、骆国出现。公元前11世纪,周武王灭商,在陕西建立西周王朝。此后,又有秦、西汉、东汉、西晋、前赵、前秦、后秦、西魏、北周、隋、唐、大夏等13个王朝先后在陕西建都,时间长达1100多年。此外,还有刘玄、赤眉、黄巢、李自成4次农民起义在此建立政权计11年。1935年10月19日,红军长征到达陕北吴起镇。从此,中共中央在陕北战斗、生活了13年,领导了全国的抗日战争和解放战争。延安成为中国革命的圣地。

陕西地方行政区划始于春秋战国时期。战国时,魏国在洛河下游设上郡,楚国在汉江中游设汉中郡,秦在陕北设上郡。秦始皇统一六国后,分天下为36郡,陕西境内除保留上郡和汉中郡外,在渭河流域另设内史,与郡同级。西汉沿袭秦制,保留上郡与汉中郡,另将秦的内史分为3个相当于郡的政区:京兆尹、左冯翊、右扶风,称为"三辅",治所均在长安。三国时期,今陕西地区的大部分由雍州、荆州、益州管辖。西晋时大致和三国相仿。东晋至隋统一的二百多年间,南北分裂,战争频繁,行政区划十分混乱。唐初全国共设10道,今关中、陕北属关内道,陕南属山南道。宋改道为路,今陕西大部属永兴军路,治所在今西安市;另有部分地区属秦凤路、利州路、京西南路、河东路。金仍用路制，完全设在陕西境内的有京兆府路、鄜延路。元代属陕西行省。明代称陕西布政使司，辖地包括今陕西全境、甘肃嘉峪关以东各地、宁夏和内蒙古伊克昭盟的大部、青海湖以东部分。清代仍称陕西行省，清初陕西仍辖今甘肃、宁夏和青海东部。康熙二年（1663）移陕西右布政使驻巩昌，五年（1666）改为甘肃布政使，移驻兰州。从此陕、甘两省分治。自元代起，陕西的省治一直在今西安市。

陕西也是我国对外开放最早的地区之一。著名的"丝绸之路"就以古长安为起点。从两汉时期起，以长安为中心，同南亚、西亚、欧洲各国进行政治、经济、文化交流。

2019年全省常住人口3876.21万人。除汉族外，还有回、满、蒙古、壮、藏族等42个少数民族，其中人口最多的是回族，占少数民族人口的89.1%。

二、陕西省汉语方言的分区

陕西省的汉语方言包括晋语、中原官话、西南官话、江淮官话以及少量赣语等。

1. 晋语。晋语指"山西及其毗连地区有入声的方言"（李荣1985）。晋语分布在山西、陕西、内蒙古、河南、河北五省区。陕西晋语分布在陕北榆林市、延安市的19个区市县，人口约437万，分属五台片、吕梁片、大包片、志延片。

（1）五台片：包括陕西北部的7个县市。

榆林市：府谷县、神木市、靖边县、米脂县、绥德县、子洲县。

延安市：子长市。

（2）吕梁片：包括榆林市中部黄河沿岸的3个县：佳县、吴堡县、清涧县。延安市的1个县：延川县。

（3）大包片：包括榆林市中部的2个区：市辖区（榆阳区）、横山区。

（4）志延片：包括延安市6个区县：市辖区（宝塔区）、志丹县、吴起县、安塞区、延长县、甘泉县。

2. 中原官话。中原官话横跨江苏、安徽、山东、河南、河北、山西、陕西、甘肃、宁夏、新疆、青海等11个省区。陕西境内的中原官话分别属于汾河片、关中片、秦陇片和南鲁片。分布在66个市区县。

（1）汾河片解州小片：共4个市县。

延安市：宜川县。

渭南市：韩城市、合阳县、大荔县。

（2）关中片：分布在关中、陕北、陕南的43个市区县。

西安市：市辖区、长安区、鄠邑区、高陵区、蓝田县、周至县。

铜川市：市辖区、耀州区、宜君县。

咸阳市：市辖区、礼泉县、泾阳县、永寿县、淳化县、三原县、彬州市、兴平市、乾县、旬邑县、武功县。

延安市：洛川县、黄陵县、黄龙县。

渭南市：市辖区、蒲城县、白水县、华阴市、澄城县、华州区、富平县、潼关县。

汉中市：城固县、洋县、西乡县县城及北部。

安康市：市辖区（汉滨区）市区及部分、旬阳市市区及部分、白河县县城及部分、平利县县城、老县镇、大贵镇等。

商洛市：市辖区、洛南县、山阳县县城及部分、丹凤县县城及南部、镇安县县城及东部。

（3）秦陇片：分布在19个区县。

宝鸡市：市辖区、陈仓区、岐山县、凤翔区、扶风县、千阳县、麟游县、眉县、陇县、太白县、凤县。

咸阳市：长武县。

延安市：富县。

榆林市：定边县。

汉中市：市辖区（汉台区）北关、西关、勉县、略阳县、南郑区区及北部、宁强县北部。

（4）南鲁片：分布在商洛市商南县。

3. 西南官话。西南官话分布在四川、重庆、云南、贵州、湖北、广西、湖南、陕西、甘肃、江西等10个省市区。陕西境内的西南官话分别属于成渝片和鄂北片，分布在陕南汉中、安康2市。

（1）成渝片：分布在汉中市辖区东关、南关、佛坪县、留坝县、镇巴县、宁强县县城及南部、南郑区南部、西乡县西南部7个区县，以及城固县二里镇、大盘乡，勉县漆树坝乡、小河庙乡等。

（2）鄂北片：分布在安康市宁陕县、石泉县、汉阴县、岚皋县、紫阳县、镇坪县6县，以及旬阳市的蜀河镇、仙河乡，白河县的冷水镇等。

4. 江淮官话。江淮官话分布在江苏、安徽、湖北、陕西4省。陕西境内的江淮官话属于竹柞片。主要分布在安康、商洛市6个区县，与湖北竹山、竹溪的江淮官话连成一片。此外，还包括商州市辖区东岳庙、牛槽、砚池河、松树嘴四乡，山阳县小河口镇，宁陕县丰富乡、龙王镇、金川镇，镇坪县斐河乡，岚皋县晓道乡、佐龙镇，紫阳县双安乡。列举如下：

商洛市：柞水县、镇安县西部、旬阳市部分。

安康市：市辖区部分、白河县部分、平利县部分。

5. 赣语方言。根据目前调查的结果，陕南的赣语方言有两片和两岛，分布在商洛、安康东部山区的5个县区。

（1）商南、丹凤赣语方言：涉及2县25个乡镇。

分布在商南、丹凤北部蟒岭山区，包括商南县城关（除西关）、曹营、五里镇、张家岗、徐家店、党马、富水、龙窝、青山、试马、清泉、清油河、西岔河、沙坪等乡镇，使用人口占全县70%以上；丹凤县峦庄、峡河、黄柏岔、桃坪、马家坪、南石门、炉道、庾家河、蔡川、北赵川、梨园岔等乡镇。

（2）山阳南部赣语方言：分布在山阳县鹘岭以南的山区，包括南宽坪、板岩、长沟、莲花池、延坪、法官、西泉、石佛寺等乡镇。

（3）木王赣语方言岛：分布在镇安县西部木王镇。

（4）牛蹄赣语方言岛：分布在汉滨区西南牛蹄乡。

6. 客家话方言岛：分布在商洛市3个县区。

商州区：罗湾、闫坪、川明、西联。

柞水县：蓝家湾、肖台、西北沟。

镇安县：安乐。

三、晋语和中原官话的分界

延安市宝塔区、延长、甘泉三县，处在晋语和中原官话的过渡地带，方言具有两种方言的特点。李荣先生（1985）划归晋语，《中国语言地图集》划归中原官话秦陇片。这些方言在读字音时基本不保留入声，但口语中仍有入声字，均属高频词。以甘泉为例，共保留5个入声韵：[əʔ iəʔ uəʔ yəʔ iɛʔ]，分布在中古深臻宕曾梗通6摄。列举如下，深开：十拾；臻摄：膝实室不没突骨窟忽黑黢出术；宕开：胳；曾开：直值食饰；梗开：席隻赤尺石觅吃；通合：木哭福复竹叔熟。除了古入声字以外，还有下列口语成分读入声：①高频的非入声字读入声，即舒声促化，如：可[kʰəʔ⁴]、去[kʰəʔ⁴/kəʔ²¹]、什（么）[səʔ⁴（ma²¹）]、的[təʔ⁴]、蝙[pʰiəʔ²¹]夜~蝠儿、锢[kuəʔ⁴]~露匠。这一点和其他陕北晋语相同。②分音词前字和表音词头读入声。甘泉话共有8个读入声的分音词前字，"圪"头词、"忽"头词等很多，共有6个读入声的表音词头。此外，连读变调近于陕北而远于关中，词汇中存在大量陕北方言词，如"脑阳平，指脑袋、猴小、窵住、而格现在、捣扛、解下懂了，知道、解不下不懂、不知道"等，使得这三地方言从语感上更像陕北晋语。近年来，随着榆林、延安两市之间相互移民和交往越来越频繁，这三个区县的入声字似乎有进一步扩大的趋势。

根据上述事实，《中国语言地图集》（第2版）将延安、延长、甘泉方言划归晋语志延片。此外，本书根据高峰的调查研究，将延川方言划归晋语吕梁片。

四、陕西方言的语音、词汇、语法特点

1. 陕西方言的语音特点（陕南方言语音复杂，语音特点难以尽述。略）

陕西省在地理上可以分为三大块：陕北、关中、陕南；方言归属上可以分为四大方言：晋语、中原官话、西南官话、江淮官话，以及赣语、客家话方言岛。

（1）陕北方言的语音特点

第一，古全浊声母今一律清化，大多数方言古平声字送气，仄声字不送气，如五台片、大包片。但黄河沿岸以及靠近关中的方言，部分古全浊声母仄声字——吴堡以北是古浊入字，逢今塞音、塞擦音时读送气清声母。如：吕梁片的佳县、吴堡、清涧、延川方言，志延片安塞、延安、延长、甘泉方言。

第二，绝大多数方言古知组二等和庄组及章组止摄三等今开口呼字，与精组字合流读 [ts tsʰ s]；知组三等和章组（止摄除外）今开口呼字读 [tʂ tʂʰ ʂ ʐ]，属于北方方言中分 [ts tʂ] 类型的昌徐型。知系合口字今读为 [tʂ tʂʰ ʂ ʐ] 声母、合口呼韵母，如绥德、榆林、神木、佳县、延安等；少数方言读 [ts tsʰ s]，如吴堡话。

第三，绝大多数方言不分尖团音。但吴堡话古精组字在齐齿呼韵母前读 [ts tsʰ s] 声母，同见晓组字有区别，即分尖团。清涧、子长话古精组、见晓组字，其他方言读 i 韵的字，韵母合流后进一步高化为舌尖音 ʅ，声母变为 [ts tsʰ s]。

第四，复元音韵母有单元音化趋势，即古蟹摄、效摄韵母今读，韵干部分动程很小，几乎为单元音。如"该、开、乖、怪、高、考、包、到、交"。

第五，深臻与曾梗通摄舒声韵合流，即不分前后鼻韵母。这是晋语的共同特点。

第六，保留入声韵。入声韵收喉塞尾，一般有两套，分别为 [ɑʔ əʔ] 组。个别如榆林话有三套入声韵。

第七，保留入声调。这是晋语的共同特点，是晋语与中原官话的区别性特征。其中属于五台片、大包片、志延片的神木、榆林、绥德、延安等，只有一个入声调，一般调值为 [3] [4]，促声。属于吕梁片的佳县、吴堡、清涧分阴阳入，调值阴高阳低。延川话分长入、短入。

需要指出的是，陕北晋语中入声调的存废，与古韵摄有着密切关联。如绥德及其以南的方言，古咸山宕江梗（二等）摄的入声调全部舒声化，深臻曾梗（三四等）通摄的入声调保留得比较完整。志延片方言口语中保留入声的也都属于深臻曾梗通摄入声字。

第八，有 4~6 个单字调，其中五台片绥德、神木、米脂、子洲等阴平与上声单字调合流，有 4 个单字调；大包片榆林、横山阳平、上声合流，4 个单字调；志延片吴起等阴平、阳平合流，延长上声、去声合流，都是 4 个单字调。吕梁片佳县、吴堡、清

涧有阴平、阳平、上声、去声、阴入、阳入6个单字调。延川话上声去声合流，入声分长入、短入，5个单字调。

(2) 关中方言的语音特点

第一，古全浊声母今一律清化。大多数关中片方言古全浊声母今逢塞音、塞擦音时，平声字送气，仄声字不送气。但属于汾河片、秦陇片的关中东、西两翼的韩城、合阳、岐山、凤翔等方言，在白读中大部分古全浊声母仄声字也读送气音。总的来看，距离西安等关中核心较远的方言，古全浊声母仄声字今读送气的较多。

第二，绝大多数方言古知组二等和庄组及章组止摄三等今开口呼字，与精组字合流读 [ts tsʰ s] 母；知组三等和章组字（止摄除外）读 [tʂ tʂʰ ʂ ʐ]，属于北方方言中分 [ts tʂ] 类型的昌徐型。

第三，知系合口字的读音分化严重，其中西安、长安、周至、韩城、合阳等8个县市读 [pf pfʰ f v]，咸阳、三原、高陵、泾阳等关中核心地区，读为 [tʃ tʃʰ ʃ ʒ]、合口呼韵母，宝鸡市属于秦陇片的方言读 [tʂ tʂʰ ʂ ʐ]、开口呼韵母。就知系合口字与精组今合口呼字的关系看，大多数方言精、知有别，但鄠邑、商州、渭南等精、知合流。

第四，古端精见组今读齐齿呼的字，声母的分合非常复杂，如"钉、精、经"。其中合阳、彬县等少数点，端、精、见三组有别：钉≠精≠经｜听≠清≠轻｜西≠稀；西安、鄠邑等端组独立，精见合流，即不分尖团音：钉≠精=经｜听≠清=轻｜西=稀；岐山、凤翔、澄城等，端精合流，见组独立，心邪与晓匣合流：钉=精≠经｜听=清≠轻｜小≠晓；渭南、蓝田、长安等，端精见组齐齿呼字大合流：钉=精=经｜听=清=轻｜小=晓。老百姓常用"天地钉钉铁"来形容这组字在长安、蓝田一带的读音。

第五，古精组合口一等字"钻、窜、酸"的声母，东府渭南等方言读 [tɕ tɕʰ ɕ]；而西部旬邑等不少方言合口三等字"全、宣"等读 [tsʰ s] 母。

第六，复元音韵母有单元音化趋势，即古蟹摄、效摄韵母今读，韵干部分动程很小，几乎为单元音。如"该、开、乖、怪、高、考、包、到"。

第七，古咸山、深臻摄舒声韵均发生鼻化。宕江曾梗通舒声韵韵尾保留，但发音较松。

第八，关中大多数地区深臻与曾梗通舒声韵有别，即前后鼻韵母有区别：根≠庚｜心≠星｜魂≠红｜蹲≠东。宝鸡市范围内的秦陇片方言不分前后鼻韵母；这也是关中片和秦陇片的主要区别。

第九，有4个单字调，没有曲折调：一般为阴平 [21/31]，阳平 [24/35]，上声 [53]，去声 [44]。听起来很硬。

2. 陕西方言的词汇特点

（1）陕西方言词汇的共同特点

第一，表名词、量词的小称义用重叠式。例如：

"AA"式：绳绳　桌桌　盆盆　刀刀　水水　馍馍　沫沫　窝窝棉鞋　纂纂用铁丝做的妇女发髻

"ABB"式：毛蛋蛋婴儿　六指指　心尖尖心爱的人　药面面　瓶盖盖瓶盖儿　花心心

"AAB"式：蜗蜗牛蜗牛　毛毛钱零钱　锅锅烟水烟　毛毛雨　瓶瓶酒　把把烟

第二，有一些全省大致相同的词语。例如：

炭煤　年时去年　馍（馍）馒头　娃孩子　咥大吃　嫽好　瞎坏

闪忽悠、耽搁　不敢别　圪蹴蹲　日鬼胡乱做　日蹋糟蹋　日眼讨厌

（2）陕北方言的词汇特点

第一，有大批分音词。例如：

棒—不浪　绊—不烂　摆—不来　角—圪崂　罅—圪拉

岗—圪梁　腔—壳郎　巷—黑浪　糊—忽路　埂—圪楞

第二，有大批"圪"头词。例如：

名词：圪虫　圪蛋　圪丁　圪堆　圪杈　圪台台

动词：圪搅　圪挤　圪吵　圪低　圪拧　圪凑

形容词：圪瘾　圪搐　圪探探　圪晃晃　圪爬爬

象声词：圪噔　圪噌　圪叭叭　圪嘣嘣　圪嘟嘟

量词：圪瘩　圪抓　圪卷　圪堆儿　圪撮儿

第三，有一批"日"头词。例如：

日怪惊异、奇怪　日能过于能干，喜欢显能　日精过于精明　日脏肮脏　日闪戏弄

第四，有一些典型的方言特色词。例如：

脑/骷子头　憨憨傻子　精精精人　山药/山蔓菁/山蔓儿土豆

后老子继父　婆姨妻子/妇女　汉丈夫　婆姨汉夫妻　子父老子父子　黍秫高粱

金黍秫/玉黍秫玉米　黍子软糜子　倒裋裋口袋儿

解下/解开懂，认识　解不下/解不开不懂，不认识

抬藏　吼叫　照看　觑 tsʰu⁵⁵近看　瞭远看　窝住　炧灭　摘扛　做营生干活儿

难活有病　病瘥了病痊愈了　猴小　灰/茶傻　儿野蛮　甜淡　艖遍

（3）关中方言的词汇特点

第一，有一些特殊的方言特色词。例如：

颡 sa²⁴头　御麦玉米　崖哇哇回声　沟子客马屁精　□nəu²¹待　立站　躁发怒　着气生气

毕完　善 tʃã⁵³ 好/对　善 tʃã⁵³ 活舒服　碎小　惜(小孩、女子)漂亮　歪厉害　争厉害　瓜傻　毛 mu²⁴ 乱麻烦、烦乱、郁闷

扎表程度高的补语：嫽扎了　吃扎了　欺负扎了

第二，有大量"AA子"式名词。例如：

刀刀子　道道子　盖盖子　桌桌子　匣匣子　凳凳子
瞎瞎子　坏坏子　反反子　斜斜子　横横子　顺顺子

第三，数量词"一个"合音为□iɛ³¹：~牛，~猪，~羊。

第四，亲属称谓的面称、背称，多用单音节，有些方言声调一致，但背称与面称之间，声调不同。如合阳：爷、婆、大、妈、哥、姐、伯、叔、姑、姨。

(4) 陕南方言的词汇特点

陕南地区分布着中原官话、西南官话、江淮官话、赣语、客家话方言岛等。方言词汇差异较大。此处比较几个方言的词语，以体现其复杂的面貌。其中汉滨、旬阳代表中原官话，紫阳、石泉代表西南官话，平利、白河代表江淮官话及混合性方言。例如：

汉滨、旬阳	紫阳、石泉	平利、白河
中原官话	西南官话	江淮官话
大	爹	暧爷
妈	伯娘	依
外爷	卫爷	家公
外婆	卫婆	家婆
大前年	上前年	向前年
晏黑	昨晚夕	昨晚上
脖项	颈口	颈脖子
恶噪	好凶	好歪
知不道	不晓得	找不到
实在的	当真的	硬是
栽跤	搭跤	绊跤子
背地里	阴倒	暗地里
睡觉	睡瞌睡	睏醒
兀	咧里	贝儿

3．陕西方言的语法特点

（1）陕北方言的语法特点

第一，"的"放在亲属称谓后，表示一种特殊的"被领属形式"，相当于"第三人称代词+亲属称谓"。如：

老子的　娘的　儿的/小子的　女子的　外爷的　外婆的　舅舅的　妗子的　姑姑的　姨姨的　婶婶的

第二，第三人称代词少用"他、他们"，用"那、那个、那些"。如：

那可是个好人。

这事你问那，那甚也解下嘞。

那些就要教我去嘞。

第三，问东西的疑问代词用"甚"。如：

你说甚嘞？

做甚去也？

第四，形容性状的程度，常用状中结构"可+A+语气词"，是晋语的基本句法格式之一。例如绥德：

天可烧热嘞。

肚子可疼嘞。

窑里可凉快嘞。

第五，"来"表过去时，"也 ia⁰"表将来时。例如神木：

我榆林串去来了 我去榆林转去了。

我放羊去来了。

我觑你大去来了 我看望你爸去了。

你见我大来了没？——见来了。

我榆林串去也。

我放羊去也。

我毕业了教书也。

可不敢偷人了，教人家捉住打死着也 被人家抓住会打死的。

你走也？——走也。

（2）关中方言的语法特点

第一，不少方言用声调区分人称代词的单、复数。一般单数读上声调，复数读阴平调。如西安：我 ŋɤ⁵³，你 ni⁵³，他 tʰa⁵³；我 ŋɤ²¹我们，你 ni²¹你们，他 tʰa²¹他们。

第二，第三人称代词单数用 uo⁵³，一般写成"哦"，有人认为是"兀个"的合音。

这一特点反映关中方言与陕北话的一个共同点：远指代词兼指第三人称代词。如：

咿满不听话他老不听话。

咿从来把工作不当回事情。

第三，指示代词有三分倾向。多数关中方言有"这、那、兀"三个指示代词，其中"那、兀"表远指，但往往略有区别。例如：

这个/这搭　　兀个/兀搭　　那个/那搭

"这搭"表近指，后两个都可表远指，但所指对象距离说话人的远近不完全一样，在一部分关中话里，"兀搭"指略近的、能看得见的东西、处所，"那搭"指更远的、不在当面的东西、处所。

第四，少用程度状语，多用程度补语。关中方言少有"很+A"的说法，一般用"A得+很/太"的方式，表示状态的程度高，有的地方可以说"A得太太"。这种"A+得+程度副词"结构是关中方言乃至整个西北官话的句法特征之一。例如：

这人嫽得很/嫽得太（太）。

这娃长得惜人得很/惜人得太（太）。

这两天心里毛乱得很/毛乱得太（太）。

第五，否定词与程度副词、把字结构、给字结构的语序比较特殊，"不"放到它们的后面。例如：

今天的葡萄甚不贵今天的葡萄不太贵。

老王甚不爱说话老王不太喜欢说话。

我把伢的话没听明白我没听明白他的话。

李二狗给田大明不还钱李二狗不给田大明还钱。

参考文献

高　峰 2018　再论晋语志延片的地域分布及其特点，《语文研究》第 3 期。

李　荣 1985　官话方言的分区，《方言》第 1 期。

邢向东 2007　陕西省的汉语方言，《方言》第 4 期。

中国社会科学院和澳大利亚人文科学院 1987　《中国语言地图集》，（香港）朗文出版（远东）有限公司。

中国社会科学院语言研究所、中国社会科学院民族学与人类学研究所、香港城市大学语言资讯研究中心 2012　《中国语言地图集》（第 2 版），商务印书馆。

邢向东

目 录

卷 一

第一章 各地音系 ... 1
第一节 榆林方音 ... 2
  壹 概况 ... 2
  贰 声韵调 ... 4
  叁 连读变调 ... 7
  肆 异读 ... 8
  伍 儿化音变 ... 9
  陆 其他主要音变 ... 10
第二节 神木方音 ... 12
  壹 概况 ... 12
  贰 声韵调 ... 13
  叁 连读变调 ... 16
  肆 异读 ... 17
  伍 儿化、小称音变 ... 18
  陆 其他主要音变 ... 19
第三节 绥德方音 ... 20
  壹 概况 ... 20
  贰 声韵调 ... 21
  叁 连读变调 ... 24
  肆 异读 ... 27
  伍 儿化音变 ... 28
  陆 其他主要音变 ... 29
第四节 吴堡方音 ... 31
  壹 概况 ... 31
  贰 声韵调 ... 32
  叁 连读变调 ... 35
  肆 异读 ... 37
  伍 儿化、小称音变 ... 38
第五节 清涧方音 ... 42
  壹 概况 ... 42
  贰 声韵调 ... 43
  叁 连读变调 ... 46
  肆 异读 ... 48
  伍 儿化、小称音变 ... 49
第六节 延安方音 ... 52
  壹 概况 ... 52
  贰 声韵调 ... 53
  叁 连读变调 ... 56
  肆 异读 ... 57
  伍 儿化音变 ... 59
  陆 其他主要音变 ... 61
第七节 延川方音 ... 62
  壹 概况 ... 62
  贰 声韵调 ... 63
  叁 连读变调 ... 66
  肆 异读 ... 67
  伍 儿化音变 ... 69
第八节 黄陵方音 ... 71

壹　概况 …………………… 71
　　贰　声韵调 ………………… 72
　　叁　连读变调 ……………… 75
　　肆　异读 …………………… 76
　　伍　儿化音变 ……………… 77
　　陆　其他主要音变 ………… 79
第九节　渭南方音 ……………… 80
　　壹　概况 …………………… 80
　　贰　声韵调 ………………… 81
　　叁　连读变调 ……………… 84
　　肆　异读 …………………… 85
　　伍　儿化音变 ……………… 86
　　陆　其他主要音变 ………… 87
第十节　韩城方音 ……………… 91
　　壹　概况 …………………… 91
　　贰　声韵调 ………………… 92
　　叁　连读变调 ……………… 95
　　肆　异读 …………………… 95
　　伍　儿化音变 ……………… 96
　　陆　其他主要音变 ………… 97
第十一节　合阳方音 …………… 100
　　壹　概况 …………………… 100
　　贰　声韵调 ………………… 101
　　叁　连读变调 ……………… 104
　　肆　异读 …………………… 105
　　伍　儿化音变 ……………… 106
第十二节　富平方音 …………… 107
　　壹　概况 …………………… 107
　　贰　声韵调 ………………… 108
　　叁　连读变调 ……………… 111
　　肆　异读 …………………… 112
　　伍　儿化音变 ……………… 113

第十三节　耀州方音 …………… 115
　　壹　概况 …………………… 115
　　贰　声韵调 ………………… 116
　　叁　连读变调 ……………… 119
　　肆　异读 …………………… 120
　　伍　儿化音变 ……………… 121
第十四节　咸阳方音 …………… 123
　　壹　概况 …………………… 123
　　贰　声韵调 ………………… 124
　　叁　连读变调 ……………… 127
　　肆　异读 …………………… 127
　　伍　儿化音变 ……………… 128
　　陆　其他主要音变 ………… 129
第十五节　旬邑方音 …………… 130
　　壹　概况 …………………… 130
　　贰　声韵调 ………………… 131
　　叁　连读变调 ……………… 134
　　肆　异读 …………………… 135
　　伍　儿化音变 ……………… 136
第十六节　三原方音 …………… 138
　　壹　概况 …………………… 138
　　贰　声韵调 ………………… 139
　　叁　连读变调 ……………… 142
　　肆　异读 …………………… 143
　　伍　儿化音变 ……………… 144
　　陆　其他主要音变 ………… 146
第十七节　乾县方音 …………… 149
　　壹　概况 …………………… 149
　　贰　声韵调 ………………… 150
　　叁　连读变调 ……………… 153
　　肆　异读 …………………… 154
　　伍　儿化音变 ……………… 155

陆　其他主要音变 …………… 156
第十八节　岐山方音 …………… 157
　　壹　概况 …………………… 157
　　贰　声韵调 ………………… 158
　　叁　连读变调 ……………… 161
　　肆　异读 …………………… 161
　　伍　儿化音变 ……………… 162
　　陆　其他主要音变 ………… 163
第十九节　凤翔方音 …………… 164
　　壹　概况 …………………… 164
　　贰　声韵调 ………………… 165
　　叁　连读变调 ……………… 168
　　肆　异读 …………………… 170
　　伍　儿化音变 ……………… 171
　　陆　其他主要音变 ………… 172
第二十节　千阳方音 …………… 174
　　壹　概况 …………………… 174
　　贰　声韵调 ………………… 175
　　叁　连读变调 ……………… 178
　　肆　异读 …………………… 181
　　伍　儿化音变 ……………… 182
　　陆　其他主要音变 ………… 182
第二十一节　西安方音 ………… 184
　　壹　概况 …………………… 184
　　贰　声韵调 ………………… 185
　　叁　连读变调 ……………… 188
　　肆　异读 …………………… 189
　　伍　儿化音变 ……………… 190
　　陆　其他主要音变 ………… 192
第二十二节　户县方音 ………… 194
　　壹　概况 …………………… 194
　　贰　声韵调 ………………… 195

　　叁　连读变调 ……………… 198
　　肆　异读 …………………… 198
　　伍　儿化音变 ……………… 200
　　陆　其他主要音变 ………… 200
第二十三节　商州方音 ………… 202
　　壹　概况 …………………… 202
　　贰　声韵调 ………………… 203
　　叁　连读变调 ……………… 206
　　肆　异读 …………………… 207
　　伍　儿化音变 ……………… 208
　　陆　其他主要音变 ………… 209
第二十四节　镇安方音 ………… 211
　　壹　概况 …………………… 211
　　贰　声韵调 ………………… 212
　　叁　连读变调 ……………… 215
　　肆　异读 …………………… 217
　　伍　儿化音变 ……………… 218
　　陆　其他主要音变 ………… 219
第二十五节　安康方音 ………… 221
　　壹　概况 …………………… 221
　　贰　声韵调 ………………… 222
　　叁　连读变调 ……………… 225
　　肆　异读 …………………… 226
　　伍　儿化音变 ……………… 226
　　陆　其他主要音变 ………… 227
第二十六节　白河方音 ………… 228
　　壹　概况 …………………… 228
　　贰　声韵调 ………………… 229
　　叁　连读变调 ……………… 232
　　肆　异读 …………………… 233
　　伍　儿化音变 ……………… 233
　　陆　其他主要音变 ………… 235

第二十七节　汉阴方音 …… 236
　　壹　概况 …… 236
　　贰　声韵调 …… 237
　　叁　连读变调 …… 239
　　肆　异读 …… 240
　　伍　儿化音变 …… 241
　　陆　其他主要音变 …… 243

第二十八节　平利方音 …… 244
　　壹　概况 …… 244
　　贰　声韵调 …… 245
　　叁　连读变调 …… 247
　　肆　异读 …… 249
　　伍　儿化音变 …… 250
　　陆　其他音变 …… 251

第二十九节　汉中方音 …… 252
　　壹　概况 …… 252
　　贰　声韵调 …… 253
　　叁　连读变调 …… 256
　　肆　异读 …… 257
　　伍　儿化、小称音变 …… 257

第三十节　城固方音 …… 259
　　壹　概况 …… 259
　　贰　声韵调 …… 260
　　叁　连读变调 …… 262
　　肆　异读 …… 263
　　伍　儿化音变 …… 264
　　陆　其他主要音变 …… 265

第三十一节　勉县方音 …… 266
　　壹　概况 …… 266
　　贰　声韵调 …… 267
　　叁　连读变调 …… 269
　　肆　异读 …… 270

　　伍　儿尾、小称音变 …… 271
　　陆　其他主要音变 …… 272

第三十二节　镇巴方音 …… 273
　　壹　概况 …… 273
　　贰　声韵调 …… 274
　　叁　连读变调 …… 277
　　肆　异读 …… 278
　　伍　儿化音变 …… 278

卷　二

第二章　字音对照表 …… 281

0001　多 …… 282
0002　拖 …… 282
0003　大 …… 282
0004　锣 …… 282
0005　左 …… 282
0006　歌 …… 282
0007　个 …… 282
0008　可 …… 282
0009　鹅 …… 284
0010　饿 …… 284
0011　河 …… 284
0012　茄 …… 284
0013　破 …… 284
0014　婆 …… 284
0015　磨 …… 284
0016　磨 …… 284
0017　躲 …… 286
0018　螺 …… 286
0019　坐 …… 286
0020　锁 …… 286

0021 果 …… 286	0053 瓦 …… 294
0022 过 …… 286	0054 花 …… 294
0023 课 …… 286	0055 化 …… 294
0024 火 …… 286	0056 华 …… 294
0025 货 …… 288	0057 谱 …… 296
0026 祸 …… 288	0058 布 …… 296
0027 靴 …… 288	0059 铺 …… 296
0028 把 …… 288	0060 簿 …… 296
0029 爬 …… 288	0061 步 …… 296
0030 马 …… 288	0062 赌 …… 296
0031 骂 …… 288	0063 土 …… 296
0032 茶 …… 288	0064 图 …… 296
0033 沙 …… 290	0065 杜 …… 298
0034 假 …… 290	0066 奴 …… 298
0035 嫁 …… 290	0067 路 …… 298
0036 牙 …… 290	0068 租 …… 298
0037 虾 …… 290	0069 做 …… 298
0038 下 …… 290	0070 错 …… 298
0039 夏 …… 290	0071 箍 …… 298
0040 哑 …… 290	0072 古 …… 298
0041 姐 …… 292	0073 苦 …… 300
0042 借 …… 292	0074 裤 …… 300
0043 写 …… 292	0075 吴 …… 300
0044 斜 …… 292	0076 五 …… 300
0045 谢 …… 292	0077 虎 …… 300
0046 车 …… 292	0078 壶 …… 300
0047 蛇 …… 292	0079 户 …… 300
0048 射 …… 292	0080 乌 …… 300
0049 爷 …… 294	0081 女 …… 302
0050 野 …… 294	0082 吕 …… 302
0051 夜 …… 294	0083 徐 …… 302
0052 瓜 …… 294	0084 猪 …… 302

0085 除 …… 302	0117 芋 …… 310
0086 初 …… 302	0118 裕 …… 310
0087 锄 …… 302	0119 胎 …… 310
0088 所 …… 302	0120 台 …… 310
0089 书 …… 304	0121 袋 …… 312
0090 鼠 …… 304	0122 来 …… 312
0091 如 …… 304	0123 菜 …… 312
0092 举 …… 304	0124 财 …… 312
0093 锯 …… 304	0125 该 …… 312
0094 去 …… 304	0126 改 …… 312
0095 渠 …… 304	0127 开 …… 312
0096 鱼 …… 304	0128 海 …… 312
0097 许 …… 306	0129 爱 …… 314
0098 余 …… 306	0130 贝 …… 314
0099 府 …… 306	0131 带 …… 314
0100 付 …… 306	0132 盖 …… 314
0101 父 …… 306	0133 害 …… 314
0102 武 …… 306	0134 拜 …… 314
0103 雾 …… 306	0135 排 …… 314
0104 取 …… 306	0136 埋 …… 314
0105 柱 …… 308	0137 戒 …… 316
0106 住 …… 308	0138 摆 …… 316
0107 数 …… 308	0139 派 …… 316
0108 数 …… 308	0140 牌 …… 316
0109 主 …… 308	0141 买 …… 316
0110 输 …… 308	0142 卖 …… 316
0111 竖 …… 308	0143 柴 …… 316
0112 树 …… 308	0144 晒 …… 316
0113 句 …… 310	0145 街 …… 318
0114 区 …… 310	0146 解 …… 318
0115 遇 …… 310	0147 鞋 …… 318
0116 雨 …… 310	0148 蟹 …… 318

0149 矮	…………	318
0150 败	…………	318
0151 币	…………	318
0152 制	…………	318
0153 世	…………	320
0154 艺	…………	320
0155 米	…………	320
0156 低	…………	320
0157 梯	…………	320
0158 剃	…………	320
0159 弟	…………	320
0160 递	…………	320
0161 泥	…………	322
0162 犁	…………	322
0163 西	…………	322
0164 洗	…………	322
0165 鸡	…………	322
0166 溪	…………	322
0167 契	…………	322
0168 系	…………	322
0169 杯	…………	324
0170 配	…………	324
0171 赔	…………	324
0172 背	…………	324
0173 煤	…………	324
0174 妹	…………	324
0175 对	…………	324
0176 雷	…………	324
0177 罪	…………	326
0178 碎	…………	326
0179 灰	…………	326
0180 回	…………	326
0181 外	…………	326
0182 会	…………	326
0183 怪	…………	326
0184 块	…………	326
0185 怀	…………	328
0186 坏	…………	328
0187 拐	…………	328
0188 挂	…………	328
0189 歪	…………	328
0190 画	…………	328
0191 快	…………	328
0192 话	…………	328
0193 岁	…………	330
0194 卫	…………	330
0195 肺	…………	330
0196 桂	…………	330
0197 碑	…………	330
0198 皮	…………	330
0199 被	…………	330
0200 紫	…………	330
0201 刺	…………	332
0202 知	…………	332
0203 池	…………	332
0204 纸	…………	332
0205 儿	…………	332
0206 寄	…………	332
0207 骑	…………	332
0208 蚁	…………	332
0209 义	…………	334
0210 戏	…………	334
0211 移	…………	334
0212 比	…………	334

0213 屁	334	0245 意	342
0214 鼻	334	0246 几	342
0215 眉	334	0247 气	342
0216 地	334	0248 希	342
0217 梨	336	0249 衣	344
0218 资	336	0250 嘴	344
0219 死	336	0251 随	344
0220 四	336	0252 吹	344
0221 迟	336	0253 垂	344
0222 师	336	0254 规	344
0223 指	336	0255 亏	344
0224 二	336	0256 跪	344
0225 饥	338	0257 危	346
0226 器	338	0258 类	346
0227 姨	338	0259 醉	346
0228 李	338	0260 追	346
0229 子	338	0261 锤	346
0230 字	338	0262 水	346
0231 丝	338	0263 龟	346
0232 祠	338	0264 季	346
0233 寺	340	0265 柜	348
0234 治	340	0266 位	348
0235 柿	340	0267 飞	348
0236 事	340	0268 费	348
0237 使	340	0269 肥	348
0238 试	340	0270 尾	348
0239 时	340	0271 味	348
0240 市	340	0272 鬼	348
0241 耳	342	0273 贵	350
0242 记	342	0274 围	350
0243 棋	342	0275 胃	350
0244 喜	342	0276 宝	350

0277 抱 …… 350	0309 校 …… 358
0278 毛 …… 350	0310 表 …… 358
0279 帽 …… 350	0311 票 …… 358
0280 刀 …… 350	0312 庙 …… 358
0281 讨 …… 352	0313 焦 …… 360
0282 桃 …… 352	0314 小 …… 360
0283 道 …… 352	0315 笑 …… 360
0284 脑 …… 352	0316 朝 …… 360
0285 老 …… 352	0317 照 …… 360
0286 早 …… 352	0318 烧 …… 360
0287 灶 …… 352	0319 绕 …… 360
0288 草 …… 352	0320 桥 …… 360
0289 糙 …… 354	0321 轿 …… 362
0290 造 …… 354	0322 腰 …… 362
0291 嫂 …… 354	0323 要 …… 362
0292 高 …… 354	0324 摇 …… 362
0293 靠 …… 354	0325 鸟 …… 362
0294 熬 …… 354	0326 钓 …… 362
0295 好 …… 354	0327 条 …… 362
0296 号 …… 354	0328 料 …… 362
0297 包 …… 356	0329 箫 …… 364
0298 饱 …… 356	0330 叫 …… 364
0299 炮 …… 356	0331 母 …… 364
0300 猫 …… 356	0332 抖 …… 364
0301 闹 …… 356	0333 偷 …… 364
0302 罩 …… 356	0334 头 …… 364
0303 抓 …… 356	0335 豆 …… 364
0304 找 …… 356	0336 楼 …… 364
0305 抄 …… 358	0337 走 …… 366
0306 交 …… 358	0338 凑 …… 366
0307 敲 …… 358	0339 钩 …… 366
0308 孝 …… 358	0340 狗 …… 366

0341 够	……	366	0373 幼	…… 374
0342 口	……	366	0374 贪	…… 374
0343 藕	……	366	0375 潭	…… 374
0344 后	……	366	0376 南	…… 374
0345 厚	……	368	0377 蚕	…… 376
0346 富	……	368	0378 感	…… 376
0347 副	……	368	0379 含	…… 376
0348 浮	……	368	0380 暗	…… 376
0349 妇	……	368	0381 搭	…… 376
0350 流	……	368	0382 踏	…… 376
0351 酒	……	368	0383 拉	…… 376
0352 修	……	368	0384 杂	…… 376
0353 袖	……	370	0385 鸽	…… 378
0354 抽	……	370	0386 盒	…… 378
0355 绸	……	370	0387 胆	…… 378
0356 愁	……	370	0388 毯	…… 378
0357 瘦	……	370	0389 淡	…… 378
0358 州	……	370	0390 蓝	…… 378
0359 臭	……	370	0391 三	…… 378
0360 手	……	370	0392 甘	…… 378
0361 寿	……	372	0393 敢	…… 380
0362 九	……	372	0394 喊	…… 380
0363 球	……	372	0395 塔	…… 380
0364 舅	……	372	0396 蜡	…… 380
0365 旧	……	372	0397 赚	…… 380
0366 牛	……	372	0398 杉	…… 380
0367 休	……	372	0399 减	…… 380
0368 优	……	372	0400 咸	…… 380
0369 有	……	374	0401 插	…… 382
0370 右	……	374	0402 闸	…… 382
0371 油	……	374	0403 夹	…… 382
0372 丢	……	374	0404 衫	…… 382

0405 监 …… 382	0437 犯 …… 390
0406 岩 …… 382	0438 法 …… 390
0407 甲 …… 382	0439 品 …… 390
0408 鸭 …… 382	0440 林 …… 390
0409 黏 …… 384	0441 浸 …… 392
0410 尖 …… 384	0442 心 …… 392
0411 签 …… 384	0443 寻 …… 392
0412 占 …… 384	0444 沉 …… 392
0413 染 …… 384	0445 参 …… 392
0414 钳 …… 384	0446 针 …… 392
0415 验 …… 384	0447 深 …… 392
0416 险 …… 384	0448 任 …… 392
0417 厌 …… 386	0449 金 …… 394
0418 炎 …… 386	0450 琴 …… 394
0419 盐 …… 386	0451 音 …… 394
0420 接 …… 386	0452 立 …… 394
0421 折 …… 386	0453 集 …… 394
0422 叶 …… 386	0454 习 …… 394
0423 剑 …… 386	0455 汁 …… 394
0424 欠 …… 386	0456 十 …… 394
0425 严 …… 388	0457 入 …… 396
0426 业 …… 388	0458 急 …… 396
0427 点 …… 388	0459 及 …… 396
0428 店 …… 388	0460 吸 …… 396
0429 添 …… 388	0461 单 …… 396
0430 甜 …… 388	0462 炭 …… 396
0431 念 …… 388	0463 弹 …… 396
0432 嫌 …… 388	0464 难 …… 396
0433 跌 …… 390	0465 兰 …… 398
0434 贴 …… 390	0466 懒 …… 398
0435 碟 …… 390	0467 烂 …… 398
0436 协 …… 390	0468 伞 …… 398

0469 肝	398	0501 面	406
0470 看	398	0502 连	406
0471 岸	398	0503 剪	406
0472 汉	398	0504 浅	406
0473 汗	400	0505 钱	408
0474 安	400	0506 鲜	408
0475 达	400	0507 线	408
0476 辣	400	0508 缠	408
0477 擦	400	0509 战	408
0478 割	400	0510 扇	408
0479 渴	400	0511 善	408
0480 扮	400	0512 件	408
0481 办	402	0513 延	410
0482 铲	402	0514 别	410
0483 山	402	0515 灭	410
0484 产	402	0516 列	410
0485 间	402	0517 撇	410
0486 眼	402	0518 舌	410
0487 限	402	0519 设	410
0488 八	402	0520 热	410
0489 扎	404	0521 杰	412
0490 杀	404	0522 孽	412
0491 班	404	0523 建	412
0492 板	404	0524 健	412
0493 慢	404	0525 言	412
0494 奸	404	0526 歇	412
0495 颜	404	0527 扁	412
0496 瞎	404	0528 片	412
0497 变	406	0529 面	416
0498 骗	406	0530 典	416
0499 便	406	0531 天	416
0500 棉	406	0532 田	416

0533 垫	416	0565 宽	424
0534 年	416	0566 欢	424
0535 莲	416	0567 完	424
0536 前	416	0568 换	424
0537 先	418	0569 碗	426
0538 肩	418	0570 拨	426
0539 见	418	0571 泼	426
0540 牵	418	0572 末	426
0541 显	418	0573 脱	426
0542 现	418	0574 夺	426
0543 烟	418	0575 阔	426
0544 憨	418	0576 活	426
0545 箴	420	0577 顽	428
0546 铁	420	0578 滑	428
0547 捏	420	0579 挖	428
0548 节	420	0580 闩	428
0549 切	420	0581 关	428
0550 截	420	0582 惯	428
0551 结	420	0583 还	428
0552 搬	420	0584 还	428
0553 半	422	0585 弯	430
0554 判	422	0586 刷	430
0555 盘	422	0587 刮	430
0556 满	422	0588 全	430
0557 端	422	0589 选	430
0558 短	422	0590 转	430
0559 断	422	0591 传	430
0560 暖	422	0592 传	430
0561 乱	424	0593 砖	432
0562 酸	424	0594 船	432
0563 算	424	0595 软	432
0564 官	424	0596 卷	432

0597 圈	432	0629 邻	440
0598 权	432	0630 进	440
0599 圆	432	0631 亲	440
0600 院	432	0632 新	440
0601 铅	434	0633 镇	442
0602 绝	434	0634 陈	442
0603 雪	434	0635 震	442
0604 反	434	0636 神	442
0605 翻	434	0637 身	442
0606 饭	434	0638 辰	442
0607 晚	434	0639 人	442
0608 万	434	0640 认	442
0609 劝	436	0641 紧	444
0610 原	436	0642 银	444
0611 冤	436	0643 印	444
0612 园	436	0644 引	444
0613 远	436	0645 笔	444
0614 发	436	0646 匹	444
0615 罚	436	0647 密	444
0616 袜	436	0648 栗	444
0617 月	438	0649 七	446
0618 越	438	0650 侄	446
0619 县	438	0651 虱	446
0620 决	438	0652 实	446
0621 缺	438	0653 失	446
0622 血	438	0654 日	446
0623 吞	438	0655 吉	446
0624 根	438	0656 一	446
0625 恨	440	0657 筋	448
0626 恩	440	0658 劲	448
0627 贫	440	0659 勤	448
0628 民	440	0660 近	448

0661 隐	448	0693 粉	456
0662 本	448	0694 粪	456
0663 盆	448	0695 坟	456
0664 门	448	0696 蚊	456
0665 墩	450	0697 问	458
0666 嫩	450	0698 军	458
0667 村	450	0699 裙	458
0668 寸	450	0700 熏	458
0669 蹲	450	0701 云	458
0670 孙	450	0702 运	458
0671 滚	450	0703 佛	458
0672 困	450	0704 物	458
0673 婚	452	0705 帮	460
0674 魂	452	0706 忙	460
0675 温	452	0707 党	460
0676 卒	452	0708 汤	460
0677 骨	452	0709 糖	460
0678 轮	452	0710 浪	460
0679 俊	452	0711 仓	460
0680 笋	452	0712 钢	460
0681 准	454	0713 糠	462
0682 春	454	0714 薄	462
0683 唇	454	0715 摸	462
0684 顺	454	0716 托	462
0685 纯	454	0717 落	462
0686 闰	454	0718 作	462
0687 均	454	0719 索	462
0688 匀	454	0720 各	462
0689 律	456	0721 鹤	464
0690 出	456	0722 恶	464
0691 橘	456	0723 娘	464
0692 分	456	0724 两	464

0725 亮	464		0757 约	472
0726 浆	464		0758 药	472
0727 抢	464		0759 光	472
0728 匠	464		0760 慌	472
0729 想	466		0761 黄	474
0730 像	466		0762 郭	474
0731 张	466		0763 霍	474
0732 长	466		0764 方	474
0733 装	466		0765 放	474
0734 壮	466		0766 纺	474
0735 疮	466		0767 房	474
0736 床	466		0768 防	474
0737 霜	468		0769 网	476
0738 章	468		0770 筐	476
0739 厂	468		0771 狂	476
0740 唱	468		0772 王	476
0741 伤	468		0773 旺	476
0742 尝	468		0774 缚	476
0743 上	468		0775 绑	476
0744 让	468		0776 胖	476
0745 姜	470		0777 棒	478
0746 响	470		0778 桩	478
0747 向	470		0779 撞	478
0748 秧	470		0780 窗	478
0749 痒	470		0781 双	478
0750 样	470		0782 江	478
0751 雀	470		0783 讲	478
0752 削	470		0784 降	478
0753 着	472		0785 项	480
0754 勺	472		0786 剥	480
0755 弱	472		0787 桌	480
0756 脚	472		0788 镯	480

0789 角	480	0821 直	488
0790 壳	480	0822 侧	488
0791 学	480	0823 测	488
0792 握	480	0824 色	488
0793 朋	482	0825 织	490
0794 灯	482	0826 食	490
0795 等	482	0827 式	490
0796 凳	482	0828 极	490
0797 藤	482	0829 国	490
0798 能	482	0830 或	490
0799 层	482	0831 猛	490
0800 僧	482	0832 打	490
0801 肯	484	0833 冷	492
0802 北	484	0834 生	492
0803 墨	484	0835 省	492
0804 得	484	0836 更	492
0805 特	484	0837 梗	492
0806 贼	484	0838 坑	492
0807 塞	484	0839 硬	492
0808 刻	484	0840 行	492
0809 黑	486	0841 百	494
0810 冰	486	0842 拍	494
0811 证	486	0843 白	494
0812 秤	486	0844 拆	494
0813 绳	486	0845 择	494
0814 剩	486	0846 窄	494
0815 升	486	0847 格	494
0816 兴	486	0848 客	494
0817 蝇	488	0849 额	496
0818 逼	488	0850 棚	496
0819 力	488	0851 争	496
0820 息	488	0852 耕	496

0853 麦	496	0885 席	504
0854 摘	496	0886 尺	504
0855 策	496	0887 石	504
0856 隔	496	0888 益	504
0857 兵	498	0889 瓶	506
0858 柄	498	0890 钉	506
0859 平	498	0891 顶	506
0860 病	498	0892 厅	506
0861 明	498	0893 听	506
0862 命	498	0894 停	506
0863 镜	498	0895 挺	506
0864 庆	498	0896 定	506
0865 迎	500	0897 零	508
0866 影	500	0898 青	508
0867 剧	500	0899 星	508
0868 饼	500	0900 经	508
0869 名	500	0901 形	508
0870 领	500	0902 壁	508
0871 井	500	0903 劈	508
0872 清	500	0904 踢	508
0873 静	502	0905 笛	510
0874 姓	502	0906 历	510
0875 贞	502	0907 锡	510
0876 程	502	0908 击	510
0877 整	502	0909 吃	510
0878 正	502	0910 横	510
0879 声	502	0911 划	510
0880 城	502	0912 兄	510
0881 轻	504	0913 荣	512
0882 赢	504	0914 永	512
0883 积	504	0915 营	512
0884 惜	504	0916 蓬	512

0917 东	512	0949 风	520
0918 懂	512	0950 丰	520
0919 冻	512	0951 凤	520
0920 通	512	0952 梦	520
0921 桶	514	0953 中	522
0922 痛	514	0954 虫	522
0923 铜	514	0955 终	522
0924 动	514	0956 充	522
0925 洞	514	0957 宫	522
0926 聋	514	0958 穷	522
0927 弄	514	0959 熊	522
0928 粽	514	0960 雄	522
0929 葱	516	0961 福	524
0930 送	516	0962 服	524
0931 公	516	0963 目	524
0932 孔	516	0964 六	524
0933 烘	516	0965 宿	524
0934 红	516	0966 竹	524
0935 翁	516	0967 畜	524
0936 木	516	0968 缩	524
0937 读	518	0969 粥	526
0938 鹿	518	0970 叔	526
0939 族	518	0971 熟	526
0940 谷	518	0972 肉	526
0941 哭	518	0973 菊	526
0942 屋	518	0974 育	526
0943 冬	518	0975 封	526
0944 统	518	0976 蜂	526
0945 脓	520	0977 缝	528
0946 松	520	0978 浓	528
0947 宋	520	0979 龙	528
0948 毒	520	0980 松	528

0981 重	528	0993 烛	532
0982 肿	528	0994 赎	532
0983 种	528	0995 属	532
0984 冲	528	0996 褥	532
0985 恭	530	0997 曲	532
0986 共	530	0998 局	532
0987 凶	530	0999 玉	532
0988 拥	530	1000 浴	532
0989 容	530		
0990 用	530	参考文献	535
0991 绿	530	后　记	537
0992 足	530		

第一章 各地音系

说　明

1. 本章各节根据"方言区—方言片—方言小片"排序。每个调查点为一节，共32节。其中，榆林属晋语大包片，神木、绥德属晋语五台片，吴堡、清涧、延川属晋语吕梁片汾州小片，延安属晋语志延片；韩城、合阳属于中原官话汾河片解州小片，黄陵、耀州、渭南、富平、咸阳、旬邑、三原、乾县、西安、户县、商州、镇安、安康、白河、平利、城固属于中原官话关中片，岐山、凤翔、千阳、勉县属中原官话秦陇片；汉中、镇巴、汉阴属西南官话川黔片陕南小片。

2. 每一节内容包括概况、声韵调、连读变调、异读、儿化和小称音变、其他主要音变。概况内容是调查点和发音人情况说明，其中调查点介绍地理、民族、人口、方言种类、地方曲艺等情况，发音人介绍姓名、出生年月、出生地、文化程度、家庭背景、个人经历等情况。

第一节 榆林方音

调查人 高 峰

壹 概 况

一、调查点

榆林（今榆阳区）位于陕西省北部、榆林市中部，与内蒙古自治区的乌审旗以及市内的横山、米脂、佳县、神木相毗邻，总面积7053平方公里，居全省第二。境内以明长城为界，北部为风沙草滩区，约占总面积的75%；南部属丘陵沟壑区，约占总面积的25%。境内文物遗址星罗棋布，自然风光迤逦奇特，红石峡、镇北台、青云寺闻名遐迩，素有"南塔北台中古城，六楼骑街天下名"之美誉。陕蒙文化交融源远流长，信天游、大秧歌风俗独特，剪纸、泥塑、石雕巧夺天工。

榆林历史悠久、人杰地灵，早在新石器时代，就有人类繁衍生息；战国时魏置上郡，距今已有2000余年历史；明成化年间筑榆林城，成为九边重镇之一。1949年6月榆林建立人民政权；1988年9月撤县设市，名榆林市，2000年6月撤市设区，名榆阳区，一直是榆林地区的行政中心。全区辖19个乡镇、12个街道办事处，317个行政村、53个社区居委会，户籍总人口57.96万人。[①]

榆林方言属于晋语大包片，内部大致可分为4个片。(1) 中心片（包括西北），包括以榆林城为中心的榆阳、鱼河峁、孟家湾、古塔、青云、牛家梁、马合、小纪汗、小壕兔、岔河则、芹河等11个乡镇，说的是榆林话。(2) 东北片，包括金鸡滩、麻黄梁、大河塔3个乡镇，方言主要特征同神木话。(3) 东南片，镇川、上盐湾、清泉3个乡镇，方言主要特征同米脂话。(4) 西片（包括西南），红石桥、补浪河、巴拉素3个乡，方言主要特征近同横山话。榆林市区有大量来自榆林各县的人，人数远远超过老榆林城人，但榆林方言仍然保持着鲜明的特色，具有一定的方言优势。与老派相比，青年人的方言出现了词汇、个别单字调的变化，但方言特点仍然鲜明。

榆林小曲是一种民间说唱艺术形式，是榆林特有的地方曲艺形式，2006年被列为

[①] 来源于榆林市榆阳区人民政府网（2020年3月28日更新）。

国家级非物质文化遗产保护项目。清朝时候，榆林有几个总兵都是湖南人，带来的湘潭小曲跟本地的民歌酸曲结合形成了榆林小曲。榆林小曲主要在榆林城内流传，不化妆，不加表演，男声女唱，婉转动听，风格独特，有浓厚的乡土味道。弹唱小曲的都是一些小手工业者和市民曲艺爱好者，他们利用业余时间，自行发起聚会，组成小曲自乐班。逢年过节，生辰满月，榆林人就请艺人唱榆林小曲。榆林小曲分为大调、小调：大调主要是叙事，篇幅长，情节复杂，常用两个和两个以上的曲牌组合。小调无论唱词有几段，都是一个曲调。乐器是洋琴、京胡、秦筝、琵琶、三弦、管箫、胡琴、月琴、七弦琴、笛子、二胡、四弦、笙，竹筷子敲青瓷碟伴奏。唱词内容大多是男欢女爱、悲欢离合的各种情节，也有的歌颂古代忠臣良将的英雄事迹。

二、方言发音人

老男：杨戈权，榆阳区人，函授大专文化，干部。只会说榆林方言。1959年2月在榆林城出生；1959年至1966年在榆林城区度过学前时光；1967年9月至1972年7月在榆林二完小上小学；1973年9月至1976年7月在榆林市一中上中学。1976至1980年在榆林牛家梁公社吴家梁大队插队；2004年取得电大函授大专文凭。1981年至今，先后在中国农业银行榆林分行、中国农业发展银行榆林分行工作。父母亲、配偶都是榆林城人，都只会说榆林方言。

青男：郭超，1989年2月出生，榆阳区人，函授大专文化，咖啡师。会说榆林方言、普通话。1989年在榆林城出生，1989年至1997年在榆林城区度过学前时光；1997年9月至2003年7月在榆林二完小读小学；2003年9月至2009年7月在榆林市一中、苏州中学读初高中；2009年至2011年在榆阳区街舞培训学校教学并取得电大函授大专文凭；2011年至2013年先后在榆林周刊、榆林泰融国际酒店工作；2013年开办咖啡馆至今。父母亲是榆林城人，只会说榆林方言。

口头文化发音人1：杨戈权，老男。

口头文化发音人2：要峰，男，1964年5月出生，榆阳区人，大专文化，原农行干部，榆林小曲爱好者、表演者。

口头文化发音人3：高文霞，女，1945年3月出生，榆阳区人，中专文化，原榆林市中医院干部，榆林小曲爱好者、表演者。

贰　声韵调

一、老男音系

1. 声母 24 个，包括零声母在内

p	八兵病	pʰ	派片爬	m	麦明		f	飞风副蜂肥饭	v	味问温王
t	多东毒	tʰ	讨天甜	n	脑南年泥熬安				l	老蓝连路
ts	资早租字贼坐争纸	tsʰ	刺草寸祠拆茶抄			s	丝三酸事山	z	吟
tʂ	张竹柱装主	tʂʰ	抽初床车春船城			ʂ	双顺手书十	ʐ	热软
tɕ	酒九	tɕʰ	清全轻权			ɕ	想谢响县		
k	高共	kʰ	开			x	好灰活		
∅	月云用药									

说明：

（1）pʰ tʰ kʰ 气流较强，与入声韵相拼时气流更强。
（2）n 与齐齿呼、撮口呼相拼时，实际音值接近 ȵ。
（3）声母与 ɔ oɛ iɔ 相拼时，带有明显的圆唇化色彩。

2. 韵母 42 个，不包括儿化韵

ɿ	师丝试	i	米戏锡	u	苦五猪	y	雨
ʅ	知迟治						
ər	二						
a	茶瓦盒	ia	牙	ua	瓜		
ə	歌车蛇			uə	歌坐过活		
ɛ	南山半	iɛ	写盐年白	uɛ	短官	yɛ	靴权学
ɯ	根						
ɜɛ	开排鞋			uɜɛ	快		
ei	赔飞			uei	对鬼		

续表

ɔ	宝饱	iɔ	笑桥				
əu	豆走	iəu	油六				
ã	糖王	iã	响讲	uã	床双		
ɤɣ̃	深灯升争横	iɤɣ̃	心新硬病星	uɤɣ̃	寸滚春东	yɤɣ̃	云兄用
aʔ	塔法辣八壳色	iaʔ	鸭	uaʔ	刮9		
ʌʔ	热	iʌʔ	接贴节药北	uʌʔ	托郭国	yʌʔ	月
əʔ	十直尺	iəʔ	急七一	uəʔ	骨出谷绿	yəʔ	橘局

说明：

（1）a ia ua 的韵腹实际音值是 A。

（2）u 与 t tʰ 相拼时，具有滚唇作用，双唇颤动。u 与 tʂ tʂʰ ʂ z 相拼时，略带有舌尖色彩。

（3）ə 与舌尖后音声母 tʂ tʂʰ ʂ z 相拼时，实际音值是 ʅə。其中 ʅ 的发音较长而稳定，ə 的发音较短，舌尖色彩明显，如：车、射。有时舌尖色彩弱化，ə 的发音变长，ʅ 的发音变短，一带而过，如：蛇。

（4）uə 中 u 的实际音值是 ɯ，韵腹 ə 受介音的影响，唇形略圆。

（5）ɯ 只与 k 相拼，如：根、耕、更。

（6）ɛe uɛe 在阴平、去声音节中动程微小，阳平音节中动程较长。

（7）ɔo iɔo 的 ɔ 比标准的 ɔ 略高，阴平、去声音节中动程微小，阳平音节中动程较长。

（8）ɤɣ̃ iɤɣ̃ uɤɣ̃ yɤɣ̃，这组韵母存在异调分韵现象：在阴平、去声音节中，主要元音是 ɤ；在阳平音节中，主要元音略低，接近 ə。

（9）aʔ 组入声韵的韵腹实际音值是 A。

（10）əʔ 组入声韵单字音若读得舒缓，发完韵腹 ə 后，舌位下滑出现 ʌ 音，这时的实际音值接近 əʌʔ，喉塞尾也变得松弛。

（11）入声音节读轻声时，有时塞音韵尾模糊难辨，如：正月 tʂɤɣ̃³³ yʌʔ⁰。

3. 单字调 4 个

阴平 33	东该灯风通开天春
阳平 213	门龙牛油铜皮糖红白盒罚懂古鬼九统苦讨草买老五有
去声 52	冻怪半四痛快寸去卖路硬乱洞地饭树动罪近后六
入声 3	谷百搭节急哭拍塔切刻麦叶月毒

说明：

（1）阳平调开头微降，上升较明显，调尾略降，实际音值为双折调 2132。阳平字来自古浊平字、少数古全浊入字和古清上、次浊上字。浊平和清上单字调相同，连调行为不同。

（2）入声调短促，调高同阴平，记为 3。一些入声字单字调出现舒化倾向，喉塞尾松弛，调值拉长为 33，例如"蜡、辣、发、罚、失"等字。

二、青男音系

1. 声母 24 个，包括零声母在内

p	八兵病	pʰ	派片爬	m	麦明	f	飞风副蜂肥饭	v	味问温王
t	多东毒	tʰ	讨天甜	n	脑南年泥熬安			l	老蓝连路
ts	资早租字贼坐争纸	tsʰ	刺草寸祠拆茶抄			s	丝三酸事山	z	吟
tʂ	张竹柱装主	tʂʰ	抽初床车春船城			ʂ	双顺手书十	ʐ	热软
tɕ	酒九	tɕʰ	清全轻权			ɕ	想谢响县		
k	高共	kʰ	开			x	好灰活		
∅	月云用药								

2. 韵母 41 个，不包括儿化韵

ɿ	师丝试	i	米戏锡			u	苦五猪	y	雨
ʅ	知迟治								
ər	二								
a	茶瓦盒	ia	牙			ua	瓜		
ə	歌车蛇					uə	坐过活		
ɛ	南山半	ie	写盐年白			uɛ	短官	yɛ	靴权学
ae	开排鞋					uae	快		
ei	赔飞					uei	对鬼		
ao	宝饱	iao	笑桥						
əu	豆走	iəu	油六						
ã	糖王	iã	响讲			uã	床双		
ɤ̃	深根灯升争横	iɤ̃	心新硬病星			uɤ̃	寸滚春东	yɤ̃	云兄用
aʔ	塔法辣八壳色	iaʔ	鸭			uaʔ	刮		
ʌʔ	热	iʌʔ	接贴节药北			uʌʔ	托郭国	yʌʔ	月
əʔ	十直尺	iəʔ	急七一			uəʔ	骨出谷绿	yəʔ	橘局

3. 单字调5个

阴平 33	东该灯风通开天春
阳平 35	门龙牛油铜皮糖红毒白盒罚
上声 213	懂古鬼九统苦讨草买老五有
去声 52	冻怪半四痛快寸去卖路硬乱洞地饭树动罪近后六
入声 3	谷百搭节急哭拍塔切刻麦叶月

叁 连读变调

一、老男连读变调

榆林方言（老派）的非叠字两字组连读变调见表1-1，变调的字体加粗。

阳平字包括浊平字和清上、次浊上字，二者单字调相同，连调行为不同，所以将阳平分为两类：阳平a代表古浊平字，阳平b代表古清上和次浊上字。因此形成25种组合。

阴平、去声、入声作前字，都不发生变调，只有阳平作前字的10组发生变调，在"阳平a+阳平a"（浊平+浊平）时，偶见前后字均读33调，如：回来 xuei lɛe。阴平、去声作后字不发生变调，但阳平a作后字，前字是非去声字时，有时读33调，其中阴平后变读33调的例词最多。变调规律具体如下：

（1）作为前字，阳平a在阴平、阳平、去声、入声前，一律变读24调（新调值）。

（2）阳平b在阳平b前也变读24调，在非阳平b前都变读21调（新调值）。

（3）阳平a在阴平、阳平a、阳平b、入声字后有时读33调，无明显规律。

表1-1 榆林方言（老派）非叠字两字组连读变调表

前字＼后字	阴平 33	阳平 213 a	阳平 213 b	去声 52	入声 3
阴平 33	33+33 当中	33+213 推头 / 33+33 思谋	33+213 天好	33+52 天上	33+3 穿去
阳平 213 a	24+33 农村	24+213 农忙 长短 / 24+33 榔头		24+52 棉裤	24+3 零食
阳平 213 b	21+33 火车	21+213 水壶 / 21+33 枕头	24+213 养狗	21+52 苦命	21+3 小麦
去声 52	52+33 看书	52+213 看人 看海		52+52 看对	52+3 看去
入声 3	3+33 羯猪	3+213 吃桃儿 吃饱 / 3+33 石头		3+52 热晕	3+3 吃去

二、青男连读变调

榆林方言新派5个单字调，形成25种组合。后字通常不发生变调。阴平、阳平、去声、入声作前字，都不发生变调。只有上声作前字的5组发生变调：清上、次浊上在清上前变读24调，在非清上前都变读21（新调）。见表1-2，变调的字体加粗。

表1-2　榆林方言（新派）非叠字两字组连读变调表

前字＼后字	阴平 33	阳平 35	上声 213	去声 52	入声 3
阴平 33	33+33 当中	33+35 推头	33+213 天好	33+52 天上	33+3 穿去
阳平 35	35+33 农村	35+35 农忙	35+213 长短	35+52 棉裤	35+3 零食
上声 213	**21**+33 火车	**21**+35 水壶	**24**+213 养狗	**21**+52 苦命	**21**+3 解毒
去声 52	52+33 看书	52+35 看人	52+213 看海	52+52 看对	52+3 看去
入声 3	3+33 羯猪	3+35 吃桃儿	3+213 吃饱	3+52 热晕	3+3 吃去

榆林新派其他主要音变规律同老派。

肆　异　读

一、文白异读

榆林方言（老派）文白异读不丰富。列举如下：

1. 少数古全浊声母仄声字，白读为送气音声母，文读为不送气声母，数量较少。如：着 tʂʰuə²¹³ 睡~/tʂuə²¹³ ~火。

2. 部分见系开口二等字，白读保留舌根音声母 k kʰ x，部分字有文读音，声母是舌面音声母 tɕ tɕʰ ɕ。如：下 xa⁵²/ɕia⁵²，匣 xa²¹³/ɕia²¹³，解 kɛ²¹³/tɕiɛ²¹³，鞋 xɛɛ²¹³/ɕiɛ²¹³，咸闲 xɛ²¹³/ɕiɛ²¹³，馅 xɛ⁵²/ɕiɛ⁵²，巷 xã⁵²/ɕiã⁵²。

3. 部分疑影母细音字，白读为鼻音声母，文读为零声母。如：压 nia⁵² ~扁/ia⁵² ~力。

4. 果摄见系个别字有文白异读，白读 uə 韵，文读 ə 韵。如：课 kʰuə⁵²/kʰə⁵²，个 kuə⁵² ~人/kə⁵² ~体户。

5. 遇合三"娶"字，白读 tsʰɿ²¹³，文读 tɕʰy²¹³，白读音反映"鱼虞有别"的古老层次。

6. 止合三"尾"字，白读读如鱼韵字，是"支微入鱼"的遗留：尾 i²¹³ ~巴/uei²¹³ ~气。

7. 效摄一等帮组字"堡"有文白异读：堡 pu²¹³ 吴~/pɔ²¹³ 城~。

8. 通合三喻母"容"字有文白异读：容 yʁ²¹³/zuʁ²¹³，没有词汇条件，自由变读。

9. 通合三精组入声字"足"有文白异读：足 tɕy²¹³~劲/tsu²¹³~球。

二、新老异读

榆林新派语音和老派比较，声母、儿化韵、叠音等其他音变规律相同，部分韵母音值、单字调的数量和调值存在差异。总的看来，新派变化后的音值、调值趋近普通话，无疑是普通话影响的结果。差异表现在：

1. 新派语音比老派少 1 个韵母 ɯ。老派语音中，ɯ 只与舌根音声母相拼。ɯ 的方言色彩较浓，新派将 ɯ 并入了 ɤ。如（前老后新）：跟根 kɯ³³/kɤ³³。

2. 老派 iɛ yɛ 韵，新派读 ie ye 韵；老派 ɛɜ uɛɜ 韵，新派读 ae uae 韵；老派 ɔ uɔ 韵，新派读 ao iao 韵。

3. 老派 4 个单字调，阳平、上声合流，调值 213。新派 5 个单字调，阳平、上声有别，调值分别为 35 和 213。新老派的连读变调规律接近，最大的不同是，老派阳平（包括上声）作前字，多变读 24 调；新派阳平作前字，不变调读 35 调，实际的连调值正好相近。

伍　儿化音变

榆林方言（老派）的小称，通常用儿化、重叠形式表示。

榆林方言没有儿尾，有儿化韵，一共 19 个。与绥德方言相比，榆林方言儿化词的数量较少。42 个基本韵母中，ʅ ia ə iɛ ɯ ɛɜ uɛɜ uei ər aʔ iaʔ uaʔ ʌʔ iʌʔ uʌʔ yʌʔ iəʔ uəʔ 18 个韵母暂时没有发现儿化例词。其他韵母和儿化韵的对应关系见表 1–3。其中 u 的儿化韵有 2 个：ur 和 uɐr。

儿化韵的音值有的卷舌度高，卷舌色彩明显，如：唱歌儿、跳绳儿；有的卷舌度低、卷舌色彩比较模糊，主要表现为韵母的舌位变高，如：花儿、尾巴儿（a→ɐ）。

表 1–3　榆林方言儿化韵与基本韵母对应表

儿化韵	基本韵母	例　词
ɐr	a	山圪拉儿　尾巴儿
	ɛ	花瓣儿
iɐr	iɛ	夜儿昨天　前儿前天　白儿白天
uɐr	ua	雪花儿雪花
	uɛ	饭馆儿

续表

儿化韵	基本韵母	例　　词
yɐr	yɛ	眼圈儿　后园儿厕所
ɚ	ʅ	这儿
	ei	天每儿每天　黑儿夜晚　牛哞儿牛
	əʔ	扑克儿　这儿
iɚ	i	故意儿故意　好些儿好一些
uɚ	uə	窝儿　鹅儿
	u	险乎儿差点儿　多乎儿什么时候　晌午儿
ur	u	兔儿　小拇股儿小拇指
yɚ	y	驴儿日的詈语
ɔr	ɔɔ	灯泡儿　枣儿　诨号儿绰号
iɔr	iɔɔ	雀儿鸟儿　面条儿
əur	əu	后儿后天　时候儿　猴儿
iəur	iəu	文秀儿人名　时候儿　猴儿
ɑ̃r	ɑ̃	行儿一~
iɑ̃r	iɑ̃	乡儿农村　娘儿姑
uɑ̃r	uɑ̃	庄儿村子
ə̃r	ɤ̃	门儿没~　生儿生日
iə̃r	iɤ̃	今儿　明儿
uə̃r	uɤ̃	虫儿　毛虫儿毛毛虫　黄昏儿
yə̃r	yɤ̃	围裙儿

陆　其他主要音变

一、重叠词和叠音词缀的音变规律

1."AA"式名词，当 A 是非去声字时，重叠前后字均发生变调，读 21+33 调；当 A 是去声字时，重叠前字不变调、后字读轻声 21 调。例如：袄袄 tsʰa²¹ tsʰa³³、蝉蝉 ʂɛ²¹ ʂɛ³³、奶奶 nɛ²¹ nɛ³³、膀膀 pã²¹ pã³³、爪爪 tʂua²¹ tʂua³³；凳凳 tɤ̃⁵² tɤ̃²¹。

2."ABB"式形容词，当 A 是非去声字，重叠前字变 52 调，后字读轻声 21 调；当 A 是去声字时，重叠前后字都读轻声 21 调。例如：

白生生 piɛ²⁴sɤɣ̃⁵²sɤɣ̃²¹ 形容非常白

瓷腾腾 tsʰʅ²⁴tʰɤɣ̃⁵²tʰɤɣ̃²¹ 形容人不机灵

呆固固 tɕɛ³³ku⁵²ku²¹ 形容人呆板、迟钝，不灵活

蓝艳艳 lɛ²⁴iɛ⁵²iɛ²¹ 形容比较深的蓝色

粉当当 fɤɣ̃²¹tã⁵²tã²¹ 形容好看的粉色

黑溜溜 xəʔ³liəu⁵²liəu²¹ 形容非常黑

俊艳艳 tɕyɤɣ̃⁵²iɛ²¹iɛ²¹ 形容女子很俊俏

顺溜溜 ʂɤɣ̃⁵²liəu²¹liəu²¹ 形容头发等非常光滑、柔顺

二、合音

不要 pəʔ³iɔo⁵² > 覅 piɔo⁵²

怎么 tsəʔ³ma²¹³ > 咋 tsua²¹³

三、指示代词的音变

这 tʂəʔ³→tʂei⁵² ~ 阵儿 tʂei⁵²tʂə̃r⁵² 这会儿、这段时间

那 nəʔ³→nei⁵² ~ 阵儿 nei⁵²tʂə̃r⁵² 那会儿、那段时间

四、后字音变

还有极少数词语，后字变读 52 调（同去声调），无明显规律。如：萝卜 luɔ²⁴pu⁵²、老鼠 lɔo²⁴ʂu⁵²、圪膝 kəʔ³ɕi⁵²、圪肘子 kəʔ³tʂəu⁵²tsəʔ⁰。

第二节 神木方音

调查人 谷丽娟

壹 概 况

一、调查点

神木市位于陕西北部、秦晋蒙三省（区）接壤地带，东经109°40′~110°54′、北纬38°13′~39°27′之间。地处黄土丘陵区向内蒙古草原过渡地带，黄河和长城在这里聚汇，农耕和游牧在这里交织。全市地貌以明长城为界，分为南部丘陵沟壑区、北部风沙草滩区。全市总面积达7635平方公里，是陕西省面积最大的县（市）。神木煤炭资源得天独厚，是中国最大的煤炭生产县（市），也是西部地区县域综合实力最强的县（市）。

神木历史悠久，四五千年前就有人类聚居，境内石峁遗址大约距今4000年，是现存史前最大城址。地处中原汉族和北方少数民族融合前沿的神木，历史上一直是守卫中原、抗击外夷的边关前哨，素为"南卫关中，北屏河套，左扼晋阳之险，右持灵夏之冲"的塞上重地。道光《神木县志》记载："县东北杨家城，即古麟州城，相传城外东南约四十步，有松树三株，大可两三人合抱，为唐代旧物，人称神木。金以名寨，元以名县，明代尚有遗迹。"秦属雍州域，唐开元初设麟州，后改为新秦，宋延续麟州名，金设神木寨，元更名为云川，至元六年（1269）为神木县。1947年，神木县人民政府成立。2017年神木撤县设市。辖14个镇6个街道326个行政村，总人口54.8万，汉族为主。[①]

神木方言属晋语五台片。神木境内方言按口音可分为3个小片：北部话包括神木、高家堡、大保当、锦界、大柳塔、孙家岔、中鸡、尔林兔、麻家塔、店塔、永兴、解家堡、西沟、栏杆堡及乔岔滩北部，以神木方言为代表，使用人口约33万。其中高家堡音系与神木方言相同，但轻声、儿化、词汇有一定的差异。北部的大保当、尔林兔话接近榆林方言，永兴、栏杆堡各有一部分方言接近府谷话。西南部话，包括万镇、花石崖大部、乔岔滩南部，以万镇话为代表，使用人口约4万。东南部话，包括贺家川、马镇、沙峁、太和寨及花石崖东北角，以贺家川话为代表，使用人口约7万。其

[①] 来源于神木市人民政府网（2020年3月26日更新）。

中马镇话具有府谷话的某些特点。必要时，西南部话和东南部话也可合称为南乡方言。关于神木方言，有邢向东著《神木方言研究》（增订本），2020年由中华书局出版。

神木的曲艺主要有四类，一是神木山曲、酒曲、对酒歌；二是神木说喜词；三是陕北说书；四是神木道情。山曲、酒曲、对酒歌在当地比较流行，与当地的酒文化融为一体。神木说喜词是民间艺人在婚礼上专门说吉庆话的艺术形式，话语朗朗上口、风趣幽默，是一种极具地方特色的语言表达艺术。陕北说书艺人以自弹自唱的方式讲述历史，歌颂时代主题，是陕北独特的艺术表演形式。神木道情是陕北民歌的组成部分，以清涧道情为代表，但神府道情也具有自己的一些特点。用神木山曲儿的形式创作的著名民歌有《泪蛋蛋抛在沙蒿林》。

二、方言发音人

老男：李增田，神木市神木镇王渠西村人，高中文化，个体户、司机。只说神木方言。1960年12月在神木镇王渠西村出生，1967年至1972年，在神木县南关小学上小学；1972年至1978年在神木中学上初中、高中；1983年至1991年在神木铁厂上班；1991年至2000年开门市，个体经营；2000年至今，在神木烟草公司当送货司机。父亲、母亲、配偶都是神木市神木镇人，只会说神木方言。

青男：王超，神木镇人，大专文化，企业员工。会说神木方言、普通话，平时主要说神木方言。1991年1月在神木县城出生；1991年至1998年在神木县城生活；1998年至2004年在神木县希望小学上小学；2004年至2007年在神木二中读初中；2007年至2010年在神木职教中心读大专；2010年至2012年待业在家；2012年至今，在神木县烟草公司工作。父母亲都是神木县神木镇人，只会说神木方言。

口头文化发音人1：李增田，老男。

口头文化发音人2：周晔，女，神木县神木镇人，1961年11月出生，高中文化。

口头文化发音人3：杨文彦，男，神木县神木镇人，1935年5月出生，中专文化。

口头文化发音人4：李连忠，男，神木县神木镇人，1961年10月出生，小学文化。

口头文化发音人5：高和和，男，神木县解家堡乡大湾村人，1967年9月出生，小学文化。

贰 声韵调

一、老男音系

1. 声母26个，包括零声母在内

p	八兵病	pʰ	派片爬	m	麦明	f	飞风副蜂肥饭	v	味问温王
t	多东毒	tʰ	讨天甜	n	脑南			l	老蓝连路
ts	资早租字贼坐争纸	tsʰ	刺草寸祠拆茶抄			s	丝三酸事山	z	吟
tʂ	张竹柱装主	tʂʰ	抽初床车春船城			ʂ	双顺手书十	ʐ	热软
tɕ	酒九	tɕʰ	清全轻权	ȵ	年泥	ɕ	想谢响县		
k	高共	kʰ	开	ŋ	熬安	x	好灰活		
∅	月云用药								

说明：

（1）p t k 是较紧的塞音，发音时阻塞部位接触面较大，爆破有力；pʰ tʰ kʰ 与入声韵相拼时气流较强，除阻后有喉部摩擦成分。

（2）m n ŋ 伴有明显的同部位浊塞音成分，实际音值是 mᵇ nᵈ ŋᵍ。

（3）tʂ tʂʰ ʂ ʐ 实际发音舌尖偏后。

（4）开口呼零声母只有"而、二、扔、白"等少数古日母字和"啊"等感叹词，没有合口呼零声母字。齐齿呼、撮口呼零声母在 i y 韵前带有明显的摩擦成分，实际音值是半元音 j ɥ。

（5）k kʰ ŋ x 在 ɛ Ee ei 韵前音值接近 c cʰ ɲ ç。

2. 韵母 39 个，不包括儿化韵

ɿ	师丝试	i	米戏	u	苦五猪	y	雨
ʅ	制世知池						
a	茶瓦	ia	牙	ua	瓜花化		
ɚ	车蛇			uo	歌坐过	yo	娘
ɛ	南山半	iɛ	写盐年白	uɛ	短官	yɛ	靴权横
Ee	开排鞋			uEe	快		
ei	赔飞			uei	对鬼		
ɔo	宝饱	iɔo	笑桥学				
əu	豆走	iəu	油六				
ʌɯ	二						
ã	糖王	iã	响讲	uã	床双		
ə̃	深根灯升争	iə̃	心新硬病星	uə̃	寸滚春横东	yə̃	云兄用
aʔ	塔法辣八	iaʔ	鸭	uaʔ	刮	yaʔ	角
əʔ	盒十热壳直色尺	iəʔ	接贴急节七一药北锡	uəʔ	活骨出托郭国谷绿	yəʔ	月橘学局

说明：

(1) ʅə 韵的舌尖后音色彩较重，但央元音 ə 的音值也很稳定。

(2) uo 韵可以和非唇音声母、唇音声母拼合。yo 韵只能构成 ŋyo²¹³ 一个音节，用于"娘娘"奶奶一词。

(3) ʌɯ 韵的主要元音是介于 ə ʌ ɤ 之间的音，韵尾音值不到 ɯ 的高度，展唇色彩十分明显。该韵是神木方言区别于其他陕北话的主要特色之一。

(4) ã iã uã 的主要元音舌位比标准的 a 略高，实际音值是 ɐ，鼻音色彩很轻。

(5) ɤ̃ iɤ̃ uɤ̃ yɤ̃ 韵的主要元音舌位比标准 ɤ 略前，鼻音色彩很重，且伴有舌根部位的摩擦成分。

(6) 入声韵喉塞尾很重，但在轻声音节中有所减弱。uəʔ yəʔ 两韵受介音影响，主要元音读比 ɔ 略高略前的圆唇音。

3. 单字调 4 个

阴平 213	东该灯风通开天春懂古鬼九统苦讨草买老五有
阳平 44	门龙牛油铜皮糖红白
去声 53	冻怪半四痛快寸去卖路硬乱洞地饭树动罪近后六
入声 4	谷百搭节急哭拍塔切刻麦叶月毒盒罚

说明：

(1) 入声实际调值是 43，记作 4。

(2) 就音长来看，阴平时值最长，阳平次之，去声又次之，入声最短。

二、青男音系

1. 声母 25 个，包括零声母在内

p	八兵病	pʰ	派片爬	m	麦明	f	飞风副蜂肥饭	v	味问温王
t	多东毒	tʰ	讨天甜	n	脑南			l	老蓝连路
ts	资早租字贼坐争纸	tsʰ	刺草寸祠拆茶抄			s	丝三酸事山		
tʂ	张竹柱装主	tʂʰ	抽初床车春船城			ʂ	双顺手书十	ʐ	热软
tɕ	酒九	tɕʰ	清全轻权	ɲ	年泥	ɕ	想谢响县		
k	高共	kʰ	开	ŋ	熬安	x	好灰活		
∅	月云用药								

2. 韵母 38 个，不包括儿化韵

ɿ	师丝试	i	米戏	u	苦五猪	y	雨绿
ʅ	制世知池						
ər	二						
a	茶瓦	ia	牙	ua	抓瓜花		
ɤ	歌热			uo	坐过	yo	娘
ɛ	南山半	iɛ	写盐年白	uɛ	短官	yɛ	靴权横月
ai	开排鞋白			uai	快		
ei	赔飞			uei	对鬼		
ɑo	宝饱	iɑo	笑桥学				
əu	豆走	iəu	油六				
ã	糖王	iã	响讲	uã	床双		
ɤ̃	深根灯升争横	iɤ̃	心新硬病星	uɤ̃	寸滚春东	yɤ̃	云兄用
aʔ	塔法辣八	iaʔ	甲	uaʔ	滑刷		
əʔ	盒十热壳直色尺	iəʔ	鸭接贴急节七一药北锡	uəʔ	活刮骨出托郭国谷绿	yəʔ	月橘学局

3. 单字调 4 个

阴平 213	东该灯风通开天春懂古鬼九统苦讨草买老五有
阳平 44	门龙牛油铜皮糖红白
去声 53	冻怪半四痛快寸去卖路硬乱洞地饭树动罪近后六
入声 4	谷百搭节急哭拍塔切刻麦叶月毒盒罚

叁　连读变调

神木方言老派、新派的两字组连读变调规律相同。具体变调规律见表 2-1，变调字体加粗。

前字与后字各 4 个调类。作为前字，阴平和入声发生变调；作为后字，阴平发生变调。阳平和去声作为前后字都不变调。

阴平来源于古清平和古清上、次浊上。这两类来源不同的阴平单字调合流，连读调有别。阴平 a 在阴平、阳平、去声、入声前变 24 调，在阴平 b、入声后变 24 调（少数不变调），在其他情况下不变调；阴平 b 在阴平 a、阳平、去声、入声前变 21 调，在阴平 b 前变 24 调，作为两字组的后字，一律不变调。

入声作为前字，在阴平 a 前绝大多数变读 2 调，个别组合不变调；在阴平 b 前不变调；在入声前绝大多数不变调，个别变读 2 调。

表 2-1　神木方言非叠字两字组连调表

前字 \ 后字	阴平 213 a	阴平 213 b	阳平 44	去声 53	入声 4
阴平 213　a	24+213 飞机	24+213 工厂	24+44 天明	24+53 天气	24+4 开学
阴平 213　b	21+24 尾巴	24+213 母狗	21+44 起来	21+53 水地	21+4 蠓子
阳平 44	44+213 洋灰	44+213 门口	44+44 回来	44+53 黄豆	44+4 毛笔
去声 53	53+213 唱歌	53+213 送礼	53+44 放牛	53+53 对面	53+4 放学
入声 4	2+24 麦秸	4+213 着火	4+44 石油	4+53 黑地	2+4 日食 4+4 擦黑

肆　异　读

一、文白异读

1. 古全浊声母在神木方言中全部清化，清化后基本遵循平声送气、仄声不送气的规律，但部分仄声字白读送气，文读不送气。如：着 tʂʰəʔ⁴/tʂəʔ⁴，撞 tʂʰuã⁵³/tʂuã⁵³。

2. 部分古见系开口二等字，白读保留舌根音声母 k kʰ x，文读音声母为舌面音声母 tɕ tɕʰ ɕ。如：下 xa⁵³~雨/ɕia⁵³~乡，解 kɛe²¹³/tɕiɛ²¹³，闲 xɛ⁴⁴~下/ɕiɛ⁴⁴~气，项 xã⁵³~目/ɕiã⁵³脖~。

3. 部分古疑影母细音字，白读为鼻音声母，文读为零声母。如：严 ŋɛ⁴⁴/iɛ⁴⁴，眼 ȵiɛ²¹³/iɛ²¹³，仰 ȵiã²¹³/iã²¹³。

4. 部分遇合一泥母字，白读 əu 韵，文读 u 韵，如：努 nəu²¹³/nu²¹³，怒 nəu⁵³/nu⁵³。

5. 部分蟹开二见晓组字，白读 ɛe 韵，文读 iɛ 韵。如：解 kɛe²¹³~开/tɕiɛ²¹³讲~，芥 kɛe⁵³~菜/tɕiɛ⁵³黄~儿，鞋 xɛe⁴⁴/ɕiɛ⁴⁴。

6. 止合三微母"尾"字有文白异读：尾 i²¹³/vei²¹³。部分止合三影喻母字白读 y 韵，文读为 ei 韵。如：苇纬 y²¹³/vei²¹³。

7. 部分效开一帮组字，白读 u 韵，文读 ɔo 韵。如：毛 mu⁴⁴~蛋蛋/mɔo⁴⁴~线，堡 pu²¹³高家~/pɔo²¹³城~。

8. 部分梗开二字，白读 iɛ 韵，文读 ɤ 韵。如：绷 piɛ²¹³~得墙上/pɤ²¹³~开裂子，蹦迸

piɛ⁵³/pɤ̃⁵³，棚 pʰiɛ⁴⁴房~/pʰɤ̃⁴⁴铁~子，耕 tɕiɛ²¹³~地/kɤ̃²¹³春~。

二、新老异读

神木新派方言语音与老派相比，声调、连调变化都相同，声母少一个 z，主要的差别是在韵母方面。受共同语的影响，新派部分韵母及儿化韵的音值呈现出向共同语靠拢的趋势。

1. 老派韵母 ʌɯ，新派读作卷舌音 ər，如：二 ʌɯ⁵²/ər⁵²。
2. 老派韵母 ʅə，新派读作 ɤ，如：车；部分原读 uo 韵的字现在也读 ɤ 韵，如：歌。
3. 老派韵母 ɛ uɛ，新派读作 ai uai。
4. 老派韵母 ɔo iɔo，新派读作 ao iao。
5. 老派韵母 iaʔ uaʔ，新派有向 iɛʔ uɛʔ 发展的趋势，如例字"鸭"读作 iɛʔ 韵，"刮"读 uɛʔ 韵；老派韵母 yaʔ 在新派已经消失，并入 yɛʔ 韵。
6. 部分入声字新增舒声文读音，例如"绿、热、白"分别新增文读音 ly⁵³、zɤ⁵³、pai⁴⁴。
7. 老派儿化音变，分别按四呼读为 ʌɯ iʌɯ uʌɯ yʌɯ。39 个基本韵母中，除 ʌɯ yo 外，其余均可儿化。

新派共有 38 个韵母，除 ər yo 外，其中 36 个分别与 12 个卷舌儿化韵相对应。其中 ia 韵有 iɐr iər 2 种儿化韵，iɛ 韵有 iɐr iər 2 种儿化韵，uo 韵有 uər ər 2 种儿化韵，iao 韵有 iaor iər 2 种儿化韵。这 4 个韵母的前一种儿化韵的音值接近普通话，后一种儿化韵是在老派儿化韵基础上的变异形式。

伍　儿化、小称音变

一、儿化韵

神木方言共有 4 个儿化韵，分别按四呼同基本韵母相对应。39 个基本韵母中，除 ʌɯ、yo 外，其余均可儿化。列举如下：

ʌɯ< ʅ ʅ a ʅə ɛ ɛɛ ei ɔo əu ã ɤ̃ aʔ əʔ uo（p pʰ m f）

iʌɯ< i ia iɛ iɔo iəu ɜi ĩ iɤ̃ iaʔ iəʔ

uʌɯ< u ua uo uɜ uɛe uei uã uɤ̃ uaʔ uəʔ

yʌɯ< y yɛ yɤ̃ yaʔ yəʔ

儿化后会发生变调。单音节形容词重叠，重叠部分必须儿化，同时后字一律变读 53 调（同去声）。儿化名词变调，阳平变读 53 调（同去声），如：猫儿 mʌɯ⁴⁴⁻⁵³；入声大都变读 44 调（同阳平），如：树叶儿 ʂu⁵³iʌɯ⁴⁻⁴⁴；有的进一步随阳平变 53 调，形成异读，如：月儿 yʌɯ⁴⁻⁴⁴/⁵³；部分阴平上和入声字儿化变读轻声。

二、小称变调

神木方言主要通过名词重叠表小称，部分儿化词也可表小称义，但没有重叠词的小称义那么明显、强烈。

"AA"式名词变读轻声的调值，除阴平 b 外，后字一律读轻声 21 调。阴平 b 叠字组前字变读 21 调，后字变读 24 调，与"阴平 b+阴平 a"的连调方式相同，且后字读得比前字重且长。如：绳绳 ʂɤ⁴⁴ʂɤ²¹、羔羔 kɔo²⁴kɔo²¹、拐拐 kuɛ²¹kuɛ²⁴、舅舅 tɕiəu⁵³tɕiəu²¹、叔叔 ʂuəʔ⁴ʂuəʔ²¹。

"ABB"式名词大部分是重叠部分的后字轻读，调式同"AA"式。同时，"ABB"式的"A"受"B"（已变）的影响，按照非叠字组的规律变调。例如：指头头 tsəʔ⁴tʰəu⁴⁴tʰəu²¹、扎根根头绳 tsəʔ²kɤ²⁴kɤ²¹、倒衩衩 tɔo⁵³tsʰa²¹tsa²⁴、豆瓣瓣 təu⁵³pɛ⁵³pɛ²¹、豆角角 təu⁵³tɕyaʔ⁴tɕya²¹。也有少数"ABB"式名词，"BB"都读轻声。第三字的实际调值比第二字更低，也记作 21。例如：榆钱钱 y⁴⁴tɕʰiɛ²¹tɕʰiɛ²¹、圪瘩瘩 kəʔ⁴taʔ²¹taʔ²¹。

陆　其他主要音变

亲属称谓词有声调类化现象。例如：哥哥 kuo²¹kuo²⁴ 本属阴平 a，一般变为 24+21，但实际变调类型同阴平 b，如：姐姐 tɕiɛ²¹tɕiɛ²⁴、爷爷 iɛ²¹iɛ²⁴（阳平一般变为 44+21）、娘娘 ŋyo²¹ŋyo²⁴（阳平）、婆婆外祖母，面称 pʰuo²¹pʰuo²⁴（阳平）。

神木方言的个别趋向动词、方位词有弱化现象，例如：

上 ʂã⁵³→xã⁵³（声母受"下"xa⁵³的类化）→ã⁵³→ã²¹。

下 xa⁵³→a⁵³→a²¹。

里 ləʔ⁴→əʔ⁴，如：乡里 ɕiã²⁴əʔ²¹。

合音。例如：吃不上 tʂʰəʔ⁴pã⁵³、解不下 xɛe⁵³pʰa⁵³、男子汉 nɛ⁴⁴tsəʔ²¹xɛ²¹→nɛ⁴⁴tsʰɛ²¹。

第三节　绥德方音

调查人　高　峰

壹　概　况

一、调查点

"绥德"之名始于北朝，取"绥民以德"之意。

绥德县位于陕西省北部，榆林市东南部，无定河下游，约在北纬 37°16′~37°45′、东经 110°04′~110°41′之间。东连吴堡县，西邻子洲县，北接米脂县，南靠清涧县，东北角与佳县接壤，东南角濒临黄河，与山西省柳林县隔河相望。全县地势西北高，东南低。境内多为黄土峁梁、丘陵沟壑，沿无定河、大理河河谷有川台平地，当地人称为川地，是绥德县唯一的水利灌溉地。县境东西宽 56 公里，南北长 51.8 公里，无定河由北向南纵贯全县，黄河流经东南县界。全县总土地面积 1853 平方公里，城市建成区面积 12.5 平方公里。

绥德地处中华民族发祥地的黄河中游地区，历史悠久，建置较早。历来是陕北地区的一个重镇，在陕北政治、经济、文化、军事、交通等诸方面具有重要地位。故而素有"天下名州"之美誉。1940 年 2 月，绥德建立了陕甘宁边区绥德分区行政督察专员公署。1950 年 5 月，改设陕西省绥德专员公署。1956 年 10 月，撤销绥德专员公署，绥德县隶属榆林专员公署。1984 至 2015 年，县行政区划数次改革，2007 年设 9 乡 11 镇，2015 年改为 15 镇 1 中心，总人口 36 万，汉族为主，城区常住人口 12.6 万。[1]

绥德县内部方言大致分为城区与东部乡镇两个区。其中，绥德城区话属于晋语五台片，是本地普遍通用的方言，分布在名州镇、张家砭等 12 个乡镇，分布范围最大，使用人口最多。近年来受到普通话的影响比较明显，例如新派少数上声字的调值、部分韵母的音值有变化。东部区可细分为义合区（马家川乡、中角乡、满堂川乡、义合镇）、沿河区（枣林坪镇、定仙墕镇、河底乡）、吉镇区（吉镇）3 个小片。其中义合区属于五台片，沿河、吉镇区属于吕梁片汾州小片。关于绥德方言的著作有黑维强《绥德方言调查研究》，北京师范大学出版社 2016 年出版。

---

[1] 来源于绥德县人民政府网（2020 年 4 月 29 日更新）。

地方曲艺主要是民歌和说书。说书人胳膊和腿上分别绑着麻喳喳和刷板（两种打节奏的乐器），手拨三弦。代表曲目有传统的《大八义》《小八义》，现代的《刮大风》等。民歌代表歌曲有《三十里铺》《赶牲灵》等。

二、方言发音人

老男：雷胜利，绥德县名州镇五一村人，初中文化，农民。只会说绥德城区话。1956 年 1 月在绥德县城出生；1956 年至 1963 年在绥德县城生活；1963 年至 1969 年在绥德县第三小学上学；1969 年至 1971 年在绥德县城师范中学上学；初中毕业后回到五一村务农至今。本人长期在本地生活，父亲是五一村人，母亲是绥德县刘家湾人，配偶是绥德县韭园沟人，都只会说绥德城区话。

青男：蔡亚轮，绥德县城人，初中文化，个体经营者。会说绥德城区话、普通话，平时主要说绥德城区话。1985 年 3 月在绥德城内围窑巷出生；1985 年至 1991 年在绥德县城生活；1991 年至 1997 年在绥德第三小学上小学；1997 年至 2000 年在绥德第一中学上初中；2000 年初中毕业后在绥德县城打工；2007 年至今，在绥德县城从事服装行业个体经营。本人长期生活在绥德城区，有时会外出旅游或进货，时间较短。父亲是绥德城内围窑巷人，母亲是绥德县韭园沟人，配偶是绥德县张家砭人，都只会说绥德城区话。

口头文化发音人 1：雷胜利，老男。

口头文化发音人 2：苗永麟，男，绥德县四十里铺镇赵家砭村人，1976 年 9 月出生，高中文化，绥德剧团演员。

口头文化发音人 3：霍慧琴，女，绥德县韭园沟乡韭园沟村人，1984 年 9 月出生，大专文化，陕北民歌演唱者。

贰　声韵调

一、老男音系

1. 声母 25 个，包括零声母在内

p	八兵病	pʰ	派片爬	m	麦明	f	飞风副蜂肥饭	v	味问温王
t	多东毒	tʰ	讨天甜	n	脑南年泥			l	老蓝连路
ts	资早租字贼坐争纸	tsʰ	刺草寸祠拆茶抄			s	丝三酸事山	z	吟

续表

tʂ	张竹柱装主	tʂʰ	抽初床车春船城			ʂ	双顺手书十	ʐ	热软
tɕ	酒九	tɕʰ	清全轻权			ɕ	想谢响县		
k	高共	kʰ	开	ŋ	熬安			x	好灰活
∅	云用药月								

2. 韵母40个，不包括儿化韵

ɿ	师丝试	i	写米戏白	u	苦五	y	雨
ʅ	知			ʮ	猪		
ər	二						
ɑ	茶瓦塔法辣八	iɑ	牙鸭	uɑ	刮	yɑ	□①
æ	南山半			uæ	短官		
		ie	写盐年接贴学北			ye	权月学
ɤ	盒十热托壳直色尺	iɤ	急七一锡	uɤ	骨出谷绿	yɤ	橘局
ɯ	歌根			uo	坐过活郭国		
ai	开排鞋			uai	快		
ei	赔飞			uei	对鬼		
ao	宝饱	iɔɤ	笑桥				
əu	豆走	iəu	油六				
ã	糖王	iã	响讲	uã	床双		
ə̃	深灯升争	iə̃	心新硬病星	uə̃	寸滚春横东	yə̃	云兄用
(əʔ)	十直尺	(ieʔ)	急七一锡	(uəʔ)	骨出谷绿	(yeʔ)	橘局

说明：

（1）ʮ 与 tʂ 组音相拼，收尾时有滑向 u 的趋势。

（2）u 与 t tʰ n 相拼时双唇伴有滚动，可以记作 ur。

（3）uo 的 o 唇形较展。

（4）æ 的开口度较标准音略小一点。

（5）ai 的动程明显，韵尾的实际高度没有标准的 i 高，接近 i。

（6）iɔɤ 是一个比较特殊的韵母，音色很特别。其中 ɔ 的开口度略小，韵尾 ɤ 表示舌位和唇形滑动的方向，实际高度比标准的 ɤ 略低。

---

①例如，硬□□tɕyA²¹tɕyA⁰：形容东西硬，让人感觉不舒服。

(7) ã iã uã 的 a 唇形较圆，接近 ɒ，这组音也可以记作 ɒ̃ iɒ̃ uɒ̃ 。读上声调时，ã 的主元音有微小动程。

(8) əɣ̃ iəɣ̃ 的鼻化较轻，uəɣ̃ yəɣ̃ 的鼻化较重。

(9) 念单字时没有入声韵，读为 ɤ iɤ uɤ yɤ，这 4 个韵母是入声字独有的韵母。轻声音节中，-ɤ 弱化为 -ə。还有个别非入声字的轻声音节，韵母弱化为 ə，因为数量少，不再单独列为一个韵母。例如：姨夫 i³³fə⁰。

(10) 语流中出现 əʔ iəʔ uəʔ yəʔ。词语连读时，作两字组的前字时较短促，作后字时略松弛。

3. 单字调 3 个

阴平 213	东该灯风通开天春懂古鬼九统苦讨草买老五有
阳平 33	门龙牛油铜皮糖红谷百搭节急哭拍塔切刻麦叶月
去声 52	冻怪半四痛快寸去卖路硬乱洞地饭树动罪近后
（入声 3）	谷百急哭毒

说明：

（1）古清平与清上、次浊上字调值相同，归为一类，但在连读变调中不同。阴平不像北京话 214 的前半部分那么突出，后部分有衍音，调值近乎 2132。

（2）去声的最低点，有时要略高一点，也可记成 53。

（3）阳平调值结尾处略微下降，记作 33。

（4）入声调为短调，不十分急促，收尾略降，时长较短，调高在 3、4 度之间，读字音时，读同阳平调 33，因此记作 ʔ3。单字音没有入声，入声 3 只出现在语流中。

二、青男音系

1. 声母 25 个，包括零声母在内

p	八兵病	pʰ	派片爬	m	麦明	f	飞风副蜂肥饭	v	味问温王
t	多东毒	tʰ	讨天甜	n	脑南年泥			l	老蓝连路
ts	资早租字贼坐争纸	tsʰ	拆茶刺草寸祠抄			s	丝三酸事山	z	吟
tʂ	张竹柱装主	tʂʰ	抽初床车春船城			ʂ	双顺手书十	ʐ	热软
tɕ	酒九	tɕʰ	清全轻权			ɕ	想谢响县		
k	高共	kʰ	开	ŋ	熬安	x	好灰活		
∅	月云用药								

2. 韵母 40 个，不包括儿化韵

ɿ	师丝试	i	米戏白	u	苦五	y	雨
ʅ	知			ʮ	猪		
ər	二						
A	茶瓦塔法辣八	iA	牙鸭	uA	刮	yA	□①
æ	南山半			uæ	短官		
		ie	写鞋 盐年接贴节药北			ye	靴权月学
ɣ	盒十热壳直色尺	iɣ	急七一锡	uɣ	骨出谷绿	yɣ	橘局
ɯ	歌根			uə	坐过活托郭国		
ai	开排鞋			uai	快		
ei	赔飞			uei	对鬼		
ao	宝饱	iɑo	笑桥				
əu	豆走	iəu	油六				
ã	糖王	iã	响讲	uã	床双		
ə̃	深灯升争横	iə̃i	心新硬病星	uə̃	寸滚春东	yə̃	云兄用
(əʔ)	十直尺	(ieʔ)	急七一锡	(uəʔ)	骨出谷绿	(yəʔ)	橘局

3. 单字调 3 个

阴平 213	东该灯风通开天春懂古鬼九统苦讨草买老五有
阳平 33	门龙牛油铜皮糖红谷百搭节急哭拍塔切刻麦叶月毒白盒罚
去声 52	冻怪半四痛快寸去卖路硬乱洞地饭树动罪近后六
(入声 3)	谷百急哭毒

叁 连读变调

绥德方言老男、青男变调情况一致。

一、非叠字两字组

绥德方言的古清平字和古清上、次浊上字的单字调调值相同，但是在连读中有一些区别，在行文中将绥德方言来自古清平的阴平称为"阴平 a"，将来自古清上、次浊

---

① 例如，硬□□ tɕyA²¹tɕyA⁰：形容东西硬，让人感觉不舒服。

上字的阴平称为"阴平 b"。列表和举例时用 1 代表阳平；2 代表阴平，2a 表示阴平 a，2b 表示阴平 b；3 代表去声；4 代表入声。

阳平在阳平、阴平 b、去声、入声前不变调，读本调 33。阳平在阴平 a 前分为两种情况：来自古平声字的不变调，读本调 33；古入声字演变而来的发生变调，由 33 调变为 21 调。

阴平字作前字，都发生变调：阴平 a 与阴平 b 在阳平、去声前都变调为 21 调，在阴平 b 前，变读 24 调。这一点上，二者保持一致的变调规律。二者不一致的是：阴平 a 在阴平 a 前，变读 24 调，在入声字前，部分变读 21 调，部分变读 24 调；阴平 b 在阴平 a、入声字前，变读 21 调。可以看出，阴平 a 与阴平 b 单字调调值相同，而在两字组中有别。

去声在所有的调类前都不发生变调，读本调 52。

部分入声字作前字，读入声调：在阳平、去声前读本调 ʔ3；在阴平 a 前变读 21 调；在阴平 b、入声前，变读 ʔ5。

非叠字两字组连读变调见表 3-1。连读中产生 3 种新调值：21、24、ʔ5。变调用粗体表示。

表 3-1 绥德方言非叠字两字组连读变调表

前字＼后字		阴平 213 a	阴平 213 b	阳平 33	去声 52	入声 3
阴平 213	a	24+213 沾光	24+213 睁眼	21+33 今年	21+52 开店	24+3 筋骨 21+3 开吃
	b	21+213 火车	24+213 养狗	21+33 好人	21+52 改造	21+3 解毒
阳平 33		21+213 铁钉	33+213 油烟	33+33 能行	33+52 能干	33+3 能吃
去声 52		52+213 菜锅	52+213 受苦	52+33 喂猪	52+52 梦梦	52+3 会不
（入声 3）		21+213 实心 3+213 不依	5+213 吃奶	3+33 不行	3+52 不算	5+3 黑吃

绥德方言的两字组一般是前字发生变调，但是阴平在与其他调的连读中，也有后字发生变调读 24、33 调的例子。如：草鸡 tsʰao²¹³⁻²¹ tɕi²¹³⁻²⁴、起身 tɕʰi²¹³⁻²¹ ʂəɣ²¹³⁻²⁴、口里 kʰəu²¹³⁻²¹ li²¹³⁻³³。

二、非叠字组中的轻声

绥德方言的轻声调值是 21，与阴平的变调调值相同。表中一律标为 "0"。

阳平、去声在轻声前不变调。阴平在原调是阴平的轻声前变读 24 调。阴平 a 在入声前变读 24 调，阴平 b 在入声前变读 21 调。入声在轻声前一般变读 ʔ3，在原调是阴平 b 的轻声前有时还变读 21。见表 3-2，表中空格表示暂时没有发现相应的例词。

表 3-2　绥德方言非叠字组的轻声读音表

前字＼后字		阴平 213		阳平 33	去声 52	入声 ʔ3
		a	b			
阴平 213	a	24+0 秋天	24+0 烧酒			24+0 甘肃
	b		24+0 赶紧			21+0 五谷
阳平 33		33+0 镰刀	33+0 柴火	33+0 裁缝		33+0 坛子
去声 52		52+0 弟兄	52+0 后悔	52+0 地方	52+0 背后	52+0 筷子
（入声 3）		5+0 目标	5+0 扑砍　21+0 石马	5+0 毒药		5+0 木植

三、重叠两字组

1. "AA"式名词

绥德方言"AA"式名词，阳平及去声的叠音前字不变调，后字读轻声 21 调。阴平 a 叠音前字变为 24 调，后字读轻声 21 调，阴平 b 叠音前字变为 21 调，后字变为 33 调。入声叠音名词前字变 5 调，后字可读本调 3，也可读轻声 21 调。"AA"式名词后一音节不能读儿化音。

表 3-3　绥德方言"AA"式名词连读变调表

重叠词单字调		连调模式
阴平 213	a	24+21 花花　筐筐
	b	21+33 颗颗　本本
阳平 33		33+21 绳绳　夹夹小发卡
去声 52		52+21 豆豆　样样
（入声 3）		5+21 尺尺　楔楔

2. "AA"式形容词、副词

绥德方言"AA"式形容词、副词变调规律一致：阳平、去声前后字都不变；阴平 a、b 前字都变为 21 调，后字变为 33 调；入声前字变为 ʔ5，后字可读本调 ʔ3，也可以读轻声 21 调。"AA"式形容词的后一字一般要读儿化，不读儿化音时，后边要带词尾"价"。"AA"式副词阳平、入声的后一字一般不儿化，其余可儿化。

表 3-4　绥德方言"AA"式形容词、副词重叠连读变调表

重叠词单字调	连调模式
阴平 a、b 213	21+33　高高　远远
阳平 33	33+33　平平　红红
去声 52	52+52　重重　硬硬
（入声 3）	5+21　足足

肆　异　读

一、文白异读

绥德方言的文白异读现象并不普遍，只有沿河区有比较复杂的文白异读，城区话等除了果假蟹摄、曾梗摄和见系字文白异读较为系统外，其余为个别零星字，表现为残存局面。文白异读都体现在声母、韵母方面，声调方面没有反映。

1. 见系开口二等字，白读为舌根音声母，文读为舌面音声母。如：下 $\underline{xa}^{52}$/$\underline{\varsigma ia}^{52}$，去 $\underline{k^h\gamma}^{33}$/$\underline{t\varsigma^h y}^{52}$，街 $\underline{kai}^{213}$/$\underline{t\varsigma ie}^{213}$，鞋 $\underline{xai}^{33}$/$\underline{\varsigma ie}^{33}$，严 $\underline{\eta æ}^{33}$/$\underline{ie}^{33}$，限 $\underline{xæ}^{52}$/$\underline{\varsigma ie}^{52}$。

2. 部分喻母字有文白两读，白读 iɑ 韵，文读为 ie 韵。如：爷 $\underline{ia}^{213}$/$\underline{i}^{33}$/$\underline{ie}^{33}$，也 $\underline{ia}^{213}$/$\underline{ie}^{213}$。

3. 止摄两字有文白两读。如：肥 $\underline{\varsigma i}^{33}$/$\underline{fei}^{33}$，尾 $\underline{i}^{213}$/$\underline{vei}^{213}$。

4. 受普通话的影响，近年来又产生了新的文白异读，但数量不多。如：恋联 $\underline{lye}^{33}$/$\underline{lie}^{33}$，角 $\underline{t\varsigma ie}^{33}$/$\underline{t\varsigma ye}^{33}$，略掠 $\underline{lie}^{33}$/$\underline{lye}^{33}$。这类文白异读虽然出现时代很晚，但作为新文白异读是无疑的。

二、新老异读

绥德方言语音的新老差异较小。声母基本相同，单字调及连读变调规律也相同，差异集中在韵母方面。

1. 音值

（1）新派 t tʰ n 与 u 相拼时双唇略带滚动。与老派相比，滚动程度略轻。

（2）老派的 ɑ iɑ uɑ 韵，新派读 A iA uA，音值趋近普通话。

（3）老派的 uo 韵，新派读 uə 韵，唇形略展。

2. 文读音

（1）部分见系开口二等字，老派只有白读音，新派产生文读音。如新派：街 $\underline{kai}^{213}$

/tɕie²¹³，鞋 xai³³/ɕie³³。

（2）部分假开三、蟹开二、咸开四入声字，老派读 i 韵，新派产生文读音 ie 韵。如新派：写 ɕi²¹³/ɕie²¹³，戒 tɕi⁵²/tɕie⁵²，碟 ti³³/tie³³。

伍 儿化音变

绥德方言共 40 个韵母，除了 ɿ ər ya 以外的 37 个韵母都有儿化读音，归纳起来，共 26 个儿化韵。有两个字只有儿化韵母，没有本韵："鹿儿"，读 luər⁵²；"卒儿"，读 tsuər⁵²。见表 3-5。

表 3-5 绥德方言儿化韵与基本韵母对应表

儿化韵	基本韵母	例　　词
ər	ɿ	瓜子儿　扭丝儿　字儿
	ʅ	水池儿
	ə	墨盒儿　勺儿　鸽儿
	ei	香味儿　刀背儿　哞儿牛
	əʔ	小吃儿　直直儿　软石儿
iər	i	鞋底儿　猪蹄儿　小米儿
	ie	树叶儿　羯儿　前儿
	iəʔ	影壁儿　凉席儿　老七儿
	iɣ	
uər	uei	裤腿儿　墨水儿　锥儿
	uəʔ	绿绿儿　鹿儿　杏核儿
	uɣ	
yər	ye	口诀儿　卷儿　眼圈儿
	yəʔ	小曲儿　足足儿
	yɣ	
ur	u	牛肚儿　兔儿　看 kʰæ²¹³乎儿差点儿
yr	y	窄玉儿　鱼儿　锯儿
ɐr	ɑ	一沓儿　打耷儿　刀把儿
iɐr	iɑ	豆芽儿　抿夹儿　碗架儿

续表

儿化韵	基本韵母	例　词
uɐr	ua	马褂儿　小瓜儿　花儿
ɯr	ɯ	唱歌儿　底坑儿　根儿
uor	uo	被窝儿　罗锅儿　钢磨儿
ɛr	ai	鞋带儿　瓶盖儿　刘海儿
uɛr	uai	一块儿
aor	ao	桃儿　枣儿
iɔr	iɤ	树苗儿　雀儿
əur	əu	菜豆儿　心口儿　门楼儿
iəur	iəu	皮球儿　加油儿
ær	æ	花瓣儿　秆儿　案儿
uær	uæ	茶馆儿　官儿
ɑ̃r	ɑ̃	鞋帮儿　仿儿　偏旁儿
iɑ̃r	iɑ̃	门箱儿　缰儿　街墙儿
uɑ̃r	uɑ̃	碌床儿　疮儿　筐儿
ɣr	əɣ̃	锣儿　缝儿　秤儿
iɣr	iəɣ̃	背心儿　瓶儿　秤星儿
uɣr	uəɣ̃	门洞儿　空儿　冰棍儿
yɣr	yəɣ̃	车轮儿　裙儿　小熊儿

陆　其他主要音变

一、变韵与变调

绥德方言的变韵、变调主要是出现在一些特定的词语中，用下划线"＿"表示。

1. 变韵

磷黄 liəɣ̃→lyəɣ̃³³ xuɑ̃⁰，人七儿 正月初七 zəɣ̃²⁴ tɕʰiɤ⁰→zəɣ̃³³ tɕʰiəɣ̃ r⁰，天每儿 tʰie²⁴ meir⁰→məɣ̃ r⁰，白日 pi³³ zz̩ʔ⁰→zəɣ̃⁰，荒地 xuɑ̃²⁴ti⁵³→xuo²⁴ti⁵³，桑葚 sɑ̃²⁴ ʂəɣ̃⁰→sɑ̃²⁴ ɕiəɣ̃⁰，约莫 ie³³ məʔ⁰→iəɣ̃³³ məɣ̃⁰，丈母 tʂɑ̃⁵³ mu⁰→tʂɑ̃⁵³ məɣ̃⁰。

2. 变调

这里说的变调是指不符合连调模式而发生的特殊变调。例如（特殊变调用下划线表示）：绢罗 tɕye⁵²lə ɣ̃³³，可好正好 kʰɯ⁵²xao⁰，平斤镑子 pʰiə ɣ̃³³tɕiə ɣ̃⁵²，年时 nie³³sʅ⁵²，酸枣 suæ²¹tsao⁵²，门帘 mə ɣ̃³³lie⁵²，以先开始,最初 i⁵²ɕie⁰。

二、弱化、合音与分音

1. 弱化

绥德方言弱化的情况大致分为两种类型：一类是主要元音央化，例如：肩膀 tɕie²⁴pə⁰、姑夫 ku²⁴fə⁰、姨夫 i³³fə⁰；一类是后一音节的韵母弱化为零，只余声母，例如：意思 i⁵²s⁰，豆腐 təu⁵²f⁰，螺丝 lə ɣ̃³³s⁰，吊死鬼 tiɔ⁵²s⁰kuei⁰。

2. 合音

绥德方言的合音用例，从语法角度看，可以分为词的合音与非词的合音两类。词的合音是指词的内部合音，也就是语素之间的合音。非词的合音又分为短语合音与跨短语合音两类。短语合音是指词和词、词和短语的合音。跨短语的合音是指前一词或短语的后字与后一词或短语的前字发生的合音。

词的合音，如：不依 pəʔ⁵i²¹³→□pei²¹³，不要 pəʔ³iɔɣ⁵²→覅 piɔɣ⁵²/puo⁵²（后一音仅限于城区名州镇），不应 pəʔ³iə ɣ̃⁵²→□piə ɣ̃⁵²，作摩 tsɑ²¹³mɑ³³→咋 tsuɑ²¹³，这么 tʂəʔ³muo³³→□tʂəu²¹³，那么 nəʔ³muo³³→□nəu²¹³，媳妇子 ɕiəʔ³fu⁵²tsəʔ⁰→□子 ɕiəu³³tsəʔ⁰，木耳 məʔ³ər²¹³→□mər⁵²。

短语的合音，如：我的 ŋɑ²¹³təʔ³→ŋəʔ³，你的 ni²¹³təʔ³→niəʔ³，他的 tʰɑ²¹³təʔ³→tʰəʔ³，那日 nei⁵²ʐər³³→nər⁵²。

跨短语的合音，如：我二（舅/姨等）ŋɑ²¹³ ər⁵²→ŋər⁵²，你二（妈/姐等）ni²¹³ ər⁵²→niər⁵²，他二（舅）tʰɑ²¹³ ər⁵²→tʰər⁵²，这一 tʂɑ²¹³iəʔ³→tʂəʔ³/tʂei⁵²，那一 nɑ²¹³iəʔ³→nəʔ³/nei⁵²。以上合音例中，人称代词"我、你、他"与"二"的合音，只限于跟亲属称谓词搭配，如"我二舅"，即我的二舅。

3. 分音

绥德方言和晋语其他点一样，词汇中有大量的分音词。例如：

卜-：卜拉 pəʔ²¹lɑ²¹³ 扒，卜烂 pəʔ⁵læ⁵² 绊

的-：的溜 təʔ²¹liəu²¹³ 提，的揽 təʔ²¹læ²¹³ 耷拉

圪-：圪料 kəʔ³liɔɣ⁵² 翘，圪柳 kəʔ²¹liəu²¹³（东西）不直

忽-：忽噜 xuəʔ³lu⁵² 糊涂、昏厥

骨-：骨联 kuəʔ³lye³³ 蜷，骨隆 kuəʔ⁵luə ɣ̃⁰ 桶状物

窟-：窟链 kʰuəʔ³lie⁵² 圈，窟揽 kʰuəʔ²¹læ²¹³ 环

第四节　吴堡方音

调查人　贺雪梅

壹　概　况

一、调查点

吴堡县位于陕西省东北，榆林市东南部，地处东经 110°32′32″~110°47′04″，北纬 37°26′25″~37°43′01″ 之间。北靠佳县，西接绥德，东临黄河，与山西省临县、柳林相望。南北长 30.4 公里，东西宽 26.8 公里，总面积 420.8 平方公里。属陕北黄土高原丘陵沟壑区。吴堡县扼秦晋之交通要冲，自古就是兵家必争的战略要地，是陕北通往华东、华北的桥头堡。

据考古资料记载，旧石器时代中期，吴堡境内已有先民活动。五代十国时期，广顺元年（951）修吴堡水寨，自此始有"吴堡"的名称。1940 年 2 月 28 日，吴堡军民赶走国民党县政府官员，建立了民主政权。1957 年 11 月，撤销吴堡县，辖地并入绥德县。1961 年 8 月，恢复吴堡县，属榆林专区，此后归属未变。全县辖 5 镇、1 个街道办事处、104 个行政村、3 个居民社区。总人口 8.4 万人，县城居住人口 3 万人。汉族为主。①

吴堡方言属于晋语吕梁片汾州小片。吴堡辖自东往西，横沟、槐树港、前胡家山、东王家山、车家塬、深砭墕、斜侧、高家庄一线以北说上吴堡方言，以南说下吴堡方言。县城所在地宋家川镇的口音属于下吴堡方言。上下吴堡方言的主要区别有以下几点：(1) 部分果摄合口字上吴堡读 ɤu 韵，下吴堡读 u 韵，如"果、锅、过"，上吴堡说 kɤu，下吴堡说 ku；(2) 蟹摄开口四等透母、定母平声字，如"梯、体、剃、提"，上吴堡念 tʰɛ，下吴堡念 tʰi；(3) 有些词语上下吴堡说法不同。

地方曲艺主要是信天游、跑旱船、说喜辞。其中信天游流传最广，在张家墕一带有很多民间艺人。跑旱船是沿河一带的曲艺形式，主要以演为主。说喜辞是红白喜事中常见的口头文化，最早的表演者多为乞丐。

二、方言发音人

老男：辛芳发，吴堡县宋家川街道郭家庄村人，高中文化，农民。只说下吴堡方

---

① 来源于吴堡县人民政府网（2020 年 4 月 21 日更新）。

言。1957年2月出生；1957年至1963年在郭家庄村生活；1963年至1971年在郭家庄小学上学；1971年至1973年在宋家川街道枣塌村读初中；1973年至1975年在吴堡县城读高中；1975年高中毕业后在郭家庄村生活，期间有7年在村小学、枣塌中学当民办教师。现为村委员会会计。父亲、配偶是宋家川街道郭家庄人，母亲是宋家川街道下高庄村，都只会说下吴堡方言。

青男：王慧龙，吴堡县宋家川街道办郭家腰村人，初中文化，民间歌手。会说普通话、下吴堡方言，平时主要说下吴堡方言。1983年8月在吴堡宋家川镇郭家腰村出生并生活了六年；1989年8月至1993年6月在郭家腰村读小学。1993年9月至1994年7月在郭家沟读初中；1994年8月至1995年8月辍学在家；1995年9月至1997年12月在榆林百花艺校学习两年；1998年至今在吴堡县城生活。父亲是吴堡县宋家川街道办郭家腰村人，母亲是吴堡县宋家川街道办后塌村人，都只会说下吴堡方言。

口头文化发音人1：张建军，男，吴堡县宋家川街道办张家塌村人，1958年2月出生，高中文化，农民。

口头文化发音人2：辛芳发，男，吴堡县宋家川街道办郭家庄村人，1957年2月出生，高中文化，农民。

口头文化发音人3：王慧龙，男，吴堡县宋家川街道办郭家腰村人，1983年8月出生，初中文化，农民。

贰　声韵调

一、老男音系

1. 声母25个，包括零声母在内

p	帮兵病	p^h	派片爬	m	麦明			f	飞风副蜂肥饭
t	多东毒	t^h	讨天甜毒	n	脑南你			l	老蓝连路
ts	资早租字贼坐争纸竹柱装主	ts^h	刺草寸清祠茶抄初床春船			s	丝三酸事山双顺书谢	z	软
tʂ	张	$tʂ^h$	抽拆城			ʂ	手十	ʐ	热
tɕ	酒九	$tɕ^h$	全轻权	ȵ	年泥	ɕ	想谢县肥		
k	高共	k^h	开	ŋ	熬安	x	好灰活		
∅	味问月温王云用药								

说明：

（1） m n ŋ 带有同部位的浊塞音成分，严式记音应为 m^b n^d ŋ^g。

（2）送气塞音的送气较强，除阻后送气成分一直与韵母相伴随，能听到喉部的摩擦声，p^h t^h k^h 实际音值是 pχ tχ kχ。其中在入声字中最强、最明显。

（3） ts ts^h s 与合口呼韵母相拼时，舌位靠后，舌面前与上颚略有接触。

（4） tʂ tʂ^h ʂ z 同开口呼韵母相拼时，主动发音部位是舌尖，被动发音部位是后龈。发音时舌体后缩，舌尖略翘，对准龈脊后面的部位。听感上带卷舌色彩，和普通话的舌尖后音相同。这组声母与齐齿呼 ie 韵相拼时实际音值是舌叶音 tʃ tʃ^h ʃ ʒ，介音 i 的实际发音是 ɪ。

（5） k k^h ŋ x 同 ie 韵拼合时的音值是 c c^h ɲ ç。

2. 韵母 41 个，不包括儿化韵

ɿ	师丝试	i	米戏	u	过苦猪王	ʉ	雨
ər	二						
ɑ	茶	iɑ	牙写	uɑ	瓦	yɑ	靴横
		ie	年			ye	权
o	宝饱	io	交表				
ɤ	半	iɤ	笑桥学	uɤ	短官		
ae	开排鞋赔	iae	街	uae	对快		
εe	飞写星升			uεe	鬼兄		
ɑo	豆走	iɑo	油六				
ɯu	歌	iɯu	响	uɯu	坐床双		
ã	南山糖	iã	讲	uã	王		
əŋ	深根灯升争	iəŋ	心新硬星	uəŋ	寸滚春横东	yəŋ	云兄用
ɑʔ	盒塔法辣八托色	iɑʔ	鸭	uɑʔ	刮	yɑʔ	角
əʔ	十热壳直尺	iəʔ	接帖急节七一药学北白锡	uəʔ	活骨出郭国谷绿五	yəʔ	月橘局

说明：

（1） ʉ 为圆唇音，慢读时有一个从前到后的动程，实际音值接近 yu。与其他声母拼读时，偶尔会丢失 u。

（2） ɑ 在 ɑ iɑ uɑ yɑ ɑo iɑo ɑʔ iɑʔ uɑʔ yɑʔ 等韵中的音值是标准的 ɑ，在 ae iae 韵中的音值是 a。

（3） ã iã uã yã 等韵母中主要元音的音值为 a，鼻化色彩很重。

（4） ə 在 əʔ uəʔ 韵中音值为 ə，在 iəʔ yəʔ 中音值为 ε。

（5） εe 组韵母的实际音值为 Ee，韵基部分动程很小。

（6） uɤu 是很特殊的韵母，u 既当介音，又作韵尾。作介音时时长很短。

（7） ie ye 韵的韵腹比 e 还高，是 ɪ。

3. 单字调6个

阴平 213	东该灯风通开天春冻
阳平 33	门龙牛油铜皮糖红
上声 412	懂古鬼九统苦讨草买老有寸
去声 53	动罪近后冻怪半四痛快寸去卖路硬乱洞地饭树六
阴入 3	谷百搭节急哭拍塔切刻毒
阳入 213	麦叶月毒₁白罚盒五去

说明：

（1）吴堡阴平和上声调型相同，都为曲折调，缓读时为两折调。

（2）阳平实际读音为升降调，接近343，但起点和收音时长都很短，故仍记为平调33。

（3）入声分阴阳。阴入字喉塞音成分很强，读得短而促；阳入字调型同阴平，时长较长，但喉塞音成分并未消失。

二、青男音系

1. 声母25个，包括零声母在内

p	帮兵病	pʰ	派片爬	m	麦明	f	飞风副蜂肥饭		
t	多东毒	tʰ	讨天甜毒	n	脑南你			l	老蓝连路
ts	资早租字贼坐争纸竹柱装主	tsʰ	刺草寸清祠拆茶抄初床春船			s	丝三酸事山双顺书谢	z	软
tʂ	张	tʂʰ	抽车城			ʂ	手十	ʐ	热
tɕ	酒九	tɕʰ	全轻权	ȵ	年泥	ɕ	想谢县肥		
k	高共	kʰ	开	ŋ	熬安	x	好灰活		
∅	味问月温王云用药								

2. 韵母41个，不包括儿化韵

ɿ	师丝试	i	米戏	u	过苦猪王	y	雨
ər	二						
ɑ	茶	iɑ	牙写	uɑ	瓦	yɑ	靴横

		ie	盐			ye	权
o	宝饱	io	交表				
ɤ	半	iɤ	笑桥<u>学</u>	uɤ	短官		
æ	开排鞋赔	iæ	街	uæ	对快		
ɛ	飞写病星<u>升</u>			uɛ	鬼<u>兄</u>		
ɑo	豆走	iɑo	油六				
ʊ	歌	iʊ	响	uʊ	坐床双		
ã	南山糖	iã	讲	uã	王		
əŋ	深根灯升争	iəŋ	心新硬<u>星</u>	uəŋ	寸滚春横东	yəŋ	云<u>兄</u>用
aʔ	盒塔法辣八托色	iaʔ	鸭	uaʔ	刮	yaʔ	角
əʔ	十热壳直尺	iəʔ	接帖急节七一药<u>学</u>北白锡	uəʔ	活骨出郭国谷绿五	yəʔ	月橘局<u>学</u>

3. 单字调6个

阴平 213	东该灯风通开天春<u>冻</u>
阳平 33	门龙牛油铜皮糖红
上声 412	懂古鬼九统苦讨草买老有
去声 53	动罪近后冻怪半四痛快寸去卖路硬乱洞地饭树六
阴入 3	谷百搭节急哭拍塔切刻<u>毒</u>
阳入 213	麦叶月<u>毒</u>白罚盒五<u>去</u><u>冻</u>

叁　连读变调

吴堡城区话老派、新派连读变调相同。

一、非重叠两字组连读变调

吴堡城区话共6个单字调，两相组合，共形成36个两字组。下面列表反映吴堡方言两字组的连读变调情况。变调字体加粗表示。

表 4-1　吴堡方言非叠字两字组连读变调表

前字＼后字	阴平 213	阳平 33	上声 412	去声 53	阴入 3	阳入 213
阴平 213	24+213 开春	21+33 山羊	24+41 烧酒	21+53 天气	21+3 心急	24+213 跟集
阳平 33	33+213 洋灰	33+33 煤油	33+41 芫荽	33+53 河畔	33+3 阳历	33+213 行月
上声 412	41+213 牡丹	41+33 往年	24+41 老虎	41+53 韭菜	41+3 古历	24+213 满月
去声 53	53+213 订婚	53+33 化脓	53+41 正手	53+53 面相	53+3 教室	53+213 大麦
阴入 3	21+21 扎针	3+33 石油	4+41 出女	3+53 脊背	3+3 吸铁	4+213 吃药
阳入 213	21+213 麦秸	21+33 月明	4+41 侄女	21+53 月尽	21+3 墨汁	4+213 十五

吴堡方言 36 组非重叠两字组中，有 21 组发生了变调，全部是前字变调。在连调中，前字位置上产生了 24、21、41、4、21 等 5 个新调值。

在这 36 组两字组中，经过连读变调的整合，"阴平+上声、上声+上声"合并为 24+412，"阴平+阳入、上声+阳入"合并为 24+213，"阴入+阴平、阳入+阴平"合并为 21+213，"阴入+上声、阳入+上声"合并为 4+412，共减少了 5 组连读变调，还剩有 31 组。总体上看，吴堡方言连读变调中，声调的归并程度并不高。

值得注意的是入声的变化：第一，在前字位置上的阴入和阳入有 3 组发生中和，读成同一调值，其中有 2 组是阳入变读阴入；第二，阴入字位于前字位置时读得短促，位于后字位置时，尤其是舒声字的后字位置时，读得舒缓，有的甚至接近阳平调，喉塞尾比单字音和前字位置时要松，在舌位低、开口度大的 a 组韵母中表现更甚。

二、叠字两字组连读变调

在叠字两字组变调中，除"阳入+阳入"外，其他调后字都变为轻声 21 调，统一记为 0；前字位置上的阴平变为 24 调，上声变为 41 调；阴入在前字位置上变为短调 4。阳入前字位置变为 21 调，后字失去喉塞尾，调值不变，依旧读 213 调。见表 4-2，变调字体加粗表示。

表 4-2　吴堡方言叠字两字组连读变调表

后字 前字	阴平 213	阳平 33	上声 412	去声 53	阴入 3	阳入 213
阴平 213	24+0 亲亲					
阳平 33		33+0 爷爷				
上声 412			41+0 姐姐 41+213 毯毯			
去声 53				53+0 舅舅		
阴入 3					4+0 伯伯	
阳入 213						21+213 勺勺

三、轻声变调

吴堡方言轻声变调和两字组重叠变调类似，后字都变为 21 调。前字阴平、上声变为 24 调，入声不论阴阳都是短调 4。

表 4-3　吴堡方言轻声变调表

前字 后字	阴平 213	阳平 33	上声 412	去声 53	阴入 3	阳入 213
轻声	24+0 刀子 淹了	33+0 年时 罗子	24+0 耳朵 冷子	53+0 被子 扫帚	4+0 桌子 黑了	4+0 腊月 叶子

肆　异　读

一、文白异读

1. 古全浊声母在吴堡方言中全部清化，清化后基本遵循着平声送气、仄声不送气的规律，但部分入声字今声母白读送气，文读不送气。如：碟 $t^hiəʔ^{213}/tiəʔ^3$，集 $tɕ^hiəʔ^{213}/tɕiəʔ^3$。

2. 部分古见系开口二等字，白读保留舌根音声母 k kʰ x，部分字有文读音，声母是舌面音声母 tɕ tɕʰ ɕ，如：孝 $xo^{53}/ɕio^{53}$。咸山摄见系开口一等字恰好相反，白读音舌面音，文读音舌根音。如：汉 ɕie⁵³/xã⁵³。

3. 蟹止摄合口三等部分字，白读 ʉ 韵，文读 uɛɛ 韵。如：围 ʉ̠³³/uɛɛ³³。

4. 部分宕摄字，白读为复元音韵母 ʏu iʏu，文读为鼻化韵 ã。如：亮 liʏu⁵³/liã⁵³，放 fʏu⁵³/fã⁵³。

5. 部分曾梗摄开口舒声字，白读 ɛɛ、iɑ 或 i，文读 əŋ iəŋ 韵。如：升 ʂɛɛ²¹³/ʂəŋ²¹³，棚 pʰiɑ³³/pʰəŋ³³，影 i⁵³/iəŋ⁴¹²。

二、新老异读

吴堡方言新老派语音差异较小。比较而言，韵母方面差别略大，声母和声调方面差异较小。新派更多地受到共同语影响。

1. 遇合一精组字，老派读 ɑo 韵，新派读 u 韵。如（前老后新，下同）：租 tsɑo²¹³/tsu²¹³。遇合三字，老派读 ʉ 韵，新派则读 y 韵。如：女 nʉ⁴¹²/ny⁴¹²，徐 ɕʉ³³/ɕy³³。

2. 假开三有 iɑ ɛɛ 两层白读音，个别字只有新派读 ɛɛ。如：写。

3. 山开一个别字，老派读 ie，新派读 ã。如：汗 ɕie⁵³/xã⁵³。山开二部分字，老派读鼻化音，新派韵母已无鼻化特征。如：限 ɕiã⁵³/ɕie⁵³。

4. 新派受普通话影响，出现文白异读。如：抱 pu⁵³/po⁵³；官 kuʏ²¹³/kuã²¹³。

5. 部分宕摄字，老派读纯元音韵母，新派读鼻化韵。如：旺 u⁵³/uã⁵³，伤 ʂʏu²¹³/ʂã²¹³。

6. 个别入声字，老派读低元音，新派读央元音。如：盒 xɑʔ²¹³/xəʔ²¹³。入声还有一个值得注意的现象是老派属于阳入的字，新派读阴入。如：夺 tʰuəʔ²¹³/tʰuəʔ³。

7. 部分疑影母字，老派读零声母，新派读 z 母。如：荣容 yəŋ³³/zuəŋ³³。

8. 新派声调受普通话影响，个别字增加了声调。如：派，老派只有上声读法，新派有上、去两种读法。

伍 儿化、小称音变

一、儿化音变

1. 儿化韵

吴堡方言 41 个韵母，除 ər iɑe 外，有 39 个韵母有儿化音变，儿化后变为 22 个儿化韵，归并幅度较大。在卷舌的过程中，多组韵母的韵腹中和为央元音。儿化音变具体音值见表 4-4。

表 4-4　吴堡方言儿化韵与基本韵母对应表

儿化韵	基本韵母	例　词
ɐʴ	ɑ	刀把儿　打岔儿
	ã	馅馅儿　偏旁儿
	ɑʔ	一沓儿　搭儿
iɐʴ	iɑ	豆芽儿　杏儿
	iã	眼眼儿
	iɑʔ	马甲儿
uɐʴ	uɑ	马褂儿　瓜儿
	uã	拐弯儿　耳环儿
	uɑʔ	鸡翅刷儿掸子
yɐʴ	yɑ	圪卷儿泥土等搓成的卷状的东西
	yɑʔ	角儿一种面食
ɤʴ	ɤ	山蔓儿　一半儿
iɤʴ	iɤ	雀儿　苗儿
uɤʴ	uɤ	饭馆儿　门钻儿
ɚ	ɿ	瓜子儿　泥匙儿
	ɑe	鞋带儿　瓶盖儿
	ɛe	鞋底儿　钉钉儿
	əŋ	串门儿　水坑儿
	əʔ	木鸽儿
iɚ	ie（非 tʂ 组）	杆杆儿　一件儿
	iəŋ	背心儿　皮筋儿
	iəʔ	笔儿　凉席儿
uɚ	uɑe	裤腿儿　一对儿
	uɛe	鞋柜儿　秤锤儿
	uəŋ	瓷瓮儿　门洞儿
	uəʔ	绿绿儿　鹿儿

续表

儿化韵	基本韵母	例　词
yər	ye	眼圈儿　窑旋儿
	yəŋ	小熊儿　俊儿人名
	yəʔ	小曲儿　卒儿象棋名
or	o	袄儿　号儿
ior	io	鸟儿
ʅr	ie（tʂ组）	秋蝉儿　伏蝉儿知了
aor	ao	菜豆儿　心口儿
iaor	iao	皮球儿　朋友儿
ɣur	ɣu	歌儿　草房儿
iɣur	iɣu	羊儿　山羊儿
uɣur	uɣu	锁儿　石床儿
iɪr	i	猪蹄儿　小米儿
ur	u	裤儿　锅儿
ʉr	ʉ	鱼儿　锯儿

2. 儿化变调

阴平、上声、去声、阳入儿化后保留原调，部分阳平儿化后变去声 53 调；阴入儿化后读阳平 33 调或去声 53 调；个别阳入字儿化后按照阴入字变去声 53 调。分别举例如下：

阴平 213+儿→213：水沟 suɛɛ⁴¹kəur²¹³　荷花儿 xɣu²⁴xuɐr²¹³

阳平 33+儿→53：明儿 mər⁵³　钱儿 tɕʰiər⁵³　桃儿 tʰor⁵³

上声 412+儿→412：枣儿 tsor⁴¹²　口儿 kʰaor⁴¹²

去声 53+儿→53：杏儿 ɕiɐr⁵³　后儿 xaor⁵³　帽儿 mor⁵³

阴入 3+儿→33：磨黑儿 mɣu⁵³xər³³　锯末儿 tɕʉ⁵³mər³³

　　　　→53：木耳 mər⁵³　卒儿 tɕʰyər⁵³

阳入 213+儿→213：竹叶儿 tsuəʔ³iər²¹³

　　　　→53：踏实儿 tʰaʔ³ ʂər⁵³

二、小称音变

吴堡方言表达小称主要是通过词根的重叠来实现的，重叠的后字阳入字读213调，其余一律读轻声。

阴平+阴平24+0：刀刀 to^{24}to^{0}

阳平+阳平33+0：瓶瓶 p^{h}εe^{33}p^{h}εe^{0}

上声+上声41+0：手手 ʂao^{41}ʂao^{0}

去声+去声53+0：缝缝 fəŋ^{53}fəŋ^{0}

阴入+阴入4+0：塞塞 ɕiəʔ^{4}ɕiəʔ^{0}

阳入+阳入21+213：盒盒 xɑʔ^{21}xɑʔ^{213}

第五节　清涧方音

调查人　贺雪梅

壹　概　况

一、调查点

清涧县位于黄河陕晋峡谷西岸，延安、榆林交界及无定河、黄河交汇处。地处东经109°55′27″~110°38′50″、北纬36°57′30″~37°25′，东西长95公里，南北宽55公里。全县总面积为1881平方公里。

宋元丰七年（1084）设青涧城。元符二年（1099）隶绥德军。金大定二十二年（1182），青涧城升为青涧县，隶鄜延路绥德州。明洪武四年（1371）县名改为清涧。

2019年，辖石嘴驿、折家坪、宽州、李家塔、店则沟、解家沟、高杰村、玉家河、下二十里铺9镇，双庙河、老舍窠、石盘、郝家墕和乐堂堡5个便民服务中心和秀延街道办事处。2019年年末，辖区户籍人口21.3364万人，汉族为主。[①]

清涧方言属于晋语吕梁片汾州小片，内部差异较大，大体可以分为3小片：以城关宽州镇为中心，通行于县境中部、南部以及延川县贺家湾（原属清涧县辖）一带，是清涧的代表方言，地理分布面积大。以店则沟、安石崄、安则畔为界，往东为东区话，包括解家沟、石盘、二郎山及高杰村个别村。这一片方言与沿河的吴堡、佳县南区、绥德沿河区一致性强，与对岸山西方言关系密切。九里山以西至郝家墕半条街为一片，为西区话，与晋语五台片一致性较强。除以上3片外，清涧与绥德、子长、子洲接壤的部分村说五台片方言，如解家沟党家川、店则村马家西沟、李家塔崖腰沟、郝家墕曹家塌以北的区域说绥德话；折家坪井道咀以西的李家咀、代家坪说子长话；寺贺墕说子洲话；因为使用人口少，不再单独分片。

清涧道情最早是用演奏音乐的方式宣传道教教义，后与酒曲、爬山调、哭人调进行融合，逐渐形成了现在的"道情"。其特点是以唱腔为主，间以宾白。伞头秧歌是以手执花伞者领头舞蹈和演唱的秧歌。领舞歌唱的称为"伞头"，肩负着指挥全局、调动情绪、编排节目、评论演出以及秧歌队对外交往的一系列职责。

---

①来源于清涧人民政府网（2020年4月1日更新）。

二、方言发音人

老男：陈高清，清涧县宽州镇柏树圪村人，中专文化，教师。只说清涧城区话。1952 年 9 月在清涧县宽州柏树圪村出生并度过了学前时光，1960 年至 1964 年在宽州镇麻谷岔小学上学，1965 年至 1967 年在宽州镇大岔则中学上学；1968 年至 1970 年在清涧县中学上高中；1971 年至 1992 年任宽州镇民办教师，1993 年至 2012 年在宽州镇小学任校长。父亲是宽州柏树圪村人，母亲是李家塔村人，配偶是清涧宽州镇村人，都只会说清涧城区话。

青男：惠存昕，清涧县宽州镇东街人，大学本科，公务员。会说普通话、清涧城区话，平时主要说清涧城区话。1986 年 6 月生于清涧县宽州镇东街；1986 年至 2007 年在清涧县城生活，上幼儿园、小学、中学；2007 年至 2010 年在延安大学上学；2014 年至今，在清涧县城工作，后调任县委宣传部。父亲是清涧县东街人，母亲是清涧县宽州镇石台寺村人，配偶是清涧县宽州镇城关人，都只会说清涧城区话。

口头文化发音人 1：白明理，男，清涧县李家塔镇郝家畔村人，1944 年 10 月出生，初中文化，农民。

口头文化发音人 2：曹宏信，男，清涧县双庙乡进家渠村人，1956 年 5 月出生，高中文化，农民。

口头文化发音人 3：王进兰，女，清涧县宽州镇赤土沟村人，1961 年 12 月出生，初中文化，农民。

贰　声韵调

一、老男音系

1. 声母 27 个，包括零声母在内

p	帮兵病	pʰ	派片爬病	m	麦明	f	飞风副蜂肥饭	v	味问
t	多东毒	tʰ	讨天甜毒	n	脑南	nz	你			l	老蓝连路
ts	资早租贼争纸	tsʰ	刺草寸字坐祠拆茶抄			s	丝三酸事山肥	z	泥
tʂ	张竹装主	tʂʰ	抽柱初床车春船城			ʂ	双顺手书十	ʐ	热软
tɕ	酒九	tɕʰ	清全轻权	ɲ	年	ɕ	想谢县		
k	高共	kʰ	开	ŋ	熬安	x	好灰活		
∅	月温王云用药								

说明：

(1) n ŋ 带有同部位的浊塞音成分，严式记音应为 n^d ŋ^g。
(2) tʂ tʂʰ ʂ z 实际发音舌尖略靠后。
(3) k kʰ x 在细音韵母前实际读音为 c cʰ ç。
(4) 零声母除开口呼韵母外，开始都有与介音同部位的轻微摩擦。
(5) nz 只有一个字"你"。

2. 韵母 39 个，不包括儿化韵

ɿ	米师丝试戏			ʮ	雨		
ʅ	制世知迟			ʯ	猪		
ər	二			ʋ	苦五		
		i	写盐年病星接帖节药学白	u	坐过半短官郭	y	靴权兄月
ɑ	茶塔法辣八	iɑ	牙鸭	uɑ	瓦刮	yɑ	瘸
ɛ	南山半	ie	也	uɛ	短官		
ɣ	盒热托壳色			uɣ	活国		
ɯ	歌	iɯ	娘想				
ai	开排鞋赔			uai	对快		
ei	飞			uei	鬼		
ɔu	宝饱	iɔu	笑桥				
əu	豆走	iəu	油六				
õ	糖	iõ	响讲	uõ	床王双		
əɣ̃	深根灯升争横	iɣ̃	心新硬病星	uəɣ̃	寸滚春东	yəɣ̃	云兄用
əʔ	十北直尺	iəʔ	急七一锡	uəʔ	骨出谷绿国	yəʔ	橘局

说明：

(1) ɿ 舌尖与上齿龈接触紧，摩擦较强。和唇音声母相拼时略松，摩擦略小。
(2) ʮ 开始时唇形略展，收尾有滑向 u 的趋势。
(3) ʯ 唇形较展，上齿接触下唇，唇齿音色彩较强，实际音值为 ʯu。
(4) ʋ 为唇齿半元音。上齿接触下唇较松，舌面下塌，口腔内最大限度地保留空腔。在和双唇音相拼时，上齿后收，接触下唇壁，唇形展，带有 w 的色彩。
(5) ie 是"也"的文读音，仅辖此一字。
(6) ɣ 的舌位略高，接近 ɯ。
(7) ə 在 iəu 中一滑而过，iəu 的实际音值为 iᵊu。ə 在入声韵中实际发音略低、略前。
(8) õ 组中鼻化音色彩很轻；əɣ̃ 组的鼻化音色彩较强。

3. 单字调6个

阴平 312	东该灯风通开天春冻
阳平 24	门龙牛油铜皮糖红白罚盒
上声 53	懂古鬼九统苦讨草寸买老五有百搭节拍塔切刻麦叶月
去声 42	动罪近后冻怪半四痛快去卖路硬乱洞地饭树六
阴入 54	谷急哭毒去
阳入 43	集习直十

说明：

阴入起点与上声接近，实际音值为53，为了区别于上声，记为ʔ54。

二、青男音系

1. 声母27个，包括零声母在内

p	帮兵病	pʰ	派片爬病	m	麦明	f	飞风副蜂肥饭	v	味问
t	多东毒	tʰ	讨天甜毒	n	脑南	nz	你	l	老蓝连路
ts	资早租贼争纸	tsʰ	刺草寸字坐祠拆茶抄			s	丝三酸事山肥	z	泥
tʂ	张竹装主	tʂʰ	抽柱初床车春船城			ʂ	双顺手书十	ʐ	热软
tɕ	酒九	tɕʰ	清全轻权	ȵ	年		ɕ	你想谢县		
k	高共	kʰ	开	ŋ	熬安		x	好灰活		
∅	月温王云用药								

2. 韵母39个，不包括儿化韵

ɿ	米师丝试戏			ʯ	雨		
ʅ	制世知迟			ʮ	猪		
ər	二			ʊ	苦五		
		i	写盐年病星接帖节药学白	u	坐过半短郭活	y	靴权兄月
a	茶塔法辣八	ia	牙鸭	ua	瓦刮	ya	瘸

续表

ɛ	南山半	ie	也			uɛ	短		
ɤ	热色					uɤ	国		
ɯ	歌盒托壳	iɯ	娘想						
ai	开排鞋赔					uai	对快		
ei	飞北					uei	鬼		
ɔ	宝饱	iɔ	笑桥						
əu	豆走	iəu	油六						
ã	糖	iã	响讲			uã	床王双		
əɣ̃	深根灯升争横	iəɣ̃	心新硬病星			uəɣ̃	寸滚春东	yəɣ̃	云兄用
əʔ	十直尺	iəʔ	急七一锡			uəʔ	骨出谷绿国	yəʔ	橘局

3. 单字调6个

阴平 312	东该灯风通开天春冻
阳平 24	门龙牛油铜皮糖红白罚盒
上声 53	懂古鬼九统苦讨草寸买老五有百搭节拍塔切刻麦叶月
去声 42	动罪近后冻怪半四痛快去卖路硬乱洞地饭树六
阴入 54	谷急哭毒去
阳入 43	集习直十

叁 连读变调

一、非叠字两字组连读变调

清涧方言两字组变调的规律是，阴平作为前字都变调，作为后字在阴平后有时读53调。阳平较稳定，一般不变调。上声在前字时只在部分上声和阴入前读24调，其他字前读原调，在后字时不变调。去声在连读中经常读44调；阴入不变调；阳入前字时变4调，后字不变调。两字组连读变调共产生4种新调值，即24调、31调、44调、4调。变调情况见表5-1，变调用加粗字体表示；有两种以上变调的，按出现频率排列，常见的在前。

表 5-1　清涧方言非叠字两字组连读变调表

前字＼后字	阴平 312	阳平 24	上声 53	去声 42	阴入 54	阳入 43
阴平 312	24+31 洋灰 31+53 花生	31+24 天明	24+53 山药 31+53 烧酒	31+42 家具 31+44 生意	31+54 铅笔 24+54 甘蔗	31+43 跟集
阳平 24	24+31 台风	24+24 拦牛	24+53 凉水	24+44 跑肚 24+42 期限	24+54 毛笔	24+43 凉席
上声 53	53+31 满天	53+24 以前	24+53 水阔 31+53 滚水	53+44 手电 53+42 水地	24+54 有福	53+43 扁食
去声 42	44+31 坐车 42+312 订婚	44+24 验人	44+53 妇女 42+53 稻草	42+44 看病 42+42 算卦 44+44 后背 44+42 唱戏	44+54 教室	44+43 尽力 42+43 预习
阴入 54	54+312 出丧	54+24 日曬	54+53 吃药	54+44 做饭 54+42 黑豆	54+54 一个	54+43 骨殖
阳入 43	4+312 集中	4+24 侄儿	4+53 集体	4+42 籍贯	4+54 独立	4+43 服毒

二、叠字两字组连读变调

在两字叠字组变调中，除"阴平+阴平"外，其他调后字都变为轻声 21 调；入声前字在叠字组中读得短促，阴阳入合流，变为短调 4。

表 5-2　清涧方言叠字两字组连读变调表

前字＼后字	阴平 312	阳平 24	上声 53	去声 42	阴入 54	阳入 43
阴平 312	31+53 亲亲					
阳平 24		24+0 馍馍				
上声 53			53+0 眼眼			
去声 42				42+0 架架 44+0 蛋蛋		
阴入 54					4+0 塞塞	
阳入 43						4+0 席席

三、轻声变调

清涧方言轻声变调和两字组重叠变调类似，后字都变为 21 调。前字阴平变为 31 调，去声在前字多变为 44 调；入声不论阴阳都是短调 4。

表 5-3　清涧方言轻声变调表

前字＼后字	阴平 312	阳平 24	上声 53	去声 42	阴入 54	阳入 43
轻声	31+0 刀子　淹了	24+0 年时　茄子	53+0 耳朵　冷子	44+0 夜里　被子 42+0 后路　扫帚	4+0 喉咙　黑咾	4+0 石头　席子

肆　异　读

一、文白异读

清涧方言有着较为系统的文白异读。大部分的文白两读总是固定在特定的词语里，并不能随意互读。有的文白读分担了多义词的不同义项，实际成了不同的词。韵母的文白异读最多，声母其次，声调最少。韵母有文白异读的韵摄有山摄、咸摄、宕摄、梗摄、曾摄、假摄、蟹摄、遇摄、止摄、效摄。

1. 古全浊声母仄声字，今逢读塞音、塞擦音声母，白读送气，文读不送气。如：杜 $t^h\upsilon^{42}/t\upsilon^{42}$，匠 $t\varcheck{c}^hi\tilde{\mho}^{42}/t\varcheck{c}i\tilde{\mho}^{42}$，截 $t\varcheck{c}^hi^{24}/t\varcheck{c}i^{24}$。

2. 见晓组开口二等字，白读为舌根音声母，文读为舌面音声母。如：街 $kai^{312}/t\varcheck{c}i^{312}$。

3. 部分疑影母字，白读为鼻音声母，文读为零声母。如：颜 ɲi^{24}/i^{24}。

4. 邪、禅两母少数字，文读为塞擦音声母，白读为擦音声母。如：囚 $\varcheck{c}i\schwa u^{24}/t\rotatebox{180}{s}\schwa u^{24}$，仇 $\rotatebox{180}{s}\schwa u^{24}/t\rotatebox{180}{s}^h\schwa u^{24}$。

5. 假摄开口三等字，大致有四层读音 ɑ ɛ ei i，如：蛇 ʂɑ^{24}，些 sɛ^{53}，车 tʂʰei^{312}，姐 tɕi^{53}；有的在共时平面上构成了文白异读，如：社 ʂɑ^{42}/ʂei^{42}，也 i^{53}/ɛ^{53}，谢 ɕiɑ^{42}/ɕi^{42}。

6. 蟹止摄合口三等字，白读 ɿ 韵，文读 uei 韵。白读反映支微入鱼的层次。如：岁 sɿ^{42}/suei^{42}，慰 ɿ^{42}/uei^{42}。

7. 效摄开口一等字，白读 ʋ 韵，文读 ɔo 韵。如：毛 mʋ^{24}/mɔo^{24}，抱 pʰʋ^{42}/pɔo^{42}。

8. 山开一白字，读 i 韵，文读为 ɛ 韵。如：肝 ki^{312}/kɛ^{312}，看 kʰi^{42}/kʰɛ^{42}。

咸山摄开口三等字，白读 ei 韵，文读 ɛ 韵。如：缠 tʂʰei^{24}/tʂʰɛ^{24}，占 tʂʰei^{42}/tʂʰɛ^{42}。

山合一、山合三字，白读 u 韵，文读分别为 ɛ uɛ 韵。如：搬 pu^{312}/pɛ^{312}，端 tu^{312}/tuɛ^{312}。

咸开三个别字，有三层读音。如：染 ʐɑ^{53}/ʐei^{53}/ʐɛ^{53}。

9. 宕江摄有大量文白异读，文读保留鼻化音，白读鼻音失落。宕摄开口白读 ɯ 或

iɯ 韵，文读 ɒ̃ 或 iɒ̃ 韵。如：长 tʂʰɯ²⁴/tʂʰɒ̃²⁴，娘 ɲiɯ²⁴/ɲiɒ̃²⁴。宕摄合口字白读 u 韵，文读 uɒ̃ 韵。如：霜 su³¹²/suɒ̃³¹²，慌 xu³¹²/xuɒ̃³¹²。

10. 曾梗摄开口三四等字，除知组以外的字白读 i 韵、文读 iəɣ 韵，知组白读 ei 韵、文读 əɣ 韵。如：冰 pi³¹²/piəɣ³¹²，平 pʰi²⁴/pʰiəɣ²⁴，轻青 tɕʰi³¹²/tɕʰiəɣ³¹²，整 tʂei⁵³/tʂəɣ⁵³。

11. 声调方面主要是个别入声字有舒化读法，从而形成文白异读。如：射 ʂəʔ⁴³/ʂei⁴²，塞 səʔ⁵⁴/sai⁴² 等。

二、新老异读

新派语音更多受到普通话影响。

1. 新老派文白异读存在差异，老派文白异读更丰富。

老派有文白异读，文读接近普通话。新派无文白异读，只读老派的文读音。如（前老后新）：欢 xu³¹²/xuɛ³¹²，xuɛ³¹²；末 mɤ⁵³/mu⁵³，mu⁵³；匠 tɕʰiɒ̃⁴²/tɕiɒ̃⁴²，tɕiɒ̃⁴²；霜 su³¹²/suɒ̃³¹²，suɒ̃³¹²；慌 xu³¹²/xuɒ̃³¹²，xuɒ̃³¹²。

个别字老派没有文白异读，新派在普通话影响下产生了文读音。如：撞，老派无文白读，读 tʂʰuɒ̃⁴²；新派则读 tʂʰuɒ̃⁴² 和 tʂuɒ̃⁴²。

新老派都有文白异读，但读音不同。如：咸开二"岩"的白读音，老派 ɲi²⁴，新派 ɲiɑ²⁴。假开三"射"的文读音，老派 ʂei⁴²，新派 ʂɤ⁴²。

2. 入声舒化后，新老派韵母发展速度不一致，新派的韵母进一步高化。如：鸽、盒、各、鹤、恶，老派读 ɣ 韵，新派部分字进一步高化，读 ɯ 韵；物、佛，老派读 ɣ 韵，新派分别读 ʋ u 韵。

3. 新派儿化韵比老派丰富。有些字老派不儿化，而新派必须读儿化。如：桃。

4. 新派增加或改为普通话的调类。如：塞，老派读 səʔ⁵⁴、sai⁴²，新派还读阴平 312 调。老派全浊入声字舒化后并入上声 53 调，新派的个别字受普通话影响读 24 调，如：镯。再如：冲，老派读上声 53 调，新派读阴平 312 调。

伍　儿化、小称音变

一、儿化音变

1. 儿化韵

清涧方言韵母 39 个，共 29 个儿化韵，ɿ ʅ ər ie 暂未发现对应的儿化韵。清涧方言儿化韵与前字并未完全融合，在读完主要元音或鼻化音后将舌头卷起、后收。在卷舌的同时，主要元音有前化和高化倾向，鼻化音弱的鼻音脱落，如 ɒ̃ 组韵。儿化韵见表 5-4。

表 5-4 清涧方言儿化韵与基本韵母对应表

儿化韵	基本韵母	例　　词
ər	ɤ	盒儿　勺儿　鸽儿
	ei	味儿　稍微儿
	əʔ	小吃儿　墨汁儿
ɿər	ɿ	字儿　丝儿　瓜子儿
iər	i	钱儿　老底儿
	iəʔ	笔儿　凉席儿
uər	uei	鞋柜儿　秤锤儿
	uɤ	活儿　课桌儿
	uəʔ	鹿儿　绿绿儿
yər	y	月儿　卒儿　眼圈儿
	yəʔ	小曲儿　足足儿
ʮr	ʮ	鱼儿　锯儿
ʊr	ʊ	裤儿　牛肚儿
ur	u	锅儿　波儿
ʌr	ɑ	瓦瓦儿　刀把儿
iʌr	iɑ	豆芽儿　花架儿
uʌr	uɑ	瓜儿　马褂儿
yʌr	yɑ	圪卷儿 泥土等搓成的卷状的东西
ɛr	ɛ	骨干儿　蔓蔓儿
uɛr	uɛ	官儿　土罐儿
ɯr	ɯ	歌儿　个儿
iɯr	iɯ	羊儿　缰儿
ɔr	ɔ	袄儿　号儿
iɔr	iɔ	苗儿　雀儿
ɐr	ai	鞋带儿　瓶盖儿
uɐr	uai	块块儿　裤腿儿
əʴ	əɯ	菜豆儿　心口儿
iəʴ	iəɯ	皮球儿　加油儿
ɒr	ɒ̃	偏旁儿　石仓儿

续表

儿化韵	基本韵母	例　词
iɒr	iɒ̃	亮亮儿　阳阳儿
uɒr	uɒ̃	天窗儿　摊黄儿
əɣ̃r	əɣ̃	草根儿　水坑儿
iəɣ̃r	iəɣ̃	背心儿　酒瓶儿
uəɣ̃r	uəɣ̃	棍棍儿　门洞儿
yəɣ̃r	yəɣ̃	俊儿　车轮儿

2. 儿化变调

发生儿化时，阴平、上声保留原调，阳平变读 42 调；去声往往变读 44 调；阴入变读 53 调；阳入变读 44 调。举例如下：

阴平 312+儿→312：水沟儿 ʂuei⁵³kəur³¹²　荷花儿 xɯ²⁴xuʌr³¹²

阳平 24+儿→42：明儿 miər⁴²　钱儿 tɕʰiər⁴²　桃儿 tʰɔor⁴²

上声 53+儿→53：枣儿 tsɔor⁵³　叶儿 iər⁵³

去声 42+儿→44：杏儿 xʌr⁴⁴　帽儿 mɔor⁴⁴

去声 42+儿→42：后儿 xəur⁴²　蔓蔓儿 vɛ⁴²vʌr⁰

阴入 54+儿→53：木耳 mər⁵³　小曲儿 ɕiɔ⁵³tɕʰyər⁵³

阳入 43+儿→44：带犊儿 tai⁴²tʰʊr⁴⁴

二、小称音变

清涧方言主要是通过词根的重叠来表达小称，阴平重叠，后字读高降调 53；其他声调重叠，后字一律读轻声。

阴平+阴平 31+53：刀刀 tɔo³¹tɔo⁵³　筐筐 kʰuɒ̃³¹kʰuɒ̃⁵³

阳平+阳平 24+0：瓶瓶 pʰiəɣ̃²⁴pʰiəɣ̃⁰　盆盆 pʰəɣ̃²⁴pʰəɣ̃⁰

上声+上声 53+0：手手 ʂəu⁵³ʂəu⁰　眼眼 ȵi⁵³ȵi⁰

去声+去声 44+0：蛋蛋 tʰɛ⁴⁴tʰɛ⁰

　　　　　　42+0：缝缝 fəɣ̃⁴²fəɣ̃⁰

阴入+阴入 4+0：褥褥 ʐuəʔ⁴ʐuəʔ⁰　塞塞 səʔ⁴səʔ⁰

阳入+阳入 4+0：犊犊 小牛 tʰuəʔ⁴tʰuəʔ⁰　集集 小的集市 tɕʰiəʔ⁴tɕʰiəʔ⁰

清涧方言重叠式多数可进一步儿化，强化小称义，儿化后调值一般不变。上述例词都可以儿化，如：刀刀儿 tɔo³¹tɔor⁵³，瓶瓶儿 pʰiəɣ̃²⁴pʰiəɣ̃r⁰，眼眼儿 ȵi⁵³ȵiər⁰，蛋蛋儿 tʰɛ⁴⁴tʰɛr⁰，集集儿 小的集市 tɕʰiəʔ⁴tɕʰiər⁰ 等。

第六节 延安方音

调查人 孟万春

壹 概 况

一、调查点

"延安"指今延安市宝塔区，以境内有延河水，取"安宁"之意而得名。延安位于陕西中部，地处北纬36°10′33″~37°2′5″，东经109°14′10″~110°50′43″之间。东临延长，西靠安塞，南与甘泉、富县、宜川毗邻，北同子长、延川接壤。延安属黄土梁峁丘陵沟壑区，东西宽50公里，南北长96公里，总面积3556平方公里，其中城区面积16平方公里。

延安是延安市的政治、经济、文化中心，历史悠久。宝塔区古称延州，素有"秦地要区""塞上咽喉"之称。西魏废帝三年（554），改北魏所设东夏州为延州。这是今延安市第一次被命名为"延州"。从西魏置延州起，先后名延州、延安郡、鄜延路、延安路、延安府，其治所基本上一直在肤施县，也就是今宝塔区境内。1935年5月，中国工农红军在北部梁村一带设延安县。1936年12月之后，又设延安市、延安县，市、县归属多次变化。1996年12月，撤销延安地区和县级延安市，设立地级延安市，延安市改称宝塔区，以原县级延安市的行政区域为宝塔区的行政区域。延安市宝塔区总人口47.5万人，汉族为主，另有回族、蒙古族、满族、维吾尔族等16个少数民族常住人口500余人。[①]

延安方言属于晋语志延片。延安境内方言分为3片。以宝塔区城区为中心，包括枣园、河庄坪、碾庄、丁庄、梁村、青化砭、元龙寺、甘谷驿、姚店、李渠、川口、桥沟、万花山、柳林、松树林、南泥湾为一片，说的是广义宝塔区方言，南面的官庄、临镇为一片，音系接近宜川话，北面的贯屯、下坪、张坪、蟠龙为一片，其突出特点是"上头话"味更重一些，入声字远远多于城区话。当然，宝塔区城区方言内部并不完全一致。我们选取的是延安本地老户话。

延安流传的剧种主要有秦腔、眉户、蒲剧、陕北道情、秧歌剧、陕北说书等。秦

[①] 来源于延安市宝塔区人民政府网（2020年6月11日更新）。

腔和眉户皆源于关中；蒲剧源于山西南部，流传陕北的宝塔区、延长、宜川、志丹等地；道情是陕北地方剧，主要流传于榆林市的清涧、子洲两县；秧歌剧则是陕甘宁边区新文艺运动的产物，流传于宝塔区、绥德一带；陕北说书是流传于延安、榆林两市的一种民间曲艺形式，多以单人演唱。所用乐器可分为琵琶、三弦两种。宝塔区是以三弦为演奏乐器，演唱时伴奏乐器有麻喳喳、甩板、小镲、惊堂木等。

二、方言发音人

老男：罗琦，延安市宝塔区人，高中文化，工人。会说延安方言和普通话，主要讲延安方言。1956年8月在宝塔区凤凰街道办出生，并度过学前时光；1963年至1968年7月在北关小学上学；1968年9月至1974年7月延安中学上学；1974年至1976年在宝塔区万花山公社张坪大队插队；1976年至1986年待业；1986年起先后在延安轻工业机械厂、延安手表厂、延安利民毛纺厂工作。主要生活在宝塔区，没有在外地生活过。父亲是延安市宝塔区凤凰办事处大东门居委人，母亲是延安市宝塔区凤凰办事处北关居委人，配偶是延安市宝塔区桥沟乡杨家岭村人，都只会说延安方言。

青男：贾小伟，延安市宝塔区桥沟镇北关村人，初中文化，自由职业者。会说普通话、延安方言，平时主要说延安方言。1987年3月出生；1994年至1999年7月在延安北关小学上学；1999年9月至2002年7月在宝塔区五中上初中；2002年初中毕业后一直在延安市宝塔区打工，没有在外地生活。父亲是宝塔区凤凰办事处凤凰山居委人，母亲是宝塔区桥沟乡柳树店村人，配偶是宝塔区枣园镇石佛沟村人，都只会说延安方言。

口头文化发音人1：徐文直，男，延安市宝塔区枣园镇莫家湾村人，1947年11月出生，小学文化，农民。

口头文化发音人2：高彩文，女，延安市宝塔区蟠龙镇贯屯村人，1978年7月出生，大学文化，华润万家超市员工。

口头文化发音人3：党婕睿，女，延安市宝塔区桥沟镇北关村人，1981年4月出生，大学本科，枣园故居讲解员。

贰　声韵调

一、老男音系

1. 声母26个，包括零声母在内

p	八兵	pʰ	派片爬病	m	麦明	f	飞风副蜂肥饭	v	味问温王
t	多东	tʰ	讨天甜毒	n	脑南			l	老蓝连路
ts	资早租争纸	tsʰ	刺草寸字贼坐祠拆茶抄			s	丝三酸事山	z	吟
tʂ	张竹装主	tʂʰ	抽柱初床车春船城			ʂ	双顺手书十	ʐ	热软
tɕ	酒九	tɕʰ	清全轻权	ɲ	年泥			ɕ	想谢响县
k	高共	kʰ	开			ŋ	熬安	x	好灰活
ø	月云用药								

说明：

（1）pʰ tʰ kʰ 气流较强烈。

（2）m n ŋ 伴有同部位的浊塞音成分，实际音值接近 ᵐb ⁿd ᵑg。

（3）f 与 u 相拼时，上齿与下唇之间摩擦强烈。

2. 韵母37个，不包括儿化韵

ɿ	师丝试	i	米戏急七锡	u	苦五猪谷	y	雨橘局
ʅ	直尺						
ər	二						
a	茶瓦塔法辣八	ia	牙鸭	ua	刮		
ə	热			uo	坐过盒活托郭壳	yo	靴又月药学又
		iɛ	写接贴节			yɛ	靴又学又
ɔ	宝饱	iɔ	笑桥				
ai	开排鞋			uai	快		
ei	赔飞北色白			uei	对鬼国		
ou	豆走	iou	油六绿				
æ̃	南山半	iæ̃	盐年	uæ̃	短官	yæ̃	权
aŋ	糖王	iaŋ	响讲	uaŋ	床双		
əŋ	深根灯升争横	iəŋ	心新硬病星	uəŋ	寸滚春东	yəŋ	云兄用
əʔ	十	iəʔ	一	uəʔ	骨出	yəʔ	足

说明：

(1) a 在 a ia ua 韵中的实际音值是 a，在 aŋ iaŋ uaŋ 中则是 ɑ，统一记作 a。
(2) ɔ iɔ 中的主要元音开口度小于 ɔ，发音时舌位有微小的动程。
(3) ə 与 tʂ tʂʰ ʂ ʐ 相拼，前面有一个舌尖后音的过渡音，实际音值是 ʅə。
(4) u 与 tʂ tʂʰ ʂ ʐ 相拼，有舌尖色彩，实际音值接近 ʮ。
(5) æ̃ iæ̃ uæ̃ yæ̃ 鼻化色彩很轻，实际音值接近 æ iæ uæ yæ。
(6) yo 正处于向 yɛ 变化的不稳定状态，如"靴、学"字的韵母，老派读前者，新派读后者，发音人老男处于中间状态，yo yɛ 两读皆可。

3. 单字调 5 个

阴平 213	东该灯风通开天春谷百搭节急拍塔切刻六麦叶月
阳平 24	门龙牛油铜皮糖红毒白盒罚
上声 52	懂古鬼九统苦讨草买老五有
去声 443	冻怪半四痛快寸去卖路硬乱洞地饭树动罪近后
入声 5	哭十一足

说明：

(1) 阴平的弯头部分十分微弱，实际音值接近 223。音长拉得较长。
(2) 去声前面四分之三部分的动程为平调，后面剩下的部分微降，故记作 443。
(3) 古入声字大多已经舒化，所以在认字时绝大多数读舒声，在口语中也只有少数高频字保留入声读音。

二、青男音系

1. 声母 25 个，包括零声母在内

p	八兵病	pʰ	派片爬	m	麦明	f	飞风副蜂肥饭	v	味问温王
t	多东毒	tʰ	讨天甜	n	脑南			l	老蓝连路
ts	资早租字贼坐争纸	tsʰ	刺草寸祠拆茶抄			s	丝三酸事山		
tʂ	张竹柱装主	tʂʰ	抽初床车春船城			ʂ	双顺手书十	ʐ	热软
tɕ	酒九	tɕʰ	清全轻权	ɲ	年泥	ɕ	想谢响县		
k	高共	kʰ	开	ŋ	熬安	x	好灰活		
∅	月云用药								

2. 韵母 34 个，不包括儿化韵

ɿ	师丝试	i	米戏锡	u	苦五猪	y	雨橘局
ʅ	池						
ər	二						
a	茶瓦塔法辣八	ia	牙鸭	ua	刮		
ɤ	歌盒热壳色			uɤ	坐过活托郭国		
		iɛ	写盐年接贴节			yɛ	靴权月药学
ɔ	宝饱	iɔ	笑桥				
ai	开排鞋			uai	快		
ei	赔飞北白			uei	对鬼		
ou	豆走	iou	油六				
æ	南山半			uæ	短官		
aŋ	糖王	iaŋ	响讲	uaŋ	床双		
əŋ	深根灯升争横	iəŋ	心新硬病星	uəŋ	寸滚春东	yəŋ	云兄用
əʔ	十直尺	iəʔ	急七一	uəʔ	骨出谷足	yəʔ	绿

3. 单字调 5 个

阴平 213	东该灯风通开天春谷百搭节急拍塔刻六麦叶月
阳平 24	门龙牛油铜皮糖红毒白盒罚
上声 312	懂古鬼九统苦讨草买老五有
去声 443	冻怪半四痛快寸去卖路硬乱洞地饭树动罪近后
入声 5	哭切

叁　连读变调

一、非叠字两字组连读变调

延安方言的两字组前字和后字各有 5 个调类。其中，前字阴平发生变调，具体来说：阴平在阴平、上声前读 24 调，在阳平、去声、入声前读 21 调。前字是上声字，在上声前读 24 调，其余不变。后字是上声字，在两字组中均变为 423 调。前字是阳平、去声、入声时不变调。延安方言两字组连读变调规律见下表，变调用字体加粗表示。

表 6-1　延安方言非叠字两字组连读变调表

前字＼后字	阴平 213	阳平 24	上声 52	去声 443	入声 5
阴平 213	24+213 开车	21+24 猪毛	24+423 加减	21+443 师范	21+5 消毒
阳平 24	24+213 磨刀	24+24 抬头	24+423 防火	24+443 群众	24+5 常吃
上声 52	52+213 打开	52+24 水壶	24+423 胆小	52+443 改造	52+5 解毒
去声 443	443+213 坐车	443+24 证明	443+423 断奶	443+443 后代	443+5 尽力
入声 5	5+213 石灰	5+24 石桥	5+423 吃奶	5+443 黑布	5+5 骨殖

二、叠字两字组连读变调

延安方言叠字两字组，前字不变调。除阴平后字变读 53 调外，其余后字均变读轻声 21 调。

表 6-2　延安方言叠字组连读变调

前字＼后字	阴平 213	阳平 24	上声 52	去声 443	入声 5
阴平 213	21+53 星星				
阳平 24		24+0 盆盆			
上声 52			52+0 本本		
去声 443				443+0 棍棍	
入声 5					5+0 格格

肆　异　读

一、文白异读

延安话的文白异读不是很丰富。有的文白异读没有词汇条件限制，可以自由替换，如："兄弟"中的"弟"文白读 t^hi^{443}/ti^{443} 均可，有的则受到词汇条件的限制，如：孝 $xɔ^{443}$~衫/$ɕiɔ^{443}$~子。下面是一些成系统的文白异读。

1. 部分古全浊声母仄声字，白读为送气音声母，文读为不送气声母，多有词汇条件限制。如：拌 $p^hæ^{443}$~汤/$pæ^{443}$搅~机，着 $tʂ^huo^{24}$睡~/$tʂuo^{24}$~凉，办 $p^hæ^{443}$不得~/$pæ^{443}$~事，直 $tʂʅ^{24}$~性子/$tʂʅ^{24}$~接，动 $t^huəŋ^{443}$~弹/$tuəŋ^{443}$~作，洞 $t^huəŋ^{443}$老鼠~/$tuəŋ^{443}$~口，侄 $tʂ^hʅ^{24}$

~儿/tʂʅ²⁴妻~。

2. 部分古见系开口二等字保留舌根音读声母 k kʰ x，部分有文读音，声母是舌面音声母 tɕ tɕʰ ɕ。如：下 xa⁵²/ɕia⁵²，解 kai⁵²/tɕiɛ⁵²，鞋 xai²⁴/ɕiɛ²⁴，咸闲 xæ²⁴/ɕiæ²⁴，项巷 xaŋ⁴⁴³/ɕiaŋ⁴⁴³。

3. 部分疑影母细音字，白读为鼻音声母，文读为零声母。如：压 ȵiæ²¹³/iæ²¹³，鸭 ȵia²¹³/ia²¹³。

4. 果摄见系有少量字有文白异读，白读是 uo 韵，文读 ə 韵。如：各 kuo²¹³~自/kə²¹³~人，个 kuo⁴⁴³~人/kə⁴⁴³~体户。

5. 遇合三"娶"字，白读 tsʰʅ⁵²，文读 tɕʰy⁵²，白读音反映"鱼虞有别"的古老层次。

6. 止合三的"肥、尾"2 字有文白异读，白读读如鱼韵字，是"支微入鱼"的遗留：肥 ɕi²⁴/fei²⁴，尾 i⁵²/vei⁵²。

7. 效摄一等帮组"毛、堡"2 字有文白异读，白读韵母为 u，文读 ɔ：毛 mu²⁴~娃儿/mɔ²⁴~野人，堡 pu⁵²吴~/pɔ⁵²城~。

8. 部分德陌麦三韵和庄组职韵入声舒化韵字，白读 ei/uei 韵，文读 ə/uo 韵。如：得 tei²¹³~到/tə²¹³~奖，客 kʰei²¹³/kʰuo²¹³，墨 mei²¹³/muo²¹³，或 xuei²⁴/xuo²⁴。

二、新老异读

延安老派的语音系统与关中方言的一致性较强，新派则向晋语趋同，同时也有普通话影响的痕迹。其中声母新老派完全一样。韵母，老派 37 个、新派 34 个，少了 iæ yæ yo。单字调，新老派差别较大，主要在上声和去声。

1. 部分古全浊仄声字，老派有文白两读，白读读送气音声母，文读读不送气音声母。新派大多只读文读音。如（前老后新）：柱 tʂʰu⁴⁴³/tʂu⁴⁴³，tʂu⁵²；袋 tʰai⁴⁴³/tai⁴⁴³，tai⁵²；坐 tsʰuo⁴⁴³/tsuo⁴⁴³，tsuo⁵²；夺 tʰuo²⁴/tuo²⁴，tuo²⁴。

2. 咸山摄三四等字，老派舒入分立，舒声字的韵母 iæ yæ 鼻化色彩很轻；新派舒入合流，读 iɛ yɛ。如老派：铅 tɕʰiæ²¹³ ≠ 切 tɕʰiɛ²¹³，圈 tɕʰyæ²¹³ ≠ 缺 tɕʰyɛ²¹³。新派：铅=切 tɕʰiɛ²¹³，圈=缺 tɕʰyɛ²¹³。

3. 果合三字及山合三入声字，老派读 yo 韵，同关中片，新派读 yɛ 韵。如（前老后新）：靴 ɕyo²¹³/ɕyɛ²¹³，月 yo²¹³/yɛ²¹³。

4. 新老派的上声、去声调值不同。老派分别为 52、443 调，新派则为 312、52 调。老派的声调系统与关中方言基本一致，新派向晋语趋同。

5. 新老派入声字的多寡不同。老派方言保留入声读法的古入声字，占古入声字总数的比例不足 10%，且都是方言口语中的高频词语。而新派说话带有程度不等的"上头话"的痕迹，其中最典型的是保留入声读法的字数的比例远高于老派。这种入声回流增多的现象显然不是语音内部演变的结果，而是与陕北北部晋语接触的结果。

伍　儿化音变

一、儿化韵

延安方言儿化十分丰富，很多单字多以儿化的形式出现，比如"片儿、味儿、半儿、叶儿、节儿、歌儿、雀儿"等。延安方言共有 17 个儿化韵。儿化韵及其来源见表 6-3。

表 6-3　延安方言儿化韵和基本韵母对应表

儿化韵	基本韵母	例　　词
ar	a	刀把儿　猪娃儿
	ai	盖儿
	æ̃	右岸儿　麦秆儿
	aŋ	章儿　缸儿
iar	ia	衣架儿
	iæ̃	尖儿　钱儿
uar	ua	瓜儿　花儿
	uai	一块儿
	uaŋ	疮儿
	uæ̃	官儿
yar	yæ̃	圆儿　圈儿
ər	ɿ	籽儿　丝儿
	ə	热儿　车儿
	ei	味儿　背儿
	əŋ	根儿　蜂儿
iər	i	梨儿　气儿
	iəŋ	铃儿　瓶儿

续表

儿化韵	基本韵母	例词
uɚ	uəŋ	棍儿 葱儿
	uei	对儿 嘴儿
yɚ	y	鱼儿 锯儿
	yŋ	裙儿
iɛr	iɛ	夜儿 叶儿
yɛr	yɛ	口诀儿
ur	u	兔儿 裤儿
uor	uo	歌儿 朵儿
yor	yo	角儿
ɔr	ɔ	猫儿 灯泡儿
iɔr	iɔ	雀儿 苗儿
our	ou	猴儿 豆儿
iour	iou	球儿 石榴儿

二、儿化变调

延安方言的儿化音节，前字为阴平、阳平时，"阴平+儿、阳平+儿"中只是前字增加卷舌动作，声调不发生变化；"上声+儿、去声+儿"有两种情况，一种情况是前字增加卷舌动作，声调不发生变化，另一种情况是前字除增加卷舌动作外，声调也发生变化，见表6-4。

表6-4　延安方言儿化变调表

单字调	儿化变调	举例
阴平213	213	花儿 边儿 生儿 丝儿
阳平24	24	虫儿 瓶儿 明儿 前儿
上声52	52	女儿 枣儿 豆腐脑儿 点儿
	423	门口儿 麦秆儿 狗儿 折本儿
去声443	53	后儿 兔儿 杏儿 盖儿
	443	面儿 对岸儿 巷儿 半裤儿

陆　其他主要音变

单字调+21变调。延安话有轻声。一种是不论前字声调，后字读较弱较短的21调。轻声出现在词缀、趋向动词和部分双音节词，如：石头、冷子_{冰雹}、后晌、年时_{去年}、起来、上去、地方等；表示名物性的构词语素"的"，如：教书的、剃头的、卖馍馍的等；结构助词"的、地、得"等；时体助词、句末语气词"嘞、啦、咾、哩"等。

延安话的21+53变调。前字轻后字重，前字多为阴平字，实际上是一种词调。如：热头_{太阳}、清明、乡里、医生等。

在叠字两字组中也有同样的词调表现。

第七节 延川方音

调查人 白振有

壹 概况

一、调查点

延川县位于黄河中游陕北黄土高原东部，距延安市 80 公里。东隔黄河与山西省永和县、石楼县相望，北与榆林市清涧县接壤，西北与子长县毗邻，西接宝塔区，南靠延长县。地处东经 109°36′20″~110°26′44″，北纬 36°37′15″~37°05′55″。东西长 74.25 公里，南北宽 51.5 公里，总土地面积 1983.87 平方公里。地形地貌属黄土高原丘陵沟壑区，地表沟壑纵横，梁峁起伏，黄土深厚。县城位于县境中部。2019 年年末，全县户籍人口 18.76 万人，汉族为主。[①]

隋开皇三年（583），始置延川县。1935 年 1 月，中国共产党陕北特别委员会在延川县西部置赤光县，后改称延川县。6 月，延川县城人民政权建立。1958 年 12 月，延川县并入延长县。1961 年 8 月恢复延川县，隶属延安地区行政公署，后归属延安市。今辖 7 镇 1 街，163 个自然村。

延川方言属于晋语吕梁片汾州小片。使用人口 19.2 万，为本地普遍通用的方言，近年来变化较快，正在向普通话靠拢。

延川地方曲艺主要是民歌和说书。延川民歌有风情小调、信天游、秧歌曲、夯歌、船工号子、酒曲、挽歌、儿歌、催眠曲等。流传最多最广的是风情小调，其中大多是情歌。这种风情小调最初出自贫穷的长工、脚夫、流浪汉、士兵或备受苦楚的妇女——寡妇、童养媳、尼姑、妓女等。歌调采用传统俚曲，歌词内容极为丰富。如《揽工调》："揽工人儿难，揽工人儿难，正月里上工十月里满。受的牛马苦，吃的下贱饭。"《五哥放羊》："十月里来日子短，五哥放羊受苦寒。吃不饱来穿不暖，揽工的人儿真可怜。"《迎春揽工》："六月里，六月六，新麦子馍馍炖羊肉。全家老小都吃够，可怜我迎春没吃一点肉。"《迎新媳妇》："奴家十七八，小丈夫十二三。十七八那十二三，还不能来玩耍。我把你贼媒婆，你把良心卖！"等等。

[①]来源于延川县人民政府网（2020 年 4 月 24 日更新）。

秧歌在延川久传不衰，过去流行传统秧歌，后来发展为新秧歌。新春佳节，各村镇爱好"红火"的领头人，组织秧歌队，选配领演伞头，稍加排练，即可出场。队尾总有扮相古怪的蛮婆、蛮汉。秧歌队除过街、走场外，还围圈表演小场秧歌或道情戏，70年代增加小舞蹈、小戏剧。

二、方言发音人

老男：赵忠祥，延川县大禹街道赵家沟村人，初中文化，农民。只会说延川方言。1959年4月在赵家沟村出生；1967年至1971年在赵家沟小学上学；1971年至1975年在延川县城上小学五年级和初中。1975年初中毕业后回乡务农。曾担任赵家沟行政村村长。父亲、母亲、配偶都是延川人，都只会说延川方言。

青男：韩晶晶，延川县大禹街道拐峁村人，初中文化，农民。只会说延川方言。1986年7月在拐峁村出生；1993年至1999年在拐峁小学上学；1999年至2002年在延川县城上初中。初中毕业后回乡务农，后来在延川县城经营摄像公司。父亲、母亲、配偶都是延川人，都只会说延川方言。

口头文化发音人1：赵秀秀，女，延川县大禹街道赵家沟村人，1988年2月出生，高中文化，农民。

口头文化发音人2：刘爱生，男，延川县大禹街道赵家沟村人，1964年8月出生，高中文化，农民。

口头文化发音人3：高永原，男，延川县大禹街道河东街人，1972年5月出生，初中文化，农民。

口头文化发音人4：惠智勇，男，延川县大禹街道石家河村人，1985年12月出生，大专文化，农民。

贰 声韵调

一、老男音系

1. 声母26个，包括零声母

p	八兵	p^h	派片爬病	m	麦明	f	飞风饭肥副蜂	v	味问温王
t	多东	t^h	讨天甜毒	n	脑南			l	老蓝连路
ts	资早租争字贼纸	ts^h	刺草坐茶抄祠拆			s	丝三酸事山	z	雨衣

续表

tʂ	张竹装主	tʂʰ	抽柱初床车春船城			ʂ	双手书顺十	ʐ	热软
tɕ	酒九	tɕʰ	清全轻权	ɳ	年泥	ɕ	想响县谢		
k	高共	kʰ	开	ŋ	安熬	x	好灰活		
∅	月云用药								

说明：

(1) m n ŋ ɳ 带同部位浊塞音，音值接近 mᵇ nᵈ ŋᵍ ɳᵈ。

(2) x 的发音部位较普通话更后些，在 ə əŋ 韵前有时带有小舌擦音 χ，如：合、恨。

2. 韵母41个，不包括儿化韵

ɿ	师丝试戏			ʮ	雨取女		
ʅ	知治			ʯ	猪树水疮		
ər	二	i	病	u	过苦五	y	兄
a	茶瓦塔法辣八	ia	牙鸭	ua	刮	ya	横
ə	歌盒热托壳	iə	急七一药	uə	活骨出郭国谷绿	yə	橘
		iɛ	盐年接贴节			yɛ	权月学
ɤ	半			uɤ	短官		
ai	开排鞋赔			uai	对快		
ei	飞北			uei	鬼坐		
ao	宝饱	iao	笑桥				
əu	豆走	iəu	油六				
æ	南			uæ	关闩惯		
ɑŋ	糖王	iɑŋ	响讲	uɑŋ	床双		
əŋ	深根灯争横	iŋ	心新硬星	uŋ	滚春东	yŋ	云用
əʔ	十直白	iəʔ	鼻集笛	uəʔ	读毒熟	yəʔ	局

说明：

(1) ŋ 尾较松，但后鼻音色彩仍十分明显。

(2) 咸山宕江入声字全部舒化，深臻曾梗通摄的入声字，读字时 ʔ 尾丢失读 ə iə uə yə，语流中时仍保留入声读法，读 əʔ iəʔ uəʔ yəʔ。

3. 单字调 5 个

阴平 213	东该灯风通开天春
阳平 35	门龙牛油铜皮糖红
去声 53	懂古鬼九统苦讨草买老五有动罪近后冻怪半四痛快去卖路硬乱洞地饭树
长入 423	谷搭节急哭拍塔切刻六麦叶月
短入 54	毒白盒罚

说明：

（1）古上声、去声单字调相同，调值 53，以去声名之。

（2）古咸山宕江摄入字，清、次浊入读长入 423 调；全浊入读阳平 35 调。古深臻曾梗通摄入声字，清、次浊入，读 423 调；全浊入读短入 54 调。

（3）少数古舒声字读入声，如：做、去、可、个、子、这、那、指等。

二、青男音系

1. 声母 26 个，包括零声母

p	八兵	pʰ	派片爬病	m	麦明	f	飞风饭肥副蜂	v	味问温王
t	多东毒	tʰ	讨天甜	n	脑南			l	老蓝连路
ts	资早租争字贼纸	tsʰ	刺草坐拆茶抄船			s	丝三酸祠事山	z	雨衣
tʂ	张竹柱装主	tʂʰ	抽初床车春城			ʂ	双手书顺十	ʐ	热软
tɕ	酒九	tɕʰ	清全轻权	ȵ	年泥	ɕ	想响县谢		
k	高共	kʰ	开	ŋ	熬安	x	好灰活		
∅	月云用药								

2. 韵母 38 个，不包括儿化韵

ɿ	师丝试戏			ʮ	女雨		
ʅ	知治			ʯ	猪树水疮		
		i	病锡	u	过苦五		
ər	二						
a	茶瓦塔法辣八	ia	牙鸭	ua	刮		
ə	歌盒热壳直色	iə	七一	uə	活谷托郭国	yə	曲足

续表

		iɛ	写盐年接贴节药			yɛ	靴权月学
				uɤ	软		
ai	开排鞋			uai	快		
ei	赔飞			uei	对鬼坐		
ɑo	宝饱	iɑo	笑桥				
əu	豆走	iəu	油六				
æ	南半			uæ	关闩惯		
ɑŋ	糖王	iɑŋ	响讲	uɑŋ	床双		
əŋ	深根灯争横	iŋ	心新硬星	uŋ	滚春东	yŋ	云兄用
əʔ	十白	iəʔ	急	uəʔ	骨出绿	yəʔ	局橘

3. 单字调 5 个

阴平 213	东该灯风通开天春
阳平 35	门龙牛油铜皮糖红
去声 53	懂古鬼九统苦讨草买老五有动罪近后冻怪半四痛快去卖路硬乱洞地饭树
长入 423	谷搭节急哭拍塔切刻六麦叶月
短入 54	毒白盒罚

叁 连读变调

延川方言非叠字两字组连读变调比较复杂。延川话有 5 个单字调，上去声合流，去声 a 来源于古清上、次浊上，去声 b 来源于古去声与全浊上，在连调表中分列，因此形成 36 个组合，见表 7-1。表中字体加粗表示变调。阳平、短入作前字不变调，其余变调规律如下：

（1）阴平作前字，在阴平、长入前变读 35 调，在其他声调前变读 21 调；

（2）去声 a 在去声 b 前变读 42 调，其他时候不变调；

（3）去声 b 在阳平、短入前变读 42 调，其他时候不变调；

（4）长入作前字，连读仍为舒声时，在长入前变读 35 调，非长入前一律变读 42 调；连读入声时，在阴平、阳平、去声 b 前变读 43 调，在去声 a 前变读 21 调，在长入前变读 45 调，在短入前变读 21 或 43 调。

表 7-1　延川方言非叠字两字组连读变调表

前字＼后字	阴平 213	阳平 35	去声 53 a	去声 53 b	长入 423	短入 54
阴平 213	35+213 栽秧 21+53 花生	21+35 天明 21+53 苍蝇	21+53 煎水　松树		35+423 猪血 21+53 正月	21+54 跟集
阳平 35	35+213 河边	35+35 城墙	35+53 甜酒　油菜		35+423 洋蜡	35+54 零食
去声 53　a	53+213 眼窝 53+213 小河	53+35 水壶	53+53 马桶 53+213 晌午　上去	42+53 水地	35+423 小雪 53+423 满月	53+54 狗食
去声 53　b	53+213 下霜	42+35 化脓 42+213 后年	53+53 稻草　看病		53+423 下雪	42+54 玉石
长入 423 舒声	42+213 说书	42+35 刷牙	42+53 热水　说话		35+423 瞎说 42+213 腊月	42+54 月食
长入 423 单舒连入	43+213 立春 43+213 出来	43+35 刷牙	21+53 吃奶	43+53 喝酒 43+213 出嫁	45+423 毕业	21+54 木植 43+54 入伏
短入 54	54+213 刷牙	54+35 石油	54+53 服老　拾粪		54+423 十八	54+54 十一

上表中后字发生变调的，实为词调。（1）后字 53 调。阴平+阴平/阳平/阴入，有时读词调 21+53。如：花生、苍蝇、正月。另外，"AA（儿）"也读 21+53。如：天天、弯弯儿。（2）后字 213 调。去声 a+阳平，读 53+213。如：往年、小河。去声 b+阳平，读 42+213。如：后年、夜来。去声 a+去声，读 53+213。如：米饭、眼泪。阴入+阴入，读 42+213。如：腊月。

肆　异　读

一、文白异读

延川方言文白异读比较丰富。

1. 古全浊声母在延川方言中全部清化，其中部分仄声字，白读送气，文读不送气。如：步 p^hu^{53}/pu^{53}，杜 t^hu^{53}/tu^{53}，在 $ts^hai^{53}/tsai^{53}$，铡 ts^ha^{35}/tsa^{35}，坠 $tʂ^hʅ^{53}/tʂuei^{53}$。

2. 部分古见系开口二等字，白读保留舌根音声母 k kʰ x，部分字有文读音，声母是舌面音声母 tɕ tɕʰ ɕ。如：下 xa⁵³/ɕia⁵³，闲 xɛ³⁵/ɕiɛ³⁵，孝 xɑo⁵³/ɕiɑo⁵³。

3. 假摄开口三等字，白读为 a ia 韵，文读为 ə iɛ 韵。如：卸 ɕia⁵³/ɕiɛ⁵³，蛇 ʂa³⁵/ʂə³⁵，爷 ia³⁵~~/iɛ³⁵姑~，野 ia⁵³~人/iɛ⁵³~外，夜 ia⁵³~饭/iɛ⁵³~晚。

4. 蟹摄开口二等见晓组字，白读为 ai 韵，文读为 iɛ 韵。如：街 kai²¹³/tɕiɛ²¹³，鞋 xai³⁵/ɕiɛ³⁵。

5. 蟹止摄合口三等部分字，白读为 ʅ 或 ʮ 韵，文读为 uei 韵。如：吹 tʂʰʅ²¹³/tʂʰuei²¹³，醉 tsʅ⁵³喝~/tsuei⁵³~酒，水 ʂʅ⁵³煎~/ʂuei⁵³开~，岁 sʅ⁵³~数/suei⁵³年~。

6. 部分宕摄合口字，白读为 u 或 ʅ 韵，文读为 uaŋ 韵。如：光 ku²¹³日~/kuaŋ²¹³阳~，黄 xu³⁵/xuaŋ³⁵，疮 tʂʰʅ²¹³日~/tʂʰuaŋ²¹³生~。个别宕合三非组字，白读 ei 韵，文读 ɑŋ 韵。如：放 fei⁵³/fɑŋ⁵³。

7. 部分曾梗摄开口舒声字，白读 i 或 a 韵，文读 iŋ 或 əŋ 韵，如：耕 tɕi²¹³~地/tɕiŋ²¹³~种，冰 pi²¹³/piŋ²¹³，病 pi⁵³/piŋ⁵³，星 ɕi²¹³~宿/ɕiŋ²¹³~球，明 mi³⁵~晃晃/miŋ³⁵~亮，名 mi³⁵~字/miŋ³⁵姓~，赢 i³⁵~钱/iŋ³⁵~利，冷 la⁵³~饭/ləŋ⁵³~气。

二、新老异读

延川方言的新老异读与文白异读有重合，老派或文白读两读或只有白读，新派往往只有文读。除此之外，延川方言声母的新老异读较少。韵母的新老异读较多，老派 41 个韵母，新派 38 个，老派比新派多 y ya ɤ 三个韵母。总的看来，新派受到普通话的影响，声韵母的音值、上声的调值向普通话趋近。如：

1. 蟹开四端组字，老派读 t tɕ tɕʰ 声母，新派读 ts tsʰ tʰ 声母。如（前老后新，下同）：低 ti²¹³/tsʅ²¹³，梯 tɕʰi²¹³/tsʰʅ²¹³，剃递 tɕʰi⁵³/tsʰʅ⁵³。

2. 山开四端组字，老派读 tɕ tɕʰ 声母，新派读 t tʰ 声母。如：天 tɕʰiɛ²¹³/tʰiɛ²¹³，田 tɕʰiɛ³⁵/tʰiɛ³⁵，垫 tɕʰiɛ⁵³/tʰiɛ⁵³。

3. 部分果摄字，老派读 ei 韵，新派读 ə 韵。如：鹅 ŋei³⁵/ŋə³⁵，磨 mei⁵³/mə⁵³。

4. 部分假摄开口三等章组字，老派读 a 韵，新派读 ə 韵。如：蛇 ʂa³⁵/ʂə³⁵。

5. 部分遇摄合口字，老派读 əu，新派读 u。如：奴 nəu³⁵/nu³⁵。

6. 蟹摄合口字，老派读 ai uai 韵，新派读 ei uei 韵。如：配 pʰai⁵³/pʰei⁵³，背 pʰai⁵³/pʰei⁵³，雷 luai³⁵/lei³⁵，碎 suai⁵³/suei⁵³。

7. 入声韵的新老异读较多，主要有两个方面。一是老派不读入声而新派读入声。如：塞 sai⁵³/səʔ⁴²³，百 pei⁴²³/pəʔ⁴²³，策 tsʰə⁴²³/tsʰəʔ⁴²³，隔 kə⁴²³/kəʔ⁴²³，急 tɕiə⁴²³/tɕiəʔ⁴²³。二是老派读入声，新派不读入声。如：物 vəʔ⁴²³/və⁴²³，壁 piəʔ⁴²³/piə⁴²³，劈 pʰiəʔ⁴²³/pʰiə⁴²³，击 tɕiəʔ⁴²³/tɕiə⁴²³。这其中可能有发音人个体差异的原因，同时也说明

延川方言的入声字正在双向演变的途中。

8. 古清上字，新老存在异读，老派读53调，新派读423调。如：纺 faŋ⁵³/faŋ⁴²³，讲 tɕiaŋ⁵³/tɕiaŋ⁴²³。

9. 老派不分上声、去声，连读中也大都相混，但青年女性发音人上声和去声在连调中区分得很清楚。

伍　儿化音变

延川方言41个韵母，32个韵母有对应的儿化韵。见表7-2。

表7-2　延川方言儿化韵和基本声母对应表

儿化韵	基本韵母	例　词
ɿər	ɿ	衣儿
ʮr	ʮ	鱼儿
ʅər	ʅ	食儿
ʯr	ʯ	书儿
iər	i	小米儿
ur	u	图儿
ɐr	a	法儿
iɐr	ia	豆芽儿
uɐr	ua	猪娃儿
ər	ə	盒儿
iər	iə	笛儿
uər	uə	活儿
yər	yə	教育局儿
iɛr	iɛ	树叶儿
yɛr	yɛ	满月儿
əɜr	ai	盖儿
uəɜr	uai	一块儿

续表

儿化韵	基本韵母	例　词
er	ei	杯儿
uer	uei	一对儿
ɔr	ao	桃儿
iɔr	iao	雀儿
ǝur	ǝu	老头儿
iǝur	iǝu	布绺儿
æ̃r	æ̃	脸蛋儿
uæ̃r	uæ̃	官儿
ɑr	ɑŋ	章儿
iɑr	iɑŋ	样儿
uɑr	uɑŋ	筐儿
ʌr	ǝŋ	盆儿
iʌr	iŋ	铃儿
uʌr	uŋ	葱儿
yʌr	yŋ	裙儿

第八节 黄陵方音

调查人　谷丽娟

壹　概　况

一、调查点

黄陵县位于陕西省中部、延安市南端。地处东经 108°30′~109°27′，北纬 35°20′~35°49′。总面积 2292 平方公里，总人口 13 万，汉族为主。

黄陵县是中华民族始祖轩辕黄帝的陵寝所在地，历史悠久。远在新石器时期，黄陵的先民就在这里繁衍生息。秦统一六国，置上郡，在今境域内设阳周县（今黄陵县）。大夏龙升元年（407），为赫连勃勃领地。民国三十三年（1944），因轩辕黄帝陵寝所在，经中华民国政务院批准，更名为黄陵县，县治设上城。1948 年黄陵建立人民政权，隶属陕甘宁边区政府黄龙分区管辖。1968 年 9 月后，黄陵县隶属延安地区管辖。1997 年，延安地区地改市后，黄陵县隶属延安市管辖。今辖 5 镇 1 个街道办事处。

黄陵方言属中原官话关中片。黄陵境内方言按口音可分为 4 个小片。（1）东南片，即黄陵城关方言片，包括桥山街道办、田庄镇部分地区、侯庄镇、龙首乡、康崖底乡、店头镇南部、隆坊镇东南的一部分地区及阿党乡西部的部分地区，以桥山街道办话为代表。（2）北部边界方言片，包括仓村乡和店头北部的李章河，以仓村话为代表，口音与邻近富县话接近。（3）东北部边界方言带，包括阿党乡葡萄寨、南河、南龚原及葫芦河以西的少数村庄，该片区域与洛川县接壤，部分发音接近洛川话。（4）西部片，当地称为客话区，包括腰坪乡及除双龙街以外的双龙其他村庄。该片区为林区，面积广、人口少，且居住的多为外省移民，口音纷杂，除各自所持的乡音外，由于多地方言语音长期混杂融合，形成了一种以黄陵方言为基础的多方言的混杂形式，主要特征体现在声调的变异和一些当地的特殊词汇上。

黄陵的曲艺主要有两种，一是黄陵民歌，二是秦腔。黄陵民歌，俗称秧歌，是当地流传最广的一种曲艺形式。黄陵民歌作为省级非物质文化遗产黄陵"老秧歌"的重要组成部分，源自古时祭祀的乐舞，在现代主要用于春节的秧歌表演。老秧歌的主要形式是舞一段唱一段，舞与唱似同孪生姐妹，互不分离，而其中所唱的片段就是黄陵民歌。黄陵民歌歌声高亢、嘹亮，极具地域特色。秦腔作为陕西关中地区最具代表性的戏剧形式，在黄陵也很受欢迎。黄陵在20世纪七八十年代有专门的秦腔剧团，也有一些民间的秦腔组织。如今在县城的广场里仍能听到秦腔爱好者自发组织演唱的秦腔。

二、方言发音人

老男：郭兆琪，黄陵县桥山街道办黄花沟村人，高中文化，机关单位工作人员。会说黄陵方言、普通话，平时主要说黄陵方言。1963年10月在黄花沟出生；1963年至1971年在当地生活；1971年至1976年在黄陵县城关一小上小学；1976年1月至1978年7月在黄陵中学上初中；1978年7月至1980年7月在黄陵中学上高中；1980年至1998年在黄陵县城关镇政府工作；1998年至2002年在黄陵县龙首镇政府工作；2002年至2006年在黄陵县桥山镇政府工作；2006年至今，在黄陵县盐务管理局工作。父亲是黄陵县桥山街道办人，母亲是黄陵县店头镇人，都只会说黄陵方言；配偶是黄陵县隆坊镇人，会说黄陵方言、普通话。

青男：王超，黄陵县桥山街道办上城居委会人，大学本科，机关事业单位工作人员。说黄陵方言、普通话，平时主要说黄陵方言。1988年2月在桥山出生；1988年至1994年在当地生活；1994年至2000年在黄陵县桥山小学上小学；2000年至2003年在黄陵县桥山中学上初中；2003年至2008年在黄陵中学上高中；2008年至2012年在西安思源学院上大学；2012年至今，在黄陵县政府办工作。父亲、母亲、配偶都是黄陵县桥山街道办人，都会说黄陵方言和普通话。

口头文化发音人1：张发勤，男，黄陵县桥山镇韩塬村人，1949年9月出生，初中文化，农民。

口头文化发音人2：张亚南，男，黄陵县桥山镇上城居委会人，1952年9月出生，初中文化，农民。

贰　声韵调

一、老男音系

1. 声母26个，包括零声母

p	八兵	p^h	派片爬病	m	麦明	f	飞风副蜂肥饭	v	味问温
t	多东	t^h	讨毒			n	脑南		l	老蓝连路
ts	资早租贼竹争装纸主	ts^h	刺草字贼坐祠拆茶柱抄初床春船			s	丝三事山双船顺书	z	软

续表

tʂ	张	tʂʰ	抽车城			ʂ	手十	ʐ	热
tɕ	酒九	tɕʰ	天甜寸清全轻权	ȵ	年泥	ɕ	肥酸想谢响县		
k	高共	kʰ	开	ŋ	熬安	x	好灰活		
∅	月王云用药								

说明：

（1）ts tsʰ s z 在与合口呼韵母相拼时，带有舌叶音色彩。

（2）tʂ tʂʰ ʂ ʐ 与合口呼韵母相拼的字数较少，只有"着、勺、弱"等个别字。

（3）tɕ tɕʰ ȵ ɕ 在与撮口呼韵母相拼时舌位略靠后。

（4）合口呼零声母与 v 声母字有区别，读音明显能区别开。

2. 韵母39个，不包括儿化韵

ɿ	师丝试					ʯ	猪出		
ʅ	十直尺								
ɚ	二								
		i	米戏急七一锡	u	苦五骨谷	y	雨橘局		
ɑ	茶塔法辣八	iɑ	牙鸭			uɑ	瓦刮		
ɤ	歌热壳					uɤ	坐过盒活托郭国	yɤ	靴横月药学
ɯ	核圪								
		iɛ	写接贴节						
E	开排鞋	iE	解			uE	快		
ɔ	宝饱	iɔ	笑桥						
ei	赔飞北色白					uei	对鬼国		
əu	豆走绿	iəu	油六绿						
æ̃	南山半	iæ̃	盐年			uæ̃	短官	yæ̃	权
ẽ	深根	iẽ	心新			uẽ	滚春	yẽ	寸云
ɑŋ	糖	iɑŋ	响讲			uɑŋ	床王双		
əŋ	灯升争	iəŋ	硬病星			uŋ	横东	yŋ	兄用

说明：

（1）ʯ 与 u 本为 /u/ 音位的两个条件变体，ʯ 与 tʂ tʂʰ ʂ ʐ 相拼，u 与其他声母相拼。但因两者读音差别较为明显，ʯ 实际音值是标准的舌尖前元音，故此处分列为两个独立的韵母。/u/ 作为介音有两个条件变体，在与 tʂ tʂʰ ʂ ʐ 相拼时，音值接近 ʯ，但舌尖音色彩没有做主要元音时那么明显；在与其他声母相拼时，音值为 u。

(2) 撮口呼韵母在与 tɕ tɕʰ ȵ ɕ 相拼时，y 的舌位略靠后。
(3) iɛ 的主要元音舌位比 ɛ 略高。
(4) ie 韵腹后略有动程，实际音值接近 iɛe。
(5) ər 的主要元音舌位略偏高。
(6) ei uei 的主要元音比 e 略高，动程较短。
(7) əu iəu 的主要元音 ə 略微靠后，动程稍短，且韵尾没有 u 那么圆。

3. 单字调 4 个

阴平 31	东该灯风通开天春谷百搭节哭拍塔切刻六麦叶月
阳平 24	门龙牛油铜皮糖红急毒白盒罚
上声 52	懂古鬼九统苦讨草买老五有
去声 55	动罪近后冻怪半四痛快寸去卖路硬乱洞地饭树

说明：
(1) 阴平调 31 开头的音高比 3 略低。
(2) 就音长来看，阳平时值最长，上声次之，去声又次之，阴平最短。

二、青男音系

1. 声母 26 个，包括零声母

p	八兵病	pʰ	派片爬病	m	麦明	f	飞风副蜂肥饭	v	味问温王
t	多东	tʰ	讨天甜毒	n	脑南			l	老蓝连路
ts	资早租字贼坐竹争装纸主	tsʰ	刺草寸字贼坐祠拆茶柱抄初床春船			s	丝三事山双船顺书	z	软
tʂ	张	tʂʰ	抽车城			ʂ	手十	ʐ	热
tɕ	酒九	tɕʰ	天寸清全轻权	ȵ	年泥	ɕ	肥酸想谢响县		
k	高共	kʰ	开	ŋ	熬安	x	好灰活		
∅	月云用药								

2. 韵母 37 个，不包括儿化韵

ɿ	师丝试	i	米戏急七一锡	u	苦五猪骨出谷	y	雨橘绿局
ʅ	十直尺						
ər	二						
ɑ	茶瓦塔法辣八	iɑ	牙鸭	uɑ	刮		
ɤ	歌盒热壳色又	iɛ	写鞋接贴节	uɤ	坐过盒活托郭国	yɤ	靴横月药学

ɯ	核虼						
ɛ	开排鞋			uɛ	快		
ɔ	宝饱	ɔi	笑桥				
ei	赔飞北色白			uei	对鬼国		
əu	豆走绿~化	iəu	油六绿~的				
æ	南山半	iæ	盐年	uæ	短官	yæ	权
ẽ	深根	iẽ	心新	uẽ	寸ㄡ滚春	yẽ	寸ㄡ云
ɑŋ	糖王	iɑŋ	响讲	uɑŋ	床双		
əŋ	灯升争	iəŋ	硬病星	uŋ	横东	yŋ	兄用

3. 单字调 4 个

阴平 31	东该灯风通开天春谷百搭节哭拍塔切刻六麦叶月
阳平 24	门龙牛油铜皮糖红急毒白盒罚
上声 52	懂古鬼九统苦讨草买老五有
去声 55	动罪近后冻怪半四痛快寸去卖路硬乱洞地饭树

叁　连读变调

一、非叠字两字组连读变调

黄陵方言共 4 个单字调。非叠字两字组中，作为前字，阴平在阴平前、上声在上声前发生变调。变调规律见表 8-1，变调用加粗表示。

表 8-1　黄陵老派方言非叠字两字组连读变调表

后字 前字	阴平 31	阳平 24	上声 52	去声 55
阴平 31	**24**+31 中间	31+24 天明	31+52 水果	31+55 以后
阳平 24	24+31 荷花	24+24 煤油	24+52 着火	24+55 河岸
上声 52	52+31 老锅	52+24 水泥	**31**+52 马桶 52+52 厂长	52+55 闪电
去声 55	55+31 大麦	55+24 拜堂	55+52 大水	55+55 旱地

二、轻声两字组连读变调

黄陵方言两字组连调中，后字变读轻声时，前字阴平、阳平、去声不变调，上声有的不变调，有的变为31调。后字轻声的实际调值为21，不像普通话那样又短又轻。

表8-2　黄陵老派方言两字组变读轻声表

前字＼后字	阴平 31	阳平 24	上声 52	去声 55
阴平 31	31+0 阴历	31+0 日头	31+0 沙子	31+0 月亮
阳平 24	24+0 洋灰	24+0 围脖	24+0 凉水	24+0 黄豆
上声 52	52+0 水坑	52+0 起来	52+0 冷子 31+0 母狗	52+0 里去
去声 55	55+0 衬衣	55+0 涝池	55+0 灶火	55+0 运气

肆　异　读

一、文白异读

黄陵方言的文白异读不丰富，有少数字保留白读。

1. 古全浊声母全部清化，清化后平声送气，仄声部分不送气，部分白读送气，文读不送气。如：背 pʰei⁵⁵/pei⁵⁵，鼻 pʰi²⁴/pi²⁴，淡 tʰæ̃⁵⁵/tæ̃⁵⁵，动 tʰuŋ⁵⁵/tuŋ⁵⁵，贼 tsʰei²⁴/tsei²⁴，直 tʂʰʅ²⁴/tʂʅ²⁴，轿 tɕʰiɔ⁵⁵/tɕiɔ⁵⁵，跪 kʰuei⁵⁵/kuei⁵⁵。

2. 部分古见系开口二等字，白读保留舌根音声母 k kʰ x，文读音声母为舌面音声母 tɕ tɕʰ ɕ。如：下 xa⁵⁵/ɕia⁵⁵，咸 xæ̃²⁴/ɕiæ̃²⁴，项 xaŋ⁵⁵/ɕiaŋ⁵⁵，蟹 xɛ³¹/ɕiɛ⁵⁵。

3. 部分古疑影母细音字，白读为鼻音声母 ȵ，文读为零声母。如：严 ȵiæ̃²⁴/iæ̃²⁴，业 ȵiɛ³¹/iɛ³¹，颜 ȵiæ̃²⁴/iæ̃²⁴，影 ȵiəŋ⁵²/iəŋ⁵²。

4. 部分古心、船、崇、禅母字有文白异读，白读音为擦音或塞擦音，文读音相反为塞擦音或擦音。如：唇 suei²⁴/tsʰuei²⁴，船 suæ̃²⁴/tsʰuæ̃²⁴，善 tʂʰæ̃⁵²/ʂæ̃⁵⁵，镯 suɤ²⁴/tsʰuɤ²⁴，尝 ʂaŋ²⁴/tsʰaŋ²⁴。

5. 部分假开三字，白读音为 ia 韵，文读音为 iɛ 韵。如：夜 ia²⁴~晚上/iɛ⁵⁵~天，些 ɕia²⁴/ɕiɛ³¹。

6. 部分蟹开二见晓组字，白读为 ɛ 韵，文读音为 iɛ 韵。如：鞋 xɛ²⁴/ɕiɛ²⁴。

7. 止开三日母字"儿"，有文白异读，儿 ʐʅ²⁴/ər²⁴。

止摄合口三等字中，部分微母字有文白异读，白读为 i 韵，文读为 ei 韵。如：尾 i⁵²/vei⁵²，肥 ɕi²⁴/fei²⁴。部分影喻母字，白读为 y 韵，文读为 ei 韵。如：围 y²⁴/vei²⁴，慰 y⁵⁵/vei⁵⁵。

8. 效摄开口一等帮组部分字，白读为 u 韵，文读为 ɔo 韵。如：毛 mu²⁴~娃儿/mɔ²⁴~线，抱 pʰu⁵⁵/pɔ⁵⁵。

9. 部分德陌麦三韵和庄组职韵入声舒化韵字，白读 ei uei 韵，文读 ɤ uɤ 韵。如：刻 kʰei³¹/kʰɤ³¹，国 kuei³¹/kuɤ³¹，格 kei³¹/kɤ³¹，客 kʰei³¹/kʰɤ³¹。

10. 部分梗摄开口二等字，白读 iɛ 韵，文读 əŋ 韵。如：蹦 piɛ⁵⁵/pəŋ⁵⁵，耕 tɕiɛ³¹~地/kəŋ³¹~种。

11. 部分通合三入声字，白读 y 韵，文读 əu 韵。如：宿 ɕy³¹/səu³¹，足 tɕy³¹/tsəu³¹。

二、新老异读

黄陵方言新派与老派的单字调、连调变化、儿化音变规律以及其他音变规律都相同。不同的是，受共同语的影响，新派部分声母、韵母的音值呈向共同语靠拢的趋势。

1. 老派部分零声母合口字，新派读为 v 声母，如：王。

2. 老派部分古全浊声母仄声字读送气音声母，新派增加了不送气声母的文读音，如：字、贼、坐、着等。

3. 部分 tɕ tɕʰ 与齐齿呼韵母相拼的字，新派增加了文读音，读 t tʰ 母，如：跌、丢、天、甜等。

4. 元音 u 在与 ts tsʰ s z 相拼时，老派发音音值为 ɿ；新派此韵母的舌尖音色彩已明显减弱，实际音值为 u。

5. 老派 iɛ 韵来自舒声韵蟹摄开口二等字，iɛ 韵来自假摄开口三等韵和部分入声韵。两韵在新派语音中已并为 iɛ 韵。

6. 个别老派方言与普通话差别较大的韵母，新派方言出现接近普通话音值的文读音。如（前老后新）：绿 əu/y、盒 uɤ/ɤ、色 ei/ɤ、解 iɛ/iɛ，寸 yẽ/uẽ。

伍　儿化音变

一、儿化韵

黄陵方言 39 个韵母，除 ɿ ɯ 和 ər 外，其余均可儿化。36 个韵母儿化后合并为 30 个儿化韵，大部分儿化韵与韵母一一对应，只有 4 个儿化韵对应两个以上的韵母。儿化后阴平、上声不发生变调，阳平大部分变读 242 调，去声变读 552 调。儿化音变规律见表 8-3。

表 8-3　黄陵方言儿化韵与基本韵母对应表

儿化韵	基本韵母	例　词
ər	ɿ	刺儿
	ʅ	年三十儿
	ei	擦黑儿
iər	i	猪蹄儿
uər	uei	跑腿儿
yər	y	水渠儿
ur	u	蘑菇儿
ɐr	ɑ	号码儿
	ɛ	圪膝盖儿
iɐr	iɑ	豆芽儿
	iɛ	台阶儿
	iɛ	半截儿
uɐr	uɑ	花儿
	uɛ	一块儿
ɣr	ɣ	自行车儿
uɣr	uɣ	蛾儿
yɣr	yɣ	角儿
ɔr	ɔ	桃儿
iɔr	iɔ	雀儿
əur	əu	后儿　猴儿
iəur	iəu	酱油儿
æ̃r	æ̃	蚕儿
iæ̃r	iæ̃	前儿
uæ̃r	uæ̃	当官儿

续表

儿化韵	基本韵母	例　词
yæ̃r	yæ̃	烟卷儿
ẽr	ẽ	本儿
iẽr	iẽ	毛巾儿
uẽr	uẽ	冰棍儿
yẽr	yẽ	合群儿
ɑ̃r	ɑŋ	巷儿
iɑ̃r	iɑŋ	花样儿
uɑ̃r	uɑŋ	蛋黄儿
ɚr	əŋ	门缝儿
iɚr	iəŋ	明儿
uɚr	uŋ	门洞儿
yɚr	yŋ	小熊儿

二、儿化音变规律

小称的表达方式在黄陵方言中主要表现为名词重叠加儿化的形式，即"AA儿"式和"ABB儿"式，"AA"式名词和儿化名词虽然都具有小称义，但不够明显，因此通过重叠加儿化的形式强化了小称义。

"AA儿"式名词，前字均不变调，后字一律读轻声。如：刀刀儿 tɔ³¹tɚr⁰，绳绳儿 ʂəŋ²⁴ʂɚr⁰，板板儿 pæ̃⁵²pæ̃r⁰，盖盖儿 kɛ⁵⁵kɐr⁰。

"ABB儿"式名词，重叠部分的后字读轻声，调式同"AA儿"式。如：小叶叶儿 ɕiɔ⁵²iɛ³¹iɐr⁰，绿毛毛儿 liəu³¹mu²⁴mur⁰，面片片儿 miæ̃⁵⁵pʰiæ̃⁵²pʰiæ̃r⁰，毛蛋蛋儿 mɔ²⁴tæ̃⁵⁵tæ̃r⁰。

陆　其他主要音变

黄陵方言个别词有合音现象。如：[一个] iɛ³¹，[几个] tɕiɛ³¹，[人家] ȵia²⁴，[不要] puɤ³¹。

第九节　渭南方音

调查人　卜晓梅

壹　概　况

一、调查点

渭南市临渭区，位于陕西关中平原东部，是中共渭南市委、市人民政府所在地。在东经 109°22′~109°43′、北纬 34°14′~34°47′之间，西距省会西安 53 公里。总面积 1221 平方公里。据陕西省 2018 统计年鉴显示，至 2017 年年末，临渭区户籍人口为 95.27 万人，主要为汉族，其中回族等其他 15 个少数民族人口占总人口的 0.24%。

临渭方言属于中原官话关中片。内部差异较大，大致可分为 4 个小片。（1）城关小片，分布在中部原城关镇和双王、程家、胡王、白杨等乡镇。主要特点是精端见组字在齐齿呼前大合流，都读 tɕ tɕʰ ɕ 声母。（2）两塬小片，分布在西塬的三张、何刘、员曲、阎村、阳郭、特庙、三官庙等 7 个乡和东塬的丰原、线王、隐村、段家、花园、桥南等 7 个乡。其中南岭山区略带蓝田口音。（3）龙背小片，分布在龙背、辛市、信义沿渭河一带，受蒲城话影响明显。（4）渭北小片，分布在渭河以北的固市、官底、下吉、南师、交斜等乡镇。

方言曲艺或地方戏种类和使用：全区有秦腔、眉户、碗碗腔、皮影戏、秧歌等。秦腔和眉户在全区广为传唱；碗碗腔在城区部分专业团体和群众中演唱；皮影戏在部分农村传唱；秧歌剧以双王一带闻名。其中，北路秦腔——阿宫腔，早在 2006 年，由渭南市富平县申报，经国务院批准，列入第一批国家级非物质文化遗产名录，在临渭区也广受群众喜爱。朱王秧歌剧，2011 年被列入陕西省第三批非物质文化遗产保护名录。三弦弹唱，2019 年被列入渭南市第六批市级非物质文化遗产保护名录。

二、方言发音人

老男：曹志良，1954 年 8 月出生，临渭区人，高中文化，农民。会说临渭话、普通话，平时主要说临渭话。1954 年至 1960 年在临渭区赵家院村出生并生活；1960 年至 1970 年在东关学校上学；1970 年至 1972 年在临渭区育红中学上学；1973 年至 1977 年在陕西武功当兵；1977 年至今，一直在渭南市临渭区生活。父母亲、配偶都是临渭区人，都只会说临渭方言。

青男：缑召亮，1981年11月出生，临渭区人，高中文化，自由职业。会说普通话、临渭方言，平时主要说临渭方言。1981年至1986年在临渭区尤西村出生并生活；1986年至1993年在在临渭区宣化路小学上学；1993年至1996年在临渭区三马路初中上学；1996年至1999年在临渭区城关职业中学上学；1999年至今，一直在渭南市从事电脑行业工作。父母都为临渭区人，说临渭方言；配偶是临渭区人，会说普通话、临渭方言。

口头文化发音人1：曹志良，老男。

口头文化发音人2：张莉，女，1982年7月出生，临渭区人，大专文化。

口头文化发音人3：李淑会，女，1954年9月出生，临渭区人，高中文化。

口头文化发音人4：宋彩萍，女，1963年9月出生，临渭区人，高中文化。

贰　声韵调

一、老男音系

1. 声母30个，包括零声母在内

p	八兵	pʰ	派片爬病	m	麦明	f	飞风副蜂肥饭	v	味问
t	多东	tʰ	讨毒	n	脑南			l	老蓝连路
ts	资早贼竹争纸	tsʰ	刺草字拆茶抄初			s	丝三祠事山	z	褥儿耳
tʂ	张	tʂʰ	抽车城			ʂ	手十	ʐ	热
tʃ	装主	tʃʰ	坐柱床春			ʃ	双船顺书	ʒ	软
tɕ	租酒九全轻权	tɕʰ	天甜寸清	ȵ	年泥	ɕ	酸想谢响县		
k	高共	kʰ	开	ŋ	熬安	x	好灰活		
∅	月温王云用药儿耳								

说明：

(1) n与ȵ为互补关系，因ȵ舌面音特征明显，故分立。

(2) tʃ tʃʰ ʃ ʒ的实际发音部位略靠前，发音时略带圆唇色彩。

(3) x发音时，发音部位略靠后。

(4) 齐齿呼和撮口呼前的零声母摩擦重，合口呼零声母无明显摩擦。

2. 韵母39个，不包括儿化韵

ɿ	师丝试	i	米戏急七一锡	u	苦五骨谷	y	雨橘局
ʅ	十直尺						
ər	二						
ɑ	茶塔法辣八	iɑ	牙鸭	uɑ	瓦刮		
ə	歌坐热	iɛ	写接贴节	uə	过盒活托郭	yə	靴月药学
ɯ	疙咳核						
ae	开排鞋	iae	解街	uae	快		
ei	赔飞北色白			uei	对鬼国		
ɔo	宝饱	iɔo	笑桥				
əu	豆走	iəu	油六绿				
æ̃	南山半	iæ̃	盐年	uæ̃	短官	yæ̃	权
ɜ̃	根春	iɜ̃	新	uɜ̃	滚	yɜ̃	寸云
ɑŋ	糖床双	iɑŋ	响讲	uɑŋ	王		
əŋ	灯升争	iəŋ	硬病星	uəŋ	横东	yəŋ	兄用
ʒ	猪出						

说明：

（1）ɑ iɑ uɑ ɑŋ iɑŋ uɑŋ 中的主要元音是标准的舌面后低不圆唇元音 ɑ，ae 中的主要元音是舌面前低不圆唇元音 a。

（2）ə 独立成韵时发音略靠后，在 uə yə 中则为标准的央元音 ə。此外，ə 与唇音声母拼合时，有轻微的 u 的过渡音。

（3）卷舌韵母 ər 实际音值为单韵母 ɚ。

（4）ɯ 韵母只与舌根声母拼合。

（5）ae 韵母动程不大，主要元音略高。在阳平调中主要元音开口度最大，阴平次之，上声和去声开口度最小。

（6）ɔo iɔo 中的主要元音为 ɔ，韵母发音动程较小。

（7）æ̃ 中的元音 æ 舌位略低。

（8）əŋ iəŋ uəŋ yəŋ 中主要元音为央元音 ə，但后两个韵母由于受介音影响，主要元音发音时较前面略圆。

（9）普通话中的合口呼韵母字与声母 tʃ tʃʰ ʃ ʒ 相拼时不带 u 介音；韵母 æ̃ ɜ̃ ɑŋ əŋ 与 tʃ tʃʰ ʃ ʒ 拼合时，由于受声母的影响，带有略微的合口色彩。

（10）ʒ 为声化韵，除了自成音节外，只与声母 tʃ tʃʰ ʃ 拼合。

3. 单字调4个

阴平 31	东该灯风通开天春谷百搭节哭拍塔切刻六麦叶月
阳平 24	门龙牛油铜皮糖红毒白盒罚急
上声 53	懂古鬼九统苦讨草买老五有
去声 44	动罪近后冻怪半四痛快寸去卖路硬乱洞地饭树

说明：

（1）阳平为中升调，起调略低，记作24。
（2）上声为高降调，时长短，降幅略小，记作53。
（3）去声为较高的平调，介于4度与5度之间，记作44。

二、青男音系

1. 声母30个，包括零声母

p	八兵	pʰ	派片爬病	m	麦明	f	飞风副蜂肥饭	v	味问
t	多东	tʰ	讨毒	n	脑南			l	老蓝连路
ts	资早租贼竹争	tsʰ	刺草字拆祠茶抄初			s	丝三事山	z	褥
tʂ	张	tʂʰ	抽车城			ʂ	手十	ʐ	热
tʃ	装柱主	tʃʰ	坐床春船			ʃ	双顺书	ʒ	软
tɕ	酒九	tɕʰ	天甜寸清全轻权	ɲ	年泥	ɕ	酸想谢响县		
k	高共	kʰ	开	ŋ	熬安	x	好灰活		
∅	月温王云用药								

2. 韵母39个，不包括儿化韵

ɿ	师丝试	i	米戏急七一锡	u	苦五骨谷	y	雨橘局
ʅ	十直尺						
ɚ	二						
a	茶塔法辣八	ia	牙鸭	ua	瓦刮		
ə	歌热			uə	坐过盒活托郭		
		iɛ	写接贴节			yɛ	靴月学药
ɯ	圪咳核						

续表

ae	开排鞋	iae	解街			uae	快		
ei	赔飞北色白					uei	对鬼国		
ɔ	宝饱	iɔ	笑桥						
əu	豆走	iəu	油六绿						
æ̃	南山半	iæ̃	盐年			uæ̃	短官	yæ̃	权
ɛ̃	根春	iɛ̃	新			uɛ̃	滚	yɛ̃	寸云
ɑŋ	糖床双	iɑŋ	响讲			uɑŋ	王		
əŋ	灯升争	iəŋ	硬病星			uəŋ	横东	yəŋ	兄用
ʅ	猪出								

3. 单字调 4 个

阴平 31	东该灯风通开天春谷百搭节哭拍塔切刻六麦叶月
阳平 24	门龙牛油铜皮糖红毒白盒罚急
上声 53	懂古鬼九统苦讨草买老五有
去声 44	动罪近后冻怪半四痛快寸去卖路硬乱洞地饭树

叁 连读变调

一、连读变调

临渭方言的两字组共有 21 种连调模式，其中 15 组前后字都不变调；6 组前字变调，后字不变调。整合以后，共有 15 种连调模式。作前字时，上声字最易变调，其次是阴平和阳平，去声一般都不变调。表中变调的用粗体表示。

表 9-1 临渭方言老男两字组连读变调表

前字 \ 后字	阴平 31	阳平 24	上声 53	去声 44
阴平 31	24+31 结婚	31+24 梳头	31+53 公狗	31+44 猪圈
	31+31 生姜			
阳平 24	24+31 南瓜	24+24 红苕	31+53 十五	24+44 洋芋
			24+53 牙狗公狗	
上声 53	44+31 打针	53+24 乳牛母牛	31+53 保险	44+44 考试
	53+31 草猪母猪		44+53 左手	53+44 打颤发抖
去声 44	44+31 害羞	44+24 放牛	44+53 后悔	44+44 唱戏

肆 异 读

一、声母差异

1. 古全浊声母在渭南方言中已全部清化，今读塞音、塞擦音声母的字无论平仄大多都读送气音。部分仄声字白读时送气，文读时不送气，如：大 tʰuə⁴⁴/tɑ⁴⁴，袋 tʰae⁴⁴ 布~/tae⁴⁴~子，豆 tʰəu⁴⁴/təu⁴⁴。

2. 见系开口二等部分字，白读保留舌根音声母 k kʰ x，文读声母是舌面音声母 tɕ tɕʰ ɕ，如：下 xɑ⁴⁴/ɕiɑ⁴⁴，咸 xæ̃²⁴/ɕæ̃²⁴，孝 xɔ⁴⁴/ɕɔ⁴⁴。

3. 止摄合口三等部分字，白读韵母为高元音 i y，文读韵母为 ei uei，如：尾 i⁵³~巴/vei⁵³追~，围 y²⁴~嘴儿/uei²⁴，喂 y⁴⁴/uei⁴⁴。

4. 日母止摄开口三等字，白读为 z 声母，文读为零声母，如：儿 zʅ²⁴/ər²⁴，耳 zʅ⁵³ 锅~~（锅耳朵）/ər⁵³~朵。

5. 影疑母宕梗摄开口三等，字有文白异读，白读为 ȵ 声母，文读为零声母，如：秧 ȵiaŋ³¹~子/iaŋ³¹~歌，影 ȵieŋ⁵³~子/ieŋ⁵³~响，迎 ȵieŋ²⁴~饭/ieŋ²⁴欢~。

6. 其他文白异读现象，如：摸 mɔ³¹/mə³¹，外 uei⁴⁴/uae⁴⁴，顽 væ̃²⁴/uæ̃²⁴，壳 tɕʰyə³¹/kʰə³¹，后 xɯ⁴⁴~头/xəu⁴⁴前~，毛 mu²⁴~娃（初生婴儿）/mɔ²⁴。

二、新老异读

渭南方言的新老异读与文白异读有重合，老派只有白读的，新派大都只有白读，少部分只有文读；老派有文白两读的，新派大都只有文读。总的看来，新派受到普通话的影响较大，声韵母的音值都在向普通话趋近。具体如下：

1. 古全浊声母仄声字，老派只有白读送气音的，新派也大都是白读，如：薄ฑ、被~子、鼻、坐、字、碟、旧；也有部分文读，即不送气的，如：读、毒、淡、族、动。老派有文白异读的，新派则只有文读，如：豆 tʰəu⁴⁴/təu⁴⁴，təu⁴⁴。

2. 山合三四等、江开二、宕开三的部分入声字，老派读 yə 韵母，新派读 yɛ 韵母。如：药 yə³¹/yɛ³¹，雪 ɕyə³¹/ɕyɛ³¹，决 tɕyə⁵³/tɕyɛ⁵³，角 tɕyə³¹/tɕyɛ³¹。

3. 疑影母字宕梗摄开口三等字，老派有文白异读的，新派读为零声母。如：秧 ȵiaŋ³¹~子/iaŋ³¹~歌，iaŋ³¹。

4. 部分泥母合口三等字，老派声母为 l，新派为 n。如：浓 luəŋ²⁴/nuəŋ²⁴。

5. 其他部分字老派为擦音，新派读送气塞擦音。如：船 ʃæ̃²⁴/tʃʰæ̃²⁴，祠 sʅ²⁴/tsʰʅ²⁴。

伍　儿化音变

临渭方言有儿化,儿化韵母是卷舌韵,与非儿化韵之间有一定的对应关系。除了 ɚ ɯ iae ʒ 外,其余 35 个韵母儿化后变为 25 个卷舌韵。下面列出儿化韵及其对应的基本韵母。

表 9-2　临渭方言老男儿化韵表

儿化韵	基本韵母	例　词
ər	ɿ	讲故事儿
	ʅ	年三十儿
	ə	围脖儿　唱歌儿
	ei	白儿　味儿
iər	i	猪蹄儿
ur	u	二胡儿
yr	y	保曲儿 猜谜儿
ɐr	ɑ	手帕儿　下巴儿
	ae	螃蟹儿　藏猫虎迷儿捉迷藏
iɐr	iɑ	豆芽儿
uɐr	uɑ	猪娃儿
	uae	一块儿
uər	uə	卜脐窝儿
	uei	一对儿
yər	yə	角角儿
iɛr	iɛ	蝴蝶儿
ɔr	ɔ	醪糟儿
iɔr	iɔ	雀儿
əur	əu	张口儿
iəur	iəu	加油儿

续表

儿化韵	基本韵母	例　词
æ̃r	æ̃	偏岸儿
iæ̃r	iæ̃	边边儿
uæ̃r	uæ̃	碗碗儿
yæ̃r	yæ̃	转圈圈儿
ɑ̃r	ɑŋ	缸缸儿
iɑ̃r	iɑŋ	花样儿
uɑ̃r	uɑŋ	鸡蛋黄儿
ə̃r	ə̃	一阵儿
	əŋ	缝儿
iə̃r	iə̃	手巾儿
	iəŋ	明儿　酒瓶儿
uə̃r	uə̃	嘴唇儿
	uəŋ	窟窿儿
yə̃r	yə̃	外孙儿
	yəŋ	没用儿

说明：

（1）æ̃ iæ̃ uæ̃ yæ̃ ə̃ iə̃ uə̃ yə̃ 等儿化后仍保留鼻化色彩，əŋ iəŋ uəŋ yəŋ 儿化后与 ə̃ iə̃ uə̃ yə̃ 合并，ʅ ɿ ei 儿化后合并为 ər。

（2）阴平和上声儿化后不变调。阳平儿化后调尾略降，实际调值为243。去声儿化后变上声53调，如冰棍儿 piəŋ³¹kuə̃r⁵³，讲故事儿 tɕiɑŋ⁵³ku⁴⁴sər⁵³，后儿 xəur⁵³，一阵儿 i³¹tʂə̃r⁵³ 等。

陆　其他主要音变

临渭方言的轻声词较多。轻声读为较轻较短的21调。从与前字的关系来看，几乎不受前字调类调值的影响，总是读21调。为与阴平31调区分，下面统一记作0。

一、轻声变调

表9-3 临渭方言轻声变调表

后字 前字	阴平 31	阳平 24	上声 53	去声 44
阴平 31		31+0 月食	53+0 肝子	31+0 豌豆
		53+0 收成		53+0 鸡蛋
阳平 24		24+0 石头	24+0 凉水	24+0 白菜
上声 53	53+0 哑巴	53+0 板头	53+0 耳朵	53+0 韭菜
			31+0 老虎	
去声 44	44+0 下巴	44+0 后头	44+0 戒指	44+0 运气

从表格左端横着来看，阴平、阳平作前字时轻声音节最少；从表格顶端竖着来看，阴平作后字时轻声音节最少。同时，轻声音节前的阴平最容易发生变调，变化后调值为53；轻声前的阳平、去声都不变调；轻声前的上声个别变读为31调值。举例如下：

阴平+轻声

A. 31+0

月食 yə³¹ʂʅ⁰ 今年 tɕiə̃³¹ȵiæ̃⁰ 菠菜 pə³¹tsʰae⁰ 师傅 sʅ³¹fu⁰
姑父 ku³¹fu⁰ 生日 səŋ³¹ər⁰

B. 53+0

黑来 xei⁵³lae⁰ 收成 ʂəu⁵³tʂʰəŋ⁰ 衣服 i⁵³fu⁰ 胳膊 kɯ⁵³paŋ⁰
鸡蛋 tɕi⁵³tʰæ̃⁰ 绿豆 liəu⁵³tʰəu⁰

阳平+轻声 24+0

石头 ʂʅ²⁴tʰəu⁰ 长虫 tʂʰaŋ²⁴tʃʰəŋ⁰ 头里 tʰəu²⁴li⁰ 凉水 liaŋ²⁴ʃei⁰
尘土 tʂʰə̃²⁴tʰəu⁰ 柴炭 tsʰae²⁴tʰæ̃⁰ 白菜 pʰei²⁴tsʰae⁰ 徒弟 tʰəu²⁴tɕʰi⁰

上声+轻声

A. 53+0

哑巴 ȵia⁵³pa⁰ 尾巴 i⁵³pa⁰ 板头 pæ̃⁵³tʰəu⁰ 口条 kʰəu⁵³tɕʰiɔo⁰

枕头 tʂə⁵³tʰəu⁰　　往年 uaŋ⁵³ɲiɛ̃⁰　　耳朵 ər⁵³tʰuə⁰　　女婿 ny⁵³ɕi⁰

B. 31+0

老虎 lɔo³¹xu⁰　　老鼠 lɔo³¹ʃʐ⁰

去声+轻声 44+0

下巴儿 xɑ⁴⁴pɐr⁰　　太阳 tʰae⁴⁴iaŋ⁰　　后头 xəu⁴⁴tʰəu⁰　　大人 tʰuə⁴⁴zə̃⁰

戒指 tɕiae⁴⁴tsʅ⁰　　下水 ɕiɑ⁴⁴ʃei⁰　　运气 yə̃⁴⁴tɕʰi⁰

二、"子"缀变调

"子"充当名词后缀时，一律读轻声，而且调值也不受前字声调的影响。同样，后缀"子"前，阴平最容易变调，变化后读53调；阳平、上声、去声则不变调，仍读本调。见表9-4。

表9-4　临渭方言"子"缀变调

阴平+子	53+0	鸭子 ɲia⁵³tsʅ⁰　瞎子 xa⁵³tsʅ⁰　车子 tʂʰə⁵³tsʅ⁰
	31+0	梯子 tɕʰi³¹tsʅ⁰　疯子 fəŋ³¹tsʅ⁰　沙子 sa³¹tsʅ⁰
阳平+子	24+0	梅子 mei²⁴tsʅ⁰　骡子 luə²⁴tsʅ⁰　厨子 tʃʰʐ²⁴tsʅ⁰
上声+子	53+0	椅子 ɲi⁵³tsʅ⁰　锁子 ʃə⁵³tsʅ⁰　跛子 pə⁵³tsʅ⁰
去声+子	44+0	柿子 sʅ⁴⁴tsʅ⁰　被子 pʰi⁴⁴tsʅ⁰　妗子 tɕʰiə̃⁴⁴tsʅ⁰

三、两字组重叠式名词变调

两字组重叠式名词，大部分后字儿化并且都念轻声；前字为阴平时，有的会变读为53调，有的不变仍读31调；前字为阳平、上声、去声，则不变调，仍读本调。见表9-5。

表9-5　临渭方言两字组重叠式名词变调

阴平	53+0	星星 ɕiəŋ⁵³ɕiəŋ⁰　蛛蛛 tʃʐ⁵³tʃʐ⁰
	31+0	亲亲 tɕʰiə̃³¹tɕʰiə̃⁰　姑姑尼姑 ku³¹ku⁰　包包儿 pɔo³¹pɔor⁰
阳平	24+0	壶壶儿 xu²⁴xur⁰　勺勺儿 ɕyə²⁴ɕyər⁰
上声	53+0	碗碗儿 uɛ̃⁵³uɛ̃r⁰
去声	44+0	罐罐儿 kuɛ̃⁴⁴kuɛ̃r⁰

四、形容词重叠"AA 儿"式的变调

该式的基本特点是：前字不变调，后字一律儿化。另外，后字则有两种变化：原为阴平、阳平、上声的字重叠后，第二个音节都变读为阳平 24；原为去声的字重叠后，第二个音节变读为上声 53。例如：

高高儿 kɔo³¹kɔor²⁴　　　酸酸儿 ɕyæ³¹ɕyær²⁴
长长儿 tʂʰɑŋ²⁴tʂʰɑ̃r²⁴　　明明儿 miəŋ²⁴miə̃r²⁴
软软儿 ʐæ⁵³ʐær²⁴　　　　好好儿 xɔo⁵³xɔor²⁴
厚厚儿 xəu⁴⁴xəur⁵³　　　硬硬儿 ȵiəŋ⁴⁴ȵiə̃r⁵³

第十节 韩城方音

调查人 张 攀

壹 概 况

一、调查点

韩城位于陕西省东部黄河西岸，关中盆地东北隅，北依宜川，西邻黄龙，南接合阳，东隔黄河与山西省河津、万荣等县市相望，介于东经110°7′~110°37′、北纬35°18′~35°52′之间，总面积1621平方公里，下辖2个街道、6个镇，总人口39.702万人（截至2018年），居民以汉族为主，还有回族、蒙古族等10多个少数民族。

韩城方言属于中原官话汾河片解州小片。

市区方言大体一致，在南部靠近合阳县的龙亭原和吕庄川、西部靠近黄龙的巍东乡和乔子玄乡、北部靠近宜川的独泉川和林源乡、王峰乡等少部分地区，与城区稍有差异，但只属个别字音，不能构成方言的内部分区。中华人民共和国成立后，大力推广普通话，加之韩城的工矿交通事业迅速发展，广播电视逐渐普及，外地来韩城从事工农业生产和交通运输的人数不断增多，受其影响，韩城方言正处在迅速的变化中，总的趋势是向普通话靠拢。

韩城民间艺术众多。明清时期，韩城秧歌从地摊子走上舞台；南原上的百面鼓和抬芯，声势浩大，粗犷壮美；北原上的耍神楼和背芯，奇巧飘洒，别具一格；人们在节日和婚嫁中，用花馍、布玩、刺绣等，传递着相互间的美好感情和祝愿。民国年间，陕西蒲剧和陕西秦腔逐步占据了韩城舞台。韩城秧歌是韩城特有的地方曲艺形式，是一种由民歌经说唱向戏曲演化，且初具戏曲雏形的说唱形式，属于传统的"小对对戏"形式。韩城秧歌大多由一旦一丑（最多不超过三个角色）来表演故事，常演的剧目很丰富，题材广泛，涉猎面广。2008年6月，经国务院批准被列入第二批国家级非物质文化遗产名录。

二、方言发音人

老男：杜孟春，1960年1月出生，韩城人，中师文化，职工，只会说韩城方言。英山中学上初中；龙亭中学上高中；毕业后在教育局教具加工厂工作，后调入城镇职业中学、韩城职专工作；现在在韩城教师进修学校工作。父母、配偶都为韩城人，只会说韩城方言。

青男：陈涛，1981年11月出生，韩城人，大学本科，教师，会说普通话、韩城话，平时主要说韩城话。从出生到初中毕业一直在韩城生活；初中毕业后在大荔师范上学；毕业后到西安进修三年；之后回到韩城，一直在教师进修学校工作。父母、配偶都为韩城人，会说韩城方言。

口头文化发音人1：杜孟春，老男。

口头文化发音人2：陈涛，青男。

口头文化发音人3：任培红，女，1983年10月出生，韩城人，高中文化，戏曲演员。

口头文化发音人4：雷宇腾，男，1999年9月出生，韩城人，初中文化，戏曲演员。

口头文化发音人5：杨博平，女，1992年2月出生，韩城人，初中文化，戏曲演员。

口头文化发音人6：高云祥，男，1941年8月出生，韩城人，中专文化，退休教师。

口头文化发音人7：孙艳丽，女，1987年9月出生，韩城人，初中文化，工人。

贰　声韵调

一、老男音系

1. 声母28个，包括零声母在内

p	八兵病	p^h	派片爬	m	麦明				
pf	装主	pf^h	柱床春船			f	飞风副蜂肥饭双顺书	v	味问软
t	多东	t^h	讨天甜毒	n	脑南			l	老蓝连路
ts	资早租竹争纸	ts^h	刺草字贼坐拆茶抄初			s	丝三祠事山	z	儿耳
tʂ	张	$tʂ^h$	抽车城			ʂ	手十	ʐ	热
tɕ	酒九	$tɕ^h$	寸清全轻权	ȵ	年泥			ɕ	飞肥酸想谢响县
k	高共	k^h	开	ŋ	熬安			x	好灰活
∅	月温王云用药耳儿								

说明：

(1) 送气的塞音、塞擦音带有较强的摩擦成分，气流量大且长。

(2) pf pf^h 的双唇色彩很重，发音时双唇、唇齿同时发生阻碍，气流、摩擦十分强烈。

(3) 零声母字在 i y 前有摩擦成分。

2. 韵母 41 个，不包括儿化韵

ɿ	师丝试二	i	米戏飞急七一锡	u	苦五猪骨出谷	y	雨橘局
ʅ	十直尺						
ər	二						
ɑ	茶塔法辣八	iɑ	牙鸭	uɑ	瓦刮	yɑ	横
ɣ	歌壳	iɣ	响药学	uɣ	坐过床盒活托郭		
ʅE	热	iE	写硬病接贴节			yE	靴月
ɯ	圪核						
æe	开排鞋	iæe	戒介	uæe	快		
Ii	赔对飞北色白			uIi	鬼国		
au	宝饱	iau	笑桥				
əu	豆走	iəu	油六绿				
ã	山半短南	iã	年盐	uã	官	yã	权
ɜ̃	深根春	iɜ̃	心根新	uɜ̃	滚	yɜ̃	寸云
ɑŋ	床南糖双	iɑŋ	盐响讲	uɑŋ	王		
əŋ	灯升争东	iəŋ	硬病星	uəŋ	横	yəŋ	兄用

说明：

（1）u 在与 pf pfʰ f v 相拼时，实际音值为 ʋ，上齿和下唇基本不离开，摩擦较重。
（2）u 在其他音节中，带有一个轻微的衍音 ə，实际音值为 uə。
（3）y 韵的实际音值为 ʉ，在阳平调中发音过程明显会拖长，读作 yu。
（4）ʅE 韵母仅与舌尖后声母相拼，其中 ʅ 带有舌面音 i 的色彩。
（5）iɣ 韵有轻微的撮口色彩。
（6）ɯ 的舌位略低，实际发音介于 ɯ 与 ɣ 之间。
（7）au iau 中，韵腹 a 的实际读音舌位偏高偏圆，近于 ɔ。
（8）ɑŋ iɑŋ uɑŋ 韵的 ŋ 韵尾比较松，实际音值为 ɣ̃。
（9）əŋ iəŋ uəŋ yəŋ 中的韵腹实际发音为 ɔ，略带鼻化色彩。

3. 单字调 4 个

阴平 31	东该灯风通开天春谷百搭节哭拍塌切刻六麦叶月
阳平 24	门龙牛油铜皮糖红急毒白盒罚
上声 53	懂古鬼九统苦讨草寸买老五有
去声 44	动罪近后冻怪半四痛快去卖路硬乱洞地饭树

说明：

（1）阴平为中降调，收尾比 1 度高比 2 度低。

（2）去声44但略带升势，近445。
（3）就音长来说，去声的时值最长，阴平、阳平次之，上声最短。

二、青男音系

1. 声母28个，包括零声母

p	八兵病	pʰ	派片爬	m	麦明				
pf	装主	pfʰ	柱床春船			f	飞风副蜂肥饭双顺书	v	味问软
t	多东	tʰ	讨天甜毒	n	脑			l	南老蓝连路
ts	资早租竹争纸	tsʰ	刺草字贼坐祠拆茶抄初			s	丝三事山	z	儿耳
tʂ	张	tʂʰ	抽车城			ʂ	手十	ʐ	热
tɕ	酒九	tɕʰ	寸清全轻权	ȵ	年泥			ɕ	飞酸想谢响县
k	高共	kʰ	开			ŋ	熬安	x	好灰活
∅	月温王云用药								

2. 韵母40个，不包括儿化韵

ɿ	师丝试	i	米戏飞急七一锡	u	苦五猪骨出北谷	y	雨橘局
ʅ	十直尺						
ər	二						
ɑ	茶塔法辣八	iɑ	牙鸭	uɑ	瓦刮	yɑ	嘴
ɤ	歌壳	iɤ	响药学	uɤ	坐过盒活托郭		
ʅɛ	热	iɛ	写硬接贴节			yɛ	靴月
ɯ	圪核						
æe	开排鞋			uæe	快		
Ii	赔对飞色白	uIi	鬼国				
ɑu	宝饱	iɑu	笑桥				
əu	豆走	iəu	油六绿				
ã	山半短	iã	年	uã	官	yã	权
ɛ̃	根春	iɛ̃	心新	uɛ̃	滚	yɛ̃	寸云
ɑŋ	床南糖双	iɑŋ	盐讲响	uɑŋ	王		
əŋ	深灯升争横东	iəŋ	病星	uəŋ	铜	yəŋ	兄用

3. 单字调 4 个

阴平 31	东该灯风通开天春谷百搭节哭拍塔切刻六麦叶月
阳平 24	门龙牛油铜皮糖红急毒白盒罚
上声 53	懂古鬼九统苦讨草寸买老五有
去声 44	动罪近后冻怪半四痛快去卖路硬乱洞地饭树

叁 连读变调

韩城方言，老男和青男的两字组连读变调规律基本一致，以下只例举老男的两字组连读变调。

表 10-1 韩城方言老男两字组连读变调表

前字＼后字	阴平 31	阳平 24	上声 53	去声 44
阴平 31	31+31 工作 24+31 飞机	31+24 天明	31+53 工厂	31+44 车站
阳平 24	24+31 原先 31+53 颜色	24+24 煤油 31+53 韩城	31+53 眉眼	24+44 学校 31+53 埋怨
上声 53	53+31 打工	53+24 死活	53+53 打水 31+53 水果	53+44 炒菜
去声 44	44+31 认真	44+24 上坟	44+53 报纸	44+44 见面

肆 异 读

一、文白异读

1. 部分古全浊声母仄音字，白读为送气音，文读为不送气音。如：道 $tʰɑu^{44}$/$tɑu^{44}$，罢 $pʰã^{44}$/$pã^{44}$，病 $pʰiɛ^{44}$/$piəŋ^{44}$。

2. 部分假摄开口三等麻韵字，白读 ɑ、iɑ 韵，文读 ʅɛ、iɤ 韵。如：车 $tʂʰɑ^{31}$牛~/$tʂʰʅɛ^{31}$自行~，夜 $iɑ^{44}$半~/$iɤ^{44}$~晚。

3. 部分止摄合口三等字，白读 u、y 韵，文读 ıi、uıi 韵。如：睡 fu^{44}~着/$fıi^{44}$~椅，水 fu^{53}洗脸~/$fıi^{53}$~笔，吹 $pfʰu^{31}$~灯/$pfʰıi^{31}$~牛。

4. 部分咸摄舒声字，白读 ɑŋ、iɑŋ 韵，与山摄有别，跟宕摄合流；文读 ã、iã 韵。如：南 $lɑŋ^{24}$朝~/$nã^{24}$~瓜，蓝 $lɑŋ^{24}$深~/$lã^{24}$天~，镰 $liɑŋ^{24}$~刀/$liã^{24}$火~，点 $tiɑŋ^{53}$~一~/$tiã^{53}$~名。

5. 部分深摄舒声字，白读 əŋ iəŋ 韵，与曾梗摄文读合流，与臻摄有别；文读 ɛ̃ iɛ̃ 韵，与臻摄相同。如：针 tṣəŋ³¹吊~/tṣɛ̃³¹时~，深 ṣəŋ³¹~得很/ṣɛ̃³¹~刻

6. 部分宕摄舒声字，白读 ɣ iɣ uɣ 韵，文读 aŋ iaŋ uaŋ 韵。如：响 ɕiɣ⁵³~屁/ɕiaŋ⁵³音~，纺 fuɣ⁵³~线/faŋ⁵³~织，望 vuɣ⁴⁴指~/vaŋ⁴⁴~向。

7. 部分梗摄舒声字，白读 ia iE ʅE 韵，文读 əŋ iəŋ 韵。如：棚 pʰia²⁴~~子/pʰəŋ²⁴车~，名 miE²⁴~字/miəŋ²⁴点~，正 tṣʅE⁴⁴坐~/tṣəŋ⁴⁴~确。

二、新老异读

韩城方言的新老异读与文白异读有重合，老派或文白两读或只有白读，新派往往只有白读。除此之外，韩城方言声母数量没有差异。发音特征中，老派的摩擦略强。韵母的新老差异主要体现在老派多了一个 iæ 韵。总的看来，新派受到普通话的影响，声韵母的音值、上声的调值向普通话趋近。如：老派将"戒"读 [tɕiæ⁴⁴]，而新派读 [tɕiE⁴⁴]。

伍　儿化音变

韩城方言中，ya ɯ ər ʅ e 4 个韵母无儿化韵，其他韵母的儿化韵只是舌尖轻轻翘起，略带有十分微弱的卷舌音色，形成 37 个儿化韵，见表 10-2。

表 10-2　韩城方言儿化韵表

儿化韵	基本韵母	例　词
ʅər	ʅ	瓜子儿
ʅər	ʅ	吃食儿
iər	i	皮皮儿　小米儿
uər	u	大模儿　胡胡儿
yər	y	碎鱼儿　渠渠儿
ɑr	ɑ	法儿　一把儿
iɑr	iɑ	豆芽儿　痂痂儿
uɑr	uɑ	猪娃儿
ɣr	ɣ	蛾儿
iɣr	iɣ	药儿
uɣr	uɣ	盒盒儿　钵钵儿　坡儿
iEr	iE	叶叶儿
yEr	yE	月月儿

续表

儿化韵	基本韵母	例　词
æer	æe	牌牌儿
iæer	iæe	台阶儿
uæer	uæe	一块儿　乖乖儿
Iir	Ii	一辈儿
uIir	uIi	一会儿
ɑur	ɑu	包包儿
iɑur	iɑu	苗苗儿
əur	əu	老头儿
iəur	iəu	牛牛儿
ãr	ã	板板儿　脸蛋儿
iãr	iã	眼眼儿　边边儿
uãr	uã	环环儿
yãr	yã	圈圈儿
ɛ̃r	ɛ̃	本本儿
iɛ̃r	iɛ̃	灯芯儿
uɛ̃r	uɛ̃	捆捆儿　棍棍儿
yɛ̃r	yɛ̃	一群儿　裙裙儿
ɑ̃r	ɑŋ	缸缸儿
iɑ̃r	iɑŋ	梁梁儿　箱箱儿
uɑ̃r	uɑŋ	框框儿
ə̃r	əŋ	虫虫儿
iə̃r	iəŋ	铃铃儿
uə̃r	uəŋ	没空儿
yə̃r	yəŋ	老兄儿

陆　其他主要音变

一、轻声

韩城方言的轻声对前字声调影响不大，只有阴平和去声相连时，绝少部分后字变轻声，前字变53调。韩城方言轻声两字组变调见表10-3。

表 10-3　韩城方言轻声变调表

前字＼后字	阴平 31	阳平 24	上声 53	去声 44
阴平 31	31+0 丝瓜	31+0 芝麻	31+0 端午	31+0 菠菜 53+0 绿豆
阳平 24	24+0 白天	24+0 回来	24+0 笛子	24+0 阳历
上声 53	53+0 尾巴	53+0 马勺	53+0 左手	53+0 韭菜
去声 44	44+0 地方	44+0 后头	44+0 露水	44+0 记住

二、重叠变调

1. 重叠式名词变调

（1）"AA"式

韩城方言"AA"式名词变调，阴平、上声、去声字重叠时，前字不变，后字为轻声；阳平字重叠时，前字变为 31 调，后字变为 53 调。见表 10-4。

表 10-4　韩城方言"AA"式名词变调表

"AA"式	连调模式	例　　词
阴平字重叠	31+0	憨憨傻子　亲亲亲戚
阳平字重叠	31+53	回回回族　娃娃
上声字重叠	53+0	拐拐拐杖　嫂嫂
去声字重叠	44+0	豆豆　道道

（2）"AA 子"式

韩城方言"AA 子"式的变调规律与"AA"式一致，只是"子"读为轻声。见表 10-5。

表 10-5　韩城方言"AA 子"式名词变调表

"AA 子"式	连调模式	例　　词
阴平+阴平+子	31+0+0	瞎瞎子　桌桌子
阳平+阳平+子	31+53+0	斜斜子　毛毛子
上声+上声+子	53+0+0	点点子　顶顶子顶针
去声+去声+子	44+0+0	罩罩子　棍棍子

2. 形容词重叠变调

韩城方言形容词重叠构成"AA 的"式，"AA 的"中前字都不变调，后字除了去声变为 21 调外，其余都变为 24 调。具体见表 10-6。

表 10-6 韩城方言形容词重叠变调表

"AA 的"式	连调模式	例　词
阴平+阴平+的	31+24+0	粗粗的　酸酸的
阳平+阳平+的	24+24+0	稠稠的　平平的
上声+上声+的	53+24+0	饱饱的　紧紧的
去声+去声+的	44+21+0	硬硬的　厚厚的

第十一节 合阳方音

调查人 姚亦登

壹 概 况

一、调查点

合阳县地处陕西省关中地区渭北黄土台塬东部，黄河中游西侧。南邻大荔，北接黄龙、韩城，东临黄河，与山西省临猗县相望，西隔大峪河与澄城县相连。在东经109°58′~110°27′、北纬34°59′~35°26′之间。本次调查点为合阳城区。人口48万，其中汉族占45.2万，占全县总人口的94%，另有满族、回族等2.88万，占全县总人口的6%。

合阳方言属于北方官话中原官话汾河片解州小片。合阳话主要境内以徐水河、金水沟为界，大致分为城区话，西南片、西北片、东北片四部分，总人口45.2万。徐水沟以南，金水沟以东，包括合阳洽川镇，东南乡及县城周围，是城区片。徐水沟以北，东部的百良镇，同家庄镇，为东北片，其中原王家洼乡（现并入百良镇）与韩城相邻，方言接近韩城话。东北角的10个村跟合阳县其他地方的方言差别不大。徐水沟以北，金水沟以西为西北片。徐水沟以南，金水沟以西为西南片，有澄城县口音。本次调查选定其中城区话为代表。

合阳方言在城区和西南片、西北片、东北片不同区域均有一定差异，城区话古知庄章日组声母合口字读 pf pfʰ f v 母，独立为一组声母。金水沟以西则绝大部分与精组字合流，读 ts tsʰ s z。东北片带韩城口音，西南片带澄城口音。

方言曲艺或地方戏有两种，一是提线木偶，一是跳戏。木偶戏有木偶戏团，有场所，有传承人（王宏民、肖鹏芳），经常演出，属国家级非物质文化遗产。跳戏，被誉为戏剧的活化石，也属国家级非物质文化遗产，传承人为党中信、王银祥等，但不太演出。

二、方言发音人

老男：王银仓，1957年1月出生，合阳人，中专文化，退休职工。说合阳方言。1963年至1968年合阳西街小学上学；1968年至1971年合阳中学初中毕业，1971年至1973年上合阳高中；1979年至1983年在南街小学做老师，1983年后先后在南街村做团支书、党支部委员、副书记。后做过多年会计、厂长等。父母、配偶是合阳人，只说合阳方言。

青男：李昭，1989年3月出生，合阳人，中专文化，工人。会说合阳方言、普通话。毕业于合阳职中；2007年至2008年与江苏昆山打工；2009年至2013年西安商砼担任技术员；2014年至2015年个体经营字画装裱。父母亲都是合阳城关人，会说合阳方言；配偶是西庄镇西王村人，会说合阳方言。

口头文化发音人1：侯玉珍，女，1955年2月出生，合阳人，初中文化。

口头文化发音人2：王宏民，男，1968年6月出生，合阳人，初中文化。

口头文化发音人3：肖鹏芳，女，1969年11月出生，合阳人，小学文化。

贰　声韵调

一、老男音系

1. 声母28个，包括零声母在内

p	八帮兵病	p^h	派片爬病	m	卖明		
pf	装主	pf^h	柱床春船			f	飞风副蜂顺书饭双船	v	味问软
t	多东	t^h	讨天甜毒	n	脑南			l	南老蓝连路
ts	资早租竹争纸酒	ts^h	刺草字贼拆茶抄初清			s	丝三想祠谢事山	z	耳肉二
tʂ	张	$tʂ^h$	抽车城			ʂ	手十	ʐ	热肉
tɕ	九	$tɕ^h$	寸坐全轻权	ȵ	年泥	ɕ	酸县飞		
k	高共	k^h	开	ŋ	熬安	x	好灰活		
∅	月温王耳二云用药								

说明：

（1）送气塞音、塞擦音带有很强的摩擦成分，气流量较大且长。

（2）pf pfʰ的双唇音色彩很重，发音时双唇、唇齿同时发生阻碍，气流、摩擦十分强烈。

（3）tʂ tʂʰ的塞音成分较重，摩擦成分较轻。

（4）尖音团音基本有别，精组齐齿呼字读ts tsʰ s很明显，但已开始合流，处于不稳定状态，发音人会出现两读现象。

2. 韵母41个，不包括儿化韵

ɿ	师丝试二	i	米戏急七一锡	u	苦五猪谷	y	雨橘局
ʅ	十直尺						
ɚ	二						
ɑ	茶塔法辣八	iɑ	牙鸭	uɑ	瓦刮	yɑ	嘴
ɤ	歌热壳	iɛ	写接帖节星			yə	坐横月药学靴
o	婆			uo	过盒活托郭		
ɯ	黑						
æ	开排鞋	iæ	街	uæ	快		
ei	赔北色白黑			uei	对鬼国	yei	嘴
ɔ	宝饱	iɔ	笑桥				
ou	豆走	iou	油六绿				
ã	南山半	iã	盐年	uã	短官	yã	权
ɛ̃	根春	iɛ̃	新	uɛ̃	滚	yɛ̃	寸云
aŋ	糖床双	iaŋ	响讲	uaŋ	王		
əŋ	灯升争横	iŋ	硬病星	uŋ	东	yŋ	兄用

说明：

（1）撮口呼韵母在与 tɕ tɕʰ ɕ 相拼时，伴有一点舌叶音色彩。

（2）ou 的主要元音圆唇度略展，iou 的主要元音音值介于 ɯ 与 ɤ 之间。

（3）复合元音的动程较小，如 ɔo iao æe 等。

（4）əŋ 韵的鼻尾比较松，有鼻化色彩。

3. 单字调4个

阴平 31	东该灯风通开天春谷百搭节哭拍塔切刻六麦叶月
阳平 24	门龙牛油铜皮糖红急毒白盒罚
上声 52	懂古鬼九统苦讨草买老五有
去声 55	冻怪半四痛快寸去卖路硬乱洞地饭树

说明：

阳平为中升调，实际调值接近35。

二、青男音系

1. 声母28个，包括零声母

p	八兵病	pʰ	派片爬病	m	麦明		
pf	装主	pfʰ	柱床春船			f	飞风副蜂肥饭顺书	v	味问软温
t	多东	tʰ	讨天甜毒	n	脑南			l	老蓝连路
ts	资早租竹争纸	tsʰ	刺草字贼祠抽拆茶抄初			s	丝三事山	z	儿耳肉
tʂ	张柱	tʂʰ	车城			ʂ	手十	ʐ	热
tɕ	酒九	tɕʰ	寸清坐全轻权	ȵ	年泥	ɕ	飞肥酸想谢响县		
k	高共	kʰ	开	ŋ	熬安	x	好灰活		
∅	王云用药儿耳								

2. 韵母41个，不包括儿化韵

ɿ	师丝试	i	米戏飞急一锡	u	苦五猪谷	y	雨橘局
ʅ	十直尺						
ər	二						
ɑ	茶塔辣八	iɑ	牙鸭	uɑ	瓦刮	yɑ	嘴
ɤ	歌热壳	ie	写接帖节			ye	坐靴月药学
o	破婆			uo	过活托郭		
ɯ	黑二						
æ	开排鞋	iæ	街解蟹	uæ	快		
ei	赔飞北色百白黑			uei	对鬼国	yei	罪碎嘴
ɔ	宝饱	iɔ	笑桥				
ou	豆走	iou	油六绿				
ã	南山半	iã	盐年	uã	短官	yã	权
ẽ	深根春	iẽ	心新	uẽ	滚	yẽ	寸云
aŋ	糖床双	iaŋ	响讲	uaŋ	王		
əŋ	灯升争横	iŋ	硬病星	uŋ	东	yŋ	兄用

3. 单字调 4 个

阴平 31	东该灯风通开天春谷百搭哭拍塔切刻六麦叶月
阳平 24	门龙牛油铜皮糖红节急毒白盒罚
上声 52	懂古鬼九统苦讨草买老五有寸
去声 55	冻怪半四痛快去卖路硬乱洞地饭树

叁　连读变调

合阳方言两字组连读变调，老男和青男基本一致，下面仅举老男的两字组连读变调。

一、非轻声两字组连读变调

两字组共有 17 种连调模式，其音变规律如表 11-1 所示。字体加粗表示发生连读变调。

表 11-1　老男两字组连读变调

前字＼后字	阴平 31	阳平 24	上声 52	去声 55
阴平 31	31+31 中国 24+31 钢笔	31+24 猪毛	**24**+52 浇水	31+55 分配
阳平 24	24+31 爬山	24+24 农民	**24**+52 门口	24+55 同意
上声 52	52+31 火车	52+24 检查	**24**+52 水果	52+55 写字
去声 55	55+31 唱歌	55+24 过年	55+52 放火	55+55 算账

整体来看，"阴平+上声、阳平+上声、上声+上声"均为 24+52，"阴平+阴平、阳平+阳平"均为 24+31，这样，合阳方言的连读变调模式实际为 14 种。因此从本质上来说，合阳方言共有 2 种连读变调方式。

二、重叠两字组连读变调

合阳方言重叠两字组连读变调规律如表 11-2。

表 11-2　老男重叠两字组连读变调

单字调	连调模式	例词
阴平 31	31+0	珠珠　刀刀　包包　心心　桌桌
	24+0	角角　甲甲　刷刷

续表

阳平 24	24+0	馍馍 娃娃 盆盆 虫虫 叶叶 沫沫
	24+52	末末
上声 52	52+0	眼眼 粉粉 本本
	24+52	颗颗
去声 55	55+0	面面 棍棍 蛋蛋
	24+0	巷巷

三、轻声两字组连读变调

老男后字轻声两字组的变调规律如表 11-3。

表 11-3 老男轻声两字组连读变调

后字 前字	阴平 31	阳平 24	上声 52	去声 55
阴平 31	31+0 蜂蜜	31+0 中学		
阳平 24		24+0 围裙		24+0 徒弟
上声 52		52+0 口粮		
去声 55		55+0 算盘	55+0 户口	55+0 孝顺

肆　异　读

一、文白异读

1. 古全浊声母在合阳方言中全部清化，其中部分仄声字白读时送气，文读时不送气。如：大 t^huo^{55}/ta^{55}，赚 $pf^hã^{55}/pfã^{55}$，抱 $p^hu^{55}/pɔo^{55}$，断 $t^huã^{55}/tuã^{55}$，柜 $k^huei^{55}/kuei^{55}$。

2. 部分古见系开口二等字，白读保留舌根音声母 k kʰ x，文读是舌面音声母 tɕ tɕʰ ɕ。如：下 $xa^{55}/ɕia^{55}$，咸 $xã^{24}/ɕiã^{24}$，瞎 $xa^{31}/ɕia^{31}$。

3. 假摄开口三等字，白读为 ɑ iɑ 韵，文读为 ə iɛ 韵。如：扯 $tʂ^ha^{52}/tʂ^hɤ^{52}$，蛇 $ʂa^{24}/ʂɤ^{24}$，爷 ia^{24}~~/$iɛ^{24}$ 姑~，野 ia^{52}~人/$iɛ^{55}$~外，夜 ia^{55}~日/$iɛ^{55}$ 黑~。

4. 蟹摄开口二等见晓组字，白读为 æ 韵，文读为 iɛ 韵。如：街 $kæ^{31}/tɕiɛ^{31}$，鞋 $xæ^{24}/ɕiɛ^{24}$。

5. 部分蟹止摄合口三等字，白读为 u 或 y 韵，文读为 i ei uei 韵，是"支微入鱼"

现象。如：吹 pfʰu³¹/pfʰei³¹，水 fu⁵²煎~/fei⁵²开~，喂 y⁵⁵~熟/uei⁵⁵~饭。

6. 部分宕摄合口字，白读为 uo 或 iɔo 韵，文读为 aŋ iaŋ uaŋ 韵。如：上 ṣuo⁵⁵~去/ṣaŋ⁵⁵，长 tsʰuo²⁴/tsʰaŋ²⁴，像 siɔo⁵⁵/siaŋ⁵⁵。

7. 部分曾梗摄开口舒声字，白读ɤ或 iɛ 韵。文读 əŋ iŋ 韵。如：生 sɤ³¹~命/səŋ³¹，星 siɛ³¹~宿/ɕiŋ³¹~球，明 miɛ²⁴~晃晃/miŋ²⁴~亮，名 miɛ²⁴~字/miŋ²⁴姓~。

二、新老异读

1. 合阳方言的新老异读与文白异读有重合，老派口语中古全浊声母仄声字多读送气音，新派将一部分改为不送气音。如：绝 tɕʰyə²⁴/tɕyə²⁴、tɕyɛ²⁴。

2. 老派尖音、团音基本分开，但已开始合流，处于不稳定状态，发音人会出现两读现象，但尖音（精组字）在齐齿呼前读 ts tsʰ s 很明显，即齐齿呼前保留着尖音。新派尖音、团音基本合流，读 tɕ tɕʰ ɕ 声母。如：剪 tsiã⁵²/tɕiã⁵²，浅 tsʰiã⁵²/tɕʰiã⁵²，线 siã⁵⁵/ɕiã⁵⁵。

3. 老派韵母 yə 正处于向 yɛ 演变的不稳定状态，如"药、学"等字母的韵母，处于中间状态，摇摆不定，老派主要读前者，新派读后者，发音人 yə yɛ 两读。青年人韵母 yə 消失，读 yɛ 韵，如"药、学"等字的韵母，已经读为 yɛ 韵。总的看来，新派受到普通话的影响，声韵母的音值向普通话趋近。

伍　儿化音变

合阳方言的小称形式表现为儿尾词。儿尾读零声母卷舌音节、轻声。与前面音节相连而紧密，但在听觉上仍然可以将其与前字分开。儿尾对前字的声母、韵母影响不大，但某些 əŋ 韵字儿尾后失去韵尾并发生鼻化，如：一成儿 i³¹tʂʰẽ²⁴ər⁰。儿尾对前字的声调影响不明显，只有部分阴平、去声字带儿尾后，变读上声 52 调。如：尾巴角儿 i⁵²pa³¹tɕyɛ³¹⁻⁵²ər⁰。

第十二节 富平方音

调查人 孙建华

壹 概 况

一、调查点

富平县位于陕西省关中平原与渭北黄土高原之间的衔接地带，东经 108°57′~109°26′、北纬 34°41′~35°06′之间。总人口 79.09 万人（截至 2019 年），主要是汉族。

富平方言属中原官话关中片，县内本地话有两大片口音：一是南部川原一带，即县城所在地及其周边乡镇，约占全县总面积的 75% 以上；二是东北部沿山一带，以美原镇、老庙镇为核心。薛镇话有一定的过渡性。全县遍布着不少山东人聚居的村落，当地称"山东庄"，其形成距今有一百多年的历史。据调查，全县 24 个乡镇中的 18 个乡镇分布有"山东庄"，各乡镇山东移民人口比例各个不等。目前，有的山东庄通行山东话，如杜村镇第十一村民小组；有的通行山东话和本地话；有的年长一些的说山东话，年轻人说本地话；有的已全部转用本地话，极个别年长者偶尔说山东话，如到贤镇纪贤村。

阿宫腔是富平县具有代表性的曲艺形式之一，为国家非物质文化遗产，目前，专业演出团队和个别民间自乐班有时组织表演。曲子也是一种重要的民间艺术形式，目前演出频率不高，仅流曲曲子剧社偶尔组织表演。秦腔是广泛流行的剧种，专业演出和民间演出频率均较高。老庙老鼓流传已久，颇负盛名，以气势磅礴、刚健有力而著称，正月十五随社火一起表演，日常婚丧喜庆等也常被请去助兴。

二、方言发音人

老男：张玉顺，1949 年 3 月出生，高中文化，干部。会说富平城关话。1956 年 9 月至 1961 年 7 月就读于莲湖小学；1961 年 9 月入读迤山中学，至 1966 年 7 月高中毕业。1969 年至 1970 年任教，1970 年至 1980 年在富平县剧团工作，1980 年至 2005 年在富平县文化馆工作。父母、配偶都是富平人，只会说富平话。

青男：靳伟，1990 年 2 月出生，初中文化，个体户。会说富平城关话、普通话，平时主要说富平城关话。先后就读于莲湖小学、温泉中学（初中），初中毕业后在当地做生意，至今。父亲是城关镇莲湖村人，会说富平城关话；母亲是富平县南社乡人，会说南社话；配偶是富平县刘集镇张北村人，会说刘集话。

口头文化发音人1：张玉顺，老男。

口头文化发音人2：乔玉芳，女，1947年9月出生，初中文化，农民。

口头文化发音人3：刘易云，女，1962年8月出生，初中文化，业余演员。

口头文化发音人4：屈西阁，男，1953年7月出生，大专文化，退休职工。

口头文化发音人5：惠庆龙，男，1949年4月出生，初中文化，个体户。

口头文化发音人6：盖建仁，男，1950年3月出生，初中文化，教师。

贰　声韵调

一、老男音系

1. 声母30个，包括零声母在内

p	八兵病	pʰ	派片爬	m	麦明	f	飞风副蜂肥饭	v	味问
t	多东毒租酒	tʰ	讨天甜清	n	脑南			l	老蓝连路
ts	资早字坐竹争纸	tsʰ	刺草寸祠茶抄初			s	丝三想谢事山	z	儿褥
tʂ	张量	tʂʰ	抽车城			ʂ	手十	ʐ	热
tʃ	柱装主	tʃʰ	床春			ʃ	双船顺书	ʒ	软
tɕ	九	tɕʰ	全轻权	ȵ	年泥	ɕ	酸响县		
k	高共	kʰ	开	ŋ	熬安	x	好灰活		
∅	月温王云用药儿								

说明：

（1）t tʰ拼齐齿呼时有时舌位偏后，实际音值近 ȶ ȶʰ。

（2）tʃ tʃʰ ʃ ʒ带明显的舌尖音色彩，舌叶隆起的同时舌尖上翘。

（3）ɕ有时舌位稍前，但与s保持分别。tɕ tɕʰ在齐齿呼前有时舌位也稍前，但不及ts tsʰ。

2. 韵母39个，不包括儿化韵

ɿ	师丝试	i	米戏急七一锡	u	苦五猪骨出谷	y	雨橘局
ʅ	十直尺						
ər	二						
ɑ	茶塔法辣八	iɑ	牙鸭	uɑ	瓦刮		

ɤ	歌热壳	ie	写接贴节	uo	坐过托郭	yɛ	靴横月药学
ɯ	后核圪						
ɛe	开排鞋	iɛe	街解岩	uɛe	快		
eI	赔飞北色白			ueI	对鬼国		
ɑo	宝饱	iɑo	笑桥				
ou	豆走绿旧	iou	油六绿新				
æ̃	南山半	iæ̃	盐年	uæ̃	短官	yæ̃	权
ɜ̃	深根	iɜ̃	心新	uɜ̃	寸滚春	yɜ̃	云
ɑɣ̃	糖	iɑɣ̃	响讲	uɑɣ̃	床王双		
əɣ̃	灯升争	iəɣ̃	硬病星	uəɣ̃	横东	yəɣ̃	兄用
ʋ	武雾						

说明：

（1）韵母唇齿化特征较为明显，具体表现有二。一是韵母 u 拼唇音声母时有时带明显唇齿音色，实际音值近 ʋ。二是零声母音节 u 有时自由变读声化韵 v。部分合口呼韵母（ueI uɑ uɜ̃）拼声母 v 时，介音丢失，可与相应零声母合口呼音节自由变读，如：位 ueI⁵⁵-味 veI⁵⁵，挖 uɑ³¹-袜 vɑ³¹，蚊 uɜ̃²⁴-问 vɜ̃⁵⁵。

（2）ueI uɑ uo uæ̃ uəɣ̃ 拼 tʃ tʃʰ ʃ ʒ 一组声母时，介音 u 的舌位较前，音近 ɥ。

（3）ɑ iɑ uɑ 的主元音 ɑ 舌位稍央。

（4）ɤ 在 tʂ tʂʰ ʂ ʐ 后的实际音值是 ə。

（5）iɛ 的主元音 ɛ 舌位稍央，yɛ 韵有时读为 yo，二者常自由变读。

（6）ɛe iɛe uɛe 的韵尾 e 有时较弱，动程较小。

（7）ɑo iɑo 的主元音 ɑ 舌位稍高，动程较小。

3．单字调 4 个

阴平 31	东该灯风通开天春谷百搭节哭拍塔切刻
阳平 24	门龙牛油铜皮糖红毒白盒罚
上声 53	懂古鬼九统苦讨草买老五有
去声 55	动罪近后冻怪半四痛快寸去卖路硬乱洞地饭树

说明：
阴平 31 最低点有时不及 1 度。

二、青男音系

1. 声母 30 个，包括零声母

p	八兵	pʰ	派片爬病	m	麦明	f	飞风副蜂肥饭	v	味
t	多东毒租酒	tʰ	讨天甜	n	脑南			l	老蓝连路
ts	资早字贼竹争纸	tsʰ	刺草坐祠拆茶抄初			s	丝三事山	z	儿
tʂ	张量	tʂʰ	抽车车辆城			ʂ	手十	ʐ	热
tʃ	柱装主	tʃʰ	床春			ʃ	双船顺书	ʒ	软
tɕ	九	tɕʰ	寸清全轻权	ɲ	年泥	ɕ	酸想谢响县		
k	高共	kʰ	开	ŋ	熬安	x	好灰活		
ø	问月温王云儿								

2. 韵母 38 个，不包括儿化韵

ɿ	师丝试二	i	米戏急七一锡	u	苦五猪骨出谷	y	雨橘绿局
ʅ	十直尺						
ɚ	二						
a	茶塔法辣八	ia	牙鸭	ua	瓦名刮		
ɤ	歌热壳	iɛ	写接贴节	uo	坐过盒活托郭	yo	靴横月药学
ɯ	后核圪						
ɛe	开排鞋			uɛe	快		
eɪ	赔飞北色白			ueɪ	对鬼国		
ao	宝饱	iao	笑桥				
ou	豆走绿	iou	油六绿				
æ̃	南山半	iæ̃	盐年	uæ̃	短官	yæ̃	权
ɛ̃	深根	iɛ̃	心新	uɛ̃	滚春	yɛ̃	寸云
aɣ̃	糖	iaɣ̃	响讲	uaɣ̃	床王双		
əɣ̃	灯升争横	iəɣ̃	硬病星	uəɣ̃	东	yəɣ̃	兄用
v	雾						

3. 单字调 4 个

阴平 31	东该灯风通开天春谷百搭节哭拍塔切刻六麦叶月
阳平 24	门龙牛油铜皮糖红毒白盒罚急
上声 53	懂古鬼九统苦讨草买老五有
去声 55	动罪近后冻怪半四痛快寸去卖路硬乱洞地饭树

叁 连读变调

一、连读变调

富平方言老男非叠字两字组连读变调规律见表 12-1。叠字两字组词调规律见表 12-2。

表 12-1 老男两字组连读变调表

后字 前字	阴平 31	阳平 24	上声 53	去声 55
阴平 31	24+31 飞机 24+53 书包	53+31 清明	53+31 日子 24+53 墨水	53+55 决定
阳平 24	24+53 白日	31+53 前年 24+53 围裙	31+53 苹果	24+53 黄豆
上声 53	53+31 手心	53+24 死活 53+31 老婆	24+53 起码	53+31 手艺
去声 55	55+53 树叶	55+31 算盘	55+31 道理	55+31 孝顺

表 12-2 老男非叠字两字组词调表

阴平重叠	53+0	珠珠　刀刀　叶叶
阳平重叠	31+53	头头　虫虫　匣匣
	55+0	娃娃
上声重叠	53+0	眼眼　本本　颗颗
去声重叠	55+0	面面　棍棍　穗穗
	53+0	巷巷

肆　异　读

一、文白异读

1. 古全浊声母清化后是平声送气，仄声不送气。个别仄声字，白读送气，文读不送气。如：弟 tʰi⁵⁵ 兄~/ti⁵⁵ 老~。

2. 个别全清声母字，白读送气，文读不送气。如：杯 pʰei³¹ ~子/pei³¹ 世界~，凳 tʰəɣ³¹ 板~/təɣ⁵⁵ ~子，规 kʰuei³¹ ~程：规矩/kuei³¹ ~范。

3. 个别来母字，白读 n 声母，文读 l 声母。如：聋 nəɣ²⁴ ~子/luəɣ²⁴ ~哑。

4. 个别日母字，白读 z 声母，文读零声母。如：儿 zɿ²⁴ ~：儿子/ər²⁴ ~童节。

5. 个别疑母字，白读 ȵ 声母，文读零声母。如：严 ȵiæ̃²⁴ 盖~/iæ̃²⁴ ~肃，言 ȵiæ̃²⁴ ~传：说话/iæ̃²⁴ ~论。

6. 个别假开三等字，白读 ia 韵，文读 iɛ 韵。如：野 ia⁵³ ~雀/iɛ⁵³ ~外，夜 ia⁵⁵ ~来/iɛ⁵⁵ ~来；黑~。

7. 个别遇摄一等字，白读 ou 韵，文读 uo 韵。如：做 tsou⁵⁵ ~饭/tsuo³¹ ~作业。遇摄三等个别字白读 i 韵，文读 y 韵，如：去 tɕi⁵⁵ ~不~/tɕʰy⁵⁵ 过~，余 i³¹ 多~/y²⁴ 剩~。

8. 个别宕摄开口入声字，白读 ao iao 韵，文读 uo yɛ 韵。如：雀 tʰiao⁵³ ~~：小鸟/tɕʰyɛ³¹ ~巢，摸 mao³¹ ~一下/muo³¹ ~索。

9. 个别梗摄二等舒声字，白读 iɛ yɛ 韵。文读 əɣ uəɣ 韵。如：耕 tɕiɛ³¹ ~地/kəɣ³¹ ~种，横 ɕyɛ²⁴ ~顺/xuəɣ²⁴ ~线。

10. 个别通摄三等入声字，白读 uaɣ 韵。文读 uo 韵，如：缩 ʃuaɣ²⁴ 手~下：双手对插在袖筒里/suo³¹ ~小。

二、新老异读

富平方言新老派差异主要表现在声母和韵母的个别音位和音值上，总的来看，新派受普通话影响多一些，个别情况下老派口音更加接近普通话。具体如下：

1. 个别古全浊声母字，老派不送气，新派送气。如：病 piəɣ⁵⁵/pʰiəɣ⁵⁵，坐 tsuo⁵⁵/tsʰuo⁵⁵。

2. 个别古微母字，老派读 v 声母，新派读零声母。如：问 vɛ̃⁵⁵/uɛ̃⁵⁵，袜 va³¹/ua³¹。

3. 古精组细音字，新派全部读 tɕ 组，少数字老派读舌尖前 ts 组。如：清 tsʰiəɣ³¹/tɕʰiəɣ³¹，想 siaɣ⁵³/ɕiaɣ⁵³。

4. 个别禅母字，老派读 ʂ 声母，新派读 tʂʰ 声母。如：辰时 ʂɛ̃²⁴/tʂʰɛ̃²⁴。

5. 老派比新派多一个 iɛe 韵母，主要来自古蟹开二等见系少数字。如：街 tɕiɛe³¹、解 ~开 tɕiɛe⁵³（以上新派读 iɛ 韵），个别来自古咸开二等：岩 iɛe²⁴（新派读 iæ̃ 韵）。

6. 老派的 yɛ 韵和新派的 yo 韵对应。新派的 yo 发音比较稳定，老派的 yɛ 大部分字发音比较稳定，少数字自由变读 yo。

7. 部分臻合一等精组字，在今富平话中读撮口呼韵 yɛ̃，新老派表现一致，但是新派辖字比老派多。如：村 tɕʰyɛ̃³¹、寸 tɕʰyɛ̃⁵⁵（以上老派读：村 tsʰuɛ̃³¹、寸 tsʰuɛ̃⁵⁵）。

8. 通摄三等入声字"绿"，老派有两读（前旧后新）：绿 lou³¹/liou³¹，新派有三读：绿 lou³¹/liou³¹/ly³¹，新派的 ly³¹ 是普通话影响的结果。

伍　儿化音变

富平方言老派儿化韵见表 12-3。

表 12-3　富平方言老派儿化韵表

儿化韵	基本韵母	例　词
ɿər	ɿ	宿⁼子儿麻雀　讲故事儿　时儿（会儿：坐了一~）
ʅər	ʅ	大年三十儿　侄儿
iər	i	被儿　巴巴尾儿末尾　猪蹄儿　揣谜儿猜谜语
ur	u	媳妇儿　逮猫虎儿捉迷藏
yr	y	渠渠儿
ɑr	ɑ	疤疤儿　[这搭]儿这里
uɑr	uɑ	爪爪儿　[兀搭]儿那里
er	ei	气味儿
uer	uei	亲嘴儿
our	ou	钮扣儿　后儿个后天　花骨都儿花蕾
iour	iou	屎巴牛儿屎壳郎
ər	ɛe	盖儿盖子
ər	ɤ	唱歌儿
iər	iɛ	蝴蝶儿
uər	uɛe	一块儿
uər	uo	老婆儿
yər	yɛ	角角儿
ɔr	ɑo	棉袄儿　螺丝刀儿　味道儿
iɔr	iɑo	雀雀儿鸟儿

续表

儿化韵	基本韵母	例　词
æ̃r	æ̃	算盘儿　左岸儿　对岸儿对面　偏岸旁边
iæ̃r	iæ̃	边边儿
yæ̃r	yæ̃	汤圆儿
ɛ̃r	ɛ̃	脸盆儿　亏本儿
iɛ̃r	iɛ̃	背心儿　今儿个　手巾儿毛巾
uɛ̃r	uɛ̃	冰棍儿
yɛ̃r	yɛ̃	围裙儿
ã̃r	aɤ̃	翅膀儿
ə̃r	əɤ̃	蜜蜂儿
iə̃r	iəɤ̃	明儿个
uə̃r	uəɤ̃	虫虫儿

第十三节 耀州方音

调查人 张 攀

壹 概 况

一、调查点

耀州区隶属于陕西省铜川市，地处陕西中部渭北高原南缘，铜川市境西南，北接旬邑县，南连三原县，东北与铜川市王益区、印台区毗连，东南与富平县为邻，西南与淳化县接壤。介于东经108°34′~109°06′、北纬34°48′~35°19′之间，总面积1617平方公里。2018年，耀州区下辖6个街道、8个镇，常住人口23.61万人，以汉族为主，少数民族中除回、满族为定居常住户外，其余均系厂矿单位迁入人口。

耀州方言属中原官话关中片。据发音人称，耀州西部的小丘、照金两镇，北部的石柱镇、演池乡的口音与原城关镇有一定的差异。另外，耀州区有清末的山东移民，城里也有部分河南移民，这些移民在家庭内部大多说山东方言、河南方言，与本地人接触时说耀州话。矿区（主要集中在瑶曲一带）外地人比较多，多说普通话。近年来，随着推普的不断深入，耀州方言受普通话的影响越来越大。

耀州最主要的地方戏曲是秦腔，当地的戏曲文艺团体主要以秦腔演出为主。除秦腔外，眉户也是受当地百姓喜爱的地方戏曲。另外，受河南移民影响，豫剧也受到了人民大众的广泛欢迎。耀州地方特色的歌舞主要是秧歌与社火。秧歌是光绪年间由孙塬兴起的民间歌舞节目，内容多属男女爱情、社会生活和劳动人民的悲惨命运之类，也有涉及支援前线、开荒生产等内容的。秧歌融故事、说唱、音乐、舞蹈于一体，不用道具，随时随地均可演出。耀州传统的社火有亭子（芯子）、柳木腿（高跷）、狮子、龙灯、走马子、地游子、大头和尚戏柳翠等。

二、方言发音人

老男：张浩涛，1956年9月出生，耀州人，大专文化，教师。会说耀州方言、普通话，平时主要说耀州区方言。1956年9月出生在耀州区孙塬镇惠塬村；1956年至1971年从出生到初中毕业，一直生活在孙塬；1971年至1975年高中考入耀州中学，毕业后回乡劳动；1975年至2016年先后在耀州城关镇车站街学校、南街小学、柳公权中学工作，2016年在柳公权中学退休。父母、配偶都是耀州人，只会说耀州方言。

青男：张海宁，1983年7月出生，耀州人，大学本科，教师。会说耀州方言、普通话，平时主要说耀州方言。1983年出生，1983年至1999年从出生到初中毕业一直生活在孙塬镇孙塬村；1999年至2002年考入耀州中学读高中；2002年至2005年考入咸阳师范学院数学系数学教育专业，获本科学历；2005年至今，本科毕业后回乡，在孙塬镇初级中学工作。父母、配偶都是耀州人，会说耀州区方言。

口头文化发音人1：张浩涛，老男。
口头文化发音人2：张拴牛，男，1986年5月出生，耀州人，中师文化，教师。
口头文化发音人3：刘燕，女，1986年5月出生，耀州人，大学本科，教师。
口头文化发音人4：杨秋云，女，1960年2月出生，耀州人，大学本科，教师。

贰　声韵调

一、老男音系

1. 声母29个，包括零声母在内

p	八兵病	pʰ	派片爬	m	麦明	f	飞风副蜂肥饭		
t	多东毒	tʰ	讨	n	脑南			l	老蓝连路
ts	资早租字贼坐竹争纸	tsʰ	刺草寸祠拆茶抄初			s	丝三事山	z	儿
tʂ	张	tʂʰ	抽车城			ʂ	手十	ʐ	热
tʃ	柱装主	tʃʰ	床春船			ʃ	双船顺书	ʒ	软
tɕ	租酒九	tɕʰ	天甜清全轻权	ȵ	年泥	ɕ	酸想谢响县		
k	高共	kʰ	开	ŋ	熬安	x	好灰活		
∅	味问月温王云用药儿								

说明：

（1）p pʰ 与 u uo 相拼时，带有唇齿擦化色彩，实际音值为 pf pfʰ。
（2）tʂ tʂʰ 与 au ou æ ɑŋ əŋ 等韵母相拼时，实际音值为 t tʰ。
（3）tʂ tʂʰ ʂ ʐ 发音部位略靠前，与 ɤ 相拼时，中间有一个 ɿ 的介音成分。
（4）tʃ tʃʰ ʃ ʒ 的发音带有舌尖色彩。发音时，舌尖抵住下齿龈，舌叶微微抬高，气流冲破阻碍摩擦成声，双唇略向外翻翘，上齿接近下唇内侧，舌尖及舌面前接近上齿龈，唇形略圆。
（5）tɕ tɕʰ ɕ 与齐齿呼相拼时，摩擦十分强烈。
（6）x 的发音部位略靠后且持阻时间较长、摩擦较重，实际音值接近 χ。

2. 韵母37个，不包括儿化韵

ɿ	师丝试二	i	米戏急七一锡	u	苦五猪骨出谷	y	雨橘绿局
ʅ	十直尺						
ɚ	二						
a	茶塔法辣八	ia	牙鸭	ua	瓦刮		
		iɛ	写接贴节			yɛ	靴横乂月
ɤ	歌热壳			uo	坐过盒活托郭	yo	药壳学
ɯ	疙核						
æi	开排鞋	iæi	鞋	uæi	快		
ei	赔飞深根北色白	iei	心新	uei	对鬼滚春国	yei	寸云
ɔu	宝饱	iɔu	笑桥				
ou	豆走	iou	油六绿				
æ̃	南山半	iæ̃	盐年	uæ̃	短官	yæ̃	权
ɑŋ	糖	iɑŋ	响讲	uɑŋ	床王双		
əŋ	灯升争横	iŋ	硬病星	uŋ	横东	yŋ	兄用

说明：

（1）u 与双唇音、唇齿音相拼时摩擦较重，实际音值为 ʋ。

（2）u 单独做韵母与 tʃ tʃʰ ʃ ʒ 相拼时，韵母延续声母的发音动作，与声母相拼时也会有微弱的摩擦，一直持续到音节结束，实际音值为舌叶元音。

（3）uo æi ei iæ ɔu ou 动程较短。iæi uæi iei uei iɔu iou 中，介音与韵腹结合紧密。

（4）ɔu iɔu 中 ɔ 的唇形较展，舌位略高。

（5）ɑŋ iɑŋ uɑŋ əŋ iŋ uŋ yŋ 韵的 ŋ 韵尾比较松，应为 ɣ̃。

（6）iŋ uŋ yŋ 与零声母、舌面音声母相拼时，实际音值为 iəŋ uəŋ yəŋ。

3. 单字调4个

阴平 21	东该灯风通开天春谷百搭节哭拍塌切刻六麦叶月
阳平 24	门龙牛油铜皮糖红急毒白盒罚
上声 52	懂古鬼九统苦讨草买老五有
去声 44	动罪近后冻怪半四痛快寸去卖路硬乱洞地饭树

说明：

（1）阴平的起点比2略高，比3低，记为21。

（2）上声为高降调，但收尾比3低，比2略高，记为52。

（3）去声44略带升势，近445。

（4）就音长来说，上声最短，去声最长。

二、青男音系

1. 声母29个，包括零声母

p	八兵病	pʰ	派片爬	m	麦明	f	飞风副蜂肥饭		
t	多东毒	tʰ	讨	n	脑南			l	老蓝连路
ts	资早租字贼竹争纸	tsʰ	刺草寸祠拆茶抄初			s	丝三事山	z	儿
tʂ	张	tʂʰ	抽车城			ʂ	手十	ʐ	热
tʃ	坐柱装主	tʃʰ	坐床春船			ʃ	双船顺书	ʒ	软
tɕ	酒九	tɕʰ	天甜清全轻权	ɲ	年泥	ɕ	酸想谢响县		
k	高共	kʰ	开						
				ŋ	熬安	x	好灰活		
∅	味问月温王云用药儿								

2. 韵母37个，不包括儿化韵

ɿ	师丝试	i	米戏急七一锡	u	苦五猪骨出谷	y	雨橘局
ʅ	十直尺						
ər	二						
a	茶塔法辣八	ia	牙鸭	ua	瓦刮		
		iɛ	写接贴节			yɛ	靴月
ɤ	歌热壳			uo	坐过盒活托郭	yo	药学
ɯ	疙核						
æi	开排鞋	iæi	鞋	uæi	快		
ei	赔飞深根北色白			uei	对鬼滚春国		
ɔu	宝饱宝饱	iɔu	笑桥				
ou	豆走	iou	油六绿				
æ̃	南山半	iæ̃	盐年	uæ̃	短官	yæ̃	权
		iɛ̃	心新			yɛ̃	寸云
ɑŋ	糖	iɑŋ	响讲	uɑŋ	床王双		
əŋ	灯升争横	iŋ	硬病星	uŋ	横东	yŋ	兄用

3. 单字调 4 个

阴平 21	东该灯风通开天春谷百搭节哭拍塔切刻六麦叶月
阳平 24	门龙牛油铜皮糖红急毒白盒罚
上声 52	懂古鬼九统苦讨草买老五有
去声 44	动罪近后冻怪半四痛快寸去卖路硬乱洞地饭树

叁 连读变调

耀州方言的两字组可以分为非轻声两字组和轻声两字组两种。

一、非轻声两字组

非轻声两字组连读变调模式见表 13-1。表左是前字序号、调类和调值，表端是后字序号、调类和调值，变调用加粗表示。

表 13-1 耀州方言老男非轻声两字组连读变调表

前字＼后字	阴平 21	阳平 24	上声 52	去声 44
阴平 21	24+21 钢笔 21+21 腊月	21+24 开门	21+52 工厂	21+44 冬至
阳平 24	24+21 洋灰	24+24 皮鞋	24+52 着火	24+44 埋怨
上声 52	52+21 纸烟	52+24 死活	52+52 打水	52+44 水地
去声 44	44+21 豆浆	44+24 放牛	44+52 右手	44+44 做饭

二、后字轻声两字组

耀州方言轻声的变调比较复杂，此次调查主要描写两种轻声变调模式：非叠字组后字轻声两字组、两字组重叠式名词。

耀州方言非叠字组轻声变调分为轻读和重读两类：前字为阴平时多变为 52 调，后字轻读，或者前字不变调，后字重读为 52 调；前字为阳平时，后字大多重读为 52 调，少数前字变 52 调，后字轻读；前字为上声时，后字大多轻读，也有少数前字变 21 调，后字重读为 52 调或轻读；前字为去声时，后字全部轻读。其中，后字读作 52 调的这类后字，音长不短，音强也不弱，在阴平、阳平字后面时读得比前字还要重。具体变调见表 13-2。

表 13-2　耀州方言老男非叠字组后字轻声两字组连读变调表

后字 前字	阴平 21	阳平 24	上声 52	去声 44
阴平 21	21+0 西瓜 52+0 刀子	21+0 日头 52+0 清明	21+52 谷雨 52+0 乡里	21+0 出去 52+0 豇豆
阳平 24	24+52 梅花	24+52 明年 24+0 蝴蝶	24+52 笛子	24+52 白菜
上声 52	52+0 哑巴 21+0 老虎	52+0 老实	52+0 里子 21+52 早起	52+0 手艺
去声 44	44+0 地方	44+0 算盘	44+0 道理	44+0 孝顺

两字组重叠式名词的连读变调模式见表 13-3。

表 13-3　耀州方言老男两字组重叠式名词连读变调表

"AA" 式	连调模式
阴平字重叠	21+0 亲亲 52+0 珠珠
阳平字重叠	24+52 盆盆
上声字重叠	52+0 眼眼
去声字重叠	44+0 面面

由上表可知，两字组重叠式名词的变调模式与非叠字组后字轻声两字组的连读变调模式相似。

肆　异　读

一、文白异读

1. 部分古全浊声母仄声字，白读送气音，文读不送气音。如：垫 $t^hiæ^{44}$ ~圈/$tiæ^{44}$ ~肩，择 ts^hei^{24} ~饭/$tsei^{24}$ 选~，集 $tɕ^hi^{24}$ 上~/$tɕi^{24}$ ~体。

2. 部分见系开口二等晓匣母字，白读为 x 声母，文读为 ɕ 声母。如：下 xa^{44} ~头/$ɕia^{44}$ ~水，项 $xaŋ^{44}$ 脖~/$ɕiaŋ^{44}$ ~目。

3. 部分支微韵合口三等韵字，白读为 y 韵，文读为 uei 韵，即"支微入鱼"现象。如：围 y^{24} ~起来/uei^{24} ~脖，味 y^{44} ~道/uei^{44} 没~。

4. 效摄一等帮组字，白读为 u 韵，文读为 ɔu 韵。如：抱 p^hu^{44} ~下/$pɔu^{44}$ 拥~，毛

mu²⁴~乱/mɔu²⁴~线。

二、新老异读

老派与新派的声韵调都相同，但韵母并不一一对应。老派中，将古深臻摄字读作 ei iei uei yei 韵，新派中古深臻摄今读开、合二呼的字与老派一样，而齐、撮二呼的字，读作 iɛ̃ yɛ̃ 韵。如：镇 tʂei⁴⁴＝tʂei⁴⁴，邻 liei²⁴/liɛ̃²⁴，滚 kuei⁵²＝kuei⁵²，军 tɕyei³¹/tɕyɛ̃³¹。

伍　儿化音变

耀州方言 ɯ ər iæi yɛ yŋ 5 个韵母无儿化韵。其他韵母的儿化韵对原韵母基本没有归并，但是取掉了复元音韵和鼻音韵母中韵尾。实际音值见表 13-4。

表 13-4　耀州方言儿化韵表

儿化韵	基本韵母	例　词
ɿər	ɿ	菜籽儿
ʅər	ʅ	年三十儿
iər	i	小米儿
yər	y	鱼鱼儿（吃食）
ur	u	二胡儿
ar	a	一把儿
iar	ia	豆芽儿
uar	ua	汗褂儿
ɤr	ɤ	蛾儿
iɛr	iɛ	叶叶儿
uor	uo	小河儿
yor	yo	角角儿
ær	æi	盖盖儿
uær	uæi	一块儿
er	ei	本本儿
ier	iei	芯芯儿
uer	uei	这会儿
yer	yei	裙裙儿

续表

儿化韵	基本韵母	例　词
ɔur	ɔu	包包儿
iɔur	iɔu	苗苗儿
our	ou	兜兜儿
iour	iou	牛牛儿
æ̃r	æ̃	对岸儿
iæ̃r	iæ̃	边边儿
uæ̃r	uæ̃	环环儿
yæ̃r	yæ̃	圈圈儿
ɑ̃r	ɑŋ	缸缸儿
iɑ̃r	iɑŋ	箱箱儿
uɑ̃r	uɑŋ	框框儿
ə̃r	əŋ	水坑儿
ĩr	iŋ	铃铃儿
ũr	uŋ	没空儿

第十四节　咸阳方音

调查人　付新军

壹　概　况

一、调查点

咸阳位于陕西省八百里秦川腹地，具体在东经 107°39′~109°11′、北纬 34°9′~35°34′之间。人口为 58 万（2017 年户籍人口），主要是汉族。

咸阳市区方言较为一致，基本没有差异，方言归属上属于中原官话关中片。其中咸阳渭河以南地区（属于秦都区），语音上与市区话略有不同，表现为有一套唇齿音声母 pf pfʰ f，分别与市区方言合口呼前的 tʃ tʃʰ ʃ 相对应。另外咸阳市区也未见有其他方言岛存在。

咸阳的地方戏主要是秦腔。除了有专门的戏曲团体，秦腔乐队演唱以外，平日里老百姓也会自发组织到一些广场进行演唱，民众参与程度高。咸阳秦腔唱腔，分板式和彩腔两部分，每个部分均由苦音和欢音（又称花音）两种声腔体系组成。苦音腔是秦腔区别于其他剧种，最具有特色的一种唱腔，演唱时激越、悲壮、深沉、高亢，表现出悲愤、痛恨、怀念、凄凉的感情。欢音腔则欢快、明朗、刚健，擅长表现喜悦、愉快的感情。唱词内容多是表现爱国精神、宫廷斗争、忠奸纠纷、爱情婚姻道德等。

二、方言发音人

老男：荆永和，1955 年 11 月出生，咸阳人，初中文化，退休职工。会说咸阳方言、普通话，平时主要说咸阳方言。1955 年至 1961 年未上学，在本地生活；1962 年至 1968 年在咸阳市花店街小学上学；1969 年至 1971 年在咸阳市咸阳四中上中学；1972 年至 2012 年在西北国棉二厂上班一直到退休；2013 年至今，在二厂生活。父母都是咸阳人，只会说咸阳话；配偶是咸阳人，会说咸阳方言、普通话。

青男：荆凯，1989 年 6 月出生，咸阳人，初中文化，理发师。会说咸阳方言、普通话，平时主要说咸阳方言。1989 年至 1991 年未上学，在本地生活；1992 年至 1995 年在旭东幼儿园上学；1996 年至 2002 年在果子市小学上学；2003 年至 2006 年在渭城区第一初级中学上学；2007 年至 2018 年在咸阳市法院街开理发店。父母都是咸阳人，只会说咸阳方言。

口头文化发音人1：荆永和，老男。

贰　声韵调

一、老男音系

1. 声母29个，包括零声母在内

p	八兵病	pʰ	派片爬	m	麦明	f	飞风副蜂肥饭	v	味问
t	多东毒	tʰ	讨天甜	n	奶			l	脑南老蓝连路
ts	资早租字贼坐争纸	tsʰ	刺草寸祠拆茶抄			s	丝三酸事山		
tʂ	张	tʂʰ	抽车城			ʂ	手十	ʐ	热
tʃ	竹柱装主	tʃʰ	初床春船			ʃ	双顺书	ʒ	软
tɕ	酒九	tɕʰ	清全轻权	ȵ	年泥	ɕ	想谢响县		
k	高共	kʰ	开	ŋ	熬安	x	好灰活		
∅	月温王云用药								

说明：

（1）pʰ声母送气较重。

（2）f与u o相拼时，双唇拉展，近乎接触，摩擦较重。

（3）发v声母时，上齿与下唇之间接触轻微。

（4）tʰ声母送气较重，在齐齿韵前面摩擦较重，发音部位靠后，实际音值是t̪sʰ。

（5）ts tsʰ s与舌尖元音相拼时，摩擦较重，发音部位略靠后。

（6）tʂ组声母发音部位略靠后，摩擦较重。

（7）tʂ组和tɕ组两组塞擦音声母的塞音成分较重。

（8）tʃ组声母只出现在合口呼前面，发音时，双唇前突，圆唇色彩明显。

（9）零声母不是纯粹的元音开头，而是有轻微的摩擦。

2. 韵母39个，不包括儿化韵

ɿ	师丝试	i	米戏急七一锡	u	苦五猪骨出谷	y	雨橘局
ʅ	十直尺						
ər	二						
a	茶塔法辣八	ia	牙鸭	ua	瓦刮		
æ	开排鞋			uæ	快		
ɤ	歌热壳	iɛ	写接贴节			yɛ	靴

ɔ	宝饱	ci	笑桥				
o	婆			uo	坐过盒活托郭	yo	月药学
ɯ	咳						
ei	赔飞北色白			uei	对鬼国		
ou	豆走绿又	iou	油六绿又				
ã	南山半	iã	盐年	uã	短官	yã	权
ɛ̃	深根	iɛ̃	心新	uɛ̃	寸滚春	yɛ̃	云
ɑŋ	糖	iɑŋ	响讲	uɑŋ	床王双		
əŋ	灯升争横	ieŋ	硬病星	ueŋ	东	yeŋ	兄用

说明：

(1) i 韵母略有摩擦，有舌尖化趋势。

(2) u 在 ts 组声母后的实际音值是 ʮ。在 tʃ 组声母后的实际音值是 ʮ，且两者结合特别紧密。

(3) ər 的开口度较大，主元音近 a。

(4) a ia ua 韵中 a 的实际音值是 A。

(5) æ 的开度略小，介音 æ 和 ɛ 之间。

(6) ɣ 与 tʂ 组声母相拼时，实际音值为 ɿɣ。

(7) ou 韵发音时，两个元音间的滑动很快，o 音有流音化的倾向。

3. 单字调 4 个

阴平 31	东该灯风通开天春谷百搭节哭拍塔切刻六麦叶月
阳平 24	门龙牛油铜皮糖红毒白盒罚急
上声 53	懂古鬼九统苦讨草买老五有痛
去声 44	冻怪半四快寸去卖路硬乱洞地饭树动罪近后

二、青男音系

1. 声母 25 个，包括零声母

p	八兵病	pʰ	派片爬	m	麦明	f	飞风副蜂肥饭		
t	多东毒	tʰ	讨天甜	n	脑南年泥			l	老蓝连路
ts	资早租字贼坐竹争纸	tsʰ	刺草寸祠茶抄春船			s	丝三酸事顺	z	肉
tʂ	张柱装主	tʂʰ	抽拆初床车城			ʂ	山双手书	ʐ	热软十

续表

tɕ	酒九	tɕʰ	清全轻权	ɲ	年泥	ɕ	想谢响县		
k	高共	kʰ	开	ŋ	熬	x	好灰活		
∅	味问月安温王云用药								

2. 韵母37个，不包括儿化韵

ɿ	师丝试	i	米戏急七一锡	u	苦五猪骨出谷	y	雨橘局
ʅ	试十直尺						
ɚ	二						
a	茶塔法辣八	ia	牙鸭	ua	瓦刮		
æ	开排鞋			uæ	快		
ɤ	歌盒热壳	iɛ	写接贴节			yɛ	靴月药学
ɔ	宝饱	iɔ	笑桥				
o	婆			uo	坐过活托郭		
ei	赔飞北色			uei	对鬼国白		
ou	豆走绿	iou	油六				
ã	南山半	iã	盐年	uã	短官	yã	权
ẽ	深根	iẽ	心新	uẽ	寸滚春	yẽ	云
aŋ	糖	iaŋ	响讲	uaŋ	床王双		
əŋ	灯升争横	iəŋ	硬病星	uəŋ	东	yəŋ	兄用

3. 单字调4个

阴平 31	东该灯风通开天春谷百搭节哭拍塔切刻六麦叶月
阳平 24	门龙牛油铜皮糖红毒白盒罚急
上声 53	懂古鬼九统苦讨草买老五有
去声 44	冻怪半四痛快寸去卖路硬乱洞地饭树动罪近后

叁 连读变调

一、连读变调

咸阳方言两字组连读变调的具体情况见表 14-1。

表 14-1 咸阳方言老男两字组连读变调表

前字＼后字	阴平 31	阳平 24	上声 53	去声 44
阴平 31	24+31 东风	31+24 开门	31+53 身体	31+44 开店
阳平 24	24+31 爬山	24+24 皮鞋	24+53 长短	24+44 同意
上声 53	53+31 打针	53+24 检查	53+53 厂长 31+53 老板	53+44 写字
去声 44	44+31 退休	44+24 过年	44+53 送礼	44+44 算账

二、轻声

咸阳方言的轻声调与阴平 31 调极为相近，但是比阴平略低且短些，可记为 21 调。当后字为非阴平字时，轻声容易确定，但当后字是阴平字时，是读本调还是读轻声，有时较难分辨。另外，轻声的前字都不变调。

肆 异 读

一、声母差异

1. 古浊塞音、塞擦音声母的仄声常用字，老派读送气音，新派则读不送气音。如（前老后新，下同）：步 pʰu⁴⁴/pu⁴⁴，败 pʰæ⁴⁴/pæ⁴⁴，跪 kʰuei⁴⁴/kuei⁴⁴，造 tsʰɔ⁴⁴/tsɔ⁴⁴。

2. 老派音中的鼻音声母 ŋ，新派中有的依然保留，但有的已经丢失而读成零声母。如：安 ŋã³¹/ã³¹，恩 ŋɛ̃³¹/ɛ̃³¹。

3. 老派音中的 v 声母，新派音都读成了零声母。如：味 vei⁴⁴/uei⁴⁴，万 vã⁴⁴/uã⁴⁴、蚊 vɛ̃²⁴/uɛ̃²⁴。

4. 泥来母一二等字，老派常有相反的读法，表现出两母今读相混的特点，新派则严格区分两母，分别读为 l、n 母。如：奴 lou²⁴/nu²⁴，闹 lɔ⁴⁴/nɔ⁴⁴，来 næ²⁴/læ²⁴，兰 nã²⁴/lã²⁴。

5. 知庄章声母在合口韵前，老派音读为 tʃ tʃʰ ʃ ʒ 声母，新派音则一律读为 tʂ tʂʰ ʂ ʐ。如：猪 tʃu³¹/tʂu³¹，除 tʃʰu³¹/tʂʰu³¹，所 ʃuo³¹/ʂuo³¹，如 ʒu³¹/ʐu³¹。

6. 庄组开口字，老派一律读 ts 组声母，新派有的字则已读为 tʂ 组声母。如：罩 tsɔ⁴⁴/tʂɔ⁴⁴，愁 tsʰou²⁴/tʂʰou²⁴，插 tsʰa³¹/tʂʰa³¹，山 sã³¹/ʂã³¹。

7. 个别溪母常用字，老派读 f 声母，新派读 kʰ 母。如：裤（儿）fuər⁵³/kʰu⁵³。

8. 晓组开口二等常用字的声母，老派读 x，新派则读为 ɕ。如：下 xa⁴⁴/ɕia⁴⁴，蟹 xæ⁴⁴/ɕiɛ³¹，瞎 xa³¹/ɕia³¹。

二、韵母差异

1. 果摄见系字的今读韵母，老派读 uo，新派部分字读 ɤ。如：河 xuo²⁴/xɤ²⁴，课 kʰuo⁴⁴/kʰɤ⁴⁴，盒 xuo²⁴/xɤ²⁴。

2. 老派音中的 tou tʰou nou lou 等音节，新派音中韵母都读为 u。如：奴 nou²⁴/路 lu⁴⁴。

3. 蟹摄合口来母字，老派读合口韵，新派读开口。如：雷 luei²⁴/lei²⁴，类 luei⁴⁴/lei⁴⁴。

4. 臻摄开口三等入声庄组字，老派韵母读 ei 韵，新派则读 ʅ 韵。如：虱 sei³¹/ʂʅ³¹，常用字"日"，老派读为 ər³¹，新派读成 zʅ³¹。

5. 曾摄一等入声、三等入声庄组以及梗摄二等入声字，老派今读韵母较为整齐，都是 ei，新派多数依然读 ei 韵，但是个别字已读成 ɤ 韵，如：刻 kʰei³¹/kʰɤ³¹，测 tsʰei³¹/tsʰɤ³¹，格 kei³¹/kɤ³¹；也有的则是读成 æ 韵了，这类主要是梗摄入声字，如：拍 pʰei²⁴/pʰæ²⁴，白 pei²⁴/pæ²⁴。

三、声调差异

个别阴入字，老派读 31 调，符合演变规律，新派则读为了 24 调，近普通话。如：折 tʂɤ³¹/tʂɤ²⁴，决 tɕyo³¹/tɕyo²⁴。

伍　儿化音变

咸阳方言的儿化较为丰富，从儿化词来看，几乎所有的韵母都可以有儿化音节，现就词汇中的儿化音节为对象，将咸阳话中的儿化音变的规律总结如下：

咸阳方言中的儿化音节共有以下几个：ər iər ʅɤr our ɐr iɐr uɐr yɐr ər iər uər yər er uer。有的儿化音节只对应一个韵母，有的则对应多个韵母，不同的韵母在儿化音变中发生了读音上的中和，具体情况见下表。

表 14-2　咸阳方言儿化音节表

儿化韵	基本韵母	例　　词
ɔɚ	ɔ	枣儿　豆腐脑儿
iɔɚ	iɔ	苗儿　雀儿
ɻəɚ	ɻ	侄儿　年三十儿
eɚ	ɛ̃	根儿　大门儿
ueɚ	uei	会儿　腿儿
ouɚ	ou	沟儿　芋头儿
ɐɚ	a	把儿
	æ	袋儿
	ã	蚕儿
iɐɚ	ia	芽儿
	iã	点儿　中间儿
	iɑŋ	样儿
uɐɚ	ua	花儿
	uã	官儿
yɐɚ	yã	馅儿
ɤɚ	ɤ	蛾儿　这儿
	əŋ	花生儿　调羹儿
iɚ	i	被儿　粒儿
	iɛ̃	今儿　心儿
	iəŋ	明儿
uɚ	u	裤儿　媳妇儿
	uo	颗儿　怯火儿
yɚ	yo	角儿　喜鹊儿

陆　其他主要音变

1. 人称代词，有语法性的变调现象，单数是上声 53 调，复数是阴平 31 调。
2. 表处所的方位词"里"声母读 ȵ，如：屋里 u³¹ȵi⁰，城里 tʂʰəŋ²⁴ȵi⁰。
3. 句末语气词"呢"，常读为 i⁰，声母脱落，如：害娃呢害喜xæ⁴⁴ua⁴⁴i⁰。

第十五节 旬邑方音

调查人 谭湘衡

壹 概 况

一、调查点

旬邑,隶属于陕西省咸阳市,位于陕西省中部偏西,咸阳辖境的北端,地处关中平原的北界,陕北高原的南限,东接铜川市耀州区,北依甘肃正宁,南傍淳化,西临彬州。在东经 108°08′~108°52′、北纬 34°57′~35°33′之间。本次调查点为旬邑县城关街道。根据第六次人口普查统计,截至 2016 年年末,旬邑县人口 28.4748 万,其中汉族占 99.95%,少数民族主要为回族,占全县人口的 0.05%。

旬邑方言属中原官话关中片。旬邑县境内方言口音大体可分为两种,一种以城关街道、职田镇、太村镇等为代表,一种以底庙镇为代表。城关等属于中原官话关中片,底庙与甘肃接近,属中原官话秦陇片。各镇之间说话又有细微差别,如城关、职田、太村语言几无差别,湫坡头镇语言差异稍大。旬邑县马栏镇马栏村有回族约 50 户共约 140 人集中居住,讲汉语。

方言曲艺或地方戏种类和使用。(1)秦腔。秦腔是本县流传最广的地方戏曲剧种。建国前,较大的村一般都有戏班,不少人都会唱几句乱弹。每遇年节、庙会、祈雨、物资交流会,有钱人家祝寿、婚丧喜庆,常演秦腔以助兴。田间地头、家庭院落、行人路上,常可听到激越的秦腔声腔。农事间隙,三五人一聚,吹、拉、弹、唱,自娱自乐,乃是常事。(2)眉户。眉户清时在本县流传,当地人称"念曲子"。眉户多为坐唱,少则一人怀抱三弦自弹自唱,也可二三人或七八人演唱,并加入丝弦乐器及打击乐器伴奏。

二、方言发音人

老男:郭满仓,1957 年 8 月出生,旬邑人,大专文化,职工。会说旬邑城关话、旬邑普通话,平时主要说旬邑城关话。1957 年 8 月出生在旬邑县城关镇西关村,上学前一直居住在城关镇西关村,1964 年至 1970 年,在旬邑县城关小学就读,1970 年至 1973 年,在旬邑中学读初中;1973 年至 1976 年在旬邑中学读高中,毕业后在家务农;1978 年参加工作,先后在旬邑县西关小学、小塔小学、东关小学工作至今。1984 年至

1986 年在旬邑县电大未脱产学习获函授大专文凭。父母、配偶都为旬邑人，只会说旬邑城关话。

青男：蒲阿龙，1988 年 2 月出生，旬邑人，大学本科，教师。会说旬邑城关话、普通话、简单英语，平时主要旬邑城关话。1988 年 2 月出生在旬邑县城关镇东关村。上学前一直居住在城关镇东关村，1996 年至 2002 年在旬邑县东关小学就读，2002 年至 2005 年在旬邑县城关中学读初中，2005 年至 2008 年在旬邑中学读高中，2008 年至 2009 年，在旬邑中学复读一年；2009 年至 2013 年在陕西省渭南师范学院体育教育专业就读。2013 年毕业后先后在旬邑县机关幼儿园、旬邑县湫坡头镇小学工作至今。父母都是旬邑人，只会说旬邑城关话。

口头文化发音人 1：葛忠合，男，1959 年 11 月出生，旬邑人，大专文化，教师。

口头文化发音人 2：李丽娜，女，1990 年 2 月出生，旬邑人，大专文化，教师。

口头文化发音人 3：马雪娥，女，1990 年 2 月出生，旬邑人，高中文化，教师。

贰　声韵调

一、老男音系

1. 声母 28 个，包括零声母在内

p	八兵病	pʰ	派片爬病	m	麦明	f	飞风副蜂肥饭	v	味问温王
t	多东	tʰ	讨毒					l	脑南老蓝连路
ts	资早租酒竹争纸	tsʰ	刺草寸字贼坐全天甜祠拆茶抄初清			s	丝三酸想事山谢		
tʂ	张	tʂʰ	抽车城			ʂ	手十	ʐ	热
tʃ	装主	tʃʰ	柱春床初			ʃ	双船顺书	ʒ	软
tɕ	九	tɕʰ	轻权	ɲ	年泥	ɕ	县响		
k	高共	kʰ	开	ŋ	熬安	x	好灰活		
∅	月云用药味								

说明：

（1）pʰ 与 o u 韵母相拼时，唇齿发生轻微摩擦。

（2）v 的摩擦成分较轻。

（3）tʂ tʂʰ 实际发音部位靠后且阻塞成分较重，音值接近 ʈ ʈʰ。

（4）tʃ tʃʰ ʃ ʒ 与开口呼相拼时，实际发音带有舌尖色彩。

（5）部分 tɕ tɕʰ ɕ 实际发音舌位略靠前。

（6） x 发音部位靠后，摩擦较重，实际音值接近 χ。

2. 韵母 39 个，不包括儿化韵

ɿ	师丝试	i	米戏急一七锡	u	苦五骨谷	y	雨橘局
ʅ	十直尺猪出						
ər	二						
a	茶塔法辣八	ia	牙鸭	ua	瓦刮		
ɤ	歌热壳	iɛ	写接贴节				
o	婆馍			uo	坐过盒活托郭	yo	靴月药学横
ɯ	疙核						
ɛi	开排鞋	iɛi	鞋街	uɛi	快		
ei	赔飞北色白			uei	对鬼国		
au	宝饱	iau	笑桥				
əu	豆走	iəu	油六绿				
ã	南山半	iã	盐年	uã	官	yã	权
ɛ̃	深根春	iɛ̃	心新	uɛ̃	寸滚	yɛ̃	云
ɑŋ	糖床王双	iɑŋ	响讲	uɑŋ	光		
əŋ	灯升争横	iəŋ	硬病星	uəŋ	东横	yəŋ	用

说明：

（1） ʅ 与 tʃ tʃʰ ʃ ʒ 相拼时，舌叶音声母的发音状态持续，但阻碍较轻，略带摩擦。

（2） u 与双唇音、唇齿音相拼时，摩擦较重，实际音值接近 ʋ。

（3） ɤ 与 tʂ tʂʰ ʂ ʐ 相拼时，实际音值为 iɤ。

（4） ɛi iɛi uɛi 中的 ɛ、实际音值舌位比 ɛ、要高。

（5） ɛi iɛi uɛi ei uei au iau əu iəu 的动程较短。

（6） əŋ iəŋ uəŋ yəŋ 的韵尾 ŋ 比较松，实际音值为 ɣ̃。

3. 单字调 4 个

阴平 21	东该灯风通开天春谷百搭节哭拍塔切刻六麦叶月
阳平 24	门龙牛油铜皮糖红急毒白盒罚
上声 52	懂古鬼九统苦讨草买老五有
去声 44	动罪近后冻怪半四痛快寸去卖路硬乱洞地饭树

说明：

（1） 阴平 21 起音未到 3，比 2 略高。

（2） 上声 52 收尾音比 3 低，比 2 略高。

二、青男音系

1. 声母 28 个，包括零声母

p	八兵	pʰ	派片爬病	m	麦明	f	飞风副蜂肥饭	v	味问温王
t	多东	tʰ	讨毒					l	脑南老蓝连路
ts	资早租酒竹争纸	tsʰ	刺草寸字贼坐全祠拆茶抄清			s	丝三酸想谢事山		
tʂ	张	tʂʰ	抽车城			ʂ	手十	ʐ	热
tʃ	柱装主	tʃʰ	初床春船			ʃ	双顺书	ʒ	软
tɕ	九	tɕʰ	天甜轻权	ȵ	年泥	ɕ	响县		
k	高共	kʰ	开	ŋ	熬安	x	好灰活		
∅	味月云用药								

2. 韵母 39 个，不包括儿化韵

ɿ	师丝试	i	米戏急七一锡	u	苦五骨谷	y	雨橘局
ʅ	十直尺猪出						
ər	二						
a	茶塔法辣八	ia	牙鸭	ua	瓦刮		
ɤ	歌热壳	iɛ	写接贴节			yɛ	靴月药学
o	婆馍			uo	坐过盒活托郭		
ɯ	疙核						
ɛi	开排鞋	iɛi	鞋街	uɛi	快		
ei	飞北色白			uei	对鬼国		
au	宝饱	iau	笑桥				
əu	豆走	iəu	油六绿				
ã	南山半	iã	盐年	uã	短官	yã	权
ɛ̃	深根春	iɛ̃	心新	uɛ̃	寸滚	yɛ̃	云
aŋ	糖床王双	iaŋ	响讲	uaŋ	光		
əŋ	灯升争横	iŋ	硬病星	uŋ	东	yŋ	兄用

3. 单字调 4 个

阴平 21	东该灯风通开天春谷百搭节哭拍塔切刻六麦叶月
阳平 24	门龙牛油铜皮糖红急毒白盒罚
上声 52	懂古鬼九统苦讨草买老五有
去声 44	动罪近后冻怪半四痛快寸去卖路硬乱洞地饭树

叁 连读变调

旬邑方言的两字组变调可以分为非轻声两字组和轻声两字组两种。

一、后字非轻声两字组

旬邑方言后字非轻声两字组具体变调情况见表 15-1。

表 15-1 旬邑非轻声两字组连读变调模式

前字 \ 后字	阴平 21	阳平 24	上声 52	去声 44
阴平 21	24+21 飞机	21+24 今年	21+52 工厂	21+44 书记
阳平 24	24+21 农村 21+52 良心	24+24 农民 21+52 围裙	24+52 门口	24+44 还账 21+52 棉裤
上声 52	52+21 火车	52+24 口粮	52+52 井水 21+52 水果	52+44 写字 44+21 手艺
去声 44	44+21 认真	44+24 面条	44+52 信纸	44+44 路费 52+44 会计

二、后字轻声两字组

后字轻声两字组，其变调规律见表 15-2。

表 15-2 旬邑方言轻声两字组连读变调模式

前字 \ 后字	阴平 21	阳平 24	上声 52	去声 44
阴平 21	21+0 窟窿 52+0 刀子	52+0 清明	21+0 中午	21+0 杉树 52+0 月亮
阳平 24	21+0 皮实 24+0 蘑菇	21+0 石头	21+0 城里 24+0 黄酒	21+0 蚕豆 24+0 男娃

续表

前字＼后字	阴平 21	阳平 24	上声 52	去声 44
上声 52	52+0 李子 44+0 老实	44+0 火柴	21+0 老虎	52+0 女娃 44+0 韭菜
去声 44	24+0 算盘 44+0 盖子	24+0 太阳	24+0 露水 44+0 右手	24+0 运气

两字组重叠式名词的连读变调模式见表15-3。

表15-3　旬邑方言两字组重叠式名词的连读变调模式

"AA子"式	连调模式	例　　词
阴平字重叠	52+0	珠珠　角角　叶叶
阳平字重叠	21+0	馍馍　盒盒
上声字重叠	44+0	眼眼
去声字重叠	24+0 52+0	面面　舅舅 巷巷

肆　异　读

一、文白异读

1. 古全浊声母，旬邑方言全部清化，清化的基本规律是平声送气、仄声不送气，但有部分仄声字白读送气，文读不送气。如：弟 $\underline{ts^hi^{44}}/\underline{ti^{44}}$，短 $\underline{t^hu\tilde{a}^{52}}/\underline{t\tilde{a}^{52}}$，族 $\underline{ts^hu^{24}}/\underline{tsu^{24}}$。

2. 部分溪母遇摄合口一等字，白读音读 f，文读音读 k^h。如：苦 $\underline{fu^{52}}/\underline{k^hu^{52}}$，裤 $\underline{fu^{44}}/\underline{k^hu^{44}}$。

3. 晓匣母开口二等字，白读音读 x，文读音为 ɕ。如：鞋 $\underline{xɛi^{24}}/\underline{ɕiɛi^{24}}$，咸 $\underline{x\tilde{a}^{24}}/\underline{ɕi\tilde{a}^{24}}$。

二、新老异读

1. 透定母齐齿呼字，老派读 ts^h，新派则有 ts^h $tɕ^h$ t^h 三种读法。如：听 $\underline{ts^hiəŋ^{21}}/\underline{ts^hiŋ^{21}}$，天 $\underline{ts^hi\tilde{a}^{31}}/\underline{tɕ^hi\tilde{a}^{31}}$，地 $\underline{ts^hi^{44}}/\underline{t^hi^{44}}$。

2. 老派音系中存在 yo 韵母，而新派音系没有此韵母，凡是老派音系中读 yo 韵母的字，新派音系都读 yɛ。如：靴 $\underline{ɕyo^{21}}/\underline{ɕyɛ^{21}}$。

3. 部分字老派只有一种读音，而新派增加文读音。例如：

例 字	老 派	新 派
牙	ȵia²⁴	ȵia²⁴/ia²⁴
败	pʰei⁴⁴	pʰei⁴⁴/pei⁴⁴
眉	mi²⁴	mi²⁴/mei²⁴
规	kʰuei²¹	kʰuei²¹/kuei²¹

4. 部分字老派有文白两种读音，但新派白读音消失只剩文读音。例如：

例 字	老 派	新 派
抱	pʰu⁴⁴/pau⁴⁴	pau⁴⁴
后	xɯ⁴⁴/xəu⁴⁴	xəu⁴⁴
夺	tʰuo²⁴/tuo²⁴	tuo²⁴
唇	ʃɛ̃²⁴/tʃʰɛ̃²⁴	tʃʰɛ̃²⁴

伍 儿化音变

旬邑方言中的儿化词不多，出现在本书语料中的儿化韵见表15-4。

表15-4 旬邑方言儿化韵表

儿化韵	基本韵母	例 词
ʅər	ʅ	吱儿
ʯər	ʯ	腊月三十儿
iər	i	末尾儿
uər	u	裤儿
iar	ia	汗夹儿
uar	ua	豆花儿
iɛr	iɛ	蝴蝶儿
ɤr	ɤ	这儿
uor	uo	怯火儿

续表

儿化韵	基本韵母	例　词
uɛir	uɛir	一块儿
eir	ei	白儿白天
aur	au	枣儿
iaur	iau	鸟儿　檩条儿
əur	əu	后儿后天
ɛ̃r	ɛ̃	折本儿
iɛ̃r	iɛ̃	今儿
uɛ̃r	uɛ̃	冰棍儿
ãr	ã	一半儿
iãr	iã	前儿前天　向日葵
ɔ̃r	ɔ̃	一阵儿
iə̃r	iəŋ	明儿明天

第十六节 三原方音

调查人 卜晓梅

壹 概 况

一、调查点

三原县，隶属陕西省咸阳市，位于陕西关中平原中部，在东经 108°47′~109°10′、北纬 34°34′~34°50′之间，距离省会西安 36 公里。三原史称"甲邑"，古称"池阳"。因境内有孟侯原、丰原、白鹿原而得名。全县面积 576.9 平方公里，陕西省 2018 年统计年鉴显示人口为 40.81 万，其中汉族占 99.93%，其他 13 个少数民族中回族人口最多，占少数民族总人口的 68.71%。

三原方言属于中原官话关中片。三原方言内部词汇、语法几乎没有差异，语音上差异也不大。大致可分为三个小片：(1) 城关话，不分尖团，主要分布在县城及周边平原地区，包括城关、鲁桥、西阳等多个乡镇，使用人口最多；(2) 东部陵前话，主要分布在东部靠近富平的陵前镇一带，其特点是分尖团音，在齐齿呼前古精组字与端组字合流，读作 t t^h；心邪母字读 s；(3) 北部台塬话，主要分布在三原北部接近铜川耀州的马额镇一带，由于受铜川方言的影响，其最大特点是把北京话中前鼻韵母 en in un ün 四韵母的字读作 ei iei uei yei。

方言曲艺或地方戏种类和使用：一是秦腔剧社众多，自明清时期开始，流行于县城和鲁桥一带，中华人民共和国成立后遍布全县；二是眉户，中华人民共和国成立前眉户只在县城和陂西一带流行，后全县流行；另外还有豫剧，抗战时期由河南移民带来，现多以自乐班形式存在。

二、方言发音人

老男：郑克强，1957 年 5 月出生，三原人，中专文化，教师。会说三原方言、普通话，平时主要说三原方言。1957 年至 1963 年在盐店街村生活；1963 年至 1968 年在盐店街小学上学；1968 年至 1970 年在五七中学上学；1970 年至 1977 年在家劳动；1977 年至 1979 年在彬县师范上学；1979 年至 2017 年在县城教书；2017 年退休至今，在三原县城生活。父亲是三原县鲁桥镇人，只会说三原方言；母亲是泾阳县云阳镇人，只会说泾阳方言；配偶是三原县鲁桥镇人，只会说三原方言。

青男：孙博，1986年2月出生，三原人，本科，企业职工。会说三原方言、普通话、英语，平时主要说三原方言、普通话。1986年至1992年在新庄村生活；1992年至1998年在新庄小学上学；1998年至2001年在新庄中学上学；2001年至2004年在北城中学上学；2004年至今，在三原县工作。父母都是三原人，只会说三原方言；配偶是三原县政府街人，会说三原方言、普通话。

口头文化发音人1：邵阳，男，1987年4月出生，三原人，大专，教师。

口头文化发音人2：郑克强，男，1957年5月出生，三原人，中专，教师。

口头文化发音人3：惠艳玲，女，1957年1月出生，三原人，初中，工人。

贰　声韵调

一、老男音系

1. 声母30个，包括零声母在内

p	八兵病	p^h	派片爬	m	麦明	f	飞风副蜂肥饭	v	味问
t	多东毒	t^h	讨	n	脑南			l	老蓝连路
ts	资早字贼坐竹争纸	ts^h	刺草全祠拆茶抄初			s	丝三酸事山	z	肉
tʂ	张	$tʂ^h$	抽车城			ʂ	手十	ʐ	热
tʃ	柱装主	$tʃ^h$	床春船			ʃ	双顺书	ʒ	软
tɕ	租酒九	$tɕ^h$	天甜清轻权	ȵ	年泥	ɕ	想谢响县		
k	高共	k^h	开	ŋ	熬安	x	好灰活		
∅	月温王云用药								

说明：
(1) p^h拼合口呼韵母时有唇齿音色彩。
(2) 舌尖鼻音n与舌面鼻音ȵ为互补关系，因ȵ舌面音特征明显，故分立。
(3) 舌叶音声母tʃ tʃʰ ʃ ʒ实际发音部位略靠前，拼合口呼时，u介音不明显。
(4) 舌面后擦音x发音时，发音部位略靠后。
(5) 零声母音节，齐齿呼和撮口呼前摩擦重，合口呼前无明显摩擦。

2. 韵母40个，不包括儿化韵

ɿ	师丝试	i	米戏急	u	苦五骨谷	y	雨橘局
ʅ	十直尺						
ər	二						

续表

ɑ	茶塔法辣八	iɑ	牙鸭	uɑ	瓦刮		
ɤ	歌热壳			uə	过坐盒活	yɤ	药学
ɯ	疙核咳	iɛ	写接贴节			yɛ	靴
ai	开排鞋	iai	岩街	uai	快		
ei	赔飞北色			uei	对鬼国		
ɑɔ	宝饱	iɑɔ	笑桥				
ou	豆走	iou	油六绿				
ã	南山半	iã	盐年	uã	短官	yã	权
ɛ̃	深根	iɛ̃	心新	uɛ̃	寸滚春	yɛ̃	云
ɑŋ	糖	iɑŋ	响讲	uɑŋ	床王双		
əŋ	灯升争	ieŋ	硬病星	uəŋ	横东	yəŋ	兄用
ʒ	猪出						

说明：

(1) u 与 v 拼合时，有明显的摩擦。

(2) ɑ iɑ uɑ 中的主要元音略靠前，接近 A；ɑŋ iɑŋ uɑŋ 中的主要元音是标准的 ɑ。

(3) ɤ 与唇音声母拼合时，有轻微的 u 的过渡音；在 yɤ 韵母中由于受介音 y 的影响，ɤ 发音时唇形略圆，实际接近 o；ɤ 与 tʂ 组声母拼合时，发音部位略靠前，接近 ə。

(4) ɯ 韵母只与舌根声母拼合。

(5) ai 韵母动程不大；ai 组韵母发音时，主要元音舌位略高。

(6) ɑɔ 韵母发音时动程较小。

(7) ou 韵逢阳平调时动程较明显，逢其他调时动程不明显。

(8) ɑŋ 中的 ŋ 读得较弱。

(9) ʒ 为声化韵，除了自成音节外，只与声母 tʃ tʃʰ ʃ 拼合。

3. 单字调 4 个

阴平 31	东该灯风通开天春谷百搭节哭拍塔切刻六麦叶月
阳平 24	门龙牛油铜皮糖红毒白盒罚急吧
上声 52	懂古鬼九统苦讨草买老五有
去声 44	动罪近后冻怪半四痛快寸去卖路硬乱洞地饭树

说明：

(1) 阴平为中降调，在读单字时有拖调现象，实际调值为 311。

(2) 阳平为中升调，起调略低，记作 24，读单字时有拖调现象，实际调值为 224。

(3) 上声为高降调，时长短，降幅略小，记作 52。

(4) 去声为较高的平调，介于 4 度与 5 度之间，记作 44。

二、青男音系

1. 声母 29 个，包括零声母

p	八兵病	pʰ	派片爬	m	麦明	f	飞风副蜂肥饭		
t	多东毒	tʰ	讨天甜	n	脑南			l	老蓝连路
ts	资早租字贼坐竹争纸	tsʰ	刺草寸祠拆茶抄初			s	丝三酸事山	z	肉
tʂ	张	tʂʰ	抽车城			ʂ	手十	ʐ	热
tʃ	柱装主	tʃʰ	床春船			ʃ	双顺书	ʒ	软
tɕ	酒九	tɕʰ	清全轻权	ȵ	年泥	ɕ	想谢响县		
k	高共	kʰ	开	ŋ	熬安	x	好灰活		
∅	月温王云用药味问								

2. 韵母 38 个，不包括儿化韵

ɿ	师丝试	i	米戏急七一锡	u	苦五骨谷	y	雨橘局
ʅ	十直尺						
ər	二						
ɑ	茶塔法辣八	iɑ	牙鸭	uɑ	瓦刮		
ɤ	歌热壳	iɛ	写接贴节	uə	过坐盒活托郭	yɛ	学药月靴
ɯ	疙咳						
ai	开排鞋			uai	快		
ei	赔飞北色白			uei	对鬼国		
ɑo	宝饱	iɑo	笑桥				
ou	豆走	iou	油六绿				
ã	南山半	iã	盐年	uã	短官	yã	权
ẽ	深根	iẽ	心新	uẽ	寸滚春	yẽ	云
ɑŋ	糖	iɑŋ	响讲	uɑŋ	床王双		
əŋ	灯升争横	iŋ	硬病星	uŋ	东	yŋ	兄用
ʒ̍	猪出						

3. 单字调 4 个

阴平 31	东该灯风通开天春谷百搭节哭拍塔切刻六麦叶月
阳平 24	门龙牛油铜皮糖红毒白盒罚急
上声 52	懂古鬼九统苦讨草买老五有
去声 44	动罪近后冻怪半四痛快寸去卖路硬乱洞地饭树

叁 连读变调

三原方言两字组共有 19 种连调模式，其中 16 组前后字都不变调；3 组前字变调后字不变调。整合以后，共有 16 种连调模式，整合程度不高。具体变调规律见表 16-1。

表 16-1　三原方言两字组连读变调表

后字 前字	阴平 31	阳平 24	上声 52	去声 44
阴平 31	24+31 杀猪 31+31 公鸡	31+24 香油	31+52 吃奶	31+44 干菜
阳平 24	24+31 毛衣	24+24 油条	24+52 洋碱 31+52 十五	24+44 蚊帐
上声 52	52+31 满月	52+24 眼眉	31+52 水果 52+52 左手	52+44 扫地
去声 44	44+31 订婚	44+24 大门	44+52 大雨	44+44 见面

详细举例如下：

表 16-2　三原方言两字组连读变调举例表

阴平+阴平	A. 结婚 tɕiɛ²⁴xuẽ³¹　发烧 fa²⁴ʂɑɔ³¹　杀猪 sa²⁴tʃʐ³¹
	B. 观音 kuã³¹iẽ³¹　中药 tʃuŋ³¹yɤ³¹　公鸡 kuŋ³¹tɕi³¹
阴平+阳平	香油 ɕiɑŋ³¹iou²⁴　梳头 sou³¹tʰou²⁴
阴平+上声	吃奶 tʂʰʅ³¹nai⁵²　热水 zɤ³¹ʃuei⁵²
阴平+去声	家具 tɕia³¹tɕy⁴⁴　干菜 kã³¹tsʰai⁴⁴
阳平+阴平	年糕 n̠iã²⁴kɑɔ³¹　毛衣 mɑɔ²⁴i³¹
阳平+阳平	着凉 tʂʰuə²⁴liaŋ²⁴　油条 iou²⁴tɕʰiɑɔ²⁴

	续表
阳平+上声	A. 黄酒 xuaŋ²⁴tɕiou⁵² 洋碱 iaŋ²⁴tɕiã⁵² 洋火 iaŋ²⁴xuə⁵²
	B. 十五 ʂʅ³¹u⁵²
阳平+去声	蚊帐 vẽ²⁴tʂaŋ⁴⁴
上声+阴平	满月 mã⁵²yɤ³¹ 眼窝 ȵiã⁵²uə³¹ 米汤 mi⁵²tʰaŋ³¹
上声+阳平	眼眉 ȵiã⁵²mi²⁴ 草房 tsʰɑɔ⁵²faŋ²⁴
上声+上声	A. 水果 ʃuei³¹kuə⁵²
	B. 左手 tsuə⁵²ʂou⁵²
上声+去声	扫地 sɑɔ⁵²tɕi⁴⁴ 炒菜 tsʰɑɔ⁵²tsʰai⁴⁴
去声+阴平	订婚 tɕiŋ⁴⁴xuẽ³¹ 旱烟 xã⁴⁴ã³¹ 见天 tɕiã⁴⁴tɕʰiã³¹
去声+阳平	大门 tɑ⁴⁴mẽ²⁴ 拜堂 pai⁴⁴tʰaŋ²⁴
去声+上声	大雨 tɑ⁴⁴y⁵²
去声+去声	见面 tɕiã⁴⁴miã⁴⁴ 半夜 pã⁴⁴iɛ⁴⁴

肆 异 读

一、文白异读

1. 古全浊声母在三原方言中全部清化，清化后基本遵循平声送气、仄声多不送气的规律。部分仄声字白读时送气，文读时不送气。如：白 pʰər²⁴~日/pei²⁴，择 tsʰei²⁴~菜/tsei²⁴选~。

2. 见系开口二等部分字，白读保留舌根音声母 k kʰ x，文读声母是舌面音声母 tɕ tɕʰ ɕ。如：下 xa⁴⁴/ɕia⁴⁴，咸 xæ̃²⁴/ɕæ̃²⁴，项 xaŋ⁴⁴~圈/ɕiaŋ⁴⁴~链。

3. 止摄合口三等部分字，白读韵母为高元音 i y，文读韵母为 ei uei。如：尾 i⁵²~巴/uei⁵²追~，泪 ly⁴⁴眼~/lei⁴⁴，喂 y⁴⁴/uei⁴⁴。

4. 溪母合口一等部分字，白读时声母为 f，文读为 kʰ。如：裤 fu⁴⁴/kʰu⁴⁴，哭 fu³¹/kʰu³¹。

5. 豪韵唇音声母字，白读为 u 韵，文读为 ɑɔ 韵。如：毛 mu²⁴~娃（初生婴儿）/mɑɔ²⁴。

6. 影母梗摄开口三等部分字有文白异读，白读为 ȵ 声母，文读为零声母。如：影 ȵiŋ⁵²~子/iŋ⁵²~响。

7. 其他文白异读现象如：摸 mɑɔ³¹/mə³¹，外 uei⁴⁴/uai⁴⁴，顽 vã²⁴/uã²⁴，壳 tɕʰyɛ³¹/kʰɤ³¹，

后 xu^{44}~头/xəu^{44}前~。

二、新老异读

三原方言的新老异读与文白异读有重合,老派只有白读的,新派也大都是白读;老派有文白两读的,新派大都为文读。除此之外,在声母和韵母方面都存在新老差异。声母老派 30 个,新派 29 个,老派比新派多了一个 v 声母;韵母老派 40 个韵母,新派 38 个,老派比新派多了 yɤ iai 两个韵母。总的看来,新派受到普通话的影响较大,声韵母的音值都在向普通话趋近。具体如下:

1. 古全浊声母仄声字,老派只有白读音的,新派大部分白读,即送气,如"薄形鼻";老派有文白异读的,新派只有文读,如:白 pʰər^{24}~儿,白天/pei^{24}、pei^{24}。

2. 端组齐齿呼字,老派都读舌面音 tɕ tɕʰ 声母,新派则读 t tʰ 声母。如:踢 tɕʰi^{31}/tʰi^{31}。

3. 江摄开口二等、宕摄开口三等的部分入声字,老派多读 yɤ 韵母,新派读 yɛ 韵母。如:药 yɤ^{31}/yɛ^{31},脚 tɕyɤ^{31}/tɕyɛ^{31},学 ɕyɤ^{24}/ɕyɛ^{24},角 tɕyɤ^{31}/tɕyɛ^{31}。

4. 微母合口三等字,老派读 v 声母,新派为零声母。如:武 vu^{52}/u^{52},问 vẽ^{44}/uẽ^{44},晚 vã^{52}/uã^{52},味 vei^{44}/uei^{44},网 vɑŋ^{52}/uɑŋ^{52}。

5. 部分影疑母细音字,老派有文白异读,新派只有文读。如:影 ȵiŋ^{52}~子/iŋ^{52}~响、iŋ^{52}。

6. 老派有 iai 韵母,新派则没有。如:解 tɕiai^{52}/tɕiɛ^{52},岩 iai^{24}/iã^{24}。

伍　儿化音变

三原方言有儿化,儿化韵母是卷舌韵,与非儿化韵之间有一定的对应关系。除 ər ɯ ʒ 等三个韵母外,其余 35 个韵母儿化后变为 22 个卷舌韵。下面列出儿化韵及其对应的基本韵母。

表 16-3　三原方言儿化韵表

儿化韵	基本韵母	例　词
ɚ	ɿ	讲故事儿
	ʅ	年三十儿
	ɤ	围脖儿　唱歌儿
	ei	白儿　味儿

续表

儿化韵	基本韵母	例　　词
iər	i	猪蹄儿
ur	u	胡胡儿
yr	y	猜趣儿
ɐr	ɑ	手帕儿　下巴儿
	ai	盖盖儿
iɐr	iɑ	豆芽儿
uɐr	uɑ	花儿　猪娃儿
	uai	一块儿
uər	uə	肚肚窝儿
	uei	一对儿
yɤr	yɤ	角角儿
iɛr	iɛ	蝴蝶儿
ɔr	ɔ	豆腐脑儿　醪糟儿
iɔr	iɔ	鸟儿　雀儿
our	ou	后儿
iour	iou	加油儿
ãr	ã	偏岸儿
	ɑŋ	缸缸儿
iãr	iã	前儿　边边儿
	iɑŋ	花样儿
uãr	uã	碗碗儿
	uɑŋ	鸡蛋黄儿
yãr	yã	转圈圈儿
ẽr	ẽ	脸盆儿　一阵儿
	əŋ	缝缝儿

续表

儿化韵	基本韵母	例　词
iə̃r	iẽ	手巾儿
	iŋ	明儿　酒瓶儿
uə̃r	uẽ	冰棍儿　嘴唇儿
	uŋ	窟窿儿
yə̃r	yẽ	围裙儿
	yŋ	没用儿

说明：

（1）韵母 ɑ̃ iɑ̃ uɑ̃ yɑ̃ ɛ̃ iɛ̃ uɛ̃ yɛ̃ 等儿化后仍保留鼻化色彩，主要元音靠后，ɑŋ iɑŋ uɑŋ əŋ iŋ uŋ yŋ 儿化后与 ɑ̃ iɑ̃ uɑ̃ ɛ̃ iɛ̃ uɛ̃ yɛ̃ 合并，ɿ ʅ ɚ ei 儿化后合并为 ə。

（2）阴平和上声儿化后调值不变。阳平儿化后调尾略降，如：年三十儿 ȵiã²⁴ sã³¹ sər²⁴，最后一个儿化音节实际调值为 243，因不构成对立，故按原调记录。去声儿化后变上声 52 调，如冰棍儿 piŋ³¹ kuə̃r⁵²，讲故事儿 tɕiaŋ⁵² ku⁴⁴ səɹ⁵²，后儿 xour⁵²，一阵儿 i³¹ tʂə̃r⁵²，花样儿 xuã³¹ iã̃r⁵² 等。

陆　其他主要音变

三原方言轻声词较多。轻声的音值表现是：读较轻较短的 21 调。从与前字的关系来看，几乎不受前字声调的影响，总是读 21 调，标作 0。

一、轻声变调

表 16-4　三原方言轻声变调表

前字＼后字	阴平	阳平	上声	去声
阴平	31+0 东边 52+0 东西	52+0 清明	31+0 端午 52+0 桌子	52+0 抽屉
阳平	24+0 南边	24+0 前年	24+0 凉水	24+0 白菜
上声	52+0 哑巴	52+0 奶头	52+0 纸钱 31+21 老鼠	52+0 韭菜
去声	44+0 簸箕	44+0 太阳	44+0 灶火	44+0 寿器

从表中看，轻声音节前的阴平最容易发生变调，变化后调值为 52 调；轻声前的阳

平都不变调；轻声前的上声个别变读为 31 调。52+0 模式最常见，其次是 31+0 模式。举例如下：

表 16-5　三原方言轻声变调举例

阴平+轻声	A. 31+0	东边 tuŋ³¹piã⁰　生日 səŋ³¹ər⁰
	B. 52+0	收成 ʂou⁵²tʂʰəŋ⁰　衣服 i⁵²fu⁰　绿豆 liou⁵²tou⁰
阳平+轻声	24+0	石头 ʂɿ²⁴tʰou⁰　核桃 xɯ²⁴tʰɑɔ⁰
上声+轻声	A. 52+0	哑巴 ȵiɑ⁵²pɑ⁰　口条 kʰou⁵²tɕʰiɑɔ⁰ 耳朵 ər⁵²tuə⁰　韭菜 tɕiou⁵²tsʰai⁰
	B. 31+0	老虎 lɑɔ³¹xu⁰　老鼠 lɑɔ³¹ʃʐ⁰
去声+轻声	44+0	太阳 tʰai⁴⁴iɑŋ⁰　后头 xou⁴⁴tʰou⁰　运气 yẽ⁴⁴tɕʰi⁰

二、"子"后缀变调

"子"充当名词后缀时，一律读轻声 21 调，而且调值也不受前字声调的影响。同样，后缀"子"前，阴平最容易变调，变化后读 52 调；阳平、上声、去声则不变调，仍读本调。举例如下：

表 16-6　三原方言"子"缀变调表

阴平+子	52+0	鸭子 ȵiɑ⁵²tsɿ⁰　瞎子 xɑ⁵²tsɿ⁰　车子 tʂʰɤ⁵²tsɿ⁰ 单子 tã⁵²tsɿ⁰　疯子 fəŋ⁵²tsɿ⁰　沙子 sɑ⁵²tsɿ⁰
阳平+子	24+0	瓶子 pʰiŋ²⁴tsɿ⁰　骡子 luə²⁴tsɿ⁰　厨子 tʃʰʒ²⁴tsɿ⁰
上声+子	52+0	椅子 i⁵²tsɿ⁰　锁子 suə⁵²tsɿ⁰　跛子 pɤ⁵²tsɿ⁰
去声+子	44+0	柿子 sɿ⁴⁴tsɿ⁰　被子 pi⁴⁴tsɿ⁰　妗子 tɕiẽ⁴⁴tsɿ⁰

三、重叠名词的变调

三原方言重叠名词大部分后字儿化，并且都念轻声 21 调。前字为阴平时都变作 52 调，前字为阳平、上声、去声时则保留原调不变。例如：

表 16-7　三原方言重叠名词变调表

阴平	星星 ɕiŋ⁵²ɕiŋ⁰　蛛蛛 tʃu⁵²tʃu⁰　姑姑/尼姑 ku⁵²ku⁰
阳平	壶壶儿 xu²⁴xur⁰　勺勺儿 ɕyə²⁴ɕyər⁰
上声	碗碗儿 uã⁵²uãr⁰
去声	罐罐儿 kuã⁴⁴kuãr⁰

四、形容词重叠的变调

这里的形容词重叠仅指"AA 儿的"格式，该式的基本特点是：前字不变调，后字一律儿化。从声调看后字则有两种变化：原为阴平、阳平、上声的字重叠后，第二个音节都变读为阳平 24 调；原为去声的字重叠后，第二个音节变读为上声 52 调。例如：

高高儿的 kɑɔ³¹kɑɔr²⁴tɕi⁰	酸酸儿的 suã³¹suãr²⁴tɕi⁰
长长儿 tʂʰaŋ³¹tʂʰãr²⁴tɕi⁰	明明儿的 miŋ²⁴mĩr²⁴tɕi⁰
软软儿的 ʐuã⁵²ʐuãr²⁴tɕi⁰	好好儿的 xɑɔ⁵²xɑɔr²⁴tɕi⁰
厚厚儿的 xou⁴⁴xour⁵²tɕi⁰	硬硬儿的 ɳiŋ⁴⁴ɳĩr⁵²tɕi⁰

第十七节　乾县方音

调查人　朱富林

壹　概　况

一、调查点

乾县位于陕西省中部，为咸阳市辖县，在东经 108°00′13″~108°24′18、北纬 34°19′36″~34°45′05′之间。人口为 58 万（2018 年户籍人口），主要是汉族。

乾县方言属于中原官话关中片，内部大致可分为 4 种口音。（1）县城口音，分布在县城及县城以东，是乾县口音主体，这种口音和东邻礼泉县差异不大，乡镇有城关、大杨、梁村、灵源、阳洪、注泔、漠西等。（2）县城以北口音，分布于吴店、关头、乾陵、铁佛、阳峪、梁山、峰阳等乡镇，口音接近于永寿。（3）县城以西口音，分布于周城、临平，口音接近于扶风。（4）县城以南口音，分布于大王、姜村（108 国道以南），口音接近于武功，大王镇基本上都操武功口音，东南马连、薛录（南部）口音接近于兴平。在老年人中有一定的文白异读；在青年人中文白异读差别已不明显，老年人的文白异读部分，青年人大都读如老年人的文读音。

乾县有传统地方剧种弦板腔。其主要乐器有弦（二弦和三弦）、板（又叫"呆呆"，分蚱板、二板两种），加上唱腔，故称"弦板腔"。其唱腔既豪放悲壮，高昂激扬，又委婉细腻，柔和清亮，能够表现各种人物的不同性格和感情，具有浓郁的田园牧歌式的观众特色和民歌韵味。据《乾县县志》记载："该剧种起源于宋代，由民间流传的'隔帘说书'发展而来"，是在西路皮影戏的基础上逐渐形成的。弦板腔主要流行于乾县、礼泉、永寿、兴平、武功、咸阳、户县、周至一带。乾县还流行秦腔。

二、方言发音人

老男：巨世锋，1962 年 7 月出生，乾县人，中专，教师。会说乾县方言，能说带乾县口音的普通话，平时主要说乾县方言。1962 年至 1969 年，在城关镇南大街南街村生活；1970 年至 1978 年，在城关镇读小学中学；1978 年至 1980 年在咸阳市上大学；1981 年至今，从教于乾县城区的花口初中。父母、配偶都是乾县人，只会说乾县方言。

青男：葛辉辉，1989 年 7 月出生，乾县人，中专，工人。会说乾县方言城关话、普通话，平时主要说乾县方言城关话、普通话。1989 年在乾县大杨镇西让村出生；

1989 年至 1995 年在乾县大杨镇西让村生活；1996 年至 2007 年在乾县杨汉小学、乾县杨汉初中就读；2008 年至 2011 年就读于咸阳师范学院；2012 年至今，在西安建新环保有限公司工作。父母、配偶都是乾县人，只会说乾县方言。

口头文化发音人 1：王俊清，男，1956 年 1 月出生，大专文化，教师。

口头文化发音人 2：王娟妮，女，1980 年 12 月出生，大学本科，教师。

口头文化发音人 3：蒋少华，男，1975 年 10 月出生，大学本科，教师。

口头文化发音人 4：马淑萍，女，1963 年 9 月出生，中专文化，教师。

贰　声韵调

一、老男音系

1. 声母 30 个，包括零声母在内

p	八兵病	pʰ	派片爬	m	麦明	f	飞凤副蜂肥饭	v	味问
t	多东毒	tʰ	讨天甜	n	脑南老蓝路			l	连
ts	资早租字贼坐争纸	tsʰ	刺草寸祠拆茶			s	丝三酸祠事山		
ʈ	张								
tʂ	知	tʂʰ	抽车城			ʂ	手十	ʐ	热
tʃ	竹柱装主	tʃʰ	初床春船			ʃ	双顺书	ʒ	软
tɕ	酒九	tɕʰ	清全轻权	ȵ	年泥	ɕ	想谢响县		
k	高共	kʰ	开	ŋ	熬安	x	好灰活		
∅	月温王云用药								

说明：

(1) v 摩擦较轻，实际音值为 ʋ。

(2) tʰ 逢齐齿呼韵母时读 tʰ。声母 n 的鼻音色彩较轻。声母 l 逢齐齿呼韵母有时听感上介于 n 与 l 之间。

(3) ʈ 能与大部分开口呼韵母相拼，声母 tʂ 只跟韵母 ɻ 相拼，为了突出方言特点，这里将这两个声母分列。

(4) ʐ 多摩擦较轻。

(5) tʃ tʃʰ ʃ ʒ 没有舌下腔，带圆唇动作。

(6) ȵ 有时弱化为 ʑ 或 j。

(7) ɕ 有时因摩擦强而带有 tɕʰ 的色彩。

2. 韵母 38 个，不包括儿化韵

ɿ	师丝试			ʮ	租		
ʅ	十直尺	i	米戏急七一锡	u	苦五骨谷猪出	y	雨橘绿局
ɚ	二						
a	茶塔法辣八	ia	牙鸭	ua	瓦刮刷		
ɛ	开排鞋			uɛ	快帅		
e	赔飞北色白			ue	对鬼国吹		
ɔ	宝饱	iɔ	笑桥壳				
ɤ	歌盒热壳	iə	写接贴节	uɤ	坐过活托郭桌	yə	靴月药学
ɯ	核						
ou	豆走	iou	油六绿				
æ̃	南山半	iæ̃	盐年	uæ̃	短官船	yæ̃	权
ẽ	深根	iẽ	心新	uẽ	寸滚春	yẽ	云
aŋ	糖	iaŋ	响讲	uaŋ	王床双		
ɤŋ	灯升争	iɤŋ	硬病星				
oŋ	横东肿					yoŋ	兄用

说明：

（1）ʮ 只跟声母 ts tsʰ s 相拼。为了突出方言特点，这里将 ʮ 韵母单立。
（2）韵母和介音 u 同 tʃ tʃʰ ʃ ʒ 母相拼，实际音值是 ɿ。
（3）a ia ua 中的 a 实际读音为 ʌ，aŋ iaŋ uaŋ 中的 a 实际音值为 ɑ。
（4）e ue 有时读 ei uei。
（5）ɤ 逢声母 tʂ tʂʰ ʂ 时有实际读 ɭɤ，这里照顾记为 ɤ。uɤ 中的 ɤ 唇形较松。
（6）ẽ iẽ uẽ yẽ 中的 ẽ 舌位前后为前偏央。
（7）aŋ iaŋ uaŋ 有时分别读 aɤ̃ iaɤ̃ uaɤ̃。
（8）ɤŋ iɤŋ oŋ yoŋ 有时分别读 ɤ̃ iɤ̃ õ yõ。

3. 单字调 4 个

阴平 21	东该灯风通开天春谷百搭节哭拍塔切刻六麦叶月
阳平 24	门龙牛油铜皮糖红急毒白盒罚
上声 53	懂古鬼九统苦讨草买老五有
去声 55	动罪近后冻怪半四痛快寸去卖路硬乱洞地饭树

说明：

阴平 21 调值有时为 31。

二、青男音系

1. 声母 28 个，包括零声母

p	八兵病	pʰ	派片爬	m	麦明	f	飞风副蜂肥饭	v	味问
t	多东毒	tʰ	讨天甜					l	脑南老蓝连路
ts	资早租字贼坐争纸	tsʰ	刺草寸祠拆茶抄			s	丝三酸事山		
tʂ	张	tʂʰ	抽车城			ʂ	手十	ʐ	热
tʃ	竹柱装主	tʃʰ	初床春船			ʃ	双顺书	ʒ	软
tɕ	酒九	tɕʰ	清全轻权	ȵ	年泥	ɕ	想谢响县		
k	高共	kʰ	开	ŋ	熬安	x	好灰活		
∅	月温王云用药								

2. 韵母 36 个，不包括儿化韵

ɿ	师丝试	i	米戏急七一锡	u	苦五骨谷猪出	y	雨橘局
ʅ	十直尺						
ɚ	二						
a	茶塔法辣八	ia	牙鸭	ua	瓦刮		
ɛ	开排鞋			uɛ	快		
ɔ	宝饱	iɔ	笑桥				
ɣ	歌热壳	iə	写接贴节	uɣ	坐过盒活托郭	yɣ	靴月药学
ei	赔飞北色白			uei	对鬼国		
ou	豆走	iou	油六绿				
æ̃	南山半	iæ̃	盐年	uæ̃	短官	yæ̃	权
ẽ	深根春	iẽ	心新	uẽ	寸滚	yẽ	云
aŋ	糖床双	iaŋ	响讲	uaŋ	王		
ɣŋ	灯升争横	iɣŋ	硬病星	oŋ	东	yoŋ	兄用

3. 单字调 4 个

阴平 21	东该灯风通开天春谷百搭节哭拍塔切刻六麦叶月
阳平 24	门龙牛油铜皮糖红急节毒白盒罚
上声 53	懂古鬼九统苦讨草买老五有
去声 55	动罪近后冻怪半四痛快寸去卖路硬乱洞地饭树

叁 连读变调

乾县方言非叠字两字组连读变调规律见表 17-1。

表 17-1 乾县方言两字组连读变调表

后字 前字	阴平 21	阳平 24	上声 53	去声 55	语法类别
阴平 21	21+21 蜘蛛 蜜蜂 24+21 花生 山药	21+24 今年 53+21 跟前 21+21 香油	21+53 清早 21+21 热水	21+55 天气 53+21 月亮 21+24 家具	非支配式
	24+21 杀猪 吃药	21+24 推头	21+53 亲嘴	21+55 做梦	支配式
阳平 24	24+21 台风 白天	24+24 煤油 24+21 明年	24+53 洪水 24+21 凉水	24+55 河岸 24+21 时候	非支配式
	24+21 评脉	24+24 抬头	24+53 着火	24+55 怀孕	支配式
上声 53	53+21 种猪	53+24 水田 53+21 往年	53+53 雨伞 21+53 水果 21+21 老虎	53+55 长相 53+21 晚上	非支配式
	53+21 养猪	53+24 打鸣	21+53 屁屎	53+55 炒菜	支配式
去声 55	55+21 地方	55+24 灶房 55+21 太阳	55+53 粪桶 55+21 豆浆	55+55 地震 55+21 芥菜	非支配式
	55+21 订婚	55+24 受凉	55+53 中暑	55+55 做饭	支配式

说明：

（1）乾县方言的变调，总体来看不变调的多，各类组合都有不变调的情况。支配式两字组不变调的情况较其他两字组稍多。

（2）关于前字变调。①前字阴平、上声会发生变调，前字阳平、去声多不发生变调。②阴平+阴平，前字阴平有时变阳平 24 调。③阴平+阳平，阴平+去声，前字阴平有时变上声 53 调，这种变调仅限于后字读低降调 21 的情况。④上声+上声，前字上声有时变为阴平 21 调。⑤前字变调视具体的词语而定，至于哪些词变调，哪些词不变调，目前还没发现其中的规律。

（3）关于后字变调。①后字阴平不变调。②后字阳平、上声、去声有时都会发生变调，变为阴平21调，变调的音节大都不轻不短，有时候很轻短，读2调或1调。③阴平+去声，后字去声有时变24调，如：家具21+24。

肆　异　读

一、文白异读

老派一些字有文白异读现象，在1000个常用字中有16个字存在文白异读；新派文白异读较少，1000个常用字中只有2个字有文白异读。老派文白异读如：着 tʂʰuɤ²⁴ 着火/ tʂɔ²⁴ ~迷，勺 ɕyə²⁴ ~~/ ʂuɤ²⁴ 汤~，项 xaŋ⁵⁵ 脖~/ɕiaŋ⁵⁵ ~背，隔 ke²¹ ~离/kɤ²¹ 阻~，绿 liou²¹ ~色/ly²¹ 灯红酒~。新派文白异读如：着 tʂʰuɤ²⁴ 着火/ tʂɔ²⁴ ~迷，勺 ɕyə²⁴ ~~/ ʂuɤ²⁴ 汤~。

二、新老异读

1. 老派有 n l 二声母，新派只有 l 声母。北京话声母读 n l 的字，乾县话声母逢开口呼韵母，老派大都读 n，新派读 l；逢其他三呼韵母，新老派差异不大。如（前老后新）：能 nɤŋ²⁴≠lɤŋ²⁴，蜡 na²¹≠la²¹。

2. 老派读 ȵ 声母的字，新派大部分同老派，少部分读零声母。如（前老后新）：哑 ȵia⁵³≠ia⁵³，业 ȵiə²¹≠iə²¹。

3. 新派声母 l 拼细音时有较明显的舌尖中浊塞音成分，可记为 lᵈ，老派为正常的 l。如（前老后新）：犁 li²⁴/lᵈi²⁴，吕 ly⁵³/lᵈy⁵³。

4. 老派有 ʈ 声母，新派相对应的为 tʂ 声母。如（前老后新）：照 ʈɔ⁵⁵≠tʂɔ⁵⁵，张 ʈaŋ²¹≠tʂaŋ²¹。

5. 老派声母 tʰ 逢齐齿呼韵母时读舌面前的 ȶʰ；新派声母 tʰ 逢齐齿呼韵母有舌尖前 tsʰ 的色彩。如（前老后新）：剃 ȶʰi⁵⁵/tʰi⁵⁵。

6. 老派韵母有 ɿ 韵母，搭配 ts 组声母，新派没有 ɿ 韵母，老派 ɿ 韵母的字，新派归入 u 韵母。如（前老后新）：tsɿ²¹≠tsu²¹。

7. 老派的韵母 e ue，新派相应地为韵母 ei uei。如：飞 fe²¹≠fei²¹，对 tue≠tuei。

8. 老派后鼻尾韵母的鼻尾有时读元音ɤ的鼻化音ɤ̃；新派均为后鼻尾音。如（前老后新）：帮 paŋ²¹~paɤ̃²¹/ paŋ²¹，想 ɕiaŋ⁵³~ɕiaɤ̃⁵³/ ɕiaŋ⁵³，黄 xuaŋ²⁴~xuaɤ̃²⁴/xuaŋ²⁴，装 tʂuaŋ²¹~tʂuaɤ̃²¹/ tʂaŋ²¹，朋 pʰɤŋ²⁴~pʰɤ̃²⁴/ pʰɤŋ²⁴，兵 piŋ²¹~piɤ̃²¹/pi ɤŋ²¹，东 toŋ²¹~toɤ̃²¹/ toŋ²¹，兄 ɕyoŋ²¹~ɕyoɤ̃²¹/ɕyoŋ²¹。

伍　儿化音变

乾县方言中有一些"儿"尾词，读音大都比较特别，主要是"儿"尾和它前面紧邻的音节似有音节界限，但音节界限又不是十分明了：如果划分为两个音节，每个音节的时长明显不足；如果合并为一个音节，时长有点长，"儿"尾和前面紧邻的音节结合度又不是十分紧密。可以看出，乾县方言中的"儿"尾词，其读音正在向着儿化转变，大部分还没有完全定型，处于"一个半音节"的阶段。我们可把这种音变现象称为"准儿化音变"；有些已完全儿化，称为"儿化音变"。下面根据本次项目中调查到的词语具体来看。

一、"A+儿"准儿化音变

i+ɐ˞	猪蹄儿
u+ɐ˞	裤儿　藏猫老虎儿
a+ɐ˞	花儿
ɛ+ɐ˞	髁臼盖儿　一块儿
ɔ+ɐ˞	枣儿　鸟儿
ɣ+ɐ˞	镯儿
ɤ+ɐ˞	嘴唇儿
æ̃+ɐ˞	蚕儿　面儿　旅馆儿　汤圆儿

可以看出，"A"和"儿"不变韵。变调情况是："A"四声都有，大都不变调，如果为上声有时由53调变55调，如果为去声有时由55调变53调；"儿"全都变成一个低降调21调。

二、"A+儿"儿化音变

-i+ɐ˞→iə˞	被儿
-u+ɐ˞→uə˞	夜兵˭虎儿　稀乎儿　大摸儿
-ɔ+ɐ˞→ɔ˞	豆腐脑儿　袄儿　外号儿　雀儿
-ɣ+ɐ˞→ɣ˞	这儿
-e+ɐ˞→e˞	气味儿　会儿
-ẽ+ɐ˞→ẽ˞	冰棍儿
ɐ˞→ə˞	光棍儿
-æ̃+ɐ˞→æ̃˞	点儿
-ɑŋ+ɐ˞→ɑ̃˞	啥样儿
-ɣŋ+ɐ˞→ɣ̃˞	虫虫儿

可以看出，"A"为-ɔ、-ɤ、-æ时，在儿化中多不变韵，直接儿化；为-i、-u儿化时加 ər，为-e 儿化时变 ər；为-ẽ 儿化时变 ər 或 ɐr；为-ɑŋ 儿化时鼻尾消失、韵腹鼻化后儿化，变 ãr；为-ɤŋ 儿化时鼻尾消失、韵腹央化、鼻化后儿化，变 ə̃r。声调方面，"A"大都为上声、去声，均变为 53 调，如为阳平，则变为 21 调。

陆　其他主要音变

词末音节的声母浊化。在一个词的末尾音节中，如果声母是塞音 p t k ts tʂ tʃ tɕ 等，有时候会分别变为浊化音 b d g dz dʐ dʒ dʑ，以"子"尾词居多，"子"的声母多由 ts 变为 dz。

第十八节 岐山方音

调查人 吴 媛

壹 概 况

一、调查点

岐山县位于陕西省关中平原西部，北接麟游县，南连太白县，东与扶风县、眉县接壤，西同凤翔县、陈仓区毗邻。东起七里河，西到凤鸣沟，南自瓦房沟，北至孟家山，介于东经 107°33′~107°55′、北纬 34°07′~34°37′之间，南北长 53.5 公里，东西平均宽 30.5 公里，总面积 856.45 平方公里。岐山县现辖 9 个镇，总人口 47 万，以汉族为主，少数民族主要有回族、满族、土家族等。

岐山方言属于中原官话区秦陇片。岐山县共有 3 种不同的口音，分别是北山话（主要分布在岐山山区）、城关话（主要分布在中部地区的渭河以北地区）和南塬话（主要分布在渭河以南地区），主要是受自然环境制约形成的。根据我们的实地调查发现，三种口音从语音系统上看差别并不十分大，只是个别词语的语音有异。这些语音差异并不构成音系的差别。从岐山所处的地理位置来看，北接麟游县，南连太白县，东与扶风县、眉县接界，西同凤翔、陈仓区毗邻，这些地方在历史上多属同一行政区划，语言内部一致性较强，所以岐山县三种口音差异不大也是受大的语言环境影响所致。

岐山的主要戏曲是秦腔、眉户；也有用岐山方言唱的京剧；农村过红白喜事时还会有用岐山方言表演唱的皮影和木偶戏，但不普遍。

二、方言发音人

老男：张义林，1958 年 8 月出生，岐山人，中专文化，营业员。会说岐山方言，偶有需要说不标准的普通话，平时主要说岐山方言。在岐山县城关镇出生并成长，至六岁时入小学，小学老师均为本地人，教学语言为当地方言，12 岁左右去 5 公里外的大营中学上初中，老师也都说当地话。初中毕业后就招工至商业局下属的商业综合公司，并在商校学习两年后工作。未长期离开过当地。父母、配偶都是岐山人，只会说岐山方言。

青男：张健力，1986 年 10 月出生，本科，职业为教师，会说岐山方言、普通话、英语，平时主要说岐山方言。1986 年出生于凤鸣镇城北村，1993 年入城北小学开始启蒙教育，小学老师均为当地人；1999年岐山县东街初级中学上学，2002年在岐山高级中学上高中；2006年在西安工业大学上学，2011年在岐山职业技术教育中心工作，2014年后调入岐山县学习资助管理中心工作至今。父母、配偶都是岐山人，只会说岐山方言。

口头文化发音人1：张义林，老男。

口头文化发音人2：赵丽萍，女，1960年8月出生，初中文化，工人。

口头文化发音人3：雏妮，女，1983年8月出生，大学本科，教师。

贰　声韵调

一、老男音系

1. 声母26个，包括零声母在内

p	八兵病	pʰ	派片爬	m	麦明	f	飞风副蜂肥饭	v	味问温王
t	多东	tʰ	讨毒					l	脑南老蓝连路
ts	资早租贼争纸	tsʰ	刺草寸字坐全祠拆茶抄			s	你丝三酸想谢事山		
tʂ	张竹柱装主	tʂʰ	抽初床车春船城			ʂ	双顺手书船	ʐ	热软
ʈ	酒	ʈʰ	天甜清						
tɕ	九	tɕʰ	全轻权	ɲ	年泥	ɕ	响县		
k	高共	kʰ	开	ŋ	熬安	x	好灰活		
∅	月云用药								

说明：

（1）pʰ tʰ kʰ送气强烈。

（2）pʰ与o韵母相拼有唇齿色彩，如婆 pfʰo²⁴，破 pfʰo⁴⁴，波 pfʰo³¹。与合口呼韵母相拼时也有较轻微的唇齿色彩。

（3）v母在岐山话中发音时唇齿的接触较轻微。

（4）l声母与齐齿呼、撮口呼相拼时，l有腭化色彩。

（5）s拼齿齿呼时带有腭化色彩，实际音值为sʲ，如修 sʲiou³¹，辛 sʲiŋ³¹。

（6）ʈ ʈʰ拼齐齿呼的字读 ʈᶻ ʈʰ，是带舌尖音色彩的舌面前塞音。

2. 韵母 34 个，不包括儿化韵

ɿ	师丝试	i	米戏急七一锡	u	苦五骨谷	y	雨橘绿局
ʅ	猪十出直尺						
ɚ	二						
A	茶瓦塔法辣八	iA	牙鸭	uA	刮		
ɤ	歌热壳	iɛ	写鞋接贴节			yɛ	靴月
o	拨泼末缚			uo	歌坐过盒活托郭	yo	药壳学
E	开排鞋			uE	快		
ɔ	宝饱	iɔ	笑桥				
ei	赔飞北色白			uei	对鬼国		
ou	豆走	iou	油六				
æ	南山半	iæ	盐年	uæ	短官	yæ	权
ɑŋ	糖床王双	iɑŋ	响讲	uɑŋ	筐狂		
əŋ	深根春灯升争	iŋ	心新硬病星	uŋ	寸滚横东	yŋ	云兄用

说明：

（1）ɚ 的卷舌度很高，当声调为去声时实际音值为 ɐr，属于 ɚ 的条件变体。

（2）A iA uA 中主要元音和 ɑŋ iɑŋ uɑŋ 中主要元音出现的位置互补，可以进行音位归纳，此处为体现方言特点没有归并。

（3）yɛ 的主要元音实际发音唇略圆。

（4）o 韵母只与双唇及唇齿音相拼，ɤ 韵只与舌尖后及舌根音相拼，分布条件互补，但音感差异明显，故列为两个韵母。

（5）uo 的主要元音实际发音开口度略小。

（6）ɔ 的实际发音比标准开口度略小。

（7）əŋ iŋ uŋ yŋ 中韵尾的实际发音介于 n ŋ 之间，不是标准的舌根鼻音，实际音值为 ɲ。

3. 单字调 4 个

阴平 31	东该灯风通开天春谷百搭节哭拍塔切刻六麦叶月
阳平 24	门龙牛油铜皮糖红毒白盒罚
上声 53	懂古鬼九统苦讨草买老五有
去声 44	冻怪半四痛快寸去卖路硬乱洞地饭树动罪近后

说明：

（1）调域较窄。

（2）从音长来看，去声的时值最长，阴平、阳平次之，上声最短。

二、青男音系

1. 声母26个，包括零声母

p	八兵病	pʰ	派片爬	m	麦明	f	飞风副蜂肥饭	v	味问温王
t	多东	tʰ	讨毒					l	脑南老蓝连路
ts	资早租贼争纸	tsʰ	刺草寸字坐全祠拆茶抄			s	丝三酸想谢事山		
tʂ	张竹柱装主	tʂʰ	抽初床车春船城			ʂ	双顺手书十船	ʐ	热软
ʈʂ	酒	ʈʂʰ	天甜清						
tɕ	九	tɕʰ	全轻权	ȵ	年泥	ɕ	响县		
k	高共	kʰ	开	ŋ	熬安	x	好灰活		
∅	月云用药								

2. 韵母34个，不包括儿化韵

ɿ	师丝试	i	米戏急七一锡	u	苦五骨谷	y	雨橘绿局
ʅ	猪十出直尺						
ər	二						
A	茶瓦塔法辣八	iA	牙鸭	uA	刮		
ɤ	歌盒热壳	iɛ	写鞋接贴节			yɛ	靴月
o	拨泼末佛			uo	坐过活托郭	yo	药壳学
ɛ	开排鞋			uɛ	快		
ɔ	宝饱	iɔ	笑桥				
ei	赔飞北色白			uei	对鬼国		
ou	豆走	iou	油六绿				
æ	南山半	iæ	盐年	uæ	短官	yæ	权
ɑŋ	糖床王双	iɑŋ	响讲	uɑŋ	狂筐		
əŋ	深根灯升争横	iŋ	心新硬病星	uŋ	寸滚春东	yŋ	云兄用

3. 单字调 4 个

阴平 31	东该灯风通开天春谷百搭节哭拍塔切刻六麦叶月
阳平 24	门龙牛油铜皮糖红毒白盒罚
上声 53	懂古鬼九统苦讨草买老五有
去声 44	冻怪半四痛快寸去卖路硬乱洞地饭树动罪近后

叁 连读变调

岐山方言两字组连读变调规律，老派与新派基本一致，下面以老男为主介绍其规律。

表 18-1 岐山方言老男两字组连读变调表

前字＼后字	阴平 31	阳平 24	上声 53	去声 44
阴平 31	31+31 医生 菊花 24+31 飞机 钢笔 53+21 方法 蜂蜜	31+24 猪毛 出门 53+21 生活 积极	31+53 加减 收礼 31+21 谷雨 月饼	31+44 车票 天地 53+44 骄傲 开价 53+21 菠菜 鸡蛋
阳平 24	24+31 年轻 流血 31+53 平安 颜色	24+24 农忙 直达 31+53 门帘 明白	24+53 存款 墨水 31+53 言喘	24+44 群众 流汗 31+53 棉裤 白菜
上声 53	53+31 粉笔 好药 44+21 火车 眼色	53+24 水壶 解毒 44+21 小学 老人	53+53 养狗 请假 31+53 小米 有理	53+44 广告 走路 44+21 小路 晚辈
去声 44	44+31 教师 送药	44+24 证明 面条 44+21 化学 病人	44+53 信纸 送礼 44+21 四两 袖口	44+44 贩卖 病重 44+21 味道 近视

肆 异 读

一、文白异读

1. 古全浊声母，岐山方言全部清化，清化后部分仄声字白读时送气，文读时不送气。如：弟 $tʰi^{44}$/ti^{44}，淡 $tʰæ^{44}$/$tæ^{44}$，直 $tsʰʅ^{24}$/$tsʅ^{24}$，择 $tsʰei^{24}$/$tsei^{24}$，动 $tʰuŋ^{44}$/$tuŋ^{44}$。

2. 精组齐齿呼字，仍读 ts 组声母。同时部分来自古山摄合口一等的字，白读为 $tsʰ$ 母，文读为 $tɕʰ$ ɕ 母。如：全 $tsʰuæ^{24}$/$tɕʰyæ^{24}$，选 $suæ^{53}$/$ɕyæ^{53}$。

3. 晓匣母开口二等字，白读音读 x，文读音为 ɕ。如：项 $xaŋ^{44}$/$ɕiaŋ^{44}$，瞎 xA^{31}/$ɕiA^{31}$，咸 $xæ^{24}$/$ɕiæ^{24}$，鞋 $xɛ^{24}$/$ɕiɛ^{24}$。

4. 部分疑母开口三等字，白读音为 ȵ，文读音为零声母。如：言 ȵiæ̃²⁴/iæ̃²⁴，严 ȵiæ̃²⁴/iæ̃²⁴。

二、新老异读

岐山方言的新老异读主要表现在以下几个方面。

1. pʰ m 与 o u 韵母相拼时，老派带有唇齿色彩，其实际音值为 pfʰ ɱ，但是新派没有唇齿色彩。

2. 声母 l 与齐齿呼、撮口呼相拼时，老派有腭化色彩，新派则没有腭化色彩。

3. 部分果摄一等见母字，老派读 uo，新派读 ɤ。如：课 kʰuo⁴⁴/kʰɤ⁴⁴。

4. 老派只有一读，而新派增加文读音。如：

例字	老派	新派
做	tsu⁴⁴	tsu⁴⁴/tsuo³¹
地	tɕi⁴⁴	tɕʰi⁴⁴/tɕi⁴⁴
字	tsʰɿ⁴⁴	tsʰɿ⁴⁴/tsɿ⁴⁴
业	ȵiɛ³¹	ȵiɛ³¹/iɛ³¹

5. 老派存在文白异读，但新派白读音消失。如：

例字	老派	新派
歌	kuo⁵³/kɤ³¹	kɤ³¹
弟	tɕʰi³¹/tɕi⁴⁴	tɕi⁴⁴
杉	sA³¹/sæ̃³¹	sæ̃³¹
别	pʰiɛ²⁴/piɛ²⁴	piɛ²⁴

伍　儿化音变

岐山方言儿尾比较发达，儿尾读轻声，与前面音节的连接比较紧密，但仍然能够分开。儿尾词多为名词。如：

荠儿菜 tɕʰi⁴⁴ ər²¹ tsʰE⁴⁴　　蚕儿 tsʰæ̃²⁴ ər²¹　　花瓣儿 xuA³¹ pʰæ̃⁵³ ər²¹

线绊儿 siæ⁴⁴ pʰæ̃³¹ ər²¹　　帐檐儿 tʂɑŋ⁴⁴ iæ̃²⁴ ər²¹　　钱包儿 tɕʰiæ²⁴ pɔ⁵³ ər²¹

裤儿 kʰu⁵³ ər²¹　　被儿 pi⁵³ ər²¹　　罗儿 luo²⁴ ər²¹

岐山方言名词单音节重叠表小。规律如下：

表 18-2　岐山方言重叠名词变调表

重叠的单字调	连调模式
阴平 31	53+21 珠珠　钵钵
阳平 24	31+53 箧箧　绳绳
上声 53	44+21 爪爪　碗碗
去声 44	44+21 蛋蛋　线线

陆　其他主要音变

在语流中，岐山方言方位词"里、上"，动词后助词、介词"着、了、得、到、在"等音节通常会因轻读而弱化，其表现就是这些词的音节完全合到前一音节中，其意义由前一音节的主要元音延长来表达，在岐山方言中使用频率非常高。例如：

面缸里 miæ⁴⁴kɑːŋ⁴⁴¹　　地里 tʰiː⁴⁴¹　　　　门上门口 maːŋ²⁴¹

炒着吃 tsʰɔː⁵³tʂʰʅ³¹　跳到河里 tʰiɔː²⁴¹xoː²⁴¹　坐到炕上 tsʰuoː⁴⁴¹kʰɑːŋ⁴⁴¹

第十九节 凤翔方音

调查人 张永哲

壹 概 况

一、调查点

凤翔县隶属于陕西省宝鸡市，位于陕西西部，在东经107°10′35″~107°38′46″、北纬34°20′44″~34°45′20″之间。东毗岐山，南邻陈仓，西连千阳，北接麟游。总面积1229.1平方公里。全县设有城关、虢王、彪角、横水、田家庄、糜杆桥、南指挥、陈村、长青、柳林、姚家沟、范家寨12镇。总人口52.5895万（2017年户籍人口），主要是汉族。县人民政府驻城关镇。

凤翔方言属于中原官话秦陇片，跟周边区县的方言差异较小。内部各镇之间语音略有差异，但系统性差异在于古知系合口字（山摄合口三等薛韵字除外）、宕摄庄组舒声字、江摄知庄组舒声字的今读声母方面，这组声母在虢王、横水、彪角、姚家沟、田家庄、陈村、长青7个镇和城关镇东部（包括原纸坊乡、老县城）中读 tʂ tʂʰ ʂ ʐ；在糜杆桥、南指挥、柳林、范家寨4个镇和城关镇西部（原石家营乡）中读 tʃ tʃʰ ʃ ʒ，这些地区新派现已读 tʂ tʂʰ ʂ ʐ。另外一点，古全浊声母仄声字，东部的横水和东南部的虢王、彪角读送气音的字数比城关、北部的范家寨、西北部的柳林多。

凤翔有两个地方戏，一是秦腔，二是西府曲子。秦腔有专门的演出单位凤翔县人民剧团，频繁演出于全县各地，另民间也有五六十个戏班在进行日常演出，秦腔传承良好。西府曲子是本地土生土长的地方剧种，流行于除虢王、彪角两镇之外的地区，传统上以坐唱形式表演，近年来妆扮成各色人物，伴以歌舞进行演出，为省级非物质文化遗产，除日常演出外，全县不同地区成立了五六个传习所，培养年轻的传承人。

二、方言发音人

老男：王宗信，1956年1月出生，凤翔人，初中文化，农民。会说凤翔方言城关话、普通话，平时主要说凤翔方言城关话。1956年至1964年一直在西大街村生活；1964年至1969年在西街小学读书；1969年至1971年在城关中学读书；1971年至1980年在本村参加劳动；1980年至1993年在县城经营小本生意；1993年至今在西大街村委会工作，历任副村长、村长、书记。父母、配偶都是凤翔人，只会说凤翔方言。

青男：吴洋，1989年5月出生，凤翔人，大专文化，个体户。会说凤翔方言城关话、普通话、英语，平时主要说凤翔方言城关话。1989年出生，至1993年一直在火星村生活；1993年至1996年在凤翔县幼儿园上学；1996年至2003年在东关逸夫小学读书；2003年至2006年在纸坊中学读初中；2006年至2009年在西街中学读高中；2009年至2012年在西安思源学院读大专；2012年至今在凤翔县城工作。父母、配偶都是凤翔人，只会说凤翔方言。

口头文化发音人1：王宗信，老男。

口头文化发音人2：张周彦，1956年9月出生，凤翔人，中师文化，教师。

贰　声韵调

一、老男音系

1. 声母24个，包括零声母在内

p	八兵病	pʰ	片爬	m	麦明	f	飞风肥副蜂饭	v	味问温王
t	多东毒	tʰ	讨					l	老蓝连路脑南
ts	资早租酒字贼坐争纸	tsʰ	刺草寸清全天甜抄茶拆祠			s	丝三酸想山谢		
tʂ	张竹主柱装	tʂʰ	车春抽城初床船			ʂ	手书双十顺	ʐ	热软
ȶ	酒	ȶʰ	天甜清						
tɕ	九	tɕʰ	轻权全	ȵ	年泥	ɕ	响县		
k	高共	kʰ	开	ŋ	熬安	x	好灰活		
∅	用药云月								

说明：

(1) pʰ tʰ kʰ tsʰ x 送气比较强烈，与韵母相拼时带有 χ 的色彩。

(2) p pʰ m 与 o u 韵母相拼时上齿与下唇发生摩擦，音值为 pᶠ pʰᶠ mᵛ。

(3) v 上齿与下唇内侧摩擦较轻，音值接近 ʋ，与低元音韵母相拼时摩擦更弱。

(4) ts tsʰ s 与齐齿呼韵母相拼时后带有明显的腭化色彩，且 ts tsʰ 的塞音成分十分明显，实际音值接近 ȶ ȶʰ。

(5) tʂ tʂʰ ʂ ʐ 只与开口呼韵母相拼。古知系合口字（山摄合口三等薛韵字除外）宕摄庄组舒声字、江摄知庄组舒声字与这组声母相拼时，嘴唇偏展，舌尖前伸，对准上下门齿的后部，舌叶中后部抬起，舌叶与上齿龈构成阻碍，气流冲破阻碍摩擦成声，实际音值接近 tʃ tʃʰ ʃ ʒ。

(6) 发 tɕ tɕʰ ɕ 时，舌面的位置比较靠后。

2. 韵母34个，不包括儿化韵

ɿ	师丝试	i	戏米急七一锡	u	苦五谷骨	y	雨绿局橘
ʅ	猪十出直尺						
ər	二						
a	茶瓦塔法辣八	ia	牙鸭	ua	刮		
o	磨破佛			uo	歌坐过托郭活盒壳	yo	药学壳
ʅə	热	ie	节接贴写			ye	月靴
E	开排鞋			uE	快		
ɔ	宝饱	iɔ	笑桥				
ei	飞赔北色白			uei	鬼对国		
əu	豆走	iəu	油六绿				
æ	山半南	iæ	年盐	uæ	短官	yæ	权
ɑŋ	糖床王双	iɑŋ	响讲	uɑŋ	光黄筐狂		
əŋ	根春争灯升深	iŋ	硬病星新心	uŋ	寸滚东横	yŋ	云用兄

说明：

（1）u y 无论作韵腹还是作介音、韵尾，圆唇度都不高，u 有时上齿与下唇内部会有轻度接触，u 与 ts tsʰ s 相拼时，带有舌尖前元音 ɿ 的色彩。

（2）ʅ 只与 tʂ tʂʰ ʂ ʐ 这一组声母相拼，tʂ tʂʰ ʂ ʐ 的音位变体 tʃ tʃʰ ʃ ʒ 与 ʅ 拼合时，摩擦会持续到音节结束，使其后的韵母带有较强的摩擦，韵母的实际音值接近舌叶元音。韵母依实际读音在国际音标表中找不到合适的音标符号，听感上与 ʅ 比较近，故用 ʅ 记之。

（3）ər 的舌位较低，且卷舌度不高。

（4）a ia ua 中的 a 实际音值为 A。

（5）o uo yo 韵中的 o 圆唇度不高，音值介于 o ɔ 之间。

（6）ɔ iɔ 韵中的 ɔ 唇形较展，且后面有较小动程。

（7）æ iæ uæ yæ 韵中的 æ 舌位稍高。

（8）ɑŋ iɑŋ uɑŋ 韵尾的实际音值为 ɣ，且韵尾较松。

（9）əŋ iŋ uŋ yŋ 韵尾的实际音值为 ɲ。

3. 单字调4个

阴平 31	东该灯风通开天春谷百搭节哭拍塔切刻六麦叶月
阳平 24	门龙牛油铜皮糖红毒白盒罚急
上声 53	懂古鬼九统苦讨草买老五有
去声 44	冻怪半四痛快寸去卖路硬乱洞地饭树动罪近后

二、青男音系

1. 声母 24 个，包括零声母

p	八兵病	pʰ	派片爬	m	麦明	f	飞风肥饭副蜂	v	味问温王
t	多东毒	tʰ	讨					l	老蓝连路脑南
ts	资早租酒字贼坐争纸	tsʰ	刺草寸清全天甜抄茶拆祠			s	丝三酸想山谢事		
tʂ	张竹主柱装	tʂʰ	车春抽城初床船			ʂ	手书双十顺	ʐ	热软
tɕ	九	tɕʰ	轻权全	ȵ	年泥	ɕ	响县		
k	高共	kʰ	开	ŋ	熬安	x	好灰活		
∅	用药云月								

2. 韵母 34 个，不包括儿化韵

ɿ	师丝试	i	戏米急七一锡	u	苦五谷骨	y	雨绿局橘
ʅ	猪十出直尺						
ər	二						
a	茶瓦塔法辣八	ia	牙鸭	ua	刮		
o	磨破佛			uo	歌坐过托郭活盒壳	yo	药学壳
ə	热	ie	节接贴写			ye	月靴
ɛ	开排鞋			uɛ	快		
ɔ	宝饱	iɔ	笑桥				
ei	飞赔北色白			uei	鬼对国		
əu	豆走	iəu	油六绿				
æ̃	山半南	iæ̃	年盐	uæ̃	短官	yæ̃	权
ɑŋ	糖床王双	iɑŋ	响讲	uɑŋ	光黄筐狂		
əŋ	根春争灯升深横	iŋ	硬病星新心	uŋ	寸滚东	yŋ	云用兄

3. 单字调4个

阴平 31	东该灯风通开天春谷百搭节哭拍塔切刻六麦叶月
阳平 24	门龙牛油铜皮糖红毒白盒罚急
上声 53	懂古鬼九统苦讨草买老五有
去声 44	冻怪半四痛快寸去卖路硬乱洞地饭树动罪近后

叁　连读变调

一、老男连读变调

凤翔方言的两字组可以分为后字非轻声两字组和后字轻声两字组两种。

1. 后字非轻声两字组连读变调

后字非轻声两字组共有15种连读变调模式，阴平与阴平连读时，前字变读24调，跟"阳平+阴平"连读变调模式相同；阳平与其他声调连读时，分两类，一类前后字都不变调，一类前字都变读31调，后字都变读53调，跟"阴平+上声"连读变调模式相同；上声与上声连读时，也分两类，一类前后字不变调，一类前字变读31调，后字不变调，跟"阴平+上声"连读变调模式相同；其余不变调。后字非轻声两字组连读变调模式见表19-1，变调用加粗表示，个别例外加"（）"。

表19-1　凤翔方言后字非轻声两字组连读变调表

前字＼后字	阴平 31	阳平 24	上声 53	去声 44
阴平 31	24+31 山沟 杀猪	31+24 香油 天明	31+53 热水 浇水	31+44 车费 开会
阳平 24	24+31 台风 爬山	24+24 煤油 扬场	24+53 白酒 骑马	24+44 油菜 还账
	31+53 茶叶 梅花	31+53 石头 明年	31+53 黄酒 棉袄	31+53 白菜 黄豆
				（31+44）十二
上声 53	53+31 粉笔 满足	53+24 手镯 检查	53+53 厂长 洒水	53+44 手电 写字
			31+53 水果 打水	
去声 44	44+31 认真 喂猪	44+24 大河 放牛	44+53 大米 下雨	44+44 路费 地震

2. 后字轻声两字组连读变调

后字轻声两字组后字不论单字调是什么，有两种不同的表现，在阴平、上声后面一律读21调，在去声后面一律读32调。后字轻声两字组共有4种连读变调模式，见表19-2。前字阳平的两字组极少有读轻声的现象，故不列入表中，目前只调查到两例：

"食指"（阳平+上声）、"［明日］个"（阳平+去声），前字不变调，后字读 21 调。

表 19-2　凤翔方言后字轻声两字组连读变调表

前字＼后字	阴平 31	阳平 24	上声 53	去声 44
阴平 31	31+21 正月 山药 53+21 东西 青蛙	53+21 清明 木头 （31+21）衣服	31+21 中指 麦草	53+21 月亮 家具
上声 53	44+21 眼睛 母猪	44+21 嘴唇 脸盆	31+21 老虎 草狗 44+21 耳朵 椅子 （53+21）李子	44+21 水地 柳树
去声 44	45+32 地方 旱烟	45+32 灶房 后年	45+32 露水 裤腿 （31+21）晌午	45+32 愿意 旱地 （44+21）后个

由表 19-2 可知，凤翔方言的轻声对前字的声调影响很大。前字阴平多变为 53 调，或者不变调，后字变为 21 调；前字上声多变为 44 调，少数在上声前变为 31 调，后字变为 21 调；前字去声变为 45 调，后字变为 32 调。共形成 4 种连读变调模式：31+21、53+21、44+21、45+32。

凤翔方言两字组中的后字读轻声时有固定的调值和调型。凤翔方言的后字轻声两字组连读变调模式可以归纳为表 19-3（本表省略例词）。

表 19-3　凤翔方言后字轻声两字组连读变调表

前字＼后字	阴平 31	阳平 24	上声 53	去声 44
阴平 31	31+0 53+0	53+0 （31+0）	31+0	53+0
上声 53	44+0	44+0	31+0 44+0 （53+0）	44+0
去声 44	45+0	45+0	45+0 （31+0）	45+0 （44+0）

二、青男连读变调

青男与老男的两字组连读变调规律基本一致，仅个别词语的连读变调模式不同，如"井水、打水"（上声+上声）青男不变调，为53+53，老男则为31+53；"牛角"（阳平+阴平）老男有24+31、31+53两种连读变调模式，前者不变调，后者变调，青男只读31+53。个别词语青男与老男连读变调模式相同，但单字调与老男不同，如"满足、技术"分别为53+31、44+24，老男不变调，青男后字变调，青男"足"单字调为阳平24，"术"单字调为去声44。

肆 异 读

一、声母差异

受普通话的影响，凤翔新派个别字声母的读音与老派不对应。"唇"老派读 ʂən²⁴，合乎规律，新派读 tʂʰən²⁴，不合规律，tʂʰ 来自普通话。"项"老派有 xaŋ⁴⁴~目、ɕiaŋ⁴⁴~链两读，新派仅 ɕiaŋ⁴⁴ 一读，ɕ 来自普通话。"影"老派读 ȵiŋ⁵³，新派白读 ȵiŋ⁵³，文读 iŋ⁵³，零声母来自普通话。

二、韵母差异

除 uei ei uæ yæ 4 个韵母的归字发生规律性的变化外，其他韵母的归字新老派高度一致。差异表现在以下两个方面。

1. 蟹摄合口一等、止摄合口三等泥来母字，老派读合口韵 uei，符合规律，新派既可以读成 uei，也可以读成开口韵 ei，ei 同普通话。如：雷 luei²⁴ 又/lei²⁴ 又，类 luei⁵³ 又/lei⁵³ 又。

2. 山摄三等从心邪母合口舒声字，老派介音为 u，声母为 tsʰ s，如：全 tsʰuæ²⁴，宣 suæ³¹，选 suæ⁵³。新派分化为两类，一类同老派，如：全 tsʰuæ²⁴，旋 suæ²⁴~风；一类同普通话，介音为 y，声母为 tɕʰ ɕ，如：全 tɕʰyæ²⁴，选 ɕyæ⁵³。

受普通话的影响，凤翔新派个别字音与老派不同，其韵母或与普通话相同，或与其接近。如"可、碑、吞、俊"新派白读分别为 kʰɔ⁵³，pi³¹，tʰən³¹，tsuŋ⁴⁴，同老派，文读分别为 kʰɤ⁵³，pei³¹，tʰuŋ³¹，tɕyŋ⁴⁴，来自普通话。

三、声调差异

凤翔新老派的调类、调值相同，古今声调演变规律高度一致，新派 98% 以上的单字声调与老派相同，只有极少数字的声调与老派不同，即个别字的声调归属发生了改变。在所发现的 15 个新、老派声调有别的单字中，古入声、去声字的差异比较大，各有 6 个，古上声、平声字差异较小，各为 2 个和 1 个。

四、音节差异

个别字的音节凤翔新派发生了变化，新老派之间难以对应。凡单字声、韵、调三者中有两个不能对应就视为音节不同。新老派音节的差异主要表现为声母、韵母有别和韵母、声调有别两种。在所发现的 6 个新老派音节有别的单字中，"荣、容、宿住~、~舍、缚、横~竖" 5 个字老派读音符合规律，"畜~牲" 字老派读音不合规律，这 6 个字新派读音均不合规律。

伍　儿化音变

凤翔方言有少数儿化词和儿尾词。儿尾与前字结合较紧，间隔较短。儿化词大都是名词。就目前调查所得语料看，凤翔方言 34 个韵母中，仅 i u ie uo yo ɔ iɔ ei əu uəi æ iæ əŋ iŋ uŋ yŋ 等 16 个韵母可以儿化，i u ie uo yo ɔ iɔ ei əu uəi æ iæ əŋ 等 13 个韵母儿化时都是最后一个音素直接轻微卷舌；uŋ yŋ 两个韵母儿化时丢掉韵尾，韵腹鼻化后轻微卷舌；iŋ 韵母儿化分两类，一类丢掉韵尾，加上鼻化成分 ə̃ 之后再轻微卷舌，一类与 ie 的儿化韵相同，共有 16 个儿化韵。这 16 个韵母和儿化韵的对应关系见表 19-4。

表 19-4　凤翔方言儿化韵与基本韵母对应表

儿化韵	基本韵母	例　词
ir	i	毛栗儿栗子　猪蹄儿猪蹄，当菜的
ur	u	裤儿裤子　半截裤儿短裤，外穿的
ier	ie	蝴蝶儿
	iŋ	明儿个
uor	uo	歌儿　糜面饦儿黄米面做的饼 大伙儿　银杏果儿白果
yor	yo	勺勺儿勺子
ɔr	ɔ	枣儿　豆腐脑儿
iɔr	iɔ	鸟儿　口条儿猪舌头
eir	ei	锤锤儿锤子
əur	əu	后儿后天　外后儿大后天
iəur	iəu	酱油儿
ær	æ	一半儿
iær	iæ	前儿个前天　上前儿个大前天

续表

儿化韵	基本韵母	例　词
uæ̃r	uæ̃	饭馆儿
ə̃r	əŋ	杏儿　盆盆儿
iə̃r	iŋ	今儿今天　镜儿　一劲儿
ũr	uŋ	冰棍儿

凤翔方言的小称有"子"尾和重叠两种语法形式，重叠词占主体，"子"尾词和重叠词并非都表示小称，它们中只有部分词表示小称义。如：刀子=刀刀，棍棍棍子，碗碗小碗，锅锅小锅，绳绳细绳子。少数重叠词后字会发生儿化，如：锤锤儿锤子，盆盆儿小盆子。"子"尾词和重叠词中各语素的声母、韵母（发生儿化的重叠词除外）没有变化，仅声调发生变化，声调的变化规则见表19-1。

陆　其他主要音变

凤翔方言人称代词、亲属称谓词存在明显的声调类化现象。三身代词"我、你、他"同为上声调，"他"受"我、你"的类化作用读为上声调。大部分单音节亲属称谓词的呼称、叙称分别类化为阳平调、去声调，阳平调对单字的读音影响较大，已固化为部分单字的声调，如"哥"单字调为阳平。

有些词语，主要是虚词，读轻声，具体调值依前字而定。如：些 sie⁰ 时候：吃饭~，俩 lia⁰ 我吃了两个~，[个一] 下 ka⁰（动量词）打~。

三字组中后两个字也存在读轻声的现象，共形成 4 种连读变调模式：31+21+1（如：新媳妇 siŋ³¹si²¹fu¹）、53+21+1（如：星期天 siŋ⁵³tɕʰi²¹tsʰiæ¹）、44+21+1（如：日头爷 ər⁴⁴tʰəu²¹ie¹太阳）、45+32+21（如：夜蝙蝠 ie⁴⁵pie³²fu²¹蝙蝠）。轻声标作 0，这 4 种连读变调模式即 31+0+0、53+0+0、44+0+0、45+0+0。

凤翔方言的少数后字与前字发生合音，一般使得前字的韵腹变为长元音，声调时值变长，相当一部分声调变为曲折调，整个音节延长，时长有普通音节一个半的长度，我们将这类音变现象称作"音节延长"。具体表现为，ɿ ʅ i u y ɚ a ia ua ɛ uɛ ie ye ʅɔ o uo yo ɔ ci ei uei əu iəu æ̃ uæ̃ yæ̃ uɐ̃ neɐ̃ 等 27 个韵母变为 ɿː ʅː iː uː yː ɚː aː iaː uaː ɛː uɛː ieː yeː ʅɔː oː uoː yoː ɔː cɔː eːi ueːi əːu iəːu æ̃ː uæ̃ː yæ̃ː；ɑŋ iɑŋ uɑŋ əŋ uŋ 等 5 个韵母的韵腹鼻化后拉长，即ɑ̃ːŋ iɑ̃ːŋ uɑ̃ːŋ ə̃ːŋ ũːŋ；iŋ yŋ 2 个韵母分别在 i y 后加上拉长的鼻化韵 ə̃ː，即 iə̃ːŋ yə̃ːŋ。声调依合音前的两字组连读变调而定，分为四类。（1）前字阴平，两字组连读变调为 31+0 时，音节延长后前字变调为 311，如：拉了 la³¹liɔ⁰→laː³¹¹点啥，飞了 fei³¹liɔ⁰→feːi³¹¹一个多小时；

两字组连读变调为 53+0 时，音节延长后前字变调为 533，如：天爷 tsʰiæ⁵³ie⁰天气→tsʰiæːˑ⁵³³，锅里 kuo⁵³li⁰→kuoː⁵³³。（2）前字阳平，两字组连读变调为 31+53，音节延长后前字恢复为单字调 24，且 24 调的时值变长，如：拿的 la³¹tsi⁵³→laː²⁴啥，调上 tsʰiɔ³¹ ʂɑŋ⁵³→tsʰiɔː²⁴吃拌着吃。（3）前字上声，两字组连读变调为 44+0 时，音节延长后前字大部分变调为 533，如：走着 tsəu⁴⁴tʂɔ⁰→tsəːu⁵³³哩，给我扯上 tsʰʅə⁴⁴ʂɑŋ⁰→tsʰʅəː⁵³³一尺布，少部分变调为 442，如：作业正写着 sie⁴⁴tʂɔ⁰→sieː⁴⁴²哩；两字组连读变调为 31+0（实际调值为 21）时，音节延长后前字变调为 311，如：买了 mɛ³¹liɔ⁰→mɛː³¹¹两个。（4）前字去声，两字组连读变调为 45+0，音节延长后前字大部分恢复为单字调 44，且 44 调的时值变长，如：院里 yæ⁴⁵li⁰→yæː⁴⁴，妗子 tɕiŋ⁴⁵tsʅ⁰舅母→tɕiəːŋ⁴⁴，少部分变调为 454，如：夜来 ie⁴⁵lɛ⁰昨天→ieː⁴⁵⁴。

另一个是地名音变，地名中的"家 tɕia³¹"往往脱落声母，韵母变为 a，如乡镇名：董家河 tuŋ⁵³a⁰xuo²⁴，石家营 ʂʅ³¹a⁵³iŋ²⁴，范家寨 fæ⁴⁵a⁰tsɛ⁴⁴，尹家务 iŋ⁵³a⁰vu⁴⁴，崔家头 tsʰuei⁵³a⁰tʰəu⁰；村庄名：谭家庄 tʰæ̃³¹a⁵³tʂɑŋ⁵³，沙家巷 sa⁵³a⁰xɑŋ⁴⁴，杨家场 iɑŋ³¹a⁵³tʂɑŋ²⁴，周家门前 tʂou⁵³a⁰məŋ³¹tsʰiæ⁵³，翟家寺 tsei³¹a⁵³sʅ⁴⁴。有些地名中的"家"直接脱落，被前一个音节吞没，前一个音节发生延长，如乡镇名：范家寨 fæː⁴⁴tsɛ⁴⁴，田家庄 tsʰiæː²⁴tʂɑŋ³¹。

第二十节 千阳方音

调查人 张永哲

壹 概 况

一、调查点

千阳县隶属于陕西省宝鸡市，位于陕西西部，在东经106°56′15″~107°22′31″、北纬34°33′34″~34°56′56″之间。北靠甘肃省灵台县，南邻陈仓区，东与凤翔、麟游县毗邻，西同陇县接壤。总面积996.46平方公里。下辖城关、南寨、崔家头、张家塬、水沟、草碧、高崖7镇，共97个行政村。总人口13.46万（2016年户籍人口），主要是汉族。县人民政府驻城关镇。

千阳方言属于中原官话秦陇片。千阳大部分地区口音基本一致，西部水沟镇水沟村以西、草碧镇屈家湾四组属于陈仓区口音，人口约4000人。

千阳有两种地方戏，一是秦腔，二是灯盏头碗碗腔。秦腔有专门的演出单位千阳县人民剧团，频繁演出于全县各地，另民间也有二三十个戏班在进行日常演出，秦腔传承良好。灯盏头碗碗腔是本地土生土长的地方剧种，常以皮影戏形式演出，为省级非物质文化遗产，除日常演出排练外，县文化馆还建有传习所，培养年轻的传承人。20世纪六七十年代起，本县开始流行关中道情、快板、相声、三句半等曲艺，现在除关中道情外，这些曲艺仍有演出，但无专门的组织单位，多通过民间自发的娱乐活动进行传承。

二、方言发音人

老男：张启瑞，1957年11月出生，千阳人，初中文化，农民。会说千阳方言城关话、普通话，平时主要说千阳城关话。1957年出生，至1965年一直在千川村生活；1965年至1970年在华严寺小学读书；1970年至1972年在千川五七学校读中学；1972年至今，一直在家务农。父母、配偶都是千阳人，只会说千阳方言。

青男：李彦龙，1987年3月出生，千阳人，初中文化，个体户。会说千阳方言城关话、普通话，平时主要说千阳城关话。1987年出生，至1994年一直在段坊村生活；1994年至2000年在段坊小学读书；2000年至2003年在城关中学读书；2003年至2004年在宝鸡市金台区陕西省中北专修学院电气焊专业学习；2005年至今，往返于千阳宝鸡之间，从事劳务工作。父母、配偶都是千阳人，只会说千阳方言。

口头文化发音人1：张启瑞，老男。

贰　声韵调

一、老男音系

1. 声母28个，包括零声母在内

p	八兵病	pʰ	派片爬	m	麦明	f	飞风肥饭副蜂	v	味问温王
t	多东	tʰ	讨毒					l	老蓝连路脑南
ts	资早租酒字贼争纸	tsʰ	刺草寸清坐全天甜抄茶拆祠			s	丝三酸想山谢事		
tʂ	张	tʂʰ	车城抽			ʂ	手十	ʐ	热
tʃ	主竹柱装	tʃʰ	柱春初床			ʃ	书双船顺	ʒ	软
tɕ	九	tɕʰ	轻权	ȵ	年泥	ɕ	响县		
k	高共	kʰ	开	ŋ	熬安	x	好灰活		
ø	用药云月								

说明：

（1）pʰ送气强烈，pʰ tʰ kʰ与E韵母相拼时带有χ的色彩。

（2）pʰ与o u韵母相拼时上齿与下唇发生摩擦，音值为pfʰ；m与o u韵母相拼时上齿与下唇轻度摩擦，音值为mᵛ。

（3）v上齿与下唇有时摩擦较轻，音值接近ʋ。

（4）tʃ tʃʰ ʃ ʒ只与开口呼韵母相拼。tʃ tʃʰ发音时，舌尖抵住下齿龈，舌叶略微抬高，气流冲破阻碍摩擦成声，双唇略向外翻，有时圆唇，有时不圆唇，tʃ气流较弱，tʃʰ气流较强。ʃ发音时，舌尖与下齿龈形成窄缝，舌叶略微抬高，气流从窄缝中摩擦成声，双唇略向外翻，有时圆唇，有时不圆唇。

（5）发tɕ tɕʰ ɕ时，舌头的位置比较靠后。

2. 韵母34个，不包括儿化韵

ɿ	师丝试	i	戏米急七一	u	苦五谷骨	y	雨绿局橘
ʅ	猪十出直尺						
ər	二						
a	茶瓦塔法辣八	ia	牙鸭	ua	刮		
o	磨破佛			uo	歌坐过托郭活盒壳	yo	药学壳

续表

ə	热	ie	节接贴写鞋			ye	月靴
E	开排鞋			uE	快		
ɔ	宝饱	iɔ	笑桥				
ei	飞赔北色白			uei	鬼对国		
ou	豆走	iou	油六绿				
æ	山半南	iæ	年盐	uæ	短官	yæ	权
ɑŋ	糖床王双	iɑŋ	响讲	uɑŋ	光黄筐狂		
əŋ	根春争灯升深	iŋ	硬病星新心	uŋ	寸滚东横	yŋ	云用兄

说明：

（1）u y 无论作韵腹还是作介音，圆唇度都不高，u 与 ts tsʰ s 相拼时，实际音值为 ɿ，且唇形较展。

（2）ɿ 只与 tʂ tʂʰ ʂ ʐ 和 tʃ tʃʰ ʃ ʒ 这两组声母相拼，这两组声母的摩擦成分会不同程度地得到持续，使 ɿ 也带有摩擦。ɿ 与 tʂ tʂʰ ʂ ʐ 拼合时摩擦较弱，tʃ tʃʰ ʃ ʒ 后接 ɿ 时，摩擦一直持续到音节的结束。韵母与声母发摩擦声时的舌位一致，韵母的实际音值为舌叶元音，在国际音标表中找不到合适的音标符号，听感上与 ɿ 比较接近，故用 ɿ 记之。

（3）ər 的卷舌度较高。

（4）a ia ua 中的 a 实际音值为 ʌ。

（5）E uE 中的 E 实际音值舌位较低，但舌位未低到 ɛ，且 E uE 收尾时有轻微动程。

（6）ie ye 韵中 i y 舌位靠后，分别接近 ɨ ʉ。

（7）ə 韵前有较弱的介音 ɿ。

（8）uo yo 韵的 o 圆唇度不高，且舌位较低，音值接近 ʌ。

（9）ɔ iɔ 韵中的 ɔ 唇形较展，舌位较高，实际发音比标准开口度略小。

（10）ɑŋ iɑŋ uɑŋ 韵尾的实际音值为 ɣ̃，且韵尾较松。

（11）əŋ iŋ uŋ yŋ 韵尾的实际音值为 ɲ。

3. 单字调 4 个

阴平 31	东该灯风通开天春谷百搭节哭拍塔切刻六麦叶月
阳平 24	门龙牛油铜皮糖红毒白盒罚急
上声 53	懂古鬼九统苦讨草买老五有
去声 44	冻怪半四痛快寸去卖路硬乱洞地饭树动罪近后

二、青男音系

1. 声母 24 个，包括零声母

p	八兵病	pʰ	派片爬	m	麦明	f	飞风肥饭副蜂	v	味问温王
t	多东	tʰ	讨毒					l	老蓝连路脑南
ts	资早租字贼争纸	tsʰ	刺草寸坐全抄茶拆祠			s	丝三酸山事		
tʂ	张竹柱装主	tʂʰ	车春柱城船抽床初			ʂ	手书顺十双	ʐ	热软
tɕ	九酒	tɕʰ	轻权天甜清全	ɲ	年泥	ɕ	响想县谢		
k	高共	kʰ	开			ŋ	熬安	x	好灰活
ø	用药云月								

2. 韵母 33 个，不包括儿化韵

ɿ	师丝试	i	戏米急七一锡	u	苦五谷骨	y	雨绿局橘
ʅ	猪十出直尺						
a	茶瓦塔法辣八	ia	牙鸭	ua	刮		
o	磨破佛			uo	歌坐过托郭活盒壳	yo	药学壳
ə	热	ie	节接贴写鞋			ye	月靴
E	开排鞋			uE	快		
ɔ	宝饱二	iɔ	笑桥				
ei	飞赔北色白			uei	鬼对国		
ou	豆走	iou	油六绿				
æ̃	山半南	iæ̃	年盐	uæ̃	短官	yæ̃	权
ɑŋ	糖床王双	iɑŋ	响讲	uɑŋ	光黄筐狂		
əŋ	根春争横灯升深	iŋ	硬病星新心	uŋ	寸滚东	yŋ	云用兄

3. 单字调 4 个

阴平 31	东该灯风通开天春谷百搭节哭拍塔切刻六麦叶月
阳平 24	门龙牛油铜皮糖红毒白盒罚急
上声 53	懂古鬼九统苦讨草买老五有
去声 44	冻怪半四痛快寸去卖路硬乱洞地饭树动罪近后

叁 连读变调

一、老男连读变调

千阳方言的两字组可以分为后字非轻声两字组和后字轻声两字组两种。

1. 后字非轻声两字组连读

后字非轻声两字组共有 15 种连读变调模式，阴平与阴平连读时，前字变读 24 调，跟"阳平+阴平"连读变调模式相同。其余不变调。后字非轻声两字组连读变调模式见表 20-1。变调用粗体表示，个别例外加"（）"表示。

表 20-1　千阳方言后字非轻声两字组连读变调表

后字 前字	阴平 31	阳平 24	上声 53	去声 44
阴平 31	24+31 山沟 杀猪	31+24 香油 天明	31+53 热水 浇水	31+44 家具 开会
阳平 24	24+31 台风 爬山	24+24 煤油 扬场	24+53 白酒 骑马	24+44 油菜 还账 （31+44）十二
上声 53	53+31 粉笔 满足	53+24 嘴唇 检查	53+53 井水 打水	53+44 手电 写字
去声 44	44+31 认真 喂猪	44+24 大河 放牛	44+53 大米 下雨	44+44 路费 地震

2. 后字轻声两字组连读变调

后字轻声两字组后字不论单字调是什么，有 3 种不同的表现，在阴平、上声后一律读 21 调，阳平后一律读 53 调，去声后一律读 32 调。53 调与上声调值相同，不易区分。"上声+上声"有 31+21 和 31+53 两种连读变调模式，前一种后字为轻声，后一种后字调值与单字调相同，31+53 连读变调模式与前字阳平的两字组连读变调模式相同，后字无论单字调属于哪一类，都统一读 53 调，整个连读变调模式由前字决定，难以将"上声+上声"连读变调模式中的 53 调与非轻声区别，所以此处视为轻声。千阳方言的这类后字，音长不短，音强也不弱，特别是处在阳平字后面时读得比前字还要重。但因为这类后字的调值是由其前字调类决定的，因此，我们把这类字调也归入轻声，其实就是属于词调。后字轻声两字组共有 5 种连读变调模式，此处描写 3 种组合形式的连读变调模式：非叠字组、两字组重叠式名词、双音节子尾词。非叠字组变调规律见表 20-2。

表 20-2　千阳方言非叠字组后字轻声两字组连读变调表

前字＼后字	阴平 31	阳平 24	上声 53	去声 44
阴平 31	31+21 正月 山药 53+21 东西 青蛙	53+21 清明 高粱 （31+21）衣服	31+21 中指 麦草 （44+53）知了	53+21 月亮 干菜
阳平 24	31+53 茶叶 梅花	31+53 石头 明年	31+53 黄酒 棉袄 （24+21）食指	31+53 白菜 黄豆 （24+21）明个
上声 53	44+21 眼睛 母猪	44+21 脸盆 手镯	31+53 水果 赶早 31+21 老虎 草狗 （44+21）耳朵	44+21 水地 柳树
去声 44	45+32 地方 旱烟	45+32 灶房 后年	45+32 露水 裤腿 （31+21）晌午	45+32 愿意 旱地 （44+21）后个

由表 20-2 可知，千阳方言非叠字组的轻声对前字的声调影响很大。前字阴平多变为 53 调，或者不变调，后字变 21 调；前字阳平变为 31 调，后字变 53 调；前字上声多变为 44 调，少数在上声前变为 31 调，后字变 21 调，本调为上声的一部分后字不变调；前字去声变为 45 调，后字变 32 调。共形成 5 种连读变调模式：31+21、53+21、31+53、44+21、45+32。

千阳方言重叠式名词连读变调规律见表 20-3。

表 20-3　千阳方言两字组重叠式名词连读变调表

重叠词的单字调	连读变调模式
阴平字重叠	53+21 叶叶 歌歌 （31+21）亲亲
阳平字重叠	31+53 瓶瓶 勺勺
上声字重叠	44+21 眼眼 爪爪
去声字重叠	45+32 面面 盖盖 （31+53）馍馍

千阳方言双音节子尾词连读变调规律见表 20-4。

表 20-4　千阳方言双音节子尾词连读变调表

子尾词	连读变调模式
阴平+子尾	53+21 叶子 车子
阳平+子尾	31+53 骡子 茄子
上声+子尾	44+21 椅子 锁子
	（31+21）李子
去声+子尾	45+32 袖子 帽子

由表 20-3、表 20-4 可知，两字组重叠式名词和双音节子尾词的连读变调模式一致，凡前字阴平，则为 53+21；前字阳平，则为 31+53；前字上声，则为 44+21；前字去声，则为 45+32，共形成 4 种连读变调模式。

千阳方言两字组中的后字读轻声时有固定的调值和调型，前文分别举例描写。千阳方言的后字轻声两字组连读变调模式可以归纳为表 20-5（本表省略例词）。

表 20-5　千阳方言后字轻声两字组连读变调表

后字＼前字	阴平 31	阳平 24	上声 53	去声 44
阴平 31	31+0	53+0	31+0	53+0
	53+0	(31+0)	(44+0)	
阳平 24	31+0	31+0	31+0	31+0
			(24+0)	(24+0)
上声 53	44+0	44+0	31+0	44+0
			44+0	
去声 44	45+0	45+0	45+0	45+0
			(31+0)	(44+0)
				(31+0)

二、青男连读变调

青男与老男的两字组连读变调规律基本一致，仅个别词语的连调模式不同，如"牛角"（阳平+阴平）、"井水"（上声+上声）老男不变调，分别为 24+31、53+53，青男则均为 31+53，属于后字轻声两字组的连读变调模式；"干菜"（阴平+去声）、"黄酒"（阳平+上声）、"黄豆"（阳平+去声）青男不变调，分别为 31+44、24+53、24+44，老男则分别为 53+21、31+53、31+53，为后字轻声两字组连读变调模式。

肆 异 读

一、声母差异

新派声母 24 个，凡老派读 tʃ tʃʰ ʃ ʒ 声母的字分别归入 tʂ tʂʰ ʂ ʐ 开口呼韵母，其他声母与老派相同。除 v ŋ x 以及零声母之外的 16 个声母的归字发生了规律性的变化。具体表现为以下 5 点。

1. 古全浊声母仄声字，今逢塞音、塞擦音读送气清音的字在减少，好些字新派白读音声母送气，文读音不送气，如：鼻 pʰi²⁴/pi²⁴，碟 tɕʰie²⁴/tie²⁴，件 tɕʰiæ⁴⁴/tɕiæ⁴⁴，撞 tʂʰaŋ⁴⁴/tʂaŋ⁴⁴；个别字有送气和不送气两读，如：局 tɕʰy²⁴/tɕy²⁴；少部分字读不送气音，如：造 tsɔ⁴⁴，镯 tsuo²⁴。

2. 古精组字，在齐齿呼前读 tɕ tɕʰ ɕ，与见晓组字合流。如：焦=交 tɕiɔ³¹，签=谦 tɕʰiæ³¹，想=享 ɕiɑŋ⁵³。

3. 古透母字和今送气的定母字，在齐齿呼前读 tɕʰ，与精组齐齿呼字一起汇入见组。如：梯=妻=期 tɕʰi³¹，田=钱=钳 tɕʰiæ²⁴，听=清=轻 tɕʰiŋ³¹。

4. 知庄章三组字，今读声母分为两套：古知组开口二等（江摄舒声除外）、庄组开口（江摄舒声和宕摄除外），章组止摄开口和宕摄入声字今读 ts tsʰ s，其他字今读 tʂ tʂʰ ʂ。如：知=猪 tʂʅ³¹，吃=出 tʂʰʅ³¹，失=书 ʂʅ³¹，张=装 tʂaŋ³¹，陈=纯 tʂʰəŋ²⁴。

5. 日母字，今读声母分为两套：止摄开口字读零声母，其他字读 ʐ。如：冉=软 ʐæ⁵³，认=闰 ʐəŋ⁴⁴，日=入 ʐʅ³¹。

二、韵母差异

新派韵母数为 33 个，比老派少了个 ər，其他韵母与老派相同。除 ɔ uei ei uæ yæ 5 个韵母的归字发生规律性的变化外，其他韵母的归字新老派高度一致。差异表现在以下三个方面。

1. 凡老派读 ər 韵的字，新派读 ɔ。如：儿 ɔ²⁴，耳 ɔ⁵³，二 ɔ⁴⁴。这类字属止摄开口日母，新派韵母归入效摄。不过，新派女性仍读 ər，与老派一致。

2. 蟹摄合口一等、止摄合口三等泥来母字，老派读合口韵 uei，符合规律，新派读开口韵 ei，同普通话。如：雷 lei²⁴，内 lei⁴⁴，类 lei⁵³，泪 lei⁴⁴。

3. 山摄三等从心邪母合口舒声字，今介音分化为两类，一类同老派，介音为 u，声母为

tsʰ s，如：全 tsʰuæ²⁴，旋 suæ²⁴~风；一类同普通话，介音为 y，声母为 tɕʰ ɕ，如：全 tɕʰyæ²⁴，选 ɕyæ⁵³。

三、声调差异

千阳新、老派的调类、调值相同，古今声调演变规律高度一致，新派 96% 以上的单字声调与老派相同，只有极少数字的声调与老派不同，即个别字的声调归属发生了改变。在所发现的 26 个新、老派声调有别的单字中，古入声字的差异最大，有 13 个，占到一半，古平声、去声字较少，各有 5 个，古上声字最少，有 3 个。

四、音节差异

个别字音千阳新派发生了变化，新、老派之间难以对应。凡单字声、韵、调三者中有两个不能对应就视为音节不同。新、老派音节的差异主要表现为声、韵母有别和韵母、声调有别两种。在所发现的 11 个新、老派音节有别的单字中，"荣、容、宿住~、~舍、握、缚、或、做、横~竖、侧" 9 个字老派读音符合规律，"畜~牲、粥" 2 个字新、老派读音均不合规律，新派除 "做" 外，读音不合规律。

伍　儿化音变

千阳方言基本没有儿化词或儿尾词，目前仅调查到四例儿化词：大伙儿 ta⁴⁴xuor⁵³，大家伙儿 ta⁴⁵tɕia⁰xuor⁵³，娃娃伙儿 va³¹va⁰xuor⁵³孩子们，个儿 kuor⁵³自己。这 4 个儿化词都是 "伙" 字发生儿化，儿化音的发法是韵腹 o 后直接卷舌。

千阳方言的小称有 "子" 尾和重叠两种语法形式，"子" 尾词和重叠词并非都表示小称，它们中只有部分词表示小称义。如：刀子=刀刀、棍子=棍棍、凳凳小凳子、碗碗小碗、锅锅小锅、镜镜小镜子。"子" 尾词和重叠词中各语素的声母、韵母没有变化，仅声调发生变化，声调的变化规则见两字组连读变调规律。

陆　其他主要音变

千阳方言人称代词、亲属称谓词存在明显的声调类化现象。三身代词 "我、你、他" 同为上声调，"他" 受 "我、你" 的类化作用读为上声调。大部分单音节亲属称谓词的呼称、叙称分别类化为阳平调、去声调，阳平调对单字的读音影响尤为显著，也已固化为部分单字的声调，如 "哥、姐" 单字调为阳平。

有些词语，主要是虚词，读轻声，具体调值依前字而定。如：会 xuei⁰时候：吃饭~、也 a⁰我~去、[个一] 下 kei⁰xa⁰（动量词）：打~。

三字组中后两个字也存在读轻声的现象，共形成5种连读变调模式：31＋21＋1（如：新媳妇 siŋ³¹si²¹fu¹）、53＋21＋1（如：星期天 siŋ⁵³tɕʰi²¹tsʰiæ¹）、31＋53＋21（如：尝给下 ʂaŋ³¹kei⁵³xa²¹尝一下）、44＋21＋1（如：小拇指 siɔ⁴⁴mu²¹tsʅ¹）、45＋32＋21（如：大拇指 ta⁴⁵mu³²tsʅ²¹）。轻声标作0，这5种连读变调模式即31＋0＋0、53＋0＋0、31＋0＋0、44＋0＋0、45＋0＋0。

千阳方言的轻声会与前字发生合音，一般使得前字的韵腹变为长元音，声调变为曲折调，整个音节延长，时长有普通音节一个半的长度。具体表现为，ʅ ɿ i u y ər a ia ua ɛ uɛ ie ye ə o ou yo ɔ iɔ ei uei ou iou æ iæ uæ yæ 等27个韵母变为ʅː ɿː iː uː yː ərː aː iaː uaː ɛː uɛː ieː yeː əː oː ouː yoː ɔː iɔː eiː ueiː ouː iouː æː iæː uæː yæː；aŋ iaŋ uaŋ əŋ uŋ yŋ 等7个韵母的韵腹鼻化后拉长，即ãːŋ iãːŋ uãːŋ ə̃ːŋ ĩːŋ ũːŋ ỹːŋ。声调依合音前的两字组连读变调而定，分为五类。（1）前字阴平，两字组连读变调为31＋0时，音节延长后前字变调为311，如：今个 tɕiŋ³¹kɔ⁰今天→tɕĩːŋ³¹¹、飞了 fei³¹liɔ⁰→feiː³¹¹一个多小时；两字组连读变调为53＋0时，音节延长后前字变调为533，如：天爷 tsʰiæ⁵³ie⁰天气→tsʰiæː⁵³³、锅里 kuo⁵³li⁰→kuoː⁵³³。（2）前字阳平，两字组连读变调为31＋0，音节延长后前字变调为253，如：皮子 pʰi³¹tsʅ⁰→pʰiː²⁵³、黄瓜调上 tsʰiɔ³¹ʂaŋ⁰→tsʰiɔː²⁵³好吃。（3）前字上声，两字组连读变调为44＋0时，音节延长后前字大部分变调为533，如：走着 tsou⁴⁴tʂɔ⁰→tsoːu⁵³³哩、给我扯上 tʂʰə⁴⁴ʂaŋ⁰→tʂʰəː⁵³³一尺布，少部分变调为442，如：往他脸上 liæ⁴⁴ʂaŋ⁰→liæː⁴⁴²唾；两字组连读变调为31＋0（实际调值为21）时，音节延长后前字变调为311，如："买了 mɛ³¹liɔ⁰→mɛː³¹¹两个。（4）前字去声，两字组连读变调为45＋0，音节延长后前字变调为455，如：后个 xou⁴⁵kɔ⁰后天→xoːu⁴⁵⁵、帽子 mɔ⁴⁵tsʅ⁰→mɔː⁴⁵⁵。

另一个是地名音变，地名中的"家 tɕia³¹"往往脱落声母，韵母变为æ，如乡镇名：冯家山 fəŋ³¹æ⁰sæ³¹，寇家河 kʰou⁴⁵æ⁰xuo²⁴，张家塬 tʂaŋ⁵³æ⁰yæ²⁴崔家头 tsʰuei⁵³æ⁰tʰou⁰；村庄名：史家坪 sʅ⁵³æ⁰pʰiŋ⁰。有些地名中的"家"直接脱落，被前一个音节吞没，前一个音节发生延长，如乡镇名：沙家坳 saː⁵³³ȵiɔ⁵³，村庄名：马家岭 maː⁵³³liŋ⁵³，马家河 maː⁵³³xuo²⁴。

本部分青男大部分音变规律同老男。与老男不同的是，地名中的"家 tɕia³¹"声母和介音往往都脱落，仅剩韵腹a，如乡镇名：冯家山 fəŋ³¹a⁰sæ³¹，寇家河 kʰou⁴⁵a⁰xuo²⁴，张家塬 tʂaŋ⁵³a⁰yæ²⁴，崔家头 tsʰuei⁵³a⁰tʰou⁰。

第二十一节 西安方音

调查人 韩承红

壹 概况

一、调查点

西安是陕西省省会，地处关中平原中部。在东经 107°40′~109°49′、北纬 33°42′~34°44′之间。本次调查点为西安城区。据《西安年鉴》（2017）的统计，截至 2016 年年末，西安市常住人口 883.21 万人，其中西安城区人口 483.16 万，汉族占 98.85%，在 20 多个少数民族中，回族占 75.28%。

西安方言属中原官话关中片。西安城区方言指西安行政区划中的"城六区"，即新城、碑林、莲湖、雁塔、灞桥、未央六区，本次调查以莲湖区城墙内汉族话为代表。

西安方言在城区和郊区、城区内的不同区域均有一定差异，郊区方言受周边郊县方言影响，城内的河南方言、回民汉语方言有一定影响，河南方言主要集中分布在东大街、北大街、北关等区域，主要来源于历史上的移民。回民汉语方言集中在城内西北角。西安方言近年来变化较快，尤其受普通话影响较大。

方言曲艺或地方戏种类和使用。（1）西安鼓乐：西安汉族民间传统音乐形式，被联合国教科文组织列入人类非物质文化遗产代表名录，被誉为"中国音乐活化石"。起源于隋唐，流传至今，现存曲目 3000 多首，保存了 9 世纪以来的唐宋大曲、念词、戏曲曲艺、民间小调等，其中的"念词""歌章""鼓扎子"等是用西安方言演唱的。（2）陕西快板：是板诵体的民间曲艺形式，以关中方言为标准语言，有单口、对口、群口等形式。节奏明快，乡音醇厚，高亢激昂，风趣幽默，民众喜闻乐见。2011 年，陕西快板被列入陕西省非物质文化遗产名录。

二、方言发音人

老男：王永成，1957 年 8 月出生，西安人，大专文化，干部。会说西安方言、普通话，平时主要说西安方言。1957 年至 1964 年出生并生活在西安市莲湖区北夏家什字；1964 年至 1969 年在西安市莲湖区夏家十字小学上学；1969 年至 1974 年在西安市第九十一中学上学；1974 年至 1981 年在陕西省扶风县黄埔乡下乡；1981 年至 1996 年在西安工商银行工作；1996 年至 2017 年在华夏证券西安南大街营业部工作。父母都是西安人，只会说西安方言；配偶是西安人，会说西安方言、普通话。

青男：郭鹏，1982年11月出生，西安人，大专文化，工程师。会说西安方言、普通话，平时主要说西安方言、普通话。1982年至1989年出生并生活在西安市莲湖区西梆子市街；1989年至1995年在西安市莲湖区菜坑岸小学上学；1995年至1998年在西安市第九十一中学上学（初中）；1998年至2002年在西安市第九十一中学上学（高中）；2002年至2005年在西安电子高等专科学校上学；2005年至2017年在陕西红方信息科技发展有限公司工作。父母都是西安人，只会说西安方言；配偶是西安人，会说西安方言、普通话。

口头文化发音人1：范章，男，1964年5月出生，西安人，大学本科，工程师。

口头文化发音人2：荆凝闺，女，1963年2月出生，西安人，大专文化，工人。

口头文化发音人3：杨丽珍，女，1963年4月出生，西安人，大学本科，教师。

口头文化发音人4：杨锦龙，男，1976年5月出生，西安人，大专文化，演员。

口头文化发音人5：任兴中，男，1944年11月出生，西安人，高中文化，工人。

贰　声韵调

一、老男音系

1. 声母27个，包括零声母在内

p	八兵病	p^h	派片爬	m	麦明				
pf	竹柱装主	pf^h	初床春船			f	飞风副蜂肥饭双顺书	v	味问软
t	多东毒	t^h	讨天甜	n	脑南			l	老蓝连路
ts	资早租字贼坐争纸	ts^h	刺草寸祠全拆茶抄			s	丝三酸事山		
tʂ	张	$tʂ^h$	抽车城			ʂ	手十	ʐ	热
tɕ	酒九	$tɕ^h$	清全轻权	ȵ	年泥	ɕ	想谢响县		
k	高共	k^h	开	ŋ	熬安	x	好灰活		
∅	月温王云用药								

说明：

(1) t^h与齐齿呼韵母拼合时发音有颚化色彩。

(2) tʂ声母的塞音比较重。

2. 韵母 40 个，不包括儿化韵

ɿ	师丝试	i	米戏急七一锡	u	苦五猪骨出谷	y	雨橘局
ʅ	十直尺						
ər	二						
a	茶塔法辣八	ia	牙鸭	ua	瓦刮		
ɤ	歌热壳	iɛ	写接贴节			yɛ	靴月
o	剥泼末弱			uo	坐过盒活托郭	yo	药学
ɯ	胳咳核						
ai	开排鞋			uai	快		
ei	赔飞北色白			uei	对鬼国		
au	宝饱	iau	笑桥				
ou	豆走	iou	油六绿				
ã	南山半	iã	盐年	uã	短官	yã	权
ən	深根春	in	心新	uən	寸滚	yən	云
aŋ	糖床双	iaŋ	响讲	uaŋ	王		
əŋ	灯升争横	iəŋ	硬病星				
oŋ	东			uoŋ	翁	yoŋ	兄用

说明：

(1) u 在零声母音节中带有摩擦色彩。

(2) a 在 au iau aŋ iaŋ uaŋ 韵母中舌位偏后，介于 a 和 ɑ 中间。

(3) iɛ 中的 ɛ 舌位略高，音值接近 ᴇ。

(4) 复韵母 ai 中 i 未到终点，接近 e；ai 逢阳平音节时动程最明显。

(5) au 和 iau 韵尾舌位略低。

(6) ã 组韵母略带 n 鼻尾。

(7) ən 组韵母略有鼻化色彩。

3. 单字调 4 个

阴平 21	东该灯风通开天春谷百搭节哭拍塔切刻六麦叶月
阳平 24	门龙牛油铜皮糖红急毒白盒罚
上声 53	懂古鬼九统苦讨草买老五有
去声 44	动罪近后冻怪半四痛快寸去卖路硬乱洞地饭树

说明：

（1）阴平调下降前略微拖延，实际调值为221。
（2）阳平调上升前略带平伸，调值为224。
（3）上声调字音末带有喉头紧张成分。
（4）去声调有时微升，读为高升调45。

二、青男音系

1. 声母27个，包括零声母

p	八兵病	pʰ	派片爬	m	麦明				
pf	竹柱装主	pfʰ	初床春船			f	飞风副蜂肥饭双顺书	v	味问软
t	多东毒	tʰ	讨天甜	n	脑南			l	老蓝连路
ts	资早租字贼坐争纸	tsʰ	刺草寸祠拆茶抄			s	丝三酸事山		
tʂ	张	tʂʰ	抽车城			ʂ	手十	ʐ	热
tɕ	酒九	tɕʰ	清全轻权	ȵ	年泥	ɕ	谢响县		
k	高共	kʰ	开	ŋ	熬安	x	好灰活		
∅	月温王云用药								

2. 韵母39个，不包括儿化韵

ɿ	师丝试	i	米戏急七一锡	u	苦五猪骨出谷	y	雨橘绿局
ʅ	十直尺						
ər	二						
a	茶塔法辣八	ia	牙鸭	ua	瓦刮		
ɤ	歌热壳	iɛ	写接贴节			yɛ	靴月学
o	剥桌镯破			uo	坐过盒活托郭国	yo	药
ɯ	胳疙核						
ai	开排鞋			uai	快		
ei	赔飞北色白			uei	对鬼国		
au	宝饱	iau	笑桥				

续表

ou	豆走	iou	油六绿				
ã	南山半	iã	盐年	uã	短官	yã	权
ən	深根春	in	心新	uən	寸滚	yən	云
aŋ	糖床双	iaŋ	响讲	uaŋ	王		
əŋ	灯升争横翁	ieŋ	硬病星				
oŋ	东					yoŋ	兄用

3. 单字调 4 个

阴平 21	东该灯风通开天春谷百搭节哭拍塔切刻六麦叶月
阳平 24	门龙牛油铜皮糖红急毒白盒罚
上声 53	懂古鬼九统苦讨草买老五有
去声 44	动罪近后冻怪半四痛快寸去卖路硬乱洞地饭树

叁　连读变调

一、非叠字和非轻声两字组连读变调

西安方言两字组连读变调规律见下表，变调用加粗表示。

表 21-1　西安方言老男两字组连读变调规律表

后字 前字	阴平 21	阳平 24	上声 53	去声 44
阴平 21	21+21 正月 资格 **24**+21 录音 飞机	21+24 木材 开门	21+53 辛苦 喝水	21+44 立夏 切菜
阳平 24	24+21 读书 名额	24+24 食堂 拔牙	24+53 门口 骑马	24+44 杂技 植树
上声 53	53+21 火车 粉笔	53+24 好人 解毒	53+53 省长 稿纸 **21**+53 小米 水果	53+44 马路 买菜
去声 44	44+21 汽车 犯法	44+24 证明 上学	44+53 大雨 报纸	44+44 看戏 大树

如上表所示，西安方言的两字组共有 18 种连调模式，其中 2 组前字变调，后字不变调。第一种变调是两个阴平相连，第一个调值由 21 变成 24，第二种变调是两个上声相连，第一个上声调值由 53 变成 21。

二、轻声

西安方言轻声词数量较多，轻声音节的调值近乎低而略短的 21。如果连续出现两个轻声音节，则第二个轻声音节更弱更短，如："猪娃子㞢崽"中的后两个音节都为轻声。非叠字组变读轻声的声调条件见下表。

表 21-2　西安方言老男非叠字组轻声变调表

前字＼后字	阴平 21	阳平 24	上声 53	去声 44
阴平 21	21+0 医生 先生 24+0 当中 花生	21+0 中学 日头	21+0 月饼 宽展	21+0 菠菜 鸡蛋
阳平 24	24+0 农村 蘑菇	24+0 和平	24+0 苹果 朋友	24+0 毛病 白菜
上声 53	53+0 打发 本家	53+0 小学 老实	53+0 广播 鼓手 21+0 晌午 稻草	53+0 韭菜 五个
去声 44	44+0 地方 办法	44+0 涝池 化学	44+0 道理 户口	44+0 厉害 性命

上表中可见，后字轻声对前字声调产生影响。主要有两种情况：第一种，部分前字为阴平，后字原调也是阴平的词语，后字变为轻声后，前字调值由 21 变成 24；第二种，部分前字为上声 53 调，后字原调也是上声 53 调的，后字变为轻声后，前字调值变成 21，即 21+21 变读 24+0，53+53 变读 21+0。

肆　异　读

一、文白异读

1. 匣母开口二等字，白读音读 x，文读音为 ɕ。如：下 $\underline{xa}^{44}$/$\underline{ɕia}^{44}$。
2. 果摄开口一等定母字，白读音为 uo，文读音为 a。如：大 $\underline{tuo}^{44}$/$\underline{ta}^{44}$。

二、新老异读

西安方言的新老异读主要表现声、韵、调三个方面。

1. 新老派虽然都有 v 声母，但是二者存在差异，具体表现在：老派读 v，新派读零声母，如：晚 $vã^{53}$/$uã^{53}$，问 $vən^{44}$/$uən^{44}$；老派读零声母，新派读 v，如：武 u^{53}/vu^{53}。

2. 老派 uoŋ 韵，新派读为 əŋ。如：翁 uoŋ²¹/vəŋ²¹。

3. 部分老派读 ou 的字，新派读 u。如：赌 tou⁵³/tu⁵³，图 tʰou²⁴/tʰu²⁴，路 lou⁴⁴/lu⁴⁴，族 tsou²⁴/tsu²⁴。

4. 老派、新派在调类和调值上基本一致，但是有少数字存在差异。例如：

例 字	老 派	新 派
鲜	上声 53	阴平 21
吉	阴平 21	阳平 24
霍	阴平 21	去声 44
益	阴平 21	去声 44
停	阳平 24	去声 44
历	去声 44	阴平 21
烛	阳平 24	阴平 21
属	阳平 24	上声 53

5. 老派只有一读，但是新派增加文读音。例如：

例 字	老 派	新 派
国	kuei²¹	kuei²¹/kuo²¹
叔	fu²¹	fu²¹/sou²⁴
绿	liou²¹	liou²¹/ly²¹

6. 老派有文白异读，但是新派只有文读音。例如：

例 字	老 派	新 派
大	tuo⁵⁵/ta⁴⁴	ta⁴⁴
扁	pia⁵³/piã⁵³	piã⁵³

伍　儿化音变

一、儿化韵

西安方言有 15 个儿化韵。西安方言的 40 个韵母，除 ər ɯ 外都有儿化韵母。具体见表 21-3。

表 21-3　西安方言儿化韵表

儿化韵	基本韵母	例　词
ɐr	a	下巴儿　麻麻儿黑
	au	枣儿　棉袄儿
	ɣ	唱歌儿　推车儿
	o	老婆儿
	ai	盖儿　口袋儿
	ã	对岸儿　门槛儿
iɐr	ia	痂痂儿
	iau	粉条儿
	iɛ	蝴蝶儿　有些儿
	iã	边边儿　中间儿
uɐr	ua	荷花儿　娃娃书儿
	uai	拐拐儿拐杖　一块儿
	uã	罐罐儿
yɐr	yo	角角儿　勺勺儿
	yã	花卷儿　馅儿
ər	ei	白儿白天　球拍儿
	ou	时候儿　东头儿
	ən	凉粉儿　大门儿
	ɿ	瓜子儿　肉丝儿
	ʅ	三十儿　侄儿
iər	i	猪蹄儿　小米儿
	iou	油油儿的
	in	今儿　背心儿
uər	u	媳妇儿　半截裤儿
	uei	一会儿　亲嘴儿
	uo	花骨朵儿　做活儿
	uən	丢盹儿　棍棍儿

续表

儿化韵	基本韵母	例 词
yər	y	蛐蛐儿 穗穗儿
	yɛ	踮踮儿走路不正
	yən	围裙儿
ãr	aŋ	一晌儿 刚刚儿
iãr	iaŋ	秦腔儿
uãr	uaŋ	蛋黄儿 框框儿
ə̃r	əŋ	缝缝儿 双生儿
iə̃r	iəŋ	明儿 星星儿
uə̃r	oŋ	窟窿儿 空空儿
	uoŋ	瓮瓮儿
yə̃r	yoŋ	荣荣儿(人名)

二、儿化变调

西安方言去声儿化后，调值由 44 变读成 53，跟上声调值相同。例如：

后儿 xər⁵³　　馅儿 ɕyɐr⁵³　　对岸儿 tuei⁴⁴ŋɐr⁵³

被儿 piɐr⁵³　　这儿 tʂər⁵³　　味儿 vər⁵³

陆　其他主要音变

一、重叠式名词的变调

西安方言单音节重叠式名词基本都是"AA 儿"和"AA 子"式重叠，重叠后大多有细小和喜爱色彩。"AA 儿"和"AA 子"重叠词变调多数情况下第二音节变读为轻声。例如：

刀刀儿 tau²¹tɐr⁰　　　　　　　刀刀子 tau²¹tau⁰tsʅ⁰

虫虫儿 pfʰəŋ²⁴pfʰə̃r⁰　　　　虫虫子 pfʰəŋ²⁴pfʰəŋ⁰tsʅ⁰

拐拐儿拐杖 kuai⁵³kuɐr⁰　　　拐拐子拐杖 kuai⁵³kuai⁰tsʅ⁰

棍棍儿小棍子 kuən⁴⁴kuər⁰　　棍棍子小棍子 kuən⁴⁴kuən⁰tsʅ⁰

老派的"AA 儿"变调则稍有不同，当单字调是阳平、上声、去声时，也是前字不变，后字变成轻声，而单字是阴平时，第二音节由 21 调变读为 24 调。例如：

刀刀儿 tau²¹tɐr²⁴　　边边儿 piã²¹piɐr²⁴　　角角儿 tɕyo²¹tɕyɐr²⁴

二、形容词重叠的变调

1. 单音节形容词重叠后一般都是"AA 儿的"式，表"比较 A"之意。"AA 儿的"重叠形式除原调为阳平的不变调外，其余都有变调，特点是前字不变调，后字变调。

原调阴平 21，重叠后后一个 A 变阳平 24：

多多儿的 tuo^{21}tuər$^{21-24}$ti^0　　端端儿的直，不打弯儿 tuã^{21}tuɐr$^{21-24}$ti^0

原调阳平 24，重叠后不变调：

肥肥儿的 fei^{24}fər^{24}ti^0　　绵绵儿的 miã^{24}miɐr^{24}ti^0

原调上声 53，重叠后，A 变为阳平 24：

冷冷儿的 ləŋ^{53}lə̃r$^{53-24}$ti^0　　好好儿的 xau^{53}xɐr$^{53-24}$ti^0

原调去声 44，重叠后，A 变成上声 53：

碎碎儿的 suei^{44}suər$^{44-53}$ti^0　　胖胖儿的 pʰaŋ^{44}pʰãr$^{44-53}$ti^0

2. 双音节形容词"AABB"式，四个音节中第一个音节读原调且重读，后三个都变成轻声。语速较慢或表强调时，也可以前面两个音节读原调，后两个变成轻声。例如：

朦朦胧胧 məŋ^{24}məŋ^{0}loŋ^{0}loŋ^0　　体体面面 tʰi^{53}tʰi^{0}miã^{0}miã^0

或是：

朦朦胧胧 məŋ^{24}məŋ^{24}loŋ^{0}loŋ^0　　体体面面 tʰi^{53}tʰi^{53}miã^{0}miã^0

第二十二节　户县方音

调查人　孙立新

壹　概　况

一、调查点

户县位于陕西省中部，在东经 108°22′~108°46′、北纬 33°46′~34°16′之间。人口为 60.07 万（2016 年户籍人口），主要是汉族。

户县方言属于中原官话关中片，内部大致可分为 3 个片。（1）中心片，包括以县城为中心的甘亭镇、五竹镇、秦渡镇、余下镇、庞光镇、草堂镇、太平镇、大王镇、玉蝉镇、天桥镇、石井镇、涝峪镇等 12 个镇，说的是户县方言。（2）西片，包括甘河镇、祖庵镇、蒋村镇 3 个镇，方言主要特征同周至东乡话。（3）北片，涝店镇、渭丰镇两个镇，为涝（店）渭（丰）话，其特征为古章组入声薛韵字"拙说"的韵母跟户县方言及户县西片话不同。余下镇为户县重要的工业区，除了土著居民说户县方言以外，还有不少人说普通话。户县青年人口语有向普通话靠拢的明显因素，中老年方言特点仍然鲜明。

户县眉户曲子是户县特有的地方曲艺形式，2008 年被列为国家级非物质文化遗产保护项目。户县眉户曲子有史记载的历史，可以追溯到明朝中叶。户县眉户曲子为清曲坐唱，不搭台子，不用化妆，俗称"地摊子"，多在节庆、庙会、红白喜事等场合演唱。它的伴奏乐器主要有：主奏乐器三弦、辅助乐器板胡、笛子、四叶瓦和撞铃，有时也用碟子伴奏。户县眉户曲子音乐共有 100 多个曲调，其中有 36 个大调，72 个小调。大调古老，曲体结构复杂，旋律富于变化，音域宽广，拖腔委婉，演唱难度大；小调多为民歌小调，音域较窄，结构规整短小，旋律流畅。户县眉户曲子是联曲体一唱到底的套曲，结构灵活而严谨。如起腔为"越调"，那么尾声就以"越尾"结束；起调为"背宫"，落尾的调也必是"背尾"。户县眉户曲子现存的曲目有开篇曲子、风俗类、演义类、传奇类、古怪类等五大类 150 余种。户县眉户曲子是遍及西北的眉户曲子和眉户戏的源头，它对研究元代散曲和明清俗曲的流变以及眉户曲子的迁播历史有着不可替代的价值。它曲调丰富，自成腔系，是我国民族音乐和曲艺宝库中的宝贵财富。它丰富的曲目中保存了大量民间传说、传奇故事和民间生活的历史形态，是研究民俗、历史和民间文学的宝贵资料。它独特动人的唱腔具有很高的审美价值。

二、方言发音人

老男：张新民，1953 年 5 月出生，户县人，高中文化，农民。只会说户县方言。1972 年以前在户县城关镇上小学、初中、高中，高中毕业以后回家当农民至今，最近七八年担任户县快乐合唱团团长。父母都是户县人，只会说户县方言；配偶是户县人，只会说户县方言、普通话。

青男：郭锐，1989 年 10 月出生，户县人，大专文化，干部。会说户县方言、普通话、英语，平时主要说户县方言。学前到高中都是在甘亭街道办事处上的，在西安上大专三年，毕业后回户县工作至今。父母都是户县人，只会说户县方言。

口头文化发音人 1：刘雅文，女，1955 年 9 月，户县人，初中文化，农民。

口头文化发音人 2：张新民，老男。

口头文化发音人 3：刘淑梅，女，1948 年 8 月出生，户县人，初中文化，农民。

口头文化发音人 4：卢登荣，男，1935 年 12 月出生，户县人，小学文化，农民。

贰　声韵调

一、老男音系

1. 声母 26 个，包括零声母在内

p	八兵病	pʰ	派片爬	m	八麦明	f	飞风副蜂肥饭	v	味
t	多东毒	tʰ	讨天甜	n	脑南			l	老蓝连路
ts	资早租字贼坐竹柱争装纸主	tsʰ	刺草寸全祠拆茶抄初床春			s	飞肥丝三酸事山双船顺书	z	味软
tʂ	张	tʂʰ	抽车城			ʂ	手十	ʐ	热
tɕ	租酒九	tɕʰ	清全轻权	ȵ	年泥	ɕ	想谢响县		
k	高共	kʰ	开	ŋ	熬安	x	好灰活		
ø	抽月温王云用药								

说明：

tʂ tʂʰ声母与 au ɤ u ã ẽ aŋ əŋ 等 6 韵母拼合的时候，分别接近 ʈ ʈʰ。

2. 韵母 40 个，不包括儿化韵

ɿ	师丝试	i	米戏急七一锡	u	苦五猪飞骨出谷	y	雨橘局
ʅ	十直尺						
a	茶塔法辣八	ia	牙鸭	ua	瓦刮		
ɤɛ	热	iɛ	写鞋接贴节			yɛ	靴横月
ə	二						
ɤ	歌壳			uɤ	坐过盒活托郭	yɤ	药壳学
æ	开排鞋	iæ	鞋	uæ	快		
ɯ	二						
ei	赔飞北色白			uei	对鬼国		
au	宝饱	iau	笑桥				
ɤu	豆走绿	iɤu	油六绿				
ã	南山半	iã	年盐	uã	短官	yã	权
ẽ	深根	ie	心新	ue	寸滚春	ye	云
aŋ	糖	iaŋ	响讲	uaŋ	床王双		
əŋ	灯升争横	iŋ	硬病星	uəŋ	横东	yŋ	兄用

说明：

（1）u 韵母在与 p pʰ m f v 拼合时，u 的实际音值为 ʋ；合口呼各韵母在与 ts tsʰ s z 声母拼合时，u 的实际音值为 ɿʋ。发 ɿʋ 时，上下唇有明显的外翻，ɿʋ 的发音响度比 ɿ 大。

（2）ɯ 韵字中，当读阴平"日日子、而"、阳平"儿"、上声"耳"时略有动程。

（3）uɤ yɤ 中的 ɤ 略微靠前。

（4）ɤu iɤu 中的 ɤ 有一定的圆唇因素。

（5）iẽ yẽ 的实际音值分别为 iɤ̃ yɤ̃。

（6）aŋ iaŋ əŋ iŋ 的实际音值分别为 aɤ̃ iaɤ̃ əɤ̃ iɤ̃。

3. 单字调 4 个

阴平 31	东该灯风通开天春谷百搭节哭拍塔切刻六麦叶月
阳平 35	门龙牛油铜皮糖红急毒白盒罚月
上声 51	懂古鬼九统苦讨草买老五有
去声 55	有动罪近后冻怪半四痛快寸去卖路硬乱洞地饭树

说明：

（1）阴平为中降调 31，有时接近 21。

（2）阳平为高升调 35，有时接近 24。
（3）上声为全降调 51，有时接近 52。
（4）去声为高平调 55，有时接近 44。

二、青男音系

1. 声母 25 个，包括零声母

p	八兵病	pʰ	派片爬	m	麦明	f	飞凤副蜂肥饭		
t	多东毒	tʰ	讨天甜	n	脑南			l	老蓝连路
ts	资早租字贼坐竹柱争装纸主	tsʰ	刺草寸祠拆茶抄初床春船			s	丝三酸事山双顺书	z	软
tʂ	张	tʂʰ	抽车城			ʂ	手十	ʐ	热药
tɕ	酒九	tɕʰ	清全轻权	ɲ	年泥	ɕ	想谢响县		
k	高共	kʰ	开	ŋ	熬安	x	好灰活		
∅	味问月温王云用								

2. 韵母 36 个，不包括儿化韵

ɿ	师丝试	i	米戏急七一锡	u	苦五猪骨出谷	y	雨橘绿局
ʅ	十直尺						
ər	二						
a	茶塔法辣八	ia	牙鸭	ua	瓦刮		
ɣ	歌盒热壳	iɛ	写接贴节	uɣ	坐过盒活托郭药学	yɛ	靴月
æ	开排鞋			uæ	快		
ei	赔北色白			uei	对鬼国		
au	宝饱	iau	笑桥				
ɣu	豆走	iɣu	油六				
ã	南山半	iã	年盐	uã	短官	yã	权
ẽ	深根	iẽ	心新	uẽ	寸滚春	yẽ	云
aŋ	糖	iaŋ	响讲	uaŋ	床王双		
əŋ	灯升争横	iŋ	硬病星	uəŋ	东	yŋ	兄用

3. 单字调 4 个

阴平 31	东该灯风通开天春百搭哭拍塔切刻六麦叶月
阳平 35	门龙牛油铜皮糖红节急毒白盒罚
上声 51	懂古鬼九统苦讨草买老五有谷
去声 55	动罪近后冻怪半四痛快寸去卖路硬乱洞地饭树

叁 连读变调

户县方言老男两字组连读变调规律见表 22-1。青男与老男一致。

表 22-1 户县方言老男两字组连读变调表

前字＼后字	阴平 31	阳平 35	上声 51	去声 55
阴平 31	31+31 春天 35+31 山沟	31+35 天明 31+31 功劳	31+51 根本 31+31 积攒	31+55 天气 31+31 鸡蛋
阳平 35	35+31 研究	35+35 劳神 35+31 明年	35+51 门口 35+31 门槛	35+55 河岸 35+31 白菜
上声 51	51+31 紧张 55+31 写诗	51+35 老人 51+31 老实	51+51 苦恼 31+51 母狗 31+31 老虎 51+31 好处	51+55 水地 51+31 指望
去声 55	55+31 慢车	55+35 过年 55+31 后年	55+51 地坎 55+31 运气	55+55 旱地 55+31 动静

肆 异 读

一、文白异读

1. 古全浊声母，户县方言全部清化，清化规律是平声送气、仄声不送气，但有极个别仄声字，白读时送气，文读时不送气。如：造 tsʰau⁵⁵/tsau⁵⁵。

2. 部分非敷奉止摄合口字，白读音读为 s 声母，文读音读为 f 声母。如：飞 su³¹/

fei³¹，肥 su³⁵/fei³⁵，费 su⁵⁵/fei⁵⁵。

3. 精组细音字，少数字白读音仍读 ts 组声母，文读音读为 tɕ 组声母。如：俊 tsuẽ⁵⁵/tɕyẽ⁵⁵，全 tsʰuã³⁵/tɕʰyã³⁵，选 suã⁵¹/ɕyã⁵¹。

4. 部分溪母遇摄合口一等字，白读音读 f，文读音为 kʰ。如：苦 fu⁵¹/kʰu⁵¹，裤 fu⁵⁵/kʰu⁵⁵。

5. 晓匣母开口二等字，白读音读 x，文读音为 ɕ。如：下 xa⁵⁵/ɕia⁵⁵，鞋 xæ³⁵/ɕiæ³⁵，咸 xã³⁵/ɕiã³⁵，孝 xau⁵⁵/ɕiau⁵⁵，项 xaŋ⁵⁵/ɕiaŋ⁵⁵。

6. 部分古疑母开口三等字，白读音为 ȵ，文读音为零声母。如：牙 ȵia³⁵/ia³⁵，言 ȵiã³⁵/iã³⁵，严 ȵiã³⁵/iã³⁵，颜 ȵiã³⁵/iã³⁵。

7. 部分影母开口二三等字，白读音为 ȵ，文读音为零声母。如：衣 ȵi³¹/i³¹，约 ȵyɤ³¹/yɤ³¹，握 ȵyɤ³¹/uɤ³¹。

8. 部分假摄开口三等喻母字，白读音为 ia，文读音为 iɛ。如：爷 ia³⁵/iɛ³⁵，野 ia⁵¹/iɛ⁵¹。

9. 部分止摄合口三等非组字，白读音为 u，文读音为 ei。如：费 su⁵⁵/fei⁵⁵，味 su⁵⁵/vei⁵⁵。

二、新老异读

户县方言的新老异读主要表现在以下几个方面。

1. 老派有 v 声母，新派没有，新派相应地读为零声母。如：问 vẽ⁵⁵/uẽ⁵⁵，网 vaŋ⁵¹/uaŋ⁵¹。

2. 老派有 ə ɯ ʅ iæ 韵母，新派没有，新派相应地读为 ər ɤ iɛ。如：二 ɯ⁵⁵/ə⁵⁵，ər⁵⁵，蛇 ʂʅɛ³⁵/ʂɤ³⁵，鞋 ɕiæ³⁵/ɕiɛ³⁵。

3. 在户县方言中，老派存在较多的文白异读，许多白读音在新派中都已消失，只剩下文读音。如：

例 字	老 派	新 派
大	tuɤ⁵⁵/ta⁵⁵	ta⁵⁵
围	y³⁵/uei³⁵	uei³⁵
毛	mu³⁵/mau³⁵	mau³⁵
鸽	kɯ³¹/kɤ³¹	kɤ³¹
匀	iẽ³⁵/yẽ³⁵	yẽ³⁵

伍　儿化音变

一、户县方言的儿化

1. 户县方言的儿化韵

户县方言的儿化韵母共有两组 8 个。

(1) 甲组

əɯ<ʅ ɿ ei ɤu ẽ əŋ，以及 p pʰ m f v 等 5 个声母拼 u 韵母的字

iɯ<I i ɤu iẽ iŋ

uɯ<k t 两组声母及零声母 Ø 与 u uei uẽ uəŋ 等 4 个韵母拼合的字

yɯ<y yẽ yŋ

(2) 乙组

ə<a ɤ æ au ã aŋ

iə<ia iɛ iæ iau iã iaŋ

uə<ua uɤ uæ uã uaŋ

yə<yɛ yɤ yã

2. 儿化变调

户县方言名词及形容词的儿化变调主要是去声字变作上声，如：豆儿（豆子）təɯ⁵¹，裤儿（裤子）fəɯ⁵¹。

户县方言小称主要通过重叠来表达，儿化构成的小称音变仅有一例：把成年人的胳膊叫作"胳膊儿 kɯ³¹pə⁰"，儿化字读作轻声；小孩子的胳膊叫作"胳膊儿 kɯ³¹pə³⁵"，儿化字变作阳平，兼爱称意味。

二、户县方言青男儿化

户县青男话儿化韵母共有 4 组 21 个。

1. ɐr<a au　　ær<æ　　ər<ʅ ɿ ɤe　　ɤur<ɤu　　ɐ̃r<ã aŋ　　ə̃r<ẽ əŋ

2. iɐr<ia iau　　iɛr<iɛ　　iər<i　　iɤur<iɤu　　iɐ̃r<iã iaŋ　　iə̃r<iẽ iŋ

3. uɐr<ua　　uær<uæ　　uər<u uɤ uei　　uɐr<uã uaŋ　　uə̃r<uẽ uəŋ

4. yər<y　　yɛr<yɛ　　yɐr<yã　　yə̃r<yẽ yŋ

陆　其他主要音变

户县话的其他音变，主要是"AA"等形式重叠词的连读变调。

其一，"AA（儿）"式名词及形容词，前 A 为阴平或上声时，后音节变作阳平。

其二，"AA"式名词，A 为阳平的，后 A 变作阴平。

其三，"AA 儿"式形容词，A 为去声时，后音节变作上声，如：大大儿比较大 ta^{55}tə^{51}，碎碎儿比较小 suei^{55}suɯ^{51}。

其四，户县方言轻声音节的变调规律：一是轻声音节前边的字是阴平调的，该阴平字有的变作阳平，例如：沟包儿制服裤子后边的口袋 kɤu^{35}pə^{0}，当中儿中间 taŋ^{35}tsuɯ^{0}。二是轻声音节后边为阴平字的时候，轻声音节常常变作阳平，例如：架子车 tɕia^{55}tsʅ^{35}tʂʰʅɛ^{31}（架子 tɕia^{55}tsʅ^{0}），他的锅 tʰa^{31}ti^{35}kuɤ^{31}（他的 tʰa^{31}ti^{0}），瞎瞎药坏了的药物 xa^{31}xa^{35}yɤ^{31}（瞎瞎 xa^{31}xa^{0}）。三是日常口语里的轻声音节在歌谣等民间韵文形式里常常读作阴平，例如：潵咧一身干塘土溅了一身干尘土 tsã^{55}liɛ^{31}i^{35} ʂẽ^{31}kã^{31}tʰaŋ^{35}tʰʮu^{31}，金胳膊儿，银鸽鹁儿小孩子的脚要么像金色的胳膊，要么像银色的鸽子 tɕiẽ^{31}kɯ^{31}pə^{31}，iẽ^{35}kɯ^{35}pə^{31}。

第二十三节　商州方音

调查人　马燕娜　赵萍君

壹　概　况

一、调查点

商州位于陕西省东南部，秦岭东段南麓，丹江上游。城区介于东经 109°30′～110°14′、北纬 33°38′～34°11′之间。东与丹凤县毗邻，南与山阳县接壤，西以秦岭山脉为界，与蓝田、柞水二县相连，北与洛南县相接。全区总人口 56 万余人，有回、满、土家、壮等 22 个少数民族。①

商州方言属于中原官话关中片，分布在商州区（原名商县）各乡镇，使用人口 50 多万，可分为东乡话、西乡话和北乡话；商州境内也有移民带来的"客伙话"，包括江淮官话黄孝片和客家话。

商州区流行商洛花鼓戏，唱腔主要以流传于秦楚山地的山歌、民歌、民间小调和劳动号子曲调为基础音乐，曲牌为小调、八岔和筒子三种，道白以商州方言为主，曲调流畅、优美、柔和、婉转。

二、方言发音人

老男：张涛，1956 年 4 月出生于陕西省商洛市商州区城关街道办事处东街。高中文化，工人，只会说商州方言。1956 年至 1961 年在商洛市商州区东街生活；1962 年至 1972 年商洛市商州区城关小学、中学读书；1972 年至 1993 年在商洛市机械厂、纸厂工作；1993 年至今，下岗在家。父亲是商州区东街人，只会说商州方言；母亲是商州区东背街人，只会说商州方言；配偶是商州区东背街人，只会说商州方言。

青男：屈俊龙，1988 年 3 月出生于陕西省商洛市商州区城关街道办事处东店子社区 3 组。中学文化，工人，会说商州方言，普通话，平时主要说商州方言。1988 年至 1993 年在商洛市商州区东店子生活；1994 年至 2001 年在商洛市商州区东店子小学读书；2001 年至 2004 年在商洛市商州区第二高级职业中学读书；2004 年至今，在商州区从事建筑行业。父亲是商州区东店子村人，只会说商州方言；母亲是商州区大赵裕人，只会说商州方言；配偶是商州区大赵裕人，会说商州方言，普通话。

---

①内容来源于商州区人民政府网站 http：//www.shangzhou.gov.cn/html/mlsz/szgk/index.html。

口头文化发音人1：宋康，男，1980年5月出生，陕西省商洛市商州区南街人，大学文化，业务员。

口头文化发音人2：张涛，老男。

口头文化发音人3：卢娟娟，女，1981年10月出生，陕西省商洛市商州区城关街道办事处北新街人，大学文化，演员。

贰 声韵调

一、老男音系

1. 声母29个，包括零声母在内

p	八兵病	pʰ	派片爬	m	麦明	f	飞风副蜂肥饭	v	味问温王
t	多东毒	tʰ	讨天甜	n	脑南			l	老蓝连路
ts	资早租字贼竹争	tsʰ	刺草祠拆茶抄初			s	丝三事山		
tʂ	张	tʂʰ	抽车城			ʂ	手十	ʐ	热
tʃ	坐柱装主	tʃʰ	床春船			ʃ	双船顺书	ʒ	软
tɕ	酒九	tɕʰ	寸清全轻权	ȵ	年泥	ɕ	酸想谢响县		
k	高共	kʰ	开	ŋ	熬安	x	好灰活		
∅	月云用药								

说明：

(1) t tʰ在齐齿呼前，带有舌面音色彩。

(2) 送气的塞音、塞擦音略有摩擦，气流量较强。

(3) tʂ tʂʰ在韵母 ɑo ou ã ɑŋ 前，塞音重，擦音色彩不明显，音值接近 t tʰ。

(4) tʃ tʃʰ ʃ ʒ 发音时，实际发音部位略靠前，具有舌尖音色彩，唇形略圆。

2. 韵母39个，不包括儿化韵

ɿ	师丝试	i	米戏急七一锡	u	苦五猪骨出谷	y	雨橘局绿
ʅ	十直尺						
ɚ	二						
ɑ	茶瓦塔法辣八	iɑ	牙鸭	uɑ	刮		
		iɛ	写接贴节			yɛ	靴月学

续表

ɯ	核胳咳疙						
ə	歌热壳			uə	坐过盒活托郭	yə	药
ai	开排鞋	iai	街解	uai	快		
ei	赔飞北色白			uei	对鬼国		
ɑo	宝饱	iɑo	笑桥				
ou	豆走	iou	油六绿				
ã	难山半	iã	盐年	uã	短官	yã	权
ẽ	深根	iẽ	心新	uẽ	滚春	yẽ	寸云
ɑŋ	糖王	iɑŋ	响讲	uɑŋ	床双		
əŋ	灯升争横	iəŋ	硬病星	uəŋ	东	yəŋ	兄用

说明：

(1) y 发音部位略微偏央。

(2) ə uə yə 韵母中主要元音 ə 在有些音节中舌位稍低，介于 ə 与 ɐ 之间。

(3) ai 发音时主要元音舌位偏高，接近 æ，动程不明显。

(4) ɑo 主要元音接近 ɔ，动程不明显。

(5) iẽ 主要元音比 ẽ 高，接近 ĩ。

(6) 齐齿呼和撮口呼韵母遇零声母时摩擦较重。

(7) u 与声母 tʃ tʃʰ ʃ ʒ 相拼时，实际发音部位接近于舌叶音，且带有微弱的摩擦。

3. 单字调 4 个

阴平 31	东该灯风通开天春谷百搭节哭拍塔切刻六麦叶月
阳平 35	门龙牛油铜皮糖红毒白盒罚急
上声 53	懂古鬼九统苦讨草买老五有
去声 44	动罪近后冻怪半四痛快寸去卖路硬乱洞地饭树

说明：

(1) 阴平 31 发音时起点略低，接近 21。

(2) 阳平 35 发音时起点和终点的实际音值略低，接近 24。

(3) 去声 44 实际音值介于 44 与 55 之间，记作 44。

二、青男音系

1. 声母 29 个，包括零声母在内

p	八兵病	pʰ	派片爬	m	麦明	f	飞风副蜂肥饭	v	味问温王
t	多东毒	tʰ	讨天甜	n	脑南			l	老蓝连路
ts	资早租字贼竹争纸	tsʰ	刺草祠拆茶抄初			s	丝三事山		
tʂ	张	tʂʰ	抽车城			ʂ	手十	z	热
tʃ	坐柱装主	tʃʰ	床春船			ʃ	双船顺书	ʒ	软
tɕ	酒九	tɕʰ	寸清全轻权	ȵ	年泥	ɕ	酸想谢响县		
k	共	kʰ	开	ŋ	熬安	x	好灰活		
∅	月云用药								

2. 韵母38个，不包括儿化韵

ɿ	师丝试	i	米戏急七一锡	u	苦五猪骨出谷	y	雨橘局绿
ʅ	十直尺						
ər	二						
ɑ	茶瓦塔法辣八	iɑ	牙鸭	uɑ	刮		
ə	歌热壳	iɛ	写接贴节	uə	坐过盒活托郭	yɛ	靴月学
ɯ	核胳咳疙						
ai	开排鞋	iai	街解	uai	快		
ei	赔飞北色白			uei	对鬼国		
ɑo	宝饱	iɑo	笑桥				
ou	豆走	iou	油六绿				
ã	难山半	iã	盐年	uã	短官	yã	权
ẽ	深根	iẽ	心新	uẽ	滚春	yẽ	寸云
ɑŋ	糖王	iɑŋ	响讲	uɑŋ	床双		
əŋ	灯升争横	iəŋ	硬病星	uəŋ	东	yəŋ	兄用

3. 单字调4个

阴平 31	东该灯风通开天春谷百搭节哭拍塔切刻六麦叶月
阳平 35	门龙牛油铜皮糖红毒白盒罚急
上声 53	懂古鬼九统苦讨草买老五有
去声 44	动罪近后冻怪半四痛快寸去卖路硬乱洞地饭树

叁 连读变调

商州方言老派、新派的两字组连读变调规律相同，可以分为后字非轻声两字组和后字轻声两字组两种。

一、后字非轻声两字组连读变调

后字非轻声两字组连读变调共有 11 种模式，见表 23-1，表左是前字调类和调值，表端是后字调类和调值，变调用加粗表示。

表 23-1　商州方言后字非轻声两字组连读变调表

后字 前字	阴平 31	阳平 35	上声 53	去声 44
阴平 31	31+31 北方 35+31 飞机	31+35 铁门 53+31 生活	31+53 黑板 31+31 谷雨	31+44 书记
阳平 35	35+31 农村 31+53 良心	35+35 农民 31+53 眉毛	35+53 门口	35+44 难过 31+53 棉裤
上声 53	53+31 火车	53+35 水池	31+53 水果	53+44 水库
去声 44	44+31 汽车	44+35 酱油 44+31 算盘	44+53 报纸 35+44 跳舞	44+44 会计 44+31 孝顺

二、后字轻声两字组连读变调

后字轻声两字组连读变调共有 19 种模式，见表 23-2，表左是前字调类和调值，表端是后字调类和调值，变调用加粗表示。

表 23-2　商州方言后字轻声两字组连读变调表

后字 前字	阴平 31	阳平 35	上声 53	去声 44
阴平 31	53+0 星星	31+53 窟窿 53+0 今年	31+53 端午 53+0 鸭子	53+0 出去
阳平 35	53+0 姐夫	31+53 瓶子	53+0 橘子	31+53 白菜
上声 53	53+0 尾巴	53+0 几时	53+0 起子 31+53 冷子	53+0 韭菜
去声 44	44+0 衬衣	44+0 涝池	44+0 露水	44+0 上去

商州方言轻声两字组后字或轻读或重读为 53。前字为阴平，后字为阴平、去声，

前字变为 53，后字轻读；前字为阴平，后字为阳平、上声，前字不变或变为 53，后字轻读。前字为阳平，后字为阴平、上声，前字变为 53，后字轻读；前字为阳平，后字为阳平、去声，前字变为 31，后字重读为 53。前字为上声、后字为非上声，前字不变，后字轻读；前、后字为上声，前字不变或变为 31，后字轻读。前字为去声，后字为阴平、阳平、上声和去声，前字不变，后字轻读。因为阳平后的 53 调在词中所处的位置、结构特点、表义特点与轻声的表现完全相同，所以统一归纳为轻声的音变类型。因为他们具有不同的音值特点，所以第二种类型的轻声记作 53 调。

肆　异　读

一、文白异读

1. 古全浊声母在商州方言中全部清化，清化后基本遵循平声送气、仄声不送气的规律，但部分字白读时送气，文读时不送气。如：碟 $tʰiɛ^{35}$~子/$tiɛ^{35}$飞~，撞 $tʂʰuʌŋ^{44}$~车/$tʂuʌŋ^{44}$冲。

2. 部分古见系开口二等字，白读保留舌根音声母 k kʰ x，部分字有文读音，声母是舌面音声母 tɕ tɕʰ ɕ。如：下 xa^{44}~来/$ɕia^{44}$~流，闲 xan^{35}~人/$ɕian^{35}$空~。

3. 部分蟹摄开口二等见晓组字，白读为 iai 韵，文读为 iɛ 韵。如：械 $ɕiai^{44}$/$ɕiɛ^{44}$，介 $ɕiai^{44}$/$ɕiɛ^{44}$。

二、新老异读

商州方言新老异读差异不大，新老异读与文白异读有重合，老派文白两读，新派往往只有白读。老派只有白读，而新派增加了文读。

1. 古全浊声母在镇安方言中全部清化，清化后基本遵循平声送气、仄声不送气的规律，一部分字仄声字，老派读白音送气，新派读文白音不送气和送气。如：造 $tsʰɑo^{44}$/$tsɑo^{44}$、$tsʰɑo^{44}$，规 $kʰuei^{31}$/$kuei^{31}$、$kʰuei^{31}$。

2. 古遇摄合口一等疑母影母字、三等微母字，老派读零声母，新派读 v 声母。如：五 u^{53}/vu^{53}，乌 u^{31}/vu^{31}，武 u^{53}/vu^{53}。

3. 部分古咸摄开口一等见系入声字，老派读白音 uə 韵母，新派读文白音 ə uə 韵母。如：盒 $xuə^{35}$/$xə^{35}$、$xuə^{35}$。部分古山摄开口一等见系入声字，老派读 ə 韵母，新派读文白音 ə uə 韵母。如：割 $kə^{31}$/$kə^{31}$、$kuə^{31}$。

4. 部分蟹摄开口二等见晓组字，老派读 iai 韵，新派读 iɛ 韵。如：蟹 $ɕiai^{44}$/$ɕiɛ^{44}$，懈 $ɕiai^{44}$/$ɕiɛ^{44}$。

伍　儿化音变

一、儿化

商州方言有39个韵母，除 ɯ ər iai 外都有儿化韵母，共30个儿化韵。见表23-3。

表23-3　商州方言儿化韵与基本韵母对应表

儿化韵	基本韵母	例　词
ər	ʅ	石子儿
	ʅ	三十儿
	ei	白儿
iər	i	小米儿
ur	u	香菇儿
yər	y	谜语儿
	yə	勺勺儿
ɐr	ɑ	猪娃儿
	ai	口袋儿
iɐr	iɑ	看家儿
uɐr	uɑ	花儿
	uai	一块儿
ɤr	ə	唱歌儿
uər	uə	沫沫儿
	uei	一会儿
iɛr	iɛ	叶叶儿
yɛr	yɛ	喜鹊儿
aor	ɑo	豆腐脑儿
iaor	iɑo	小鸟儿
our	ou	黄豆儿
iour	iou	酱油儿
ãr	ã	心肝儿

续表

儿化韵	基本韵母	例　词
iãr	iã	面面儿
uãr	uã	饭馆儿
yãr	yã	圈圈儿
ẽr	ẽ	一份儿
iẽr	iẽ	脚印儿
uẽr	uẽ	棍棍儿
yẽr	yẽ	围裙儿
ɑ̃r	ɑŋ	小房儿
iɑ̃r	iɑŋ	傻样儿
uɑ̃r	uɑŋ	蛋黄儿
ə̃r	əŋ	风筝儿
iə̃r	iəŋ	电影儿
uə̃r	uəŋ	虫虫儿
yə̃r	yəŋ	啥用儿

二、儿化变调规律

商州方言去声儿化后，调值由 44 调变读为 53 调，与上声调值相同。例如：

脸蛋儿 liã⁴⁴tãr⁵³　　傻样儿 ʂɑ⁴⁴iɑ̃r⁵³　　一会儿 i³¹xuər⁵³　　脚印儿 tɕyɛ³¹iẽr⁵³

陆　其他主要音变

一、重叠式名词的变调

商州方言单音节重叠式名词基本都是"AA 儿"和"AA 子"式重叠，重叠后大多有细小和喜爱色彩，商州方言多用"AA 儿"式。后字儿化并读轻声。例如：

珠珠儿 tʃu⁵³tʃur⁰　　　　　眼眼儿 ȵiã⁵³ȵiãr⁰
盆盆儿 pʰẽ³¹pʰẽr⁰　　　　　面面儿 miã⁴⁴miãr⁰

由名词语素或形容词语素构成的"AA 子"式名词。前面重叠式的连调与名词重叠式相同，"子"尾读轻声。例如：

珠珠子 tʃu⁵³tʃu³¹tsʅ⁰　　　　歪歪子 vai⁵³vai³¹tsʅ⁰

盆盆子 pʰẽ³¹pʰẽ⁵³tsʅ⁰　　斜斜子 ɕiɛ³¹ɕiɛ⁵³tsʅ⁰

眼眼子 ȵiã⁵³ȵiã³¹tsʅ⁰　　扁扁子 piɑ⁵³piɑ³¹tsʅ⁰

面面子 miã⁴⁴miã³¹tsʅ⁰　　皱皱子 tʂou⁴⁴tʂou³¹tsʅ⁰

二、重叠式形容词的变调

1. 单音节形容词重叠

单音节形容词重叠一般多用"AA 儿的"式。"AA 儿的"多表示褒义。例如：

乖乖儿的 kuai³¹kuɐr³⁵ti⁰　　美美儿的 mei⁵³mər³⁵ti⁰

滑滑儿的 xuɑ³⁵xuɐr³⁵ti⁰　　嫩嫩儿的 luẽ⁵³luẽr⁵³ti⁰

2. 双音节形容词重叠

双音节形容词重叠多用"AABB"式。例如：

光光堂堂 kuaŋ⁵³kuaŋ³¹tʰaŋ³¹tʰaŋ⁰　　老老实实 lao⁵³lao³¹ʂʅ³¹ʂʅ⁰

明明白白 miəŋ³¹miəŋ⁵³pei³¹pei⁰　　快快乐乐 kʰuai⁴⁴kʰuai³¹lə³¹lə⁰

第二十四节 镇安方音

调查人 马燕娜

壹 概 况

一、调查点

镇安县位于陕西省东南部,秦岭南麓,商洛市西南部,汉江支流乾佑河与旬河中游。镇安自古是西安通往安康的要道,是联系陕西与湖北的天然纽带,素有"秦楚咽喉"之称。人口为30.26万,有汉族29万多;有回、满、壮等11个少数民族1.3万多人。[①]

镇安话按照口音分为本地话和下湖话,本地话属于中原官话关中片,下湖话使用人口占60%,属于江淮官话黄孝片,双方的语音差异在逐步缩小。

镇安的地方戏曲最著名的是镇安渔鼓,一种古老的说唱艺术。镇安渔鼓以坐唱为主,流传在下湖人居住地区,演唱者手抱渔鼓、简板和小钹,常用曲调有"开腔""流水"等,唱词基本为七字句。

二、方言发音人

老男:朱家喜,1962年9月出生于陕西省商洛市镇安县永乐街道办青槐社区四组。中学文化,农民。只会说镇安方言。1962年至1969年在镇安县生活;1969年至1974年在镇安县青槐小学读书;1974年至1977年在镇安县中学读书;1977年至今在镇安县务农、经商。父亲是镇安人,只会说镇安方言;母亲是镇安人,只会说镇安方言;配偶是镇安人,只会说镇安方言。

青男:陈敬润,1993年3月出生于陕西省商洛市镇安县永乐街道办青槐社区三组。中学文化,工人。会说镇安方言、普通话,平时主要说镇安方言。1993年至1999年在镇安县生活;1999年至2005年在镇安县青槐小学读书;2005年至2008年在镇安县永乐中学读书;2008年至2010年在镇安县职业中学读书;2010年至今在镇安县打工。父亲是镇安人,只会说镇安方言;母亲是镇安人,只会说镇安方言;配偶是镇安人,会说镇安方言。

口头文化发音人1:陈远博,男,1955年11月出生,陕西省商洛市镇安县永乐街

[①] 内容来源于镇安县人民政府网站http://www.zazf.gov.cn/info/iList.jsp? cat_id=11395。

道办青槐社区二组人，中学文化，农民。

口头文化发音人 2：陈敬润，青男。

口头文化发音人 3：余永国，男，1948 年 3 月出生，陕西省商洛市镇安县云盖寺镇前街人，小学文化，农民。

贰　声韵调

一、老男音系

1. 声母 25 个，包括零声母在内

p	八兵病	pʰ	派片爬	m	麦明	f	飞风副蜂肥饭	v	味问温王
t	多东毒	tʰ	讨天甜	n	脑南			l	老蓝连路
ts	资早租字贼坐争	tsʰ	刺草寸祠拆茶抄初			s	丝三酸事山		
tʂ	张竹柱装纸主	tʂʰ	全抽车春船床城权			ʂ	双顺手书十	ʐ	热软月云
tɕ	酒九	tɕʰ	清轻	ȵ	年泥	ɕ	想谢响县		
k	高共	kʰ	开	ŋ	熬安	x	好灰活		
ø	用药								

说明：

（1）v 有时摩擦较轻，接近半元音。

（2）ʐ 与 ʮ ʮɛ 相拼时，舌尖与硬腭前部的摩擦较轻。

（3）k kʰ x 与 u 相拼时，舌根和软腭的摩擦较重；与 ɛ 相拼时，舌位稍靠前。

2. 韵母 37 个，包括自成音节的 n，不包括儿化韵

ɿ	师丝	i	米戏急七一锡	u	苦五骨谷	ʮ	猪雨出橘局
ʅ	试十直尺						
ər	二						
a	茶瓦塔法辣八	ia	牙鸭	ua	刮		
		iə	药学	uə	歌坐过盒活托郭壳		
ɛ	北色白	iɛ	靴写接贴节	uɛ	国	ʮɛ	月热

ai	开排鞋	iai	戒	uai	快		
ɛi	对赔飞			uɛi	鬼		
ɔo	宝饱	iɔo	笑桥				
əu	豆走六绿	iəu	油六				
an	难山半短	ian	盐年	uan	官权		
ən	深根寸灯升硬争	in	心新硬病星	uən	滚春云		
ʌŋ	糖	iʌŋ	响讲	uʌŋ	床双		
ɤŋ	横东	ioŋ	兄用	uoŋ	中		
n̩	你						

说明：

（1）ər 的卷舌度不高。

（2）a ia ua 中 a 舌位居中，实际音值接近 ʌ。

（3）iə 韵中，ə 的实际音值接近于 o。

（4）uə 发音时 ə 的舌位稍高，位置靠后，接近ɤ。在"木、目"中动程不明显，实际音值接近于 o。

（5）əu iəu uɛi 中 ə 的实际开口度稍大，且唇形稍圆。

（6）ai 在阴平字中动程不明显。

（7）ɔo 发音时动程较小。

（8）uoŋ 在"东、葱"等一部分字中，介音不明显；在"洞、虫"等个别字的词组中，唇形较扁，实际音值为ɤŋ。

（9）ioŋ 在"荣、容"等个别字发音时，主要元音唇形较扁，实际音值接近 iɤŋ。

（10）n̩ 韵母只有"你"一字。

3. 单字调 5 个

阴平 53	东该灯风通开天春谷百搭节哭拍塔切六麦叶月
阳平 33	门龙牛油铜皮糖红
上声 35	懂古鬼九统苦讨草买老五有
阴去 214	冻怪半四痛快寸急
阳去 322	动罪近后卖路硬乱洞地饭树刻去毒白盒罚

说明：

上声 35 发音时音长较长。

二、青男音系

1. 声母 25 个，包括零声母在内

p	八兵病	pʰ	派片爬	m	麦明	f	飞风副蜂肥饭	v	味问温王
t	多东毒	tʰ	讨天甜	n	脑南			l	老蓝连路
ts	资早租字贼坐争	tsʰ	刺草寸祠拆茶抄₂初			s	丝三酸事山		
tʂ	张竹柱装纸主	tʂʰ	全又抽抄又车春船床城权又			ʂ	双顺手书十	ʐ	热软月又云又
tɕ	酒九	tɕʰ	清全又轻权又	ɲ	年泥	ɕ	想谢响县		
k	高共	kʰ	开	ŋ	熬安	x	好灰活		
∅	月又云又用药								

2. 韵母 40 个，包括自成音节的 n̩，不包括儿化韵

ɿ	师丝	i	米戏急七一锡	u	苦五骨谷	y	雨又橘又绿又局又
ʅ	试十直尺					ɥ	猪雨又出橘又局又
ər	二						
a	茶瓦塔法辣八	ia	牙鸭	ua	刮		
				uə	歌坐过盒活托郭壳	yə	药学
ɛ	北色白	iɛ	写接贴节	uɛ	国	yɛ	靴又月又热
						ɥɛ	靴又月又
ai	开排鞋			uai	快		
ɛi	对赔飞			uɛi	鬼		
ɔ	宝饱	iɔ	笑桥				
əu	豆走六绿又	iəu	油六绿又				
an	难山半短	ian	盐年	uan	官权又	yan	权又
ən	深根寸灯升硬争横又	in	心新硬病星	uən	滚春云又	yən	云又

续表

ʌŋ	糖王	iʌŋ	响讲	uʌŋ	床双		
ɤŋ	横又东	iɤŋ	兄用				
		ioŋ	永				
n̩	你						

3. 单字调 4 个

阴平 53	东该灯风通开天春谷百搭节哭拍塔切六麦叶月痛
阳平 214	门龙牛油铜皮糖红急毒白盒罚
上声 35	懂古鬼九统苦讨草买老五有
去声 322	冻怪半四快寸去卖路硬乱洞地饭树动罪近后

叁　连读变调

镇安方言老派、新派的两字组连读变调规律相同，可以分为后字非轻声两字组和后字轻声两字组两种。

一、后字非轻声两字组连读变调

后字非轻声两字组连读变调模式见表 24-1，表左是前字调类和调值，表端是后字调类和调值，变调用粗体表示。

表 24-1　镇安方言后字非轻声两字组连读变调表

后字 前字	阴平 53	阳平 33	上声 35	阴去 214	阳去 322
阴平 53	21+53 一天　山谷	21+33 蜂糖　秧田	53+35 热水　辣酒 21+35 失火　肩膀	21+214 开叫　冬至 53+214 家具　抽屉	53+322 天亮　乡下 21+322 一万　街道
阳平 33	33+53 毛栗　葵花 21+53 台风　结婚	33+33 煤油　油条	33+35 黄酒　年底	33+214 油菜　杂碎	33+322 洋芋　徒弟

续表

上声 35	33+53 水坑 理发	35+33 水瓢 往前 33+33 水泥 打牌	35+35 扯闪 老表	33+214 炒菜 旅社	35+322 柳树 咋样
阴去 214	21+53 灶屋 菜刀	21+33 算盘 课堂	21+35 冻倒 个把	35+214 种菜 唱戏	35+322 看病 气味
阳去 322	322+53 灶屋 衬衣 33+53 电灯 念书	322+33 太阳 大油	322+35 下雨 二两	33+214 下昼 白菜 322+214 路费 教室	33+322 地震 庙会

镇安方言的非轻声两字组共有32种组合，其中15组前后字都不变调，17组前字变调，后字不变，整合以后，共有21种连调模式。作前字时，阴平和阴去最易变调，其次是上声、阳去和阳平。阴平作前字时，多变为21调，作后字时保持原调；阴去作前字时，变为21调或35调，作后字时保持原调；上声作前字时，一部分变为33调，作后字时保持原调；阳去作前字时，少数变为33调，作后字时保持原调；阳平作前字时少数变为21调，作后字时保持原调。

二、后字轻声两字组连读变调

后字轻声两字组连读变调模式见表24-2，表左是前字调类和调值，表端是后字调类和调值，变调用加粗表示。

表24-2 镇安方言后字轻声两字组连读变调表

后字 前字	阴平 53	阳平 33	上声 35	阴去 214	阳去 322
阴平 53	53+0 天天	53+0 清明	53+0 沙子	53+0 铺盖	53+0 出去
阳平 33	33+0 泥巴	33+0 回来	33+0 城里	33+0 划算	33+0 回去
上声 35	35+53 土巴	35+53 枕头	35+53 冷子	35+53 板凳	35+53 早上
阴去 214	21+0 记得	21+0 盖头	21+0 裤子	21+0 四个	21+0 送去
阳去 322	322+0 地方	322+0 上来	322+0 柱子	322+0 运气	322+0 进去

镇安方言轻声两字组的变调模式分为两种类型，一种是又轻又短的21和24调，前

字为阴平、阳平和阳去时前字不变，后字读作又轻又短的 21 调，前字为阴去时，前字不变，后字读作又轻又短的 24 调；另一种读作不轻不短的高降调，主要集中在上声字后面，读作 53 调，因为他们在词中所处的位置、结构特点、表义特点与轻声的表现完全相同，所以统一归纳为轻声的音变类型。因为他们具有不同的音值特点，所以第二种类型的轻声记作 53 调。

肆　异　读

一、文白异读

1. 古全浊声母在镇安方言中全部清化，清化后基本遵循平声送气、仄声不送气的规律，但部分字白读时送气，文读时不送气。如：撞 tʂʰuʌŋ³²² ~车/tʂuʌŋ³²² 冲~。个别帮母字白读送气，文读不送气。如：杯 pʰɛi⁵³ ~子/pɛi⁵³ 世界~。

2. 部分古见系开口二等字，白读保留舌根音声母 k kʰ x，部分字有文读音，声母是舌面音声母 tɕ tɕʰ ɕ。如：下 xa³²² ~来/ɕia³²² ~流，闲 xan³³ ~人/ɕian³³ 空~。

3. 部分古曾摄开口一等入声字、梗摄开口二等入声字，白读为 ɛ 韵，文读与普通话韵母接近。如：墨 mɛ⁵³ ~水/muə⁵³ 磨~，塞 sɛ⁵³ ~住/sai⁵³ 堵~，脉 mɛ⁵³ 动~/mai⁵³ ~搏。

二、新老异读

镇安方言声母的新老异读较少。韵母的新老异读较多，老派 37 个韵母，新派 40 个。声调老派有 5 个，去声分阴阳，新派有 4 个。

1. 古全浊声母在镇安方言中全部清化，清化后基本遵循平声送气、仄声不送气的规律，一部分字仄声字老派不送气，新派送气。如：簿 pu³²²/pʰu³²²，造 tsɔo³²²/tsʰɔo³²²，浸 tɕin⁵³/tɕʰin⁵³。

2. 部分古遇摄合口三等来母、精组字，老派韵母读 i，新派韵母读 ʅ。如：吕 li³⁵/zʅ³⁵，徐 ɕi³⁵/sʅ³⁵。

3. 部分古宕摄开口三等精组、见系入声字，老派韵母读 iə，新派韵母读 yə。如：削 ɕiə⁵³/ɕyə⁵³，脚 tɕiə⁵³/tɕyə⁵³，约 iə⁵³/yə⁵³，药 iə⁵³/yə⁵³。

4. 古遇摄合口三等精组、见系字，山摄合口四等见系入声字，宕摄开口三等精组、见系入声字，江摄开口二等见系入声字，老派读 ʅ ʅ-韵母，新派读 ʅ ʅ-或者 y y-韵母。如：取 tʂʰʅ³⁵/tʂʰʅ³⁵（tɕʰy³⁵），雨 zʅ³⁵/zʅ³⁵（y³⁵），越 zʅɛ⁵³/zʅɛ⁵³（yɛ⁵³）。

5. 古山摄合口三等精组、见系字，老派韵母读 uan，新派韵母读 yan。如：全 tʂʰuan³⁵/tɕʰyan³⁵，园 zuan³⁵/yan³⁵。

6. 古通摄合口一等端组、见系字，老派韵母读 uoŋ，新派韵母读 ɤŋ。如：东

tuoŋ⁵³/tɤŋ⁵³，公 kuoŋ⁵³/kɤŋ⁵³。

7. 古清声母去声字，老派读阴去 214 调，新派读去声 322 调。如：快 kʰuai²¹⁴/kʰuai³²²。

8. 全浊声母入声字，老派读阳去 322 调，新派读阳平 214 调。如：毒 təu³²²/təu²¹⁴。

伍　儿化音变

镇安方言有 37 个韵母，除 ɚ uɛ ɜu ʯɛ iai 和 ŋ 外都有儿化韵母，具体见表 24-3。

表 24-3　镇安方言儿化韵与基本韵母对应表

儿化韵	基本韵母	例　　词
ɚ	ɿ	石子儿　刺儿
	ʅ	独食儿　三十儿
	ɛi	一对儿　宝贝儿
	uə	唱歌儿　鹁鸽儿
	əu	黄豆儿　后儿
	ɛ	白儿的　打折儿
	ən	一根儿　一本儿
iɚ	i	小米儿　面皮儿
	in	今儿　星星儿
	iəu	酱油儿　踢球儿
	iə	麻雀儿　小脚儿
uɚ	uə	干活儿　托儿
	uɛi	小鬼儿　一会儿
	uən	棍棍儿　一顿儿
	uai	一块儿　乖乖儿的
uɚ	u	碎步儿　小姑儿
ʯɚ	ʯ	仙女儿　弹珠儿
ɜɚ	a	猪娃儿　一沓儿
	an	心肝儿　下班儿
	ai	袋袋儿　窗台儿

续表

儿化韵	基本韵母	例　　词
iɐr	ia	看家儿　一家儿
	ian	眼眼儿　片片儿
	iɛ	叶叶儿　一截儿
uɐr	ua	花儿　黄瓜儿
	uan	饭馆儿　当官儿
ɔr	ɔ	相好儿　小宝儿
iɔr	iɔ	小鸟儿　小瞧儿
ʌ̃r	ʌŋ	小房儿　小胖儿
iʌ̃r	iʌŋ	傻样儿　箱箱儿
uʌ̃r	uʌŋ	蛋黄儿　成双儿
ɤ̃r	ɤŋ	缝缝儿　车棚儿
uə̃r	uoŋ	小葱儿　抽空儿
iə̃r	ioŋ	没用儿　小熊儿

陆　其他主要音变

一、重叠式名词的变调

镇安方言单音节重叠式名词有"AA 儿"和"AA 子"格式重叠，重叠后大多有细小和喜爱色彩，镇安方言多用"AA 儿"式。

"AA 儿"式前字不变，后字儿化后读轻声，变调规律与轻声变调规律相同。例如：

阴平字重叠：珠珠儿 tʂʅ⁵³tʂɚ⁰

阳平字重叠：盆盆儿 pʰən³³pʰɚ⁰

上声字重叠：眼眼儿 ȵian³⁵ȵiɐr⁵³

阴去字重叠：盖盖儿 kai²¹kɐr⁰

阳去字重叠：面面儿 mian³²²miɐr⁰

"AA 子"式，前字不变，后字与"子"都读轻声，变调规律与轻声变调规律相同。由形容词语素构成的"AA 子"式名词表转指、自指，多含贬义。连调模式相同。例如：

珠珠子 tʂʅ⁵³tʂʅ⁰tsʅ⁰　　　　　歪歪子 vai⁵³vai⁰tsʅ⁰

盆盆子 pʰən³³pʰən⁰tsɿ⁰　　斜斜子 ɕiɛ³³ɕiɛ⁰tsɿ⁰

眼眼子 ȵian³⁵ȵian⁵³tsɿ⁰　　丑丑子 tʂʰəu⁵³tʂʰəu⁵³tsɿ⁰

盖盖子 kai²¹kai⁰tsɿ⁰　　冻冻子 tuoŋ²¹tuoŋ⁰tsɿ⁰

面面子 mian³²²mian⁰tsɿ⁰　　烂烂子 lan³²²lan⁰tsɿ⁰

二、重叠式形容词的变调

镇安方言单音节形容词重叠一般多用"AA 儿的"式。"AA 儿的"多表示褒义。例如：

阴平字重叠：乖乖儿的 kuai²¹kuɐr⁵³ti⁰

阳平字重叠：滑滑儿的 xua³³xuɐr³⁵ti⁰

上声字重叠：好好儿的 xɔo³³xɔr³⁵ti⁰

阴去字重叠：细细儿的 tɛi³³tər³⁵ti⁰

阳去字重叠：嫩嫩儿的 luən³³luər³⁵ti⁰

形容词重叠式的变调，"AA 儿的"式，阴平字重叠，重叠的后字儿化，变调为 21+53+0，如：多多儿的、香香儿的等，其余调类的字，重叠的后字儿化后，变为 33+35+0，如：厚厚儿的、对对儿的等。

第二十五节 安康方音

调查人 周 政

壹 概 况

一、调查点

安康（今汉滨区）位于陕西省东南部，地处汉江上游，北依秦岭，南接巴山，处中国南北过渡地带，属北方的南方、南方的北方，是安康市委、市政府所在地。汉滨区总人口102万，是陕西省人口最多的县区。[1]

安康（今汉滨区）方言分属如下4种方言：中原官话，分布于城关及周边乡镇，人口约80万；江淮官话黄孝片，分布于分布于南北后山的双龙、叶坪、中原、东镇等乡镇，人口约5万，因受中原官话影响，入声消失，归入阴平和阳平、阳去；湘语方言岛，分布于梅子铺、沈坝、双溪等乡镇，人口约8000人；赣语方言岛，分布于牛蹄乡，人口约7000人。

安康（今汉滨区）的地方曲艺主要是汉调二黄，也称陕二黄、山二黄、靠山黄或二黄戏，陕西省汉族戏曲剧种之一。汉调二黄是陕南地区仅次于南路秦腔（即汉调桄桄）的大型剧种，音乐唱腔与皮黄系统各剧种基本相同，以"西皮"和"二黄"两种声腔为主，与京剧接近。

二、方言发音人

老男：牛谦才，1948年11月出生于陕西省安康市汉滨区南正街。初中文化，工人。只说汉滨城关（新城）话。1957年至1966年在安康师范附属小学、永红中学上学；1966年至1968年在家住闲；1968年至1970年在汉滨张滩区关家乡插队知青；1971年至2008在安康建筑公司、自来水公司工人；2008年至今退休在家。父亲是陕西安康汉滨城关新城人，只说汉滨城关话，母亲是陕西安康汉滨城关新城人，只说汉滨城关话；配偶是陕西安康汉滨城关新城人，只会说汉滨城关话。

青男：陈正勇，1981年1月1日出生于安康市汉滨区城关校场村。中师文化，教师。会说汉滨城关话、普通话，平时只说汉滨城关话。1987年至1993年在汉滨区城关

---

[1] 内容来源于汉滨区人民政府网站http：//www.hanbin.gov.cn/Content-1524453.html。

石堤小学上学；1993 年至 1996 年在汉滨区永红中学上学；1996 年至 1999 年在安康市第二师范学校上学；2001 年至现在在安康市汉滨区新安初中工作。父亲是汉滨城关人，只说汉滨城关话；母亲是安康市旬阳县人，只说旬阳话；配偶是汉滨城关人，只说汉滨城关话。

口头文化发音人 1：牛谦才，老男。

口头文化发音人 2：束文寿，男，1945 年 6 月出生，陕西安康市汉滨城关鼓楼街人，中学文化，汉调二黄演员。

贰　声韵调

一、老男音系

1. 声母 27 个，包括零声母在内

p	八兵病	pʰ	派片爬	m	麦明				
pf	竹柱装主	pfʰ	床春船			f	飞风副蜂肥饭双顺书	v	软
t	多东毒	tʰ	讨天甜	n	女			l	脑南老蓝连路
ts	资早租字贼坐	tsʰ	初刺草寸祠			s	丝三酸		
tʂ	张争纸	tʂʰ	抽拆茶抄车城			ʂ	事山手十	ʐ	热
tɕ	酒九	tɕʰ	清全轻权	ȵ	年泥	ɕ	想谢响县		
k	高共	kʰ	开	ŋ	熬安	x	好灰活		
∅	味问月温王云用药								

说明：

（1）n l 相混，除"女、能、奴"读 n 外，其他开口呼、合口呼音节的声母均读 l。

（2）ʐ 拼合口呼时带有圆唇色彩。

（3）tɕ tɕʰ ɕ 发音时成阻部位略偏后，ȵ 发音时部位较靠前。

（4）k kʰ x 发音时成阻部位偏后，舌根接触软腭中后部。

2. 韵母 37 个, 不包括儿化韵

ɿ	丝	i	米戏急七一锡	u	苦五猪骨出谷	y	雨橘局
ʅ	师试十直尺						
ər	二						
a	茶塔法辣八	ia	牙鸭	ua	瓦刮		
ɤ	歌热壳	ie	写接贴节			ye	靴月
ə	婆			uo	坐过盒活托郭	yo	药学
æ	开排鞋			uæ	快		
ei	赔飞北色白	uei	对鬼国				
au	宝饱	iau	笑桥				
ou	豆走	iou	油六绿				
an	南山半	ian	盐年	uan	短官	yan	权
ən	深根春灯升争	in	心新硬病星	uən	寸滚横	yən	云
aŋ	糖床双	iaŋ	响讲	uaŋ	王		
əŋ	蜂			uŋ	东	yŋ	兄用

说明:
(1) i 在 p t 两组声母后读得较松, 在 tɕ 组声母后, 读得较紧。
(2) u 在 f 声母或零声母后, 有唇齿摩擦成分。
(3) a ia ua ya 中的 a 发音时舌位偏后, 接近 ɑ。
(4) uo 中的 o 开口度较 o 略大。
(5) æ uæ 中的 æ 发音时舌位略高, 接近 ɛ。
(6) ei 中的 e 发音时舌位略偏央。
(7) au 中的 a 发音时舌位偏后, 接近于 ɑ。
(8) ən 中的 ə 舌位偏前, uən əŋ 的 ə 不偏前, 而且相当的短。
(9) aŋ iaŋ uaŋ 的 a 发音时舌位偏后, 接近于 ɑ。

3. 单字调 4 个

阴平 31	东该灯风通开天春谷百搭节哭拍塔切刻六麦叶月
阳平 35	门龙牛油铜皮糖红急毒白盒罚
上声 53	懂古鬼九统苦讨草买老五有
去声 44	冻怪半四痛快寸去卖路硬乱动罪近后洞地饭树

说明：
（1）阴平有时起音略低，接近21。
（2）去声44有时略微有升的趋势。

二、青男音系

1. 声母26个，包括零声母在内

p	八兵病	pʰ	派片爬	m	麦明				
pf	竹柱装主	pfʰ	初床春船			f	飞凤副蜂肥饭双顺书		
t	多东毒	tʰ	讨天甜	n	女			l	脑南老蓝连路
ts	资早租字贼坐	tsʰ	刺草寸祠			s	丝三酸		
tʂ	张争纸	tʂʰ	抽拆茶抄车城			ʂ	十事山手	ʐ	热
tɕ	酒九	tɕʰ	清全轻权	ȵ	年泥	ɕ	想谢响县		
k	高共	kʰ	开	ŋ	熬安	x	好灰活		
∅	味问软月王云用药								

2. 韵母39个，不包括儿化韵

ɿ	丝	i	米戏急七一锡	u	苦五猪骨出谷	y	雨橘局
ʅ	师试十直尺						
ər	二						
a	茶塔法辣八	ia	牙鸭	ua	瓦刮		
ɣ	歌热壳						
ə	婆	uo	坐过盒活托郭			yo	药学国
e	北色白	ie	写接贴节	ue	国	ye	靴月
æ	开排鞋	uæ	快				
ei	赔飞	uei	对鬼				
au	宝饱	iau	笑桥				
ou	豆走	iou	油六绿				
an	南山半	ian	盐年	uan	短官	yan	权
ən	深根春灯升争	in	心新硬病星	uən	寸滚	yən	云
aŋ	糖床双	iaŋ	响讲	uaŋ	王		
əŋ	灯横			uŋ	东	yŋ	兄用

3. 单字调 4 个

阴平 31	东该灯风刻通开天春谷百搭节哭拍塔切刻六麦叶月
阳平 35	门龙牛油铜皮糖红急毒白盒罚
上声 53	懂古鬼九统苦讨草买老五有
去声 44	冻怪半四痛快寸去卖路硬乱动罪近后洞地饭树

叁　连读变调

安康方言老派、新派的两字组连读变调规律相同，可以分为非叠字两字组和叠字两字组两种。

一、非叠字两字组连读变调

非叠字两字组连读变调比较简单，只存在于阴平连读和轻声上，如表 25-1。

表 25-1　安康方言非叠字两字组连读变调表

前字＼后字	阴平 31	阳平 35	上声 53	去声 44
阴平 31	35+31 飞机	31+35 开门	31+53 身体	31+44 招待
阳平 35	35+31 农村	35+35 皮鞋	35+53 难搞	35+44 徒弟
上声 53	53+31 火车	53+35 水池	53+53 手表	53+44 改造
去声 44	44+31 坐车	44+35 过年	44+53 报纸	44+44 报送

二、叠字两字组连读变调

叠字两字组连读变调主要在名词，形容词两字组连读多与儿化结合。

1. 阴平字重叠（31+0）。例如：

窝窝 uo^{31}uo^{0}　　　豁豁 xuo^{31}xuo^{0}　　　根根 kən^{31}kən^{0}

2. 阳平字重叠（35+0）。例如：

馍馍 mo^{35}mo^{0}　　　桐桐 tʰuŋ^{35}tʰuŋ^{0}　　　瓶瓶 pʰin^{35}pʰin^{0}

3. 上声字重叠（53+0）。例如：

桶桶 tʰuŋ^{53}tʰuŋ^{0}　　　影影 in^{53}in^{0}　　　碗碗 uan^{53}uan^{0}

4. 去声字重叠（44+0）。例如：

棍棍 kuən^{44}kuən^{0}　　　绺绺 liou^{44}liou^{0}　　　罐罐 kuan^{44}kuan^{0}

肆 异读

一、文白异读

汉滨方言文白异读主要表现在部分古见系开口二等字白读保留舌根音声母 k kʰ x，文读音声母是舌面音 tɕ tɕʰ ɕ。如：街 kæ³¹/tɕie³¹，鞋 xæ³⁵/ɕie³⁵，项 xaŋ⁴⁴/ɕiaŋ⁴⁴，咸 xan³⁵/ɕian³⁵。

二、新老异读

汉滨方言新老异读表现不明显，只表现为 v 声母。其中老男还部分保留着 v 母，而青男 v 母消失，读为零声母。如：问 vən⁴⁴/uən⁴⁴，翁 vuŋ³¹/uŋ³¹。

伍 儿化音变

安康（汉滨城关新城）方言儿化词比较多，其中有的名词如"白果儿 pei³⁵ kər³⁵"只有儿化音。见表 25-2。

表 25-2　安康方言儿化韵与基本韵母对应表

儿化韵	基本韵母	例　词
ar	a	手帕儿　马马儿　刷刷儿
	an	木板儿　猪肝儿　栓栓儿
iar	ia	豆芽儿　看家儿
	ian	麻钱儿　眼眼儿
uar	ua	花花儿　猪娃儿
	uan	饭馆儿　拐弯儿
yar	yan	大院儿　卷卷儿
ər	ə	钵钵儿　围脖儿
	ɿ	瓜子儿　油糍儿
	ʅ	湿湿儿的　侄儿
	ɣ	壳壳儿　唱歌儿
	ei	杯杯儿　锤锤儿
	ən	杏儿　嘴唇儿

续表

儿化韵	基本韵母	例　词
iər	i	猜谜儿　梨儿
	in	星星儿　冰冰儿　手巾儿
uər	uei	鞋柜儿　一会儿
	uən	捆捆儿　冰棍儿
yər	y	驴驴儿　面鱼儿　幺女儿
	yən	军儿
uor	uo	窝窝儿
yor	yo	角角儿　麻雀儿
ier	ie	叶叶儿　憋憋儿
ur	u	酒壶儿　布布儿
aur	au	毛毛儿　灯泡儿
iaur	iau	瓢瓢儿　叫叫儿
əur	əu	小丑儿　路路儿
iəur	iəu	酱油儿　打秋儿
ãr	aŋ	茶缸儿　地方儿　桩桩儿
iãr	iaŋ	辣子秧儿　箱箱儿
uãr	uaŋ	沾光儿　蛋黄儿
ə̃r	əŋ	虫虫儿　缝缝儿
ĩr	iŋ	电影儿　小命儿
ũr	uŋ	抽空儿　弓弓儿
ỹr	yŋ	绒绒儿

陆　其他主要音变

安康（汉滨城关新城）方言还存在着合音现象。如：

"两个" 合音为 lia^{31}　　　"人家" 合音为 ȵia^{53}（有时变读为 ər^{31}ȵia^{53}）

"不要" 合音为 pau^{35}　　　"做啥" 合音为 tsua^{35}

"底下" 合音为 tia^{53}　　　"连阴雨" 合音为 lin^{35}y^{53}

第二十六节　白河方音

调查人　柯西钢

壹　概　况

一、调查点

白河县位于陕西省东南部，大巴山东段。北临汉江，隔江与湖北省郧西县相望，古称"秦头楚尾"。东、南部分别与湖北省郧县、竹山县接壤，西与旬阳县相连，在东经109°37′～110°10′、北纬32°34′～32°55′之间。人口为21.5万（2017年户籍人口），其中汉族21万左右，回族5000人左右。[①]

白河方言属于中原官话关中片，其内部可分为两种：城关话，分布在县境北部汉江南岸的城关、麻虎、冷水及县境东部的构扒；茅坪话，分布在县境西部、南部、中部的仓上、西营、双丰、茅坪、卡子等山区乡镇。

白河的地方曲艺为白河花鼓戏。花鼓戏是白河常见的一种地方戏种类，属于安康花鼓戏（又称花鼓子）的一类。白河县城、农村都有花鼓戏通行。逢年过节、红白喜事或其他大型活动时，都会表演花鼓戏。花鼓戏唱腔婉转，多以日常生活为题材，常与玩彩船、秧歌等穿插表演。

二、方言发音人

老男：周良华，1959年1月出生于陕西省安康市白河县城关镇清风路。高中文化，企业管理人员。只说白河城关话。1959年至1969年生活在白河县城关镇；1969年至1970年在白河县凉水公社凉水小学上一二年级；1971年至1974年在白河县构扒公社松坪小学上三四五年级；1974年至1978年在白河县第五中学上中学；1978年至1979年在白河县顺水公社新厂四队工作；1979年至1980年在白河县知青办工作；1980年至今在白河县供销社、日杂货公司工作。父亲是白河县城关镇人，只说白河城关话，母亲是白河县城关镇人，只说白河城关话；配偶是白河县城关镇人，只说白河城关话。

青男：徐乾，1990年10月出生于陕西省安康市白河县城关镇清风社区。初中文化，自由职业者。会说白河城关话、普通话，平时只说白河城关话。父亲是白河县城

---

①内容来源于白河县人民政府网站 http://www.baihe.gov.cn/Node-32008.html。

关镇人，只说白河城关话；母亲是白河县城关镇人，只说白河城关话。徐乾 1990 年至 1998 年生活在白河县城关镇；1998 年至 2004 年在白河县城关镇小学上小学；2004 年至 2007 年在白河县城关中学上初中；2007 年至今在白河县城关镇工作。

口头文化发音人1：陈晓旭，女，1987年7月出生，陕西省安康市白河县城关镇人，大学文化，社保中心职工。

口头文化发音人2：杨昌富，男，1949年2月出生，陕西省安康市白河县城关镇人，大专文化，公务员。

口头文化发音人3：卢传珍，女，1964年7月出生，陕西省安康市白河县城关镇人，大学文化，文化馆馆员。

贰　声韵调

一、老男音系

1. 声母 23 个，包括零声母在内

p	八兵病	pʰ	派片爬	m	麦明	f	飞风副蜂肥饭		
t	多东毒	tʰ	讨天甜					l	脑南老蓝连路
ts	资早租字贼坐争	tsʰ	刺草寸祠拆初			s	丝三酸事		
tʂ	张竹柱装纸主	tʂʰ	抽茶抄床车车辆春船城			ʂ	山双顺手书十	ʐ	热软
tɕ	酒九	tɕʰ	清全轻权	ȵ	年泥	ɕ	想谢响县		
k	高共	kʰ	开	ŋ	熬安	x	好坏灰活		
∅	味问月温王云用药软								

说明：

（1）f 的摩擦成分较重。

（2）pʰ tʰ kʰ 逢去声字时发音爆破有力，气流较强。

（3）老派方言偶有将 ts tsʰ s 混读为 tʂ tʂʰ ʂ 的情况。

（4）tʂ tʂʰ ʂ ʐ 在与合口呼韵母相拼时，受 u 的影响，会有轻微的舌叶色彩。

（5）在齐齿呼音节前，ȵ l 常常互为自由变体：ȵ 发音有时边音化，l 有时带鼻音色彩。考虑到音位的系统性，我们仍将来自泥母的字声母记为 ȵ，来自来母的声母记为 l。

（6）合口呼零声母音节发音时，有时有较轻的唇齿摩擦，音值接近 ʋ。

2. 韵母38个，不包括儿化韵

ɿ	师丝	i	米戏急七一锡	u	苦五猪骨出谷稻	y	雨橘局
ʅ	试十直尺						
ər	二						
a	茶瓦塔法辣八	ia	牙鸭	ua	刮		
E	热北色白	iE	写接贴节	uE	国	yE	靴月
o	破佛	uo	歌坐过来盒活托郭壳			yo	药学
ai	开排鞋			uai	快		
ei	赔对飞			uei	鬼		
ɔu	宝饱	iɔu	笑桥				
əu	豆走六绿	iəu	油				
an	南山半短	ian	盐年	uan	官	yan	权
ən	深根寸灯升硬争横	iən	心新病星	uən	滚春横	yən	云
aŋ	糖	iaŋ	响讲	uaŋ	床王双		
əŋ	东			uəŋ	荣公孔红	yŋ	兄用荣

说明：

（1）合口呼韵母（尤其是单元音u）在与舌尖后声母相拼时，其中的u有较明显的舌尖音色彩，实际音值为ʮ。归纳音位时我们将其看作是合口呼韵母在tʂ tʂʰ ʂ ʐ 后的变体，不另列出。

（2）a ia ua 中的a发音时舌位偏中，介于a与ᴀ之间；aŋ iaŋ uaŋ 中的a发音时舌位偏后，介于ᴀ与ɑ之间。我们仍将其作为一个音位处理，用 a 表示。

（3）ai uai 发音时主要元音到韵尾的动程不明显，且主要元音开口度比 a 略小，整体音值接近 ɛu uɛ。

（4）E iE uE 中主要元音开口度比 E 略小，音值接近 e。

（5）uo 逢阴平音节时动程明显，逢阳平、上声和去声音节时动程不明显，类似于 o。

（6）ɔu 的动程不太明显，主要元音 ɔ 发音完毕后有轻微的舌位上扬趋势，音值接近 ɔ。

3. 单字调4个

阴平 213	东该灯风通开天春谷百搭哭拍塔切刻麦叶月
阳平 44	门龙牛油铜皮糖红节急六毒白盒罚
上声 35	懂古鬼九统苦讨草买老五有
去声 41	动罪近后前冻怪半四痛快寸去卖路硬乱洞地饭树叶

说明：

（1）阴平是降升式曲折调，起点和终点的音高都介于半低和中度之间，根据大多数字的读法，我们将其确定为213。

（2）上声单字调有两个自由变体：335和354。前者升幅比较平缓，后者在升到5度时偶尔会有轻微的下降趋势。

二、青男音系

1. 声母23个，包括零声母在内

p	八兵病	pʰ	派片爬	m	麦明	f	飞风副蜂肥饭
t	多东毒	tʰ	讨天甜			l	脑南老蓝连路
ts	资早租字贼坐争	tsʰ	刺草寸祠拆初			s	丝三酸事
tʂ	张竹柱装纸主	tʂʰ	抽茶抄床车春船城			ʂ	山双顺手书十	ʐ	热软
tɕ	酒九	tɕʰ	清全轻权	ɲ	年泥	ɕ	想谢响县
k	高共	kʰ	开	ŋ	熬安	x	好坏灰活
∅	味问月温王云用药				l		

2. 韵母37个，不包括儿化韵

ɿ	师丝	i	米戏急七一锡	u	苦五猪骨出谷	y	雨橘局
ʅ	试十直尺						
ər	二						
a	茶瓦塔法辣八	ia	牙鸭	ua	刮		
ɛ	热色	iɛ	写接贴节			yɛ	靴月
o	磨破佛			uo	歌坐过盒活托郭壳国	yo	药学
ɔ	宝饱	iɔ	笑桥				
ai	开排鞋			uai	快		
ei	赔对飞北白			uei	鬼		
əu	豆走六绿	iəu	油				
an	南山半短	ian	盐年	uan	官	yan	权
ən	深根寸灯升硬争	iən	心新病星	uən	滚春横	yən	云
aŋ	糖	iaŋ	响讲	uaŋ	床王双		
əŋ	东			uəŋ	公孔红	yŋ	兄用

3. 单字调 4 个

阴平 313	东该灯风通开天春谷百搭哭拍塔切刻麦叶月
阳平 44	门龙牛油铜皮糖红节急六毒白盒罚
上声 35	懂古鬼九统苦讨草买老五有
去声 41	动罪近后冻怪半四痛快寸去卖路硬乱洞地饭树

叁 连读变调

白河方言老派、新派的两字组连读变调模式相同，可以分为后字非轻声两字组连调模式和后字轻声两字组连调模式两种。

一、后字非轻声两字组连读变调

后字非轻声两字组连调模式中，8 组前字、后字都不变调，另外 8 组前字变调。连读变调后产生两种新调值：21 和 42。前字变调具体表现为：阴平与阴平连读时，前字变读 35 调；阴平与阳平、上声、去声连读时，前字变读 21 调；去声与阴平、阳平、上声、去声连读时，前字变读为 42 调。后字非轻声两字组连读变调模式见下表，变调用粗体表示。

表 26-1 白河方言后字非轻声两字组连读变调模式

后字 前字	阴平 213	阳平 44	上声 35	去声 41
阴平 213	35+213 山沟儿	21+44 刷牙	21+35 热水	21+41 天亮
阳平 44	44+213 调羹儿	44+44 划拳	44+35 失火	44+41 黄豆
上声 35	35+213 书包	35+44 打折	35+35 吵嘴	35+41 扫地
去声 41	42+213 看家儿	42+44 做活	42+35 中暑	42+41 路费

二、后字轻声两字组连读变调

后字轻声两字组连读变调中，当前一音节是阴平时，轻声音节调值是 1，且前字变调为 21；当前一音节是阳平和上声时，轻声音节调值分别是 3、4，前字不变调；当前一音节是去声时，轻声音节调值是 1，且前字变调为 42。后字轻声两字组连读变调模式见表 26-2。

表 26-2　白河方言后字轻声两字组连读变调模式

前字＼后字	阴平 213	阳平 44	上声 35	去声 41
阴平 213	21+0 医生	21+0 今年	21+0 方法	21+0 家业家具
阳平 44	44+0 棉花	44+0 房屋	44+0 萝卜	44+0 颜色
上声 35	35+0 祖宗	35+0 板凳	35+0 老虎	35+0 板凳
去声 41	42+0 地方儿	42+0 后年	42+0 露水	42+0 动物

肆　异　读

一、文白异读

1. 部分古见系开口二等字，白读保留舌根音声母 k kʰ x，文读为舌面音声母 tɕ tɕʰ ɕ。如：架 ka⁴¹ ~势：开始。/tɕia⁴¹ 书~，介 kai⁴¹ ~绍/tɕiE⁴¹ 中~，闲 xan⁴⁴ ~得很/ɕian⁴⁴ 休~，项 xaŋ⁴¹ ~圈/ɕiaŋ⁴¹ ~目。

2. 部分影疑母开口三等细音字，白读声母为 ȵ，文读为零声母。如：疑 ȵi⁴⁴ 怀~/i⁴⁴ ~惑，仰 ȵiaŋ³⁵ ~板儿：仰面 /iaŋ³⁵ ~卧起坐。

3. 古全浊声母在白河方言中已经清化，清化后的送气类型基本上都遵循着平声送气仄声不送气的规律，但並定澄从群五母仄声字中有少数常用字今白读送气音。如：避 pʰi³⁵ ~开/pʰi⁴¹ 躲~，跪 kʰuei³⁵ ~到地下/kuei⁴¹ 下~。

4. 部分遇山臻三摄合口日母字，白读声母为零声母，韵母为撮口呼韵母，文读声母为舌尖后浊擦音 ʐ，韵母为合口呼韵母。如：软 yan³⁵ 发~/ʐuan³⁵ ~弱。

二、新老异读

白河方言新老异读表现不明显，有的与文白异读交叉，主要表现在以下两个方面：

1. 少数古见系开口二等字，老派保留舌根音声母 k kʰ x，新派为舌面音声母 tɕ tɕʰ ɕ。如：械 kai⁴¹/tɕiE⁴¹。

2. 少数影疑母开口二等字，老派声母为鼻音 ȵ，新派为零声母。如：蚁 ȵi⁴¹/i⁴¹，严 ȵian⁴⁴/ian⁴⁴。

伍　儿化音变

白河城关方言有 38 个韵母，除 uE、ər 两个韵母外都有儿化韵。儿化韵共计 8 个。

表 26-3　白河方言儿化韵与基本韵母对应表

儿化韵	基本韵母	例　词
ɐr	a	手帕儿
	ai	电壶盖儿
	au	道道儿
	an	前半儿_{上午}
	aŋ	翅膀儿
iɐr	ia	夹夹儿
	iau	末了儿
	ian	窗眼儿
	iaŋ	端阳儿
uɐr	ua	梅花儿
	uai	拐拐儿
	uan	喉咙管儿
	uaŋ	网网儿
yɐr	yan	汤圆儿
ər	ɿ	眼睛籽儿_{眼珠}
	ʅ	纸纸儿
	o	打啵儿_{亲嘴}
	u	接媳妇儿
	ɛ	白儿天
	ei	靠背儿椅
	əu	年头儿
	ən	大门儿
	əŋ	调羹儿
iər	i	荸荠儿
	iɛ	蝴蝶儿
	iəu	今儿
	iən	吊吊瓶儿_{输液}

续表

儿化韵	基本韵母	例　　词
uər	uo	白果儿
	uei	年尾儿
	uən	冰棍儿
	uəŋ	虫虫儿
yər	y	嫁女儿
	yo	角角儿
	yɛ	喜鹊儿
	yən	嘴唇
	yŋ	绒绒儿

陆　其他主要音变

白河城关方言的少数音节在语境中因受相邻音素的影响而发生同化，单念或出现在其他语音环境中仍然读本音。例如：

南瓜 lan⁴⁴kua⁰→laŋ⁴⁴kua⁰　　难怪 lan⁴⁴kuai⁰→laŋ⁴⁴kuai⁰

难为 lan⁴⁴uei⁰→laŋ⁴⁴uei⁰　　耽误 tan²¹³u⁰→taŋ²¹³ku⁰

残坏_{残疾} tsʰan⁴⁴xuai⁰→tsʰai⁴⁴xuai⁰

"南瓜、难怪"前一音节末尾音素是 n，受后一音节首音素 k 的影响，同化为同部位的舌根鼻音 ŋ；"难为、耽误"前一音节末尾音素舌尖中鼻音 n 受后一音节首音素 u 的影响，同化为发音部位靠后的舌根鼻音 ŋ；"残坏"前一音节元音受后一音节元音 ai 的影响，同化为 tsʰai⁴⁴。

在连读环境里，量词"个"有时读为 kɤ⁰，而在单字中读作 kuo⁴¹。

第二十七节 汉阴方音

调查人 李 婷

壹 概 况

一、调查点

汉阴县位于陕南秦巴山区，北为秦岭，南为大巴山，与安康市汉滨区、紫阳县、石泉县、宁陕县和汉中市镇巴县毗邻，古称西城、安阳、汉宁、安康，总人口31.3万人。境内山川秀丽，物阜民殷，人杰地灵，素有安康"鱼米之乡"美誉。汉阴县境地处秦巴腹地，北枕秦岭，南倚巴山，凤凰山横亘东西，汉江、月河分流其间，316国道和阳安铁路穿境而过。除月河川道外，大部分为浅山丘陵。[①]

汉阴方言属西南官话川黔片陕南小片，但境内有方言混杂现象：凤凰山以南的漩涡、汉阳两镇方言为西南官话和江淮官话相混；东部的田禾为湘语区；以城关镇为代表的是西南官话和湘语的混合，包括太平、天星、平梁、高梁、酒店、观音河、龙垭、涧池、蒲溪、双乳、永宁、铁佛、铜钱、石条街等乡镇。

汉阴有花鼓戏、皮影戏、汉调二黄、拉花戏等曲艺形式。其中，皮影戏是陕西省列入非物质文化遗产保护项目，汉调二黄是国家级非物质文化遗产保护项目。

二、方言发音人

老男：邱永明，1955年1月出生于陕西省安康市汉阴县城关镇和平街。大专（在职）文化，干部。只说汉阴城关方言。1955年至1962年在家；1962年至1968年在汉阴县城关镇新街小学读书；1968年至1974年在汉阴中学读书；1974年至1979年在汉阴县城关镇月河村上山下乡；1979年至1998年在汉阴县人民法院工作；1998年至2015年在安康市公路局汉阴段工作；2015年至今退休在家。父亲是陕西省安康市汉阴县城关镇西街人，只说汉阴城关方言，母亲是陕西省安康市汉阴县城关镇西街人，只说汉阴城关方言；配偶是陕西省安康市汉阴县城关镇西街人，只说汉阴城关方言。

青男：李成成，1985年3月出生于陕西省安康市汉阴县城关镇中堰村。本科文化，设计师。会说汉阴城关方言、普通话、少量英语，平时只说汉阴城关方言。1985年至

[①]内容来源于汉阴县人民政府网站 http://www.hanyin.gov.cn/Node-23194.html。

1992 年在家；1992 年至 1998 年在汉阴县城关镇中堰小学读书；1998 年至 2001 年在汉阴县城关镇月河中学读书；2001 年至 2004 年在汉阴中学读书；2004 年至 2007 年在安康学院读书；2007 年至今在汉阴县盛世装饰有限公司上班。父亲是陕西省安康市汉阴县城关镇中堰村二组人，只说汉阴城关方言。母亲是陕西省安康市汉阴县城关镇中堰村二组人，只说汉阴城关方言；配偶是陕西省安康市汉阴县城关镇龙岭村二组人，只说汉阴城关方言。

口头文化发音人：邱永明，老男。

贰　声韵调

一、老男音系

1. 声母 22 个，包括零声母在内

p	八兵病	pʰ	派片爬		m	麦明		
t	多东毒	tʰ	讨天甜				l	脑南老蓝连路
ts	资早租字贼坐柱争装主	tsʰ	刺草寸全ㄨ祠拆茶抄初床春船权ㄨ		s	丝三酸事山双顺书		
tʂ	张竹纸	tʂʰ	抽车城		ʂ	手十	ʐ	热软
tɕ	酒九	tɕʰ	清全ㄨ轻权ㄨ	ȵ	年泥	ɕ	想谢响县		
k	高共	kʰ	开	ŋ	熬安	x	飞风副蜂肥饭好灰活		
∅	味问月温王云用药							

2. 韵母 40 个，不包括儿化韵

ɿ	师丝	i	米戏急七一锡	u	苦五骨谷	y	雨橘局
ʅ	试十直尺			ɥ	猪出		
aɻ	二						
ɑ	茶塔辣八	iɑ	牙鸭	uɑ	瓦法刮		
E	热北色白	iE	写接贴节	uE	国	yE	靴月
o	歌坐过盒活托郭壳	io	药学	uo	握		
ae	开排鞋戒解	iae	戒解	uae	快		
ei	赔			uei	对飞鬼		

续表

ɑo	宝饱	iɑo	笑				
əu	豆走	iəu	油六绿				
an	南山半	ian	盐年	uan	短官权ʶ	yan	权ʶ
ən	深根灯升硬ʶ争横	in	心新硬ʶ病星	uən	寸滚春	yn	云
ɑŋ	糖	iɑŋ	响讲	uɑŋ	床王双		
oŋ	东	ioŋ	兄用	uŋ	翁		

说明：

（1）u 作介音与 ts tsʰ s 相拼时，有舌尖音 ʅ 的色彩。
（2）o 和 ts tsʰ s 相拼时，o 之前有时会有合口介音 u 出现，但因音色较弱，动程较短，一律略去。
（3）ae iae uae 的韵尾音值未到达高元音 i 的位置，此处记作 e。
（4）ei uei 两韵母主要元音 e 的开口度略大，但未到达 ɛ 的位置，仍记作 e。
（5）an ian yan 三个韵母中主要元音 a 的舌位较高，实际音值接近 æn iæn yæn。
（6）零声母字"握、翁"等有合口色彩，记作 uo uŋ。

3. 单字调 4 个

阴平 33	东该灯风通开天春
阳平 42	门龙牛油铜皮糖红谷百搭节急哭拍塔切刻六麦叶月毒白盒罚
上声 45	懂古鬼九统苦讨草买老五有
去声 214	动罪近后冻怪半四痛快寸去卖路硬乱洞地饭树

二、青男音系

1. 声母 22 个，包括零声母在内

p	八兵病	pʰ	派片爬			m	麦明		
t	多东毒	tʰ	讨天甜					l	脑南老蓝连路
ts	资早租字贼坐柱争装主	tsʰ	刺草寸全ʶ祠拆茶抄初床春船			s	丝三酸事山双顺书		
tʂ	张竹纸	tʂʰ	抽车城			ʂ	手十	ʐ	热软
tɕ	酒九	tɕʰ	清全ʶ轻权	ȵ	年泥	ɕ	想谢响县		
k	高共	kʰ	开	ŋ	熬安	χ	飞风副蜂肥饭好灰活		
∅	味问月温王云用药								

2. 韵母 36 个（不包括儿化韵）

ɿ	师丝	i	米戏急七一锡	u	苦五猪骨出谷	y	雨橘局
ʅ	试十直尺						
ar	二						
ɑ	茶塔辣八	iɑ	牙鸭	uɑ	瓦法刮		
E	热北色白	iE	写接贴节			yE	靴月
		io	药学	uo	歌坐过盒活托郭壳国		
ae	开排鞋			uae	快		
ei	赔			uei	对飞鬼		
ɑo	宝饱	iɑo	笑桥				
əu	豆走	iəu	油六绿				
an	山半	ian	盐年	uan	短官	yan	权
ən	深根灯升硬乂争横	in	心新硬乂病星	uən	寸滚春	yn	云
ɑŋ	糖	iɑŋ	响讲	uɑŋ	床王双		
oŋ	东	ioŋ	兄用	uŋ	翁		

3. 单字调 4 个

阴平 33	东该灯风通开天春
阳平 42	门龙牛油铜皮糖红谷百搭节急哭拍塔切刻六麦叶月毒白盒罚
上声 45	懂古鬼九统苦讨草买老五有
去声 214	动罪近后冻怪半四痛快寸去卖路硬乱洞地饭树

叁 连读变调

汉阴方言老派、新派两字组连读变调规律相同，可以分为非重叠两字组和重叠两字组两种。

一、非重叠两字组连读变调

汉阴方言非重叠两字连读时，一般后字不变调，前字为阴平 33、阳平 42、上声 45 时也不发生明显变调。只有前字为去声 214 时会发生变调，表现为：去声 214 在阴平 33、阳平 42、去声 214 之前变为 24 调，去声 214 在上声 45 调之前变为 21 调。具体情况见表 27-1。

表 27-1　汉阴方言非重叠两字组连读变调表

前字 \ 后字	阴平 33	阳平 42	上声 45	去声 214
阴平 33	33+33 东风	33+42 工人	33+45 工厂	33+214 书记
阳平 42	42+33 骑车	42+42 皮鞋	42+45 长短	42+214 驼背
上声 45	45+33 火车	45+42 倒霉	45+45 厂长	45+214 写信
去声 214	24+33 豆浆	24+42 面条	21+45 信纸	24+214 路费

二、重叠两字组及轻声连读变调

汉阴方言重叠两字组连调和轻声两字组连调规律一致，前字除去声 214 外，均不发生变调，去声 214 变为 21 调，后字不论本调来源均读轻声调，但是具体音高有差异：和阴平 33 连读的后字，轻声调为中度 3，和阳平 42 连读的后字，轻声调为半低调 2，和上声 45、去声 214 连读的后字，轻声调为半高调 4。具体情况见表 27-2。

表 27-2　汉阴方言重叠两字组及轻声连读变调表

前字 \ 后字	阴平 33	阳平 42	上声 45	去声 214
阴平 33	33+0　刀子　珠珠儿			
阳平 42	42+0　绳子　馍馍			
上声 45	45+0　李子　眼眼儿			
去声 214	21+0　盖子　面面儿			

肆　异　读

一、文白异读

1. 部分古见系开口二等字，白读音声母为舌根音 k kʰ x，文读音声母为舌面前音 tɕ tɕʰ ɕ。如：戒 kae²¹⁴/tɕiae²¹⁴，解 kae⁴⁵/tɕiae⁴⁵，项 xaŋ²¹⁴/ɕiaŋ²¹⁴，角 ko⁴²/tɕio⁴²，敲 kʰao³³/tɕʰiao³³。

2. 部分精组、见系合口三等字，声母白读是舌尖音 ts tsʰ s，文读为舌面前音 tɕ tɕʰ ɕ。如：全 tsʰuan⁴²/tɕʰyan⁴²，权 tsʰuan⁴²/tɕʰyan⁴²，俊 tsuən²¹⁴/tɕyn²¹⁴。

部分古疑、影母开口二、三等字，逢齐齿呼白读音声母为舌面前 ɲ，文读音为零声母。如：艺 ɲi²¹⁴/i²¹⁴，严 ɲian⁴²/ian⁴²，言 ɲian⁴²/ian⁴²。

3. 个别古疑母开口二等字，白读音声母为舌根音 ŋ，文读音为零声母或 ȵ 母。如：颜 ŋan⁴²/ian⁴²，硬 ŋən²¹⁴/ȵin²¹⁴。

4. 个别古章组全浊声母合口三等字，白读声母为擦音 ʂ，文读声母为塞擦音 tʂʰ。如：唇 ʂən⁴²/tʂʰuən⁴²。

5. 个别蟹摄合口一等见系字，白读音韵母为 uei，文读音韵母为 uae。如：外 uei²¹⁴/uae²¹⁴。

6. 古微母合口三等字个别白读音韵母为 i，文读音韵母为 uei。如：尾 i⁴⁵/uei⁴⁵。

二、新老差异

汉阴方言新、老派语音差异和文白异读、又音有部分重复，主要表现为老派方言部分文白两读在新派中保留文读音，又音在新派方言中保留趋近于普通话声韵调的读法。除此之外，新老派的差异在声母、韵母等方面也有所表现。具体如下：

1. 非组字和晓匣母字互为变体的情况，老派出现频率更高、表现得更加明显。如：飞 fei³³/xuei³³，粉 fən⁴⁵/χuən⁴⁵，饭 fan²¹⁴/χuan²¹⁴。

2. 遇摄合口三等字，老派读 ɿ 韵，新派读 u 韵。如：猪 tsɿ³³/tsu³³，出 tsʰɿ³³/tsʰu³³。

3. 曾摄合口一等见组字，老派读 uE 韵，新派读 uo 韵。如：国 kuE⁴²/kuo⁴²。

4. 果摄一等字，老派读 o 韵，新派读 uo 韵。如：哥 ko³³/kuo³³，盒 χo⁴²/χuo⁴²。

5. 蟹摄开口二等见组字，老派读 iae 韵，新派读 iE 韵。如：戒 tɕiae²¹⁴/tɕiE²¹⁴，解 tɕiae⁴⁵/tɕiE⁴⁵。

三、又音

1. 个别庄组开口三等字，声母有送气和不送气两种读音。如：侧 tsE⁴²/tsʰE⁴²。

2. 个别精组合口三等字，声母有舌尖前音 s 和舌面前音 ɕ 两种读音。如：宿 səu⁴²/ɕy⁴²。

3. 来母通摄合口三等入声字"绿"，声调有阴平、阳平两种读音。如：绿 liəu³³/liəu⁴²。

伍　儿化音变

汉阴方言儿化韵有明显的小称作用。单音节名词进行"AA（儿）"式重叠后，后字一律变为轻声，实际调值如前所述；非重叠名词儿化不变调。无论是否重叠，儿化音节的韵母音变规律一致。汉阴方言中除了韵母 ar uE iae 外，一律按照四呼变成 4 个儿化韵。见表 27-3。

表 27-3　汉阴方言儿化韵与基本韵母对应表

儿化韵	基本韵母	例　词
ar	ɿ	小事儿
	ʅ	纸纸儿
	ɑ	疤疤儿
	ᴇ	热热儿
	o	唱歌儿
	ae	鞋带儿
	ei	美美儿
	ɑo	灯泡儿
	əu	豆豆儿
	an	调盘儿
	ən	本本儿
	ɑŋ	炕炕儿
iar	i	小米儿
	iɑ	豆芽儿
	iᴇ	树叶儿
	io	麻雀儿
	iɑo	摇摇儿摇篮
	iəu	酱油儿
	ian	麻钱儿
	in	星星儿
	iɑŋ	秧秧儿
	ioŋ	蚕蛹儿

续表

儿化韵	基本韵母	例　词
uar	o	角角儿
	u	媳妇儿
	uɑ	娃娃儿
	uo	窝窝儿
	uae	方块儿
	uei	柜柜儿
	uan	饭馆儿
	uən	打滚儿
	uɑŋ	蛋黄儿
	oŋ	空空儿
	uŋ	瓮瓮儿
yar	y	面鱼儿
	yɛ	月月儿
	yan	汤圆儿
	yn	裙裙儿

陆　其他主要音变

汉阴方言还有同化、弱化、增音、合音等音变现象。具体情况见表27-4。

表27-4　汉阴方言同化、弱化、增音、合音例表

本　音	变　音
哪 lɑ^{45}	同化、弱化：一千块钱哪 i^{42}tɕʰian^{33}kʰuae^{45}tɕʰian^{42}nɑ^{0}
个 ko^{214}	弱化：哪个 lɑ^{45}kə^{0}
下 χɑ^{214}	增音：下午 χɑŋ^{21}u^{45}
地方 ti^{21}χuɑŋ^{0}	合音：［地方］tɑŋ^{214}
米面 mi^{45}mian^{214}	合音：［米面］馍 miɑ^{45}mo^{42}

第二十八节　平利方音

调查人　崔有弟　周　政

壹　概　况

一、调查点

平利，位于陕西省东南部，介于东经 109°～109°33′、北纬 31°37′～32°39 分之间，东邻湖北竹溪县，南接重庆市城口县，西连陕西省安康市岚皋县，北靠陕西省安康市、汉滨区、旬阳县，居陕、鄂、渝三省交界处，属典型的省际边关县。人口为 23.27 万人（2016 年）。[①]

平利方言分属中原官话关中片，分布于县的北部区域，人口约 14 万，入声消失，归入阴平和阳平。境内还有西南官话，分布于南部区域的正阳乡、广佛镇、洛河镇部分区域，人口约 30000 人；混和方言区，分布于南部区域的八仙镇，为湖南湘语、四川西南官话、湖北黄孝方言相混合，人口约 30000 人。

地方曲艺主要是汉调二黄、弦子腔。

二、方言发音人

老男：李千顺，1955 年 2 月出生于陕西安康平利县城关镇西直街。高中文化，工人。只会说平利县城关话。1955 年至 1967 年生活在平利城关，1961 年在城关小学上学；1967 年至 1974 年在平利中学上学；1974 年至 1975 年下乡知青；1975 年至 2012 年在平利粮食局工作；2013 年退休。父亲是平利城关镇人，只会说平利城关话，母亲是平利城关镇人，只会说平利城关话；配偶是平利城关镇人，只会说平利城关话。

青男：支运安，1988 年 9 月出生于陕西安康市平利县城关镇。大专文化，教师。会说平利城关话、普通话，平时只说平利城关话。1988 年至 1994 年生活在平利城关镇；1994 年至 2000 年在平利城关小学上学；2000 年至 2007 年在平利中学上学；2007 年至 2010 年在陕西工业职业技术学院上学；2010 年至今在平利生活工作。父亲是平利城关人，只会说平利城关话；母亲是平利城关人，只会说平利城关话；配偶是平利城关人，只会说平利城关话。

[①]内容来源于百度。

口头文化发音人：李谦诚，男，1943 年 10 月出生于陕西省平利县城关镇五峰村，高中文化，农民。

贰　声韵调

一、老男音系

1. 声母 24 个，包括零声母在内

p	八兵病	pʰ	派片爬	m	麦明	f	飞风副蜂肥饭		
t	多东毒	tʰ	讨天甜					l	脑南老蓝连路
ts	资早租字贼坐争	tsʰ	刺草寸祠拆初			s	丝三酸事		
tʂ	张竹柱装纸主	tʂʰ	全抽茶抄床车春船城权	ȵ	女	ʂ	山双顺手书十	ʐ	人
tɕ	酒九	tɕʰ	清轻	ɲ	年泥	ɕ	想谢响县		
k	高共	kʰ	开	ŋ	熬安	x	好灰活		
∅	味问软月王云用药								

说明：

（1）pʰ 发音时送气较强。
（2）n l 拼开口呼和合口呼韵母时混为 l。
（3）tʂ tʂʰ ʂ 在合口呼韵母前，舌尖接触上颚的部位略偏前。
（4）ȵ 声母只有"女"一个字。
（5）tɕ tɕʰ ɕ 发音部位偏后，ɲ 发音时舌位较偏前。

2. 韵母 44 个，不包括儿化韵

ɿ	师丝	i	米戏急七一锡	u	苦五骨谷	ʮ	猪雨出橘局
ʅ	试十直尺						
ər	二						
a	茶塔法辣八	ia	牙鸭	ua	瓦刮	ʮa	挼抓
E	北色白	iE	写接贴节	uE	国	ʮE	靴热月
o	歌坐过盒活托郭壳	io	药学	uo	窝		
ai	开排鞋	iai	戒解	uai	快	ʮai	揣
ei	赔对飞			uei	鬼	ʮei	追

续表

au	宝饱	iau	笑桥				
ou	豆走六绿	iou	油				
an	南山半短	ian	盐年	uan	官	ɥan	权
ən	深根寸灯升硬争	in	心新病星	uən	滚横	ɥən	春云
aŋ	糖	iaŋ	响讲	uaŋ	王	ɥaŋ	床双
əŋ	风逢						
oŋ	东	ioŋ	兄用			uoŋ	翁

说明：

（1）i 在 p t 两组声母后读得较松，在 tɕ 组声母后读得较紧。

（2）u 读音时有时会带有摩擦成分。

（3）ɥ 相当于 ɿ 的圆唇，卷舌的程度较小。

（4）a ua ɥa au aŋ iaŋ uaŋ 中的 a 接近 ɑ。iau 中的 a 比 ɑ 略偏前，u 松而开。ian 中的 a 发音时舌位略高，接近 æ。

（5）iE 的主要元音 E 发音时舌位稍高，近 e。

（6）o io 中的 o 发音时开口度略小，接近 u。

（7）ei 中的 i 响度较大，uei ɥei 的 e 很短，音色不明显。

（8）ən 中的 ə 舌位偏前，uən əŋ 中的 ə 是标准的后元音。

3. 单字调 4 个

阴平 43	东该灯风通开天春谷百搭节哭拍塔切六麦叶月
阳平 52	门龙牛油铜皮糖红急毒白盒罚
上声 445	懂古鬼九统苦讨草买老五有
去声 214	冻怪半四痛快寸去卖路硬乱洞地饭树动罪近后

说明：

阴平 43 降的幅度较小，终点介于 4 和 3 之间，有时听感与 44 相近。

二、青男音系

1. 声母 24 个，包括零声母在内

p	八兵病	pʰ	派片爬	m	麦明	f	飞风副蜂肥饭		
t	多东毒	tʰ	讨天甜	n	女			l	脑南老蓝连路
ts	资早租字贼坐争	tsʰ	刺草寸祠拆初			s	丝三酸事		
tʂ	张竹柱装纸主	tʂʰ	抽茶抄床车春船城			ʂ	山双顺手书十	ʐ	热

续表

tɕ	酒九	tɕʰ	清全轻权	ɲ	年泥	ɕ	想谢响县	
k	高共	kʰ	开	ŋ	熬安	x	好灰活	
ø	味问软月温王云用药							

2. 韵母39个，不包括儿化韵

ɿ	师丝	i	米戏急七一锡	u	苦五猪骨出谷	y	雨橘绿局
ʅ	试十直尺						
ər	二						
a	茶塔法辣八	ia	牙鸭	ua	瓦刮		
E	热北色白	iE	写接贴节	uE	国	yE	靴月
o	歌坐过盒活托郭壳	io	药学	uo	窝		
ai	开排鞋			uai	快		
ei	赔对飞			uei	鬼		
au	宝饱	iau	笑桥				
ou	豆走	iou	油六				
an	南山半短	ian	盐年	uan	官	yan	权
ən	深根寸灯升硬争横	in	心新病星	uən	滚春	yən	云
aŋ	糖	iaŋ	响讲	uaŋ	床王双		
əŋ	风逢						
oŋ	东	ioŋ	兄用	uoŋ	翁		

3. 单字调4个

阴平 43	东该灯风通开天春谷百搭节哭拍塔切刻六麦叶月
阳平 52	门龙牛油铜皮糖红急毒白盒罚
上声 445	懂古鬼九统苦讨草买老五有
去声 214	冻怪半四痛快寸去卖路硬乱洞地饭树动罪近后

叁 连读变调

平利方言老派、新派的两字组连读变调规律相同，可以分为非叠字两字组和叠字两字组两种。

一、非叠字两字组连读变调

1. 阴平在阴平、阳平、上声、去声前；阳平在阴平、阳平、上声、去声前，前后字均读原调。例如：

开窗 $k^hai^{43}tʂ^hu̯aŋ^{43}$　　开门 $k^hai^{43}mən^{52}$　　收礼 ʂou^{43}li^{445}　　生病 sən^{43}pin^{214}
谈心 $t^han^{52}ɕin^{43}$　　抬头 $t^hai^{52}t^hou^{52}$　　骑马 tɕ^{h}i^{52}ma^{445}　　求爱 tɕ^{h}iou^{52}ŋai^{214}

2. 上声字在阴平、阳平、上声、去声前，时值变短，由 445 变读为 45。如：

养鸡 iaŋ^{45}tɕi^{43}　　打雷 ta^{45}lei^{52}　　洗脸 ɕi^{45}lian^{445}　　演戏 ian^{45}ɕi^{214}

3. 去声字在阴平、阳平、上声、去声前，时值变短，由 214 变读为 24。如：

汽车 tɕ^{h}i^{24}tʂ$_E^{43}$　　性别 ɕin^{24}piE^{52}　　信纸 ɕin^{24}tʂ^{h}ɻ^{445}　　最近 tsei^{24}tɕin^{214}
看书 k^han^{24}ʂu̯^{43}　　拜年 pai^{24}ȵian^{52}　　送礼 soŋ^{24}li^{445}　　让路 ʐaŋ^{24}lou^{214}

表 28-1　平利方言非叠字两字组连读变调表

前字＼后字	阴平 43	阳平 52	上声 445	去声 214
阴平 43	43+43 开窗	43+52 开门	43+552 收礼	43+214 生病
阳平 52	52+43 谈心	52+52 抬头	52+445 骑马	52+214 求爱
上声 445	45 +43 养鸡	45 +52 打雷	45 +445 洗脸	45 +214 演戏
去声 214	24 +43 汽车	24 +52 性别	24 +445 信纸	24 +214 最近

二、非叠字两字组中的轻声

一般是前字读音重，后字读音轻短，实际音值接近 21。例如：

中国 tʂoŋ^{43}kuE^0　　生活 sən^{43}xo^0　　帮手 paŋ^{43}ʂou^0　　姿式 tsɻ^{43}ʂɻ^0
厨师 tʂ^{h}u̯^{52}sɻ^0　　厨房 tʂ^{h}u̯^{52}faŋ^0　　牙齿 ŋa^{52}tʂ^{h}ɻ^0　　洋芋 iaŋ^{52}u̯^{0}
老师 lau^{45}sɻ^0　　党员 taŋ^{45}u̯an^0　　老虎 lau^{45}xu^0　　板凳 pan^{45}tən^0
季节 tɕi^{24}tɕiE^0　　数学 sou^{24}ɕio^0　　屁股 p^{h}i^{24}ku^0　　吊罐 tiau^{24}kuan^0

三、叠字组的轻声

量词、动词的重叠和叠音名词（包括儿化词）后一个音节全为轻声，实际音值接近 21。例如：

哥哥 ko^{43}ko^0　　馍馍 mo^{52}mo^0　　姐姐 tɕiE^{45}tɕiE^0
印印 in^{24}in^0　　拍拍 p^{h}E^{43}p^{h}E^0　　件件 tɕian^{24}tɕian^0

肆 异 读

一、文白异读

1. 部分见系开口二等字，白读保留舌根音声母 k kʰ x，文读为舌面音声母 tɕ tɕʰ ɕ。如：解 kai⁴⁴⁵/tɕiɛ⁴⁴⁵，咸 xan⁵²/ɕian⁵²，瞎 xa⁴³/ɕia⁴³，项 xaŋ²¹⁴/ɕiaŋ²¹⁴。

2. 精组合口三等字，白读 tɕʰi- ɕi-，韵母为齐齿呼，文读 tʂʰʯ- ʂʯ-，韵母为合口呼。如：去 tɕʰi²¹⁴/tʂʰʯ²¹⁴。

3. 部分咸摄开口三等疑母字，白读声母为 ȵ，文读为零声母。如：严 ȵian⁵²/ian⁵²，眼 ȵian⁴⁴⁵/ian⁴⁴⁵。

二、新老异读

新老异读声母主要表现在精组、知系和见系字上，韵母主要表现在遇、山、臻摄及宕、江摄上。

1. 遇摄合口三等精组字，老派读 i 韵，新派读 y 韵。如：徐 ɕi⁵²/ɕy⁵²，取 tɕʰi⁴⁴⁵/tɕʰy⁴⁴⁵。

2. 臻摄合口三等精组字，老派声母读 tʂ 组，韵母读 ʯən；新派声母读 tɕ 组，韵母读 yən。如：俊 tʂʯən²¹⁴/tɕyən²¹⁴。

3. 遇摄合口三等知系字，老派读 ʯ 韵，新派读 u 韵。如：猪 tʂʯ⁴³/tʂu⁴³，书 ʂʯ⁴³/ʂu⁴³，柱 tʂʯ²¹⁴/tʂu²¹⁴，输 ʂʯ⁴³/ʂu⁴³。

4. 止摄合口三等知系字，老派读 ʯei 韵，新派读 uei 韵。如：吹 tʂʰʯei⁴³/tʂʰuei⁴³，追 tʂʯei⁴³/tʂuei⁴³，水 ʂʯei⁴⁴⁵/ʂuei⁴⁴⁵。

5. 山摄合口二等庄组字、山摄合口三等知章组字，老派读 ʯan 韵，新派读 uan 韵。如：闩 ʂʯan²¹⁴/ʂuan²¹⁴，转 tʂʯan⁴⁴⁵/tʂuan⁴⁴⁵，船 tʂʰʯan⁵²/tʂʰuan⁵²。

6. 臻摄合口三等知系字，老派读 ʯən 韵，新派读 uən 韵。如：春 tʂʰʯən⁴³/tʂʰuən⁴³，顺 ʂʯən²¹⁴/ʂuən²¹⁴。

7. 宕摄开口三等庄组字、江摄开口二等知庄组字，老派读 ʯaŋ 韵，新派读 uaŋ 韵。如：装 tʂʯaŋ⁴³/tʂuaŋ⁴³，床 tʂʰʯaŋ⁵²/tʂʰuaŋ⁵²，壮 tʂʰʯaŋ²¹⁴/tʂʰuaŋ²¹⁴，撞 tʂʯaŋ²¹⁴/tʂuaŋ²¹⁴，窗 tʂʰʯaŋ⁴³/tʂʰuaŋ⁴³。

8. 遇摄合口三等见系字，老派声母读 tʂ 组或零声母，韵母读 ʯ；新派声母读 tɕ 组或零声母，韵母读 y。如：举 tʂʯ⁴⁴⁵/tɕy⁴⁴⁵，渠 tʂʰʯ⁵²/tɕʰy⁵²，许 ʂʯ⁴⁴⁵/ɕy⁴⁴⁵，句 tʂʯ²¹⁴/tɕy²¹⁴，雨 ʯ⁴⁴⁵/y⁴⁴⁵。

9. 山摄合口三等见系字，老派声母读 tʂ 组或零声母，韵母读 ʯan；新派声母读 tɕ 组或零声母，韵母读 yan。如：圈 tʂʰʯan⁴³/tɕʰyan⁴³，院 ʯan²¹⁴/yan²¹⁴，原 ʯan⁵²/yan⁵²，冤 ʯan⁴³/yan⁴³。

10. 臻摄合口三等见系字，老派声母读tʂ组或零声母，韵母读 ɥən；新派声母读 tɕ 组或零声母，韵母读 yən。如：均tʂɥən^{43}/tɕyən^{43}，军tʂɥən^{43}/tɕyən^{43}，运 ɥən^{214}/yən^{214}。

11. 遇摄合口三等泥来母字，老派声母读 ȵ 或零声母，韵母读 ɥ；新派声母读 n、l，韵母读 y。如：女 ȵɥ^{445}/ny^{445}，吕 ɥ^{445}/ly^{445}。

伍　儿化音变

平利方言 42 个基本韵母中，除 ər uɛ uŋ 外，其余均可儿化。

表 28-2　平利方言儿化韵与基本韵母对应表

儿化韵	基本韵母	例　词
ar	a	马马儿　刀把儿
	ai	鞋带儿　茶盖儿　窗台儿
	an	木板儿　心肝儿
iar	ia	豆芽儿　看家儿
	ian	麻钱儿　眼眼儿
uar	ua	花花儿　猪娃儿　鸡大胯儿
	uai	乖乖儿　鸡块儿
	uan	当官儿　饭馆儿
ɥar	ɥa	刷刷儿　挞挞儿
	ɥai	帅帅儿
	ɥan	串儿　栓栓儿
	ɥai	帅帅儿
ər	ɿ	瓜子儿　垐垐儿
	ʅ	湿湿儿的　直直儿
	ei	美美儿　杯杯儿
	ən	根根儿　老本儿　顿顿儿
iər	i	皮皮儿　花生米儿　玩意儿
	in	兵儿　星星儿
uər	uei	鞋柜儿　一会儿
	uən	竹棍儿　捆捆儿
ɥər	ɥəi	钉锤儿　水水儿　坠坠儿
	ɥən	嘴唇儿　军儿　大春儿

续表

儿化韵	基本韵母	例　　词
or	o	壳壳儿　钵钵儿　唱歌儿
uor	uo	窝窝儿
ɛr	ɛ	记者儿　自行车儿　白儿的
iɛr	iɛ	叶叶儿　憋憋儿
ur	u	酒壶儿　苦苦儿
ʮr	ʮ	面鱼儿　幺女儿
aur	au	毛毛儿　鞋梆儿
iaur	iau	挑挑儿　叫叫儿
ior	io	角角儿　麻雀儿
our	ou	小丑儿　三只手儿
iour	iou	加油儿　打秋儿
ãr	aŋ	茶缸儿　屋基场儿　乒乓儿
iãr	iaŋ	辣子秧儿　箱箱儿
uãr	uaŋ	沾光儿　蛋黄儿
õr	oŋ	抽空儿　弓弓儿
iõr	ioŋ	绒绒儿

陆　其他音变

一、同化

1. 顺同化（前面的音素影响后面的音素）。如：

青白 tɕʰin⁴³ pɛ⁰→tɕʰin⁴³ mɛ⁰

2. 逆同化（后面的音素影响前面的音素）。如：

耽误 tan⁴³ u⁰→taŋ⁴³ u⁰　　　　　难为 lan⁵² uei⁵²→laŋ⁵² uei⁵²

南瓜 lan⁵² kua⁴³→laŋ⁵² kua⁴³　　难怪 lan⁵² kuai²¹⁴→laŋ⁵² kuai²¹⁴

二、合音

不要 pu⁴³ iau²¹⁴→piau²¹⁴　　　　没有 mo⁴³ iou⁴⁴⁵→miou⁴⁴⁵

今日 tɕin⁴³ ər⁴³→tɕir⁴³　　　　　明日 mən⁵² ər⁴³→mər⁵²

后日 xou²⁴ ər⁴³→xour²¹⁴　　　　前日 tɕʰian⁵² ər⁴³→tsiar⁵²

生日 sən⁴³ ər⁴³→sər⁴³

第二十九节 汉中方音

调查人 张 璐

壹 概 况

一、调查点

汉中（汉台区）位于陕西省南部，北依秦岭，南屏巴山，是国家级历史文化名城、全国优秀旅游城市，在东经106°51′~107°10′、北纬33°02′~33°22′之间。人口57.05万，其中汉族人口占总量99.9%以上，少数民族中回族人数最多，其次为满族、苗族、蒙古族、壮族、土家族，其他少数民族数量稀少。[①]

汉中（汉台区）方言处在中原官话和西南官话的深度接触地区。经多位学者前期调查，汉中（汉台区）西关北关所讲方言为中原官话，东关南关为西南官话川黔片陕南小片。本次调查发现，西关北关人口比例大于东关南关，且当地人普遍认为西关北关语音是更能够代表汉中的权威方言，因此中原官话成为明显强势方言，近年来语音变化较大，也正在向普通话靠拢。

汉中（汉台区）的地方曲艺主要是汉调桄桄、汉调二黄。汉调桄桄是明末关中东路秦腔传入汉中，与当地方言和民乐结合形成的梆子声腔剧种。近年来即将失传。汉调二黄是二黄腔调从湖北沿汉水进入汉中，由西皮、二黄结合而成，称汉调，目前也即将失传。

二、方言发音人

老男：黄党生，1954年7月出生于陕西省汉中市汉台区汉中路街道办事处西关社区居委会。大学本科文化，退休教师。会说汉中话、普通话，平时主要说汉中话。1954年至1960年生活在陕西省汉中市汉台区西关街道；1960年至1966年在汉台区青年路小学上小学；1966年至1969年因文革失学在家；1969年至1970年在汉台区第四中学上初中；1970年至1972年在汉台区望江公社插队劳动；1972年至1979年在汉台区柴油机厂工作；1979年至1983年在陕西师范大学中文系上大学；1983年至2014年在陕西理工大学文学院当教师；2014年退休至今。父亲是陕西省汉中市汉台区西关人，

[①]内容来源于汉台区人民政府网站http：//www.htq.gov.cn/zjht/htgk.htm。

说汉中话；母亲是陕西省汉中市汉台区西关人，说汉中话。

青男：张露伟，1985年2月出生于陕西省汉中市汉台区汉中路街道西关社区居委会。大学本科文化，公务员。会说汉中话、普通话，平时主要说汉中话。1991年前一直在汉台区居住；1991年至1997年在汉台区青年路小学上小学；1997年至2000年在汉台区第三中学上初中；2000年至2004年在汉台区第三中学上高中；2004年至2008年在浙江师范大学中文系上大学；2008年至2010年在陕西省汉中市勉县漆树坝乡工作，挂职干部；2010年至今在陕西省汉中市教育局工作，公务员。父亲是陕西省汉中市汉台区西关人，只说汉中话；母亲是陕西省汉中市汉台区西关人，只说汉中话；配偶是陕西省汉中市汉台区西关人，只说汉中话。

口头文化发音人：黄党生，老男。

贰　声韵调

一、老男音系

1. 声母23个，包括零声母在内

p	八兵病	p^h	派片爬	m	麦明	f	飞风副蜂肥饭
t	多东毒	t^h	讨天甜			l	脑南老蓝连路
ts	资早租字贼坐竹柱争装纸主	ts^h	刺草寸祠拆茶抄初床春船			s	丝三酸事山双顺书
tʂ	张	$tʂ^h$	抽车城			ʂ	手十	ʐ	热软
tɕ	酒九	$tɕ^h$	清全轻权	ȵ	年泥	ɕ	想谢响县
k	高共	k^h	开	ŋ	熬安	x	好灰活
∅	味问月温王云用药						

说明：

（1）p^h t^h ts^h等送气音发音时气流较强。

（2）f s ɕ x等擦音发音时气流较强。

（3）tʂ $tʂ^h$ ʂ ʐ发音时接触部位偏前，卷舌较浅，有时带舌叶音色彩。

（4）在u前的零声母上下唇略有接触，但不形成阻碍。

（5）在i前的零声母略有轻微摩擦。

2. 韵母 35 个，不包括儿化韵

ɿ	师丝试	i	米戏急七一锡	u	苦五猪骨出谷	y	雨橘局
ʅ	十直尺						
ər	二						
A	茶塔法辣八	iA	牙鸭	uA	瓦刮		
ɤ	歌盒热壳	iE	写接贴节	uɤ	坐过活托郭国	yɤ	靴月药学
ai	开排鞋			uai	快		
ei	赔飞北色白			uei	对鬼		
ɑo	宝饱	iɑo	笑桥				
əu	豆走	iəu	油六绿				
an	南山半	ian	盐年	uan	短官	yan	权
ən	深根灯升争横	in	心新硬病星	uən	寸滚春	yn	云
ɑŋ	糖	iɑŋ	响讲	uɑŋ	床王双		
oŋ	东	ioŋ	兄用	uoŋ	翁		

说明：

（1）a A ɑ 本可以归纳为一个音位/a/，但为了使音值表达更清楚，分别用 A 记录开尾韵，a 记录 -i -n前，ɑ 记录-o -ŋ 前的实际读音。

（2）ən 与唇音声母相拼，-n 成阻部位较为靠后，但比-ŋ 靠前，仍记为 ən。

3. 单字调 4 个

阴平 55	东该灯风通开天春谷百搭节急哭拍塔切刻六麦叶月
阳平 42	门龙牛油铜皮糖红毒白盒罚
上声 354	懂古鬼九统苦讨草买老五有
去声 213	动罪近后冻怪半四痛快寸去卖路硬乱洞地饭树

说明：

（1）阴平高平调 55，调尾有时有下降的拖音。

（2）阳平 42，音长较其他三个调类略短，收尾干脆。

（3）上声调尾有时下降不明显，或下降的动程较短，与 35 或 355 接近。

二、青男音系

1. 声母 23 个，包括零声母在内

p	八兵病	pʰ	派片爬	m	麦明	f	飞风副蜂肥饭		
t	多东毒	tʰ	讨天甜					l	脑南老蓝连路
ts	资早租字贼坐竹柱争装纸主	tsʰ	刺草寸祠拆茶抄初床春船			s	丝三酸事山双顺书		
tʂ	张	tʂʰ	抽车城			ʂ	手十	ʐ	热软
tɕ	酒九	tɕʰ	清全轻权	ɲ	年泥	ɕ	想谢响县		
k	高共	kʰ	开	ŋ	熬安	x	好灰活		
∅	味问月温王云用药								

2. 韵母 34 个，不包括儿化韵

ɿ	师丝试	i	米戏急七一锡	u	苦五猪骨出谷	y	雨橘局
ʅ	十直尺						
ər	二						
ɑ	茶塔法辣八	iɑ	牙鸭	uɑ	瓦刮		
ɤ	歌盒热壳	iɛ	写接贴节	uɤ	坐过活托郭国	yɤ	靴月药学
ai	开排鞋			uai	快		
ei	赔飞北色白			uei	对鬼		
ɑo	宝饱	iɑo	笑桥				
əu	豆走	iəu	油六绿				
an	南山半	ian	盐年	uan	短官	yan	权
ən	深根灯升争横	in	心新硬病星	uən	寸滚春	yn	云
ɑŋ	糖	iɑŋ	响讲	uɑŋ	床王双		
oŋ	东	ioŋ	兄用				

3. 单字调 4 个

阴平 55	东该灯风通开天春谷百搭节哭拍塔切刻六麦叶月
阳平 42	门龙牛油铜皮糖红急毒白盒罚
上声 354	懂古鬼九统苦讨草买老五有
去声 213	动罪近后冻怪半四痛快寸去卖路硬乱洞地饭树

叁　连读变调

汉中方言老派、新派的两字组连读变调规律相同，可以分为非轻声两字组和轻声两字组两种。

一、非轻声连读变调

汉台区方言非轻声字连读变调中，前字的规律是，阴平和阳平在四声之前都不变调；上声在四声前都变成35调；去声在阴平和上声前都变成21调，在阳平前不变调，在去声前变成35调；后字的规律是，阴平、阳平、上声、去声调值不变。两字组连读变调共产生两种新调值，即35调、21调。变调情况见表29-1。

表29-1　非轻声连读变调

后字 前字	阴平 55	阳平 42	上声 354	去声 213
阴平 55	55+55 东风	55+42 开门	55+354 身体	55+213 车票
阳平 42	42+55 骑车	42+42 开业	42+354 牛奶	42+213 排队
上声 354	35+55 老师	35+42 检查	35+354 老板	35+213 写字
去声 213	21+55 认真	35+42 拜年	21+354 大雨	35+213 路费

二、轻声连读变调

双音节轻声词中，当前一音节是阴平、阳平和上声时，轻声音节调值是21。如：东边 toŋ⁵⁵pian²¹，棉花 mian⁴²xuA²¹，火车 xuɤ³⁵tʂʰɤ²¹，珠珠 tsu⁵⁵tsu²¹，馍馍 muɤ⁴²muɤ²¹，眼眼 ȵian³⁵ȵian²¹。当前一音节是去声时，轻声音节调值是35。如：背心 pei²¹ɕin³⁵，算盘 suan²¹pʰan³⁵，面面 mian²¹mian³⁵，豆子 təu²¹tsɿ³⁵。

表29-2　轻声连读变调

后字 前字	阴平 55	阳平 42	上声 354	去声 213	叠字	带后缀字
阴平 55	55+0 东边	55+0 今年 工人	55+0 浆水 乡里	55+0 天气 燣气	55+0 珠珠 刀刀	55+0 刀子 方的
阳平 42	42+0 棉花 良心	42+0 眉毛 围裙	42+0 凉粉	42+0 徒弟 棉裤	42+0 馍馍 娃娃	42+0 长的 熟了
上声 354	35+0 火车 比方	35+0 草鞋	35+0 晌午 老虎	35+0 板凳 手艺	35+0 眼眼 粉粉	35+0 拐子 小的
去声 213	21+35 背心 地方	21+35 算盘 大门	21+35 豆腐 舅母	21+35 夜饭	21+35 面面 蛋蛋	21+35 大的 豆子

肆 异 读

一、文白异读

1. 部分古见系开口二等字，白读保留舌根音声母 x，部分字有文读音，声母是舌面音声母 ɕ。如：下 xA²¹²¹³/ɕiA²¹²¹³，咸 xan⁴²/ɕian⁴²。

2. 古全浊声母在汉中方言中全部清化，清化后基本遵循着平声送气、仄声不送气的规律，但小部分仄声字白读时送气，文读时不送气。如：轿 tɕʰiɑo²¹³/tɕiɑo²¹³，造 tsʰɑo²¹³/tsɑo²¹³。

3. 蟹摄开口二等见晓组字，白读为 ai 韵，文读为 iᴇ 韵。如：街 kai⁵⁵/tɕiᴇ⁵⁵，鞋 xai⁴²/ɕiᴇ⁴²。

4. 部分止摄开口三等帮组字，白读为 i 韵，文读为 ei 韵。如：碑 pi⁵⁵/pei⁵⁵，眉 mi⁴²/mei⁴²。

二、新老异读

汉中方言新老异读表现较少，主要表现在音值上，新派的声韵调实际音值往往向普通话靠近。

1. 咸摄开口三等部分疑母字，老派声母读 ȵ，新派读零声母。如：严 ȵian²¹/ian²¹，眼 ȵian³⁵/ian³⁵。

2. 个别古微母合口三等字，老派读 iᴇ 韵，新派读 uei 韵。如：尾 iᴇ³⁵/uei³⁵。

3. 个别精组合口三等字，声母老派读 ɕ，新派读 s。如：宿 ɕy⁵⁵/su⁵⁵。

4. 来母通摄合口三等入声字"绿"，老派读 iəu 韵，新派读 y 韵。如：绿 liəu⁵⁵/liəu⁵⁵。

伍 儿化、小称音变

一、儿化音变

汉中方言韵母 35 个，儿化音节非常少，调查只发现个别词语中存在儿化现象，只发现两个儿化韵 ɤʴ uɤʴ。音变方式是儿化音节的韵母主要元音增加或变为后半高元音 ɤ，再加上卷舌动作。卷舌程度深，鼻音韵尾脱落。以下是所有儿化音节。

表 29-3　汉中方言儿化韵与基本韵母对应表

儿化韵	基本韵母	例　　词
ɤr	ai	帽盖儿
	an	老汉儿
	uei	一会儿
uɤr	uan	新郎官儿
	u	藏猫虎儿

二、小称音变

汉中方言表达小称主要使用词根的重叠，重叠后第二个音节读轻声，轻声音值在前字是阴平、阳平和上声时，一律为 21。如：锅锅 kuɤ^{55}kuɤ^{21}，碗碗 uan^{35}uan^{21}，桌桌 tsuɤ^{55}tsuɤ^{21}。前字是去声时，轻声音值是 35。如：蛋蛋 tan^{21}tan^{35}，菜菜 ts^{h}ai^{21}ts^{h}ai^{35}。当词根重叠后，有时需要加上词缀"子"表示小称义。如：眼眼子 ȵian^{35}ȵian^{21}tsʅ^{21}，洞洞子 toŋ^{21}toŋ^{35}tsʅ^{21}，粉粉子 fən^{35}fən^{21}tsʅ^{21}。

第三十节 城固方音

调查人 张 璐

壹 概 况

一、调查点

城固位于陕西省西南部，在东经 107°03′~107°30′、北纬 32°45′~33°40′之间。人口为 54 万，有汉、回、满、蒙古、壮、土家、锡伯、侗、藏、苗、朝鲜、维吾尔、彝、白、布依、撒拉 16 个民族。汉族人口占 99.79%；其他 15 个民族共 1042 人，占 0.22%。

城固方言属于中原官话关中片，分布在城固各乡镇，使用人口 50 多万，为本地普遍通用的方言，近年来变化较快，正在向普通话靠拢。

地方曲艺主要是汉调桄桄、汉调二黄、汉中曲子、木偶戏、端公戏、皮影戏等。目前均表演较少，偶见于春节地方贺年活动。

二、方言发音人

老男：云呈国，1955 年 10 月出生于陕西省汉中市城固县博望镇街道办事处江湾社区。高中文化，退休教师。只会说城固话。1963 年至 1969 年在江湾村上小学；1969 年至 1972 年在在城固县城博望镇上初中；1973 年至 1974 年在城固县一中上高中；1976 年至 1978 年在城固县参加农业学大寨；1979 年至 2015 年先后在江湾小学、城固县莲花办事处、扬州希望小学工作；2015 年从扬州希望小学退休。父亲是城固县城关镇人，说城固话；母亲是城固县沙河营镇人，说城固话；配偶是汉台区四合村人，只会说城固话。

青男：刘江，1984 年 5 月出生于陕西省汉中市城固县博望镇大东关村三组。大学文化，教师。会说城固城关方言、普通话，平时主要说城固城关方言。1992 年至 1998 年在城固师范附属小学上学；1998 年至 2000 年在城固二中上初中；2000 年至 2004 年在城固二中上高中；2004 年至 2008 年在江西省上饶师范学院体育教育专业上本科；2008 年至 2009 年待业在家；2009 年至 2010 年 10 月在城固县盘龙中心学校任教（小学）；2010 年 10 月至今在城固县教育体育局工作。父亲是城固县博望镇人，只说城固城关方言；母亲是城固县博望镇人，只说城固城关方言；配偶是城固县桔园镇人，只说城固城关方言。

口头文化发音人：云呈国，老男。

贰　声韵调

一、老男音系

1. 声母28个，包括零声母在内

p	八兵病	pʰ	派片爬	m	麦明	f	飞风副蜂肥饭	v	味问
t	多东毒	tʰ	讨天甜					l	脑南老蓝连路
ts	资早酒字贼争纸	tsʰ	刺草清祠拆茶抄			s	丝三想谢事山		
tʂ	张	tʂʰ	抽车城			ʂ	手十	ʐ	热
tʃ	租坐柱装	tʃʰ	寸初床春船			ʃ	酸双顺书	ʒ	软
tɕ	九	tɕʰ	全轻权	ȵ	年泥	ɕ	响县		
k	高共	kʰ	开	ŋ	熬安	x	好灰活		
∅	月温王云用药								

说明：

(1) p t k 发音时阻塞部位接触面较大，爆破有力；pʰ tʰ kʰ 气流较强，除阻后有喉部摩擦。

(2) tɕ tɕʰ ɕ 有强摩擦色彩。

(3) tʃ tʃʰ ʃ ʒ 发音部位比标准舌叶音靠前，唇形略圆。

2. 韵母35个，不包括儿化韵

ɿ	师丝试	i	米戏急七一锡			u	苦五猪骨出谷	y	雨橘局
ʅ	十直尺								
a	茶塔法辣八	ia	牙鸭			ua	瓦刮		
ə	歌二热壳	iɛ	写接贴节			uə	坐过盒活托郭	yɛ	靴月药学
ɔ	宝饱	iɔ	笑桥						
ai	开排鞋					uai	快国		
ei	赔飞北色白					uei	对鬼		
əu	豆走	iəu	油六绿						
an	南山半	ian	盐年			uan	短官	yan	权
ən	深根	in	心新			uən	滚寸春	yən	云
ɑŋ	糖	iɑŋ	响讲			uɑŋ	床王双		
əŋ	灯升争横	iŋ	硬病星			uŋ	东	yŋ	兄用

说明：

（1）u 韵和 u 介音在 tʃ tʃʰ ʃ ʒ 声母后，发音时舌尖和舌面前端靠近硬腭前端，带有舌叶色彩。

（2）u 后有衍音 ə。

（3）uə 中的 ə 的实际舌位略低略后，动程较短。

（4）əu 的韵腹 ə 的实际舌位偏后，动程较短。

3. 单字调 4 个

阴平 53	东该灯风通开天春谷百搭节急苦拍塔切刻六麦叶月
阳平 311	门龙牛油铜皮糖红毒白盒罚
上声 44	懂古鬼九统苦讨草买老五有
去声 213	动罪近后冻怪半四痛快寸去卖路硬乱洞地饭树

说明：

阳平是低降调，但降下去后有拖音，记为 311。

二、青男音系

1. 声母 28 个，包括零声母在内

p	八兵病	pʰ	派片爬	m	麦明	f	飞风副蜂肥饭	v	味问
t	多东毒	tʰ	讨天甜					l	脑南老蓝连路
ts	资早字贼争纸	tsʰ	刺草祠拆茶抄			s	丝三事山		
tʂ	张	tʂʰ	抽车城			ʂ	手十	ʐ	热
tʃ	租坐竹柱装主	tʃʰ	寸初床春船			ʃ	酸双顺书	ʒ	软
tɕ	酒九	tɕʰ	清全轻权	ȵ	年泥	ɕ	想谢响县		
k	高共	kʰ	开	ŋ	熬安	x	好灰活		
∅	月温王云用药								

2. 韵母 35 个，不包括儿化韵

ɿ	师丝试	i	米戏急七一锡	u	苦五猪骨出谷	y	雨橘局
ʅ	十直						
a	茶塔法辣八	ia	牙鸭	ua	瓦刮		
ə	歌二热壳	iɛ	写接贴节	uə	坐过盒活托郭	yɛ	靴月药学
ɔ	宝饱	iɔ	笑桥				
ai	开排鞋			uai	快国		
ei	赔飞北色白			uei	对鬼		

续表

əu	豆走	iəu	油六绿				
an	南山半	ian	盐年	uan	短官	yan	权
ən	深根	in	心新	uən	滚寸春	yən	云
ɑŋ	糖	iɑŋ	响讲	uɑŋ	床王双		
əŋ	灯升争横	iŋ	硬病星	uŋ	东	yŋ	兄用

3. 单字调4个

阴平 53	东该灯风通开天春谷百搭节急苦拍塔切刻六麦叶月
阳平 311	门龙牛油铜皮糖红毒白盒罚
上声 44	懂古鬼九统苦讨草买老五有
去声 213	动罪近后冻怪半四痛快寸去卖路硬乱洞地饭树

叁 连读变调

城固方言老派、新派的两字组连读变调规律相同，可以分为非轻声两字组和轻声两字组两种。

一、后字非轻声连读变调

后字非轻声两字组共有12种连读变调模式。前字的变调规律是，阴平和上声在四声前都不变调；阳平在四声前都变为31调；去声在阴平和上声前变成31调，在阳平和去声前变成24调。作后字时阴平、阳平、上声、去声都不变调。两字组连读变调共产生两种新调值，即31调和24调。

表30-1 城固方言后字非轻声连调表

后字 前字	阴平 53	阳平 311	上声 44	去声 213
阴平 53	53+53 飞机	53+311 开门	53+44 孙女	53+213 车票
阳平 311	31+53 洋灰	31+311 农民	31+44 长短	31+213 排队
上声 44	44+53 打针	44+311 水池	44+44 水果	44+213 买票
去声 213	31+53 唱歌	24+311 拜年	31+44 大雨	24+213 路费

二、后字轻声连读变调

后字轻声两字组，前字的规律是，阴平在原字为四声的轻声前都变为44；阳平在原字为四声的轻声前都变为 31；上声在原字为上声的轻声前不变，仍读 44，而在其他各声前都变为 24 调；去声在原字为四声的轻声前都变为 31 调。

两字组连读变调共产生两种新调值，21 调和 24 调。第一种是在阴平、上声、去声后面一律读轻声 21；第二种是在阳平后面一律读轻声 24。轻声 21 听感轻、短。轻声 24 在词汇中容易分辨，但由于听感上并不足够"轻"，这里把这种情况都记录为 24。

表 30-2　城固方言后字轻声连调表

前字＼后字	阴平 53	阳平 311	上声 44	去声 213	叠字	带后缀字
阴平 53	44+0 东风	44+0 今年　工人	44+0 乡里　浆水	44+0 天气　撕气	44+0 珠珠　刀刀	44+0 刀子　方的
阳平 311	31+24 棉花　良心	31+24 眉毛　围裙	31+24 凉粉	31+24 徒弟　棉裤	31+24 馍馍　娃娃	31+24 长的　熟了
上声 44	24+0 火车　眼睛	24+0 草鞋	44+0 晌午　老虎	24+0 板凳　手艺	24+0 眼眼　粉粉	24+0 拐子　小的
去声 213	31+0 背心　地方	31+0 算盘　大门	31+0 户口	31+0 孝顺	31+0 面面　蛋蛋	31+0 大的　豆子

肆　异　读

一、文白异读

城固方言的文白异读主要表现为：

1. 部分见系开口二等字，白读保留舌根音声母 k kʰ x，部分字有文读音，声母是舌面音声母 tɕ tɕʰ ɕ。如：下 xa²¹³/ɕia²¹³，咸 xan³¹¹/ɕian³¹¹，敲 kʰɔ⁴²/tɕʰiɔ⁴²。

2. 古全浊声母在城固方言中全部清化，清化后基本遵循着平声送气、仄声不送气的规律，但小部分仄声字白读时送气，文读时不送气。如：轿 tɕʰiao²¹³/tɕiao²¹³，造 tsʰao²¹³/tsao²¹³。

3. 微母字，白读声母为 v，文读为零声母。如：雾 vu²¹³/u²¹³，问 vən²¹³/uən²¹³，物 və⁵³/uə⁵³。

4. 咸摄开口三等部分疑母字，白读声母为 ȵ，文读为零声母。如：严 ȵian³¹¹/ian³¹¹，业 ȵie⁵³/ie⁵³。

5. 果摄开口一等、咸摄开口一等入声匣母字，白读为 uə 韵，文读为 ə 韵。如：河 xuə³¹¹/xə³¹¹，盒 xuə³¹¹/xə³¹¹。

6. 部分遇摄合口字，白读 əu 韵，文读 u 韵。如：奴 ləu³⁵/lu³⁵，路 ləu²¹³/lu²¹³。

7. 部分止摄开口三等帮组字，白读为 i 韵，文读为 ei 韵。如：碑 pi⁵⁵/pei⁵⁵，眉

mi⁴²/mei⁴²。

二、新老异读

城固方言的新老异读与文白异读有重合，老派往往只有白读音，新派增加了很多文读音。除此之外，新老异读没有发现音类差异，主要表现在音值上。新派的声韵调实际音值往往向普通话音值靠近。

1. 老派帮母、端母、见母部分字，发音阻塞部位接触面大，除阻有力，新派表现不明显。如：贝 pei²¹³，拜 pai²¹³，戒 tɕiɛ²¹³等。

2. 老派滂母、透母、溪母部分字，发音时气流较强，除阻后有喉部摩擦。新派表现不明显。如：配 pʰei²¹³，屁 pʰi²¹³，讨 tʰɔ⁴⁴，偷 tʰəu⁵³，看 kʰan²¹³，渴 kʰə⁵³等。

3. 老派知庄章组合口字和庄组宕江摄开口字，声母是舌叶音，发音部位比标准舌叶音靠前，唇形略圆。新派发音部位无靠前的特点。如：猪 tʃu⁵³，除 tʃʰu³¹¹，树 ʃu²¹³，装 tʃuɑŋ⁵³等。

4. 老派 u 韵后常有衍音 ə。新派只在少数音节中有这个表现。如：布 pu²¹³，赌 tu⁴⁴，土 tʰu⁴⁴等。

伍　儿化音变

城固话韵母35个，儿化音节很少，有的韵母尚未发现儿化韵读法。主要音变方式是儿化音节的韵母主要元音增加或变为央元音 ə，同时有轻微的卷舌动作。经过合并，城固话只有 ər iər uər 3 个儿化韵。

表30-3　城固方言儿化韵与基本韵母对应表

儿化韵	基本韵母	例　　词
ər	a	没法儿　一下儿
	ɔ	桃儿　枣儿　核桃儿
	ə	夜个儿
	an	蚕儿　慢慢儿
	əŋ	杏儿　生儿
iər	i	猜谜儿
	in	今儿　明儿
	ian	点儿
uər	u	呜儿呜儿（地响）
	uə	兀儿

陆　其他主要音变

城固方言后缀"子"一类的词，子的读音为 ɚ⁰，音长短，音值较模糊。例如：蜂子 fəŋ⁴⁴ɚ⁰，肚子 tu³¹ɚ⁰，瞎子 xa⁴⁴ɚ⁰。有时音长延长的现象，可以替代后缀"子"的语法意义。例如：蜂子 fəŋ⁴⁴ɚ⁰ 有时读作蜂 fəŋ⁵³ 音的拖长，肚子 tu³¹ɚ⁰ 读作肚 tu²¹³ 音的拖长，瞎子 xa⁴⁴ɚ⁰ 读作瞎 xa⁵³ 音的拖长，语法意义相同。

第三十一节　勉县方音

调查人　张　璐

壹　概　况

一、调查点

勉县，位于陕西省南部，汉中盆地西端，北依秦岭，南垣巴山，居川陕甘要塞，在东经 106°21′~106°57′、北纬 32°53′~33°38′之间。总人口 42.9 万人（2018 年户籍人口），其中汉民族占 99.5%以上，少数民族主要有回族、苗族、蒙古族、羌族、藏族。

勉县方言属于中原官话秦陇片，分布在勉县各乡镇，按口音区分可分为三片。以县城为中心，包括原高潮、温泉一带，东到黄沙、西到老城，南到元墩、镇川这一片平川和丘陵区域，是勉县方言的主流，使用人口最多；以原褒联镇为中心，东至金泉、老道寺一带，当地人称"下路腔"；阜川、新铺、茶店、长沟河、张家河等西南部周边山区，当地人称为"山腔"。目前都在迅速变化中，趋势是向普通话靠拢。

勉县的地方曲艺主要有花鼓戏、秦腔、汉调桄桄、汉调二黄、当地民歌等。传唱于勉县县城与乡镇各地。

二、方言发音人

老男：晏明生，1953 年 9 月出生于陕西省汉中市勉县勉阳街道东风社区。小学文化，退休职工。只会说勉县话。1960 年至 1967 年在勉县城关镇一小上小学；1967 年至 1968 年在家帮父母做农活；1968 年至 1973 年在勉县城关运输队工作；1973 年至 2013 年在勉县商业局做司机工作；2013 年退休至今，居住在勉县勉阳镇县城。父亲是勉县勉阳镇东风社区人，说勉县话；母亲是勉县勉阳镇东风社区人，说勉县话；配偶是勉县勉阳镇东风社区人，只会说勉县话。

青男：田野，1987 年 2 月出生于陕西省汉中市勉县勉阳街道东风社区。高中文化，企业职工。会说勉县话、普通话，平时主要说勉县话。1994 年至 1999 年在城关镇一小上小学；2000 年至 2003 年在勉县一中上初中；2003 年至 2006 年在勉县一中上高中；2006 年至 2008 年在河北省邢台市消防支队服现役；2008 年至 2012 年在家待业；2012 年至今在陕西省汉中市勉县陕钢集团汉中钢铁有限责任公司炼铁事业部工作。父亲是勉县勉阳镇东风社区人，只说勉县话；母亲是勉县勉阳镇东风社区人，只说勉县话。

口头文化发音人：晏明生，老男。

贰　声韵调

一、老男音系

1. 声母21个，包括零声母在内

p	八兵病	pʰ	派片爬	m	麦明	f	飞风副蜂肥饭双顺书	v	味问温王
t	多东毒	tʰ	讨天甜					l	老蓝连路脑南
ts	资早租字贼坐张竹柱争装纸主	tsʰ	刺草寸祠抽拆茶抄初床车春船城			s	丝三酸事山手十	z	热软
tɕ	酒九	tɕʰ	清全轻权	ɲ	年泥	ɕ	想谢响县		
k	高共	kʰ	开	ŋ	熬安	x	好灰活		
∅	月云用药								

说明：

（1）pʰ tʰ tsʰ和 o u 开头的韵母相拼时，送气较强。

（2）f s ɕ x 等擦音发音时气流较强。

（3）ts tsʰ s 和 ɿ 韵母相拼时，摩擦成分较重，ts tsʰ的塞音成分轻。

（4）tɕ tɕʰ ɕ 和 i 韵母相拼时，摩擦成阻面积大，摩擦强。

（5）f 与 u 相拼时，有时实际读音是 pf，如：数、树。

（6）m ŋ 声母有时伴有明显的同部位浊塞音成分，实际音值是 m^b $ŋ^g$。有时浊音成分比较明显，实际音值为 $^m b$ $^ŋ g$，如：藕、目。

2. 韵母32个，不包括儿化韵

ɿ	师丝试十直尺	i	米戏急七一锡	u	苦五猪骨出谷	y	雨橘局
ər	二						
ɑ	茶瓦塔法辣八	iɑ	牙鸭	uɑ	刮		
ɤ	歌盒热壳色	iɛ	写接贴节	uɤ	坐过活托郭国	yɤ	靴月药学
ai	开排鞋			uai	快		
ei	赔飞北白			uei	对鬼		
ɑu	宝饱	iɑu	笑桥				
əu	豆走	iəu	油六绿				

续表

ɑn	南山半	ian	盐年	uan	短官	yan	权
ən	深根灯升争横	in	心新硬病星				
ɑŋ	糖王双	iaŋ	响讲	uɑŋ	床		
əŋ	门朋猛梦						
oŋ	寸滚春东	ioŋ	云兄用				

说明：

(1) 单韵母 u 实际发音时唇形较展。

(2) y 发音时唇形较展。

(3) ər 卷舌度不高，主要元音开口度低，接近 ɐ，发完 ɐ 之后有一个轻微的卷舌动作，实际音值是 ɐr。

(4) ɑi 的动程不长，舌位过渡到次低附近，实际音值接近 ɑæ。

3. 单字调 4 个

阴平 42	东该灯风通开天春谷百搭节哭拍塔切刻六麦叶月
阳平 21	门龙牛油铜皮糖红毒白盒罚急
上声 35	懂古鬼九统苦讨草买老五有
去声 213	冻怪半四痛快寸去卖路硬乱洞地饭树动罪近后

说明：

(1) 阳平 21，有时开头有低升或稍平的情况，类似 121、221，统一记为 21。

(2) 去声 213，由降转升的拐点有时不分明，实际调值没有降到 1 度。

二、青男音系

1. 声母 21 个，包括零声母在内

p	八兵病	pʰ	派片爬	m	麦明	f	飞风副蜂肥饭双顺书	v	味问
t	多东毒	tʰ	讨天甜					l	脑南老蓝连路
ts	资早租字贼坐张竹柱争装纸主	tsʰ	刺草寸祠抽拆茶抄初床车春船城			s	丝三酸事山手十	z	热软
tɕ	酒九	tɕʰ	清全轻权	ȵ	年泥	ɕ	想谢响县		
k	高共	kʰ	开	ŋ	熬安	x	好灰活		
∅	月温王云用药								

2. 韵母 33 个，不包括儿化韵

ɿ	师丝试十直尺	i	米戏急七一锡	u	苦五猪骨出谷	y	雨橘局
æ	二						
a	茶瓦塔法辣八	ia	牙鸭	ua	刮		
ɤ	歌盒热壳	iɛ	写接贴节	uɤ	坐过活托郭国	yɤ	靴月药学
ai	开排鞋			uai	快		
ei	赔飞北色白			uei	对鬼		
ɔ	宝饱	iɔ	笑桥				
əu	豆走	iəu	油六绿				
an	南山半	ian	盐年	uan	短官	yan	权
ən	深根灯升争横	in	心新硬病星				
aŋ	糖双	iaŋ	响讲	uaŋ	床王		
əŋ	门朋猛梦						
oŋ	寸滚春东	ioŋ	云兄用	uoŋ	温翁		

3. 单字调 4 个

阴平 42	东该灯风通开天春谷百搭节哭拍塔切刻六麦叶月
阳平 21	门龙牛油铜皮糖红毒白盒罚急
上声 35	懂古鬼九统苦讨草买老五有
去声 213	冻怪半四痛快寸去卖路硬乱洞地饭树动罪近后

叁 连读变调

勉县方言老派、新派的两字组连读变调规律相同，可以分为后字非轻声两字组和后字轻声两字组两种。

一、后字非轻声连读变调

后字非轻声两字组共有 12 种连读变调模式。前字的规律是，阴平在四声前都变为 44 调；阳平和上声在四声前都不变调；去声在阴平和上声前都变成 21 调，在阳平和去声前变成 35 调。作后字的阴平、阳平、上声、去声都不变调。两字组连读变调产生一种新调值 44 调。变调情况见表 31-1。

表 31-1　勉县后字非轻声连读变调

前字＼后字	阴平 42	阳平 21	上声 35	去声 213
阴平 42	44 +42 发烧	44 +21 梳头	44 +35 吃奶	44 +213 猪圈
阳平 21	21+42 洋葱	21+21 年头	21+35 太阳	21+213 嫌饭
上声 35	35+42 女猫	35+21 酱油	35+35 水果	35+213 扫地
去声 213	21 +42 订婚	35 +21 电壶	21 +35 睡房	35 +213 做饭

二、后字轻声连读变调

勉县方言后字轻声两字组连读变调有两种不同的表现：第一种是在阴平、阳平、上声后面一律读轻声 21 调；第二种是在去声后面一律读轻声 35 调。轻声 21 与阳平 21 调值相同。但是整个连读变调模式由前字决定，且与阳平调 21 相比，音长变短，音强变弱，听感上容易区分，记为 0。轻声 35 与上声 35 比较结果显示音强也变弱，但由于这种轻声听感上并不足够"轻"，这里把这种情况都记录为 35。

表 31-2　勉县方言后字轻声连读变调

前字＼后字	阴平 42	阳平 21	上声 35	去声 213	叠字	带后缀字
阴平 42	44 +0 东西	44 +21 今年 清明	44 +0 开水 乡里	44 +0 天气 松树	44 +0 包包 星星	44 +0 包子 沙子
阳平 21	21+0 梅花 棉花	21+21 眉毛	21+0 凉粉	21+0 胡豆 徒弟	21+0 瓶瓶 虫虫	21+0 长的 茄子
上声 35	35+0 火车 比方	35+0 小河 早晨	35+0 冷水 晌午	35+0 板凳 闪电	35+0 眼眼	35+0 冷子 里头
去声 213	21 +35 衬衣 背心	21 +35 匠人 算盘	21 +35 豆腐 舅母	21 +35 夜饭	21 +35 盖盖 面面	21 +35 袖子 裤子

肆　异　读

一、文白异读

勉县方言文白异读表现较为简单，主要表现在：

1. 知庄章组生书母合口字、船禅母合口仄声字和生母宕江摄开口字，白读声母为 f，文读声母为 s。如：说 fɤ⁴²/suɤ⁴²，书 fu⁴²/su⁴²，输 fu⁴²/su⁴²，水 fei³⁵/suei³⁵，顺

foŋ²¹³/soŋ²¹³，霜 faŋ⁴²/suaŋ⁴²，双 faŋ⁴²/suaŋ⁴²。

2. 部分古见系开口二等字，白读保留舌根音声母 k kʰ x，部分字有文读音，声母是舌面音声母 tɕ tɕʰ ɕ。如：下 xa²¹³/ɕia²¹³，闲 xan⁴²/ɕian⁴²，敲 kʰɑo⁴²/tɕʰiɑo⁴²。

3. 蟹摄开口二等见晓组字，白读为 ai 韵，文读为 iɛ 韵。如：街 kai⁴²/tɕiɛ⁴²，鞋 xai²¹/ɕiɛ²¹。

二、新老异读

勉县方言新老异读表现较少，新派的声韵调实际音值往往向普通话音值靠近。

1. 古全浊声母清化后，个别仄声字声母老派读送气，新派读不送气。如：轿 tɕʰiɑo²¹³/tɕiɑo²¹³，造 tsʰɑo²¹³/tsɑo²¹³。

2. 咸摄开口三等部分疑母字，老派声母读 ȵ，新派读零声母。如：严 ȵian²¹/ian²¹，眼 ȵian³⁵/ian³⁵。

3. 止摄开口三等日母字，老派声母读零声母，韵母读 ər；新派声母也是零声母，韵母读 æ。如：儿 ər²¹/æ²¹，二 ər²¹³/二 æ²¹³，耳 ər³⁵/æ³⁵。就目前调查来看不能完全确定新老差异是这一现象的唯一原因，也可能是因为受到方言内部接触和内部分片的语音差异的影响。

4. 影母合口一等字（除山摄），老派读 v，新派读零声母。如：乌 vu⁴²/u⁴²，屋 vu⁴²/u⁴²。

5. 曾摄合口一等见组字，老派读 uai 韵，新派读 uɤ 韵。如：国 kuai⁴²/kuɤ⁴²，或 xuai²¹/xuɤ²¹。

伍 儿尾、小称音变

一、儿尾

勉县方言不存在儿化音变。通常所见的儿化词的"儿"在勉县方言中以独立音节出现，是儿尾。

表 31-3 勉县方言儿化韵与基本韵母对应表

词目	方言说法	读音
今天	今儿	tɕin⁴⁴ ər⁰
明天	明儿	min²¹ ər⁰
后天	后儿	xəu²¹ ər⁰
大后天	外儿	vɑi²¹ ər⁰

续表

词目	方言说法	读音
昨天	夜儿	iɛ²¹ ər⁰
前天	前儿	tɕʰian²¹ ər⁰
大前天	上前儿	saŋ³⁵ tɕʰian²¹ ər⁰
桃子	桃儿	tʰɑɔ²¹ ər⁰
梨	梨儿	li²¹ ər⁰
杏	杏儿	xən²¹ ər⁰
毽子	毽儿	tɕian²¹ ər⁰

根据调查，在勉县青男年龄层次段，这种现象有变化的趋势。在老男和青男音系相差很小的整体情况下，表示小称的"儿"在老男词汇中发卷舌音 ər，而青男是多发单元音 æ。如：今儿 tɕin⁴⁴ æ⁰，明儿 min²¹ æ⁰，桃儿 tʰɑɔ²¹ æ⁰，杏儿 xən²¹ æ⁰。

二、小称音变规律

勉县方言表达小称主要使用词根的重叠，重叠后第二个音节读轻声，轻声音值在前字是阴平、阳平和上声时，一律为 21（标为 0）。如：锅锅 kuɤ⁴⁴ kuɤ⁰，碗碗 uan³⁵ uan⁰，桌桌 tsuɤ⁴⁴ tsuɤ⁰。前字是去声时，轻声音值为 35。如：蛋蛋 tan²¹ tan³⁵，菜菜 tsʰai²¹ tsʰai³⁵。当词根重叠后，有时需要加上词缀"子"表示小称义。如：眼眼子 ȵian³⁵ ȵian⁰ tsʅ⁰，洞洞子 toŋ²¹ toŋ³⁵ tsʅ⁰，粉粉子 fəŋ³⁵ fəŋ⁰ tsʅ⁰。

陆 其他主要音变

1. 勉县方言人称代词、亲属称谓词存在明显的声调类化现象。"我、你"是上声调，"他"受"我、你"的类化作用读为上声调，主要表现在词汇、句子和语篇中。

2. 有的虚词读轻声，具体调值根据与其组合的前字而定。

3. 相同的指示代词在不同词组里读音不同。如：这个 tsʅ²¹ kɤ³⁵，这台=这里 tsai²¹ tʰai³⁵；兀个 vu²¹ kɤ³⁵，外=台=那里 vai²¹ tʰai³⁵。

第三十二节 镇巴方音

调查人 陈荣泽

壹 概 况

一、调查点

镇巴县位于位于陕西省南端，汉中市东南隅，大巴山西部，米仓山东段，被誉为陕西省"南大门"，介于东经107°25′~108°16′、北纬32°8′~32°50′之间，南接四川省万源市、通江县，东邻安康市紫阳县、汉阴县，西北与西乡县接壤，总面积3437平方公里，辖19镇1个街道办157个行政村24个社区，总人口28.9万（截至2018年）。境内有汉族、苗族、回族、维吾尔族、壮族等民族居民，其中镇巴县是西北地区最大的苗民聚居地。

镇巴方言属于西南官话川黔片陕南小片。镇巴县境内的方言大致可以分为4个区。（1）城区（泾洋街道办），受西乡话影响，无tṣ组声母，知系字多读ts组声母，与精组字合流；少数古生、书、禅合口字读f。（2）南区（小洋、渔渡），略带四川万源口音。（3）东区（碾子、兴隆、巴庙、观音），受紫阳话影响，xu-读为f。（4）西区（三元、长岭、仁村、青水、大池、永乐、简池、黎坝），略带通江口音。县内有回族和苗族，都讲当地方言，有极少数的苗族老人会说一些苗语词语。[1]

镇巴有丰富的文化积淀，特殊的地理环境，形成了独特的地域文化，其中，民歌是镇巴地域文化的重要构成部分，已被列入全国非物质文化遗产保护名录。镇巴被文化部命名为"全国文化先进县""中国民间文化艺术之乡"，被称为"民歌之乡"。镇巴民歌的题材非常丰富，歌曲种类很多，包含了号子（劳动号子、山歌号子）、山歌调子、通山歌（又称茅山歌、姐儿歌等）、小调、风俗歌曲（嫁歌、孝歌等）、曲艺（渔鼓、花鼓、青水曲子）等。按歌词内容可分为劳动类、生活类、情爱类、民俗类、时政类、历史传说故事类和红色歌谣类等。2008年6月，镇巴民歌经国务院批准列入第二批国家级非物质文化遗产名录。

二、方言发音人

老男：李凤久，1962年2月出生于陕西省镇巴县泾洋街道办事处七里沟村。初中

---

[1] 镇巴县地方志编纂委员会：《镇巴县志》，陕西人民出版社，1996年，第639页。

文化，农民。只会说镇巴话。父亲是泾洋街道办事处七里沟村人，说镇巴话；母亲是泾洋街道办事处草坝村人，说镇巴话；配偶是泾洋街道办事处七里沟村人，只会说镇巴话。李凤久1962年2月出生于镇巴县七里沟村；1962年至1970年一直在本地生活；1970年至1976年在七里沟村小学上小学；1976年至1977年在镇巴县初级中学上初一，后肄业回家参加集体劳动；1977年至2015年在七里沟村务农；2015年至今担任七里沟村监委会主任。

青男：周刚锐，1984年3月出生于陕西汉中镇巴县泾洋街道办事处七里沟村。高中文化，农民。会说镇巴话、普通话，平时主要说镇巴话。父亲是泾洋街道办事处七里沟村人，只说镇巴话；母亲是渔渡镇人，只说镇巴话；配偶是长岭镇，只说镇巴话。周刚锐1984年3月出生于镇巴县七里沟村；1984年至1992年一直在本地生活；1992年至1998年在青岗坪小学上小学；1998年至2001年在泾洋中学上初中，2001年12月至2006年12月在河南郑州当兵；2006年12月复原回家，自谋职业，经商；现在主要从事生态农业产业项目和电子商务。

口头文化发音人1：李凤久，老男。

口头文化发音人2：张泽香，女，1967年10月出生，陕西省镇巴县泾洋街道办事处七里沟村人，小学文化，农民。

口头文化发音人3：姜显斌，男，1967年1月出生，陕西省镇巴县泾洋街道办李家坪村人，初中文化，农民。

贰　声韵调

一、老男音系

1. 声母20个，包括零声母在内

p	八兵病	p^h	派片爬	m	麦明	f	飞风副蜂肥饭		
t	多东毒	t^h	讨天甜					l	脑南老蓝连路
ts	资早租字贼坐张竹柱争装纸主	ts^h	刺草寸祠抽拆茶抄初床车春船城			s	丝三酸谢事山双顺手书十	z	热软
tɕ	酒九	$tɕ^h$	清全轻权	ȵ	年泥	ɕ	想谢响县		
k	高共	k^h	开	ŋ	熬安	x	好灰活		
ø	味问月温王云用药								

说明：
(1) ȵ 的实际音值为 ȵʑ。
(2) x 的发音部位略靠后。

2. 韵母 38 个，不包括儿化韵

ɿ	师丝试十直尺	i	米戏急一锡	u	苦五猪骨出谷绿	y	雨橘局
ər	二						
a	茶塔法辣八	ia	牙鸭	ua	瓦刮		
ɛ	写接贴热节北色白	iɛ	写接节	uɛ	国	yɛ	靴月
o	歌坐过盒活托郭壳	io	药学	uo	物		
ai	开排鞋	iai	戒	uai	快		
ei	赔飞			uei	对鬼		
au	宝饱	iau	笑桥				
əu	豆走	iəu	油六绿				
an	南山半	ian	盐年	uan	短官横	yan	权
ən	深根寸灯升硬争	in	心新硬又病星	un	滚春横	yn	云
aŋ	糖	iaŋ	响讲	uaŋ	床王双		
oŋ	东	ioŋ	兄用	uoŋ	翁		

说明：
(1) i 拼 ȵ 和零声母时，其实际音值为 j。
(2) u 单独作韵母时，唇形较展，发音时双唇较松弛，在零声母音节中接近 w。
(3) a 的实际音值为 ᴀ；-au -aŋ 中，a 的实际发音位置略靠后。
(4) o 实际发音舌位略低，接近 ɔ。
(5) ei 中 e 的舌位略低，接近 ɛ。

3. 单字调 4 个

阴平 35	东该灯风通开天春
阳平 31	门龙牛油铜皮糖红谷急哭刻百搭节拍塔切六麦叶月毒白盒罚
上声 52	懂古鬼九统苦讨草买老五有
去声 213	动罪近后冻怪半四痛快寸去卖路硬乱洞地饭树

说明：
(1) 阴平 35 接近 355。

(2) 阳平 31 接近 231。
(3) 上声 52 接近 452。
(4) 去声 213 接近 224。

二、青男音系

1. 声母 20 个，包括零声母在内

p	八兵病	pʰ	派片爬	m	麦明	f	飞风副蜂肥饭		
t	多东毒	tʰ	讨天甜					l	脑南老蓝连路
ts	资早租字贼坐张竹柱争装纸主	tsʰ	刺草寸祠抽拆茶抄初床车春船城			s	丝三酸事山双顺手书十	z	热软
tɕ	酒九	tɕʰ	清全轻权	ȵ	年泥	ɕ	想谢响县		
k	高共	kʰ	开	ŋ	熬安	x	好灰活		
ø	味问月温王云用药								

2. 韵母 37 个，不包括儿化韵

ɿ	师丝试十直尺	i	米戏急一锡	u	苦五猪骨出谷绿	y	雨橘局绿
ər	二						
a	茶塔法辣八	ia	牙鸭	ua	瓦刮		
ɛ	写贴热节北色白	iɛ	写接贴节	uɛ	国	yɛ	靴月
o	歌坐过盒活托郭壳	io	药学	uo	物		
ai	开排鞋			uai	快		
ei	赔飞			uei	对鬼		
au	宝饱	iau	笑桥				
əu	豆走	iəu	油六绿又				
an	南山半	ian	盐年	uan	短官横	yan	权
ən	深根寸灯升硬争横文	in	心新硬又病星	uən	滚春	yn	云
aŋ	糖	iaŋ	响讲	uaŋ	床王双		
oŋ	东	ioŋ	兄用	uoŋ	翁		

3. 单字调 4 个

阴平 35	东该灯风通开天春
阳平 31	门龙牛油铜皮糖红谷急哭刻百搭节拍塔切六麦叶月毒白盒罚
上声 52	懂古鬼九统苦讨草买老五有
去声 213	动罪近后冻怪半四痛快寸去卖路硬乱洞地饭树

叁 连读变调

镇巴方言老派、新派的两字组连读变调规律相同，可以分为非重叠两字组和重叠两字组两种。

一、非重叠两字组连读变调

非重叠两字组连读变调的规律是：（1）前字为阴平，后字阴平变为 55 调，后字阳平变为 52 调；（2）前字为阳平时，后字阴平变为 55 调，后字为阳平时前字变为 33 调；（3）前字为上声时，前字变为 45 调，且后字阴平变为 55 调；（4）前字为去声时，后字为阴平、去声时前字变为 21 调、后字变为 55 调，后字阳平变为 52 调，后字上声时前字变为 21 调。规律如表 32-1。

表 32-1 镇巴方言非重叠两字组连读变调

后字 前字	阴平 35	阳平 31	上声 52	去声 213
阴平 35	35+55 鸡公	35+52 芝麻	35+52 乡长	35+213 车票
阳平 31	31+55 棉花	33+31 扬场	31+52 骑马	31+213 棉裤
上声 52	45+55 眼睛	45+31 口粮	45+52 水果	45+213 晚上
去声 213	21+55 认真	213+52 上头	21+52 大水	21+55 叫唤

二、重叠两字组连读变调

重叠两字组的规律是：（1）阴平字重叠时后字变为 55 调，如：包包、心心 35+35→35+55；（2）阳平字重叠时前字变为 33 调，如：虫虫、裙裙儿 31+31→33+31；上声字重叠时前字变为 45 调，后字不变，如：虫虫、裙裙儿 31+31→33+31，爪爪、粉粉 52+52→45+52；（3）去声字重叠时，前字变为 21 调，后字变为 55 调，如：盖盖、棍棍 213+213→21+55。

肆　异　读

一、文白异读

1. 部分精组齐齿呼字，白读音为 ts tsʰ s，文读音为 tɕ tɕʰ ɕ。如：借 tsɛ²¹³/tɕiɛ²¹³，写 sɛ⁵²/ɕiɛ⁵²。

2. 部分古见晓组（疑母除外）开口二等字，白读音读 k kʰ x，文读音为 tɕ tɕʰ ɕ。如：街 kai³⁵/tɕiai³⁵，敲 kʰau³⁵/tɕʰiau³⁵，项 xaŋ²¹³/ɕiaŋ²¹³。

3. 部分通摄合口三等入声来母字，白读音为 u，文读音为 iəu。如：六 lu³¹/liəu³¹，绿 lu³¹/liəu³¹。

二、新老异读

1. ȵ 声母，老派的实际音值为 ȵz，新派则为 ȵ。

2. 老派精组洪音字与知系字合流读 ts 组声母，新派知系字的发音与精组洪音字存在一定的差异，其发音部位比 ts 组声母靠后，其实际音值介于 ts 组声母与 tʂ 声母之间。

3. i-拼 ȵ 和零声母时，老派的实际音值为 j，新派的实际音值则为 i。

4. 在音系结构上，新老派差异很小，只是在韵母上存在细微差异。老派音系中存在 iai 韵母，而新派音系没有此韵母。如：解 tɕiai⁵²/tɕiɛ⁵²。

伍　儿化音变

镇巴方言只有 4 个儿化韵，其与基本韵母的对应情况如下：

表 32-2　镇巴方言儿化韵与基本韵母对应表

儿化韵	基本韵母	例　词
ɚ	ɿ	丝丝儿
	a	下巴儿
	ɛ	节节儿
	u（限 mu、fu 音节）	手指拇儿
	ai	盖盖儿

续表

儿化韵	基本韵母	例　词
ɚ	ei	杯杯儿
	au	帽帽儿
	əu	舌头儿
	an	麦秆儿
	ən	杏儿
	aŋ	巷巷
	oŋ	缝缝儿
iɚ	i	梨儿
	ia	架架儿
	iɛ	洋茄儿
	io	豆角儿
	ian	店店儿
	iau	叫叫儿
	iəu	衣袖儿
	in	洋丁丁儿
	iaŋ	样样儿
uɚ	o	盒盒儿
	u（非 mu、fu 音节）	檐老鼠儿
	ua	月娃儿
	uo	飞蛾儿
	uai	拐拐儿
	uei	推推儿
	uan	新郎官儿
	un	滚滚儿
	uaŋ	网网儿
yɚ	yɛ	缺缺儿
	yan	汤圆儿
	yn	菌儿

本书由中国语言资源保护工程、
陕西师范大学中国语言文学"世界一流学科建设"经费资助出版

中国语言资源保护工程

中国语言资源集·陕西 编委会

主　任

赵昶葆

副主任

陈　娟　李　强

主　编

黑维强　邢向东

副主编

高　峰　柯西钢　陈荣泽

编委（按音序排列）

白振有	卜晓梅	陈荣泽	崔有第	付新军	高　峰	谷丽娟
韩承红	韩　夏	贺雪梅	黑维强	柯西钢	雷　勇	李　婷
马燕娜	孟万春	孙建华	孙立新	谭湘衡	吴　媛	邢向东
姚亦登	张　璐	张　攀	张永哲	赵萍君	周　政	朱富林

秘　书

曹军平

参编人员

侯治中　俄华楠　莫昱鼎

教育部语言文字信息管理司
陕　西　省　教　育　厅　指导
中国语言资源保护研究中心　统筹

中国语言资源集 陕西 语音卷（二）

黑维强 邢向东 主编

高　峰　柯西钢　陈荣泽 副主编

陕西新华出版·陕西人民出版社

目 录

第二章 字音对照表
……………… 281

0001 多……… 282
0002 拖……… 282
0003 大……… 282
0004 锣……… 282
0005 左……… 282
0006 歌……… 282
0007 个……… 282
0008 可……… 282
0009 鹅……… 284
0010 饿……… 284
0011 河……… 284
0012 茄……… 284
0013 破……… 284
0014 婆……… 284
0015 磨……… 284
0016 磨……… 284
0017 躲……… 286
0018 螺……… 286
0019 坐……… 286
0020 锁……… 286
0021 果……… 286
0022 过……… 286

0023 课……… 286
0024 火……… 286
0025 货……… 288
0026 祸……… 288
0027 靴……… 288
0028 把……… 288
0029 爬……… 288
0030 马……… 288
0031 骂……… 288
0032 茶……… 288
0033 沙……… 290
0034 假……… 290
0035 嫁……… 290
0036 牙……… 290
0037 虾……… 290
0038 下……… 290
0039 夏……… 290
0040 哑……… 290
0041 姐……… 292
0042 借……… 292
0043 写……… 292
0044 斜……… 292
0045 谢……… 292
0046 车……… 292
0047 蛇……… 292

0048 射……… 292
0049 爷……… 294
0050 野……… 294
0051 夜……… 294
0052 瓜……… 294
0053 瓦……… 294
0054 花……… 294
0055 化……… 294
0056 华……… 294
0057 谱……… 296
0058 布……… 296
0059 铺……… 296
0060 簿……… 296
0061 步……… 296
0062 赌……… 296
0063 土……… 296
0064 图……… 296
0065 杜……… 298
0066 奴……… 298
0067 路……… 298
0068 租……… 298
0069 做……… 298
0070 错……… 298
0071 箍……… 298
0072 古……… 298

0073 苦……… 300	0105 柱……… 308	0137 戒……… 316
0074 裤……… 300	0106 住……… 308	0138 摆……… 316
0075 吴……… 300	0107 数……… 308	0139 派……… 316
0076 五……… 300	0108 数……… 308	0140 牌……… 316
0077 虎……… 300	0109 主……… 308	0141 买……… 316
0078 壶……… 300	0110 输……… 308	0142 卖……… 316
0079 户……… 300	0111 竖……… 308	0143 柴……… 316
0080 乌……… 300	0112 树……… 308	0144 晒……… 316
0081 女……… 302	0113 句……… 310	0145 街……… 318
0082 吕……… 302	0114 区……… 310	0146 解……… 318
0083 徐……… 302	0115 遇……… 310	0147 鞋……… 318
0084 猪……… 302	0116 雨……… 310	0148 蟹……… 318
0085 除……… 302	0117 芋……… 310	0149 矮……… 318
0086 初……… 302	0118 裕……… 310	0150 败……… 318
0087 锄……… 302	0119 胎……… 310	0151 币……… 318
0088 所……… 302	0120 台……… 310	0152 制……… 318
0089 书……… 304	0121 袋……… 312	0153 世……… 320
0090 鼠……… 304	0122 来……… 312	0154 艺……… 320
0091 如……… 304	0123 菜……… 312	0155 米……… 320
0092 举……… 304	0124 财……… 312	0156 低……… 320
0093 锯……… 304	0125 该……… 312	0157 梯……… 320
0094 去……… 304	0126 改……… 312	0158 剃……… 320
0095 渠……… 304	0127 开……… 312	0159 弟……… 320
0096 鱼……… 304	0128 海……… 312	0160 递……… 320
0097 许……… 306	0129 爱……… 314	0161 泥……… 322
0098 余……… 306	0130 贝……… 314	0162 犁……… 322
0099 府……… 306	0131 带……… 314	0163 西……… 322
0100 付……… 306	0132 盖……… 314	0164 洗……… 322
0101 父……… 306	0133 害……… 314	0165 鸡……… 322
0102 武……… 306	0134 拜……… 314	0166 溪……… 322
0103 雾……… 306	0135 排……… 314	0167 契……… 322
0104 取……… 306	0136 埋……… 314	0168 系……… 322

0169 杯……… 324	0201 刺……… 332	0233 寺……… 340
0170 配……… 324	0202 知……… 332	0234 治……… 340
0171 赔……… 324	0203 池……… 332	0235 柿……… 340
0172 背……… 324	0204 纸……… 332	0236 事……… 340
0173 煤……… 324	0205 儿……… 332	0237 使……… 340
0174 妹……… 324	0206 寄……… 332	0238 试……… 340
0175 对……… 324	0207 骑……… 332	0239 时……… 340
0176 雷……… 324	0208 蚁……… 332	0240 市……… 340
0177 罪……… 326	0209 义……… 334	0241 耳……… 342
0178 碎……… 326	0210 戏……… 334	0242 记……… 342
0179 灰……… 326	0211 移……… 334	0243 棋……… 342
0180 回……… 326	0212 比……… 334	0244 喜……… 342
0181 外……… 326	0213 屁……… 334	0245 意……… 342
0182 会……… 326	0214 鼻……… 334	0246 几……… 342
0183 怪……… 326	0215 眉……… 334	0247 气……… 342
0184 块……… 326	0216 地……… 334	0248 希……… 342
0185 怀……… 328	0217 梨……… 336	0249 衣……… 344
0186 坏……… 328	0218 资……… 336	0250 嘴……… 344
0187 拐……… 328	0219 死……… 336	0251 随……… 344
0188 挂……… 328	0220 四……… 336	0252 吹……… 344
0189 歪……… 328	0221 迟……… 336	0253 垂……… 344
0190 画……… 328	0222 师……… 336	0254 规……… 344
0191 快……… 328	0223 指……… 336	0255 亏……… 344
0192 话……… 328	0224 二……… 336	0256 跪……… 344
0193 岁……… 330	0225 饥……… 338	0257 危……… 346
0194 卫……… 330	0226 器……… 338	0258 类……… 346
0195 肺……… 330	0227 姨……… 338	0259 醉……… 346
0196 桂……… 330	0228 李……… 338	0260 追……… 346
0197 碑……… 330	0229 子……… 338	0261 锤……… 346
0198 皮……… 330	0230 字……… 338	0262 水……… 346
0199 被……… 330	0231 丝……… 338	0263 龟……… 346
0200 紫……… 330	0232 祠……… 338	0264 季……… 346

0265 柜 …… 348	0297 包 …… 356	0329 箫 …… 364
0266 位 …… 348	0298 饱 …… 356	0330 叫 …… 364
0267 飞 …… 348	0299 炮 …… 356	0331 母 …… 364
0268 费 …… 348	0300 猫 …… 356	0332 抖 …… 364
0269 肥 …… 348	0301 闹 …… 356	0333 偷 …… 364
0270 尾 …… 348	0302 罩 …… 356	0334 头 …… 364
0271 味 …… 348	0303 抓 …… 356	0335 豆 …… 364
0272 鬼 …… 348	0304 找 …… 356	0336 楼 …… 364
0273 贵 …… 350	0305 抄 …… 358	0337 走 …… 366
0274 围 …… 350	0306 交 …… 358	0338 凑 …… 366
0275 胃 …… 350	0307 敲 …… 358	0339 钩 …… 366
0276 宝 …… 350	0308 孝 …… 358	0340 狗 …… 366
0277 抱 …… 350	0309 校 …… 358	0341 够 …… 366
0278 毛 …… 350	0310 表 …… 358	0342 口 …… 366
0279 帽 …… 350	0311 票 …… 358	0343 藕 …… 366
0280 刀 …… 350	0312 庙 …… 358	0344 后 …… 366
0281 讨 …… 352	0313 焦 …… 360	0345 厚 …… 368
0282 桃 …… 352	0314 小 …… 360	0346 富 …… 368
0283 道 …… 352	0315 笑 …… 360	0347 副 …… 368
0284 脑 …… 352	0316 朝 …… 360	0348 浮 …… 368
0285 老 …… 352	0317 照 …… 360	0349 妇 …… 368
0286 早 …… 352	0318 烧 …… 360	0350 流 …… 368
0287 灶 …… 352	0319 绕 …… 360	0351 酒 …… 368
0288 草 …… 352	0320 桥 …… 360	0352 修 …… 368
0289 糙 …… 354	0321 轿 …… 362	0353 袖 …… 370
0290 造 …… 354	0322 腰 …… 362	0354 抽 …… 370
0291 嫂 …… 354	0323 要 …… 362	0355 绸 …… 370
0292 高 …… 354	0324 摇 …… 362	0356 愁 …… 370
0293 靠 …… 354	0325 鸟 …… 362	0357 瘦 …… 370
0294 熬 …… 354	0326 钓 …… 362	0358 州 …… 370
0295 好 …… 354	0327 条 …… 362	0359 臭 …… 370
0296 号 …… 354	0328 料 …… 362	0360 手 …… 370

0361 寿……… 372	0393 敢……… 380	0425 严……… 388
0362 九……… 372	0394 喊……… 380	0426 业……… 388
0363 球……… 372	0395 塔……… 380	0427 点……… 388
0364 舅……… 372	0396 蜡……… 380	0428 店……… 388
0365 旧……… 372	0397 赚……… 380	0429 添……… 388
0366 牛……… 372	0398 杉……… 380	0430 甜……… 388
0367 休……… 372	0399 减……… 380	0431 念……… 388
0368 优……… 372	0400 咸……… 380	0432 嫌……… 388
0369 有……… 374	0401 插……… 382	0433 跌……… 390
0370 右……… 374	0402 闸……… 382	0434 贴……… 390
0371 油……… 374	0403 夹……… 382	0435 碟……… 390
0372 丢……… 374	0404 衫……… 382	0436 协……… 390
0373 幼……… 374	0405 监……… 382	0437 犯……… 390
0374 贪……… 374	0406 岩……… 382	0438 法……… 390
0375 潭……… 374	0407 甲……… 382	0439 品……… 390
0376 南……… 374	0408 鸭……… 382	0440 林……… 390
0377 蚕……… 376	0409 黏……… 384	0441 浸……… 392
0378 感……… 376	0410 尖……… 384	0442 心……… 392
0379 含……… 376	0411 签……… 384	0443 寻……… 392
0380 暗……… 376	0412 占……… 384	0444 沉……… 392
0381 搭……… 376	0413 染……… 384	0445 参……… 392
0382 踏……… 376	0414 钳……… 384	0446 针……… 392
0383 拉……… 376	0415 验……… 384	0447 深……… 392
0384 杂……… 376	0416 险……… 384	0448 任……… 392
0385 鸽……… 378	0417 厌……… 386	0449 金……… 394
0386 盒……… 378	0418 炎……… 386	0450 琴……… 394
0387 胆……… 378	0419 盐……… 386	0451 音……… 394
0388 毯……… 378	0420 接……… 386	0452 立……… 394
0389 淡……… 378	0421 折……… 386	0453 集……… 394
0390 蓝……… 378	0422 叶……… 386	0454 习……… 394
0391 三……… 378	0423 剑……… 386	0455 汁……… 394
0392 甘……… 378	0424 欠……… 386	0456 十……… 394

0457 入 ……… 396	0489 扎 ……… 404	0521 杰 ……… 412
0458 急 ……… 396	0490 杀 ……… 404	0522 孽 ……… 412
0459 及 ……… 396	0491 班 ……… 404	0523 建 ……… 412
0460 吸 ……… 396	0492 板 ……… 404	0524 健 ……… 412
0461 单 ……… 396	0493 慢 ……… 404	0525 言 ……… 412
0462 炭 ……… 396	0494 奸 ……… 404	0526 歇 ……… 412
0463 弹 ……… 396	0495 颜 ……… 404	0527 扁 ……… 412
0464 难 ……… 396	0496 瞎 ……… 404	0528 片 ……… 412
0465 兰 ……… 398	0497 变 ……… 406	0529 面 ……… 416
0466 懒 ……… 398	0498 骗 ……… 406	0530 典 ……… 416
0467 烂 ……… 398	0499 便 ……… 406	0531 天 ……… 416
0468 伞 ……… 398	0500 棉 ……… 406	0532 田 ……… 416
0469 肝 ……… 398	0501 面 ……… 406	0533 垫 ……… 416
0470 看 ……… 398	0502 连 ……… 406	0534 年 ……… 416
0471 岸 ……… 398	0503 剪 ……… 406	0535 莲 ……… 416
0472 汉 ……… 398	0504 浅 ……… 406	0536 前 ……… 416
0473 汗 ……… 400	0505 钱 ……… 408	0537 先 ……… 418
0474 安 ……… 400	0506 鲜 ……… 408	0538 肩 ……… 418
0475 达 ……… 400	0507 线 ……… 408	0539 见 ……… 418
0476 辣 ……… 400	0508 缠 ……… 408	0540 牵 ……… 418
0477 擦 ……… 400	0509 战 ……… 408	0541 显 ……… 418
0478 割 ……… 400	0510 扇 ……… 408	0542 现 ……… 418
0479 渴 ……… 400	0511 善 ……… 408	0543 烟 ……… 418
0480 扮 ……… 400	0512 件 ……… 408	0544 憋 ……… 418
0481 办 ……… 402	0513 延 ……… 410	0545 箧 ……… 420
0482 铲 ……… 402	0514 别 ……… 410	0546 铁 ……… 420
0483 山 ……… 402	0515 灭 ……… 410	0547 捏 ……… 420
0484 产 ……… 402	0516 列 ……… 410	0548 节 ……… 420
0485 间 ……… 402	0517 撇 ……… 410	0549 切 ……… 420
0486 眼 ……… 402	0518 舌 ……… 410	0550 截 ……… 420
0487 限 ……… 402	0519 设 ……… 410	0551 结 ……… 420
0488 八 ……… 402	0520 热 ……… 410	0552 搬 ……… 420

0553 半 …… 422	0585 弯 …… 430	0617 月 …… 438
0554 判 …… 422	0586 刷 …… 430	0618 越 …… 438
0555 盘 …… 422	0587 刮 …… 430	0619 县 …… 438
0556 满 …… 422	0588 全 …… 430	0620 决 …… 438
0557 端 …… 422	0589 选 …… 430	0621 缺 …… 438
0558 短 …… 422	0590 转 …… 430	0622 血 …… 438
0559 断 …… 422	0591 传 …… 430	0623 吞 …… 438
0560 暖 …… 422	0592 传 …… 430	0624 根 …… 438
0561 乱 …… 424	0593 砖 …… 432	0625 恨 …… 440
0562 酸 …… 424	0594 船 …… 432	0626 恩 …… 440
0563 算 …… 424	0595 软 …… 432	0627 贫 …… 440
0564 官 …… 424	0596 卷 …… 432	0628 民 …… 440
0565 宽 …… 424	0597 圈 …… 432	0629 邻 …… 440
0566 欢 …… 424	0598 权 …… 432	0630 进 …… 440
0567 完 …… 424	0599 圆 …… 432	0631 亲 …… 440
0568 换 …… 424	0600 院 …… 432	0632 新 …… 440
0569 碗 …… 426	0601 铅 …… 434	0633 镇 …… 442
0570 拨 …… 426	0602 绝 …… 434	0634 陈 …… 442
0571 泼 …… 426	0603 雪 …… 434	0635 震 …… 442
0572 末 …… 426	0604 反 …… 434	0636 神 …… 442
0573 脱 …… 426	0605 翻 …… 434	0637 身 …… 442
0574 夺 …… 426	0606 饭 …… 434	0638 辰 …… 442
0575 阔 …… 426	0607 晚 …… 434	0639 人 …… 442
0576 活 …… 426	0608 万 …… 434	0640 认 …… 442
0577 顽 …… 428	0609 劝 …… 436	0641 紧 …… 444
0578 滑 …… 428	0610 原 …… 436	0642 银 …… 444
0579 挖 …… 428	0611 冤 …… 436	0643 印 …… 444
0580 闩 …… 428	0612 园 …… 436	0644 引 …… 444
0581 关 …… 428	0613 远 …… 436	0645 笔 …… 444
0582 惯 …… 428	0614 发 …… 436	0646 匹 …… 444
0583 还 …… 428	0615 罚 …… 436	0647 密 …… 444
0584 还 …… 428	0616 袜 …… 436	0648 栗 …… 444

0649 七 …… 446	0681 准 …… 454	0713 糠 …… 462
0650 侄 …… 446	0682 春 …… 454	0714 薄 …… 462
0651 虱 …… 446	0683 唇 …… 454	0715 摸 …… 462
0652 实 …… 446	0684 顺 …… 454	0716 托 …… 462
0653 失 …… 446	0685 纯 …… 454	0717 落 …… 462
0654 日 …… 446	0686 闰 …… 454	0718 作 …… 462
0655 吉 …… 446	0687 均 …… 454	0719 索 …… 462
0656 一 …… 446	0688 匀 …… 454	0720 各 …… 462
0657 筋 …… 448	0689 律 …… 456	0721 鹤 …… 464
0658 劲 …… 448	0690 出 …… 456	0722 恶 …… 464
0659 勤 …… 448	0691 橘 …… 456	0723 娘 …… 464
0660 近 …… 448	0692 分 …… 456	0724 两 …… 464
0661 隐 …… 448	0693 粉 …… 456	0725 亮 …… 464
0662 本 …… 448	0694 粪 …… 456	0726 浆 …… 464
0663 盆 …… 448	0695 坟 …… 456	0727 抢 …… 464
0664 门 …… 448	0696 蚊 …… 456	0728 匠 …… 464
0665 墩 …… 450	0697 问 …… 458	0729 想 …… 466
0666 嫩 …… 450	0698 军 …… 458	0730 像 …… 466
0667 村 …… 450	0699 裙 …… 458	0731 张 …… 466
0668 寸 …… 450	0700 熏 …… 458	0732 长 …… 466
0669 蹲 …… 450	0701 云 …… 458	0733 装 …… 466
0670 孙 …… 450	0702 运 …… 458	0734 壮 …… 466
0671 滚 …… 450	0703 佛 …… 458	0735 疮 …… 466
0672 困 …… 450	0704 物 …… 458	0736 床 …… 466
0673 婚 …… 452	0705 帮 …… 460	0737 霜 …… 468
0674 魂 …… 452	0706 忙 …… 460	0738 章 …… 468
0675 温 …… 452	0707 党 …… 460	0739 厂 …… 468
0676 卒 …… 452	0708 汤 …… 460	0740 唱 …… 468
0677 骨 …… 452	0709 糖 …… 460	0741 伤 …… 468
0678 轮 …… 452	0710 浪 …… 460	0742 尝 …… 468
0679 俊 …… 452	0711 仓 …… 460	0743 上 …… 468
0680 笋 …… 452	0712 钢 …… 460	0744 让 …… 468

0745 姜 …… 470	0777 棒 …… 478	0809 黑 …… 486
0746 响 …… 470	0778 桩 …… 478	0810 冰 …… 486
0747 向 …… 470	0779 撞 …… 478	0811 证 …… 486
0748 秧 …… 470	0780 窗 …… 478	0812 秤 …… 486
0749 痒 …… 470	0781 双 …… 478	0813 绳 …… 486
0750 样 …… 470	0782 江 …… 478	0814 剩 …… 486
0751 雀 …… 470	0783 讲 …… 478	0815 升 …… 486
0752 削 …… 470	0784 降 …… 478	0816 兴 …… 486
0753 着 …… 472	0785 项 …… 480	0817 蝇 …… 488
0754 勺 …… 472	0786 剥 …… 480	0818 逼 …… 488
0755 弱 …… 472	0787 桌 …… 480	0819 力 …… 488
0756 脚 …… 472	0788 镯 …… 480	0820 息 …… 488
0757 约 …… 472	0789 角 …… 480	0821 直 …… 488
0758 药 …… 472	0790 壳 …… 480	0822 侧 …… 488
0759 光 …… 472	0791 学 …… 480	0823 测 …… 488
0760 慌 …… 472	0792 握 …… 480	0824 色 …… 488
0761 黄 …… 474	0793 朋 …… 482	0825 织 …… 490
0762 郭 …… 474	0794 灯 …… 482	0826 食 …… 490
0763 霍 …… 474	0795 等 …… 482	0827 式 …… 490
0764 方 …… 474	0796 凳 …… 482	0828 极 …… 490
0765 放 …… 474	0797 藤 …… 482	0829 国 …… 490
0766 纺 …… 474	0798 能 …… 482	0830 或 …… 490
0767 房 …… 474	0799 层 …… 482	0831 猛 …… 490
0768 防 …… 474	0800 僧 …… 482	0832 打 …… 490
0769 网 …… 476	0801 肯 …… 484	0833 冷 …… 492
0770 筐 …… 476	0802 北 …… 484	0834 生 …… 492
0771 狂 …… 476	0803 墨 …… 484	0835 省 …… 492
0772 王 …… 476	0804 得 …… 484	0836 更 …… 492
0773 旺 …… 476	0805 特 …… 484	0837 梗 …… 492
0774 缚 …… 476	0806 贼 …… 484	0838 坑 …… 492
0775 绑 …… 476	0807 塞 …… 484	0839 硬 …… 492
0776 胖 …… 476	0808 刻 …… 484	0840 行 …… 492

0841 百⋯⋯⋯ 494	0873 静⋯⋯⋯ 502	0905 笛⋯⋯⋯ 510
0842 拍⋯⋯⋯ 494	0874 姓⋯⋯⋯ 502	0906 历⋯⋯⋯ 510
0843 白⋯⋯⋯ 494	0875 贞⋯⋯⋯ 502	0907 锡⋯⋯⋯ 510
0844 拆⋯⋯⋯ 494	0876 程⋯⋯⋯ 502	0908 击⋯⋯⋯ 510
0845 择⋯⋯⋯ 494	0877 整⋯⋯⋯ 502	0909 吃⋯⋯⋯ 510
0846 窄⋯⋯⋯ 494	0878 正⋯⋯⋯ 502	0910 横⋯⋯⋯ 510
0847 格⋯⋯⋯ 494	0879 声⋯⋯⋯ 502	0911 划⋯⋯⋯ 510
0848 客⋯⋯⋯ 494	0880 城⋯⋯⋯ 502	0912 兄⋯⋯⋯ 510
0849 额⋯⋯⋯ 496	0881 轻⋯⋯⋯ 504	0913 荣⋯⋯⋯ 512
0850 棚⋯⋯⋯ 496	0882 赢⋯⋯⋯ 504	0914 永⋯⋯⋯ 512
0851 争⋯⋯⋯ 496	0883 积⋯⋯⋯ 504	0915 营⋯⋯⋯ 512
0852 耕⋯⋯⋯ 496	0884 惜⋯⋯⋯ 504	0916 蓬⋯⋯⋯ 512
0853 麦⋯⋯⋯ 496	0885 席⋯⋯⋯ 504	0917 东⋯⋯⋯ 512
0854 摘⋯⋯⋯ 496	0886 尺⋯⋯⋯ 504	0918 懂⋯⋯⋯ 512
0855 策⋯⋯⋯ 496	0887 石⋯⋯⋯ 504	0919 冻⋯⋯⋯ 512
0856 隔⋯⋯⋯ 496	0888 益⋯⋯⋯ 504	0920 通⋯⋯⋯ 512
0857 兵⋯⋯⋯ 498	0889 瓶⋯⋯⋯ 506	0921 桶⋯⋯⋯ 514
0858 柄⋯⋯⋯ 498	0890 钉⋯⋯⋯ 506	0922 痛⋯⋯⋯ 514
0859 平⋯⋯⋯ 498	0891 顶⋯⋯⋯ 506	0923 铜⋯⋯⋯ 514
0860 病⋯⋯⋯ 498	0892 厅⋯⋯⋯ 506	0924 动⋯⋯⋯ 514
0861 明⋯⋯⋯ 498	0893 听⋯⋯⋯ 506	0925 洞⋯⋯⋯ 514
0862 命⋯⋯⋯ 498	0894 停⋯⋯⋯ 506	0926 聋⋯⋯⋯ 514
0863 镜⋯⋯⋯ 498	0895 挺⋯⋯⋯ 506	0927 弄⋯⋯⋯ 514
0864 庆⋯⋯⋯ 498	0896 定⋯⋯⋯ 506	0928 粽⋯⋯⋯ 514
0865 迎⋯⋯⋯ 500	0897 零⋯⋯⋯ 508	0929 葱⋯⋯⋯ 516
0866 影⋯⋯⋯ 500	0898 青⋯⋯⋯ 508	0930 送⋯⋯⋯ 516
0867 剧⋯⋯⋯ 500	0899 星⋯⋯⋯ 508	0931 公⋯⋯⋯ 516
0868 饼⋯⋯⋯ 500	0900 经⋯⋯⋯ 508	0932 孔⋯⋯⋯ 516
0869 名⋯⋯⋯ 500	0901 形⋯⋯⋯ 508	0933 烘⋯⋯⋯ 516
0870 领⋯⋯⋯ 500	0902 壁⋯⋯⋯ 508	0934 红⋯⋯⋯ 516
0871 井⋯⋯⋯ 500	0903 劈⋯⋯⋯ 508	0935 翁⋯⋯⋯ 516
0872 清⋯⋯⋯ 500	0904 踢⋯⋯⋯ 508	0936 木⋯⋯⋯ 516

0937 读……… 518	0960 雄……… 522	0983 种……… 528
0938 鹿……… 518	0961 福……… 524	0984 冲……… 528
0939 族……… 518	0962 服……… 524	0985 恭……… 530
0940 谷……… 518	0963 目……… 524	0986 共……… 530
0941 哭……… 518	0964 六……… 524	0987 凶……… 530
0942 屋……… 518	0965 宿……… 524	0988 拥……… 530
0943 冬……… 518	0966 竹……… 524	0989 容……… 530
0944 统……… 518	0967 畜……… 524	0990 用……… 530
0945 脓……… 520	0968 缩……… 524	0991 绿……… 530
0946 松……… 520	0969 粥……… 526	0992 足……… 530
0947 宋……… 520	0970 叔……… 526	0993 烛……… 532
0948 毒……… 520	0971 熟……… 526	0994 赎……… 532
0949 风……… 520	0972 肉……… 526	0995 属……… 532
0950 丰……… 520	0973 菊……… 526	0996 褥……… 532
0951 凤……… 520	0974 育……… 526	0997 曲……… 532
0952 梦……… 520	0975 封……… 526	0998 局……… 532
0953 中……… 522	0976 蜂……… 526	0999 玉……… 532
0954 虫……… 522	0977 缝……… 528	1000 浴……… 532
0955 终……… 522	0978 浓……… 528	
0956 充……… 522	0979 龙……… 528	**参考文献**……… 535
0957 宫……… 522	0980 松……… 528	**后　记**……… 537
0958 穷……… 522	0981 重……… 528	
0959 熊……… 522	0982 肿……… 528	

第二章　字音对照表

说　明

1. 本章为《中国语言资源调查手册·汉语方言》"贰　单字（方言老男）"的1000个单字音对照。

2. 每页横排8个字目，以《调查手册》"贰　单字（方言老男）"为序。竖排为32个调查点，以本书第一章"各地音系"各节先后为序，即按地理位置从北到南，每一地市先列市政府所在地调查点，再按从北到南排列。

3. 字目中列出中古音，如"0001多"字下列"果开一平歌端"（"果开一"和"平歌端"分行）。

4. 有必要释义或举例说明的文字，比较简单的，直接以小号字列在音标之后，如"0003大~小"；释例较复杂的，则以页下注形式列在当页表下。

	0001 多	0002 拖	0003 大~小	0004 锣	0005 左	0006 歌	0007 个	0008 可
	果开一平歌端	果开一平歌透	果开一去歌定	果开一平歌来	果开一上歌精	果开一平歌见	果开一去歌见	果开一上歌溪
榆林	tuə³³	tʰuə³³	ta⁵²	luə²¹³	tsuə²¹³	kuə³³ / kə³³	kəʔ³ 一~ / kuə⁵² ~体	kʰuə²¹³ ~以 / kʰəʔ³ ~好嘞
神木	tuo²¹³	tʰuo²¹³	ta⁵³	luo⁴⁴	tsuo²¹³	kuo²¹³	kəʔ⁴ 五~ / kuo⁵³ ~人	kʰuo²¹³ ~以 / kʰəʔ⁴ ~好嘞
绥德	təɣ̃²¹³	tʰəɣ̃²¹³	ta⁵²	ləɣ̃³³	tsəɣ̃²¹³	kɯ²¹³	kuɣ³³ 一~ / kɯ⁵² ~体户儿	kʰɯ²¹³ ~以 / kʰɣ³³ ~好嘞① / kʰɯ⁵² ~心
吴堡	tɤu²¹³	tʰɤu²¹³	tɤu⁵³	lɤu³³	tsɤu⁴¹²	kɤu²¹³	kuəʔ³ 一~ / kɤu⁵³ ~人	kʰɤu⁴¹² ~以 / kʰəʔ³ ~儿嘞
清涧	tɯ³¹²	tʰɯ³¹²	tʰɯ⁴²	lɯ²⁴	tsɯ⁵³	kɯ³¹²	kuəʔ⁵⁴ 一~ / kɯ⁴² ~人	kʰɯ³¹² ~以 / kʰəʔ⁵⁴ ~俊嘞
延安	tuo²¹³	tʰuo²¹³	ta⁴⁴³	luo²⁴	tsuo⁵²	kuo²¹³	kuo⁵²	kʰuo⁵²
延川	tei²¹³	tʰɣ²¹³	tʰei⁵³	lei³⁵	tsei⁵³	kɣ²¹³	kɣ⁵³	kʰɣ⁵³
黄陵	tuɣ³¹	tʰuɣ³¹	tʰuɣ⁵⁵ ~得很 / ta⁵⁵ ~小	luɣ²⁴	tsuɣ⁵⁵	kɣ³¹	kɣ⁵⁵	kʰɣ⁵²
渭南	tuə³¹	tʰuə³¹	tʰuə⁴⁴ ~人② / ta⁴⁴ ~麦	luə²⁴	tʃə⁴⁴	kə³¹	uae³¹ 几~ / kə⁴⁴ ~别	kə⁵³
韩城	tuɣ³¹	tʰuɣ³¹	tʰuɣ⁴⁴ ~人 / ta⁴⁴ ~小	luɣ²⁴	tsuɣ⁴⁴	kɣ³¹	uæe⁵³ 几~ / kɣ⁵³ ~人	kʰuɣ⁵³
合阳	tuo³¹	tʰuo³¹	tʰuo⁵⁵ ~西瓜 / ta⁵⁵ ~豆	luo²⁴	tɕyə⁵⁵	kɣ³¹	kuæe³¹	kʰɣ⁵²
富平	tuo³¹	tʰuo³¹	tʰuo⁵⁵ 老~ / ta⁵⁵ ~小	luo²⁴	tsuo⁵³	kɣ⁵³	kɣ⁵⁵	kʰɣ⁵³
耀州	tuo²¹	tʰuo²¹	tuo⁴⁴ ~人 / ta⁴⁴ ~学	luo²⁴	tsuo⁵²	kɣ²¹	uæe⁰ 三~ / kɣ⁴⁴ ~人	kʰɣ⁵² 又 / kʰɣ²¹ 又
咸阳	tuo³¹	tʰuo³¹	ta⁴⁴	luo²⁴	tsuo⁵³	kɣ³¹	kɣ⁴⁴	kʰɣ⁵³

① ~好嘞：绥德方言入声字念单字音时全部舒化，在说话中仍保留入声读法，老男青男都是如此。如：可好嘞 kʰəʔ³ xao²¹ lə⁰。

② ~人：父母合称。

	0001 多	0002 拖	0003 大~小	0004 锣	0005 左	0006 歌	0007 个	0008 可
	果开一平歌端	果开一平歌透	果开一去歌定	果开一平歌来	果开一上歌精	果开一平歌见	果开一去歌见	果开一上歌溪
旬邑	tuo²¹	tʰuo²¹	tʰuo⁴⁴ ~人 / ta⁴⁴ ~小	luo²⁴	tsuo⁴⁴	kɤ²¹	uɛi·⁰ 几~ / kɤ⁴⁴ ~人	kʰɤ⁵² 又 / kʰɤ²¹ 又
三原	tuə³¹	tʰuə³¹	tʰuə⁴⁴ ~馍① / ta⁴⁴ ~家	luə²⁴	tsuə⁵²	kɤ³¹	uai³¹ 几~ / kɤ⁴⁴ ~把	kʰɤ⁵²
乾县	tuɤ²¹	tʰuɤ²¹	ta⁵⁵	luɤ²⁴	tsuɤ⁵³	kuo⁵³ 唱~ / kɤ²¹ ~曲	kɤ⁵⁵	kʰɤ⁵³
岐山	tuo³¹	tʰuo³¹	tᴀ⁴⁴	luo²⁴	tsuo⁴⁴	kuo⁵³ 唱~ / kɤ³¹ ~曲	kɤ⁴⁴	kʰɤ⁵³
凤翔	tuo³¹	tʰuo³¹	ta⁴⁴	luo²⁴	tsuo⁴⁴	kuo³¹	kɔ⁴⁴	kʰɔ⁵³
千阳	tuo³¹	tʰuo³¹	ta⁴⁴	luo²⁴	tsuo⁴⁴	kuo³¹	kɔ⁴⁴	kʰuo⁵³
西安	tuo²¹	tʰuo²¹	tuo⁴⁴ 老~ / ta⁴⁴ ~得很	luo²⁴	tsuo⁵³	kɤ²¹	kɤ⁴⁴	kʰɤ⁵³
户县	tuɤ³¹	tʰuɤ³¹	tuɤ⁵⁵ 老~ / ta⁵⁵ ~哥	luɤ³⁵	tsuɤ⁵¹	kɤ³¹	kɤ³¹ 几~ / kɤ⁵⁵ ~人	kʰɤ⁵¹
商州	tuə³¹	tʰuə³¹	tuə⁴⁴ ~人 / ta⁴⁴ ~学	luə³⁵	tʃuə⁵³	kə³¹	kai³¹ 一~ / kə⁴⁴ ~人	kʰə⁵³
镇安	tuə⁵³	tʰuə⁵³	ta³²²	luə³³	tsuə³⁵	kuə⁵³	kuə²¹⁴	kʰuə³⁵
安康	tuo³¹	tʰuo³¹	ta⁴⁴	luo³⁵	tsuo⁵³	kɤ³¹	kɤ⁴⁴	kʰɤ⁵³
白河	tuo²¹³	tʰuo²¹³	ta⁴¹	luo⁴⁴	tsuo³⁵	kuo²¹³	kuo⁴¹	kʰuo³⁵
汉阴	to³³	tʰo³³	tɑ²¹⁴	lo⁴²	tso⁴⁵	ko³³	ko²¹⁴	kʰo⁴⁵
平利	to⁴³	tʰo⁴³	ta²¹⁴	lo⁵²	tso⁴⁴⁵	ko⁴³	ko²¹⁴	kʰo⁴⁴⁵
汉中	tuɤ⁵⁵	tʰuɤ⁵⁵	tᴀ²¹³	luɤ⁴²	tsuɤ³⁵⁴	kɤ⁵⁵	kɤ²¹³	kʰɤ³⁵⁴
城固	tuə⁵³	tʰuə⁵³	ta²¹³	luə³¹¹	tsuə⁴⁴	kə⁵³	kə²¹³	kʰə⁴⁴
勉县	tuɤ⁴²	tʰuɤ⁴²	tɑ²¹³	luɤ²¹	tsuɤ³⁵	kɤ⁴²	kɤ²¹³	kʰɤ³⁵
镇巴	to³⁵	tʰo³⁵	ta²¹³	lo³¹	tso⁵²	ko³⁵	ko²¹³	kʰo⁵²

① ~馍：过节时蒸的一种特别大的馍。

	0009 鹅 果开一平歌疑	0010 饿 果开一去歌疑	0011 河 果开一平歌匣	0012 茄 果开三平戈群	0013 破 果合一去戈滂	0014 婆 果合一平戈並	0015 磨动 果合一平戈明	0016 磨名 果合一去戈明
榆林	nuə³³	nuə⁵²	xuə²¹³	tɕʰiɛ²¹³	pʰuə⁵²	pʰuə²¹³	muə²¹³	muə⁵²
神木	ŋuo⁴⁴	ŋuo⁵³	xuo⁴⁴	tɕʰiɛ⁴⁴	pʰuo⁵³	pʰuo⁴⁴	muo⁴⁴	muo⁵³
绥德	ŋɯ³³	ŋɯ⁵²	xɯ³³	tɕʰi³³	pʰuo⁵²	pʰuo³³	muo³³	muo⁵²
吴堡	ŋɤu³³	ŋɤu⁵³	xɤu³³	tɕʰia³³	pʰɤu⁵³	pʰɤu³³	mɤu³³	mɤu⁵³
清涧	ŋɯ²⁴	ŋɯ⁴²	xɯ²⁴	tɕʰia²⁴	pʰu⁴²	pʰu²⁴	mu²⁴	mu⁴²
延安	ŋuo²⁴	ŋuo⁴⁴³	xuo²⁴	tɕʰiɛ²⁴	pʰuo⁴⁴³	pʰuo²⁴	muo²⁴	muo⁴⁴³
延川	ŋei³⁵	ŋei⁵³	xei³⁵	tɕʰia³⁵	pʰɤ⁵³	pʰei³⁵	mei³⁵	mei⁵³
黄陵	ŋuɤ²⁴	ŋuɤ⁵⁵	xuɤ²⁴	tɕʰiɛ²⁴	pʰuɤ⁵⁵	pʰuɤ²⁴	muɤ²⁴	muɤ⁵⁵
渭南	ŋə²⁴	ŋə⁴⁴	xuə²⁴	tɕʰiɛ²⁴	pʰə⁴⁴	pʰə⁴⁴	mə²⁴ ~刀 / mə⁴⁴ ~面	mə⁴⁴
韩城	ŋɤ²⁴	ŋɤ⁴⁴	xuɤ²⁴	tɕʰia²⁴	pʰuɤ⁴⁴	pʰuɤ²⁴	muɤ²⁴	muɤ⁴⁴
合阳	ŋɤ²⁴	ŋɤ⁵⁵	xuo²⁴	tɕʰia²⁴	pʰo⁵⁵	pʰo²⁴	mo²⁴ ~刀 / mo⁵⁵ ~豆腐	mo⁵⁵
富平	ŋɤ²⁴	ŋɤ⁵⁵	xuo²⁴	tɕʰiɛ²⁴	pʰuo⁵⁵	pʰuo²⁴	muo²⁴	muo⁵⁵
耀州	ŋɤ²⁴	ŋɤ⁴⁴	xuo²⁴	tɕʰiɛ²⁴	pʰuo⁴⁴	pʰuo²⁴	muo²⁴ ~刀 / muo⁴⁴ ~面	muo⁴⁴
咸阳	ŋɤ²⁴	ŋɤ⁴⁴	xuo²⁴	tɕʰiɛ²⁴	pʰo⁴⁴	pʰo²⁴	mo²⁴	mo⁴⁴
旬邑	ŋɤ²⁴	ŋɤ⁴⁴	xuo²⁴	tɕʰiɛ²⁴	pʰo⁴⁴	pa²⁴外~ / pʰo²⁴媒~	mo²⁴ ~刀 / mo⁴⁴ ~面	mo⁴⁴
三原	ŋɤ²⁴	ŋɤ⁴⁴	xuo²⁴	tɕʰiɛ²⁴	pʰɤ⁴⁴	pʰɤ²⁴	mɤ²⁴ ~把 / mɤ⁴⁴ ~面	mɤ⁴⁴
乾县	ŋɤ²⁴	ŋɤ⁵⁵	xuɤ²⁴	tɕʰiə²⁴	pʰuɤ⁵⁵	pʰuɤ²⁴	muɤ²⁴ ~刀 / muɤ⁵⁵ ~面	muɤ⁵⁵
岐山	ŋɤ²⁴	ŋɤ⁴⁴	xuo²⁴	tɕʰiɛ²⁴	pʰo⁴⁴	pʰo²⁴	mo⁴⁴ ~刀 / mo²⁴ ~面	mo⁴⁴
凤翔	ŋuo²⁴	ŋuo⁴⁴	xuo²⁴	tɕʰie²⁴	pʰo⁴⁴	pʰo²⁴	mo²⁴ ~牙 / mo⁴⁴ ~面	mo⁴⁴
千阳	ŋuo²⁴	ŋuo⁴⁴	xuo²⁴	tɕʰie²⁴	pʰo⁴⁴	pʰo²⁴	mo²⁴ ~刀 / mo⁴⁴ ~面	mo⁴⁴

	0009 鹅	0010 饿	0011 河	0012 茄	0013 破	0014 婆	0015 磨动	0016 磨名
	果开一平歌疑	果开一去歌疑	果开一平歌匣	果开三平戈群	果合一去戈滂	果合一平戈并	果合一平戈明	果合一去戈明
西安	ŋɤ²⁴	ŋɤ⁴⁴	xuo²⁴	tɕʰiɛ²⁴	pʰo⁴⁴	pʰo²⁴	mo²⁴ ~刀 mo⁴⁴ ~面	mo⁴⁴
户县	ŋɤ³⁵	ŋɤ⁵⁵	xuɤ³⁵	tɕʰiɛ³⁵	pʰɤ⁵⁵	pʰɤ³⁵祖母 pʰɤ⁵⁵背称婆婆	mɤ³⁵ ~刀子 mɤ⁵⁵ ~豆腐	mɤ⁵⁵
商州	ŋə³⁵	ŋə⁴⁴	xuə³⁵	tʰiɛ³⁵	pʰuə⁴⁴	pʰuə⁴⁴	muə³⁵	muə⁴⁴
镇安	ŋuə³³	ŋuə³³	xuə³³	tɕʰiɛ³³	pʰuə²¹⁴	pʰuə³³	muə³³	muə³²²
安康	ŋɤ³⁵	ŋɤ⁴⁴	xuo³⁵	tɕʰiɛ³⁵	pʰə⁴⁴	pʰə³⁵	mə³⁵	mə⁴⁴
白河	ŋuo⁴⁴	ŋuo⁴¹	xuo⁴⁴	tɕʰyE⁴⁴	pʰo⁴¹	pʰo⁴⁴	mo⁴⁴	mo⁴¹
汉阴	ŋo⁴²	ŋo²¹⁴	χo⁴²	tɕʰiE⁴²	pʰo²¹⁴	pʰo⁴²	mo⁴²	mo²¹⁴
平利	ŋo⁵²	ŋo²¹⁴	xo⁵²	tɕʰiE⁵²	pʰo²¹⁴	pʰo⁵²	mo⁵²	mo²¹⁴
汉中	ŋɤ⁴²	ŋɤ²¹³	xɤ⁴²	tɕʰiE⁴²	pʰɤ²¹³	pʰɤ⁴²	mɤ⁴²	mɤ²¹³
城固	ŋə³¹¹	ŋə²¹³	xuə³¹¹ 小~ xə³¹¹ ~流	tɕʰiɛ³¹¹	pʰə²¹³	pʰə³¹¹	mə³¹¹	mə²¹³
勉县	ŋɤ²¹	ŋɤ²¹³	xɤ²¹	tɕʰiɛ²¹	pʰɤ²¹³	pʰɤ²¹	mɤ²¹	mɤ²¹³
镇巴	ŋo³¹	ŋo²¹³	xo³¹	tɕʰiɛ³¹	pʰo²¹³	pʰo³¹	mo³¹	mo²¹³

	0017 躲	0018 螺	0019 坐	0020 锁	0021 果	0022 过~来	0023 课	0024 火
	果合一上戈端	果合一平戈来	果合一上戈从	果合一上戈心	果合一上戈见	果合一去戈见	果合一去戈溪	果合一上戈晓
榆林	tuə²¹³	luə²¹³	tsuə⁵²	suə²¹³	kuə²¹³	kuə⁵²	kʰuə⁵²	xuə²¹³
神木	tuo²¹³	luo⁴⁴	tsuo⁵³	suo²¹³	kuo²¹³	kuo⁵³	kʰuo⁵³	xuo²¹³
绥德	tuo²¹³	ləɣ̃³³~丝 luo³³田~	tsuo⁵²	suo²¹³	kuo²¹³	kuo⁵²	kʰuo⁵²	xuo²¹³
吴堡	tu⁴¹²	lɤu³³	tsuɤu⁵³	suɤu⁴¹²	ku⁴¹²	ku⁵³	kʰu⁵³	xu⁴¹²
清涧	tu⁵³	lɯ²⁴	tsʰu⁴²	su⁵³	ku⁵³	ku⁴²	kʰu⁴²	xu⁵³
延安	tuo⁵²	luo²⁴	tsʰuo⁴⁴³	suo⁵²	kuo⁵²	kuo⁴⁴³	kʰuo⁴⁴³	xuo⁵²
延川	tuɤ⁵³	lei³⁵	tsʰuei⁵³	suɤ⁵³	kuɤ⁵³	kuɤ⁵³	kʰɤ⁵³	xuɤ⁵³
黄陵	tuɤ⁵²	luɤ²⁴	tsʰuɤ⁵⁵	suɤ⁵²	kuɤ⁵²	kuɤ⁵⁵	kʰuɤ⁵⁵	xuɤ⁵²
渭南	tuə⁵³	luə²⁴	tʃʰə⁴⁴	ʃə⁵³	kuə⁵³	kuə⁴⁴	kʰuə⁴⁴	xuə⁵³
韩城	tuɤ⁵³	luɤ²⁴	tsʰuɤ⁴⁴	suɤ⁵³	kuɤ⁵³	kuɤ⁴⁴	kʰuɤ⁴⁴	xuɤ⁵³
合阳	tuo⁵²	luo²⁴	tɕʰyə⁵⁵	ɕyə⁵²	kuo⁵²	kuo⁵⁵	kʰuo⁵⁵	xuo⁵²
富平	tuo⁵³	luo²⁴	tsuo⁵⁵	suo⁵³	kuo⁵³	kuo⁵⁵	kʰuo⁵⁵	xuo⁵³
耀州	tuo⁵²	luo²⁴	tsuo⁴⁴	suo⁵²	kuo⁵²	kuo⁴⁴	kʰuo⁴⁴	xuo⁵²
咸阳	tuo⁵³	luo²⁴	tsuo⁴⁴	suo⁵³	kuo⁵³	kuo⁴⁴	kʰuo⁴⁴	xuo⁵³
旬邑	tuo⁵²	luo²⁴	tsʰuo⁴⁴	suo⁵²	kuo⁵²	kuo⁴⁴	kʰuo⁴⁴	xuo⁵²
三原	tuə⁵²	luə²⁴	tsuə⁴⁴	suə⁵²	kuə⁵²	kuə⁴⁴	kʰuə⁴⁴	xuə⁵²
乾县	tuɤ⁵³	luɤ²⁴	tsuɤ⁵⁵	suɤ⁵³	kuɤ⁵³	kuɤ⁵⁵	kʰuɤ⁵⁵	xuɤ⁵³
岐山	tuo⁵³	luo²⁴	tsʰuo⁴⁴	suo⁵³	kuo⁵³	kuo⁴⁴	kʰuo⁴⁴	xuo⁵³
凤翔	tuo⁵³	luo²⁴	tsuo⁴⁴	suo⁵³	kuo⁵³	kuo⁴⁴	kʰuo⁴⁴	xuo⁵³
千阳	tuo⁵³	luo²⁴	tsʰuo⁴⁴	suo⁵³	kuo⁵³	kuo⁴⁴	kʰuo⁴⁴	xuo⁵³
西安	tuo⁵³	luo²⁴	tsuo⁴⁴	suo⁵³	kuo⁵³	kuo⁴⁴	kʰuo⁴⁴	xuo⁵³
户县	tuɤ⁵¹	luɤ³⁵	tsuɤ⁵⁵	suɤ⁵¹	kuɤ⁵¹	kuɤ⁵⁵	kʰuɤ⁵⁵	xu³¹社~ xuɤ⁵¹~神庙
商州	tuə⁵³	luə³⁵	tʃuə⁴⁴	ʃuə⁵³	kuə⁵³	kuə⁴⁴	kʰə⁴⁴	xuə⁵³
镇安	tuə³⁵	luə³³	tsuə³²²	suə³⁵	kuə³⁵	kuə³²²	kʰuə²¹⁴	xuə³⁵
安康	tuo⁵³	luo³⁵	tsuo⁴⁴	suo⁵³	kuo⁵³	kuo⁴⁴	kʰɤ⁴⁴	xuo⁵³

	0017 躲	0018 螺	0019 坐	0020 锁	0021 果	0022 过~来	0023 课	0024 火
	果合一上戈端	果合一平戈来	果合一上戈从	果合一上戈心	果合一上戈见	果合一去戈见	果合一去戈溪	果合一上戈晓
白河	tuo³⁵	luo⁴⁴	tsuo⁴¹	suo³⁵	kuo³⁵	kuo⁴¹	kʰuo⁴¹	xuo³⁵
汉阴	to⁴⁵	lo⁴²	tso²¹⁴	so⁴⁵	ko⁴⁵	ko²¹⁴	kʰo²¹⁴	χo⁴⁵
平利	to⁴⁴⁵	lo⁵²	tso²¹⁴	so⁴⁴⁵	ko⁴⁴⁵	ko²¹⁴	kʰo²¹⁴	xo⁴⁴⁵
汉中	tuɤ³⁵⁴	luɤ⁴²	tsuɤ²¹³	suɤ³⁵⁴	kuɤ³⁵⁴	kuɤ²¹³	kʰɤ²¹³	xuɤ³⁵⁴
城固	tuə⁴⁴	luə³¹¹	tsuə²¹³	suə⁴⁴	kuə⁴⁴	kuə²¹³	kʰə²¹³	xuə⁴⁴
勉县	tuɤ³⁵	luɤ²¹	tsuɤ²¹³	suɤ³⁵	kuɤ³⁵	kuɤ²¹³	kʰɤ²¹³	xuɤ³⁵
镇巴	to⁵²	lo³¹	tso²¹³	so⁵²	ko⁵²	ko²¹³	kʰo²¹³	xo⁵²

	0025 货	0026 祸	0027 靴	0028 把量	0029 爬	0030 马	0031 骂	0032 茶
	果合一去戈晓	果合一上戈匣	果合三平戈晓	假开二上麻帮	假开二平麻並	假开二上麻明	假开二去麻明	假开二平麻澄
榆林	xuə⁵²	xuə⁵²	ɕyɛ³³	pa²¹³	pʰa²¹³	ma²¹³	ma⁵²	tsʰa²¹³
神木	xuo⁵³	xuo⁵³	ɕyɛ²¹³	pa²¹³	pʰa⁴⁴	ma²¹³	ma⁵³	tsʰa⁴⁴
绥德	xuo⁵²	xuo⁵²	ɕyɛ²¹³	pa²¹³	pʰa³³	ma²¹³	ma⁵²	tsʰa³³
吴堡	xu⁵³	xu⁵³	ɕyɑ²¹³	pa⁴¹²	pʰa³³	ma⁴¹²	ma⁵³	tsʰa³³
清涧	xu⁴²	xu⁴²	ɕy³¹²	pa²⁴	pʰa²⁴	ma⁵³	ma⁴²	tsʰa²⁴
延安	xuo⁴⁴³	xuo⁴⁴³	ɕyo²¹³	pa⁵²	pʰa²⁴	ma⁵²	ma⁴⁴³	tsʰa²⁴
延川	xuɤ⁵³	xuɤ⁵³	ɕyɛ²¹³	pa⁵³	pʰa³⁵	ma⁵³	ma⁵³	tsʰa³⁵
黄陵	xuɤ⁵⁵	xuɤ⁵⁵	ɕyɤ³¹	pa⁵²	pʰa²⁴	ma⁵²	ma⁵⁵	tsʰa²⁴
渭南	xuə⁴⁴	xuə⁴⁴	ɕyə³¹	pa⁵³	pʰa²⁴	ma⁵³	ma⁴⁴	tsʰa²⁴
韩城	xuɤ⁴⁴	xuɤ⁴⁴	ɕyE³¹	pa⁵³	pʰa²⁴	ma⁵³	ma⁴⁴	tsʰa²⁴
合阳	xuo⁵⁵	xuo⁵⁵	ɕyə³¹	pa⁵²	pʰa²⁴	ma⁵²	ma⁵⁵	tsʰa²⁴
富平	xuo⁵⁵	xuo⁵⁵	ɕyɛ⁵³	pa⁵³	pʰa²⁴	ma⁵³	ma⁵⁵	tsʰa²⁴
耀州	xuo⁴⁴	xuo⁴⁴	ɕyɛ²¹	pa⁵²	pʰa²⁴	ma⁵²	ma⁴⁴	tsʰa²⁴
咸阳	xuo⁴⁴	xuo⁴⁴	ɕyo³¹	pa⁵³	pʰa²⁴	ma⁵³	ma⁴⁴	tsʰa²⁴
旬邑	xuo⁴⁴	xuo⁴⁴	ɕyo²¹	pa⁵²	pʰa²⁴	ma⁵²	ma⁴⁴	tsʰa²⁴
三原	xuə⁴⁴	xuə⁴⁴	ɕyɛ³¹	pa⁵²	pʰa²⁴	ma⁵²	ma⁴⁴	tsʰa²⁴
乾县	xuɤ⁵⁵	xuɤ⁵⁵	ɕyə²¹	pa⁵³	pʰa²⁴	ma⁵³	ma⁵⁵	tsʰa²⁴
岐山	xuo⁴⁴	xuo⁴⁴	ɕyɛ³¹	pA⁵³	pʰA²⁴	mA⁵³	mA⁴⁴	tsʰA²⁴
凤翔	xuo⁴⁴	xuo⁴⁴	ɕyɛ³¹	pa⁵³	pʰa²⁴	ma⁵³	ma⁴⁴	tsʰa²⁴
千阳	xuo⁴⁴	xuo⁴⁴	ɕyɛ³¹	pa⁵³	pʰa²⁴	ma⁵³	ma⁴⁴	tsʰa²⁴
西安	xuo⁴⁴	xuo⁴⁴	ɕyɛ²¹	pa⁵³	pʰa²⁴	ma⁵³	ma⁴⁴	tsʰa²⁴
户县	xu³¹~郎 xuɤ⁵⁵卖~	xuɤ³⁵着~① xuɤ⁵⁵~害	ɕyɛ³¹	pa⁵¹	pʰa³⁵	ma⁵¹	ma⁵⁵	tsʰa³⁵
商州	xuə⁴⁴	xuə⁴⁴	ɕyɛ³¹	pa⁵³	pʰa³⁵	ma⁵³	mɑ⁴⁴	tsʰa³⁵
镇安	xuə³²²	xuə³²²	ɕiɛ⁵³	pa³⁵	pʰa³³	ma³⁵	ma³²²	tsʰa³³

①着~：招致祸殃。

	0025 货	0026 祸	0027 靴	0028 把量	0029 爬	0030 马	0031 骂	0032 茶
	果合一去戈晓	果合一上戈匣	果合三平戈晓	假开二上麻帮	假开二平麻並	假开二上麻明	假开二去麻明	假开二平麻澄
安康	xuo⁴⁴	xuo⁴⁴	ɕye³¹	pa⁵³	pʰa³⁵	ma⁵³	ma⁴⁴	tʂʰa³⁵
白河	xuo⁴¹	xuo⁴¹	ɕyE²¹³	pa³⁵	pʰa⁴⁴	ma³⁵	ma⁴¹	tʂʰa⁴⁴
汉阴	χo²¹⁴	χo²¹⁴	ɕyE³³	pɑ⁴⁵	pʰɑ⁴²	mɑ⁴⁵	mɑ²¹⁴	tʂʰɑ⁴²
平利	xo²¹⁴	xo²¹⁴	ʂɥE⁴³	pa⁴⁴⁵	pʰa⁵²	ma⁴⁴⁵	ma²¹⁴	tʂʰa⁵²
汉中	xuɤ²¹³	xuɤ²¹³	ɕyɤ⁵⁵	pᴀ³⁵⁴	pʰᴀ⁴²	mᴀ³⁵⁴	mᴀ²¹³	tsʰᴀ⁴²
城固	xuə²¹³	xuə²¹³	ɕyɛ⁵³	pa⁴⁴	pʰa³¹¹	ma⁴⁴	ma²¹³	tsʰa³¹¹
勉县	xuɤ²¹³	xuɤ²¹³	ɕyɤ⁴²	pɑ³⁵	pʰɑ²¹	mɑ³⁵	mɑ²¹³	tsʰɑ²¹
镇巴	xo²¹³	xo²¹³	ɕyɛ³⁵	pa⁵²	pʰa³¹	ma⁵²	ma²¹³	tsʰa³¹

	0033 沙 假开二平麻生	0034 假真~ 假开二上麻见	0035 嫁 假开二去麻见	0036 牙 假开二平麻疑	0037 虾 假开二平麻晓	0038 下方位 假开二上麻匣	0039 夏春~ 假开二去麻匣	0040 哑 假开二上麻影
榆林	sa³³	tɕia²¹³	tɕia⁵²	ia²¹³	ɕia³³	xa⁵²³	ɕia⁵²	ia²¹³
神木	sa²¹³	tɕia²¹³	tɕia⁵³	ia⁴⁴	ɕia⁴⁴	xa⁵³	ɕia⁵³	ia²¹³
绥德	sa²¹³	tɕia²¹³	tɕia⁵²	ia³³	ɕia³³	xɑ⁵² ~面儿 / ɕia⁵² ~级	ɕia⁵²	ia²¹³
吴堡	sa²¹³	tɕia⁴¹²	tɕia⁵³	ȵia³³	ɕiaʔ³	xa⁵³ / ɕia⁵³ ~水	ɕia⁵³	ȵia⁴¹²
清涧	sa³¹²	tɕia⁵³	tɕia⁴²	ȵia²⁴	ɕia⁴²	xa⁴² / ɕia⁴² ~水	ɕia⁴²	ȵia⁵³
延安	sa²¹³	tɕia⁵²	tɕia⁴⁴³	ȵia²⁴	ɕia²¹³	xa⁴⁴³	ɕia⁴⁴³	ȵia⁵²
延川	sa²¹³	tɕia⁵³	tɕia⁵⁵	ȵia³⁵	ɕia³⁵	xa⁵³	ɕia⁵³	ȵia⁵³
黄陵	sa³¹	tɕia⁵²	tɕia⁵⁵	ȵia²⁴	ɕia³¹	xa⁵⁵	ɕia⁵⁵	ȵia⁵²
渭南	sa³¹	tɕia⁵³	tɕia⁴⁴	ȵia²⁴	ɕia³¹	xa⁴⁴	ɕia⁴⁴	ȵia⁵³
韩城	sa³¹	tɕia⁵³	tɕia⁴⁴	ȵia²⁴	ɕia³¹	xa⁴⁴	ɕia⁴⁴	ȵia⁵³
合阳	sa³¹	tɕia⁵²	tɕia⁵⁵	ȵia²⁴	ɕia³¹	xa⁵⁵	ɕia⁵⁵	ȵia⁵²
富平	sa³¹	tɕia⁵³	tɕia⁵⁵	ȵia²⁴	ɕia³¹	xa⁵⁵	ɕia⁵⁵	ȵia⁵³
耀州	sa²¹	tɕia⁵²	tɕia⁴⁴	ȵia²⁴	ɕia²¹	xa⁴⁴	ɕia⁴⁴	ȵia⁵²
咸阳	sa³¹	tɕia⁵³	tɕia⁴⁴	ȵia²⁴	ɕia³¹	xa⁴⁴	ɕia⁴⁴	ȵia⁵³
旬邑	sa²¹	tɕia⁵²	tɕia⁴⁴	ȵia²⁴	ɕia²¹	xa⁴⁴	ɕia⁴⁴	ȵia⁵²
三原	sa³¹	tɕia⁵²	tɕia⁴⁴	ȵia²⁴	ɕia³¹	xa⁴⁴	ɕia⁴⁴	ȵia⁵²
乾县	sa²¹	tɕia⁵³	tɕia⁵⁵	ȵia²⁴	ɕia²¹	xa⁵⁵	ɕia⁵⁵	ȵia⁵³
岐山	sA³¹	tɕiA⁵³	tɕiA⁴⁴	iA²⁴	ɕiA³¹	xA⁴⁴	ɕiA⁴⁴	iA⁵³
凤翔	sa³¹	tɕia⁵³	tɕia⁴⁴	ia²⁴	ɕia³¹	xa⁴⁴ ~头① / ɕia⁴⁴ 乡~	ɕia⁴⁴	ia⁵³
千阳	sa³¹	tɕia⁵³	tɕia⁴⁴	ia²⁴	ɕia³¹	xa⁴⁴ ~头 / ɕia⁴⁴ 乡~	ɕia⁴⁴	ȵia⁵³

① ~头：下面。

	0033 沙	0034 假真~	0035 嫁	0036 牙	0037 虾	0038 下方位	0039 夏春~	0040 哑
	假开二平麻生	假开二上麻见	假开二去麻见	假开二平麻疑	假开二平麻晓	假开二上麻匣	假开二去麻匣	假开二上麻影
西安	sa²¹	tɕia⁵³	tɕia⁴⁴	ȵia²⁴	ɕia²¹	xa⁴⁴底~ / ɕia⁴⁴~面	ɕia⁴⁴	ia⁵³
户县	sa³¹	tɕia⁵¹	tɕia⁵⁵	ȵia³⁵门~ / ia³⁵张~舞爪	ɕia³¹	xa⁵⁵上~ / ɕia⁵⁵~放	ɕia⁵⁵	ȵia⁵¹~巴 / ia⁵¹~口无言
商州	sa³¹	tɕia⁵³	tɕia⁴⁴	ȵiɑ³⁵	ɕia³¹	xa⁴⁴底~ / ɕia⁴⁴~级	ɕia⁴⁴	ȵia⁵³
镇安	sa⁵³	tɕia³⁵	tɕia²¹⁴	ia³³	ɕia⁵³	xa³²²~面 / ɕia³²²~级	ɕia³²²	ia³⁵
安康	ʂa³¹	tɕia⁵³	tɕia⁴⁴	ia³⁵	ɕia³¹	xa⁴⁴~头 / ɕia⁴⁴~面	ɕia⁴⁴	ia⁵³
白河	ʂa²¹³	tɕia³⁵	tɕia⁴¹	ia⁴⁴	ɕia⁴⁴	ɕia⁴¹	ɕia⁴¹	ia³⁵
汉阴	sɑ³³	tɕia⁴⁵	tɕia²¹⁴	ȵiɑ⁴²	ɕia³³	χɑ²¹⁴	ɕia²¹⁴	ȵiɑ⁴⁵
平利	ʂa⁴³	tɕia⁴⁴⁵	tɕia²¹⁴	ia⁵²	ɕia⁴³	ɕia²¹⁴	ɕia²¹⁴	ia⁴⁴⁵
汉中	sᴀ⁵⁵	tɕiᴀ³⁵⁴	tɕiᴀ²¹³	iᴀ⁴²	ɕiᴀ⁵⁵	xᴀ²¹³	ɕiᴀ²¹³	iᴀ³⁵⁴
城固	sa⁵³	tɕia⁴⁴	tɕia²¹³	ia³¹¹	ɕia⁵³	xa²¹³	ɕia²¹³	ȵia⁴⁴~巴 / ia⁴⁴嘶~
勉县	sa⁴²	tɕia³⁵	tɕia²¹³	ia²¹	ɕia⁴²	xɑ²¹³	ɕia²¹³	ia³⁵
镇巴	sa³⁵	tɕia⁵²	tɕia²¹³	ia³¹	ɕia³⁵	xa²¹³那~ / ɕia²¹³~面	ɕia²¹³	ia⁵²

	0041 姐	0042 借	0043 写	0044 斜	0045 谢	0046 车~辆	0047 蛇	0048 射
	假开三上麻精	假开三去麻精	假开三上麻心	假开三平麻邪	假开三去麻邪	假开三平麻昌	假开三平麻船	假开三去麻船
榆林	tɕie²¹³	tɕie⁵²	ɕie²¹³	ɕie²¹³	ɕie⁵²	tʂʰə³³	ʂə²¹³	ʂə⁵²
神木	tɕie²¹³	tɕie⁵³	ɕie²¹³	ɕɛ⁴⁴	ɕɛ⁵³	tʂʰɿə²¹³	ʂɿə⁴⁴	ʂəʔ⁴ 一~ / ʂɿə⁵³ ~箭
绥德	tɕi²¹³	tɕi⁵²	ɕi²¹³ / ɕie²¹³	ɕi³³	ɕie⁵²	tʂʰəɣ̃²¹³	ʂəɣ̃³³	ʂəɣ̃⁵²
吴堡	tɕiɑ⁴¹² 1~夫① / tsɛ⁴¹² 2~~	tɕiɑ⁵³	ɕiɑ⁴¹² 1~字 / sɛɛ⁴¹² 2~字	ɕiɑ³³	ɕiɑ⁵³ 1~~ / sɛɛ⁵³ 2酬	tʂʰɑ²¹³	ʂɑ³³	ʂəʔ²¹³ 一~ / sie⁵³ ~箭
清涧	tɕi⁵³	tɕiɑ⁴²	ɕi⁵³	ɕiɑ⁴²	ɕiɑ⁴² 酬~ / ɕi⁴² ~~	tʂʰei³¹²	ʂɑ²⁴	ʂəʔ⁴³ 一~ / ʂei⁴² ~击
延安	tɕie⁵²	tɕie⁴⁴³	ɕie⁵²	ɕie²⁴	ɕie⁴⁴³	tʂʰə²¹³	ʂə²⁴	ʂə⁴⁴³
延川	tɕi⁵³	tɕie⁵³	ɕie⁵³	ɕie³⁵	ɕie⁵³	tʂʰə²¹³	ʂɑ³⁵	ʂəʔ⁵⁴ ~箭 / ʂə⁵³ ~线
黄陵	tɕie⁵²	tɕie⁵⁵	ɕie⁵²	ɕie²⁴	ɕie⁵⁵	tʂʰɤ³¹	ʂɤ²⁴	ʂɤ⁵²
渭南	tɕie²⁴	tɕie⁴⁴	ɕie⁵³	ɕie²⁴	ɕie⁴⁴	tʂʰə³¹	ʂə²⁴	ʂə⁴⁴
韩城	tɕiɛ²⁴	tɕiɑ⁴⁴ ~钱 / tɕiɛ⁴⁴ 凭~	ɕiɛ⁵³	ɕiɑ²⁴ ~~子 / ɕie²⁴ 倾~	ɕiɛ⁴⁴	tʂʰɑ³¹ 双~子② / tʂʰɿ³¹ 火~	ʂɑ²⁴ ~皮 / ʂɿɛ²⁴ 蟒~	ʂɿɛ⁵³
合阳	tsiɛ²⁴	tsiɑ⁵⁵	siɛ⁵²	siɑ²⁴	siɛ⁵⁵	tʂʰɑ³¹ 牛~ / tʂʰɤ³¹ 汽~	ʂɑ²⁴ 大~ / ʂɤ²⁴ 青~	ʂɤ⁵⁵
富平	tiɛ⁵³	tiɛ⁵⁵	siɛ⁵³	siɛ²⁴	siɛ⁵⁵	tʂʰɤ³¹	ʂɤ²⁴	ʂɤ⁵⁵
耀州	tɕiɛ⁵²	tɕiɛ⁴⁴	ɕiɛ⁵²	ɕiɛ²⁴	ɕiɛ⁴⁴	tʂʰɤ²¹	ʂɤ²⁴	ʂɤ⁵²
咸阳	tɕiɛ²⁴	tɕiɛ⁴⁴	ɕiɛ⁵³	ɕiɛ²⁴	ɕiɛ⁴⁴	tʂʰɤ³¹	ʂɤ²⁴	ʂɤ⁴⁴
旬邑	tsiɛ⁵²	tsiɛ⁴⁴	siɛ⁵²	siɛ²⁴	siɛ⁴⁴	tʂʰɤ²¹	ʂɤ²⁴ / tʂʰã⁴⁴ 属相	ʂə⁵²
三原	tɕiɛ²⁴	tɕiɛ⁴⁴	ɕiɛ⁵²	ɕiɛ²⁴	ɕiɛ⁴⁴	tʂʰɤ³¹	ʂɤ²⁴	ʂɤ⁴⁴
乾县	tɕiə²⁴	tɕiə⁵⁵	ɕiə⁵³	ɕiə²⁴	ɕiə⁵⁵	tʂʰɤ²¹	ʂɤ²⁴	ʂɤ⁵⁵

①~夫：吴堡话假开三的"姐、写、谢"两读，都是白读，记为白读1、白读2。
②双~子：双胞胎。

	0041 姐 假开三上麻精	0042 借 假开三去麻精	0043 写 假开三上麻心	0044 斜 假开三平麻邪	0045 谢 假开三去麻邪	0046 车~辆 假开三平麻昌	0047 蛇 假开三平麻船	0048 射 假开三去麻船
岐山	tiɛ²⁴	tiɛ⁴⁴	siɛ⁵³	siɛ²⁴	siɛ⁴⁴	tʂʰɤ³¹	ʂɤ²⁴	ʂɤ⁴⁴
凤翔	tsie⁵³	tsie⁴⁴	sie⁵³	sie²⁴	sie⁴⁴	tʂʰʅə³¹	ʂʅə²⁴	ʂʅə⁴⁴
千阳	tsie²⁴	tsie⁴⁴	sie⁵³	sie²⁴	sie⁴⁴	tʂʰə³¹	ʂə²⁴	ʂə⁴⁴
西安	tɕiɛ⁵³	tɕiɛ⁴⁴	ɕiɛ⁵³	ɕiɛ²⁴	ɕiɛ⁴⁴	tʂʰɤ²¹	ʂɤ²⁴	ʂɤ⁴⁴
户县	tɕiɛ⁵¹叙称 tɕiɛ³⁵呼称	tɕiɛ⁵⁵	ɕiɛ⁵¹	ɕiɛ³⁵	ɕiɛ⁵⁵	tʂʰʅɛ³¹	ʂʅɛ³⁵	ʂʅɛ⁵⁵
商州	tɕiɛ³⁵	tɕiɛ⁴⁴	ɕiɛ⁵³	ɕiɛ³⁵	ɕiɛ⁴⁴	tʂʰə³¹	ʂə³⁵	ʂə⁴⁴
镇安	tɕiɛ³⁵	tɕiɛ²¹⁴	ɕiɛ³⁵	ɕiɛ³³	ɕiɛ³²²	tʂʰɛ⁵³	ʂɛ³³	ʂɛ³²²
安康	tɕiɛ⁵³	tɕiɛ⁴⁴	ɕiɛ⁵³	ɕiɛ³⁵	ɕiɛ⁴⁴	tʂʰɤ³¹	ʂɤ³⁵	ʂɤ⁴⁴
白河	tɕiE³⁵	tɕiE⁴¹	ɕiE³⁵	ɕyE⁴⁴	ɕiE⁴¹	tʂʰE²¹³	ʂE⁴⁴	ʂE⁴¹
汉阴	tɕiE⁴⁵	tɕiE²¹⁴	ɕiE⁴⁵	ɕiE⁴²	ɕiE²¹⁴	tʂʰE³³	ʂE⁴²	ʂE²¹⁴
平利	tɕiE⁴⁴⁵	tɕiE²¹⁴	ɕiE⁴⁴⁵	ɕiE⁵²	ɕiE²¹⁴	tʂʰE⁴³	ʂE⁵²	ʂE²¹⁴
汉中	tɕiE³⁵⁴	tɕiE²¹³	ɕiE³⁵⁴	ɕiE⁴²	ɕiE²¹³	tʂʰɤ⁵⁵	ʂɤ⁴²	ʂɤ²¹³
城固	tsiɛ⁴⁴	tsiɛ²¹³	siɛ⁴⁴	siɛ³¹¹	siɛ²¹³	tʂʰə⁵³	ʂə³¹¹	ʂə²¹³
勉县	tɕiɛ³⁵	tɕiɛ²¹³	ɕiɛ³⁵	ɕiɛ²¹	ɕiɛ²¹³	tʂʰɤ⁴²	ʂɤ²¹	ʂɤ²¹³
镇巴	tɕiɛ⁵²	tsɛ²¹³~钱 tɕiɛ²¹³~助	sɛ⁵²~字 ɕiɛ⁵²书~	sɛ³¹	sɛ²¹³多~ ɕiɛ²¹³幕~	tʂʰɛ³⁵	ʂɛ³¹	ʂɛ²¹³

	0049 爷	0050 野	0051 夜	0052 瓜	0053 瓦名	0054 花	0055 化	0056 华中~
	假开三平麻以	假开三上麻以	假开三去麻以	假合二平麻见	假合二上麻疑	假合二平麻晓	假合二去麻晓	假合二平麻匣
榆林	iɛ²¹³	iɛ²¹³	iɛ⁵²	kua³³	va²¹³	xua³³	xua⁵²	xua²¹³
神木	iɛ⁴⁴	iɛ²¹³	iɛ⁵³	kua²¹³	va²¹³	xua²¹³	xua⁵³	xua²¹³
绥德	iɑ²¹³¹~~① / i̠³³² 大~② / i̠ɛ³³ 老~	iɛ²¹³	iɛ⁵²	kuɑ²¹³	vɑ²¹³	xuɑ²¹³	xuɑ⁵²	xuɑ²¹³
吴堡	iɑ³³	iɑ⁴¹²	iɑ⁵³	kuɑ²¹³	uɑ⁴¹²	xuɑ²¹³	xuɑ⁵³	xuɑ²¹³
清涧	iɑ³¹²	iɑ⁵³	iɑ⁴²	kuɑ³¹²	uɑ⁵³	xuɑ³¹²	xuɑ⁴²	xuɑ³¹²
延安	iɛ²⁴	iɛ⁵²	iɛ⁴⁴³	kuɑ²¹³	vɑ⁵²	xuɑ²¹³	xuɑ⁴⁴³	xuɑ²¹³
延川	iɑ³⁵~~ / i̠ɛ³⁵ 姑~	iɑ⁵³ ~人 / i̠ɛ⁵³ ~外	iɑ⁵³ ~饭 / i̠ɛ⁵³ ~晚	kuɑ²¹³	vɑ⁵³	xuɑ²¹³	xuɑ⁵³	xuɑ³⁵
黄陵	iɛ²⁴	iɛ⁵²	iɑ²⁴ ~晚上 / i̠ɛ⁵⁵ ~校	kuɑ³¹	uɑ⁵²	xuɑ³¹	xuɑ⁵⁵	xuɑ³¹
渭南	iɛ⁴⁴	iɛ⁵³	iɛ⁴⁴	kuɑ³¹	uɑ⁵³	xuɑ³¹	xuɑ⁴⁴	xuɑ³¹
韩城	iɑ²⁴ 老天~ / i̠E²⁴ 爷~	iɑ⁵³ ~鹊子 / i̠E⁵³ 田~	iɑ⁴⁴ 半~ / i̠E⁴⁴ ~晚	kuɑ³¹	uɑ⁵³	xuɑ³¹	xuɑ⁴⁴	xuɑ³¹
合阳	iɑ²⁴ 我~ / i̠ɛ²⁴ 外~	iɑ⁵² ~草 / i̠ɛ⁵⁵ ~外	iɑ⁵⁵ ~日 / i̠ɛ⁵⁵ ~黑	kuɑ³¹	uɑ⁵²	xuɑ³¹	xuɑ⁵⁵	xuɑ³¹
富平	iɛ⁵⁵	iɑ⁵³ ~雀 / i̠ɛ⁵³ ~外	iɑ⁵⁵ ~来 / i̠ɛ⁵⁵ ~黑	kuɑ³¹	uɑ⁵³	xuɑ³¹	xuɑ⁵⁵	xuɑ³¹
耀州	iɛ⁴⁴	iɛ⁵²	iɛ⁴⁴	kuɑ²¹	uɑ⁵²	xuɑ²¹	xuɑ⁴⁴	xuɑ²¹
咸阳	iɛ²⁴	iɛ⁵³	iɛ⁴⁴	kuɑ³¹	uɑ⁵³	xuɑ³¹	xuɑ⁴⁴	xuɑ³¹
旬邑	iɛ²⁴	iɛ⁵²	iɛ⁴⁴	kuɑ³¹	uɑ⁵²	xuɑ²¹	xuɑ⁴⁴	xuɑ²¹
三原	iɛ⁴⁴	iɛ⁵²	iɛ⁴⁴	kuɑ³¹	uɑ⁵²	xuɑ³¹	xuɑ⁴⁴	xuɑ³¹
乾县	iə⁵⁵	iə⁵³	iə⁵⁵	kuɑ²¹	uɑ⁵³	xuɑ²¹	xuɑ⁵⁵	xuɑ²¹

---

① ~~：祖父。
② 大~：父亲的大哥。

	0049 爷 假开三 平麻以	0050 野 假开三 上麻以	0051 夜 假开三 去麻以	0052 瓜 假合二 平麻见	0053 瓦名 假合二 上麻疑	0054 花 假合二 平麻晓	0055 化 假合二 去麻晓	0056 华中~ 假合二 平麻匣
岐山	iɛ⁴⁴叙称 iɛ²⁴面称	iɛ⁵³	iɛ⁴⁴	kuᴀ³¹	vᴀ⁵³	xuᴀ³¹	xuᴀ⁴⁴	xuᴀ³¹
凤翔	ie⁴⁴	ie⁵³	ie⁴⁴	kua³¹	va⁵³	xua³¹	xua⁴⁴	xua³¹
千阳	ie²⁴	ie⁵³	ie⁴⁴	kua³¹	va⁵³	xua³¹	xua⁴⁴	xua³¹
西安	iɛ⁴⁴	iɛ⁵³	iɛ⁴⁴	kua²¹	ua⁵³	xua²¹	xua⁴⁴	xua²¹
户县	ia³⁵ ~~婆① iɛ⁵⁵ ~家② iɛ³⁵ 舅家~③	ia⁵¹ ~鹊④ iɛ⁵¹ ~蛮	iɛ⁵⁵	kua³¹	ua⁵¹	xua³¹	xua⁵⁵	xua³¹
商州	iɛ⁴⁴	iɛ⁵³	iɛ⁴⁴	kuɑ³¹	vɑ⁵³	xuɑ³¹	xuɑ⁴⁴	xuɑ³¹
镇安	iɛ²¹⁴	iɛ³⁵	iɛ³²²	kua⁵³	va³⁵	xua⁵³	xua³²²	xua³²²
安康	ie³⁵	ie⁵³	ie⁴⁴	kua³¹	ua⁵³	xua³¹	xua⁴⁴	xua³⁵
白河	iE⁴⁴	iE³⁵	iE⁴¹	kua²¹³	ua³⁵	xua²¹³	xua⁴¹	xua⁴⁴
汉阴	iE⁴²	iE⁴⁵	iE²¹⁴	kuɑ³³	uɑ⁴⁵	χuɑ³³	χuɑ²¹⁴	χuɑ⁴²
平利	iE⁵²	iE⁴⁴⁵	iE²¹⁴	kua⁴³	ua⁴⁴⁵	xua⁴³	xua²¹⁴	xua⁵²
汉中	iE⁴²	iE³⁵⁴	iE²¹³	kuᴀ⁵⁵	uᴀ³⁵⁴	xuᴀ⁵⁵	xuᴀ²¹³	xuᴀ⁴²
城固	iɛ³¹¹	iɛ⁴⁴	iɛ²¹³	kua⁵³	ua⁴⁴	xua⁵³	xua²¹³	xua³¹¹
勉县	iɛ²¹	iɛ³⁵	iɛ²¹³	kuɑ⁴²	vɑ³⁵	xuɑ⁴²	xuɑ²¹³	xuɑ²¹
镇巴	iɛ³¹	iɛ⁵²	iɛ²¹³	kua³⁵	ua⁵²	xua³⁵	xua²¹³	xua³¹

① ~~婆：祖宗。
② ~家：太阳。
③ 舅家~：外祖父。
④ ~鹊：喜鹊。

	0057 谱家~	0058 布	0059 铺动	0060 簿	0061 步	0062 赌	0063 土	0064 图
	遇合一上模帮	遇合一去模帮	遇合一平模滂	遇合一上模並	遇合一去模並	遇合一上模端	遇合一上模透	遇合一平模定
榆林	pʰu²¹³	pu⁵²	pʰu³³	pʰu⁵²	pu⁵²	tu²¹³	tʰu²¹³	tʰu²¹³
神木	pʰu²¹³	pu⁵³	pʰu²¹³	pʰu⁵³	pu⁵³	tu²¹³	tʰu²¹³	tʰu⁴⁴
绥德	pʰu²¹³	pu⁵²	pʰu²¹³	pʰu⁵²	pu⁵²	tu²¹³	tʰu²¹³	tʰu³³
吴堡	pʰu⁴¹²	pu⁵³	pʰu⁵³ ~路 pʰu²¹³ ~炕	pʰu⁵³	pu⁵³	tu⁴¹²	tʰu⁴¹²	tʰu³³
清涧	pʰʋ⁵³	pʋ⁴²	pʰʋ³¹²	pʰʋ⁴²	pʰʋ⁴²	tʋ⁵³	tʰʋ⁵³	tʰʋ²⁴
延安	pʰu⁵²	pʰu⁴⁴³	pʰu²¹³	pʰu⁵²	pʰu⁴⁴³	tu⁵²	tʰu⁵²	tʰu²⁴
延川	pʰu⁵³	pu⁵³	pʰu²¹³	pʰu⁵³	pʰu⁵³	tu⁵³	tʰu⁵³	tʰu³⁵
黄陵	pʰu⁵²	pu⁵⁵	pʰu³¹	pʰu⁵²	pʰu⁵⁵	tu⁵²	tʰu⁵²	tʰu²⁴
渭南	pʰu⁵³	pu⁴⁴	pʰu³¹	pʰu⁵³	pʰu⁴⁴	təu⁵³	tʰəu⁵³	tʰəu²⁴
韩城	pʰu⁵³	pu⁴⁴	pʰu³¹	pʰu⁵³	pʰu⁴⁴	tu⁵³	tʰu⁵³	tʰu²⁴
合阳	pʰu⁵²	pu⁵⁵	pʰu³¹	pʰu⁵²	pʰu⁵⁵	tu⁵²	tʰu⁵²	tʰu²⁴
富平	pʰu⁵³	pu⁵⁵	pʰu³¹	pʰu⁵⁵	pʰu⁵⁵	tou⁵³	tʰou⁵³	tʰou²⁴
耀州	pʰu⁵²	pu⁴⁴	pʰu²¹	pʰu⁵²	pʰu⁴⁴	tou⁵²	tʰou⁵²	tʰou²⁴
咸阳	pʰu⁵³	pu⁴⁴	pʰu³¹	pu⁵³	pu⁴⁴	tu⁵³	tʰu⁵³	tʰu²⁴
旬邑	pʰu⁵²	pu⁴⁴	pʰu²¹	pʰu⁵²	pʰu⁴⁴	tu⁵²	tʰu⁵²	tʰu²⁴
三原	pʰu⁵²	pu⁴⁴	pʰu³¹	pʰu⁵²	pʰu⁴⁴	tou⁵²	tʰou⁵²	tʰou²⁴
乾县	pʰu⁵³	pu⁵⁵	pʰu²¹	pʰu⁵⁵	pʰu⁵⁵	tu⁵³	tʰu⁵³	tʰu²⁴
岐山	pʰu⁵³	pu⁴⁴	pʰu³¹	pʰu⁵³	pʰu⁴⁴	tu⁵³	tʰu⁵³	tʰu²⁴
凤翔	pʰu⁵³	pu⁴⁴	pʰu³¹	pʰu⁵³	pʰu⁴⁴	tu⁵³	tʰu⁵³	tʰu²⁴
千阳	pʰu⁵³	pu⁴⁴	pʰu³¹	pʰu⁵³	pʰu⁴⁴	tu⁵³	tʰu⁵³	tʰu²⁴
西安	pʰu⁵³	pu⁴⁴	pʰu²¹	pu⁴⁴	pu⁴⁴	tou⁵³	tʰu⁵³	tʰou²⁴
户县	pʰu⁵¹	pu⁵⁵	pʰu³¹	pu⁵⁵	pu⁵⁵	tʏu⁵¹	tʰʏu⁵¹	tʰʏu³⁵
商州	pʰu⁵³	pu⁴⁴	pʰu³¹	pʰu⁵³	pʰu⁴⁴	tou⁵³	tʰou⁵³	tʰou³⁵
镇安	pʰu³⁵	pu²¹⁴	pʰu⁵³	pu³²²	pu³²²	təu³⁵	tʰəu³⁵	tʰəu³³
安康	pʰu⁵³	pu⁴⁴	pʰu³¹	pu⁴⁴	pu⁴⁴	tu⁵³	tʰu⁵³	tʰu³⁵
白河	pʰu³⁵	pu⁴¹	pʰu²¹³	pu⁴¹	pu⁴¹	təu³⁵	tʰəu³⁵	tʰəu⁴⁴

	0057 谱家~	0058 布	0059 铺动	0060 簿	0061 步	0062 赌	0063 土	0064 图
	遇合一上模帮	遇合一去模帮	遇合一平模滂	遇合一上模並	遇合一去模並	遇合一上模端	遇合一上模透	遇合一平模定
汉阴	p^hu^{45}	pu^{214}	p^hu^{33}	pu^{214}	pu^{214}	$təu^{45}$	$t^həu^{45}$	$t^həu^{42}$
平利	p^hu^{445}	pu^{214}	p^hu^{43}	pu^{214}	pu^{214}	tou^{445}	t^hou^{445}	t^hou^{52}
汉中	p^hu^{354}	pu^{213}	p^hu^{55}	pu^{213}	pu^{213}	tu^{354}	t^hu^{354}	tu^{42}
城固	p^hu^{44}	pu^{213}	p^hu^{53}	pu^{213}	pu^{213}	tu^{44}	t^hu^{44}	tu^{311}
勉县	p^hu^{35}	pu^{213}	p^hu^{42}	pu^{213}	pu^{213}	tu^{35}	t^hu^{35}	t^hu^{21}
镇巴	p^hu^{52}	pu^{213}	p^hu^{35}	pu^{213}	pu^{213}	tu^{52}	t^hu^{52}	t^hu^{31}

	0065 杜 遇合一上模定	0066 奴 遇合一平模泥	0067 路 遇合一去模来	0068 租 遇合一平模精	0069 做 遇合一去模精	0070 错对~ 遇合一去模清	0071 箍~桶 遇合一平模见	0072 古 遇合一上模见
榆林	tu⁵²	nəu²¹³	ləu⁵²	tsu³³	tsuəʔ³	tsʰuə⁵²	ku³³	ku²¹³
神木	tu⁵³	nəu⁴⁴	ləu⁵³	tsu²¹³	tsuəʔ⁴	tsʰuo⁵³	ku²¹³	ku²¹³
绥德	tu⁵²	nəu³³	ləu⁵²	tsu²¹³	tsuɤ³³	tsʰuo⁵²	ku²¹³	ku²¹³
吴堡	tu⁵³	nɑo³³	lɑo⁵³	tsɑo²¹³	tsuəʔ³	tsʰuɤ⁵³	ku²¹³	ku⁴¹²
清涧	tʰʊ⁴² ~梨 / tʊ⁴² ~绝	nəu²⁴	ləu⁴²	tsʅ³¹²	tsuəʔ⁵⁴	tsʰu⁴²	kʊ³¹²	kʊ⁵³
延安	tʰu⁴⁴³	nu²⁴	lou⁴⁴³	tsu²¹³	tsuo²¹³	tsʰuo⁴⁴³	ku²¹³	ku⁵²
延川	tu⁵³	nəu³⁵	ləu⁵³	tsʅ²¹³	tsuəʔ⁵⁴	tsʰuɤ⁵³	ku²¹³	ku⁵³
黄陵	tʰu⁵⁵	nəu²⁴	ləu⁵⁵	tsəu³¹	tsəu⁵⁵ ~饭 / tsuɤ³¹ ~作业	tsʰuɤ³¹	ku³¹	ku⁵²
渭南	təu⁴⁴	nəu²⁴	ləu⁴⁴	tɕiəu³¹	tsəu⁴⁴	tʃʰə³¹	ku³¹	ku⁵³
韩城	tʰu⁴⁴	nəu²⁴	ləu⁴⁴	tsəu³¹	tsəu⁴⁴	tsʰuɤ³¹	ku³¹	ku⁵³
合阳	tʰu⁵⁵	nou²⁴	lou⁵⁵	tsou³¹	tsou⁵⁵ ~饭 / tsuo³¹ ~作业	tɕʰyə³¹	ku³¹	ku⁵²
富平	tou⁵⁵	nou²⁴	lou⁵⁵	tiou³¹	tsou⁵⁵ ~饭 / tsuo³¹ ~作业	tsʰuo³¹	ku³¹	ku⁵³
耀州	tou⁴⁴	nou²⁴	lou⁴⁴	tɕiou²¹ ~房 / tsou²¹ 出~车	tsou⁴⁴	tsʰuo²¹	ku²¹	ku⁵²
咸阳	tu⁴⁴	lou²⁴	lou⁴⁴	tsu³¹	tsou⁴⁴	tsʰuo³¹	ku³¹	ku⁵³
旬邑	tʰu⁴⁴	ləu²⁴	ləu⁴⁴	tsəu²¹ ~房 / tsu²¹ ~赁	tsəu⁴⁴ ~活 / tsuo²¹ ~梦	tsʰuo²¹	ku²¹	ku⁵²
三原	tou⁴⁴	nou²⁴	lou⁴⁴	tɕiou³¹	tsou⁴⁴	tsʰuə³¹	ku³¹	ku⁵²
乾县	tu⁵⁵	nou²⁴	nou⁵⁵	tsu²¹	tsou⁵⁵	tsʰuɤ²¹	ku²¹	ku⁵³
岐山	tʰu⁴⁴	lu²⁴	lu⁴⁴	tsu³¹	tsu⁴⁴	tsʰuo³¹	ku³¹	ku⁵³
凤翔	tu⁴⁴	lu²⁴	lu⁴⁴	tsu³¹	tsu⁴⁴ ~活 / tsuo³¹ ~学问	tsʰuo³¹	ku³¹	ku⁵³
千阳	tu⁴⁴	lu²⁴	lu⁴⁴	tsu³¹	tsu⁴⁴	tsʰuo³¹	ku³¹	ku⁵³

	0065 杜 遇合一上模定	0066 奴 遇合一平模泥	0067 路 遇合一去模来	0068 租 遇合一平模精	0069 做 遇合一去模精	0070 错对~ 遇合一去模清	0071 箍~桶 遇合一平模见	0072 古 遇合一上模见
西安	tou⁴⁴	nu²⁴	lou⁴⁴	tsu²¹	tsou⁴⁴	tsʰuo²¹	ku²¹	ku⁵³
户县	tɤu⁵⁵	nɤu³⁵	lɤu⁵⁵	tɕiɤu³¹ ~地 tsɤu³¹ 出~	tsɤu⁵⁵ ~活 tsuɤ³¹ ~人	tsʰuɤ³¹	ku³¹	ku⁵¹
商州	tou⁴⁴	nou³⁵	lou⁴⁴	tsou³¹	tsou⁴⁴ ~饭 tʃuə³¹ ~客	tʃʰuə⁴⁴	ku³¹	ku⁵³
镇安	təu³²²	nəu³³	ləu³²²	tsəu⁵³	tsəu³²²	tsʰuə³²²	ku³⁵	ku³⁵
安康	tu⁴⁴	nou³⁵	lou⁴⁴	tsu⁵³	tsou⁴⁴	tsʰuo⁴⁴	ku³¹	ku⁵³
白河	təu⁴¹	ləu⁴⁴	ləu⁴¹	tsəu³⁵	tsəu⁴¹	tsʰuo⁴¹	ku²¹³	ku³⁵
汉阴	təu²¹⁴	ləu⁴²	ləu²¹⁴	tsəu⁴⁵	tsəu²¹⁴	tsʰo²¹⁴	kʰu³³	ku⁴⁵
平利	tou²¹⁴	lou⁵²	lou²¹⁴	tsou⁴³	tsou²¹⁴	tsʰo²¹⁴	kʰu⁴³	ku⁴⁴⁵
汉中	tu²¹³	lu⁴²	lu²¹³	tsu⁵⁵	tsəu³⁵⁴	tsʰuɤ²¹³	ku⁵⁵	ku³⁵⁴
城固	tu²¹³	ləu³¹¹	ləu²¹³	tʃu⁵³	tsəu²¹³ ~饭 tsuə⁵³ ~作业	tsʰuə²¹³	kʰu⁵³	ku⁴⁴
勉县	tu²¹³	lu²¹	lu²¹³	tsu⁴²	tsu²¹³ ~饭 tsuɤ⁴² ~作业	tsʰuɤ²¹³	ku⁴²	ku³⁵
镇巴	tu²¹³	lu³¹	lu²¹³	tsu³⁵	tsu²¹³	tsʰo²¹³	kʰu³⁵	ku⁵²

	0073 苦 遇合一上模溪	0074 裤 遇合一去模溪	0075 吴 遇合一平模疑	0076 五 遇合一上模疑	0077 虎 遇合一上模晓	0078 壶 遇合一平模匣	0079 户 遇合一上模匣	0080 乌 遇合一平模影
榆林	kʰu²¹³	kʰu⁵²	vu²¹³	vu²¹³	xu²¹³	xu²¹³	xu⁵²	vu³³
神木	kʰu²¹³	kʰu⁵³	vu⁴⁴	vu²¹³	xu²¹³	xu⁴⁴	xu⁵³	vu²¹³
绥德	kʰu²¹³	kʰu⁵²	u³³	u²¹³	xu²¹³	xu³³	xu⁵²	u²¹³
吴堡	kʰu⁴¹²	kʰu⁵³	u³³	uəʔ²¹³	xu⁴¹²	xu³³	xu⁵³	u²¹³
清涧	kʰʊ⁵³	kʰʊ⁴²	vʊ²⁴	vʊ⁵³	xʊ⁵³	xʊ²⁴	xʊ⁴²	vʊ²⁴
延安	kʰu⁵²	kʰu⁴⁴³	vu²⁴	vu⁵²	xu⁵²	xu²⁴	xu⁴⁴³	vu²¹³
延川	kʰu⁵³	kʰu⁵³	vu³⁵	vu⁵³	xu⁵³	xu³⁵	xu⁵³	vu²¹³
黄陵	kʰu⁵²	kʰu⁵⁵	u²⁴	u⁵²	xu⁵²	xu²⁴	xu⁵⁵	u³¹
渭南	kʰu⁵³	kʰu⁴⁴	u²⁴	u⁵³	xu⁵³	xu²⁴	xu⁴⁴	u³¹
韩城	kʰu⁵³	kʰu⁴⁴	u²⁴	u⁵³	xu⁵³	xu²⁴	xu⁴⁴	u³¹
合阳	kʰu⁵²	kʰu⁵⁵	u²⁴	u⁵²	xu⁵²	xu²⁴	xu⁵⁵	u³¹
富平	kʰu⁵³	fu⁵³ ~儿 / kʰu⁵⁵	u²⁴	u⁵³	xu⁵³	xu²⁴	xu⁵⁵	u³¹
耀州	fu⁵² 发~ / kʰu⁵² ~难	fu⁵² 棉~ / kʰu⁴⁴ ~子	u²⁴	u⁵²	xu⁵²	xu²⁴	xu⁴⁴	u²¹
咸阳	kʰu⁵³	kʰu⁴⁴	u²⁴	u⁵³	xu⁵³	xu²⁴	xu⁴⁴	u³¹
旬邑	fu⁵² ~得很 / kʰu⁵² ~难	fu⁴⁴ ~腿 / kʰu⁴⁴ ~裆	u²⁴	u⁵²	xu⁵²	xu²⁴	xu⁴⁴	u²¹
三原	kʰu⁵²	fu⁴⁴	u²⁴	u⁵²	xu⁵²	xu²⁴	xu⁴⁴	u³¹
乾县	kʰu⁵³	kʰu⁵⁵	u²⁴	u⁵³	xu⁵³	xu²⁴	xu⁵⁵	u²¹
岐山	kʰu⁵³	kʰu⁴⁴	vu²⁴	vu⁵³	xu⁵³	xu²⁴	xu⁴⁴	vu³¹
凤翔	fu⁵³ 勤~① / kʰu⁵³ 辛~	fu⁴⁴	vu²⁴	vu⁵³	xu⁵³	xu²⁴	xu⁴⁴	vu³¹
千阳	fu⁵³ 勤~ / kʰu⁵³ 辛~	fu⁴⁴ 半截~② / kʰu⁴⁴ ~衩	vu²⁴	vu⁵³	xu⁵³	xu²⁴	xu⁴⁴	vu³¹

①勤~：勤快；勤劳。
②半截~：短裤。

	0073 苦	0074 裤	0075 吴	0076 五	0077 虎	0078 壶	0079 户	0080 乌
	遇合一上模溪	遇合一去模溪	遇合一平模疑	遇合一上模疑	遇合一上模晓	遇合一平模匣	遇合一上模匣	遇合一平模影
西安	kʰu⁵³	kʰu⁴⁴	u²⁴	u⁵³	xu⁵³	xu²⁴	xu⁴⁴	u²¹
户县	fu⁵¹~胆 kʰu⁵¹吃~	fu⁵⁵~腿 kʰu⁵⁵短~	u³⁵	u⁵¹	xu⁵¹	xu³⁵	xu⁵⁵	u³¹
商州	kʰu⁵³	kʰu⁴⁴	u³⁵	u⁵³	xu⁵³	xu³⁵	xu⁴⁴	u³¹
镇安	kʰu³⁵	kʰu²¹⁴	vu³³	vu³⁵	xu³⁵	xu³³	xu³²²	vu⁵³
安康	kʰu⁵³	kʰu⁴⁴	u³⁵	u⁵³	xu⁵³	xu³⁵	xu⁴⁴	u³¹
白河	kʰu³⁵	kʰu⁴¹	u⁴⁴	u³⁵	xu³⁵	xu⁴⁴	xu⁴¹	u²¹³
汉阴	kʰu⁴⁵	kʰu²¹⁴	u⁴²	u⁴⁵	χu⁴⁵	χu⁴²	χu²¹⁴	u³³
平利	kʰu⁴⁴⁵	kʰu²¹⁴	u⁵²	u⁴⁴⁵	xu⁴⁴⁵	xu⁵²	xu²¹⁴	u⁴³
汉中	kʰu³⁵⁴	kʰu²¹³	u⁴²	u³⁵⁴	xu³⁵⁴	xu⁴²	xu²¹³	u⁵⁵
城固	kʰu⁴⁴	kʰu²¹³	u³¹¹	u⁴⁴	xu⁴⁴	xu³¹¹	xu²¹³	u⁵³
勉县	kʰu³⁵	kʰu²¹³	vu²¹	vu³⁵	xu³⁵	xu²¹	xu²¹³	vu⁴²
镇巴	kʰu⁵²	kʰu²¹³	u³¹	u⁵²	xu⁵²	xu³¹	xu²¹³	u³⁵

	0081 女 遇合三上鱼泥	0082 吕 遇合三上鱼来	0083 徐 遇合三平鱼邪	0084 猪 遇合三平鱼知	0085 除 遇合三平鱼澄	0086 初 遇合三平鱼初	0087 锄 遇合三平鱼崇	0088 所 遇合三上鱼生
榆林	ny²¹³	ly²¹³	çy²¹³	tʂu³³	tʂʰuə²¹³	tʂʰuə³³	tʂʰuə²¹³	ʂuə²¹³
神木	ȵy²¹³	luei²¹³	çy⁴⁴	tʂu²¹³	tʂʰu⁴⁴	tʂʰuo²¹³	tʂʰuo⁴⁴	ʂuo²¹³
绥德	ny²¹³	ly²¹³	çy³³	tʂʅ²¹³	tʂʰʅ³³	tʂʰuo²¹³	tʂʰuo³³	ʂuo²¹³
吴堡	nʉ⁴¹²	luɛ⁴¹²	çʉ³³	tsu²¹³	tsʰu³³	tsʰu²¹³	tsʰu³³	suɤ⁴¹²
清涧	zʅ⁵³	zʅ⁵³	sʅ²⁴	tʂʅ³¹²	tʂʰʅ²⁴	tʂʰʅ³¹²	tʂʰʅ²⁴	ʂʅ⁵³
延安	ȵy⁵²	ly⁵²	çy²⁴	tʂu²¹³	tʂʰu²⁴	tʂʰu²¹³	tʂʰu²⁴	suo⁵²
延川	ȵʅ⁵³	luei⁵³	sʅ³⁵	tʂʅ²¹³	tʂʰʅ³⁵	tʂʰʅ²¹³	tʂʰʅ³⁵	suə⁵³
黄陵	ȵy⁵²	ly⁵²	çy²⁴	tsʅ³¹	tsʰʅ²⁴	tsʰəu³¹	tsʰəu²⁴	suɤ⁵²
渭南	ȵy⁵²	ly⁵³	çy²⁴	tʃʒ³¹	tʃʰʒ²⁴	tsʰəu³¹	tsʰəu²⁴	ʃə⁵³
韩城	ȵy⁵³	y⁵³	çy²⁴	pfu³¹	pfʰu²⁴	tsʰəu³¹	tsʰəu²⁴	suɤ⁵³
合阳	ȵy⁵²	y⁵²	çy²⁴	pfu³¹	pfʰu²⁴	tsʰou³¹	tsʰou²⁴	fo⁵²
富平	ȵy⁵³	ly⁵³	çy²⁴	tʃu³¹	tʃʰu²⁴	tsʰou³¹	tsʰou²⁴	suo⁵³
耀州	ȵy⁵²	ly⁵²	çy²⁴	tʃu²¹	tʃʰu²⁴	tsʰou²¹	tsʰou²⁴	suo⁵²
咸阳	ȵy⁵³	ly⁵³	çy²⁴	tʃu³¹	tʃʰu²⁴	tʃʰu³¹	tʃʰu²⁴	ʃuo⁵³
旬邑	ȵy⁵²	ly⁵²	çy²⁴	tʃʅ²¹	tʃʰʅ²⁴	tsʰəu²¹ 又 tʃʰʅ²¹ 又	tʃʰʅ²⁴	ʃɤ⁵²
三原	ȵy⁵²	ly⁵²	çy²⁴	tʃʒ³¹	tʃʰʒ²⁴	tsʰou³¹	tsʰou²⁴	suə⁵²
乾县	ȵy⁵³	ly⁵³	çy²⁴	tʃu²¹	tʃʰu²⁴	tʃʰu²¹	tʃʰu²⁴	ʃuɤ⁵³
岐山	ȵy⁵³	ly⁵³	çy²⁴	tʂʅ³¹	tʂʰʅ²⁴	tʂʰʅ³¹	tʂʰʅ²⁴	ʂuo⁵³
凤翔	ȵy⁵³	ly⁵³	çy²⁴	tʂʅ³¹	tʂʰʅ²⁴	tʂʰʅ³¹	tʂʰʅ²⁴	suo⁵³
千阳	ȵy⁵³	ly⁵³	çy²⁴	tʃʅ³¹	tʃʰʅ²⁴	tʃʰʅ³¹	tʃʰʅ²⁴	suo⁵³
西安	ȵy⁵³	ly⁵³	çy²⁴	pfu²¹	pfʰu²⁴	pfʰu²¹	pfʰu²⁴	suo⁵³
户县	ȵy³¹ 织~ / ȵy⁵¹ ~人	ly⁵¹	çy³⁵	tsu³¹	tsʰu³⁵	tsʰɤu³¹	tsʰɤu³⁵	suɤ⁵¹
商州	ȵy⁵³	ly⁵³	çy³⁵	tʃu³¹	tʃʰu³⁵	tsʰou³¹	tsʰou³⁵	ʃuə⁵³
镇安	nʅ³⁵	li³⁵	çi³³	tʂʅ⁵³	tʂʰʅ³³	tsʰəu⁵³	tsʰəu³³	suə³⁵
安康	ny⁵³	ly⁵³	çy³⁵	pfu³¹	pfʰu³⁵	tsʰou³¹	pfʰu³⁵	suo⁵³

	0081 女	0082 吕	0083 徐	0084 猪	0085 除	0086 初	0087 锄	0088 所
	遇合三上鱼泥	遇合三上鱼来	遇合三平鱼邪	遇合三平鱼知	遇合三平鱼澄	遇合三平鱼初	遇合三平鱼崇	遇合三上鱼生
白河	ȵy³⁵	y³⁵	ɕy⁴⁴	tʂu²¹³	tʂʰu⁴⁴	tsʰəu²¹³	tsʰəu⁴⁴	suo³⁵
汉阴	ȵy⁴⁵	ly⁴⁵	ɕy⁴²	tsʅ³³	tsʰʅ⁴²	tsʰəu³³	tsʰəu⁴²	so⁴⁵
平利	ȵʅ⁴⁴⁵	ʅ⁴⁴⁵	ɕi⁵²	tʂʅ⁴³	tʂʰʅ⁵²	tsʰou⁴³	tsʰou⁴³	so⁴⁴⁵
汉中	ȵy³⁵⁴	ly³⁵⁴	ɕy⁴²	tsu⁵⁵	tsʰu⁴²	tsʰu⁵⁵	tsʰu⁴²	suɤ³⁵⁴
城固	ȵy⁴⁴	y⁴⁴	ɕy³¹¹	tʃu⁵³	tʃʰu³¹¹	tʃʰu⁵³	tʃʰu³¹¹	ʃuə⁴⁴
勉县	ȵy³⁵	ly³⁵	ɕy²¹	tsu⁴²	tsʰu²¹	tsʰu⁴²	tsʰu²¹	fɤ³⁵~以 suɤ³⁵托儿~
镇巴	ȵy⁵²	luei⁵²	ɕy³¹	tsu³⁵	tsʰu³¹	tsʰu³⁵	tsʰu³¹	so⁵²

	0089 书	0090 鼠	0091 如	0092 举	0093 锯名	0094 去	0095 渠~道	0096 鱼
	遇合三平鱼书	遇合三上鱼书	遇合三平鱼日	遇合三上鱼见	遇合三去鱼见	遇合三去鱼溪	遇合三平鱼群	遇合三平鱼疑
榆林	ʂu³³	ʂu²¹³	ʐu²¹³	tɕy²¹³	tɕy⁵²	kʰəʔ³ ~不~ / kəʔ³ 送~ / tɕʰy⁵² ~皮	tɕʰy²¹³	y²¹³
神木	ʂu²¹³	ʂu²¹³	ʐu⁴⁴	tɕy²¹³	tɕy⁵³	kʰəʔ⁴ ~不~ / kəʔ⁴ 吃~ / tɕʰy⁵³ ~痛片	tɕʰy⁴⁴	y⁴⁴
绥德	ʂʅ²¹³	ʂʅ²¹³	ʐʅ³³	tɕy²¹³	tɕy⁵²	kʰɤ³³ ~北京 / tɕʰy⁵² ~皮	tɕʰy³³	y³³
吴堡	su²¹³	su⁴¹²	zu³³	tɕʉ⁴¹²	tɕʉ⁵³	kʰəʔ²¹³ ~不~ / tɕʰʉ⁵³ ~皮	tɕʰʉ³³	nʉ³³
清涧	ʂʅ³¹²	ʂʅ⁵³	ʐʅ²⁴	tsʅ³¹²	tsʅ⁴²	kʰəʔ⁵⁴ ~不 / tsʰʅ⁴² ~皮	tsʰʅ²⁴	zʅ²⁴
延安	ʂu²¹³	ʂu⁵²	ʐu²⁴	tɕy⁵²	tɕy⁴⁴³	tɕʰy⁴⁴³	tɕʰy²⁴	y²⁴
延川	ʂʅ²¹³	ʂʅ⁵³	ʐʅ³⁵	tsʅ⁵³	tsʅ⁵³	kʰə⁵³ 出~ / tsʰʅ⁵³ ~世	tsʰʅ³⁵	zʅ³⁵
黄陵	sʅ³¹	sʅ⁵²	zʅ³¹	tɕy⁵²	tɕy⁵⁵	tɕʰy⁵⁵ ~不~ / tɕʰy⁵⁵ ~痛片	tɕʰy²⁴	y²⁴
渭南	ʃʒ³¹	ʃʒ⁵³	ʒ³¹	tɕy⁵³	tɕy⁴⁴	tɕʰi·⁴⁴	tɕʰy²⁴	y²⁴
韩城	fu³¹	fu⁵³	vu²⁴	tɕy⁵³	tɕy⁴⁴	tɕʰi·⁴⁴ ~过 / tɕʰy⁴⁴ ~世	tɕʰy²⁴	ŋy²⁴
合阳	fu³¹	fu³¹	vu³¹	tɕy⁵²	tɕy⁵⁵	tɕʰi·⁵⁵ ~哪搭 / tɕʰy⁵⁵ 下~	tɕʰy²⁴	y²⁴
富平	ʃu³¹	ʃu⁵³	ʒu³¹	tɕy⁵³	tɕy⁵⁵	tɕʰi·⁵⁵ 不~ / tɕʰy⁵⁵ 过~	tɕʰy²⁴	y²⁴
耀州	ʃu²¹	ʃu⁵²	ʒu²¹	tɕy⁵²	tɕy⁴⁴	tɕʰi·⁴⁴ ~过 / tɕʰy⁴⁴ ~世	tɕʰy²⁴	y²⁴
咸阳	ʃu³¹	ʃu⁵³	ʒu²⁴	tɕy⁵³	tɕy⁴⁴	tɕʰi·⁴⁴	tɕʰy²⁴	y²⁴
旬邑	ʃʅ²¹	ʃʅ⁵²	ʒʅ²¹	tɕy⁵²	tɕy⁴⁴	tɕʰi·⁴⁴ 下~ / tɕʰy⁴⁴ ~世	tɕʰy²⁴	y²⁴

	0089 书	0090 鼠	0091 如	0092 举	0093 锯_名	0094 去	0095 渠_~道	0096 鱼
	遇合三平鱼书	遇合三上鱼书	遇合三平鱼日	遇合三上鱼见	遇合三去鱼见	遇合三去鱼溪	遇合三平鱼群	遇合三平鱼疑
三原	ʃʒ³¹	ʃʒ⁵²	ʒ³¹	tɕy⁵²	tɕy⁴⁴	tɕʰi˙⁴⁴	tɕʰy²⁴	y²⁴
乾县	ʃu²¹	ʃu⁵³	ʒu²¹	tɕy⁵³	tɕy⁵⁵	tɕʰi⁵⁵回~ / tɕʰy⁵⁵~掉	tɕʰy²⁴	y²⁴
岐山	ʂɿ³¹	ʂɿ⁵³	ʐɿ³¹	tɕy⁵³	tɕy⁴⁴	tɕʰi˙⁴⁴出~ / tɕʰy⁴⁴出~	tɕʰy²⁴	y²⁴
凤翔	ʂɿ³¹	ʂɿ⁵³	ʐɿ²⁴	tɕy⁵³	tɕy⁴⁴	tɕʰi˙⁴⁴回~ / tɕʰy⁴⁴~年	tɕʰy²⁴	y²⁴
千阳	ʃɿ³¹	ʃɿ⁵³	ʒɿ²⁴	tɕy⁵³	tɕy⁴⁴	tɕʰi˙⁴⁴回~ / tɕʰy⁴⁴~年	tɕʰy²⁴	y²⁴
西安	fu²¹	fu⁵³	vu²¹	tɕy⁵³	tɕy⁴⁴	tɕʰi˙⁴⁴	tɕʰy²⁴	y²⁴
户县	su³¹	su⁵¹	zu³⁵	tɕy⁵¹	tɕy⁵⁵	tɕʰi⁵⁵来~ / tɕʰy⁵⁵~年	tɕʰy³⁵	y³⁵
商州	ʃu³¹	ʃu⁵³	ʒu³⁵	tɕy⁵³	tɕy⁴⁴	tɕʰi˙⁴⁴回~ / tɕʰy⁴⁴~除	tɕʰy³⁵	y³⁵
镇安	ʂʮ⁵³	ʂʮ³⁵	ʐʮ²¹⁴	tʂʮ³⁵	tʂʮ²¹⁴	tɕʰi˙³²²回~ / tʂʰʮ³²²~除	tʂʰʮ³³	ʐʮ³³
安康	fu³¹	fu⁵³ / fu³¹	u³⁵	tɕy⁵³	tɕy⁴⁴	tɕʰi˙⁴⁴来~ / tɕʰy⁴⁴~年	tɕʰy³⁵	y³⁵
白河	ʂu²¹³	ʂu³⁵	y⁴⁴	tɕy³⁵	tɕy⁴¹	tɕʰi⁴¹出~ / tɕʰy⁴¹~掉	tɕʰy⁴⁴	y⁴⁴
汉阴	sʮ³³	sʮ⁴⁵	y⁴²	tɕy⁴⁵	tɕy²¹⁴	tɕʰi²¹⁴	tɕʰy⁴²	y⁴²
平利	ʂʮ⁴³	ʂʮ⁴⁴⁵	ʮ⁵²	tʂʮ⁴⁴⁵	tʂʮ²¹⁴	tɕʰi²¹⁴~来 / tʂʰʮ²¹⁴过~	tʂʰʮ⁵²	ʮ⁵²
汉中	su⁵⁵	su³⁵⁴	zu⁴²	tɕy³⁵⁴	tɕy²¹³	tɕʰi²¹³出~ / tɕʰy²¹³~掉	tɕʰy⁴²	y⁴²
城固	ʃu⁵³	ʃu⁴⁴	ʒu³¹¹	tɕy⁴⁴	tɕy²¹³	tɕʰi²¹³	tɕʰy³¹¹	y³¹¹
勉县	fu⁴²看~ / su⁴²~本	fu³⁵老~ / su³⁵灭~	zu²¹	tɕy³⁵	tɕy²¹³	tɕʰi²¹³出~ / tɕʰy²¹³~掉	tɕʰy²¹	y²¹
镇巴	su³⁵	su⁵²	zu³¹	tɕy⁵²	tɕy²¹³	tɕʰi²¹³回~ / tɕʰy²¹³~处	tɕʰy³¹	y³¹

	0097 许	0098 余剩~,多~	0099 府	0100 付	0101 父	0102 武	0103 雾	0104 取
	遇合三上鱼晓	遇合三平鱼以	遇合三上虞非	遇合三去虞非	遇合三上虞奉	遇合三上虞微	遇合三去虞微	遇合三上虞清
榆林	ɕy²¹³	y²¹³	fu²¹³	fu⁵²	fu⁵²	vu²¹³	vu⁵²	tɕʰy²¹³
神木	ɕy²¹³	y⁴⁴	fu²¹³	fu⁵³	fu⁵³	vu²¹³	vu⁵³	tɕʰy²¹³
绥德	ɕy²¹³	y³³	fu²¹³	fu⁵²	fu⁵²	u²¹³	u⁵²	tɕʰy²¹³
吴堡	ɕʉ⁴¹²	ʉ³³	fu⁴¹²	fu⁵³	fu⁵³	u⁴¹²	u⁵³	tɕʰʉ⁴¹²
清涧	sʅ⁵³	zʅ²⁴	fʊ⁵³	fʊ⁴²	fʊ⁴²	vʊ⁵³	vʊ⁴²	tsʰʅ⁵³
延安	ɕy⁵²	y²⁴	fu⁵²	fu⁴⁴³	fu⁴⁴³	vu⁵²	vu⁴⁴³	tɕʰy⁵²
延川	sʅ⁵³	zʅ³⁵	fu⁵³	fu⁵³	fu⁵³	vu⁵³	vu⁵³	tsʰʅ⁵³
黄陵	ɕy⁵²	y²⁴	fu⁵²	fu⁵²	fu⁵⁵	u⁵²	u⁵⁵	tsʰɿ⁵² ~馍 / tɕʰy⁵² 争~
渭南	ɕy⁵³	y²⁴	fu⁵³	fu⁵³	fu⁴⁴	vu⁵³	vu⁴⁴	tɕʰy⁵³
韩城	ɕy⁵³	y²⁴	fu⁵³	fu⁴⁴	fu⁴⁴	vu⁵³	vu⁴⁴	tɕʰy⁵³
合阳	ɕy⁵²	y²⁴	fu⁵²	fu⁵⁵	fu⁵⁵	vu⁵²	vu⁵⁵	tɕʰy⁵²
富平	ɕy⁵³	i²⁴ 多~ / y²⁴ 剩~	fu⁵³	fu⁵³	fu⁵⁵	v⁵³	v⁵⁵	tɕʰy⁵³
耀州	ɕy⁵²	y²⁴	fu⁵²	fu⁴⁴	fu⁴⁴	u⁵²	u⁴⁴	tɕʰy⁵²
咸阳	ɕy⁵³	y²⁴	fu⁵³	fu⁴⁴	fu⁴⁴	u⁵³	u⁴⁴	tɕʰy⁵³
旬邑	ɕy⁵²	y²⁴	fu⁵²	fu⁴⁴	fu⁴⁴	u⁵²	u⁴⁴	tɕʰy⁵²
三原	ɕy⁵²	y²⁴	fu⁵²	fu⁵²	fu⁵²	vu⁵²	vu⁴⁴	tɕʰy⁵²
乾县	ɕy⁵³	y²⁴	fu⁵³	fu⁵³ ~款 / fu⁵⁵ 姓	fu⁵⁵	vu⁵³	vu⁵⁵	tɕʰy⁵³
岐山	ɕy⁵³	y²⁴	fu⁵³	fu⁴⁴	fu⁴⁴	vu⁵³	vu⁴⁴	tɕʰy⁵³
凤翔	ɕy⁵³	y²⁴	fu⁵³	fu⁴⁴	fu⁴⁴	vu⁵³	vu⁴⁴	tɕʰy⁵³
千阳	ɕy⁵³	y²⁴	fu⁵³	fu⁵³	fu⁵³	vu⁵³	vu⁴⁴	tɕʰy⁵³
西安	ɕy⁵³	y²⁴	fu⁵³	fu⁵³ ~款 / fu⁴⁴ 姓~	fu⁴⁴	u⁵³	u⁴⁴	tɕʰy⁵³
户县	ɕy⁵¹	y³⁵	fu⁵¹	fu⁵⁵	fu⁵⁵	vu⁵¹	mu⁵⁵ 眼窝~① / vu⁵⁵ 大~	tɕʰy⁵¹

①眼窝~：眼睛看东西模糊。

	0097 许	0098 余剩~,多~	0099 府	0100 付	0101 父	0102 武	0103 雾	0104 取
	遇合三上鱼晓	遇合三平鱼以	遇合三上虞非	遇合三去虞非	遇合三上虞奉	遇合三上虞微	遇合三去虞微	遇合三上虞清
商州	çy⁵³	y³⁵	fu⁵³	fu⁴⁴	fu⁴⁴	u⁵³	u⁴⁴	tçʰy⁵³
镇安	ʂɻ³⁵	ʐɻ³³	fu³⁵	fu²¹⁴	fu³²²	vu³⁵	vu³²²	tʂʰɻ³⁵
安康	çy⁵³	y³⁵	fu⁵³	fu⁴⁴	fu⁴⁴	u⁵³	u⁴⁴	tçʰy⁵³
白河	çy³⁵	y⁴⁴	fu³⁵	fu⁴¹	fu⁴¹	u³⁵	u⁴¹	tçʰy³⁵
汉阴	çy⁴⁵	y⁴²	χu⁴⁵	χu²¹⁴	χu²¹⁴	u⁴⁵	u²¹⁴	tçʰy⁴⁵
平利	ʂɻ⁴⁴⁵	ɻ⁵²	fu⁴⁴⁵	fu²¹⁴	fu²¹⁴	u⁴⁴⁵	u²¹⁴	tʂʰɻ⁴⁴⁵
汉中	çy³⁵⁴	y⁴²	fu³⁵⁴	fu²¹³	fu²¹³	u³⁵⁴	u²¹³	tçʰy³⁵⁴
城固	çy⁴⁴	y³¹¹	fu⁴⁴	fu²¹³	fu²¹³	vu⁴⁴	vu²¹³	tçʰy⁴⁴
勉县	çy³⁵	y²¹	fu³⁵	fu²¹³	fu²¹³	vu³⁵	vu²¹³	tçʰy³⁵
镇巴	çy⁵²	y³¹	fu⁵²	fu²¹³	fu²¹³	u⁵²	u²¹³	tçʰy⁵²

	0105 柱	0106 住	0107 数动	0108 数名	0109 主	0110 输	0111 竖	0112 树
	遇合三上虞澄	遇合三去虞澄	遇合三上虞生	遇合三去虞生	遇合三上虞章	遇合三平虞书	遇合三上虞禅	遇合三去虞禅
榆林	tʂu⁵²	tʂu⁵²	ʂuə²¹³	ʂuə⁵²	tʂu²¹³	ʂu³³	ʂu⁵²	ʂu⁵²
神木	tʂu⁵³	tʂu⁵³	ʂuo²¹³	ʂuo⁵³	tʂu²¹³	ʂu²¹³	ʂu⁵³	ʂu⁵³
绥德	tʂʅ⁵²	tʂʅ⁵²	ʂuo²¹³	ʂuo⁵²	tʂʅ²¹³	ʂʅ²¹³	ʂʅ⁵³	ʂʅ⁵²
吴堡	tsu⁵³	tsu⁵³	su⁴¹²	su⁵³	tsu⁴¹²	su²¹³	su⁵³	su⁵³
清涧	tʂʰʅ⁴²	tʂʅ⁴²	ʂʅ⁵³	ʂʅ⁴²	tʂʅ⁵³	ʂʅ³¹²	ʂʅ⁴²	ʂʅ⁴²
延安	tʂʰu⁴⁴³ ~子 / tʂu⁴⁴³ 顶梁~	tʂʰu⁴⁴³ ~家里 / tʂu⁴⁴³ ~房	ʂu⁵²	ʂu⁴⁴³	tʂu⁵²	ʐu²¹³ ~赢 / ʂu²¹³ 运~	ʂu⁴⁴³	ʂu⁴⁴³
延川	tʂʅ⁵³	tʂʅ⁵³	ʂʅ⁵³	ʂʅ⁵³	tʂʅ⁵³	ʂʅ²¹³	ʂʅ⁵³	ʂʅ⁵³
黄陵	tsʰʅ⁵²	tsʅ⁵⁵	səu⁵²	səu⁵⁵	tsʅ⁵²	sʅ³¹ ~赢 / sʅ²⁴ 运~	sʅ⁵²	sʅ⁵⁵
渭南	tʃʰʒ⁵³	tʃʒ⁴⁴	səu⁵³	səu⁴⁴	tʃʒ⁵³	ʃʒ³¹	ʃʒ⁵³	ʃʒ⁴⁴
韩城	pfʰu⁴⁴	pfu⁴⁴	səu⁵³	səu⁴⁴	pfu⁴⁴	fu³¹	fu⁵³	fu⁴⁴
合阳	pfʰu⁵⁵	pfʰu⁵⁵	sou⁵³	sou⁵⁵	pfu⁵²	fu³¹	fu⁵⁵	fu⁵⁵
富平	tʃu⁵⁵	tʃu⁵⁵	sou⁵³	sou⁵⁵	tʃu⁵³	ʃu³¹	ʃu⁵³	ʃu⁵⁵
耀州	tʃu⁴⁴	tʃu⁵²	sou⁵²	sou⁴⁴	tʃu⁵²	ʒu²¹ ~赢 / ʃu²¹ 运~	ʃu⁵²	ʃu⁴⁴
咸阳	tʃu⁴⁴	tʃu⁴⁴	ʃu⁵³	ʃu⁴⁴	tʃu⁵³	ʃu³¹	ʃu⁴⁴	ʃu⁴⁴
旬邑	tʃʰʅ⁴⁴	tʃʅ⁴⁴	səu⁵² ~一下 / ʃʅ⁵² ~数	səu⁴⁴ ~字 / ʃʅ⁴⁴ ~学	tʃʅ⁵²	ʒʅ²¹ ~赢 / ʃʅ²¹ 运~	ʃʅ⁴⁴	ʃʅ⁴⁴
三原	tʃʒ⁴⁴	tʃʒ⁴⁴	sou⁵²	sou⁴⁴	tʃʒ⁵²	ʃʒ³¹	ʃʒ⁵²	ʃʒ⁴⁴
乾县	tʃu⁵⁵	tʃu⁵⁵	ʃu⁵³	ʃu⁵⁵	tʃu⁵³	ʃu²¹	ʃu⁵⁵	ʃu⁵⁵
岐山	tʂʅ⁴⁴	tʂʅ⁴⁴	ʂʅ⁵³	ʂʅ⁴⁴	tʂʅ⁵³	ʂʅ³¹	ʂʅ⁵³	ʂʅ⁴⁴
凤翔	tʂʅ⁴⁴	tʂʅ⁴⁴	ʂʅ⁵³	ʂʅ⁴⁴	tʂʅ⁵³	ʂʅ³¹	ʂʅ⁵³	ʂʅ⁴⁴
千阳	tʃʰʅ⁴⁴ ~子 / tʃʅ⁴⁴ ~圆	tʃʰʅ⁴⁴ ~宿 / tʃʅ⁴⁴ ~居	ʃʅ⁵³	ʃʅ⁴⁴	tʃʅ⁵³	ʃʅ³¹	ʃʅ⁵³	ʃʅ⁴⁴
西安	pfu⁴⁴	pfu⁴⁴	fu⁵³	fu⁴⁴	pfu⁵³	fu²¹	fu⁴⁴	fu⁴⁴
户县	tsu⁵⁵	tsu⁵⁵	sɤu⁵¹	sɤu⁵⁵	tsu⁵¹	su³¹	su⁵⁵	su⁵⁵
商州	tʃu⁴⁴	tʃu⁴⁴	sou⁵³	sou⁴⁴	tʃu⁵³	ʒu³¹ ~钱 / ʃu³¹ 运~	ʃu⁵³	ʃu⁴⁴

	0105 柱	0106 住	0107 数动	0108 数名	0109 主	0110 输	0111 竖	0112 树
	遇合三上虞澄	遇合三去虞澄	遇合三上虞生	遇合三去虞生	遇合三上虞章	遇合三平虞书	遇合三上虞禅	遇合三去虞禅
镇安	tʂʅ³²²	tʂʅ³²²	səu³⁵	səu³²²	tʂʅ³⁵	z̧ʅ⁵³ ~钱 ʂʅ⁵³ 运~	ʂʅ³²²	ʂʅ³²²
安康	pfu⁴⁴	pfu⁴⁴	fu⁵³	sou⁴⁴	pfu⁵³	fu³¹	fu⁴⁴	fu⁴⁴
白河	tʂu⁴¹	tʂu⁴¹	səu³⁵	səu⁴¹	tʂu³⁵	y²¹³ ~钱 su²¹³ ~人	ʂu⁴¹	ʂu⁴¹
汉阴	tsʅ²¹⁴	tsʅ²¹⁴	səu⁴⁵	səu²¹⁴	tsʅ⁴⁵	sʅ³³	sʅ²¹⁴	sʅ²¹⁴
平利	tʂʅ²¹⁴	tʂʅ²¹⁴	sou⁴⁴⁵	sou²¹⁴	tʂʅ⁴⁴⁵	ʂʅ⁴³	ʂʅ²¹⁴	ʂʅ²¹⁴
汉中	tsu²¹³	tsu²¹³	su³⁵⁴	su²¹³	tsu³⁵⁴	su⁵⁵	su²¹³	su²¹³
城固	tʃu²¹³	tʃu²¹³	ʃu⁴⁴	ʃu²¹³	tʃu⁴⁴	ʃu⁵³	ʃu²¹³	ʃu²¹³
勉县	tsu²¹³	tsu²¹³	fu³⁵ ~钱 su³⁵ ~清	fu²¹³ ~字 fu²¹³ 记~	tsu³⁵	fu⁴² ~钱 su⁴² ~赢	fu²¹³ ~起 su²¹³ ~横~	fu²¹³ 大~ su²¹³ ~种
镇巴	tsu²¹³	tsu²¹³	su⁵²	su²¹³	tsu⁵²	su³⁵	su²¹³	su²¹³

	0113 句	0114 区地~	0115 遇	0116 雨	0117 芋	0118 裕	0119 胎	0120 台戏~
	遇合三去虞见	遇合三平虞溪	遇合三去虞疑	遇合三上虞云	遇合三去虞云	遇合三去虞以	蟹开一平咍透	蟹开一平咍定
榆林	tɕy⁵²	tɕʰy³³	y⁵²	y²¹³	y⁵²	y⁵²	tʰɛe³³	tʰɛe²¹³
神木	tɕy⁵³	tɕʰy²¹³	y⁵³	y²¹³	y⁵³	yəʔ⁴	tʰEe²¹³	tʰEe⁴⁴
绥德	tɕy⁵²	tɕʰy²¹³	y⁵²	y²¹³	y⁵²	y⁵²	tʰai²¹³	tʰai³³
吴堡	tɕʉ⁵³	tɕʰʉ²¹³	ʉ⁵³	ʉ⁴¹²	ʉ⁵³	ʉ⁵³	tʰɑe²¹³	tʰɑe³³
清涧	tsʅ⁴²	tsʰʅ³¹²	zʅ⁴²	zʅ⁵³	zʅ⁴²	zʅ⁴²	tʰai³¹²	tʰai²⁴
延安	tɕy⁴⁴³	tɕʰy²¹³	y⁴⁴³	y⁵²	y⁴⁴³	y⁴⁴³	tʰai²¹³	tʰai²⁴
延川	tsʅ⁵³	tsʰʅ²¹³	zʅ⁵³	zʅ⁵³	zʅ⁵³	zʅ⁵³	tʰai²¹³	tʰai³⁵
黄陵	tɕy⁵⁵	tɕʰy³¹	y⁵⁵	y⁵²	y⁵⁵	y³¹	tʰE³¹	tʰE²⁴
渭南	tɕy⁴⁴	tɕʰy³¹	y⁴⁴	y⁵³	y⁴⁴	y³¹	tʰae³¹	tʰae²⁴
韩城	tɕy⁴⁴	tɕʰy³¹	y⁴⁴	y⁵³	y⁵³	y³¹	tʰæe³¹	tʰæe²⁴
合阳	tɕy⁵⁵	tɕʰy³¹	y⁵⁵	y⁵²	y⁵⁵	y³¹	tʰæe³¹	tʰæe²⁴
富平	tɕy⁵⁵	tɕʰy³¹	y⁵⁵	y⁵³	y⁵⁵	y³¹	tʰɛe³¹	tʰɛe²⁴
耀州	tɕy⁴⁴	tɕʰy²¹	y⁴⁴	y⁵²	y⁴⁴	y²¹	tʰæi²¹	tʰæi²⁴
咸阳	tɕy⁴⁴	tɕʰy³¹	y⁴⁴	y⁵³	y²⁴	y³¹	tʰæ³¹	tʰæ²⁴
旬邑	tɕy⁴⁴	tɕʰy²¹	y⁴⁴	y⁵²	y⁴⁴	y²¹	tʰɛi²¹	tʰɛi²⁴
三原	tɕy⁴⁴	tɕʰy³¹	y⁴⁴	y⁵²	y⁴⁴	y³¹	tʰai³¹	tʰai²⁴
乾县	tɕy⁵⁵	tɕʰy²¹	y⁵⁵	y⁵²	y⁵⁵	y²¹	tʰɛ²¹	tʰɛ²⁴
岐山	tɕy⁴⁴	tɕʰy³¹	y⁴⁴	y⁴⁴	y⁴⁴	y⁴⁴	tʰE³¹	tʰE²⁴
凤翔	tɕy⁴⁴	tɕʰy³¹	y⁴⁴	y⁵³	y⁴⁴	y³¹	tʰE³¹	tʰE²⁴
千阳	tɕy⁴⁴	tɕʰy³¹	y⁴⁴	y⁴⁴	y⁴⁴	y³¹	tʰE³¹	tʰE²⁴
西安	tɕy⁴⁴	tɕʰy²¹	y⁴⁴	y⁵³	y⁴⁴	y⁴⁴	tʰai²¹	tʰai²⁴
户县	tɕy⁵⁵	tɕʰy³¹	y⁵⁵	y⁵¹	y⁵⁵	y³¹	tʰæ³¹	tʰæ³⁵
商州	tɕy⁴⁴	tɕʰy³¹	y⁴⁴	y⁵³	y⁴⁴	y⁴⁴	tʰai³¹	tʰai³⁵
镇安	tʂʅ³²²	tʂʰʅ⁵³	zʅ³²²	zʅ³⁵	zʅ³²²	zʅ⁵³	tʰai⁵³	tʰai³³
安康	tɕy⁴⁴	tɕʰy³¹	y⁴⁴	y⁵³	y⁴⁴	y³¹	tʰæ³¹	tʰæ³⁵
白河	tɕy⁴¹	tɕʰy⁴⁴	y⁴¹	y³⁵	y⁴¹	y⁴¹	tʰai²¹³	tʰai⁴⁴
汉阴	tɕy²¹⁴	tɕʰy³³	y²¹⁴	y⁴⁵	y⁴⁵	y⁴²	tʰae³³	tʰae⁴²

	0113 句	0114 区地~	0115 遇	0116 雨	0117 芋	0118 裕	0119 胎	0120 台戏~
	遇合三去虞见	遇合三平虞溪	遇合三去虞疑	遇合三上虞云	遇合三去虞云	遇合三去虞以	蟹开一平咍透	蟹开一平咍定
平利	tʂʯ²¹⁴	tʂʰʯ⁴³	ʯ²¹⁴	ʯ⁴⁴⁵	ʯ²¹⁴	ʯ⁵²	tʰai⁴³	tʰai⁵²
汉中	tɕy²¹³	tɕʰy⁵⁵	y²¹³	y³⁵⁴	y²¹³	y²¹³	tʰai⁵⁵	tʰai⁴²
城固	tɕy²¹³	tɕʰy⁵³	y²¹³	y⁴⁴	y²¹³	y²¹³	tʰai⁵³	tʰai³¹¹
勉县	tɕy²¹³	tɕʰy⁴²	y²¹³	y³⁵	y²¹³	y²¹	tʰɑi⁴²	tʰɑi²¹
镇巴	tɕy²¹³	tɕʰy³⁵	y²¹³	y⁵²	y²¹³	y³¹	tʰai³⁵	tʰai³¹

	0121 袋	0122 来	0123 菜	0124 财	0125 该	0126 改	0127 开	0128 海
	蟹开一去哈定	蟹开一平哈来	蟹开一去哈清	蟹开一平哈从	蟹开一平哈见	蟹开一上哈见	蟹开一平哈溪	蟹开一上哈晓
榆林	tɛe^{52}	lɛe^{213}	tsʰɛe^{52}	tsʰɛe^{213}	kɛe^{33}	kɛe^{213}	kʰɛe^{33}	xɛe^{213}
神木	tEe^{53}	lEe^{44}	tsʰEe^{53}	tsʰEe^{44}	kEe^{213}	kEe^{213}	kʰEe^{213}	xEe^{213}
绥德	tai^{52}	lai^{33}	tsʰai^{52}	tsʰai^{33}	kai^{213}	kai^{213}	kʰai^{213}	xai^{213}
吴堡	tɑe^{53}	lɑe^{33}	tsʰɑe^{53}	tsʰɑe^{33}	kɑe^{213}	kɑe^{412}	kʰɑe^{213}	xɑe^{412}
清涧	tai^{42}	lai^{24}	tsʰai^{42}	tsʰai^{24}	kai^{312}	kai^{53}	kʰai^{312}	xai^{53}
延安	tʰai^{443}布~ / tai^{443}~子	lai^{24}	tsʰai^{443}	tsʰai^{24}	kai^{213}	kai^{52}	kʰai^{213}	xai^{52}
延川	tai^{53}	lai^{35}	tsʰai^{53}	tsʰai^{35}	kai^{213}	kai^{53}	kʰai^{213}	xai^{53}
黄陵	tE^{55}	lE^{24}	tsʰE^{55}	tsʰE^{24}	kE^{31}	kE^{52}	kʰE^{31}	xE^{52}
渭南	tʰae^{31}布~ / tae^{44}~子	lae^{24}	tsʰae^{44}	tsʰae^{24}	kae^{31}	kae^{53}	kʰae^{31}	xae^{53}
韩城	tæe^{44}	lɿi^{24}又 / læe^{24}又	tsʰæe^{44}	tsʰæe^{24}	kæe^{31}	kæe^{53}	kʰæe^{31}	xæe^{53}
合阳	tæe^{55}	læe^{24}	tsʰæe^{55}	tsʰæe^{24}	kæe^{31}	kæe^{52}	kʰæe^{31}	xæe^{52}
富平	tɛe^{55}	lɛe^{24}	tsʰɛe^{55}	tsʰɛe^{24}	kɛe^{31}	kɛe^{53}	kʰɛe^{31}	xɛe^{53}
耀州	tæi^{44}	læi^{24}	tsʰæi^{44}	tsʰæi^{24}	kæi^{21}	kæi^{52}	kʰæi^{21}	xæi^{52}
咸阳	tæ^{44}	læ^{24}	tsʰæ^{44}	tsʰæ^{24}	kæ^{31}	kæ^{53}	kʰæ^{31}	xæ^{53}
旬邑	tɛi^{44}	lɛi^{24}	tsʰɛi^{44}	tsʰɛi^{24}	kɛi^{21}	kɛi^{52}	kʰɛi^{21}	xɛi^{52}
三原	tai^{44}	lai^{24}	tsʰai^{44}	tsʰai^{24}	kai^{31}	kai^{52}	kʰai^{31}	xai^{52}
乾县	tɛ^{55}	lɛ^{24}	tsʰɛ^{55}	tsʰɛ^{24}	kɛ^{21}	kɛ^{53}	kʰɛ^{21}	xɛ^{53}
岐山	tE^{44}	lE^{24}	tsʰE^{44}	tsʰE^{24}	kE^{31}	kE^{53}	kʰE^{31}	xE^{53}
凤翔	tE^{44}	lE^{24}	tsʰE^{44}	tsʰE^{24}	kE^{31}	kE^{53}	kʰE^{31}	xE^{53}
千阳	tE^{44}	lE^{24}	tsʰE^{44}	tsʰE^{24}	kE^{31}	kE^{53}	kʰE^{31}	xE^{53}
西安	tai^{44}	lai^{24}	tsʰai^{44}	tsʰai^{24}	kai^{21}	kai^{53}	kʰai^{21}	xai^{53}
户县	tæ^{55}	læ^{35}	tsʰæ^{55}	tsʰæ^{35}	kæ^{31}	kæ^{51}	kʰæ^{31}	xæ^{51}
商州	tai^{44}	lai^{35}	tsʰai^{44}	tsʰai^{35}	kai^{31}	kai^{53}	kʰai^{31}	xai^{53}
镇安	tai^{322}	lai^{33}	tsʰai^{214}	tsʰai^{33}	kai^{53}	kai^{35}	kʰai^{53}	xai^{35}
安康	tæ^{44}	læ^{35}	tsʰæ^{44}	tsʰæ^{35}	kæ^{31}	kæ^{53}	kʰæ^{31}	xæ^{53}

	0121 袋	0122 来	0123 菜	0124 财	0125 该	0126 改	0127 开	0128 海
	蟹开一去咍定	蟹开一平咍来	蟹开一去咍清	蟹开一平咍从	蟹开一平咍见	蟹开一上咍见	蟹开一平咍溪	蟹开一上咍晓
白河	tai⁴¹	lai⁴⁴	tsʰai⁴¹	tsʰai⁴⁴	kai²¹³	kai³⁵	kʰai²¹³	xai³⁵
汉阴	tae²¹⁴	lae⁴²	tsʰae²¹⁴	tsʰae⁴²	kae³³	kae⁴⁵	kʰae³³	χae⁴⁵
平利	tai²¹⁴	lai⁵²	tsʰai²¹⁴	tsʰai⁵²	kai⁴³	kai⁴⁴⁵	kʰai⁴³	xai⁴⁴⁵
汉中	tai²¹³	lai⁴²	tsʰai²¹³	tsʰai⁴²	kai⁵⁵	kai³⁵⁴	kʰai⁵⁵	xai³⁵⁴
城固	tai²¹³	lai³¹¹	tsʰai²¹³	tsʰai³¹¹	kai⁵³	kai⁴⁴	kʰai⁵³	xai⁴⁴
勉县	tɑi²¹³	lɑi²¹	tsʰɑi²¹³	tsʰɑi²¹	kɑi⁴²	kɑi³⁵	kʰɑi⁴²	xɑi³⁵
镇巴	tai²¹³	lai³¹	tsʰai²¹³	tsʰai³¹	kai³⁵	kai⁵²	kʰai³⁵	xai⁵²

	0129 爱 蟹开一去哈影	0130 贝 蟹开一去泰帮	0131 带动 蟹开一去泰端	0132 盖动 蟹开一去泰见	0133 害 蟹开一去泰匣	0134 拜 蟹开二去皆帮	0135 排 蟹开二平皆並	0136 埋 蟹开二平皆明
榆林	nɛe⁵²	pei⁵²	tɛe⁵²	kɛe⁵²	xɛe⁵²	pɛe⁵²	pʰɛe²¹³	mɛe²¹³
神木	ŋEe⁵³	pei⁵³	tEe⁵³	kEe⁵³	xEe⁵³	pEe⁵³	pʰEe⁴⁴	mEe⁴⁴
绥德	ŋai⁵²	pei⁵²	tai⁵²	kai⁵²	xai⁵²	pai⁵²	pʰai³³	mai³³
吴堡	ŋɑe⁵³	pɑe⁵³	tɑe⁵³	kɑe⁵³	xɑe⁵³	pɑe⁵³	pʰɑe³³	mɑe³³
清涧	ŋai⁴²	pai⁴²	tai⁴²	kai⁴²	xai⁴²	pai⁴²	pʰai²⁴	mai²⁴
延安	ŋai⁴⁴³	pʰei⁴⁴³宝~ / pei⁴⁴³~壳	tʰai⁴⁴³裤~ / tai⁴⁴³领~	kai⁴⁴³	xai⁴⁴³	pʰai⁴⁴³~年 / pai⁴⁴³~访	pʰai²⁴	mai²⁴
延川	ŋai⁵³	pei⁵³	tai⁵³	kai⁵³	xai⁵³	pai⁵³	pʰai³⁵	mai³⁵
黄陵	ŋE⁵⁵	pei⁵⁵	tE⁵⁵	kE⁵⁵	xE⁵⁵	pE⁵⁵	pʰE²⁴	mE²⁴
渭南	ŋae⁴⁴	pei⁴⁴	tae⁴⁴	kae⁴⁴	xae⁴⁴	pae⁴⁴	pʰae²⁴	mae²⁴
韩城	ŋæ⁴⁴	pɪ⁴⁴	tæ⁴⁴	kæ⁴⁴	xæ⁴⁴	pæ⁴⁴	pʰæ²⁴	mæ²⁴
合阳	ŋæ⁵⁵	pei⁵⁵	tæ⁵⁵	kæ⁵⁵	xæ⁵⁵	pæ⁵⁵	pʰæ²⁴	mæ²⁴
富平	ŋɛe⁵⁵	pei⁵⁵	tɛe⁵⁵	kɛe⁵⁵	xɛe⁵⁵	pɛe⁵⁵	pʰɛe²⁴	mɛe²⁴
耀州	ŋæi⁴⁴	pei⁴⁴	tæi⁴⁴	kæi⁴⁴	xæi⁴⁴	pæi⁴⁴	pʰæi²⁴	mæi²⁴
咸阳	ŋæ⁴⁴	pei⁴⁴	tæ⁴⁴	kæ⁴⁴	xæ⁴⁴	pæ⁴⁴	pʰæ²⁴	mæ²⁴
旬邑	ŋɛɪ⁴⁴	pei⁴⁴	tɛɪ⁴⁴	kɛɪ⁴⁴	xɛɪ⁴⁴	pɛɪ⁴⁴	pʰɛɪ²⁴	mɛɪ²⁴
三原	ŋai⁴⁴	pei⁴⁴	tai⁴⁴	kai⁴⁴	xai⁴⁴	pai⁴⁴	pʰai²⁴	mai²⁴
乾县	ŋɛ⁵⁵	pe⁵⁵	tɛ⁵⁵	kɛ⁵⁵	xɛ⁵⁵	pɛ⁵⁵	pʰɛ²⁴	mɛ²⁴
岐山	ŋE⁴⁴	pei⁴⁴	tE⁴⁴	kE⁴⁴	xE⁴⁴	pE⁴⁴	pʰE²⁴	mE²⁴
凤翔	ŋE⁴⁴	pei⁴⁴	tE⁴⁴	kE⁴⁴	xE⁴⁴	pE⁴⁴	pʰE²⁴	mE²⁴
千阳	ŋE⁴⁴	pei⁴⁴	tE⁴⁴	kE⁴⁴	xE⁴⁴	pE⁴⁴	pʰE²⁴	mE²⁴
西安	ŋai⁴⁴	pei⁴⁴	tai⁴⁴	kai⁴⁴	xai⁴⁴	pai⁴⁴	pʰai²⁴	mai²⁴
户县	ŋæ⁵⁵	pei⁵⁵	tæ⁵⁵	kæ⁵⁵	xæ⁵⁵	pæ⁵⁵	pʰæ³⁵	mæ³⁵
商州	ŋai⁴⁴	pei⁴⁴	tai⁴⁴	kai⁴⁴	xai⁴⁴	pai⁴⁴	pʰai³⁵	mai³⁵
镇安	ŋai²¹⁴	pEɪ⁵³	tai²¹⁴	kai²¹⁴	xai³²²	pai³²²	pʰai³³	mai³³
安康	ŋæ⁴⁴	pei⁴⁴	tæ⁴⁴	kæ⁴⁴	xæ⁴⁴	pæ⁴⁴	pʰæ³⁵	mæ³⁵
白河	ŋai⁴¹	pei⁴¹	tai⁴¹	kai⁴¹	xai⁴¹	pai⁴¹	pʰai⁴⁴	mai⁴⁴

	0129 爱	0130 贝	0131 带动	0132 盖动	0133 害	0134 拜	0135 排	0136 埋
	蟹开一去咍影	蟹开一去泰帮	蟹开一去泰端	蟹开一去泰见	蟹开一去泰匣	蟹开二去皆帮	蟹开二平皆并	蟹开二平皆明
汉阴	ŋae²¹⁴	pei²¹⁴	tae²¹⁴	kae²¹⁴	χae²¹⁴	pae²¹⁴	pʰae⁴²	mae⁴²
平利	ŋai²¹⁴	pei²¹⁴	tai²¹⁴	kai²¹⁴	xai²¹⁴	pai²¹⁴	pʰai⁵²	mai⁵²
汉中	ŋai²¹³	pei²¹³	tai²¹³	kai²¹³	xai²¹³	pai²¹³	pʰai⁴²	mai⁴²
城固	ŋai⁴⁴	pei²¹³	tai²¹³	kai²¹³	xai²¹³	pai²¹³	pʰai³¹¹	mai³¹¹
勉县	ŋɑi²¹³	pei²¹³	tɑi²¹³	kɑi²¹³	xɑi²¹³	pɑi²¹³	pʰɑi²¹	mɑi²¹
镇巴	ŋai²¹³	pei²¹³	tai²¹³	kai²¹³	xai²¹³	pai²¹³	pʰai³¹	mai³¹

	0137 戒 蟹开二去皆见	0138 摆 蟹开二上佳帮	0139 派 蟹开二去佳滂	0140 牌 蟹开二平佳並	0141 买 蟹开二上佳明	0142 卖 蟹开二去佳明	0143 柴 蟹开二平佳崇	0144 晒 蟹开二去佳生
榆林	tɕiɛ⁵²	pɛe²¹³	pʰɛe⁵² ~人去 pʰɛe²¹³ ~出所	pʰɛe²¹³	mɛe²¹³	mɛe⁵²	tsʰɛe²¹³	sɛe⁵²
神木	tɕiɛ⁵³	pEe²¹³	pʰEe⁵³	pʰEe⁴⁴	mEe²¹³	mEe⁵³	tsʰEe⁴⁴	sEe⁵³
绥德	tɕi⁵²	pai²¹³	pʰai²¹³	pʰai³³	mai²¹³	mai⁵²	tsʰai³³	sai⁵²
吴堡	tɕiae⁵³	pɑe⁴¹²	pʰɑe⁴¹²	pʰɑe³³	mɑe⁴¹²	mɑe⁵³	tsʰɑe³³	sɑe⁵³
清涧	tɕi⁴²	pai⁵³	pʰai⁵³	pʰai²⁴	mai⁵³	mai⁴²	tsʰai²⁴	sai⁴²
延安	tɕie⁴⁴³	pai⁵²	pʰai⁴⁴³	pʰai²⁴	mai⁵²	mai⁴⁴³	tsʰai²⁴	sai⁴⁴³
延川	tɕie⁵³	pai⁵³	pʰai⁵³	pʰai³⁵	mai⁵³	mai⁵³	tsʰai³⁵	sai⁵³
黄陵	tɕiE⁵⁵	pE⁵²	pʰE⁵²	pʰE²⁴	mE⁵²	mE⁵⁵	tsʰE²⁴	sE⁵⁵
渭南	tɕiae⁴⁴	pae⁵³	pʰae⁴⁴ 动词 pʰae⁵³ 名词	pʰae²⁴	mae⁵³	mae⁴⁴	tsʰae²⁴	sae⁴⁴
韩城	tɕiæe⁴⁴	pæe⁵³	pʰæe⁴⁴ 动词 pʰæe⁵³ 名词	pʰæe²⁴	mæe⁵³	mæe⁴⁴	tsʰæe²⁴	sæe⁴⁴
合阳	tɕiæe⁵⁵	pæe⁵²	pʰæe⁵⁵ 动词 pʰæe⁵² 名词	pʰæe²⁴	mæe⁵²	mæe⁵⁵	tsʰæe²⁴	sæe⁵⁵
富平	tɕiɛe⁵⁵	pɛe⁵³	pʰɛe⁵⁵ ~人 pʰɛe⁵³ 反动~	pʰɛe²⁴	mɛe⁵³	mɛe⁵⁵	tsʰɛe²⁴	sɛe⁵⁵
耀州	tɕiæi⁴⁴	pæi⁵²	pʰæi⁴⁴ 动词 pʰæi⁵² 名词	pʰæi²⁴	mæi⁵²	mæi⁴⁴	tsʰæi²⁴	sæi⁴⁴
咸阳	tɕiɛ⁴⁴	pæ⁵³	pʰæ⁴⁴ ~出 pʰæ⁵³ 反动~	pʰæ²⁴	mæ⁵³	mæ⁴⁴	tsʰæ²⁴	sæ⁴⁴
旬邑	tɕiɛi⁴⁴	pɛi⁵²	pʰɛi⁴⁴ 动词 pʰɛi⁵² 名词	pʰɛi²⁴	mɛi⁵²	mɛi⁴⁴	tsʰɛi²⁴	sɛi⁴⁴
三原	tɕiɛ⁴⁴	pai⁵²	pʰai⁴⁴ 动词 pʰai⁵² 名词	pʰai²⁴	mai⁵²	mai⁴⁴	tsʰai²⁴	sai⁴⁴
乾县	tɕiə⁵⁵	pɛ⁵³	pʰɛ⁵⁵ 分~ pʰɛ⁵³ 党~	pʰɛ²⁴	mɛ⁵³	mɛ⁵⁵	tsʰɛ²⁴	sɛ⁵⁵
岐山	tɕie⁴⁴	pE⁵³	pʰE⁴⁴	pʰE²⁴	mE⁵³	mE⁴⁴	tsʰE²⁴	sE⁴⁴
凤翔	tɕie⁴⁴	pE⁵³	pʰE⁴⁴ ~遣 pʰE⁵³ ~别	pʰE²⁴	mE⁵³	mE⁴⁴	tsʰE²⁴	sE⁴⁴

	0137 戒	0138 摆	0139 派	0140 牌	0141 买	0142 卖	0143 柴	0144 晒
	蟹开二去皆见	蟹开二上佳帮	蟹开二去佳滂	蟹开二平佳並	蟹开二上佳明	蟹开二去佳明	蟹开二平佳崇	蟹开二去佳生
千阳	tɕiɛ⁴⁴	pɛ⁵³	pʰɛ⁴⁴	pʰɛ²⁴	mɛ⁵³	mɛ⁴⁴	tsʰɛ²⁴	sɛ⁴⁴
西安	tɕiɛ⁴⁴	pai⁵³	pʰai⁴⁴~兵 pʰai⁵³帮~	pʰai²⁴	mai⁵³	mai⁴⁴	tsʰai²⁴	sai⁴⁴
户县	tɕiɛ⁵⁵	pæ⁵¹	pʰæ⁵⁵~活 pʰæ⁵¹~性	pʰæ³⁵	mæ⁵¹	mæ⁵⁵	tsʰæ³⁵	sæ⁵⁵
商州	tɕiai⁴⁴	pai⁵³	pʰai⁴⁴	pʰai³⁵	mai⁵³	mai⁴⁴	tsʰai³⁵	sai⁴⁴
镇安	tɕiai³²²	pai³⁵	pʰai³²²	pʰai³³	mai³⁵	mai³²²	tʂʰai³³	sai³²²
安康	tɕiɛ⁴⁴	pæ⁵³	pʰæ⁴⁴ pʰæ⁵³	pʰæ³⁵	mæ⁵³	mæ⁴⁴	tʂʰæ³⁵	ʂæ⁴⁴
白河	tɕiɛ⁴¹	pai³⁵	pʰai⁴¹	pʰai⁴⁴	mai³⁵	mai⁴¹	tʂʰai⁴⁴	sai⁴¹
汉阴	kae²¹⁴ tɕiae²¹⁴	pae⁴⁵	pʰae²¹⁴	pʰae⁴²	mae⁴⁵	mae²¹⁴	tsʰae⁴²	sae²¹⁴
平利	tɕiai²¹⁴	pai⁴⁴⁵	pʰai²¹⁴ pʰai⁴⁴⁵	pʰai⁵²	mai⁴⁴⁵	mai²¹⁴	tʂʰai⁵²	ʂai²¹⁴
汉中	tɕiɛ²¹³	pai³⁵⁴	pʰai²¹³	pʰai⁴²	mai³⁵⁴	mai²¹³	tsʰai⁴²	sai²¹³
城固	tɕiɛ²¹³	pai⁴⁴	pʰai²¹³	pʰai³¹¹	mai⁴⁴	mai²¹³	tsʰai³¹¹	sai²¹³
勉县	tɕiɛ²¹³	pɑi³⁵	pʰɑi²¹³	pʰɑi²¹	mɑi³⁵	mɑi²¹³	tsʰɑi²¹	sɑi²¹³
镇巴	tɕiai²¹³	pai⁵²	pʰai²¹³	pʰai³¹	mai⁵²	mai²¹³	tsʰai³¹	sai²¹³

	0145 街	0146 解~开	0147 鞋	0148 蟹	0149 矮	0150 败	0151 币	0152 制~造
	蟹开二平佳见	蟹开二上佳见	蟹开二平佳匣	蟹开二上佳匣	蟹开二上佳影	蟹开二去夬並	蟹开三去祭並	蟹开三去祭章
榆林	kɛe³³	kɛe²¹³ / tɕie²¹³	xɛe²¹³	ɕiɛ⁵²	nɛe²¹³	pʰɛe⁵²	pi⁵²	tʂʅ⁵²
神木	kEe²¹³	kEe²¹³	xEe⁴⁴	ɕiɛ⁵³	nEe²¹³	pʰEe⁵³	pi⁵³	tʂʅ⁵³
绥德	kai²¹³	kai²¹³ / tɕie²¹³	xai³³	ɕie⁵²	nai²¹³ 秃~子① / ŋai²¹³ 冬瓜②	pʰai⁵²	pi⁵²	tʂʅ⁵²
吴堡	tɕiɑe²¹³	tɕiɑe⁴¹²	xɑe³³	ɕiɑe⁵³	nɑe⁴¹² ~子 / ŋɑe⁴¹² ~小	pʰɑe⁵³	pi⁵³	tʂee⁵³
清涧	kai³¹² 大~ / tɕi³¹² ~道	tɕi⁵³	xai²⁴	ɕi⁴²	nai⁵³ ~子 / ŋai³¹² ~个儿	pʰai⁴²	pʅ⁴²	tʂʅ⁴²
延安	kai²¹³	kai⁵² ~开 / tɕiɛ⁵² ~衣服	xai²⁴	ɕiɛ⁴⁴³	nai⁵² ~子 / ŋai⁵² ~个子	pʰai⁴⁴³	pi⁴⁴³	tʂʰʅ⁴⁴³ ~造 / tʂʅ⁴⁴³ ~衣间
延川	kai²¹³ 逛~ / tɕiɛ²¹³ ~上	tɕiɛ⁵³	xai³⁵	ɕiɛ⁵³	ŋai⁵³	pʰai⁵³	pʅ⁵³	tʂʅ⁵³
黄陵	tɕiE³¹	tɕiE⁵²	xE²⁴	xE³¹ 螃~ / ɕiɛ⁵⁵ ~肉	ŋE⁵²	pʰE⁵⁵	pi⁵⁵	tʂʅ⁵⁵
渭南	tɕiɑe³¹	tɕiɑe⁵³	xɑe²⁴	xã³¹	ŋɑe⁵³	pʰɑe⁴⁴	pi⁴⁴	tʂʅ⁴⁴
韩城	kæe³¹ ~道 / tɕiæe³¹ 太史大~	kæe⁵³	xæe²⁴	xæe⁵³	ŋæe⁵³	pʰæe⁴⁴	pi⁴⁴	tʂʅ⁴⁴
合阳	tɕiæe³¹	tɕiæe⁵²	xæe²⁴	xæe³¹	ŋæe⁵²	pʰæe⁵⁵	pi⁵⁵	tʂʅ⁵⁵
富平	tɕiɛe³¹	tɕiɛe⁵³	xɛe²⁴	xɛe⁵³	ŋɛe⁵³	pʰɛe⁵⁵	pi⁵⁵	tʂʅ⁵⁵
耀州	tɕiæi²¹ ~道 / tɕiɛ²¹ 东大~	tɕiæi⁵²	xæi²⁴ 买~ / ɕiæi²⁴ ~城	xæi²¹ 螃~ / ɕiɛ⁵² 大闸~	ŋæi⁵²	pʰæi⁴⁴	pi⁴⁴	tʂʅ⁴⁴
咸阳	tɕiɛ³¹	tɕiɛ⁵³	xæ²⁴	xæ⁴⁴	ŋæ⁵³	pʰæ⁴⁴	pi⁴⁴	tʂʅ⁴⁴
旬邑	tɕiɛi²¹	tɕiɛi⁵²	xɛi²⁴ 穿~ / ɕiɛi²⁴ 皮~	xɛi⁵²	lɛi⁵² 又 / ŋɛi⁵² 又	pʰɛi⁴⁴	pi⁴⁴	tʂʅ⁴⁴
三原	tɕiɛ³¹	tɕiai⁵²	xai²⁴	xai³¹	ŋai⁵²	pʰai⁴⁴	pi⁴⁴	tʂʅ⁴⁴

①秃~子：矮子。

②~冬瓜：喻指又胖又矮的人。

	0145 街	0146 解~开	0147 鞋	0148 蟹	0149 矮	0150 败	0151 币	0152 制~造
	蟹开二平佳见	蟹开二上佳见	蟹开二平佳匣	蟹开二上佳匣	蟹开二上佳影	蟹开二去夬並	蟹开三去祭並	蟹开三去祭章
乾县	kɛ²¹~道 tɕiə²¹~道	tɕiə⁵³	xɛ²⁴	ɕiə²¹	ŋɛ⁵³	pʰɛ⁵⁵	pi⁵⁵	tʂʅ⁵⁵
岐山	tɕiɛ³¹	tɕiɛ⁵³	xɛ²⁴穿~ ɕiɛ²⁴球~	ɕiɛ⁵³	ŋɛ⁵³	pʰE⁴⁴	pi⁴⁴	tʂʅ⁴⁴
凤翔	tɕiɛ³¹	tɕiɛ⁵³	xɛ²⁴	ɕiɛ³¹	ŋE⁵³	pʰE⁴⁴	pi⁴⁴	tʂʅ⁴⁴
千阳	tɕiɛ³¹	tɕiɛ⁵³	xɛ²⁴拖~ ɕiɛ²⁴运动~	ɕiɛ³¹	ŋE⁵³	pʰE⁴⁴	pi⁴⁴	tʂʅ⁴⁴
西安	tɕiɛ²¹	tɕiɛ⁵³	xai²⁴	xã²¹	ŋai⁵³	pai⁴⁴	pi⁴⁴	tʂʅ⁴⁴
户县	tɕiɛ³¹	tɕiɛ⁵¹	xæ³⁵穿~ ɕiæ³⁵皮~ ɕiɛ³⁵~子	ɕiɛ⁵⁵	ŋæ⁵¹	pæ⁵⁵	pi⁵⁵	tʂʅ⁵⁵
商州	tɕiai³¹	tɕiai⁵³	xai³⁵白~ ɕiɛ³⁵踏破铁~	ɕiai⁴⁴	ŋai⁵³	pai⁴⁴	pi⁴⁴	tʂʅ⁴⁴
镇安	kai⁵³	kai³⁵	xai³³	xai³⁵	ŋai³⁵	pai³²²	pi³²²	tʂʅ²¹⁴
安康	kæ³¹~头 tɕiɛ³¹~舞	kæ⁵³~放 tɕiɛ⁵³理~	xæ³⁵	xæ³¹螃~ ɕiæ⁴⁴~黄	ŋæ⁵³	pæ⁴⁴	pi⁴⁴	tʂʅ⁴⁴
白河	kai²¹³	kai³⁵	xai⁴⁴	xai³⁵	ŋai³⁵	pai⁴¹	pi⁴¹	tʂʅ⁴¹
汉阴	kae³³	kae⁴⁵~开 tɕiae⁴⁵~放军	χae⁴²	χae⁴²	ŋae⁴⁵	pae²¹⁴	pi²¹⁴	tʂʅ²¹⁴
平利	kai⁴³	kai⁴⁴⁵~放 tɕiai⁴⁴⁵理~	xai⁵²	xai⁴⁴⁵	ŋai⁴⁴⁵	pai²¹⁴	pi²¹⁴	tʂʅ²¹⁴
汉中	kai⁵⁵	kai³⁵⁴	xai⁴²	xai⁴²	ŋai³⁵⁴	pai²¹³	pi²¹³	tʂʅ²¹³
城固	kai⁵³	kai⁴⁴	xai³¹¹	xai²¹³	ŋai⁴⁴	pai²¹³	pi²¹³	tʂʅ²¹³
勉县	kɑi⁴²上~ tɕiɛ⁴²~道	kɑi³⁵	xɑi²¹草~ ɕiɛ²¹~套	xai²¹³螃~ ɕiɛ²¹³~肉棒	ŋɑi³⁵	pai²¹³	pi²¹³	tsʅ²¹³
镇巴	kai³⁵	kai⁵²~开 tɕiai⁵²~释	xai³¹	xai³¹	ŋai⁵²	pai²¹³	pi²¹³	tsʅ²¹³

	0153 世 蟹开三去祭书	0154 艺 蟹开三去祭疑	0155 米 蟹开四上齐明	0156 低 蟹开四平齐端	0157 梯 蟹开四平齐透	0158 剃 蟹开四去齐透	0159 弟 蟹开四上齐定	0160 递 蟹开四去齐定
榆林	ʂə⁵²	i⁵²	mi²¹³	ti³³	tʰi³³	tʰi⁵²	ti⁵²	ti⁵²
神木	ʂʅ⁵³	i⁵³	mi²¹³	ti²¹³	tʰi²¹³	tʰi⁵³	ti⁵³	ti⁵³
绥德	ʂʅ⁵²	i⁵²	mi²¹³	ti²¹³	tʰi²¹³	tʰi⁵²	ti⁵²	ti⁵²
吴堡	ʂɛe⁵³	i⁵³	mi⁴¹²	tɛe²¹³	tɕʰi²¹³	tɕʰi⁵³	tɛe⁵³	tɛe⁵³
清涧	ʂʅ⁴²	zʅ⁴²	mŋ⁵³	tsʅ³¹²	tsʰʅ³¹²	tsʰʅ⁴²	tsʰʅ⁴² 兄~ / tí⁴² ~兄	tsʰʅ⁴²
延安	ʂʅ⁴⁴³	i⁴⁴³	mi²¹³	ti²¹³	tʰi²¹³	tʰi⁴⁴³	tʰi⁴⁴³	tʰi⁴⁴³
延川	ʂʅ⁵³	zʅ⁵³	mŋ⁵³	ti²¹³	tɕʰi²¹³	tɕʰi⁵³	ti⁵³	tɕʰi⁵³
黄陵	ʂʅ⁵⁵	i⁵⁵	mi⁵²	tɕi³¹	tɕʰi³¹	tɕʰi⁵² ~头 / tɕʰi⁵⁵ ~净	tɕi⁵⁵	tɕi⁵⁵
渭南	ʂʅ⁴⁴	i⁴⁴	mi⁵³	tɕi³¹	tɕʰi³¹	tɕʰi⁴⁴	tɕi⁴⁴	tɕi⁴⁴
韩城	ʂʅ⁴⁴	i⁴⁴	mi⁵³	ti³¹	tʰi³¹	tʰi⁴⁴	ti⁴⁴	tʰi⁴⁴
合阳	ʂʅ⁵⁵	i⁵⁵	mi⁵⁵	ti³¹	tʰi³¹	tʰi⁵⁵	tʰi⁵⁵	tʰi⁵⁵
富平	ʂʅ⁵⁵	i⁵⁵	mi⁵³	ti³¹	tʰi³¹	tʰi²⁴	tʰi³¹ 兄~ / ti⁵⁵ 老~	ti⁵⁵
耀州	ʂʅ⁴⁴	i⁴⁴	mi⁵²	ti²¹	tɕʰi²¹	tɕʰi⁴⁴	ti⁴⁴	ti⁴⁴
咸阳	ʂʅ⁴⁴	i⁴⁴	mi⁵³	ti³¹	tʰi³¹	tʰi²⁴	ti⁴⁴	ti⁴⁴
旬邑	ʂʅ⁴⁴	i⁴⁴	mi⁵²	ti²¹	tsʰʅ²¹	tsʰʅ⁴⁴	tsʰʅ⁴⁴ 徒~ / ti⁴⁴ 表兄~	tsʰʅ⁴⁴
三原	ʂʅ⁴⁴	i⁴⁴	mi⁵²	tɕi³¹	tɕʰi³¹	tɕʰi⁴⁴	tɕi⁴⁴	tɕʰi⁴⁴
乾县	ʂʅ⁵⁵	i⁵⁵	mi⁵³	ti²¹	tʰi²¹	tʰi²⁴	ti⁵⁵	ti⁵⁵
岐山	ʂʅ⁴⁴	i⁴⁴	mi⁵³	ƫi³¹	ƫʰi³¹	ƫʰi⁴⁴	ƫʰi³¹ 兄~ / ƫi⁴⁴ ~~	ƫʰi⁴⁴
凤翔	ʂʅ⁴⁴	i⁴⁴	mi⁵³	tsi³¹	tsʰi³¹	tsʰi⁴⁴	tsi⁴⁴	tsi⁴⁴
千阳	ʂʅ⁴⁴	i⁴⁴	mi⁵³	ti³¹	tʰi³¹	tsʰi⁴⁴	ti⁴⁴	ti⁴⁴
西安	ʂʅ⁴⁴	i⁴⁴	mi⁵³	ti²¹	tʰi²¹	tʰi⁴⁴	ti⁴⁴	ti⁴⁴
户县	ʂʅ⁵⁵	i⁵⁵	mi⁵¹	ti³¹	tʰi³¹	tʰi³⁵ ~光头 / tʰi⁵⁵ ~头铺子	ti⁵⁵	ti⁵⁵
商州	ʂʅ⁴⁴	i⁴⁴	mi⁵³	ti³¹	tʰi³¹	tʰi⁴⁴	ti⁴⁴	ti⁴⁴

	0153 世	0154 艺	0155 米	0156 低	0157 梯	0158 剃	0159 弟	0160 递
	蟹开三去祭书	蟹开三去祭疑	蟹开四上齐明	蟹开四平齐端	蟹开四平齐透	蟹开四去齐透	蟹开四上齐定	蟹开四去齐定
镇安	ʂʅ²¹⁴	i²¹⁴	mi³⁵	ti⁵³	tʰi⁵³	tʰi²¹⁴	ti³²²	ti³²²
安康	ʂʅ⁴⁴	i⁴⁴	mi⁵³	ti³¹	tʰi³¹	tʰi⁴⁴	ti⁴⁴	ti⁴⁴
白河	ʂʅ⁴¹	i⁴¹	mi³⁵	ti²¹³	tʰi²¹³	tʰi⁴¹	ti⁴¹	ti⁴¹
汉阴	ʂʅ²¹⁴	ȵi²¹⁴ 手~ / i²¹⁴ ~术	mi⁴⁵	ti³³	tʰi³³	tʰi²¹⁴	ti²¹⁴	ti²¹⁴
平利	ʂʅ²¹⁴	i²¹⁴	mi⁴⁴⁵	ti⁴³	tʰi⁴³	tʰi²¹⁴	ti²¹⁴	ti²¹⁴
汉中	ʂʅ²¹³	i²¹³	mi³⁵⁴	ti⁵⁵	tʰi⁵⁵	tʰi²¹³	ti²¹³	ti²¹³
城固	ʂʅ²¹³	i²¹³	mi⁴⁴	ti⁵³	tʰi⁵³	tʰi²¹³	ti²¹³	ti²¹³
勉县	ʂʅ²¹³	i²¹³	mi³⁵	ti⁴²	tʰi⁴²	tʰi²¹³	ti²¹³	ti²¹³
镇巴	ʂʅ²¹³	ȵi²¹³ 手~ / i²¹³ ~术	mi⁵²	ti³⁵	tʰi³⁵	tʰi²¹³	ti²¹³	ti²¹³

	0161 泥	0162 犁	0163 西	0164 洗	0165 鸡	0166 溪	0167 契	0168 系联~
	蟹开四平齐泥	蟹开四平齐来	蟹开四平齐心	蟹开四上齐心	蟹开四平齐见	蟹开四平齐溪	蟹开四去齐溪	蟹开四去齐匣
榆林	ni²¹³	li²¹³	ɕi³³	ɕi²¹³	tɕi³³	ɕi²¹³	tɕʰi⁵²	ɕi⁵²
神木	ȵi⁴⁴	li⁴⁴	ɕi²¹³	ɕi²¹³	tɕi²¹³	ɕi²¹³	tɕʰi⁵³	ɕi⁵³
绥德	ni⁵² ~水匠 / ni³³ 水~	li³³	ɕi²¹³	ɕi²¹³	tɕi²¹³	ɕi²¹³	tɕʰi⁵²	ɕi⁵²
吴堡	ȵi³³	lɛe³³	sɛe²¹³	sɛe⁴¹²	tɕi²¹³	ɕi²¹³	tɕʰi⁵³	ɕi⁵³
清涧	zɿ²⁴	li²⁴	sɿ³¹²	sɿ⁴²	tsɿ³¹²	ɕi⁴²	tɕʰi⁴²	sɿ⁴²
延安	ȵi²⁴	li²⁴	ɕi²¹³	ɕi⁵²	tɕi²¹³	ɕi²¹³	tɕʰi⁴⁴³	ɕi⁴⁴³
延川	m̩ɿ³⁵ 胶~ / n̩ɿ³⁵ 黄~	li³⁵	sɿ²¹³	sɿ⁵³	tsɿ²¹³	sɿ²¹³	tɕʰi⁵³	sɿ⁵³
黄陵	ȵi²⁴	li²⁴	ɕi³¹	ɕi⁵²	tɕi³¹	ɕi³¹	tɕʰi⁵⁵	ɕi⁵⁵
渭南	ȵi²⁴	li²⁴	ɕi³¹	ɕi⁵³	tɕi³¹	ɕi³¹	tɕʰi³¹	ɕi⁴⁴
韩城	ȵi²⁴	lɿi²⁴	ɕi³¹	ɕi⁵³	tɕi³¹	ɕi³¹	tɕʰi⁴⁴	ɕi⁴⁴
合阳	ȵi²⁴	li²⁴	si³¹	si⁵²	tɕi³¹	ɕi³¹	tɕʰi⁵⁵	ɕi⁵⁵
富平	ȵi²⁴	li²⁴	si³¹	si⁵³	tɕi³¹		tɕʰi⁵⁵	ɕi⁵⁵
耀州	ȵi²⁴	li²⁴	ɕi²¹	ɕi⁵²	tɕi²¹	ɕi²¹	tɕʰi⁴⁴	ɕi⁴⁴
咸阳	ȵi²⁴	li²⁴	ɕi³¹	ɕi⁵³	tɕi³¹	ɕi³¹	tɕʰi⁴⁴	ɕi⁴⁴
旬邑	ȵi²⁴	li²⁴	ɕi²¹	ɕi⁵²	tɕi²¹	ɕi²¹	tɕʰi⁴⁴	ɕi⁴⁴
三原	ȵi²⁴	li²⁴	ɕi³¹	ɕi⁵²	tɕi³¹	ɕi³¹	tɕʰi³¹	ɕi⁴⁴
乾县	ȵi²⁴	li²⁴	ɕi²¹	ɕi⁵³	tɕi²¹	ɕi²¹	tɕʰi²¹	ɕi⁵⁵
岐山	ȵi²⁴	li²⁴	si³¹	si⁵³	tɕi³¹	ɕi³¹	tɕʰi³¹	ɕi⁴⁴
凤翔	ȵi²⁴	li²⁴	si³¹	si⁵³	tɕi³¹	ɕi³¹	tɕʰi³¹	ɕi⁴⁴
千阳	ȵi²⁴	li²⁴	si³¹	si⁵³	tɕi³¹	ɕi³¹	tɕʰi⁴⁴	ɕi⁴⁴
西安	ȵi²⁴	li²⁴	ɕi²¹	ɕi⁵³	tɕi²¹	ɕi²¹	tɕʰi⁴⁴	ɕi⁴⁴
户县	ȵi³⁵	li³⁵	ɕi³¹	ɕi⁵¹	tɕi³¹	ɕi³¹	tɕʰi⁵⁵	ɕi⁵⁵
商州	ȵi³⁵	li³⁵	ɕi³¹	ɕi⁵³	tɕi³¹	ɕi³¹	tɕʰi⁴⁴	ɕi⁴⁴
镇安	ȵi³³	li³³	ɕi⁵³	ɕi³⁵	tɕi⁵³	ɕi⁵³	tɕʰi²¹⁴	ɕi³²²
安康	ȵi³⁵	li³⁵	ɕi³¹	ɕi⁵³	tɕi³¹	ɕi³¹	tɕʰi⁴⁴	ɕi⁴⁴
白河	ȵi⁴⁴	li⁴⁴	ɕi²¹³	ɕi³⁵	tɕi²¹³	tɕʰi²¹³	tɕʰi⁴¹	ɕi⁴¹

	0161 泥	0162 犁	0163 西	0164 洗	0165 鸡	0166 溪	0167 契	0168 系联~
	蟹开四平齐泥	蟹开四平齐来	蟹开四平齐心	蟹开四上齐心	蟹开四平齐见	蟹开四平齐溪	蟹开四去齐溪	蟹开四去齐匣
汉阴	ȵi⁴²	li⁴²	ɕi³³	ɕi⁴⁵	tɕi³³	ɕi³³	tɕʰi²¹⁴	ɕi²¹⁴
平利	ȵi⁵²	li⁵²	ɕi⁴³	ɕi⁴⁴⁵	tɕi⁴³	ɕi⁴³	tɕʰi²¹⁴	ɕi²¹⁴
汉中	ȵi⁴²	li⁴²	ɕi⁵⁵	ɕi³⁵⁴	tɕi⁵⁵	ɕi⁵⁵	tɕʰi²¹³	ɕi²¹³
城固	ȵi³¹¹	li³¹¹	si⁵³	si⁴⁴	tɕi⁵³	ɕi⁵³	tɕʰi²¹³	ɕi²¹³
勉县	ȵi²¹	li²¹	ɕi⁴²	ɕi³⁵	tɕi⁴²	ɕi⁴²	tɕʰi²¹³	ɕi²¹³
镇巴	ȵi³¹	li³¹	ɕi³⁵	ɕi⁵²	tɕi³⁵	ɕi³⁵	tɕʰi²¹³	ɕi²¹³

	0169 杯 蟹合一平灰帮	0170 配 蟹合一去灰滂	0171 赔 蟹合一平灰並	0172 背~诵 蟹合一去灰並	0173 煤 蟹合一平灰明	0174 妹 蟹合一去灰明	0175 对 蟹合一去灰端	0176 雷 蟹合一平灰来
榆林	pei³³	pʰei⁵²	pʰei²¹³	pei⁵²	mei²¹³	mei⁵²	tuei⁵²	luei²¹³
神木	pei²¹³	pʰei⁵³	pʰei⁴⁴	pei⁵³	mei⁴⁴	mei⁵³	tuei⁵³	luei⁴⁴
绥德	pei²¹³	pʰei⁵²	pʰei³³	pei⁵²	mei³³	mei⁵²	tuei⁵²	luei³³
吴堡	pɑe²¹³	pʰɑe⁵³	pʰɑe³³	pɑe⁵³	mɑe³³	mɑe⁵³	tuɑe⁵³	luɑe³³
清涧	pei³¹²	pʰai⁴²	pʰai²⁴	pʰai⁴²	mai²⁴	mai⁴²	tuai⁴²	luai²⁴
延安	pʰei²¹³	pʰei⁴⁴³	pʰei²⁴	pʰei⁴⁴³ 后~ / pei⁴⁴³ ~诵	mei²⁴	mei⁴⁴³	tuei⁴⁴³	luei²⁴
延川	pei²¹³	pʰai⁵³	pʰai³⁵	pai⁵³	mai³⁵	mai⁵³	tuai⁵³	luai³⁵
黄陵	pʰei³¹	pʰei⁵⁵	pʰei²⁴	pʰei⁵⁵ / pei⁵⁵	mẽ²⁴	mei⁵⁵	tuei⁵⁵	luei²⁴
渭南	pʰei³¹	pʰei⁴⁴	pʰei²⁴	pei⁴⁴	mei²⁴	mei⁴⁴	tuei⁴⁴	luei²⁴
韩城	pʰɪi³¹	pʰɪi⁴⁴	pʰɪi²⁴	pʰɪi⁴⁴	mɪi²⁴	mɪi⁴⁴	tɪi⁴⁴	lɪi²⁴
合阳	pʰei³¹	pʰei⁵⁵	pʰei²⁴	pʰei⁵⁵	mei²⁴	mei⁵⁵	tuei⁵⁵	lei²⁴
富平	pʰeɪ³¹	pʰeɪ⁵⁵	pʰeɪ²⁴	peɪ⁵⁵	mẽ²⁴	mẽ⁵⁵	tueɪ⁵⁵	lueɪ²⁴
耀州	pʰei²¹	pʰei⁴⁴	pei²⁴ 又 / pʰei²⁴ 又	pei⁴⁴	mei²⁴	mei⁴⁴	tuei⁴⁴	luei²⁴
咸阳	pʰei³¹	pʰei⁴⁴	pʰei²⁴	pei⁴⁴	mei²⁴	mei⁴⁴	tuei⁴⁴	luei²⁴
旬邑	pʰei²¹	pʰei⁴⁴	pʰei²⁴	pʰei⁴⁴ ~后 / pei⁴⁴ ~诵	mei²⁴	mei⁴⁴	tuei⁴⁴	luei²⁴
三原	pʰei³¹	pʰei⁴⁴	pʰei²⁴	pei⁴⁴	mei²⁴	mei⁴⁴	tuei⁴⁴	luei²⁴
乾县	pʰe²¹	pʰe⁵⁵	pʰe²⁴	pe⁵⁵	me²⁴	me⁵⁵	tue⁵⁵	lue²⁴
岐山	pʰei³¹	pʰei⁴⁴	pʰei²⁴	pei⁴⁴	mei²⁴	mei⁴⁴	tuei⁴⁴	luei²⁴
凤翔	pʰei³¹	pʰei⁴⁴	pʰei²⁴	pei⁴⁴	mei²⁴	mei⁴⁴	tuei⁴⁴	luei²⁴
千阳	pʰei³¹	pʰei⁴⁴	pʰei²⁴	pei⁴⁴	mei²⁴	mei⁴⁴	tuei⁴⁴	luei²⁴
西安	pʰei²¹	pʰei⁴⁴	pʰei²⁴	pei⁴⁴	mei²⁴	mei⁴⁴	tuei⁴⁴	luei²⁴
户县	pʰei³¹	pʰei⁵⁵	pʰei³⁵	pei⁵⁵	mei³⁵	mei⁵⁵	tuei⁵⁵	luei³⁵
商州	pʰei³¹	pʰei⁴⁴	pʰei³⁵	pei⁴⁴	mei³⁵	mei⁴⁴	tuei⁴⁴	luei³⁵
镇安	pʰɛɪ⁵³ ~子 / pɛɪ⁵³ 世界~	pʰɛɪ²¹⁴	pʰɛɪ³³	pɛɪ³²²	mɛɪ³³	mɛɪ³²²	tɛɪ²¹⁴	lɛɪ³³

	0169 杯	0170 配	0171 赔	0172 背~诵	0173 煤	0174 妹	0175 对	0176 雷
	蟹合一平灰帮	蟹合一去灰滂	蟹合一平灰並	蟹合一去灰並	蟹合一平灰明	蟹合一去灰明	蟹合一去灰端	蟹合一平灰来
安康	pʰei³¹	pʰei⁴⁴	pʰei³⁵	pei⁴⁴	mei³⁵	mei⁴⁴	tuei⁴⁴	luei³⁵
白河	pei²¹³	pʰei⁴¹	pʰei⁴⁴	pei⁴¹	mei⁴⁴	mei⁴¹	tei⁴¹	lei⁴⁴
汉阴	pei³³	pʰei²¹⁴	pʰei⁴²	pei²¹⁴	mei⁴²	mei²¹⁴	tuei²¹⁴	luei⁴²
平利	pei⁴³	pʰei²¹⁴	pʰei⁵²	pei²¹⁴	mei⁵²	mei²¹⁴	tei²¹⁴	lei⁵²
汉中	pei⁵⁵	pʰei²¹³	pʰei⁴²	pei²¹³	mei⁴²	mei²¹³	tuei²¹³	luei⁴²
城固	pei⁵³	pʰei²¹³	pʰei³¹¹	pei²¹³	mei³¹¹	mei²¹³	tuei²¹³	luei³¹¹
勉县	pei⁴²	pʰei²¹³	pʰei²¹	pei²¹³	mei²¹	mei²¹³	tuei²¹³	luei²¹
镇巴	pei³⁵	pʰei²¹³	pʰei³¹	pei²¹³	mei³¹	mei²¹³	tuei²¹³	luei³¹

	0177 罪 蟹合一 上灰从	0178 碎 蟹合一 去灰心	0179 灰 蟹合一 平灰晓	0180 回 蟹合一 平灰匣	0181 外 蟹合一 去泰疑	0182 会开~ 蟹合一 去泰匣	0183 怪 蟹合二 去皆见	0184 块 蟹合一 去皆溪
榆林	tsuei⁵²	suei⁵²	xuei³³	xuei²¹³	vɛe⁵²	xuei⁵²	kuɛe⁵²	kʰuɛe⁵²
神木	tsuei⁵³	suei⁵³	xuei²¹³	xuei⁴⁴	vEe⁵³	xuei⁵³	kuEe⁵³	kʰuEe²¹³ 石头~子 kʰuEe⁵³ 几~钱
绥德	tsuei⁵²	suei⁵²	xuei²¹³	xuei³³	vai⁵²	xuei⁵²	kuai⁵²	kʰuai⁵²
吴堡	tsuɑe⁵³	suɑe⁵³	xuɑe²¹³	xuɑe³³	uɑe⁵³	xuɑe⁵³	kuɑe⁵³	kʰuɑe⁴¹²
清涧	tsuai⁴²	suai⁴²	xuai³¹²	xuai²⁴	uai⁴²	xuai⁴²	kuai⁴²	kʰuai⁵³
延安	tsʰuei⁴⁴³	suei⁴⁴³	xuei²¹³	xuei²⁴	vai⁴⁴³	xuei⁴⁴³	kuai⁴⁴³	kʰuai⁴⁴³
延川	tsʰuai⁵³	suai⁵³	xuai²¹³	xuai³⁵	vai⁵³	xuai⁵³	kuai⁵³	kʰuai⁵³
黄陵	tsʰuei⁵⁵	suei⁵⁵	xuei³¹	xuei²⁴	vei⁵⁵ ~爷 vE⁵⁵ ~头	xuei⁵⁵	kuE⁵⁵	kʰuE⁵²
渭南	tʃʰei⁴⁴	ʃei⁴⁴	xei³¹	xei²⁴	uæ⁴⁴	xei⁴⁴	kuæ⁴⁴	kʰuæ⁵³
韩城	tsʰIi⁴⁴	sIi⁴⁴	xuIi³¹	xuIi²⁴	uæ⁴⁴	xuIi⁴⁴	kuæ⁴⁴	kʰuæ⁵³
合阳	tɕʰyei⁵⁵	ɕyei⁵⁵	xuei³¹	xuei²⁴	uei⁵⁵ ~爷 uæ⁵⁵ 里~	xuei⁵⁵	kuæ⁵⁵	kʰuæ⁵²
富平	tsueI⁵⁵	sueI⁵⁵	xueI³¹	xueI²⁴	ueI⁵⁵ ~婆 uɛe⁵⁵ ~前	xueI⁵⁵	kuɛe⁵⁵	kʰuɛe⁵³
耀州	tʃuei⁴⁴	ʃuei⁴⁴	xuei²¹	xuei²⁴	uei⁴⁴ ~爷 ueI⁴⁴ ~国	xuei⁴⁴	kuæi⁴⁴	kʰuæi⁵²
咸阳	tsuei⁴⁴	suei⁴⁴	xuei³¹	xuei²⁴	uei⁴⁴ ~爷 uæ⁴⁴ ~头	xuei⁴⁴	kuæ⁴⁴	kʰuæ⁵³
旬邑	tsʰuei⁴⁴	suei⁴⁴	xuei²¹	xuei²⁴	vei⁴⁴ ~爷 vɛi⁴⁴ ~甥	xuei⁴⁴	kuɛi⁴⁴	kʰuɛi⁵²
三原	tsuei⁴⁴	suei⁴⁴	xuei³¹	xuei²⁴	uai⁴⁴	xuei⁴⁴	kuai⁴⁴	kʰuai⁵²
乾县	tsue⁵⁵	sue⁵⁵	xue²¹	xue²⁴	uɛ⁵⁵	xue⁵⁵	kuɛ⁵⁵	kʰuɛ⁵³
岐山	tsuei⁴⁴	suei⁴⁴	xuei³¹	xuei²⁴	vE⁴⁴	xuei⁴⁴	kuE⁴⁴	kʰuE⁵³
凤翔	tsuei⁴⁴	suei⁴⁴	xuei³¹	xuei²⁴	vE⁴⁴	xuei⁴⁴	kuE⁴⁴	kʰuE⁵³
千阳	tsuei⁴⁴	suei⁴⁴	xuei³¹	xuei²⁴	vE⁴⁴	xuei⁴⁴	kuE⁴⁴	kʰuE⁴⁴
西安	tsuei⁴⁴	suei⁴⁴	xuei²¹	xuei²⁴	uai⁴⁴	xuei⁴⁴	kuai⁴⁴	kʰuai⁵³

	0177 罪	0178 碎	0179 灰	0180 回	0181 外	0182 会开~	0183 怪	0184 块
	蟹合一上灰从	蟹合一去灰心	蟹合一平灰晓	蟹合一平灰匣	蟹合一去泰疑	蟹合一去泰匣	蟹合二去皆见	蟹合一去皆溪
户县	tsuei⁵⁵	suei⁵⁵	xuei³¹	xuei³⁵	uei⁵⁵ 小~家① / uæ⁵⁵ 内~	xuei⁵⁵	kuæ⁵⁵	kʰuæ⁵¹
商州	tʃuei⁴⁴	ʃuei⁴⁴	xuei³¹	xuei³⁵	vei⁴⁴ ~婆 / vai⁴⁴ 门~	xuei⁴⁴	kuai⁴⁴	kʰuai⁵³
镇安	tsɛi³²²	sɛi³²²	χuɛi⁵³	χuɛi³³	vɛi³²² / vai³²²	χuɛi³²²	kuai²¹⁴	kʰuai²¹⁴
安康	tsuei⁴⁴	suei⁴⁴	xuei³¹	xuei³⁵	uæ⁴⁴	xuei⁴⁴	kuæ⁴⁴	kʰuæ⁵³
白河	tsei⁴¹	sei⁴¹	xuei²¹³	xuei⁴⁴	uai⁴¹	xuei⁴¹	kuai⁴¹	kʰuai³⁵
汉阴	tsuei²¹⁴	suei²¹⁴	χuei³³	χuei⁴²	uei²¹⁴ ~爷 / uae²¹⁴ ~人	χuei²¹⁴	kuae²¹⁴	kʰuae⁴⁵
平利	tsei²¹⁴	sei²¹⁴	xuei⁴³	xuei⁵²	uai²¹⁴	xuei²¹⁴	kuai²¹⁴	kʰuai⁴⁴⁵
汉中	tsuei²¹³	suei²¹³	xuei⁵⁵	xuei⁴²	uai²¹³	xuei²¹³	kuai²¹³	kʰuai³⁵⁴
城固	tʃuei²¹³	ʃuei²¹³	xuei⁵³	xuei³¹¹	uai²¹³	xuei²¹³	kuai²¹³	kʰuai²¹³
勉县	tsuei²¹³	suei²¹³	xuei⁴²	xuei²¹	vɑi²¹³	xuei²¹³	kuɑi²¹³	kʰuɑi³⁵
镇巴	tsuei²¹³	tsʰuei²¹³ ~石 / suei²¹³ 打~	xuei³⁵	xuei³¹	uai²¹³	xuei²¹³	kuai²¹³	kʰuai⁵²

① 小~家：婚丧等大事中特指舅舅家。

	0185 怀	0186 坏	0187 拐	0188 挂	0189 歪	0190 画	0191 快	0192 话
	蟹合二平皆匣	蟹合二去皆匣	蟹合二上佳见	蟹合二去佳见	蟹合二平佳晓	蟹合二去佳匣	蟹合二去夬溪	蟹合二去夬匣
榆林	xuɛe²¹³	xuɛe⁵²	kuɛe²¹³	kʰua⁵²	vɛe³³	xua⁵²	kʰuɛe⁵²	xua⁵²
神木	xuɛe⁴⁴	xuɛe⁵³	kuɛe²¹³	kʰua⁵³ ~上 / kua⁵³ ~汽车	vɛe²¹³	xua⁵³	kʰuɛe⁵³	xua⁵³
绥德	xuai³³	xuai⁵²	kuai²¹³	kʰuɑ⁵² ~~车 / kuɑ⁵² ~历	vai²¹³	xuɑ⁵²	kʰuai⁵²	xuɑ⁵²
吴堡	xuɑe³³	xuɑe⁵³	kuɑe⁴¹²	kʰuɑ⁵³ ~~车 / kuɑ⁵³ ~挡	uɑe⁴¹²	xuɑ⁵³	kʰuɑe⁵³	xuɑ⁵³
清涧	xuai²⁴	xuai⁴²	kuai⁵³	kʰuɑ⁴² 打了一~ / kuɑ⁴² ~历	uai⁵³	xuɑ⁴²	kʰuai⁴²	xuɑ⁴²
延安	xuai²⁴	xuai⁴⁴³	kuai⁵²	kʰuɑ⁴⁴³ ~上 / kuɑ⁴⁴³ ~衣服	vai²¹³	xuɑ⁴⁴³	kʰuai⁴⁴³	xuɑ⁴⁴³
延川	xuai³⁵	xuai⁵³	kuai⁵³	kʰuɑ⁵³	vai²¹³	xuɑ⁵³	kʰuai⁵³	xuɑ⁵³
黄陵	xuɛ²⁴	xuɛ⁵⁵	kuɛ⁵²	kuɑ⁵⁵	vɛ³¹	xuɑ⁵⁵	kʰuɛ⁵⁵	xuɑ⁵⁵
渭南	xuae²⁴	xuae⁴⁴	kuae⁵³	kuɑ⁴⁴	uae³¹	xuɑ⁴⁴	kʰuae⁴⁴	xuɑ⁴⁴
韩城	xuæe²⁴	xuæe⁴⁴	kuæe⁵³	kuɑ⁴⁴	uæe³¹	xuɑ⁴⁴	kʰuæe⁴⁴	xuɑ⁴⁴
合阳	xuæe²⁴	xuæe⁵⁵	kuæe⁵²	kuɑ⁵⁵	uæe³¹	xuɑ⁵⁵	kʰuæe⁵⁵	xuɑ⁵⁵
富平	xuɛe²⁴	xuɛe⁵⁵	kuɛe⁵³	kuɑ⁵⁵	uɛe³¹	xuɑ⁵⁵	kʰuɛe⁵⁵	xuɑ⁵⁵
耀州	xuæi²⁴	xuæi⁴⁴	kuæi⁵²	kuɑ⁴⁴	uæi²¹	xuɑ⁴⁴	kʰuæi⁴⁴	xuɑ⁴⁴
咸阳	xuæ²⁴	xuæ⁴⁴	kuæ⁵³	kuɑ⁴⁴	uæ³¹	xuɑ⁴⁴	kʰuæ⁴⁴	xuɑ⁴⁴
旬邑	xuɛi²⁴	xuɛi⁴⁴	kuɛi⁵²	kuɑ⁴⁴	uɛi²¹	xuɑ⁴⁴	kʰuɛi⁴⁴	xuɑ⁴⁴
三原	xuai²⁴	xuai⁴⁴	kuai⁵²	kuɑ⁴⁴	uai³¹	xuɑ⁴⁴	kʰuai⁴⁴	xuɑ⁴⁴
乾县	xuɛ²⁴	xuɛ⁵⁵	kuɛ⁵³	kuɑ⁵⁵	uɛ²¹	xuɑ⁵⁵	kʰuɛ⁵⁵	xuɑ⁵⁵
岐山	xuɛ²⁴	xuɛ⁴⁴	kuɛ⁵³	kuɑ⁴⁴	vɛ⁵³	xuɑ⁴⁴	kʰuɛ⁴⁴	xuɑ⁴⁴
凤翔	xuɛ²⁴	xuɛ⁴⁴	kuɛ⁵³	kuɑ⁴⁴	vɛ⁵³	xuɑ⁴⁴	kʰuɛ⁴⁴	xuɑ⁴⁴
千阳	xuɛ²⁴	xuɛ⁴⁴	kuɛ⁵³	kuɑ⁴⁴	vɛ⁵³	xuɑ⁴⁴	kʰuɛ⁴⁴	xuɑ⁴⁴
西安	xuai²⁴	xuai⁴⁴	kuai⁵³	kuɑ⁴⁴	uai²¹	xuɑ⁴⁴	kʰuai⁴⁴	xuɑ⁴⁴
户县	xuæ³⁵	xuæ⁵⁵	kuæ⁵¹	kuɑ⁵⁵	uæ⁵¹	xuɑ⁵⁵	kʰuæ⁵⁵	xuɑ⁵⁵

	0185 怀	0186 坏	0187 拐	0188 挂	0189 歪	0190 画	0191 快	0192 话
	蟹合二平皆匣	蟹合二去皆匣	蟹合二上佳见	蟹合二去佳见	蟹合二平佳晓	蟹合二去佳匣	蟹合二去夬溪	蟹合二去夬匣
商州	xuai³⁵	xuai⁴⁴	kuai⁵³	kuɑ⁴⁴	vai³¹	xuɑ⁴⁴	kʰuai⁴⁴	xuɑ⁴⁴
镇安	xuai³³	xuai³²²	kuai³⁵	kuɑ²¹⁴	vai⁵³	xuɑ³²²	kʰuai²¹⁴	xuɑ³²²
安康	xuæ³⁵	xuæ⁴⁴	kuæ⁵³	kuɑ⁴⁴	uæ³¹	xuɑ⁴⁴	kʰuæ⁴⁴	xuɑ⁴⁴
白河	xuai⁴⁴	xuai⁴¹	kuai³⁵	kuɑ⁴¹	uai²¹³	xuɑ⁴¹	kʰuai⁴¹	xuɑ⁴¹
汉阴	χuae⁴²	χuae²¹⁴	kuae⁴⁵	kuɑ²¹⁴	uae³³	χuɑ²¹⁴	kʰuae²¹⁴	χuɑ²¹⁴
平利	xuai⁵²	xuai²¹⁴	kuai⁴⁴⁵	kuɑ²¹⁴	uai⁴³	xuɑ²¹⁴	kʰuai²¹⁴	xuɑ²¹⁴
汉中	xuai⁴²	xuai²¹³	kuai³⁵⁴	kuʌ²¹³	uai⁵⁵	xuʌ²¹³	kʰuai²¹³	xuʌ²¹³
城固	xuai³¹¹	xuai²¹³	kuai⁴⁴	kuɑ²¹³	uai⁵³	xuɑ²¹³	kʰuai²¹³	xuɑ²¹³
勉县	xuɑi²¹	xuɑi²¹³	kuɑi³⁵	kuɑ²¹³	vɑi⁴²	xuɑ²¹³	kʰuɑi²¹³	xuɑ²¹³
镇巴	xuai³¹	xuai²¹³	kuai⁵²	kuɑ²¹³	uai³⁵	xuɑ²¹³	kʰuɑi²¹³	xuɑ²¹³

	0193 岁	0194 卫	0195 肺	0196 桂	0197 碑	0198 皮	0199 被~子	0200 紫
	蟹合三去祭心	蟹合三去祭云	蟹合三去废敷	蟹合四去齐见	止开三平支帮	止开三平支並	止开三上支並	止开三上支精
榆林	suei⁵²	vei⁵²	fei⁵²	kuei⁵²	pei³³	pʰi⁻²¹³	pi⁵²	tsʅ²¹³
神木	suei⁵³	vei⁴⁴	fei⁵³	kuei⁵³	pei²¹³	pʰi⁻⁴⁴	pi⁵³	tsʅ²¹³
绥德	suei⁵²	vei³³	fei⁵²	kuei⁵²	pei²¹³	pʰi⁻³³	pi⁵²	tsʅ²¹³
吴堡	suɛe⁵³	uɛe³³	fɛe⁵³	kuɛe⁵³	pɑe²¹³	pʰi⁻⁵³	pɛe⁵³	tsʅ⁴¹²
清涧	sʅ⁴² 一~ suei⁴² ~月	uei²⁴	fei⁴²	kuei⁴²	pei³¹²	pʰʅ²⁴	pʰʅ⁴²	tsʅ³¹²
延安	suei⁻⁴⁴³	vei⁻⁴⁴³	fei⁻⁴⁴³	kuei⁻⁴⁴³	pi²¹³	pʰi⁻²⁴	pʰi⁻⁴⁴³	tsʅ⁵²
延川	sʅ⁵³ ~数 suei⁵³ 年~	vei⁵³	fei⁵³	kuei⁵³	pei²¹³	pʰʅ³⁵	pʰʅ⁵³	tsʅ⁵³
黄陵	tsuei⁻⁵⁵ 过~ suei⁻⁵⁵ 几~	vei⁵⁵	fei⁵⁵	kuei⁵⁵	pi³¹	pʰi⁻²⁴	pʰi⁻⁵⁵ pi⁵⁵	tsʅ³¹
渭南	ʃei⁻⁴⁴	uei⁴⁴	fei⁴⁴	kuei⁴⁴	pi³¹	pʰi⁻²⁴	pʰi⁻⁴⁴	tsʅ³¹
韩城	sɩɩ⁴⁴	uɩɩ⁴⁴	fɩɩ⁴⁴	kuɩɩ⁴⁴	pi³¹	pʰi⁻²⁴	pʰi⁻⁴⁴	tsʅ³¹
合阳	ɕyei⁵⁵	uei⁵⁵	fei⁵⁵	kuei⁵⁵	pi³¹	pʰi⁻²⁴	pʰi⁻⁵⁵	tsʅ⁵²
富平	tsueɪ⁻⁵⁵ 几~ sue⁵⁵ 万~	ueɪ⁵⁵	feɪ⁵⁵	kueɪ⁵⁵	pi³¹	pʰi⁻²⁴	pi⁵⁵	tsʅ³¹
耀州	tʃuei⁻⁴⁴ 几~ ʃuei⁻⁴⁴ ~数	uei⁴⁴	fei⁴⁴	kuei⁴⁴	pi²¹ 立~ pei²¹ 丰~	pʰi⁻²⁴	pi⁴⁴	tsʅ²¹
咸阳	suei⁴⁴	uei⁴⁴	fei⁴⁴	kuei⁴⁴	pi³¹	pʰi⁻²⁴	pi⁴⁴	tsʅ⁵³
旬邑	tsuei⁻⁴⁴ 几~ suei⁻⁴⁴ ~月	uei⁴⁴	fei⁴⁴	kuei⁴⁴	pi²¹	pʰi⁻²⁴	pi⁴⁴	tsʅ²¹
三原	suei⁴⁴	uei⁴⁴	fei⁴⁴	kuei⁴⁴	pi³¹	pʰi⁻²⁴	pi⁴⁴	tsʅ³¹
乾县	tsue⁵⁵	ue⁵⁵	fe⁵⁵	kue⁵⁵	pi²¹	pʰi⁻²⁴	pi⁵⁵	tsʅ²¹
岐山	tsuei⁻⁴⁴ 过~ suei⁻⁴⁴ ~数	vei²⁴	fei⁴⁴	kuei⁴⁴	pi³¹	pʰi⁻²⁴	pi⁴⁴	tsʅ⁵³
凤翔	suei⁴⁴	vei²⁴	fei⁴⁴	kuei⁴⁴	pi³¹	pʰi⁻²⁴	pi⁴⁴	tsʅ⁵³
千阳	suei⁴⁴	vei²⁴	fei⁴⁴	kuei⁴⁴	pi³¹	pʰi⁻²⁴	pi⁴⁴	tsʅ³¹
西安	suei⁴⁴	uei⁴⁴	fei⁴⁴	kuei⁴⁴	pi²¹	pʰi⁻²⁴	pi⁴⁴	tsʅ⁵³

	0193 岁	0194 卫	0195 肺	0196 桂	0197 碑	0198 皮	0199 被~子	0200 紫
	蟹合三去祭心	蟹合三去祭云	蟹合三去废敷	蟹合四去齐见	止开三平支帮	止开三平支並	止开三上支並	止开三上支精
户县	suei⁵⁵	uei³⁵ 后~ uei⁵⁵ ~兵	su⁵⁵ 心~肝 fei⁵⁵ ~炎	kuei⁵⁵	pi³¹	pʰi³⁵	pi⁵⁵	tsʅ⁵¹
商州	tʃuei⁴⁴ 过~ ʃuei⁴⁴ ~月	vei⁴⁴	fei⁴⁴	kuei⁴⁴	pi³¹ ~子 pei³¹ ~林	pʰi³⁵	pi⁴⁴	tsʅ³¹
镇安	sᴇi²¹⁴	vᴇi³²²	fᴇi²¹⁴	kuᴇi²¹⁴	pᴇi⁵³	pʰi³³	pi³²²	tsʅ³⁵
安康	suei⁴⁴	uei⁴⁴	fei⁴⁴	kuei⁴⁴	pi³¹	pʰi³⁵	pi⁴⁴	tsʅ⁵³
白河	sei⁴¹	uei⁴¹	fei⁴¹	kuei⁴¹	pei²¹³	pʰi⁴⁴	pei⁴¹	tsʅ³⁵
汉阴	suei²¹⁴	uei²¹⁴	χuei²¹⁴	kuei²¹⁴	pei³³	pʰi⁴²	pi²¹⁴	tsʅ⁴⁵
平利	sei²¹⁴	uei²¹⁴	fei²¹⁴	kuei²¹⁴	pei⁴³	pʰi⁵²	pei²¹⁴	tsʅ⁴⁴⁵
汉中	suei²¹³	uei²¹³	fei²¹³	kuei²¹³	pi⁵⁵ ~子 pei⁵⁵ 纪念~	pʰi⁴²	pei²¹³	tsʅ³⁵⁴
城固	suei²¹³	uei²¹³	fei²¹³	kuei²¹³	pi⁵³	pʰi³¹¹	pi²¹³	tsʅ⁵³
勉县	suei²¹³	vei²¹³	fei²¹³	kuei²¹³	pi⁴²	pʰi²¹	pi²¹³	tsʅ⁴²
镇巴	suei²¹³	uei²¹³	fei²¹³	kuei²¹³	pei³⁵	pʰi³¹	pi²¹³	tsʅ⁵²

	0201 刺	0202 知	0203 池	0204 纸	0205 儿	0206 寄	0207 骑	0208 蚁
	止开三 去支清	止开三 平支知	止开三 平支澄	止开三 上支章	止开三 平支日	止开三 去支见	止开三 平支群	止开三 上支疑
榆林	tsʰʅ⁵²	tʂʅ³³	tʂʰʅ²¹³	tsʅ²¹³	ər²¹³	tɕi⁵²	tɕʰi²¹³	i²¹³
神木	tsʰʅ⁵³	tʂʅ²¹³	tʂʰʅ⁴⁴	tsʅ²¹³	ʌɯ⁴⁴	tɕi⁵³	tɕʰi⁴⁴	i²¹³
绥德	tsʰʅ⁵²	tʂʅ²¹³	tʂʰʅ³³	tsʅ²¹³	ər³³	tɕi⁵²	tɕʰi³³	i²¹³
吴堡	tsʰʅ⁵³	tʂɛe²¹³	tʂʰɛe³³	tsʅ⁴¹²	ər³³	tɕi⁵³	tɕʰi³³	i⁴¹²
清涧	tsʰʅ⁴²	tʂʅ³¹²	tʂʰʅ²⁴	tsʅ⁵³	ər²⁴	tsʰʅ²⁴	tsʰʅ²⁴	zʅ⁵³
延安	tsʰʅ⁴⁴³	tʂʅ²¹³	tʂʰʅ²⁴	tsʅ⁵²	ər²⁴	tɕi⁴⁴³	tɕʰi²⁴	i⁴⁴³
延川	tsʰʅ⁵³	tʂʅ²¹³	tʂʰʅ³⁵	tsʅ⁵³	ər³⁵	tsʅ⁵³	tsʰʅ³⁵	zʅ⁵³
黄陵	tsʰʅ⁵⁵	tʂʅ³¹	tʂʰʅ²⁴	tsʅ⁵²	z̞ʅ²⁴ 我~ ər²⁴ ~童	tɕi⁵⁵	tɕʰi²⁴	i⁵²
渭南	tsʰʅ³¹ ~刀 tsʰʅ⁴⁴ 枣~	tʂʅ³¹	tʂʰʅ²⁴	tsʅ⁵³	z̞ʅ²⁴ ~媳妇 ər²⁴ 幼~园	tɕi⁴⁴	tɕʰi²⁴	i³¹
韩城	tsʰʅ⁴⁴	tʂʅ³¹	tʂʅ²⁴ 又 tʂʰʅ²⁴ 又	tsʅ⁵³	z̞ʅ²⁴ 我~ ər²⁴ ~女	tɕi⁴⁴	tɕʰi²⁴	i⁴⁴
合阳	tsʅ⁵⁵	tʂʅ³¹	tʂʅ²⁴ 又 tʂʰʅ²⁴ 又	tsʅ⁵²	z̞ʅ²⁴ 二~ ər²⁴ 幼~	tɕi⁵⁵	tɕʰi²⁴	i³¹
富平	tsʰʅ⁵³ 挑~ tsʰʅ⁵⁵ 枣~	tʂʅ³¹	tʂʰʅ²⁴	tsʅ⁵³	z̞ʅ²⁴ 二~ ər²⁴ ~童节	tɕi⁵⁵	tɕʰi²⁴	i⁵⁵
耀州	tsʰʅ⁴⁴	tʂʅ²¹	tʂʰʅ²⁴	tsʅ⁵²	z̞ʅ²⁴ 他~ ər²⁴ ~女	tɕi⁴⁴	tɕʰi²⁴	i²¹
咸阳	tsʰʅ⁴⁴	tʂʅ³¹	tʂʰʅ²⁴	tsʅ⁵³	ər²⁴	tɕi⁴⁴	tɕʰi²⁴	i³¹
旬邑	tsʰʅ⁵²	tʂʅ²¹	tʂʰʅ²⁴	tsʅ⁵²	ər²⁴	tɕi⁴⁴	tɕʰi²⁴	i⁵²
三原	tsʰʅ⁴⁴	tʂʅ³¹	tʂʰʅ³¹ 潦~ tʂʰʅ²⁴ ~子	tsʅ⁵²	ər²⁴	tɕi⁴⁴	tɕʰi²⁴	i³¹
乾县	tsʰʅ⁵⁵	tʂʅ²¹	tʂʰʅ²⁴	tsʅ⁵³	ɐr²⁴	tɕi⁵⁵	tɕʰi²⁴	i⁵³
岐山	tsʰʅ⁴⁴	tʂʅ³¹	tʂʰʅ²⁴	tsʅ⁵³	ər²⁴	tɕi⁴⁴	tɕʰi²⁴	i³¹
凤翔	tsʰʅ⁴⁴	tʂʅ³¹	tʂʰʅ²⁴	tsʅ⁵³	ər²⁴	tɕi⁴⁴	tɕʰi²⁴	i³¹
千阳	tsʰʅ⁴⁴	tʂʅ³¹	tʂʰʅ²⁴	tsʅ⁵³	ər²⁴	tɕi⁴⁴	tɕʰi²⁴	i³¹

	0201 刺	0202 知	0203 池	0204 纸	0205 儿	0206 寄	0207 骑	0208 蚁
	止开三去支清	止开三平支知	止开三平支澄	止开三上支章	止开三平支日	止开三去支见	止开三平支群	止开三上支疑
西安	tsʰɿ⁵³~伤 tsʰɿ⁴⁴一根~	tʂʅ²¹	tʂʰʅ²⁴	tʂʅ⁵³	ɚ⁴⁴	tɕi⁴⁴	tɕʰi²⁴	i⁵³
户县	tsʰɿ⁵⁵	tʂʅ³¹	tʂʰʅ³⁵河~① tʂʰʅ³⁵鱼~	tʂʅ⁵¹	ɯ³⁵	tɕi⁵⁵	tɕʰi³⁵	i⁵¹
商州	tsʰɿ⁴⁴	tʂʅ³¹	tʂʰʅ³⁵	tʂʅ⁵³	ɚ³⁵	tɕi⁴⁴	tɕʰi³⁵	iɛ³¹
镇安	tsʰɿ²¹⁴	tʂʅ⁵³	tʂʰʅ³³	tʂʅ³⁵	ɚ³³	tɕi²¹⁴	tɕʰi³³	ȵi³²²
安康	tsʰɿ⁴⁴	tʂʅ³¹	tʂʰʅ³⁵	tʂʅ⁵³	ɚ³⁵	tɕi⁴⁴	tɕʰi³⁵	iɛ³¹
白河	tsʰɿ⁴¹	tʂʅ²¹³	tʂʰʅ⁴⁴	tʂʅ³⁵	ɚ⁴⁴	tɕi⁴¹	tɕʰi⁴⁴	ȵi⁴¹
汉阴	tsʰɿ²¹⁴	tʂʅ³³	tʂʰʅ⁴²	tʂʅ⁴⁵	aɚ⁴²	tɕi²¹⁴	tɕʰi⁴²	ȵi²¹⁴
平利	tsʰɿ²¹⁴	tʂʅ⁴³	tʂʰʅ⁵²	tʂʅ⁴⁴⁵	ɚ⁵²	tɕi²¹⁴	tɕʰi⁵²	ȵi²¹⁴
汉中	tsʰɿ²¹³	tʂʅ⁵⁵	tʂʰʅ⁴²	tʂʅ³⁵⁴	ɚ⁴²	tɕi²¹³	tɕʰi⁴²	iɛ³⁵⁴蚂~ i²¹³~王
城固	tsʰɿ²¹³	tʂʅ⁵³	tʂʰʅ³¹¹	tʂʅ⁴⁴	ə³¹¹	tɕi²¹³	tɕʰi³¹¹	iɛ⁴⁴
勉县	tsʰɿ²¹³	tʂʅ⁴²	tʂʰʅ²¹	tʂʅ³⁵	ɚ²¹	tɕi²¹³	tɕʰi²¹	i³⁵
镇巴	tsʰɿ²¹³	tʂʅ³⁵	tʂʰʅ³¹	tʂʅ⁵²	ɚ³¹	tɕi²¹³	tɕʰi³¹	iɛ³¹

①河~：离河流比较近的水潭。

	0209 义 止开三去支疑	0210 戏 止开三去支晓	0211 移 止开三平支以	0212 比 止开三上脂帮	0213 屁 止开三去脂滂	0214 鼻 止开三去脂并	0215 眉 止开三平脂明	0216 地 止开三去脂定
榆林	i⁵²	ɕi⁵²	i²¹³	pi²¹³	pʰi⁵²	piəʔ³	mi²¹³	ti⁵²
神木	i⁵³	ɕi⁵³	i⁴⁴	pi²¹³	pʰi⁵³	piəʔ⁴	mi⁴⁴	ti⁵³
绥德	i⁵²	ɕi⁵²	i³³	pi²¹³	pʰi⁵²	piɤ³³	mi³³	ti⁵²
吴堡	i⁵³	ɕi⁵³	i³³	pɛɛ⁴¹²	pʰi⁵³	pʰiəʔ²¹³	mi³³	tɛɛ⁵³
清涧	zɿ⁴²	sɿ⁴²	zɿ²⁴	pɿ⁵³	pʰɿ⁵³	pʰiəʔ⁴³	mɿ²⁴	tsʰɿ⁴²
延安	i⁴⁴³	ɕi⁴⁴³	i²⁴	pi⁵²	pʰi⁴⁴³	pʰi²⁴	mi²⁴	tʰi⁴⁴³
延川	i⁵³	sɿ⁵³	zɿ³⁵	pɿ⁵³	pʰɿ⁵³	pʰiəʔ⁵⁴	mɿ³⁵	tɕʰi⁵³
黄陵	i⁵⁵	ɕi⁵⁵	i²⁴	pi⁵²	pʰi⁵⁵	pʰi²⁴ 又 / pi²⁴ 又	mi²⁴	tɕʰi⁵⁵
渭南	i⁴⁴	ɕi⁴⁴	i²⁴	pi⁵³	pʰi⁴⁴	pʰi²⁴	mi²⁴	tɕʰi⁴⁴
韩城	i⁴⁴	ɕi⁴⁴	i²⁴	pi⁵³	pʰi⁴⁴	pʰi²⁴	mi²⁴	tʰi⁴⁴
合阳	i⁵⁵	ɕi⁵⁵	i²⁴	pi⁵²	pʰi⁵⁵	pʰi²⁴	mi²⁴	tʰi⁵⁵
富平	i⁵⁵	ɕi⁵⁵	i²⁴	pi⁵³	pʰi⁵⁵	pʰi²⁴	mi²⁴	ti⁵⁵
耀州	i⁴⁴	ɕi⁴⁴	i²⁴	pi⁵²	pʰi⁴⁴	pʰi²⁴	mi²⁴	ti⁴⁴
咸阳	i⁴⁴	ɕi⁴⁴	i²⁴	pi⁵³	pʰi⁴⁴	pi²⁴	mi²⁴	ti⁴⁴
旬邑	i⁴⁴	ɕi⁴⁴	i²⁴	pi⁵²	pʰi⁴⁴	pʰi²⁴	mi²⁴	tsʰi⁴⁴ 旱~ / ti⁴⁴ ~址
三原	i⁴⁴	ɕi⁴⁴	i²⁴	pi⁵²	pʰi⁴⁴	pʰi²⁴	mi²⁴	tɕi⁴⁴
乾县	i⁵⁵	ɕi⁵⁵	i²⁴	pi⁵³	pʰi⁵⁵	pi²⁴	mi²⁴	ti⁵⁵
岐山	i⁴⁴	ɕi⁴⁴	i²⁴	pi⁵³	pʰi⁴⁴	pʰi²⁴	mi²⁴	ʈi⁴⁴
凤翔	i⁴⁴	ɕi⁴⁴	i²⁴	pi⁵³	pʰi⁴⁴	pi²⁴	mi²⁴	tsi⁴⁴
千阳	i⁴⁴	ɕi⁴⁴	i²⁴	pi⁵³	pʰi⁴⁴	pʰi²⁴	mi²⁴	tsʰi⁴⁴ 种~ / ti⁴⁴ ~址
西安	i⁴⁴	ɕi⁴⁴	i²⁴	pi⁵³	pʰi⁴⁴	pi²⁴	mi²⁴	ti⁴⁴
户县	i⁵⁵	ɕi⁵⁵	i³⁵	pi⁵¹	pʰi⁵⁵	pi³⁵	mi³⁵	ti⁵⁵
商州	i⁴⁴	ɕi⁴⁴	i³⁵	pi⁵³	pʰi⁴⁴	pʰi³⁵	mi³⁵	ti⁴⁴
镇安	i³²²	ɕi²¹⁴	i³³	pi³⁵	pʰi²¹⁴	pi³²²	mi³³	ti³²²
安康	i⁴⁴	ɕi⁴⁴	i³⁵	pi⁵³	pʰi⁴⁴	pi³⁵	mi³⁵	ti⁴⁴
白河	ŋi⁴¹	ɕi⁴¹	i⁴⁴	pi³⁵	pʰi⁴¹	pi⁴⁴	mi⁴⁴ ~毛 / mei⁴⁴ ~目	ti⁴¹

	0209 义	0210 戏	0211 移	0212 比	0213 屁	0214 鼻	0215 眉	0216 地
	止开三去支疑	止开三去支晓	止开三平支以	止开三上脂帮	止开三去脂滂	止开三去脂並	止开三平脂明	止开三去脂定
汉阴	ȵi²¹⁴	ɕi²¹⁴	i⁴²	pi⁴⁵	pʰi²¹⁴	pi⁴²	mi⁴²	ti²¹⁴
平利	ȵi²¹⁴ 主~	ɕi²¹⁴	i⁵²	pi⁴⁴⁵	pʰi²¹⁴	pi⁵²	mi⁵²	ti²¹⁴
汉中	i²¹³	ɕi²¹³	i⁴²	pi³⁵⁴	pʰi²¹³	pi⁴²	mi⁴² ~毛 mei⁴² ~笔	ti²¹³
城固	i²¹³	ɕi²¹³	i³¹¹	pi⁴⁴	pʰi²¹³	pi³¹¹	mi³¹¹	ti²¹³
勉县	i²¹³	ɕi²¹³	i²¹	pi³⁵	pʰi²¹³	pi²¹	mi²¹	ti²¹³
镇巴	i²¹³	ɕi²¹³	i³¹	pi⁵²	pʰi²¹³	pi³¹	mi³¹	ti²¹³

	0217 梨 止开三平脂来	0218 资 止开三平脂精	0219 死 止开三上脂心	0220 四 止开三去脂心	0221 迟 止开三平脂澄	0222 师 止开三平脂生	0223 指 止开三上脂章	0224 二 止开三去脂日
榆林	li²¹³	tsɿ³³	sɿ²¹³	sɿ⁵²	tʂʰʅ²¹³	sɿ³³	tʂa³³ ~头 tʂʅ²¹³ ~示	ər⁵²
神木	li⁴⁴	tsɿ²¹³	sɿ²¹³	sɿ⁵³	tʂʰʅ⁴⁴	sɿ²¹³	tʂʅ²¹³	ʌɯ⁵³
绥德	li³³	tsɿ²¹³	sɿ²¹³	sɿ⁵²	tʂʰʅ³³	sɿ²¹³	tʂɤ³³ ~头 tʂʅ²¹³ ~靠	ər⁵²
吴堡	lɛe³³	tsɿ²¹³	sɿ⁴¹²	sɿ⁵³	tʂʰɛe³³	sɿ²¹³	tʂʅ⁴¹²	ər⁵³
清涧	li²⁴	tsɿ³¹²	sɿ⁵³	sɿ⁴²	tʂʰʅ²⁴	sɿ³¹²	tʂʅ⁵³	ər⁴²
延安	li²⁴	tsɿ²¹³	sɿ⁵²	sɿ⁴⁴³	tʂʰʅ²⁴	sɿ²¹³	tʂʅ²¹³	ər⁴⁴³
延川	li³⁵	tsɿ²¹³	sɿ²¹³	sɿ⁵³	tʂʰʅ³⁵	sɿ²¹³	tʂʅ⁵³	ər⁵³
黄陵	li²⁴	tsɿ³¹	sɿ⁵²	sɿ⁵⁵	tʂʰʅ²⁴	sɿ³¹	tʂʅ³¹ ~头 tʂʅ⁵² ~导	ər⁵⁵
渭南	li²⁴	tsɿ³¹	sɿ⁵³	sɿ⁴⁴	tʂʰʅ²⁴ ~来~了 tʂʰʅ²⁴ ~到	sɿ³¹	tʂʅ⁵³	ər⁴⁴
韩城	lɿi²⁴	tsɿ³¹	sɿ⁵³	sɿ⁴⁴	tʂʰʅ²⁴ ~来~ tʂʰʅ²⁴ ~到	sɿ³¹	tʂʅ⁵³	zʅ⁴⁴ ~ ər⁴⁴ ~胡
合阳	li²⁴	tsɿ³¹	sɿ⁵²	sɿ⁵⁵	tʂʰʅ²⁴ ~来~ tʂʰʅ²⁴ ~到	sɿ³¹	tʂʅ⁵² 食~ tʂʅ³¹ 戒~	zʅ⁵⁵ ~大 ər⁵⁵ ~里
富平	li²⁴	tsɿ³¹	sɿ⁵³	sɿ⁵⁵	tʂʰʅ²⁴	sɿ³¹	tʂʅ⁵³	ər⁵⁵
耀州	li²⁴	tsɿ²¹	sɿ⁵²	sɿ⁴⁴	tʂʰʅ²⁴ ~来~ tʂʰʅ²⁴ ~到	sɿ²¹	tʂʅ⁵²	ər⁴⁴
咸阳	li²⁴	tsɿ³¹	sɿ⁵³	sɿ⁴⁴	tʂʰʅ²⁴	sɿ³¹	tʂʅ⁵³	ər⁴⁴
旬邑	li²⁴	tsɿ²¹	sɿ⁵²	sɿ⁴⁴	tʂʰʅ²⁴	sɿ²¹	tʂʅ⁵²	ər⁴⁴
三原	li²⁴	tsɿ³¹	sɿ⁵²	sɿ⁴⁴	tʂʰʅ²⁴	sɿ³¹	tʂʅ⁵²	ər⁴⁴
乾县	li²⁴	tsɿ²¹	sɿ⁵³	sɿ⁵⁵	tʂʰʅ²⁴ ~到 tʂʰʅ²⁴ ~误	sɿ²¹	tʂʅ²¹ 名词 tʂʅ⁵³ 动词	ər⁵⁵
岐山	li²⁴	tsɿ³¹	sɿ⁵³	sɿ⁴⁴	tʂʰʅ²⁴ tʂʰʅ²⁴	sɿ³¹	tʂʅ⁵³	ər⁴⁴
凤翔	li²⁴	tsɿ³¹	sɿ⁵³	sɿ⁴⁴	tʂʰʅ²⁴ ~来~了 tʂʰʅ²⁴ ~到	sɿ³¹	tʂʅ⁵³	ər⁴⁴

	0217 梨 止开三平脂来	0218 资 止开三平脂精	0219 死 止开三上脂心	0220 四 止开三去脂心	0221 迟 止开三平脂澄	0222 师 止开三平脂生	0223 指 止开三上脂章	0224 二 止开三去脂日
千阳	li²⁴	tsʅ³¹	sʅ⁵³	sʅ⁴⁴	tsʰʅ²⁴ 来~了 tʂʰʅ²⁴ ~到	sʅ³¹	tsʅ⁵³	ər⁴⁴
西安	li²⁴	tsʅ²¹	sʅ⁵³	sʅ⁴⁴	tsʰʅ²⁴	sʅ²¹	tsʅ²¹ ~头 tsʅ⁵³ ~路	ər⁴⁴
户县	li³⁵	tsʅ³¹	sʅ⁵¹	sʅ⁵⁵	tsʰʅ³⁵ ~早 tʂʰʅ³⁵ ~到	sʅ³¹	tsʅ⁵¹ ~挥 tsʅ³¹ 戒~	ɯ⁵⁵ 又 ə⁵⁵ 又
商州	li³⁵	tsʅ³¹	sʅ⁵³	sʅ⁴⁴	tsʰʅ³⁵	sʅ³¹	tsʅ⁵³	ər⁴⁴
镇安	li³³	tsʅ⁵³	sʅ³⁵	sʅ²¹⁴	tʂʰʅ³³	sʅ⁵³	tʂʅ³⁵	ər³²²
安康	li³⁵	tsʅ³¹	sʅ⁵³	sʅ⁴⁴	tʂʰʅ³⁵	ʂʅ³¹	tʂʅ⁵³	ər⁴⁴
白河	li⁴⁴	tsʅ²¹³	sʅ³⁵	sʅ⁴¹	tʂʰʅ⁴⁴	sʅ²¹³	tʂʅ³⁵	ər⁴¹
汉阴	li⁴²	tsʅ³³	sʅ⁴⁵	sʅ²¹⁴	tʂʰʅ⁴²	sʅ³³	tʂʅ⁴⁵	ar²¹⁴
平利	li⁵²	tsʅ⁴³	sʅ⁴⁴⁵	sʅ²¹⁴	tʂʰʅ⁵²	sʅ⁴³	tʂʅ⁴⁴⁵	ər²¹⁴
汉中	li⁴²	tsʅ⁵⁵	sʅ³⁵⁴	sʅ²¹³	tsʰʅ⁴²	sʅ⁵⁵	tsʅ³⁵⁴	ər²¹³
城固	li³¹¹	tsʅ⁵³	sʅ⁴⁴	sʅ²¹³	tsʰʅ³¹¹	sʅ⁵³	tsʅ⁴⁴	ə²¹³
勉县	li²¹	tsʅ⁴²	sʅ³⁵	sʅ²¹³	tsʰʅ²¹	sʅ⁴²	tsʅ³⁵	ər²¹³
镇巴	li³¹	tsʅ³⁵	sʅ⁵²	sʅ²¹³	tsʰʅ³¹	sʅ³⁵	tsʅ⁵²	ər²¹³

	0225 饥~饿 止开三平脂见	0226 器 止开三去脂溪	0227 姨 止开三平脂以	0228 李 止开三上之来	0229 子 止开三上之精	0230 字 止开三去之从	0231 丝 止开三平之心	0232 祠 止开三平之邪
榆林	tɕi³³	tɕʰi⁵²	i²¹³	li²¹³	tsɿ²¹³	tsɿ⁵²	sɿ³³	tsʰɿ²¹³
神木	tɕi²¹³	tɕʰi⁵³	i⁴⁴	li²¹³	tsəʔ⁴儿~ tsɿ²¹³~女	tsɿ⁵³	sɿ²¹³	tsʰɿ⁴⁴
绥德	tɕi²¹³	tɕʰi⁵²	i³³	li²¹³	tsɿ²¹³	tsɿ⁵²	sɿ²¹³	tsʰɿ³³
吴堡	tɕi²¹³	tɕʰi⁵³	i³³	lɛe⁴¹²	tsɿ⁴¹²	tsɿ⁵³	sɿ²¹³	tsʰɿ³³
清涧	tsɿ³¹²	tsʰɿ⁴²	zɿ²⁴	li⁵³	tsɿ⁵³	tsʰɿ⁴²	sɿ³¹²	tsʰɿ²⁴
延安	tɕi²¹³	tɕʰi⁴⁴³	i²⁴	li⁵²	tsɿ⁵²	tsʰɿ⁴⁴³	sɿ²¹³	tsʰɿ²⁴
延川	tsɿ²¹³	tsʰɿ⁵³	zɿ³⁵	lei⁵³	tsɿ⁵³	tsʰɿ⁵³	sɿ²¹³	tsʰɿ³⁵
黄陵	tɕi³¹	tɕʰi⁵⁵	i²⁴	li⁵²	tsɿ⁵²	tsʰɿ⁵⁵	sɿ³¹	tsʰɿ²⁴
渭南	tɕi³¹	tɕʰi⁴⁴	i²⁴	li⁵³	tsɿ⁵³	tsʰɿ⁴⁴	sɿ³¹	sɿ²⁴
韩城	tɕi³¹	tɕʰi⁴⁴	i²⁴	lii⁵³	tsɿ⁵³	tsʰɿ⁴⁴	sɿ³¹	sɿ²⁴
合阳	tɕi³¹	tɕʰi⁵⁵	i²⁴	li⁵²	tsɿ⁵²	tsʰɿ⁵⁵	sɿ³¹	tsʰɿ²⁴
富平	tɕi³¹	tɕʰi⁵⁵	i²⁴	li⁵³	tsɿ⁵³	tsɿ⁵⁵	sɿ³¹	tsʰɿ²⁴
耀州	tɕi²¹	tɕʰi⁴⁴	i²⁴	li⁵²	tsɿ⁵²	tsɿ⁴⁴	sɿ²¹	tsʰɿ²⁴
咸阳	tɕi³¹	tɕʰi⁴⁴	i²⁴	li⁵³	tsɿ⁵³	tsɿ⁴⁴	sɿ³¹	tsʰɿ²⁴
旬邑	tɕi²¹	tɕʰi⁴⁴	i²⁴	li⁵²	tsɿ⁵²	tsɿ⁴⁴	sɿ²¹	tsʰɿ²⁴
三原	tɕi³¹	tɕʰi⁴⁴	i²⁴	li⁵²	tsɿ⁵²	tsɿ⁴⁴	sɿ³¹	tsʰɿ²⁴
乾县	tɕi²¹	tɕʰi⁵⁵	i²⁴~父 i⁵⁵呼称	li⁵³	tsɿ⁵³	tsɿ⁵⁵	sɿ²¹	sɿ⁵⁵~堂 tsʰɿ²⁴~堂
岐山	tɕi³¹	tɕʰi⁴⁴	i²⁴	li⁵³	tsɿ⁵³	tsʰɿ⁴⁴	sɿ³¹	tsʰɿ²⁴
凤翔	tɕi³¹	tɕʰi⁴⁴	i²⁴	li⁵³	tsɿ⁵³	tsɿ⁴⁴	sɿ³¹	tsʰɿ²⁴
千阳	tɕi³¹	tɕʰi⁴⁴	i²⁴	li⁵³	tsɿ⁵³	tsɿ⁴⁴	sɿ³¹	tsʰɿ²⁴
西安	tɕi²¹	tɕʰi⁴⁴	i⁴⁴	li⁵³	tsɿ⁵³	tsɿ⁴⁴	sɿ²¹	tsʰɿ²⁴
户县	tɕi³¹	tɕʰi⁵⁵	i⁵⁵	li⁵¹	tsɿ⁵¹	tsɿ⁵⁵	sɿ³¹	tsʰɿ³⁵
商州	tɕi³¹	tɕʰi⁴⁴	i⁴⁴	li⁵³	tsɿ⁵³	tsɿ⁴⁴	sɿ³¹	tsʰɿ³⁵
镇安	tɕi⁵³	tɕʰi²¹⁴	i³³	li³⁵	tsɿ³⁵	tsɿ³²²	sɿ⁵³	tsʰɿ³³
安康	tɕi³¹	tɕʰi⁴⁴	i³⁵	li⁵³	tsɿ⁵³	tsɿ⁴⁴	sɿ³¹	tsʰɿ³⁵
白河	tɕi²¹³	tɕʰi⁴¹	i⁴⁴	li³⁵	tsɿ³⁵	tsɿ⁴¹	sɿ²¹³	tsʰɿ⁴⁴

	0225 饥~饿	0226 器	0227 姨	0228 李	0229 子	0230 字	0231 丝	0232 祠
	止开三平脂见	止开三去脂溪	止开三平脂以	止开三上之来	止开三上之精	止开三去之从	止开三平之心	止开三平之邪
汉阴	tɕi³³	tɕʰi²¹⁴	i⁴²	li⁴⁵	tsɿ⁴⁵	tsɿ²¹⁴	sɿ³³	tsʰɿ⁴²
平利	tɕi⁴³	tɕʰi²¹⁴	i⁵²	li⁴⁴⁵	tsɿ⁴⁴⁵	tsɿ²¹⁴	sɿ⁴³	tsʰɿ⁵²
汉中	tɕi⁵⁵	tɕʰi²¹³	i⁴²	li³⁵⁴	tsɿ³⁵⁴	tsɿ²¹³	sɿ⁵⁵	tsʰɿ⁴²
城固	tɕi⁵³	tɕʰi²¹³	i³¹¹	li⁴⁴	tsɿ⁴⁴	tsɿ²¹³	sɿ⁵³	tsʰɿ³¹¹
勉县	tɕi⁴²	tɕʰi²¹³	i²¹	li³⁵	tsɿ³⁵	tsɿ²¹³	sɿ⁴²	tsʰɿ²¹
镇巴	tɕi³⁵	tɕʰi²¹³	i³¹	li⁵²	tsɿ⁵²	tsɿ²¹³	sɿ³⁵	tsʰɿ³¹

	0233 寺	0234 治	0235 柿	0236 事	0237 使	0238 试	0239 时	0240 市
	止开三去之邪	止开三去之澄	止开三上之崇	止开三去之崇	止开三上之生	止开三去之书	止开三平之禅	止开三上之禅
榆林	sɿ⁵²	tsɿ⁵²	sɿ⁵²	sɿ⁵²	sɿ²¹³	sɿ⁵²	sɿ²¹³	sɿ⁵²
神木	sɿ⁵³	tsɿ⁵³	sɿ⁵³	sɿ⁵³	sɿ²¹³	sɿ⁵³	sɿ⁴⁴	sɿ⁵³
绥德	sɿ⁵²	tsɿ⁵²	sɿ⁵²	sɿ⁵²	sɿ²¹³	sɿ⁵²	sɿ³³	sɿ⁵²
吴堡	sɿ⁵³	tşɛɛ⁵³	sɿ⁵³	sɿ⁵³	sɿ⁴¹²	sɿ⁵³	sɿ³³	sɿ⁵³
清涧	sɿ³¹²	sɿ⁴²	sɿ⁴²	sɿ⁴²	sɿ⁵³	sɿ⁴²	sɿ²⁴	sɿ⁴²
延安	sɿ⁴⁴³	tʂʰʅ⁴⁴³	sɿ⁴⁴³	sɿ⁴⁴³	sɿ⁵²	sɿ⁴⁴³	sɿ²⁴	sɿ⁴⁴³
延川	sɿ⁵³	tsɿ⁵³	sɿ⁵³	sɿ⁵³	sɿ⁵³	sɿ⁵³	sɿ³⁵	sɿ⁵³
黄陵	sɿ⁵⁵	tsɿ⁵⁵	sɿ⁵⁵	sɿ⁵⁵	sɿ⁵²	sɿ⁵⁵	sɿ²⁴	sɿ⁵⁵
渭南	sɿ⁴⁴	tsɿ⁴⁴	sɿ⁴⁴	sɿ⁴⁴	sɿ⁵³	sɿ⁴⁴	sɿ²⁴	sɿ⁴⁴
韩城	sɿ⁴⁴	tʂʰʅ⁵³	sɿ⁴⁴	sɿ⁴⁴	sɿ⁵³	sɿ⁴⁴	sɿ²⁴	sɿ⁴⁴
合阳	sɿ⁵⁵	tʂʰʅ⁵²	sɿ⁵⁵	sɿ⁵⁵	sɿ⁵³	sɿ⁵⁵	sɿ²⁴	sɿ⁵⁵
富平	sɿ⁵⁵	tsɿ⁵⁵	sɿ⁵⁵	sɿ⁵⁵	sɿ⁵³	sɿ⁵⁵	sɿ²⁴	sɿ⁵⁵
耀州	sɿ⁴⁴	tsɿ⁴⁴	sɿ⁴⁴	sɿ⁴⁴	sɿ⁵²	sɿ⁴⁴	sɿ²⁴	sɿ²⁴
咸阳	sɿ⁴⁴	tsɿ⁴⁴	sɿ⁴⁴	sɿ⁴⁴	sɿ⁵³	sɿ⁴⁴	sɿ²⁴	sɿ⁴⁴
旬邑	sɿ⁴⁴	tsɿ⁴⁴	sɿ⁴⁴	sɿ⁴⁴	sɿ⁵²	sɿ⁴⁴	sɿ²⁴	sɿ²⁴~里 sɿ⁴⁴门~
三原	sɿ⁴⁴	tsɿ⁴⁴	sɿ⁴⁴	sɿ⁴⁴	sɿ⁵²	sɿ⁴⁴	sɿ²⁴	sɿ⁴⁴
乾县	sɿ⁵⁵	tsɿ⁵⁵	sɿ⁵⁵	sɿ⁵⁵	sɿ⁵³	sɿ⁵⁵	sɿ²⁴	sɿ²⁴
岐山	sɿ⁴⁴	tsɿ⁴⁴	sɿ⁴⁴	sɿ⁴⁴	sɿ⁵³	sɿ⁴⁴	sɿ²⁴	sɿ⁴⁴
凤翔	sɿ⁴⁴	tsɿ⁴⁴	sɿ⁴⁴	sɿ⁴⁴	sɿ⁵³	sɿ⁴⁴	sɿ²⁴	sɿ⁴⁴
千阳	sɿ⁴⁴	tsɿ⁴⁴	sɿ⁴⁴	sɿ⁴⁴	sɿ⁴⁴	sɿ⁴⁴	sɿ²⁴	sɿ⁴⁴
西安	sɿ⁴⁴	tsɿ⁴⁴	sɿ⁴⁴	sɿ⁴⁴	sɿ⁵³	sɿ⁴⁴	sɿ²⁴	sɿ⁴⁴
户县	sɿ⁵⁵	tʂʅ⁵⁵	sɿ⁵⁵	sɿ⁵⁵	sɿ⁵¹	sɿ⁵⁵	sɿ³⁵	s̱ɿ³⁵城~ s̱ɿ⁵⁵~场
商州	sɿ⁴⁴	tsɿ⁴⁴	sɿ⁴⁴	sɿ⁴⁴	sɿ⁵³	sɿ⁴⁴	sɿ³⁵	sɿ⁴⁴
镇安	sɿ³²²	tʂʅ²¹⁴	sɿ³²²	sɿ³²²	sɿ³⁵	ʂʅ²¹⁴	sʅ³³	sɿ³²²
安康	sɿ⁴⁴	tʂʅ⁴⁴	ʂʅ⁴⁴	ʂʅ⁴⁴	sɿ⁵³	ʂʅ⁴⁴	ʂʅ³⁵	ʂʅ⁴⁴
白河	sɿ⁴¹	tʂʅ⁴¹	ʂʅ⁴¹	sɿ⁴¹	sɿ³⁵	ʂʅ⁴¹	ʂʅ⁴⁴	ʂʅ⁴¹

	0233 寺	0234 治	0235 柿	0236 事	0237 使	0238 试	0239 时	0240 市
	止开三去之邪	止开三去之澄	止开三上之崇	止开三去之崇	止开三上之生	止开三去之书	止开三平之禅	止开三上之禅
汉阴	sɿ²¹⁴	tsɿ²¹⁴	sɿ²¹⁴	sɿ²¹⁴	sɿ⁴⁵	sɿ²¹⁴	sɿ⁴²	sɿ²¹⁴
平利	sɿ²¹⁴	tsɿ²¹⁴	sɿ²¹⁴	sɿ²¹⁴	sɿ⁴⁴⁵	sɿ²¹⁴	sɿ⁵²	sɿ²¹⁴
汉中	sɿ²¹³	tsɿ²¹³	sɿ²¹³	sɿ²¹³	sɿ³⁵⁴	sɿ²¹³	sɿ⁴²	sɿ²¹³
城固	sɿ²¹³	tsɿ²¹³	sɿ²¹³	sɿ²¹³	sɿ⁴⁴	sɿ²¹³	sɿ³¹¹	sɿ²¹³
勉县	sɿ²¹³	tsɿ²¹³	sɿ²¹³	sɿ²¹³	sɿ³⁵	sɿ²¹³	sɿ²¹	sɿ²¹³
镇巴	sɿ²¹³	tsɿ²¹³	sɿ²¹³	sɿ²¹³	sɿ⁵²	sɿ²¹³	sɿ³¹	sɿ²¹³

	0241 耳 止开三 上之日	0242 记 止开三 去之见	0243 棋 止开三 平之群	0244 喜 止开三 上之晓	0245 意 止开三 去之影	0246 几~个 止开三 上微见	0247 气 止开三 去微溪	0248 希 止开三 平微晓
榆林	ər²¹³	tɕi⁵²	tɕʰi²¹³	ɕi²¹³	i⁵²	tɕi²¹³	tɕʰi⁵²	ɕi³³
神木	ʌɯ²¹³	tɕi⁵³	tɕʰi⁴⁴	ɕi²¹³	i⁵³	tɕi²¹³	tɕʰi⁵³	ɕi²¹³
绥德	ər²¹³	tɕi⁵²	tɕʰi³³	ɕi²¹³	i⁵²	tɕi²¹³	tɕʰi⁵²	ɕi²¹³
吴堡	ər⁴¹²	tɕi⁵³	tɕʰi³³	ɕi⁴¹²	i⁵³	tɕi⁴¹²	tɕʰi⁵³	ɕi²¹³
清涧	ər⁵³	tsɿ⁴²	tsʰɿ²⁴	sɿ⁵³	zɿ⁴²	tsɿ⁵³	tsʰɿ⁴²	sɿ³¹²
延安	ər²¹³	tɕi⁴⁴³	tɕʰi²⁴	ɕi⁵²	i⁴⁴³	tɕi⁵²	tɕʰi⁴⁴³	ɕi²¹³
延川	ər⁵³	tsɿ⁵³	tsʰɿ³⁵	sɿ⁵³	zɿ⁵³	tsɿ⁵³	tsʰɿ⁵³	ɕi²¹³
黄陵	ər⁵²	tɕi⁵⁵	tɕʰi²⁴	ɕi⁵²	i⁵⁵	tɕi⁵²	tɕʰi⁵⁵	ɕi³¹
渭南	zɿ⁵³ 锅~~ / ər⁵³ ~朵	tɕi⁴⁴	tɕʰi²⁴	ɕi⁵³	i⁴⁴	tɕi⁵³	tɕʰi⁴⁴	ɕi³¹
韩城	zɿ⁵³ ~朵 / ər⁵³ 木~	tɕi⁴⁴	tɕʰi²⁴	ɕi⁵³	i⁴⁴	tɕi⁵³	tɕʰi⁴⁴	ɕi³¹
合阳	zɿ⁵² ~朵 / ər⁵² ~聋	tɕi⁵⁵	tɕʰi²⁴	ɕi⁵²	i⁵⁵	tɕi⁵²	tɕʰi⁵⁵	ɕi³¹
富平	ər⁵³	tɕi⁵⁵	tɕʰi²⁴	ɕi⁵³	i⁵⁵	tɕi⁵³	tɕʰi⁵⁵	ɕi³¹
耀州	ər⁵²	tɕi⁴⁴	tɕʰi²⁴	ɕi⁵²	i⁴⁴	tɕi⁵²	tɕʰi⁴⁴	ɕi²¹
咸阳	ər⁵³	tɕi⁴⁴	tɕʰi²⁴	ɕi⁵³	i⁴⁴	tɕi⁵³	tɕʰi⁴⁴	ɕi³¹
旬邑	ər⁵²	tɕi⁴⁴	tɕʰi²⁴	ɕi⁵²	i⁴⁴	tɕi⁵²	tɕʰi⁴⁴	ɕi²¹
三原	ər⁵²	tɕi⁴⁴	tɕʰi²⁴	ɕi⁵²	i⁴⁴	tɕi⁵²	tɕʰi⁴⁴	ɕi³¹
乾县	ɐr⁵³	tɕi⁵⁵	tɕʰi²⁴	ɕi⁵³	i⁵⁵	tɕi⁵³	tɕʰi⁵⁵	ɕi²¹
岐山	ər⁵³	tɕi⁴⁴	tɕʰi²⁴	ɕi⁵³	i⁴⁴	tɕi⁵³	tɕʰi⁴⁴	ɕi³¹
凤翔	ər⁵³	tɕi⁴⁴	tɕʰi²⁴	ɕi⁵³	i⁴⁴	tɕi⁵³	tɕʰi⁴⁴	ɕi³¹
千阳	ər⁵³	tɕi⁴⁴	tɕʰi²⁴	ɕi⁵³	i⁴⁴	tɕi⁵³	tɕʰi⁴⁴	ɕi³¹
西安	ər⁵³	tɕi⁴⁴	tɕʰi²⁴	ɕi⁵³	i⁴⁴	tɕi⁵³	tɕʰi⁴⁴	ɕi²¹
户县	ɯ⁵¹	tɕi⁵⁵	tɕʰi³⁵	ɕi⁵¹	i⁵⁵	tɕi⁵¹	tɕʰi⁵⁵	ɕi³¹
商州	ər⁵³	tɕi⁴⁴	tɕʰi³⁵	ɕi⁵³	i⁴⁴	tɕi⁵³	tɕʰi⁴⁴	ɕi³¹
镇安	ər³⁵	tɕi²¹⁴	tɕʰi³³	ɕi³⁵	i²¹⁴	tɕi³⁵	tɕʰi²¹⁴	ɕi⁵³
安康	ər⁵³	tɕi⁴⁴	tɕʰi³⁵	ɕi⁵³	i⁴⁴	tɕi⁵³	tɕʰi⁴⁴	ɕi³¹

	0241 耳	0242 记	0243 棋	0244 喜	0245 意	0246 几~个	0247 气	0248 希
	止开三上之日	止开三去之见	止开三平之群	止开三上之晓	止开三去之影	止开三上微见	止开三去微溪	止开三平微晓
白河	ər³⁵	tɕi⁴¹	tɕʰi⁴⁴	ɕi³⁵	i⁴¹	tɕi³⁵	tɕʰi⁴¹	ɕi²¹³
汉阴	ar⁴⁵	tɕi²¹⁴	tɕʰi⁴²	ɕi⁴⁵	i²¹⁴	tɕi⁴⁵	tɕʰi²¹⁴	ɕi³³
平利	ər⁴⁴⁵	tɕi²¹⁴	tɕʰi⁵²	ɕi⁴⁴⁵	i²¹⁴	tɕi⁴⁴⁵	tɕʰi²¹⁴	ɕi⁴³
汉中	ər³⁵⁴	tɕi²¹³	tɕʰi⁴²	ɕi³⁵⁴	i²¹³	tɕi³⁵⁴	tɕʰi²¹³	ɕi⁵⁵
城固	ə⁴⁴	tɕi²¹³	tɕʰi³¹¹	ɕi⁴⁴	i²¹³	tɕi⁴⁴	tɕʰi²¹³	ɕi⁵³
勉县	ər³⁵	tɕi²¹³	tɕʰi²¹	ɕi³⁵	i²¹³	tɕi³⁵	tɕʰi²¹³	ɕi⁴²
镇巴	ər⁵²	tɕi²¹³	tɕʰi³¹	ɕi⁵²	i²¹³	tɕi⁵²	tɕʰi²¹³	ɕi³⁵

	0249 衣	0250 嘴	0251 随	0252 吹	0253 垂	0254 规	0255 亏	0256 跪
	止开三平微影	止合三上支精	止合三平支邪	止合三平支昌	止合三平支禅	止合三平支见	止合三平支溪	止合三上支群
榆林	i³³	tsuei²¹³	suei²¹³	tṣʰuei³³	tṣʰuei²¹³	kuei³³	kʰuei³³	kuei⁵²
神木	i²¹³	tsuei²¹³	suei⁴⁴	tṣʰuei²¹³	tṣʰuei⁴⁴	kuei²¹³	kʰuei²¹³	kʰuei⁵³
绥德	i²¹³	tsuei²¹³	suei³³	tṣʰuei²¹³	tṣʰuei³³	kuei²¹³	kʰuei²¹³	kʰuei⁵²
吴堡	i²¹³	tsuɛ⁴¹²	suɛ³³	tṣʰuɛ²¹³	tṣʰuɛ³³	kuɛ²¹³	kʰuɛ²¹³	kuɛ⁵³
清涧	zɿ³¹²	tsuei⁵³	suei²⁴	tṣʰuei³¹²	tṣʰuei²⁴	kuei³¹²	kʰuei³¹²	kʰuei⁴²
延安	i²¹³	tsuei⁵²	tsʰuei²⁴ ~管 / suei²⁴ ~便	tṣʰuei²¹³	tṣʰuei²⁴	kʰuei²¹³ ~矩 / kuei²¹³ ~定	kʰuei²¹³	kʰuei⁴⁴³
延川	zɿ²¹³	tsuei⁵³	suei³⁵	tṣʰʅ²¹³ ~尿 / tṣʰuei²¹³ ~牛	tṣʰuei³⁵	kuei²¹³	kʰuei²¹³	kʰuei⁵³
黄陵	i³¹	tsuei⁵²	suei²⁴	tsʰuei³¹	tsʰuei²⁴	kʰuei³¹	kʰuei³¹	kʰuei⁵⁵ / kuei⁵⁵
渭南	i³¹	tʃei⁵³	ʃei²⁴	tʃʰei³¹	tʃʰei²⁴	kʰuei³¹	kʰuei³¹	kʰuei⁴⁴
韩城	ȵi³¹	tsɪi⁵³	sɪi²⁴	pfʰu³¹ ~灯 / pfʰɪi³¹ ~拉弹唱	pfʰɪi²⁴	kʰuɪi³¹	kʰuɪi³¹	kʰuɪi⁴⁴
合阳	ȵi³¹	tɕya⁵² ~烂了 / tɕyei⁵² 大~	ɕyei²⁴	pfʰu³¹	pfʰei⁵⁵	kʰuei³¹	kʰuei³¹	kʰuei⁵⁵
富平	i³¹	tsueɪ⁵³	sueɪ²⁴	tʃʰueɪ³¹	tʃʰueɪ²⁴	kʰueɪ³¹ ~程① / kueɪ³¹ ~范	kʰueɪ³¹	kʰueɪ⁵⁵
耀州	i²¹	tʃuei⁵²	ʃuei²⁴	tʃʰuei²¹	tʃʰuei²⁴	kʰuei²¹	kʰuei²¹	kʰuei⁴⁴
咸阳	i³¹	tsuei⁵³	suei²⁴	tʃʰuei³¹	tʃʰuei²⁴	kuei³¹	kʰuei³¹	kʰuei⁴⁴
旬邑	i²¹	tsuei⁵²	suei²⁴	tʃʰei²¹	tʃʰei²⁴	kʰuei²¹	kʰuei²¹	kʰuei⁴⁴
三原	i³¹	tsuei⁵²	suei²⁴	tʃʰuei³¹	tʃʰuei²⁴	kuei³¹	kʰuei³¹	kʰuei⁴⁴
乾县	i²¹	tsue⁵³	sue²⁴	tʃʰue²¹	tʃʰue²⁴	kʰue³¹	kʰue²¹	kʰue⁵⁵
岐山	i³¹	tsuei⁵³	suei²⁴	tṣʰei³¹	tṣʰei³¹	kʰuei³¹	kʰuei³¹	kʰuei⁴⁴
凤翔	i³¹	tsuei⁵³	suei²⁴	tṣʰei³¹	tṣʰei⁴⁴	kʰuei³¹	kʰuei³¹	kʰuei⁴⁴
千阳	i³¹	tsuei⁵³	suei²⁴	tʃʰei³¹	tʃʰei²⁴	kʰuɛi³¹	kʰuei³¹	kʰuei⁴⁴

① ~程：规矩。

	0249 衣	0250 嘴	0251 随	0252 吹	0253 垂	0254 规	0255 亏	0256 跪
	止开三平微影	止合三上支精	止合三平支邪	止合三平支昌	止合三平支禅	止合三平支见	止合三平支溪	止合三上支群
西安	i²¹	tsuei⁵³	suei²⁴	pfʰei²¹	pfʰei²⁴	kuei²¹	kʰuei²¹	kuei⁴⁴
户县	n̯i³¹ ~胞 i³¹ ~裳	tsuei⁵¹	suei³⁵	tsʰuei³¹	tsʰuei³⁵	kʰuei³¹	kʰuei³¹	kuei⁵⁵
商州	i³¹	tʃuei⁵³	ʃuei³⁵	tʃʰuei³¹	tʃʰuei³⁵	kʰuei³¹	kʰuei³¹	kʰuei⁴⁴
镇安	i⁵³	tsɛi³⁵	sɛi³³	tʂʰuɛi⁵³	tʂʰuɛi³³	kʰuɛi⁵³	kʰuɛi⁵³	kuɛi³²²
安康	i³¹	tsuei⁵³	suei³⁵	pfʰei³¹	pfʰei³⁵	kuei³¹	kʰuei³¹	kuei⁴⁴
白河	i²¹³	tsei³⁵	sei⁴⁴	tʂʰuei²¹³	tʂʰuei⁴⁴	kuei²¹³	kʰuei²¹³	kʰuei³⁵ ~到那儿 kuei⁴¹ ~拜
汉阴	i³³	tsuei⁴⁵	suei⁴²	tsʰuei³³	tsʰuei⁴²	kuei³³	kʰuei³³	kʰuei²¹⁴
平利	i⁴³	tsei⁴⁴⁵	sei⁵²	tʂʰɥei⁴³	tʂʰɥei⁵²	kuei⁴³	kʰuei⁴³	kʰuei²¹⁴
汉中	i⁵⁵	tsuei³⁵⁴	suei⁴²	tsʰuei⁵⁵	tsʰuei⁴²	kuei⁵⁵	kʰuei⁵⁵	kʰuei²¹³ ~下 kuei²¹³ 下~
城固	i⁵³	tʃuei⁴⁴	ʃuei³¹¹	tʃʰuei⁵³	tʃʰuei³¹¹	kuei⁵³	kʰuei⁵³	kʰuei²¹³
勉县	i⁴²	tsuei³⁵	suei²¹	tsʰuei⁴²	tsʰuei²¹	kuei⁴²	kʰuei⁴²	kuei²¹³
镇巴	i³⁵	tsuei⁵²	suei³¹	tsʰuei³⁵	tsʰuei³¹	kuei²¹³	kʰuei³⁵	kuei²¹³

	0257 危	0258 类	0259 醉	0260 追	0261 锤	0262 水	0263 龟	0264 季
	止合三平支疑	止合三去脂来	止合三去脂精	止合三平脂知	止合三平脂澄	止合三上脂书	止合三平脂见	止合三去脂见
榆林	vei³³	luei⁵²	tsuei⁵²	tʂuei³³	tʂʰuei²¹³	ʂuei²¹³	kuei³³	tɕi⁵²
神木	vei²¹³	luei⁵³	tsuei⁵³	tʂuei²¹³	tʂʰuei⁴⁴	ʂuei²¹³	kuei²¹³	tɕi⁵³
绥德	vei²¹³	luei⁵²	tsuei⁵²	tʂuei²¹³	tʂʰuei³³	ʂuei²¹³	kuei²¹³	tɕi⁵²
吴堡	uɛ²¹³	luɛ⁵³	tsuɛ⁵³	tsuɛ²¹³	tsʰuɛ³³	suɛ⁴¹²	kuɛ²¹³	tɕi⁵³
清涧	uei³¹²	luei⁴²	tsuei⁴²	tʂuei³¹²	tʂʰuei²⁴	ʂuei⁵³	kuei³¹²	tsɿ⁴²
延安	vei²¹³	luei⁴⁴³	tsʰuei⁴⁴³ 喝~ / tsuei⁴⁴³ ~鬼	tʂuei²¹³	tʂʰuei²⁴	ʂuei⁵²	kuei²¹³	tɕi⁴⁴³
延川	vei²¹³	luei⁵³	tsʅ⁵³ 喝~ / tsuei⁵³ ~酒	tʂuei²¹³	tʂʰuei³⁵	ʂʅ⁵³ 煎~ / ʂuei⁵³ 开~	kuei²¹³	tsɿ⁵³
黄陵	vei³¹	luei⁵² 一~人 / lei⁵⁵ ~型	tsuei⁵⁵	tsuei³¹	tsʰuei²⁴	suei⁵²	kuei³¹	tɕi⁵⁵
渭南	uei³¹	luei⁵³	tʃei⁴⁴	tʃei³¹	tʃʰei²⁴	ʃei⁵³	kuei³¹	tɕi⁴⁴
韩城	uɪi³¹	lɪi⁴⁴	tsɪi⁴⁴	pfɪi³¹	pfʰɪi²⁴	fu⁵³ 喝~ / fɪi⁵³ 汽~	kuɪi³¹	tɕi⁴⁴
合阳	uei²⁴	lei⁵⁵	tɕyei⁵⁵	pfei³¹	pfʰu²⁴ ~头 / pfʰei²⁴ ~铁	fu⁵² 露~ / fei⁵² ~笔	kuei³¹	tɕi⁵⁵
富平	uɛɪ³¹	luɛɪ⁵³	tsuɛɪ⁵⁵	tʃuɛɪ³¹	tʃʰuɛɪ²⁴	ʃɛɪ⁵³	kuɛɪ³¹	tɕi⁵⁵
耀州	uei²¹	luei⁵²	tʃuei⁴⁴	tʃuei²¹	tʃʰuei²⁴	ʃei⁵²	kuei²¹	tɕi⁴⁴
咸阳	uei³¹	luei⁴⁴	tsuei⁴⁴	tʃuei³¹	tʃʰuei²⁴	ʃei⁵³	kuei³¹	tɕi⁴⁴
旬邑	vei²¹	luei⁵²	tsuei⁴⁴	tʃei²¹	tʃʰei²⁴	ʃei⁵²	kuei²¹	tɕi⁴⁴
三原	uei³¹	lei⁵²	tsuei⁴⁴	tʃuei³¹	tʃʰuei²⁴	ʃei⁵²	kuei³¹	tɕi⁴⁴
乾县	ue²¹	lue⁵³	tsue⁵⁵	tʃue²¹	tʃʰue²⁴	ʃue⁵³	kue²¹	tɕi⁵⁵
岐山	vei³¹	luei⁵³	tsuei⁴⁴	tʂei³¹	tʂʰei²⁴	ʂei⁵³	kuei³¹	tɕi⁴⁴
凤翔	vei³¹	luei⁵³	tsuei⁴⁴	tʂei³¹	tʂʰei²⁴	ʂei⁵³	kuei³¹	tɕi⁴⁴
千阳	vei²⁴	luei⁵³	tsuei⁴⁴	tʃei³¹	tʃʰei²⁴	ʃei⁵³	kuei³¹	tɕi⁴⁴
西安	uei²¹	luei⁴⁴	tsuei⁴⁴	pfei²¹	pfʰei²⁴	fei⁵³	kuei²¹	tɕi⁴⁴
户县	uei³¹	luei⁵⁵	tsuei⁵⁵	tsuei³¹	tsʰuei³⁵	suei⁵¹	kuei³¹	tɕi⁵⁵

	0257 危	0258 类	0259 醉	0260 追	0261 锤	0262 水	0263 龟	0264 季
	止合三平支疑	止合三去脂来	止合三去脂精	止合三平脂知	止合三平脂澄	止合三上脂书	止合三平脂见	止合三去脂见
商州	vei³¹	luei⁴⁴	tʃuei⁴⁴	tʃuei³¹	tʃʰuei³⁵	ʃuei⁵³	kuei³¹	tɕi⁴⁴
镇安	vᴇi⁵³	luᴇi³²²	tsᴇi²¹⁴	tʂuᴇi⁵³	tʂʰuᴇi³³	ʂuᴇi³⁵	kuᴇi⁵³	tɕi²¹⁴
安康	uei³⁵	luei⁴⁴	tsuei⁴⁴	pfei³¹	pfʰei³⁵	fei⁵³	kuei³¹	tɕi⁴⁴
白河	uei⁴⁴	lei⁴¹	tsei⁴¹	tʂuei²¹³	tʂʰuei⁴⁴	ʂuei³⁵	kuei²¹³	tɕi⁴¹
汉阴	uei⁴²	luei²¹⁴	tsuei²¹⁴	tsuei³³	tsʰuei⁴²	suei⁴⁵	kuei³³	tɕi²¹⁴
平利	uei⁴³	lei²¹⁴	tsei²¹⁴	tʂɥei⁴³	tʂʰɥei⁵²	ʂɥei⁴⁴⁵	kuei⁴³	tɕi²¹⁴
汉中	uei⁵⁵	luei²¹³	tsuei²¹³	tsuei⁵⁵	tsʰuei⁴²	suei³⁵⁴	kuei⁵⁵	tɕi²¹³
城固	uei⁵³	luei²¹³	tʃuei²¹³	tʃuei⁵³	tʃʰuei³¹¹	ʃuei⁴⁴	kuei⁵³	tɕi²¹³
勉县	vei²¹	luei²¹³	tsuei²¹³	tsuei⁴²	tsʰuei²¹	<u>fei</u>³⁵大~ <u>suei</u>³⁵~平	kuei⁴²	tɕi²¹³
镇巴	uei³¹	luei²¹³	tsuei²¹³	tsuei³⁵	tsʰuei³¹	suei⁵²	kuei³⁵	tɕi²¹³

	0265 柜	0266 位	0267 飞	0268 费	0269 肥	0270 尾	0271 味	0272 鬼
	止合三去脂群	止合三去脂云	止合三平微非	止合三去微敷	止合三平微奉	止合三上微微	止合三去微微	止合三上微见
榆林	kuei⁵²	vei⁵²	fei³³	fei⁵²	fei²¹³	i̠²¹³ ~巴 vei²¹³ ~气	vei⁵²	kuei²¹³
神木	kuei⁵³	vei⁵³	fei²¹³	fei⁵³	fei⁴⁴	i̠²¹³ ~巴 vei²¹³ 追~	vei⁵³	kuei²¹³
绥德	kuei⁵²	vei⁵²	fei²¹³	fei⁵²	fei³³	i̠²¹³ 猪~巴 vei²¹³ ~气	vei⁵²	kuei²¹³
吴堡	kuɛɛ⁵³	uɛɛ⁵³	fɛɛ²¹³	fɛɛ⁵³	ɕi³³ ~瘦 fɛɛ³³ ~化	i̠⁴¹² ~巴 uɛɛ⁴¹² 末~	uɛɛ⁵³	kuɛɛ⁴¹²
清涧	kʰuei⁴²	uei⁴²	fei³¹²	fei⁴²	sʅ²⁴ ~瘦 fei²⁴ ~化	zʅ⁵³ ~巴 vei⁵³ 末~	vei⁴²	kuei⁵³
延安	kʰuei⁴⁴³	vei⁴⁴³	fei²¹³	fei⁴⁴³	fei²⁴	i̠⁵² ~巴 vei⁵² 末~	vei⁴⁴³	kuei⁵²
延川	kʰuei⁵³	vei⁵³	fei²¹³	fei⁵³	fei²¹³	zʅ⁵³ ~巴 vei⁵³ ~款	vei⁵³	kuei⁵³
黄陵	kʰuei⁵⁵	vei⁵⁵	fei³¹	fei⁵⁵	ɕi²⁴ ~得很 fei²⁴ ~胖	i̠⁵² ~巴 vei⁵² 末~	vei⁵⁵	kuei⁵²
渭南	kʰuei⁴⁴	uei⁴⁴	fei³¹	fei⁴⁴	fei²⁴	i̠⁵³ ~巴 vei⁵³ 末~	vei⁴⁴	kuei⁵³
韩城	kʰuɪi⁴⁴	uɪi⁴⁴	ɕi³¹ ~虫 fɪi³¹ ~机	fɪi⁴⁴	ɕi²⁴ ~得很 fɪi²⁴ ~胖	i̠⁵³ ~巴 vɪi⁵³ ~结	vi⁴⁴	kuɪi⁵³
合阳	kʰuei⁵⁵	uei⁵⁵	ɕi³¹ 鸟~ fei³¹ ~机 fi³¹ ~行	fi³¹ fei⁵⁵ ~用	ɕi²⁴ ~胖子 fei²⁴ ~化	i̠⁵² ~巴 vei⁵² 后~	vei⁵⁵	kuei⁵²
富平	kʰueɪ⁵⁵	ueɪ⁵⁵	feɪ³¹	feɪ⁵⁵	feɪ²⁴	i̠⁵³ ~巴 veɪ⁵³ 末~	veɪ⁵⁵	kueɪ⁵³
耀州	kʰuei⁴⁴	uei⁴⁴	fei²¹	fei⁴⁴	fei²⁴	i̠⁵² ~巴 uei⁵² ~结	y⁴⁴ ~道 uei⁴⁴ 没~	kuei⁵²
咸阳	kuei⁴⁴	uei⁴⁴	fei³¹	fei⁴⁴	fei²⁴	i̠⁵³	vei⁴⁴	kuei⁵³
旬邑	kʰuei⁴⁴	vei⁴⁴	fei²¹	fei⁴⁴	fei²⁴	i̠⁵² ~巴 ʒei⁵² 末~	y⁴⁴ ~道 vei⁴⁴ ~美	kuei⁵²
三原	kʰuei⁴⁴	uei⁴⁴	fei³¹	fei⁴⁴	fei²⁴	i̠⁵² ~巴 uei⁵² 追~	vei⁴⁴	kuei⁵²

	0265 柜	0266 位	0267 飞	0268 费	0269 肥	0270 尾	0271 味	0272 鬼
	止合三去脂群	止合三去脂云	止合三平微非	止合三去微敷	止合三平微奉	止合三上微微	止合三去微微	止合三上微见
乾县	kue⁵⁵	ue⁵⁵	fe²¹	fe⁵⁵	fe²⁴	i⁵³~巴 ʒue⁵³结~	ve⁵⁵	kue⁵³
岐山	kʰuei⁴⁴	vei⁴⁴	fei³¹	fei⁴⁴	fei²⁴	i⁵³~巴 vei⁵³结~	vei⁴⁴	kuei⁵³
凤翔	kuei⁴⁴	vei⁴⁴	fei³¹	fei⁴⁴	fei²⁴	i⁵³~巴 vei⁵³结~	vei⁴⁴	kuei⁵³
千阳	kʰuei⁴⁴	vei⁴⁴	fei³¹	fei⁴⁴	fei²⁴	i⁵³~巴 vei⁵³结~	vei⁴⁴	kuei⁵³
西安	kuei⁴⁴	uei⁴⁴	fei²¹	fei⁴⁴	fei²⁴	i⁵³~巴 vei⁵³结~	vei⁴⁴	kuei⁵³
户县	kuei⁵⁵	uei⁵⁵	su³¹~走咧 fei³¹~翔	su⁵⁵~得很 fei⁵⁵浪~	su³⁵~猪 fei³⁵减~	i⁵¹后把~儿① vei⁵¹~部	zu⁵⁵没~气② vei⁵⁵~精	kuei⁵¹
商州	kuei⁴⁴	vei⁴⁴	fei³¹	fei⁴⁴	fei³⁵	i⁵³~巴 vei⁵³追~	vei⁴⁴	kuei⁵³
镇安	kuɛi³²²	vɛi³²²	fɛi⁵³	fɛi²¹⁴	fɛi³³	vɛi³⁵	vɛi³²²	kuɛi³⁵
安康	kuei⁴⁴	uei⁴⁴	fei³¹	fei⁴⁴	fei³⁵	i⁵³ uei⁵³	uei⁴⁴	kuei⁵³
白河	kuei⁴¹	uei⁴¹	fei²¹³	fei⁴¹	fei⁴⁴	i³⁵~巴 uei³⁵~声	uei⁴¹	kuei³⁵
汉阴	kuei²¹⁴	uei²¹⁴	χuei³³	χuei²¹⁴	χuei⁴²	i⁴⁵~巴 uei⁴⁵末~	uei²¹⁴	kuei⁴⁵
平利	kuei²¹⁴	uei²¹⁴	fei⁴³	fei²¹⁴	fei⁵²	i⁴⁴⁵ uei⁴⁴⁵	uei²¹⁴	kuei⁴⁴⁵
汉中	kuei²¹³	uei²¹³	fei⁵⁵	fei²¹³	fei⁴²	iɛ³⁵⁴~巴 uei³⁵⁴末~	uei²¹³	kuei³⁵⁴
城固	kuei²¹³	uei²¹³	fei⁵³	fei²¹³	fei³¹¹	uei⁴⁴	vei²¹³	kuei⁴⁴
勉县	kuei²¹³	vei²¹³	fei⁴²	fei²¹³	fei²¹	vei³⁵	vei²¹³	kuei³⁵
镇巴	kuei²¹³	uei²¹³	fei³⁵	fei²¹³	fei³¹	i⁵²~巴 uei⁵²末~	uei²¹³	kuei⁵²

①后把~儿：最后。
②没~气：乏味。

	0273 贵 止合三去微见	0274 围 止合三平微云	0275 胃 止合三去微云	0276 宝 效开一上豪帮	0277 抱 效开一上豪並	0278 毛 效开一平豪明	0279 帽 效开一去豪明	0280 刀 效开一平豪端
榆林	kuei^{52}	vei^{213}	vei^{52}	pɔo^{213}	pɔo^{52}	mɔo^{213}	mɔo^{52}	tɔo^{33}
神木	kuei^{53}	vei^{44}	vei^{53}	pɔo^{213}	pɔo^{53}	mɔo^{44}	mɔo^{53}	tɔo^{213}
绥德	kuei^{52}	vei^{33}	vei^{52}	pao^{213}	pao^{52}	mao^{33}	mao^{52}	tao^{213}
吴堡	kuɛe^{53}	ʮ^{33}~住 / uɛe^{33}~巾儿	uɛe^{53}	po^{412}	pu^{53}	mu^{33}猪~ / mo^{33}~主席	mo^{53}	to^{213}
清涧	kuei^{42}	uei^{24}	uei^{42}	pɔo^{53}	pʰʊ^{42} / pɔo^{42}	mʊ^{24}~乱 / mɔo^{24}~病	mɔo^{42}	tɔo^{312}
延安	kuei^{443}	vei^{24}	vei^{443}	pɔ^{52}	pɔ^{443}	mɔ^{24}	mɔ^{443}	tɔ^{213}
延川	kuei^{53}	vei^{35}	vei^{53}	pao^{53}	pʰu^{53}~柴 / pao^{53}拥~	mu^{35}~乱 / mao^{35}~病	mao^{53}	tao^{213}
黄陵	kuei^{55}	y^{24}~起来 / vei^{24}~裙	uei^{55}	pɔ^{52}	pʰu^{55}~上 / pɔ^{55}拥~	mu^{24}~乱 / mɔ^{24}~笔	mɔ^{55}	tɔ^{31}
渭南	kuei^{44}	y^{24}~嘴儿 / uei^{24}~裙儿	uei^{44}	pɔo^{53}	pɔo^{44}	mu^{24}出~① / mɔo^{24}猪~	mɔo^{44}	tɔo^{31}
韩城	kuɪi^{44}	y^{24}~起来 / uɪi^{24}~脖子	uɪi^{44}	pɑu^{53}	pʰu^{44}~娃 / pɑu^{44}拥~	mu^{24}绿~~ / mɑu^{24}~衣	mɑu^{44}	tɑu^{31}
合阳	kuei^{52}	y^{24}~一块 / uei^{24}~圈	uei^{55}	pɔo^{52}	pʰu^{55}~麦草 / pɔo^{55}怀~	mu^{24}~娃子 / mɔo^{52}~笔	mɔo^{55}	tɔo^{31}
富平	kuei^{55}	uei^{24}	uei^{55}	pao^{53}	pao^{55}	mao^{24}	mao^{55}	tao^{31}
耀州	kuei^{44}	y^{24}~起来 / uei^{24}~脖	uei^{44}	pɔu^{52}	pʰu^{44}~下 / pɔu^{44}拥~	mu^{24}长~ / mɔu^{24}~线	mɔu^{44}	tɔu^{21}
咸阳	kuei^{44}	uei^{24}	uei^{44}	pɔ^{53}	pɔ^{44}	mɔ^{24}	mɔ^{44}	tɔ^{31}
旬邑	kuei^{44}	vei^{24}	vei^{44}	pɑu^{52}	pʰu^{44}~娃 / pɑu^{44}拥~	mu^{24}长~ / mɑu^{24}~笔	mɑu^{44}	tɑu^{21}
三原	kuei^{44}	uei^{24}	uei^{44}	pɑɔ^{52}	pɑɔ^{44}	mɑɔ^{24}	mɑɔ^{44}	tɑɔ^{31}
乾县	kue^{55}	ue^{24}	ue^{55}	pɔ^{53}	pɔ^{55}	mɔ^{24}	mɔ^{55}	tɔ^{21}

①出~：发霉。

	0273 贵 止合三去微见	0274 围 止合三平微云	0275 胃 止合三去微云	0276 宝 效开一上豪帮	0277 抱 效开一上豪並	0278 毛 效开一平豪明	0279 帽 效开一去豪明	0280 刀 效开一平豪端
岐山	kuei⁴⁴	vei²⁴	vei⁴⁴	pɔ⁵³	pɔ⁴⁴	mu²⁴ ~乱 / mɔ²⁴ 惹~了	mɔ⁴⁴	tɔ³¹
凤翔	kuei⁴⁴	vei²⁴	vei⁴⁴	pɔ⁵³	pɔ⁴⁴	mu²⁴ 出~① / mɔ²⁴ ~线	mɔ⁴⁴	tɔ³¹
千阳	kuei⁴⁴	vei²⁴	vei⁴⁴	pɔ⁵³	pɔ⁴⁴	mu²⁴ 出~ / mɔ²⁴ ~线	mɔ⁴⁴	tɔ³¹
西安	kuei⁴⁴	uei²⁴	uei⁴⁴	pau⁵³	pau⁴⁴	mau²⁴	mau⁴⁴	tau²¹
户县	kuei⁵⁵	y³⁵ 袜~子② / uei³⁵ 包~	uei⁵⁵	pau⁵¹	pau⁵⁵	mu³⁵ 眼眨~ / mau³⁵ 鸡~	mau⁵⁵	tau³¹
商州	kuei⁴⁴	vei³⁵	vei⁴⁴	pɑo⁵³	pɑo⁴⁴	mɑo³⁵	mɑo⁴⁴	tɑo³¹
镇安	kuɛi²¹⁴	vɛi³³	vɛi³²²	pɔo³⁵	pɔo³²²	mɔo³³	mɔo³²²	tɔo⁵³
安康	kuei⁴⁴	uei³⁵	uei⁴⁴	pau⁵³	pau⁴⁴	mau³⁵	mau⁴⁴	tau³¹
白河	kuei⁴¹	uei⁴⁴	uei⁴¹	pɔu³⁵	pɔu⁴¹	mɔu⁴⁴	mɔu⁴¹	tɔu²¹³
汉阴	kuei²¹⁴	uei⁴²	uei²¹⁴	pɑo⁴⁵	pɑo²¹⁴	mɑo⁴²	mɑo²¹⁴	tɑo³³
平利	kuei²¹⁴	uei⁵²	uei²¹⁴	pau⁴⁴⁵	pau²¹⁴	mau⁵²	mau²¹⁴	tau⁴³
汉中	kuei²¹³	uei⁴²	uei²¹³	pɑo³⁵⁴	pɑo²¹³	mɑo⁴²	mɑo²¹³	tɑo⁵⁵
城固	kuei²¹³	uei³¹¹	uei²¹³	pɔ⁴⁴	pɔ²¹³	mɔ³¹¹	mɔ²¹³	tɔ⁵³
勉县	kuei²¹³	vei²¹	vei²¹³	pɑɔ³⁵	pɑɔ²¹³	mɑɔ²¹	mɑɔ²¹³	tɑɔ⁴²
镇巴	kuei²¹³	uei³¹	uei²¹³	pau⁵²	pau²¹³	mau³¹	mau²¹³	tau³⁵

①出~：发霉。
②袜~子：旧式布袜子底部围着的一圈布。

	0281 讨 效开一上豪透	0282 桃 效开一平豪定	0283 道 效开一上豪定	0284 脑 效开一上豪泥	0285 老 效开一上豪来	0286 早 效开一上豪精	0287 灶 效开一去豪精	0288 草 效开一上豪清
榆林	tʰɔo²¹³	tʰɔo²¹³	tsɔo⁵²	nɔo²¹³	lɔo²¹³	tsɔo²¹³	tsɔo⁵²	tsʰɔo²¹³
神木	tʰɔo²¹³	tʰɔo⁴⁴	tsɔo⁵³	nɔo⁴⁴~① / nɔo²¹³~子	lɔo²¹³	tsɔo²¹³	tsɔo⁵³	tsʰɔo²¹³
绥德	tʰao²¹³	tʰao³³	tao⁵²	nao³³~ / nao²¹³~子	lao²¹³	tsao²¹³	tsao⁵²	tsʰao²¹³
吴堡	tʰo⁴¹²	tʰo³³	to⁵³	no³³~疼 / no⁴¹²~子	lo⁴¹²	tso⁴¹²	tso⁵³	tsʰo⁴¹²
清涧	tʰɔo⁵³	tʰɔo²⁴	tʰɔo⁴²街~ / tɔo⁴²~理	nɔo²⁴~蛋子② / nɔo⁵³~子	lɔo⁵³	tsɔo⁵³	tsɔo⁴²	tsʰɔo⁵³
延安	tʰɔ⁵²	tʰɔ²⁴	tʰɔ⁴⁴³~~ / tɔ⁴⁴³~路	nɔ²⁴~上 / nɔ⁵²~子	lɔ⁵²	tsɔ⁵²	tsɔ⁴⁴³	tsʰɔ⁵²
延川	tʰao⁵³	tʰao³⁵	tao⁵³	nao³⁵~上 / nao⁵³~子	lao⁵³	tsao⁵³	tsao⁵³	tsʰao⁵³
黄陵	tʰɔ⁵²	tʰɔ²⁴	tɔ⁵⁵	nɔ²⁴头~ / nɔ⁵²~子	lɔ⁵²	tsɔ⁵²	tsɔ⁵⁵	tsʰɔ⁵²
渭南	tʰɔo⁵³	tʰɔo²⁴	tʰɔo⁴⁴	nɔo⁵³	lɔo⁵³	tsɔo⁵³	tsɔo⁴⁴	tsʰɔo⁵³
韩城	tʰau⁵³	tʰau²⁴	tʰau⁴⁴~路 / tau⁴⁴~士	nau⁵³	lau⁵³	tsau⁵³	tsau⁴⁴	tsʰau⁵³
合阳	tʰɔo⁵²	tʰɔo²⁴	tʰɔo⁵⁵	nɔo⁵²	lɔo⁵²	tsɔo⁵²	tsɔo⁵⁵	tsʰɔo⁵²
富平	tʰao⁵³	tʰao²⁴	tao⁵⁵	nao⁵³	lao⁵³	tsao⁵³	tsao⁵⁵	tsʰao⁵³
耀州	tʰɔu⁵²	tʰɔu²⁴	tɔu⁴⁴	nɔu⁵²	lɔu⁵²	tsɔu⁵²	tsɔu⁴⁴	tsʰɔu⁵²
咸阳	tʰɔ⁵³	tʰɔ²⁴	tɔ⁴⁴	lɔ⁵³	lɔ⁵³	tsɔ⁵³	tsɔ⁴⁴	tsʰɔ⁵³
旬邑	tʰau⁵²	tʰau²⁴	tau⁴⁴	lau⁵²	lau⁵²	tsau⁵²	tsau⁴⁴	tsʰau⁵²
三原	tʰɑɔ⁵²	tʰɑɔ²⁴	tɑɔ⁴⁴	nɑɔ⁵²	lɑɔ⁵²	tsɑɔ⁵²	tsɑɔ⁴⁴	tsʰɑɔ⁵²
乾县	tʰɔ⁵³	tʰɔ²⁴	tɔ⁵⁵	nɔ⁵³	nɔ⁵³	tsɔ⁵³	tsɔ⁵⁵	tsʰɔ⁵³
岐山	tʰɔ⁵³	tʰɔ²⁴	tɔ⁴⁴	lɔ⁵³	lɔ⁵³	tsɔ⁵³	tsɔ⁴⁴	tsʰɔ⁵³

①~：陕北晋语中指头。
②~蛋子：脑袋。

	0281 讨	0282 桃	0283 道	0284 脑	0285 老	0286 早	0287 灶	0288 草
	效开一上豪透	效开一平豪定	效开一上豪定	效开一上豪泥	效开一上豪来	效开一上豪精	效开一去豪精	效开一上豪清
凤翔	tʰɔ⁵³	tʰɔ²⁴	tʰɔ⁴⁴ 二~贩子 / tɔ⁴⁴ ~理	lɔ⁵³	lɔ⁵³	tsɔ⁵³	tsɔ⁴⁴	tsʰɔ⁵³
千阳	tʰɔ⁵³	tʰɔ²⁴	tʰɔ⁴⁴ 街~ / tɔ⁴⁴ ~理	lɔ⁵³	lɔ⁵³	tsɔ⁵³	tsɔ⁴⁴	tsʰɔ⁵³
西安	tʰau⁵³	tʰau²⁴	tau⁴⁴	nau⁵³	lau⁵³	tsau⁵³	tsau⁴⁴	tsʰau⁵³
户县	tʰau⁵¹	tʰau³⁵	tau⁵⁵	nau⁵¹	lau⁵¹	tsau⁵¹	tsau⁵⁵	tsʰau⁵¹
商州	tʰɑo⁵³	tʰɑo³⁵	tɑo⁴⁴	nɑo⁵³	lɑo⁵³	tsɑo⁵³	tsɑo⁴⁴	tsʰɑo⁵³
镇安	tʰɔo³⁵	tʰɔo³³	tɔo³²²	nɔo³⁵	lɔo³⁵	tsɔo³⁵	tsɔo²¹⁴	tsʰɔo³⁵
安康	tʰau⁵³	tʰau³⁵	tau⁴⁴	lau⁵³	lau⁵³	tsau⁵³	tsau⁴⁴	tsʰau⁵³
白河	tʰɔu³⁵	tʰɔu⁴⁴	tɔu⁴¹	lɔu³⁵	lɔu³⁵	tsɔu³⁵	tsɔu⁴¹	tsʰɔu³⁵
汉阴	tʰao⁴⁵	tʰao⁴²	tao²¹⁴	lao⁴⁵	lao⁴⁵	tsao⁴⁵	tsao²¹⁴	tsʰao⁴⁵
平利	tʰau⁴⁴⁵	tʰau⁵²	tau²¹⁴	lau⁴⁴⁵	lau⁴⁴⁵	tsau⁴⁴⁵	tsau²¹⁴	tsʰau⁴⁴⁵
汉中	tʰɑo³⁵⁴	tʰɑo⁴²	tɑo²¹³	lɑo³⁵⁴	lɑo³⁵⁴	tsɑo³⁵⁴	tsɑo²¹³	tsʰɑo³⁵⁴
城固	tʰɔ⁴⁴	tʰɔ³¹¹	tɔ²¹³	lɔ⁴⁴	lɔ⁴⁴	tsɔ⁴⁴	tsɔ²¹³	tsʰɔ⁴⁴
勉县	tʰɑɔ³⁵	tʰɑɔ²¹	tɑɔ²¹³	lɑɔ³⁵	lɑɔ³⁵	tsɑɔ³⁵	tsɑɔ²¹³	tsʰɑɔ³⁵
镇巴	tʰau⁵²	tʰau³¹	tau²¹³	lau⁵²	lau⁵²	tsau⁵²	tsau²¹³	tsʰau⁵²

	0289 糙	0290 造	0291 嫂	0292 高	0293 靠	0294 熬	0295 好~坏	0296 号名
	效开一去豪清	效开一上豪从	效开一上豪心	效开一平豪见	效开一去豪溪	效开一平豪疑	效开一上豪晓	效开一去豪匣
榆林	tsʰɔ52	tsʰɔ52	sɔ213	kɔ33	kʰɔ52	nɔ213	xɔ213	xɔ52
神木	tsʰɔ53	tsʰɔ53	sɔ213	kɔ213	kʰɔ53	ŋɔ44	xɔ213	xɔ53
绥德	tsʰao52	tsʰao52	sao213	kao213	kʰao52	ŋao33	xao213	xao52
吴堡	tsʰo53	tsʰo53	so412	ko213	kʰo53	ŋo33 ~了① / ŋo213 ~官②	xo412	xo53
清涧	tsʰɔ42	tsʰɔ42	sɔ53	kɔ312	kʰɔ42	ŋɔ24	xɔ53	xɔ42
延安	tsʰɔ443	tsʰɔ443	sɔ52	kɔ213	kʰɔ443	ŋɔ24	xɔ52	xɔ443
延川	tsao53	tsʰao53	sao53	kao213	kʰao53	ŋao35	xao53	xao53
黄陵	tsʰɔ55	tsʰɔ55 / tsɔ55	sɔ52	kɔ31	kʰɔ55	ŋɔ24	xɔ52	xɔ55
渭南	tsʰɔ44	tsʰɔ44	sɔ53	kɔ31	kʰɔ44	ŋɔ24	xɔ53	xɔ44
韩城	tsʰau44	tsʰau44	sau53	kau31	kʰau44	ŋau31	xau53	xau44
合阳	tsʰɔ55	tsʰɔ55	sɔ52	kɔ31	kʰɔ55	ŋɔ24	xɔ52	xɔ55
富平	tsʰao55	tsʰao55	sao53	kao31	kʰao55	ŋao24	xao53	xao55
耀州	tsʰɔu44	tsɔu44	sɔu52	kɔu21	kʰɔu44	ŋɔu24	xɔu52	xɔu44
咸阳	tsʰɔ31	tsʰɔ44	sɔ53	kɔ31	kʰɔ44	ŋɔ24	xɔ53	xɔ44
旬邑	tsʰau44	tsʰau44	sau52	kau21	kʰau44	ŋau24	xau52	xau44
三原	tsʰɑ44	tsɑ44	sɑ52	kɑ31	kʰɑ44	ŋɑ24	xɑ52	xɑ44
乾县	tsʰɔ55	tsɔ55	sɔ24 呼称 / sɔ53 ~子	kɔ21	kʰɔ55	ŋɔ24	xɔ53	xɔ55
岐山	tsʰɔ44	tsʰɔ44	sɔ53	kɔ31	kʰɔ44	ŋɔ24	xɔ53	xɔ44
凤翔	tsʰɔ44	tsʰɔ44	sɔ53	kɔ31	kʰɔ44	ŋɔ24	xɔ53	xɔ44
千阳	tsʰɔ44	tsʰɔ44	sɔ53	kɔ31	kʰɔ44	ŋɔ24	xɔ53	xɔ44
西安	tsʰau44	tsau44	sau53	kau21	kʰau44	ŋau24	xau53	xau44

---

① ~了：累了。
② ~官：熬时间等待升官。

	0289 糙 效开一去豪清	0290 造 效开一上豪从	0291 嫂 效开一上豪心	0292 高 效开一平豪见	0293 靠 效开一去豪溪	0294 熬 效开一平豪疑	0295 好~坏 效开一上豪晓	0296 号名 效开一去豪匣
户县	tsʰau⁵⁵ 粗~ / tsʰau³¹ ~揞布①	tsʰau⁵⁵ ~机器 / tsau⁵⁵ 制~	sau⁵¹	kau³¹	kʰau⁵⁵	ŋau³⁵ 又 ŋau³¹ 又	xau⁵¹	xau⁵⁵
商州	tsʰɑo³¹	tsʰɑo⁴⁴	sɑo⁵³	kɑo³¹	kʰɑo⁴⁴	ŋɑo³⁵	xɑo⁵³	xɑo⁴⁴
镇安	tsʰɔo³²²	tsɔo³²²	sɔo³⁵	kɔo⁵³	kʰɔo²¹⁴	ŋɔo³³	xɔo³⁵	xɔo³²²
安康	tsʰau⁴⁴	tsʰau⁴⁴	sau⁵³	kau³¹	kʰau⁴⁴	ŋau³⁵	xau⁵³	xau⁴⁴
白河	tsʰɔu⁴¹	tsʰɔu⁴¹	sɔu³⁵	kɔu²¹³	kʰɔu⁴¹	ŋɔu⁴⁴	xɔu³⁵	xɔu⁴¹
汉阴	tsʰɑo²¹⁴	tsʰɑo²¹⁴	sɑo⁴⁵	kɑo³³	kʰɑo²¹⁴	ŋɑo⁴²	χɑo⁴⁵	χɑo²¹⁴
平利	tsʰau²¹⁴	tsʰau²¹⁴	sau⁴⁴⁵	kau⁴³	kʰau²¹⁴	ŋau⁵²	xau⁴⁴⁵	xau²¹⁴
汉中	tsʰɑo²¹³	tsʰɑo²¹³ ~纸 / tsɑo²¹³ 制~	sɑo³⁵⁴	kɑo⁵⁵	kʰɑo²¹³	ŋɑo⁴²	xɑo³⁵⁴	xɑo²¹³
城固	tsʰɔ²¹³	tsʰɔ²¹³	sɔ⁴⁴	kɔ⁵³	kʰɔ²¹³	ŋɔ³¹¹	xɔ⁴⁴	xɔ²¹³
勉县	tsʰɑɔ²¹³	tsʰɑɔ²¹³ ~纸 / tsɑɔ²¹³ ~化	sɑɔ³⁵	kɑɔ⁴²	kʰɑɔ²¹³	ŋɑɔ²¹	xɑɔ³⁵	xɑɔ²¹³
镇巴	tsʰau²¹³	tsʰau²¹³	sau⁵²	kau³⁵	kʰau²¹³	ŋau³¹	xau⁵²	xau²¹³

① ~揞布：很不密的抹布。

	0297 包 效开二平肴帮	0298 饱 效开二上肴帮	0299 炮 效开二去肴滂	0300 猫 效开二平肴明	0301 闹 效开二去肴泥	0302 罩 效开二去肴知	0303 抓 用手~牌 效开二平肴庄	0304 找 ~零钱 效开二上肴庄
榆林	pɔo³³	pɔo²¹³	pʰɔo⁵²	mɔo²¹³	nɔo⁵²	tsɔo⁵²	tʂua³³	tsɔo²¹³
神木	pɔo²¹³	pɔo²¹³	pʰɔo⁵³	mɔo⁴⁴	nɔo⁵³	tsɔo⁵³	tʂua²¹³	tsɔo²¹³
绥德	pao²¹³	pao²¹³	pʰao⁵²	mao³³	nao⁵²	tsao⁵²	tʂua²¹³	tsao²¹³
吴堡	po²¹³	po⁴¹²	pʰo⁵³	mo³³	no⁵³	tso⁵³	tsua²¹³	tso⁴¹²
清涧	pɔo³¹²	pɔo⁵³	pʰɔo⁴²	mɔo²⁴	nɔo⁴²	tsɔo⁴²	tʂua³¹²	tsɔo⁵³
延安	pɔ²¹³	pɔ⁵²	pʰɔ⁴⁴³	mɔ²⁴	nɔ⁴⁴³	tsɔ⁴⁴³	tʂua²¹³	tsɔ⁵²
延川	pao²¹³	pao⁵³	pʰao⁵³	mao³⁵	nao⁵³	tsao⁵³	tʂua²¹³	tsao⁵³
黄陵	pɔ³¹	pɔ⁵²	pʰɔ⁵⁵	mɔ²⁴	nɔ⁵⁵	tsɔ⁵⁵	tsua³¹	tsɔ⁵²
渭南	pɔo³¹	pɔo⁵³	pʰɔo⁴⁴	mɔo²⁴	nɔo⁴⁴	tsɔo⁴⁴	tʃa³¹	tsɔo⁵³
韩城	pɑu³¹	pɑu⁵³	pɑu⁴⁴ 响~ / pʰɑu⁴⁴ ~火	mɑu²⁴	nɑu⁴⁴	tsɑu⁴⁴	pfa³¹	tsɑu⁵³
合阳	pɔo³¹	pɔo⁵²	pʰɔo⁵⁵	mɔo²⁴	nɔo⁵⁵	tsɔo⁵⁵	pfa³¹	tsɔo⁵²
富平	pao³¹	pao⁵³	pʰao⁵⁵	mao²⁴	nao⁵⁵	tsao⁵⁵	tʃua³¹	tsao⁵³
耀州	pɔu²¹	pɔu⁵²	pɔu⁴⁴ 响~ / pʰɔu⁴⁴ ~火	mɔu²⁴ 名词 / mɔu²¹ ~下腰	nɔu⁴⁴	tsɔu⁴⁴	tʃua²¹	tsɔu⁵²
咸阳	pɔ³¹	pɔ⁵³	pʰɔ⁴⁴	mɔ²⁴	lɔ⁴⁴	tsɔ⁴⁴	tʃua³¹	tsɔ⁵³
旬邑	pau²¹	pau⁵²	pʰau⁴⁴	mau²⁴	lau⁴⁴	tsau⁴⁴	tʃa²¹	tsau⁵²
三原	pɑɔ³¹	pɑɔ⁵²	pʰɑɔ⁴⁴	mɑɔ²⁴	nɑɔ⁴⁴	tsɑɔ⁴⁴	tʃua⁴⁴	tsɑɔ⁵²
乾县	pɔ²¹	pɔ⁵³	pʰɔ⁵⁵	mɔ²⁴	nɔ⁵⁵	tsɔ⁵⁵	tʃua²¹	tsɔ⁵³
岐山	pɔ³¹	pɔ⁵³	pʰɔ⁴⁴	mɔ²⁴	lɔ⁴⁴	tsɔ⁴⁴	tʂʌ³¹	tsɔ⁵³
凤翔	pɔ³¹	pɔ⁵³	pʰɔ⁴⁴	mɔ²⁴	lɔ⁴⁴	tsɔ⁴⁴	tʂa³¹	tsɔ⁵³
千阳	pɔ³¹	pɔ⁵³	pʰɔ⁴⁴	mɔ²⁴	lɔ⁴⁴	tsɔ⁴⁴	tʃa³¹	tsɔ⁵³
西安	pau²¹	pau⁵³	pʰau⁴⁴	mau²⁴	nau⁴⁴	tsau⁴⁴	pfa²¹	tsau⁵³
户县	pau³¹	pau⁵¹	pʰau⁵⁵	mau³⁵	nau⁵⁵	tsau⁵⁵	tsua³¹	tsau⁵¹
商州	pao³¹	pao⁵³	pʰao⁴⁴	mao³⁵	nao⁴⁴	tsao⁴⁴	tʃua³¹	tsao⁵³
镇安	pɔo⁵³	pɔo³⁵	pʰɔo²¹⁴	mɔo²¹⁴	nɔo³²²	tsɔo²¹⁴	tʂua⁵³	tʂɔo³⁵
安康	pau³¹	pau⁵³	pʰau⁴⁴	mau³⁵	lau⁴⁴	tʂau⁴⁴	pfa³¹	tʂau⁵³

	0297 包	0298 饱	0299 炮	0300 猫	0301 闹	0302 罩	0303 抓 用手~牌	0304 找 ~零钱
	效开二 平肴帮	效开二 上肴帮	效开二 去肴滂	效开二 平肴明	效开二 去肴泥	效开二 去肴知	效开二 平肴庄	效开二 上肴庄
白河	pɔu²¹³	pɔu³⁵	pʰɔu⁴¹	mɔu²¹³	lɔu⁴¹	tʂɔu⁴¹	tʂua²¹³	tʂɔu³⁵
汉阴	pɑo³³	pɑo⁴⁵	pʰɑo²¹⁴	mɑo³³	lɑo²¹⁴	tsɑo²¹⁴	tsuɑ³³	tsɑo⁴⁵
平利	pau⁴³	pau⁴⁴⁵	pʰau²¹⁴	mau⁴³	lau²¹⁴	tʂau²¹⁴	tʂɥa⁴³	tʂau⁴⁴⁵
汉中	pɑo⁵⁵	pɑo³⁵⁴	pʰɑo²¹³	mɑo⁵⁵	lɑo²¹³	tsɑo²¹³	tsuᴀ⁵⁵	tsɑo³⁵⁴
城固	pɔ⁵³	pɔ⁴⁴	pʰɔ²¹³	mɔ⁵³	lɔ²¹³	tsɔ²¹³	tʃua⁵³	tsɔ⁴⁴
勉县	pɑɔ⁴²	pɑɔ³⁵	pʰɑɔ²¹³	mɑɔ⁴²	lɑɔ²¹³	tsɑɔ²¹³	tsuɑ⁴²	tsɑɔ³⁵
镇巴	pau³⁵	pau⁵²	pʰau²¹³	mau³⁵	lau²¹³	tsau²¹³	tsua³⁵	tsau⁵²

	0305 抄 效开二平肴初	0306 交 效开二平肴见	0307 敲 效开二平肴溪	0308 孝 效开二去肴晓	0309 校学~ 效开二去肴匣	0310 表手~ 效开三上宵帮	0311 票 效开三去宵滂	0312 庙 效开三去宵明
榆林	tsʰɔo³³	tɕiɔo³³	tɕʰiɔo³³	xɔo⁵²戴~ / ɕiɔo⁵² ~子	ɕiɔo⁵²	piɔo²¹³	pʰiɔo⁵²	miɔo⁵²
神木	tsʰɔo²¹³	tɕiɔo²¹³	tɕʰiɔo²¹³	ɕiɔo⁵³	ɕiɔo⁵³	piɔo²¹³	pʰiɔo⁵³	miɔo⁵³
绥德	tsʰao²¹³	tɕiɔɤ²¹³	tɕʰiɔɤ²¹³	xao⁵²戴~ / ɕiɔɤ⁵² ~子	ɕiɔɤ⁵²	piɔɤ²¹³	pʰiɔɤ⁵²	miɔɤ⁵²
吴堡	tsʰo²¹³	tɕio²¹³	tɕʰio²¹³	xo⁵³ ~衫 / ɕio⁵³ ~顺	ɕio⁵³	pio⁴¹²	pʰiɤ⁵³	miɤ⁵³
清涧	tsʰɔo³¹²	tɕiɔo³¹²	tɕʰiɔo³¹²	xɔo⁴² ~帽 / ɕiɔo⁴² ~顺	ɕiɔo⁴²	piɔo⁵³	pʰiɔo⁴²	miɔo⁴²
延安	tsʰɔ²¹³	tɕiɔ²¹³	tɕʰiɔ²¹³	xɔ⁴⁴³ ~布 / ɕiɔ⁴⁴³ ~子	ɕiɔ⁴⁴³	piɔ⁵²	pʰiɔ⁴⁴³	miɔ⁴⁴³
延川	tsʰao²¹³	tɕiao²¹³	tɕʰiao²¹³	xao⁵³ ~帽 / ɕiao⁵³ ~敬	ɕiao⁵³	piao²¹³	pʰiao⁵³	miao⁵³
黄陵	tsʰɔ³¹	tɕiɔ³¹	tɕʰiɔ³¹	ɕiɔ⁵⁵	ɕiɔ⁵⁵	piɔ⁵²	pʰiɔ⁵⁵	miɔ⁵⁵
渭南	tsʰɔo³¹	tɕiɔo³¹	tɕʰiɔo³¹	xɔo⁴⁴ ~衫 / ɕiɔo⁴⁴ ~子	ɕiɔo⁴⁴	piɔo⁵²	pʰiɔo⁴⁴	miɔo⁴⁴
韩城	tsʰau³¹	tɕiau³¹	tɕʰiau³¹	xɑu⁴⁴地名 / ɕiau⁴⁴ ~顺	ɕiau⁴⁴	piau⁵³	pʰiau⁴⁴	miau⁴⁴
合阳	tsʰɔo³¹	tɕiɔo³¹	tɕʰiɔo³¹	ɕiɔo⁵⁵	ɕiɔo⁵⁵	piɔo⁵²	pʰiɔo⁵⁵	miɔo⁵⁵
富平	tsʰao³¹	tɕiao³¹	tɕʰiao³¹	ɕiao⁵⁵	ɕiao⁵⁵	piao⁵³	pʰiao⁵⁵	miao⁵⁵
耀州	tsʰɔu³¹	tɕiɔu³¹	tɕʰiɔu³¹	ɕiɔu⁴⁴	ɕiɔu⁴⁴	piɔu⁵²	pʰiɔu⁴⁴	miɔu⁴⁴
咸阳	tsʰɔ³¹	tɕiɔ³¹	tɕʰiɔ³¹	ɕiɔ⁴⁴	ɕiɔ⁴⁴	piɔ⁵³	pʰiɔ⁴⁴	miɔ⁴⁴
旬邑	tsʰau²¹	tɕiau²¹	tɕʰiau²¹	ɕiau⁴⁴	ɕiau⁴⁴	piau⁵²	pʰiau⁴⁴	miau⁴⁴
三原	tsʰɑɔ³¹	tɕiɑɔ³¹	tɕʰiɑɔ³¹	ɕiɑɔ⁴⁴	ɕiɑɔ⁴⁴	piɑɔ⁵²	pʰiɑɔ⁴⁴	miɑɔ⁴⁴
乾县	tsʰɔ²¹	tɕiɔ²¹	tɕʰiɔ²¹	ɕiɔ⁵⁵	ɕiɔ⁵⁵	piɔ⁵³	pʰiɔ⁵⁵	miɔ⁵⁵
岐山	tsʰɔ³¹	tɕiɔ³¹	tɕʰiɔ³¹	ɕiɔ⁴⁴	ɕiɔ⁴⁴	piɔ⁵³	pʰiɔ⁴⁴	miɔ⁴⁴
凤翔	tsʰɔ³¹	tɕiɔ³¹	tɕʰiɔ³¹	ɕiɔ⁴⁴	ɕiɔ⁴⁴	piɔ⁵³	pʰiɔ⁴⁴	miɔ⁴⁴
千阳	tsʰɔ³¹	tɕiɔ³¹	tɕʰiɔ³¹	ɕiɔ⁴⁴	ɕiɔ⁴⁴	piɔ⁵³	pʰiɔ⁴⁴	miɔ⁴⁴
西安	tsʰau²¹	tɕiau²¹	tɕʰiau²¹	ɕiau⁴⁴	ɕiau⁴⁴	piau⁵³	pʰiau⁴⁴	miau⁴⁴

	0305 抄 效开二平肴初	0306 交 效开二平肴见	0307 敲 效开二平肴溪	0308 孝 效开二去肴晓	0309 校学~ 效开二去肴匣	0310 表手~ 效开三上宵帮	0311 票 效开三去宵滂	0312 庙 效开三去宵明
户县	tsʰau³¹	tɕiau³¹	tɕʰiau³¹	xau⁵⁵ ~衫 ɕiau⁵⁵ ~顺	ɕiau⁵⁵	piau⁵¹	pʰiau⁵⁵	miau⁵⁵
商州	tsʰɑo³¹	tɕiɑo³¹	tɕʰiɑo³¹	ɕiɑo⁴⁴	ɕiɑo⁴⁴	piɑo⁵³	pʰiɑo⁴⁴	miɑo⁴⁴
镇安	tsʰɔo⁵³	tɕiɔo⁵³	tɕʰiɔo⁵³	ɕiɔo²¹⁴	ɕiɔo³²²	piɔo³⁵	pʰiɔo²¹⁴	miɔo³²²
安康	tʂʰau³¹	tɕiau³¹	tɕʰiau³¹	ɕiau⁴⁴	ɕiau⁴⁴	piau⁵³	pʰiau⁴⁴	miau⁴⁴
白河	tʂʰɔu²¹³	tɕiɔu²¹³	tɕʰiɔu²¹³	ɕiɔu⁴¹	ɕiɔu⁴¹	piɔu³⁵	pʰiɔu⁴¹	miɔu⁴¹
汉阴	tsʰɑo³³	tɕiɑo³³	kʰɑo³³ ~打 tɕʰiɑo³³ ~门	ɕiɑo²¹⁴	ɕiɑo²¹⁴	piɑo⁴⁵	pʰiɑo²¹⁴	miɑo²¹⁴
平利	tʂʰau⁴³	tɕiau⁴³	kʰau⁴³ ~打 tɕʰiau⁴³ 推~	ɕiau²¹⁴	ɕiau²¹⁴	piau⁴⁴⁵	pʰiau²¹⁴	miau²¹⁴
汉中	tsʰɑo⁵⁵	tɕiɑo⁵⁵	tɕʰiɑo⁵⁵	ɕiɑo²¹³	ɕiɑo²¹³	piɑo³⁵⁴	pʰiɑo²¹³	miɑo²¹³
城固	tsʰɔ⁵³	tɕiɔ⁵³	tɕʰiɔ⁵³	ɕiɔ²¹³	ɕiɔ²¹³	piɔ⁴⁴	pʰiɔ²¹³	miɔ²¹³
勉县	tsʰɑɔ⁴²	tɕiɑɔ⁴²	kʰɑɔ⁴² ~门 tɕʰiɑɔ⁴² ~打	ɕiɑɔ²¹³	ɕiɑɔ²¹³	piɑɔ³⁵	pʰiɑɔ²¹³	miɑɔ²¹³
镇巴	tsʰau³⁵	tɕiau³⁵	kʰau³⁵ ~门 tɕʰiau³⁵ ~诈	ɕiau²¹³	ɕiau²¹³	piau⁵²	pʰiau²¹³	miau²¹³

	0313 焦 效开三平宵精	0314 小 效开三上宵心	0315 笑 效开三去宵心	0316 朝~代 效开三平宵澄	0317 照 效开三去宵章	0318 烧 效开三平宵书	0319 绕~线 效开三去宵日	0320 桥 效开三平宵群
榆林	tɕiɔo³³	ɕiɔo²¹³	ɕiɔo⁵²	tʂʰɔo²¹³	tʂɔo⁵²	ʂɔo³³	ʐɔo⁵²	tɕʰiɔo²¹³
神木	tɕiɔo²¹³	ɕiɔo²¹³	ɕiɔo⁵³	tʂʰɔo⁴⁴	tʂɔo⁵³	ʂɔo²¹³	ʐɔo⁵³	tɕʰiɔo⁴⁴
绥德	tɕiɤ²¹³	ɕiɤ²¹³	ɕiɤ⁵²	tʂʰao³³	tʂao⁵²	ʂao²¹³	ʐao²¹³	tɕʰiɤ³³
吴堡	tɕiɤ²¹³	ɕiɤ⁴¹²	ɕiɤ⁵³	tʂʰo³³	tʂɤ⁵³	ʂɤ²¹³	ʐɤ⁴¹² 又 / ʐɤ⁵³ 又	tɕʰiɤ³³
清涧	tɕiɔo³¹²	ɕiɔo⁵³	ɕiɔo⁴²	tʂʰɔo²⁴	tʂɔo⁴²	ʂɔo³¹²	ʐɔo⁵³	tɕʰiɔo²⁴
延安	tɕiɔ²¹³	ɕiɔ⁵²	ɕiɔ⁴⁴³	tʂʰɔ²⁴	tʂɔ⁴⁴³	ʂɔ²¹³	ʐɔ⁵²	tɕʰiɔ²⁴
延川	tɕiao²¹³	ɕiao⁵³	ɕiao⁵³	tʂʰao³⁵	tʂao⁵³	ʂao²¹³	ʐao⁵³	tɕʰiao³⁵
黄陵	tɕiɔ³¹	ɕiɔ⁵²	ɕiɔ⁵⁵	tʂʰɔ²⁴	tʂɔ⁵⁵	ʂɔ³¹	ʐɔ⁵²	tɕʰiɔ²⁴
渭南	tɕiɔo³¹	ɕiɔo⁵³	ɕiɔo⁴⁴	tʂʰɔo²⁴	tʂɔo⁴⁴	ʂɔo³¹	ʐɔo⁵³	tɕʰiɔo²⁴
韩城	tɕiau³¹	ɕiau⁵³	ɕiau⁴⁴	tʂʰau²⁴	tʂau⁴⁴	ʂau³¹	ʐau⁵³	tɕʰiau²⁴
合阳	tsiɔo³¹	siɔo⁵²	siɔo⁵⁵	tʂʰɔo²⁴	tʂɔo⁵⁵	ʂɔo³¹	ʐɔo⁵²	tɕʰiɔo²⁴
富平	tiao³¹	siao⁵³	siao⁵⁵	tʂʰao²⁴	tʂao⁵⁵	ʂao³¹	ʐao⁵³	tɕʰiao²⁴
耀州	tɕiɔu²¹	ɕiɔu⁵²	ɕiɔu⁴⁴	tʂʰɔu²⁴	tʂɔu⁴⁴	ʂɔu²¹	ʐɔu⁵²	tɕʰiɔu²⁴
咸阳	tɕiɔ³¹	ɕiɔ⁵³	ɕiɔ⁴⁴	tʂʰɔ²⁴	tʂɔ⁴⁴	ʂɔ³¹	ʐɔ⁵³	tɕʰiɔ²⁴
旬邑	tsiau²¹	siau⁵²	siau⁴⁴	tʂʰau²⁴	tʂau⁴⁴	ʂau²¹	ʐau⁵²	tɕʰiau²⁴
三原	tɕiɑ³¹	ɕiɑ⁵²	ɕiɑ⁴⁴	tʂʰɑ²⁴	tʂɑ⁴⁴	ʂɑ³¹	ʐɑ⁵²	tɕʰiɑ²⁴
乾县	tɕiɔ²¹	ɕiɔ⁵³	ɕiɔ⁵⁵	tʂʰɔ²⁴	ʈɔ⁵⁵	ʂɔ²¹	ʐɔ⁵³	tɕʰiɔ²⁴
岐山	ʨiɔ³¹	siɔ⁵³	siɔ⁴⁴	tʂʰɔ²⁴	tʂɔ⁴⁴	ʂɔ³¹	ʐɔ⁵³	tɕʰiɔ²⁴
凤翔	tsiɔ³¹	siɔ⁵³	siɔ⁴⁴	tʂʰɔ²⁴	tʂɔ⁴⁴	ʂɔ³¹	ʐɔ⁵³	tɕʰiɔ²⁴
千阳	tsiɔ³¹	siɔ⁵³	siɔ⁴⁴	tʂʰɔ²⁴	tʂɔ⁴⁴	ʂɔ³¹	ʐɔ⁵³	tɕʰiɔ²⁴
西安	tɕiau²¹	ɕiau⁵³	ɕiau⁴⁴	tʂʰau²⁴	tʂau⁴⁴	ʂau²¹	ʐau⁴⁴	tɕʰiau²⁴
户县	tɕiau³¹	ɕiau⁵¹	ɕiau⁵⁵	tʂʰau³⁵	ʐau⁵⁵ ~镜 / tsau⁵⁵ ~耀	ʂau³¹	ʐau⁵¹	tɕʰiau³⁵
商州	tɕiao³¹	ɕiao⁵³	ɕiao⁴⁴	tʂʰao³⁵	tʂao⁴⁴	ʂao³¹	ʐao⁵³	tɕʰiao³⁵
镇安	tɕiɔo⁵³	ɕiɔo³⁵	ɕiɔo²¹⁴	tʂʰɔo³³	tʂɔo²¹⁴	ʂɔo⁵³	ʐɔo³⁵	tɕʰiɔo³³
安康	tɕiau³¹	ɕiau⁵³	ɕiau⁴⁴	tʂʰau³⁵	tʂau⁴⁴	ʂau³¹	ʐau⁵³	tɕʰiau³⁵
白河	tɕiɔu²¹³	ɕiɔu³⁵	ɕiɔu⁴¹	tʂʰɔu⁴⁴	tʂɔu⁴¹	ʂɔu²¹³	ʐɔu³⁵	tɕʰiɔu⁴⁴

	0313 焦	0314 小	0315 笑	0316 朝~代	0317 照	0318 烧	0319 绕~线	0320 桥
	效开三平宵精	效开三上宵心	效开三去宵心	效开三平宵澄	效开三去宵章	效开三平宵书	效开三去宵日	效开三平宵群
汉阴	tɕiao³³	ɕiao⁴⁵	ɕiao²¹⁴	tʂʰao⁴²	tʂao²¹⁴	ʂao³³	ʐao⁴⁵	tɕʰiao⁴²
平利	tɕiau⁴³	ɕiau⁴⁴⁵	ɕiau²¹⁴	tʂʰau⁵²	tʂau²¹⁴	ʂau⁴³	ʐau⁴⁴⁵	tɕʰiau⁵²
汉中	tɕiɑo⁵⁵	ɕiɑo³⁵⁴	ɕiɑo²¹³	tʂʰɑo⁴²	tʂɑo²¹³	ʂɑo⁵⁵	ʐɑo³⁵⁴	tɕʰiɑo⁴²
城固	tsiɔ⁵³	siɔ⁴⁴	siɔ²¹³	tʂʰɔ³¹¹	tʂɔ²¹³	ʂɔ⁵³	ʐɔ⁴⁴	tɕʰiɔ³¹¹
勉县	tɕiɑɔ⁴²	ɕiɑɔ³⁵	ɕiɑɔ²¹³	tʂʰɑɔ²¹	tsɑɔ²¹³	sɑɔ⁴²	zɑɔ³⁵	tɕʰiɑɔ⁴²
镇巴	tɕiau³⁵	ɕiau⁵²	ɕiau²¹³	tsʰau³¹	tsau²¹³	sau³⁵	zau⁵²	tɕʰiau³¹

	0321 轿	0322 腰	0323 要重~	0324 摇	0325 鸟	0326 钓	0327 条	0328 料
	效开三去宵群	效开三平宵影	效开三去宵影	效开三平宵以	效开四上萧端	效开四去萧端	效开四平萧定	效开四去萧来
榆林	tɕiɔ52	iɔ33	iɔ52	iɔ213	niɔ213	tiɔ52	tʰiɔ213	liɔ52
神木	tɕiɔ53	iɔ213	iɔ53	iɔ44	ŋiɔ213	tiɔ53	tʰiɔ44	liɔ53
绥德	tɕiɤ52	iɤ213	iɤ52	iɤ33	niɤ213	tiɤ52	tʰiɤ33	liɤ52
吴堡	tɕiɤ53	iɤ213	iɔ53	iɤ33	ŋio412	tiɤ53	tʰiɤ33	liɤ53
清涧	tɕiɔ42	iɔ312	iɔ42	iɔ24	ŋiɔ53	tiɔ42	tʰiɔ24	liɔ42
延安	tɕiɔ443	iɔ213	iɔ443	iɔ24	ŋiɔ52	tiɔ443	tʰiɔ24	liɔ443
延川	tɕʰiao53	iao213	iao53	iao35	niao53	tiao53	tɕʰiao35	liao53
黄陵	tɕʰiɔ55 / tɕiɔ55	iɔ31	iɔ55	iɔ24	ŋiɔ52	tɕiɔ55	tɕʰiɔ24	liɔ55
渭南	tɕʰiɔ44	iɔ31	iɔ44	iɔ24	ŋiɔ53	tɕiɔ44	tɕʰiɔ24	liɔ44
韩城	tɕʰiau44	iau31	iau44	iau24	ŋiau53	tiau44	tʰiau24	liau44
合阳	tɕʰiɔ55	iɔ31	iɔ55	iɔ24	ŋiɔ52	tiɔ55	tʰiɔ24	liɔ55
富平	tɕʰiao55	iao31	iao55	iao24	ŋiao53	tiao55	tʰiao24	liao55
耀州	tɕʰiɔu44	iɔu21	iɔu44	iɔu24	ŋiɔu52	tiɔu44	tɕʰiɔu24	liɔu44
咸阳	tɕʰiɔ44	iɔ31	iɔ44	iɔ24	ŋiɔ53	tiɔ44	tʰiɔ24	liɔ44
旬邑	tɕʰiau44	iau21	iau44	iau24	ŋiau52	tiau44	tsʰiau24	liau44
三原	tɕʰiɑɔ44	iɑɔ31	iɑɔ44	iɑɔ24	ŋiɑɔ52	tɕiɑɔ44	tɕʰiɑɔ24	liɑɔ44
乾县	tɕʰiɔ55	iɔ21	iɔ55	iɔ24	ŋiɔ53	tiɔ55	tʰiɔ24	liɔ55
岐山	tɕʰiɔ44	iɔ31	iɔ44	iɔ24	ŋiɔ53	ȶiɔ44	tɕʰiɔ24	liɔ44
凤翔	tɕʰiɔ44~子 / tɕiɔ44 轿车	iɔ31	iɔ44	iɔ24	ŋiɔ53	tsiɔ44	tsʰiɔ24	liɔ44
千阳	tɕʰiɔ44	iɔ31	iɔ44	iɔ24	ŋiɔ53	tiɔ44	tsʰiɔ24	liɔ44
西安	tɕiau44	iau21	iau44	iau24	ŋiau53	tiau44	tʰiau24	liau44
户县	tɕiau55	iau31	iau55	iau35	ŋiau51	tiau55	tʰiau35	liau55
商州	tɕiao44	iao31	iao44	iao35	ŋiao53	tiao44	tʰiao35	liao44
镇安	tɕiɔ322	iɔ53	iɔ214	iɔ33	ŋiɔ35	tiɔ322	tʰiɔ33	liɔ322

	0321 轿	0322 腰	0323 要重~	0324 摇	0325 鸟	0326 钓	0327 条	0328 料
	效开三去宵群	效开三平宵影	效开三去宵影	效开三平宵以	效开四上萧端	效开四去萧端	效开四平萧定	效开四去萧来
安康	tɕiau⁴⁴	iau³¹	iau⁴⁴	iau³⁵	ȵiau⁵³	tiau⁴⁴	tʰiau³⁵	liau⁴⁴
白河	tɕiɔu⁴¹	iɔu²¹³	iɔu⁴¹	iɔu⁴⁴	ȵiɔu³⁵	tiɔu²¹³	tʰiɔu⁴⁴	liɔu⁴¹
汉阴	tɕiɑo²¹⁴	iɑo³³	iɑo²¹⁴	iɑo⁴²	ȵiɑo⁴⁵	tiɑo²¹⁴	tʰiɑo⁴²	liɑo²¹⁴
平利	tɕiau²¹⁴	iau⁴³	iau²¹⁴	iau⁵²	ȵiau⁴⁴⁵	tiau²¹⁴	tʰiau⁵²	liau²¹⁴
汉中	tɕʰiɑo²¹³ ~子 tɕiɑo²¹³ ~车	iɑo⁵⁵	iɑo²¹³	iɑo⁴²	ȵiɑo³⁵⁴	tiɑo²¹³	tʰiɑo⁴²	liɑo²¹³
城固	tɕʰiɔ²¹³	iɔ⁵³	iɔ²¹³	iɔ³¹¹	ȵiɔ⁴⁴	tiɔ²¹³	tʰiɔ³¹¹	liɔ²¹³
勉县	tɕɑi²¹³	iɑi⁴²	iɑi²¹³	iɑi²¹	ȵiɑi³⁵	tiɑi²¹³	tʰiɑi²¹	liɑi²¹³
镇巴	tɕʰiau²¹³ ~子 tɕiau²¹³ ~车	iau³⁵	iau²¹³	iau³¹	ȵiau⁵²	tiau²¹³	tʰiau³¹	liau²¹³

	0329 箫 效开四平萧心	0330 叫 效开四去萧见	0331 母 丈~，舅~ 流开一上侯明	0332 抖 流开一上侯端	0333 偷 流开一平侯透	0334 头 流开一平侯定	0335 豆 流开一去侯定	0336 楼 流开一平侯来
榆林	ɕiɔ³³	tɕiɔ⁵²	mu²¹³	təu²¹³	tʰəu³³	tʰəu²¹³	təu⁵²	ləu²¹³
神木	ɕiɔ²¹³	tɕiɔ⁵³	mu²¹³	təu²¹³	tʰəu²¹³	tʰəu⁴⁴	təu⁵³	ləu⁴⁴
绥德	ɕiɤ²¹³	tɕiɤ⁵²	mu²¹³	təu²¹³	tʰəu²¹³	tʰəu³³	təu⁵²	ləu³³
吴堡	ɕio²¹³	tɕiɤ⁵³	mu⁴¹²	tao⁴¹²	tʰao²¹³	tʰao³³	tao⁵³	lao³³
清涧	ɕiɔ³¹²	tɕiɔ⁴²	mʋ⁵³	təu⁵³	tʰəu³¹²	tʰəu²⁴	təu⁴²	ləu²⁴
延安	ɕiɔ²¹³	tɕiɔ⁴⁴³	mu⁵²	tou⁵²	tʰou²¹³	tʰou²⁴	tʰou⁴⁴³ 绿~ / tou⁴⁴³ ~角	lou²⁴
延川	ɕiao²¹³	tɕiao⁵³	mu⁵³	təu⁵³	tʰəu²¹³	tʰəu³⁵	təu⁵³	ləu³⁵
黄陵	ɕiɔ³¹	tɕiɔ⁵⁵	mu⁵²	təu⁵²	tʰəu³¹	tʰəu²⁴	tʰəu⁵⁵	ləu²⁴
渭南	ɕiɔ³¹	tɕiɔ⁴⁴	mu⁵³	təu⁵³	tʰəu³¹	tʰəu²⁴	tʰəu⁴⁴ 黑~ / təu⁴⁴ ~腐	ləu²⁴
韩城	ɕiau³¹	tɕiau⁴⁴	mu⁵³	təu⁵³	tʰəu³¹	tʰəu²⁴	tʰəu⁴⁴	ləu²⁴
合阳	siɔ³¹	tɕiɔ⁵⁵	mu⁵²	tʰou²⁴ ~擞 / tou⁵² 颤~	tʰou³¹	tʰou²⁴	tʰou⁵⁵	lou²⁴
富平	siao³¹	tɕiao⁵⁵	mu⁵³	tou⁵³	tʰou³¹	tʰou²⁴	tou⁵⁵	lou²⁴
耀州	ɕiu²¹	tɕiɔ⁴⁴	mu⁵²	tou⁵²	tʰou²¹	tʰou²⁴	tou⁴⁴	lou²⁴
咸阳	ɕiɔ³¹	tɕiɔ⁴⁴	mu⁵³	tou⁵³	tʰou³¹	tʰou²⁴	tou⁴⁴	lou²⁴
旬邑	ɕiau²¹	tɕiau⁴⁴	mu⁵²	təu⁵²	tʰəu²¹	tʰəu²⁴	təu⁴⁴	ləu²⁴
三原	ɕiɔ³¹	tɕiɔ⁴⁴	mu⁵²	tou⁵²	tʰou³¹	tʰou²⁴	tou⁴⁴	lou²⁴
乾县	ɕiɔ²¹	tɕiɔ⁵⁵	mu⁵³	tou²⁴	tʰou²¹	tʰou²⁴	tou⁵⁵	lou²⁴
岐山	siɔ³¹	tɕiɔ⁴⁴	mu⁵³	tʰou⁵³	tʰou³¹	tʰəu²⁴	tou⁴⁴	lou²⁴
凤翔	siɔ³¹	tɕiɔ⁴⁴	mu⁵³	təu⁵³	tʰəu³¹	tʰəu²⁴	təu⁴⁴	ləu²⁴
千阳	siɔ³¹	tɕiɔ⁴⁴	mu⁵³	tou⁵³	tʰou³¹	tʰou²⁴	tou⁴⁴	lou²⁴
西安	ɕiau²¹	tɕiau⁴⁴	mu⁵³	tou⁵³	tʰou²¹	tʰou²⁴	tou⁴⁴	lou²⁴
户县	ɕiau³¹	tɕiau⁵⁵	mu⁵¹	tʰɤu³¹ ~~① / tɤu⁵¹ ~擞	tʰɤu³¹	tʰɤu³⁵	tɤu⁵⁵	lɤu³⁵

①~~：发抖。

	0329 箫 效开四 平萧心	0330 叫 效开四 去萧见	0331 母 丈~，舅~ 流开一 上侯明	0332 抖 流开一 上侯端	0333 偷 流开一 平侯透	0334 头 流开一 平侯定	0335 豆 流开一 去侯定	0336 楼 流开一 平侯来
商州	ɕiɑo³¹	tɕiɑo⁴⁴	mu⁵³	tou⁵³	tʰou³¹	tʰou³⁵	tou⁴⁴	lou³⁵
镇安	ɕiɔ⁵³	tɕiɔ²¹⁴	muə³⁵	təu³⁵	tʰəu⁵³	tʰəu³³	təu³²²	ləu³³
安康	ɕiau³¹	tɕiau⁴⁴	mu⁵³	tʰou⁵³ 发~ tou⁵³ ~动	tʰou³¹	tʰou³⁵	tou⁴⁴	lou³⁵
白河	ɕiɔu²¹³	tɕiɔu⁴¹	mo³⁵	təu³⁵	tʰəu²¹³	tʰəu⁴⁴	təu⁴¹	ləu⁴⁴
汉阴	ɕiɑo³³	tɕiɑo²¹⁴	mo⁴⁵	tʰəu⁴⁵ ~一下 təu⁴⁵ 颤~	tʰəu³³	tʰəu⁴²	təu²¹⁴	ləu⁴²
平利	ɕiau⁴³	tɕiau²¹⁴	mo⁴⁴⁵	tou⁴⁴⁵	tʰou⁴³	tʰou⁵²	tou²¹⁴	lou⁵²
汉中	ɕiɑo⁵⁵	tɕiɑo²¹³	mu³⁵⁴	tʰəu³⁵⁴ 发~ təu³⁵⁴ ~动	tʰəu⁵⁵	tʰəu⁴²	təu²¹³	ləu⁴²
城固	ɕiɔ⁵³	tɕiɔ²¹³	mu⁴⁴	tʰəu⁴⁴	tʰəu⁵³	tʰəu³¹¹	təu²¹³	ləu³¹¹
勉县	ɕiɑɔ⁴²	tɕiɑɔ²¹³	mu³⁵	tʰəu³⁵ ~腿 təu³⁵ ~动	tʰəu⁴²	tʰəu²¹	təu²¹³	ləu²¹
镇巴	ɕiau³⁵	tɕiau²¹³	mu⁵²	tʰəu⁵²	tʰəu³⁵	tʰəu³¹	təu²¹³	ləu³¹

	0337 走 流开一上侯精	0338 凑 流开一去侯清	0339 钩 流开一平侯见	0340 狗 流开一上侯见	0341 够 流开一去侯见	0342 口 流开一上侯溪	0343 藕 流开一上侯疑	0344 后前~ 流开一上侯匣
榆林	tsəu²¹³	tsʰəu⁵²	kəu³³	kəu²¹³	kəu⁵²	kʰəu²¹³	əu²¹³	xəu⁵²
神木	tsəu²¹³	tsʰəu⁵³	kəu²¹³	kəu²¹³	kəu⁵³	kʰəu²¹³	ŋəu²¹³	xəu⁵³
绥德	tsəu²¹³	tsʰəu⁵²	kəu²¹³	kəu²¹³	kəu⁵²	kʰəu²¹³	ŋəu²¹³	xəu⁵²
吴堡	tsɑo⁴¹²	tsʰɑo⁵³	kɑo²¹³	kɑo⁴¹²	kɑo⁵³	kʰɑo⁴¹²	ŋɑo⁴¹²	xɑo⁵³
清涧	tsəu⁵³	tsʰəu⁴²	kəu³¹²	kəu⁵³	kəu⁴²	kʰəu⁵³	ŋəu⁵³	xəu⁴²
延安	tsou⁵²	tsʰou⁴⁴³	kou²¹³	kou⁵²	kou⁴⁴³	kʰou⁵²	ŋou⁵²	xou⁴⁴³
延川	tsəu⁵³	tsʰəu⁵³	kəu²¹³	kəu⁵³	kəu⁵³	kʰəu⁵³	ŋəu⁵³	xəu⁵³
黄陵	tsəu⁵²	tsʰəu⁵⁵	kəu³¹	kəu⁵²	kəu⁵⁵	kʰəu⁵²	ŋəu⁵²	xəu⁵⁵
渭南	tsəu⁵³	tsʰəu⁴⁴	kəu²⁴	kəu⁵³	kəu⁴⁴	kʰəu⁵³	ŋəu⁵³	xəu⁴⁴
韩城	tsəu⁵³	tsʰəu⁴⁴	kəu³¹	kəu⁵³	kəu⁴⁴	kʰəu⁵³	ŋəu⁵³	xəu⁴⁴
合阳	tsou⁵²	tsʰou⁵⁵	kou³¹	kou⁵²	kou⁵⁵	kʰou⁵²	ŋou⁵²	xou⁵⁵
富平	tsou⁵³	tsʰou⁵⁵	kou³¹	kou⁵³	kou⁵⁵	kʰou⁵³	ŋou⁵³	xou⁵⁵
耀州	tsou⁵²	tsʰou⁴⁴	kou²¹	kou⁵²	kou⁴⁴	kʰou⁵²	ŋou⁵²	xou⁴⁴
咸阳	tsou⁵³	tsʰou⁴⁴	kou³¹	kou⁵³	kou⁴⁴	kʰou⁵³	ŋou⁵³	xou⁴⁴
旬邑	tsəu⁵²	tsʰəu⁴⁴	kəu²¹	kəu⁵²	kəu⁴⁴	kʰəu⁵²	ŋəu⁵²	xɯ⁴⁴ ~头 / xəu⁴⁴ ~悔
三原	tsou⁵²	tsʰou⁴⁴	kou³¹	kou⁵²	kou⁴⁴	kʰou⁵²	ŋou⁵²	xou⁴⁴
乾县	tsou⁵³	tsʰou⁵⁵	kou²¹	kou⁵³	kou⁵⁵	kʰou⁵³	ŋou⁵³	xou⁵⁵
岐山	tsou⁵³	tsʰou⁴⁴	kou³¹	kou⁵³	kou⁴⁴	kʰou⁵³	ŋou⁵³	xou⁴⁴
凤翔	tsəu⁵³	tsʰəu⁴⁴	kəu³¹	kəu⁵³	kəu⁴⁴	kʰəu⁵³	ŋəu⁵³	xəu⁴⁴
千阳	tsou⁵³	tsʰou⁴⁴	kou³¹	kou⁵³	kou⁴⁴	kʰou⁵³	ŋou⁵³	xou⁴⁴
西安	tsou⁵³	tsʰou⁴⁴	kou²¹	kou⁵³	kou⁴⁴	kʰou⁵³	ŋou⁵³	xou⁴⁴
户县	tsʁu⁵¹	tsʰʁu⁵⁵	kʁu³¹	kʁu⁵¹	kʁu⁵⁵	kʰʁu⁵¹	ŋʁu⁵¹	xɯ⁵⁵ ~头 / xʁu⁵⁵ 前~
商州	tsou⁵³	tsʰou⁴⁴	kou³¹	kou⁵³	kou⁴⁴	kʰou⁵³	ŋou⁵³	xɯ⁴⁴ 前~ / xou⁴⁴ ~头
镇安	tsəu³⁵	tsʰəu²¹⁴	kəu⁵³	kəu³⁵	kəu²¹⁴	kʰəu³⁵	ŋəu³⁵	xəu³²²
安康	tsou⁵³	tsʰou⁴⁴	kou³¹	kou⁵³	kou⁴⁴	kʰou⁵³	ŋou⁵³	xou⁴⁴

	0337 走	0338 凑	0339 钩	0340 狗	0341 够	0342 口	0343 藕	0344 后前~
	流开一上侯精	流开一去侯清	流开一平侯见	流开一上侯见	流开一去侯见	流开一上侯溪	流开一上侯疑	流开一上侯匣
白河	tsəu³⁵	tsʰəu⁴¹	kəu²¹³	kəu³⁵	kəu⁴¹	kʰəu³⁵	ŋəu³⁵	xəu⁴¹
汉阴	tsəu⁴⁵	tsʰəu²¹⁴	kəu³³	kəu⁴⁵	kəu²¹⁴	kʰəu⁴⁵	ŋəu⁴⁵	χəu²¹⁴
平利	tsou⁴⁴⁵	tsʰou²¹⁴	kou⁴³	kou⁴⁴⁵	kou²¹⁴	kʰou⁴⁴⁵	ŋou⁴⁴⁵	xou²¹⁴
汉中	tsəu³⁵⁴	tsʰəu²¹³	kəu⁵⁵	kəu³⁵⁴	kəu²¹³	kʰəu³⁵⁴	ŋəu³⁵⁴	xəu²¹³
城固	tsəu⁴⁴	tsʰəu²¹³	kəu⁵³	kəu⁴⁴	kəu²¹³	kʰəu⁴⁴	ŋəu⁴⁴	xəu²¹³
勉县	tsəu³⁵	tsʰəu²¹³	kəu⁴²	kəu³⁵	kəu²¹³	kʰəu³⁵	ŋəu³⁵	xəu²¹³
镇巴	tsəu⁵²	tsʰəu²¹³	kəu³⁵	kəu⁵²	kəu²¹³	kʰəu⁵²	ŋəu⁵²	xəu²¹³

	0345 厚 流开一上侯匣	0346 富 流开三去尤非	0347 副 流开三去尤敷	0348 浮 流开三平尤奉	0349 妇 流开三上尤奉	0350 流 流开三平尤来	0351 酒 流开三上尤精	0352 修 流开三平尤心
榆林	xəu⁵²	fu⁵²	fu⁵²	fu²¹³	fu⁵²	liəu²¹³	tɕiəu²¹³	ɕiəu³³
神木	xəu⁵³	fu⁵³	fu⁵³	fu⁴⁴	fu⁵³	liəu⁴⁴	tɕiəu²¹³	ɕiəu²¹³
绥德	xəu⁵²	fu⁵²	fu⁵²	fu³³	fu⁵²	liəu³³	tɕiəu²¹³	ɕiəu²¹³
吴堡	xɑo⁵³	fu⁵³	fu⁵³	fu³³	fu⁵³	liɑo³³	tɕiɑo⁴¹²	ɕiɑo²¹³
清涧	xəu⁴²	fʋ⁴²	fʋ⁴²	fʋ²⁴	fʋ⁵³	liəu²⁴	tɕiəu⁵³	ɕiəu³¹²
延安	xou⁴⁴³	fu⁴⁴³	fu⁴⁴³	fu²⁴	fu⁴⁴³	liou²⁴	tɕiou⁵²	ɕiou²¹³
延川	xəu⁵³	fu⁵³	fu⁵³	fu³⁵	fu⁵³	liəu³⁵	tɕiəu⁵³	ɕiəu²¹³
黄陵	xəu⁵⁵	fu⁵⁵	fu⁵⁵	fu²⁴	fu⁵⁵	liəu²⁴	tɕiəu⁵²	ɕiəu³¹
渭南	xəu⁴⁴	fu⁴⁴	fu⁴⁴	fu²⁴	fu⁴⁴	liəu²⁴	tɕiəu⁵³	ɕiəu³¹
韩城	xəu⁴⁴	fu⁴⁴	fu⁴⁴	fu²⁴	fu⁴⁴	liəu²⁴	tɕiəu⁵³	ɕiəu³¹
合阳	xou⁵⁵	fu⁵⁵	fu⁵⁵	fu²⁴	fu⁵⁵	liou²⁴	tsiou⁵²	siou³¹
富平	xou⁵⁵	fu⁵⁵	fu⁵⁵	fu²⁴	fu⁵⁵	liou²⁴	tiou⁵³	siou³¹
耀州	xou⁴⁴	fu⁴⁴	fu⁴⁴	fu²⁴	fu⁴⁴	liou²⁴	tɕiou⁵²	ɕiou²¹
咸阳	xou⁴⁴	fu⁴⁴	fu⁴⁴	fu²⁴	fu⁴⁴	liou²⁴	tɕiou⁵³	ɕiou³¹
旬邑	xəu⁴⁴	fu⁴⁴	fu⁴⁴	fu²⁴	fu⁴⁴	liəu²⁴	tsiəu⁵²	siəu²¹
三原	xou⁴⁴	fu⁴⁴	fu⁴⁴	fu²⁴	fu⁴⁴	liou²⁴	tɕiou⁵²	ɕiou³¹
乾县	xou⁵⁵	fu⁵⁵	fu⁵⁵	fu²⁴	fu⁵⁵	liou²⁴	tɕiou⁵³	ɕiou²¹
岐山	xou⁴⁴	fu⁴⁴	fu⁴⁴	fu²⁴	fu⁴⁴	liou²⁴	ȶiou⁵³	siou³¹
凤翔	xəu⁴⁴	fu⁴⁴	fu⁴⁴	fu²⁴	fu⁴⁴	liəu²⁴	tsiəu⁵³	siəu³¹
千阳	xou⁴⁴	fu⁴⁴	fu⁴⁴	fu²⁴	fu⁴⁴	liou²⁴	tsiou⁵³	siou³¹
西安	xou⁴⁴	fu⁴⁴	fu⁴⁴	fu²⁴	fu⁴⁴	liou²⁴	tɕiou⁵³	ɕiou²¹
户县	xʏu⁵⁵	fu⁵⁵	fu⁵⁵	fu³⁵	fu⁵⁵	liʏu³⁵	tɕiʏu⁵¹	ɕiʏu³¹
商州	xou⁴⁴	fu⁴⁴	fu⁴⁴	fu³⁵	fu⁴⁴	liou³⁵	tɕiou⁵³	ɕiou³¹
镇安	xəu³²²	fu²¹⁴	fu³²²	fu³³	fu³²²	liəu³³	tɕiəu³⁵	ɕiəu⁵³
安康	xou⁴⁴	fu⁴⁴	fu⁴⁴	fu³⁵	fu⁴⁴	liou³⁵	tɕiɑo⁵³	ɕiou³¹
白河	xəu⁴¹	fu⁴¹	fu⁴¹	fu⁴⁴	fu⁴¹	liəu⁴⁴	tɕiəu³⁵	ɕiəu²¹³

	0345 厚	0346 富	0347 副	0348 浮	0349 妇	0350 流	0351 酒	0352 修
	流开一上侯匣	流开三去尤非	流开三去尤敷	流开三平尤奉	流开三上尤奉	流开三平尤来	流开三上尤精	流开三平尤心
汉阴	χəu²¹⁴	χu²¹⁴	χu²¹⁴	χu⁴²	χu²¹⁴	liəu⁴²	tɕiəu⁴⁵	ɕiəu³³
平利	xou²¹⁴	fu²¹⁴	fu²¹⁴	fu⁵²	fu²¹⁴	liou⁵²	tɕiou⁴⁴⁵	ɕiou⁴³
汉中	xəu²¹³	fu²¹³	fu²¹³	fu⁴²	fu²¹³	liəu⁴²	tɕiəu³⁵⁴	ɕiəu⁵⁵
城固	xəu²¹³	fu²¹³	fu²¹³	fu³¹¹	fu²¹³	liəu³¹¹	tsiəu⁴⁴	siəu⁵³
勉县	xəu²¹³	fu²¹³	fu²¹³	fu²¹	fu²¹³	liəu²¹	tɕiəu³⁵	ɕiəu⁴²
镇巴	xəu²¹³	fu²¹³	fu²¹³	fu³¹	fu²¹³	liəu³¹	tɕiəu⁵²	ɕiəu³⁵

	0353 袖	0354 抽	0355 绸	0356 愁	0357 瘦	0358 州	0359 臭香~	0360 手
	流开三去尤邪	流开三平尤彻	流开三平尤澄	流开三平尤崇	流开三去尤生	流开三平尤章	流开三去尤昌	流开三上尤书
榆林	ɕiəu⁵²	tʂʰəu³³	tʂʰəu²¹³	tʂʰəu²¹³	səu⁵²	tʂəu³³	tʂʰəu⁵²	ʂəu²¹³
神木	ɕiəu⁵³	tʂʰəu²¹³	tʂʰəu⁴⁴	tʂʰəu⁴⁴	səu⁵³	tʂəu²¹³	tʂʰəu⁵³	ʂəu²¹³
绥德	ɕiəu⁵²	tʂʰəu²¹³	tʂʰəu³³	tʂʰəu³³	səu⁵²	tʂəu²¹³	tʂʰəu⁵²	ʂəu²¹³
吴堡	ɕiɑo⁵³	tʂʰɑo²¹³	tʂʰɑo³³	tʂʰɑo³³	sɑo⁵³	tʂɑo²¹³	tʂʰɑo⁵³	ʂɑo⁴¹²
清涧	ɕiəu⁴²	tʂʰəu³¹²	tʂʰəu²⁴	tʂʰəu²⁴	səu⁴²	tʂəu³¹²	tʂʰəu⁴²	ʂəu⁵³
延安	ɕiou⁴⁴³	tʂʰou²¹³	tʂʰou²⁴	tʂʰou²⁴	sou⁴⁴³	tʂou²¹³	tʂʰou⁴⁴³	ʂou⁵²
延川	ɕiəu⁵³	tʂʰəu²¹³	tʂʰəu³⁵	tʂʰəu³⁵	səu⁵³	tʂəu²¹³	tʂʰəu⁵³	ʂəu⁵³
黄陵	ɕiəu⁵⁵	tʂʰəu³¹	tʂʰəu²⁴	tʂʰəu²⁴	səu⁵⁵	tʂəu³¹	tʂʰəu⁵⁵	ʂəu⁵²
渭南	ɕiəu⁴⁴	tʂʰəu³¹	tʂʰəu²⁴	tʂʰəu²⁴	səu⁴⁴	tʂəu³¹	tʂʰəu⁴⁴	ʂəu⁵³
韩城	ɕiəu⁴⁴	tʂʰəu³¹	tʂʰəu²⁴	tʂʰəu²⁴	səu⁴⁴	tʂəu³¹	tʂʰəu⁴⁴	ʂəu⁵³
合阳	siou⁵⁵	iou³¹ ~油 tʂʰou³¹ ~水	tʂʰou²⁴	tʂʰou²⁴	sou⁵⁵	tʂou³¹	tʂʰou⁵⁵	ʂou⁵²
富平	siou⁵⁵	tʂʰou³¹	tʂʰou²⁴	tʂʰou²⁴	sou⁵⁵	tʂou³¹	tʂʰou⁵⁵	ʂou⁵³
耀州	ɕiou⁴⁴	tʂʰou²¹	tʂʰou²⁴	tʂʰou²⁴	sou⁴⁴	tʂou²¹	tʂʰou⁴⁴	ʂou⁵²
咸阳	ɕiou⁴⁴	tʂʰou³¹	tʂʰou²⁴	tʂʰou²⁴	sou⁴⁴	tʂou³¹	tʂʰou⁴⁴	ʂou⁵³
旬邑	siəu⁴⁴	tʂʰəu²¹	tʂʰəu²⁴	tʂʰəu²⁴	səu⁴⁴	tʂəu²¹	tʂʰəu⁴⁴	ʂəu⁵²
三原	ɕiou⁴⁴	tʂʰou³¹	tʂʰou²⁴	tʂʰou²⁴	sou⁴⁴	tʂou³¹	tʂʰou⁴⁴	ʂou⁵²
乾县	ɕiou⁵⁵	tʂʰou²¹	tʂʰou²⁴	tʂʰou²⁴	sou⁵⁵	ʈou²¹	tʂʰou⁵⁵	ʂou⁵³
岐山	siou⁴⁴	tʂʰəu³¹	tʂʰəu²⁴	tʂʰəu²⁴	səu⁴⁴	tʂəu³¹	tʂʰəu⁴⁴	ʂəu⁵³
凤翔	siəu⁴⁴	tʂʰəu³¹	tʂʰəu²⁴	tʂʰəu²⁴	səu⁴⁴	tʂəu³¹	tʂʰəu⁴⁴	ʂəu⁵³
千阳	siou⁴⁴	tʂʰou³¹	tʂʰou²⁴	tʂʰou²⁴	sou⁴⁴	tʂou³¹	tʂʰou⁴⁴	ʂou⁵³
西安	ɕiou⁴⁴	tʂʰou²¹	tʂʰou²⁴	tʂʰou²⁴	sou⁴⁴	tʂou²¹	tʂʰou⁴⁴	ʂou⁵³
户县	ɕiɤu⁵⁵	iɤu³¹ ~出 tʂʰɤu³¹ ~屉	tʂʰɤu³⁵	tʂʰɤu³⁵	sɤu⁵⁵	tʂɤu³¹	tʂʰɤu⁵⁵	ʂɤu⁵¹
商州	ɕiou⁴⁴	tʂʰou³¹	tʂʰou³⁵	tʂʰou³⁵	sou⁴⁴	tʂou³¹	tʂʰou⁴⁴	ʂou⁵³
镇安	ɕiəu³²²	tʂʰəu⁵³	tʂʰəu³³	tʂʰəu³³	səu²¹⁴	tʂəu⁵³	tʂʰəu³²²	ʂəu³⁵
安康	ɕiou⁴⁴	tʂʰou³¹	tʂʰou³⁵	tʂʰou³⁵	ʂou⁴⁴	tʂou³¹	tʂʰou⁴⁴	ʂou⁵³
白河	ɕiəu⁴¹	tʂʰəu²¹³	tʂʰəu⁴⁴	tʂʰəu⁴⁴	səu⁴¹	tʂəu²¹³	tʂʰəu⁴¹	ʂəu³⁵

	0353 袖	0354 抽	0355 绸	0356 愁	0357 瘦	0358 州	0359 臭香~	0360 手
	流开三去尤邪	流开三平尤彻	流开三平尤澄	流开三平尤崇	流开三去尤生	流开三平尤章	流开三去尤昌	流开三上尤书
汉阴	ɕiəu²¹⁴	tʂʰəu³³	tʂʰəu⁴²	tsʰəu⁴²	səu²¹⁴	tʂəu³³	tʂʰəu²¹⁴	ʂəu⁴⁵
平利	ɕiou²¹⁴	tʂʰou⁴³	tʂʰou⁵²	tsʰou⁵²	sou²¹⁴	tʂou⁴³	tʂʰou²¹⁴	ʂou⁴⁴⁵
汉中	ɕiəu²¹³	tʂʰəu⁵⁵	tʂʰəu⁴²	tsʰəu⁴²	səu²¹³	tʂəu⁵⁵	tʂʰəu²¹³	ʂəu³⁵⁴
城固	siəu²¹³	tʂʰəu⁵³	tʂʰəu³¹¹	tsʰəu³¹¹	səu²¹³	tʂəu⁵³	tʂʰəu²¹³	ʂəu⁴⁴
勉县	ɕiəu²¹³	tʂʰəu⁴²	tʂʰəu²¹	tsʰəu²¹	səu²¹³	tsəu⁴²	tʂʰəu²¹³	səu³⁵
镇巴	ɕiəu²¹³	tʂʰəu³⁵	tʂʰəu³¹	tsʰəu³¹	səu²¹³	tsəu³⁵	tʂʰəu²¹³	səu⁵²

	0361 寿	0362 九	0363 球	0364 舅	0365 旧	0366 牛	0367 休	0368 优
	流开三去尤禅	流开三上尤见	流开三平尤群	流开三上尤群	流开三去尤群	流开三平尤疑	流开三平尤晓	流开三平尤影
榆林	ʂəu⁵²	tɕiəu²¹³	tɕʰiəu²¹³	tɕiəu⁵²	tɕiəu⁵²	niəu²¹³	ɕiəu³³	iəu³³
神木	ʂəu⁵³	tɕiəu²¹³	tɕʰiəu⁴⁴	tɕiəu⁵³	tɕiəu⁵³	ŋiəu⁴⁴	ɕiəu²¹³	iəu²¹³
绥德	ʂəu⁵²	tɕiəu²¹³	tɕʰiəu³³	tɕiəu⁵²	tɕiəu⁵²	niəu³³	ɕiəu²¹³	iəu²¹³
吴堡	ʂɑo⁵³	tɕiɑo⁴¹²	tɕʰiɑo³³	tɕiɑo⁵³	tɕiɑo⁵³	ȵiɑo³³	ɕiɑo²¹³	iɑo²¹³
清涧	ʂəu⁴²	tɕiəu⁵³	tɕʰiəu²⁴	tɕʰiəu⁴² 姑~ / tɕiəu⁴² ~~	tɕʰiəu⁴²	ȵiəu²⁴	ɕiəu³¹²	iəu³¹²
延安	ʂou⁴⁴³	tɕiou⁵²	tɕʰiou²⁴	tɕiou⁴⁴³ ~~ / tɕiou⁴⁴³ 大~	tɕʰiou⁴⁴³ ~衣服 / tɕiou⁴⁴³ ~社会	ȵiou²⁴	ɕiou²¹³	iou²¹³
延川	ʂəu⁵³	tɕiəu⁵³	tɕʰiəu³⁵	tɕiəu⁵³	tɕiəu⁵³	niəu³⁵	ɕiəu²¹³	iəu²¹³
黄陵	ʂəu⁵⁵	tɕiəu⁵²	tɕʰiəu²⁴	tɕiəu⁵⁵	tɕiəu⁵⁵	ȵiəu²⁴	ɕiəu³¹	iəu³¹
渭南	ʂəu⁴⁴	tɕiəu⁵³	tɕʰiəu²⁴	tɕiəu⁴⁴	tɕiəu⁴⁴	ȵiəu²⁴	ɕiəu³¹	iəu³¹
韩城	ʂəu⁴⁴	tɕiəu⁵³	tɕʰiəu²⁴	tɕʰiəu⁴⁴	tɕʰiəu⁴⁴	ŋəu²⁴ 放~ / ȵiəu²⁴ ~奶	ɕiəu³¹	iəu³¹
合阳	ʂou⁵⁵	tɕiou⁵²	tɕʰiou²⁴	tɕʰiou⁵⁵	tɕʰiou⁵⁵	ŋou²⁴	ɕiou³¹	iou³¹
富平	ʂou⁵⁵	tɕiou⁵³	tɕʰiou²⁴	tɕʰiou⁵⁵	tɕiou⁵⁵	ȵiou²⁴	ɕiou³¹	iou³¹
耀州	ʂou⁴⁴	tɕiou⁵²	tɕʰiou²⁴	tɕiou⁴⁴	tɕiou⁴⁴	ȵiou²⁴	ɕiou²¹	iou²¹
咸阳	ʂou⁴⁴	tɕiou⁵³	tɕʰiou²⁴	tɕiou⁴⁴	tɕiou⁴⁴	ȵiou²⁴	ɕiou³¹	iou³¹
旬邑	ʂəu⁴⁴	tɕiəu⁵²	tɕʰiəu²⁴	tɕiəu⁴⁴	tɕʰiəu⁴⁴	ȵiəu²⁴	ɕiəu²¹	iəu²¹
三原	ʂou⁴⁴	tɕiou⁵²	tɕʰiou²⁴	tɕiou⁴⁴	tɕiou⁴⁴	ȵiou²⁴	ɕiou³¹	iou³¹
乾县	ʂou⁵⁵	tɕiou⁵³	tɕʰiou²⁴	tɕiou⁵⁵	tɕiou⁵⁵	ȵiou²⁴	ɕiou²¹	iou²¹
岐山	ʂou⁴⁴	tɕiou⁵³	tɕʰiou²⁴	tɕiou⁴⁴	tɕʰiou⁴⁴	ȵiou²⁴	ɕiou³¹	iou³¹
凤翔	ʂəu⁴⁴	tɕiəu⁵³	tɕʰiəu²⁴ 又 / tɕʰiəu³¹ 又	tɕiəu⁴⁴	tɕiəu⁴⁴	ȵiəu²⁴	ɕiəu³¹	iəu³¹
千阳	ʂou⁴⁴	tɕiou⁵³	tɕʰiou³¹	tɕiou⁴⁴	tɕʰiou⁴⁴ ~社会 / tɕiou⁴⁴ 破~	ȵiou²⁴	ɕiou³¹	iou³¹
西安	ʂou⁴⁴	tɕiou⁵³	tɕʰiou²⁴	tɕiou⁴⁴	tɕiou⁴⁴	ȵiou²⁴	ɕiou²¹	iou²¹
户县	ʂɤu⁵⁵	tɕiɤu⁵¹	tɕʰiɤu³⁵	tɕiɤu⁵⁵ 叙称 / tɕiɤu³⁵ 呼称	tɕiɤu⁵⁵	ȵiɤu³⁵	ɕiɤu³¹	iɤu³¹

	0361 寿 流开三去尤禅	0362 九 流开三上尤见	0363 球 流开三平尤群	0364 舅 流开三上尤群	0365 旧 流开三去尤群	0366 牛 流开三平尤疑	0367 休 流开三平尤晓	0368 优 流开三平尤影
商州	ʂou⁴⁴	tɕiou⁵³	tɕʰiou³⁵	tɕiou⁴⁴	tɕiou⁴⁴	ȵiou³⁵	ɕiou³¹	iou³¹
镇安	ʂəu³²²	tɕiəu³⁵	tɕʰiəu³³	tɕiəu³²²	tɕiəu³²²	ȵiəu³³	ɕiəu⁵³	iəu⁵³
安康	ʂou⁴⁴	tɕiou⁵³	tɕʰiou³⁵	tɕiou⁴⁴	tɕiou⁴⁴	ȵiou³⁵	ɕiou³¹	iou³¹
白河	ʂəu⁴¹	tɕiəu³⁵	tɕʰiəu⁴⁴	tɕiəu⁴¹	tɕiəu⁴¹	ȵiəu⁴⁴	ɕiəu²¹³	iəu²¹³
汉阴	ʂəu²¹⁴	tɕiəu⁴⁵	tɕʰiəu⁴²	tɕiəu²¹⁴	tɕiəu²¹⁴	ȵiəu⁴²	ɕiəu³³	iəu³³
平利	ʂou²¹⁴	tɕiou⁴⁴⁵	tɕʰiou⁵²	tɕiou²¹⁴	tɕiou²¹⁴	ȵiou⁵²	ɕiou⁴³	iou⁴³
汉中	ʂəu²¹³	tɕiəu³⁵⁴	tɕʰiəu⁴²	tɕiəu²¹³	tɕiəu²¹³	ȵiəu⁴²	ɕiəu⁵⁵	iəu⁵⁵
城固	ʂəu²¹³	tɕiəu⁴⁴	tɕʰiəu³¹¹	tɕiəu²¹³	tɕiəu²¹³	ȵiəu³¹¹	ɕiəu⁵³	iəu⁵³
勉县	səu²¹³	tɕiəu³⁵	tɕʰiəu⁴²	tɕʰiəu²¹³	tɕiəu²¹³	ȵiəu²¹	ɕiəu⁴²	iəu⁴²
镇巴	səu²¹³	tɕiəu⁵²	tɕʰiəu³¹	tɕiəu²¹³	tɕiəu²¹³	ȵiəu³¹	ɕiəu³⁵	iəu³⁵

	0369 有	0370 右	0371 油	0372 丢	0373 幼	0374 贪	0375 潭	0376 南
	流开三上尤云	流开三去尤云	流开三平尤以	流开三平幽端	流开三去幽影	咸开一平覃透	咸开一平覃定	咸开一平覃泥
榆林	iəu²¹³	iəu⁵²	iəu²¹³	tiəu²¹³	iəu⁵²	tʰɛ³³	tʰɛ²¹³	nɛ²¹³
神木	iəu²¹³	iəu⁵³	iəu⁴⁴	tiəu²¹³	iəu⁵³	tʰɛ²¹³	tʰɛ⁴⁴	nɛ⁴⁴
绥德	iəu²¹³	iəu⁵²	iəu³³	tiəu²¹³	iəu⁵²	tʰæ²¹³	tʰæ³³	næ³³
吴堡	iɑo⁴¹²	iɑo⁵³	iɑo³³	tiɑo²¹³	iɑo⁵³	tʰɑ̃²¹³	tʰɑ̃³³	nɑ̃³³
清涧	iəu⁵³	iəu⁴²	iəu²⁴	tiəu³¹²	iəu⁴²	tʰɛ²⁴	tʰɛ²⁴	nɛ²⁴
延安	iou⁵²	iou⁴⁴³	iou²⁴	tiou²¹³	iou⁴⁴³	tʰæ̃²¹³	tʰæ̃²⁴	næ̃²⁴
延川	iəu⁵³	iəu⁵³	iəu³⁵	tiəu²¹³	iəu⁵³	tʰæ̃²¹³	tʰæ̃³⁵	næ̃³⁵
黄陵	iəu⁵²	iəu⁵⁵	iəu²⁴	tɕiəu³¹	iəu⁵⁵	tʰæ̃³¹	tʰæ̃²⁴	næ̃²⁴
渭南	iəu⁵³	iəu⁴⁴	iəu²⁴	tɕiəu³¹	iəu⁴⁴	tʰæ̃³¹	tʰæ̃²⁴	næ̃²⁴
韩城	iəu⁵³	iəu⁴⁴	iəu²⁴	tiəu³¹	iəu⁴⁴	tʰɑ̃³¹	tʰɑ̃²⁴	lɑŋ²⁴ 朝~ / nɑ̃²⁴ ~瓜
合阳	iou⁵²	iou⁵⁵	iou²⁴	tiou³¹	iou⁵⁵	tʰɑ̃³¹	tʰɑ̃²⁴	lɑ̃²⁴ ~边 / nɑ̃²⁴ ~瓜
富平	iou⁵³	iou⁵⁵	iou²⁴	tiou³¹	iou⁵⁵	tʰæ̃³¹	tʰæ̃²⁴	næ̃²⁴
耀州	iou⁵²	iou⁴⁴	iou²⁴	tiou²¹	iou⁴⁴	tʰæ̃²¹	tʰæ̃²⁴	næ̃²⁴
咸阳	iou⁵³	iou⁴⁴	iou²⁴	tiou³¹	iou⁴⁴	tʰɑ̃³¹	tʰɑ̃²⁴	lɑ̃²⁴
旬邑	iəu⁵²	iəu⁴⁴	iəu²⁴	tiəu²¹	iəu⁴⁴	tʰɑ̃³¹	tʰɑ̃²⁴	lɑ̃²⁴
三原	iou⁵²	iou⁴⁴	iou²⁴	tɕiou³¹	iou⁴⁴	tʰɑ̃³¹	tʰɑ̃²⁴	nɑ̃²⁴
乾县	iou⁵³	iou⁵⁵	iou²⁴	tiou²¹	iou⁵⁵	tʰæ̃²¹	tʰæ̃²⁴	næ̃²⁴
岐山	iou⁵³	iou⁴⁴	iou²⁴	ʈiou³¹	iou⁴⁴	tʰæ̃³¹	tʰæ̃²⁴	læ̃²⁴
凤翔	iəu⁵³	iəu⁴⁴	iəu²⁴	tsiəu³¹	iəu⁴⁴	tʰæ̃³¹	tʰæ̃²⁴	læ̃²⁴
千阳	iou⁵³	iou⁴⁴	iou²⁴	tiou³¹	iou⁴⁴	tʰæ̃³¹	tʰæ̃²⁴	læ̃²⁴
西安	iou⁵³	iou⁴⁴	iou²⁴	tiou²¹	iou⁴⁴	tʰɑ̃²¹	tʰɑ̃²⁴	nɑ̃²⁴
户县	iʏu⁵¹	iʏu⁵⁵	iʏu³⁵	tiʏu³¹	iʏu⁵⁵	tʰɑ̃³¹	tʰɑ̃³⁵	nɑ̃³⁵
商州	iou⁵³	iou⁴⁴	iou³⁵	tiou³¹	iou⁴⁴	tʰɑ̃³¹	tʰɑ̃³⁵	nɑ̃³⁵
镇安	iəu³⁵	iəu³²²	iəu³³	tiəu⁵³	iəu³²²	tʰan⁵³	tʰan³³	nan³³
安康	iou⁵³	iou⁴⁴	iou³⁵	tiou³¹	iou⁴⁴	tʰan³¹	tʰan³¹	lan³⁵

	0369 有	0370 右	0371 油	0372 丢	0373 幼	0374 贪	0375 潭	0376 南
	流开三上尤云	流开三去尤云	流开三平尤以	流开三平幽端	流开三去幽影	咸开一平覃透	咸开一平覃定	咸开一平覃泥
白河	iəu³⁵	iəu⁴¹	iəu⁴⁴	tiəu²¹³	iəu⁴¹	tʰan²¹³	tʰan⁴⁴	lan⁴⁴
汉阴	iəu⁴⁵	iəu²¹⁴	iəu⁴²	tiəu³³	iəu²¹⁴	tʰan³³	tʰan⁴²	lan⁴²
平利	iou⁴⁴⁵	iou²¹⁴	iou⁵²	tiou⁴³	iou²¹⁴	tʰan⁴³	tʰan⁴³	lan⁵²
汉中	iəu³⁵⁴	iəu²¹³	iəu⁴²	tiəu⁵⁵	iəu²¹³	tʰan⁵⁵	tʰan⁴²	lan⁴²
城固	iəu⁴⁴	iəu²¹³	iəu³¹¹	tiəu⁵³	iəu²¹³	tʰan⁵³	tʰan³¹¹	lan³¹¹
勉县	iəu³⁵	iəu²¹³	iəu²¹	tiəu⁴²	iəu²¹³	tʰɑn⁴²	tʰan²¹	lɑn⁴²
镇巴	iəu⁵²	iəu²¹³	iəu³¹	tiəu³⁵	iəu²¹³	tʰan³⁵	tʰan³¹	lan³¹

	0377 蚕	0378 感	0379 含~一口水	0380 暗	0381 搭	0382 踏	0383 拉	0384 杂
	咸开一平覃从	咸开一上覃见	咸开一平覃匣	咸开一去覃影	咸开一入合端	咸开一入合透	咸开一入合来	咸开一入合从
榆林	tsʰɛ²¹³	kɛ²¹³	xɛ²¹³	nɛ⁵²	taʔ³	tʰaʔ³	laʔ³	tsa²¹³
神木	tsʰɛ⁴⁴	kɛ²¹³	xɛ⁴⁴	ŋɛ⁵³	taʔ⁴	tʰaʔ⁴	laʔ⁴	tsa⁴⁴
绥德	tsʰæ³³	kæ²¹³	xæ³³	ŋæ⁵²	tɑ³³	tʰɑ³³	lɑ³³	tsɑ³³
吴堡	tsʰã³³	kã⁴¹²	xã³³	ŋie⁵³	taʔ³	tʰaʔ²¹³	laʔ²¹³	tsʰɑʔ²¹³ ~面 / tsɑʔ²¹³ 复~
清涧	tʰɛ²⁴	kɛ⁵³	xɛ²⁴	ŋɛ⁴²	ta⁵³	tʰɑ²⁴	lɑ³¹²	tsʰɑ²⁴ ~面 / tsɑ²⁴ 复~
延安	tsʰæ²⁴	kæ⁵²	xæ²⁴	ŋæ⁴⁴³	ta²¹³	tʰɑ²⁴	lɑ²¹³	tsʰɑ²⁴ ~种 / tsɑ²⁴ 复~
延川	tsʰæ̃³⁵	kæ̃⁵³	xæ̃³⁵	ŋæ̃⁵³	ta⁴²³	tʰɑ⁴²³	lɑ⁴²³	tsa³⁵
黄陵	tsʰæ̃²⁴	kæ̃⁵²	xæ̃²⁴	ŋæ̃⁵⁵	tɑ³¹	tʰɑ²⁴	lɑ³¹	tsʰɑ²⁴ / tsɑ²⁴
渭南	tsʰæ̃²⁴	kæ̃⁵³	xæ̃²⁴	ŋæ̃⁴⁴	tɑ³¹	tʰɑ²⁴	lɑ³¹	tsa²⁴
韩城	tsʰã²⁴	kã⁵³	xã²⁴	ŋã⁴⁴	tɑ³¹	tʰɑ²⁴	lɑ³¹	tsʰɑ²⁴
合阳	tsʰã²⁴	kã⁵²	xã²⁴	ŋã⁵⁵	tɑ³¹	tʰɑ²⁴	lɑ³¹	tsʰɑ²⁴
富平	tsʰæ̃²⁴	kæ̃⁵³	xæ̃²⁴	ŋæ̃⁵⁵	tɑ³¹	tʰɑ²⁴	lɑ³¹	tsa²⁴
耀州	tsʰæ̃²⁴	kæ̃⁵²	xæ̃²⁴	ŋæ̃⁴⁴	tɑ²¹	tʰɑ²⁴	lɑ²¹	tsa²⁴
咸阳	tsʰã²⁴	kã⁵³	xã²⁴	ŋã⁴⁴	tɑ³¹	tʰɑ²⁴	lɑ³¹	tsa²⁴
旬邑	tsʰã²⁴	kã⁵²	xã²⁴	ŋã⁴⁴	tɑ²¹	tʰɑ²⁴	lɑ²¹	tsa²⁴
三原	tsʰã²⁴	kã⁵²	xã²⁴	ŋã⁴⁴	tɑ³¹	tʰɑ²⁴	lɑ³¹	tsa²⁴
乾县	tsʰæ̃²⁴	kæ̃⁵³	xæ̃²⁴	ŋæ̃⁵⁵	tɑ²¹	tʰɑ²⁴	na²¹	tsa²⁴
岐山	tsʰæ̃²⁴	kæ̃⁵³	xæ̃²⁴	ŋæ̃⁴⁴	tA³¹	tʰA²⁴	lA³¹	tsA²⁴
凤翔	tsʰæ̃²⁴	kæ̃⁵³	xæ̃²⁴	ŋæ̃⁴⁴	tɑ³¹	tʰɑ²⁴	lɑ³¹	tsa²⁴
千阳	tsʰæ̃²⁴	kæ̃⁵³	xæ̃²⁴	ŋæ̃⁴⁴	tɑ³¹	tʰɑ²⁴	lɑ³¹	tsa²⁴
西安	tsʰã²⁴	kã⁵³	xã²⁴	ŋã⁴⁴	tɑ²¹	tʰɑ²⁴	lɑ²¹	tsa²⁴
户县	tsʰã³⁵	kã⁵¹	xã³⁵	ŋã⁵⁵	tɑ³¹	tʰɑ³⁵ / tʰɑ³¹ ~实	lɑ³¹	tsa³⁵
商州	tsʰã³⁵	kã⁵³	xã³⁵	ŋã⁴⁴	tɑ³¹	tʰɑ³⁵	lɑ³¹	tsa³⁵

	0377 蚕	0378 感	0379 含~一口水	0380 暗	0381 搭	0382 踏	0383 拉	0384 杂
	咸开一平覃从	咸开一上覃见	咸开一平覃匣	咸开一去覃影	咸开一入合端	咸开一入合透	咸开一入合来	咸开一入合从
镇安	tsʰan³³	kan³⁵	xan³³	ŋan²¹⁴	ta⁵³	tʰa³³	la⁵³	tsa²¹⁴
安康	tsʰan³⁵	kan⁵³	xan³⁵	ŋan⁴⁴	ta³¹	tʰa³¹	la³¹	tsa³⁵
白河	tsʰan⁴⁴	kan³⁵	xan⁴⁴	ŋan⁴¹	ta²¹³	tʰa⁴⁴	la²¹³	tsa⁴⁴
汉阴	tsʰan⁴²	kan⁴⁵	χan⁴²	ŋan²¹⁴	tɑ⁴²	tʰɑ⁴²	lɑ³³	tsɑ⁴²
平利	tsʰan⁵²	kan⁴⁴⁵	xan⁵²	ŋan²¹⁴	ta⁴³	tʰa⁵²	la⁴³	tsa⁵²
汉中	tsʰan⁴²	kan³⁵⁴	xan⁴²	ŋan²¹³	tᴀ⁵⁵	tʰᴀ⁴²	lᴀ⁵⁵	tsᴀ⁴²
城固	tsʰan³¹¹	kan⁴⁴	xan³¹¹	ŋan²¹³	ta⁵³	tʰa³¹¹	la⁵³	tsa³¹¹
勉县	tsʰɑn²¹	kɑn³⁵	xɑn²¹	ŋɑn³⁵	tɑ⁴²	tʰɑ²¹	lɑ⁴²	tsɑ²¹
镇巴	tsʰan³¹	kan⁵²	xan³¹	ŋan²¹³	ta³¹	tʰa³¹	la³⁵	tsa³¹

	0385 鸽	0386 盒	0387 胆	0388 毯	0389 淡	0390 蓝	0391 三	0392 甘
	咸开一入合见	咸开一入合匣	咸开一上谈端	咸开一上谈透	咸开一上谈定	咸开一平谈来	咸开一平谈心	咸开一平谈见
榆林	kʌʔ³	xɑ²¹³	tɛ²¹³	tʰɛ²¹³	tɛ⁵²	lɛ²¹³	sɛ³³	kɛ³³
神木	kəʔ⁴	xəʔ²¹³	tɛ²¹³	tʰɛ²¹³	tɛ⁵³	lɛ⁴⁴	sɛ²¹³	kɛ²¹³
绥德	kɤ³³	xɤ³³	tæ²¹³	tʰæ²¹³	tæ⁵²	læ³³	sæ²¹³	kæ²¹³
吴堡	kəʔ³	xɑʔ²¹³	tã⁴¹²	tʰã⁴¹²	tã⁵³	lã³³	sã²¹³	kie²¹³ ~草 kã²¹³ ~泉
清涧	kɤ⁵³	xɤ²⁴	tɛ⁵³	tʰɛ⁵³	tʰɛ⁴² 寡~ tɛ⁴² ~水	lɛ²⁴	sɛ³¹²	kɛ³¹²
延安	kuo²¹³ ~子 kə²¹³ 和平~	xuo²⁴ ~~ xə²⁴ ~子	tæ̃⁵²	tʰæ̃⁵²	tʰæ̃⁴⁴³	læ̃²¹³	sæ̃²¹³	kæ̃²¹³
延川	kə⁴²³	xə³⁵	tæ̃⁵³	tʰæ̃⁵³	tæ̃⁵³	læ̃³⁵	sæ̃²¹³	kæ̃²¹³
黄陵	kɤ³¹	xuɤ²⁴	tæ̃⁵²	tʰæ̃⁵²	tʰæ̃⁵⁵ tæ̃⁵⁵	læ̃²⁴	sæ̃³¹	kæ̃³¹
渭南	kə³¹	xuə²⁴	tæ̃⁵³	tʰæ̃⁵³	tʰæ̃⁴⁴	læ̃²⁴	sæ̃³¹	kæ̃³¹
韩城	kɤ³¹	xuɤ²⁴	tã⁵³	tʰã⁵³	tʰã⁴⁴	lɑŋ²⁴ ~的 lã²⁴ 板~根	sɑŋ³¹ ~ sã³¹ ~九	kã³¹
合阳	kɤ³¹	xuo²⁴	tã⁵²	tʰã⁵²	tʰã⁵⁵	lã²⁴	sã²⁴	kã³¹
富平	kɤ³¹	xuo²⁴	tæ̃⁵³	tʰæ̃⁵³	tæ̃⁵⁵	læ̃²⁴	sæ̃³¹	kæ̃³¹
耀州	kɤ²¹	xuo²⁴	tæ̃⁵²	tʰæ̃⁵²	tæ̃⁴⁴	læ̃²⁴	sæ̃³¹	kæ̃²¹
咸阳	kɤ³¹	xuo²⁴	tã⁵³	tʰã⁵³	tã⁴⁴	lã²⁴	sã³¹	kã³¹
旬邑	kɤ²¹	xuo²⁴	tæ̃⁵²	tʰæ̃⁵²	tʰã⁴⁴	læ̃²⁴	sã²¹	kã²¹
三原	kɤ³¹	xuə²⁴	tã⁵²	tʰã⁵²	tã⁴⁴	lã²⁴	sã³¹	kã³¹
乾县	kɤ²¹	xɤ²⁴	tæ̃⁵³	tʰæ̃⁵³	tæ̃⁵⁵	næ̃²⁴	sæ̃²¹	kæ̃²¹
岐山	kɤ³¹	xuo²⁴	tæ̃⁵³	tʰæ̃⁵³	tʰæ̃⁴⁴（颜色）~了 tæ̃⁴⁴ 黯~	læ̃²⁴	sæ̃³¹	kæ̃³¹
凤翔	kuo³¹	xuo²⁴	tæ̃⁵³	tʰæ̃⁵³	tʰæ̃⁴⁴ ~家门前① tæ̃⁴⁴ 冷~	læ̃²⁴	sæ̃³¹	kæ̃³¹

①~家门前：鸽子。

	0385 鸽	0386 盒	0387 胆	0388 毯	0389 淡	0390 蓝	0391 三	0392 甘
	咸开一入合见	咸开一入合匣	咸开一上谈端	咸开一上谈透	咸开一上谈定	咸开一平谈来	咸开一平谈心	咸开一平谈见
千阳	kuo³¹	xuo²⁴	tæ̃⁵³	tʰæ̃³¹	tʰæ̃⁴⁴	læ̃²⁴	sæ̃³¹	kæ̃³¹
西安	kɤ²¹	xuo²⁴	tã⁵³	tʰã⁵³	tã⁴⁴	lã²⁴	sã²¹	kã²¹
户县	kɯ³¹ ~鹆儿①　kɤ³¹ ~子	xuɤ³⁵	tã⁵¹	tʰã⁵¹	tã⁵⁵	lã³⁵	sã³¹	kã³¹
商州	kə³¹	xuə³⁵	tã⁵³	tʰã⁵³	tã⁴⁴	lã³⁵	sã³¹	kã³¹
镇安	kuə⁵³	xuə³²²	tan³⁵	tʰan³⁵	tan³²²	lan³³	san⁵³	kan⁵³
安康	kɤ³¹	xuo³⁵	tan⁵³	tʰan⁵³	tan⁴⁴	lan³⁵	san³¹	kan³¹
白河	kuo²¹³	xuo⁴⁴	tan³⁵	tʰan³⁵	tan⁴¹	lan⁴⁴	san²¹³	kan²¹³
汉阴	ko⁴²	χo⁴²	tan⁴⁵	tʰan⁴⁵	tan²¹⁴	lan⁴²	san³³	kan³³
平利	ko⁴³	xo⁵²	tan⁴⁴⁵	tʰan⁴⁴⁵	tan²¹⁴	lan⁵²	san⁴³	kan⁴³
汉中	kɤ⁵⁵	xɤ⁴²	tan³⁵⁴	tʰan³⁵⁴	tan²¹³	lan⁴²	san⁵⁵	kan⁵⁵
城固	kə⁵³	xuə³¹¹ ~子　xə³¹¹ 文具~	tan⁴⁴	tʰan⁴⁴	tan²¹³	lan³¹¹	san⁵³	kan⁵³
勉县	kɤ⁴²	xɤ²¹	tan³⁵	tʰan³⁵	tan²¹³	lan²¹	san⁴²	kɑn⁴²
镇巴	ko³¹	xo³¹	tan⁵²	tʰan⁵²	tan²¹³	lan³¹	san³⁵	kan³⁵

① ~鹆儿：地名。

	0393 敢 咸开一 上谈见	0394 喊 咸开一 上谈晓	0395 塔 咸开一 入盍透	0396 蜡 咸开一 入盍来	0397 赚 咸开二 去咸澄	0398 杉~木 咸开二 平咸生	0399 减 咸开二 上咸见	0400 咸~淡 咸开二 平咸匣
榆林	kɛ²¹³	xɛ²¹³	tʰaʔ³	laʔ³	tʂuɛ⁵²	sɛ³³	tɕiɛ²¹³	xɛ²¹³
神木	kɛ²¹³	xɛ²¹³	tʰaʔ⁴	laʔ⁴	tʂuɛ⁵³	sɛ²¹³	tɕiɛ²¹³	xɛ⁴⁴
绥德	kæ²¹³	xæ²¹³	tʰɑ³³	lɑ³³	tʂuæ⁵²	sæ²¹³	tɕie²¹³	xæ³³
吴堡	kie⁴¹²	xã⁴¹²	tʰaʔ³	laʔ²¹³	tsuã⁵³	sã⁴¹²	tɕiã⁴¹²	xã³³
清涧	kɛ⁵³	xɛ⁵³	tʰɑ⁵³	lɑ⁵³	tʂuɛ⁴²	sɛ³¹²	tɕi⁵³	xɛ²⁴
延安	kæ̃⁵²	xæ̃⁵²	tʰɑ²¹³	lɑ²¹³	tʂuæ̃⁴⁴³	sæ̃²¹³	tɕiæ̃⁵²	xæ̃²⁴
延川	kæ̃⁵³	xæ̃⁵³	tʰɑ⁴²³	lɑ⁴²³	tʂuæ̃⁵³	sæ̃²¹³	tɕiɛ⁵³	xæ̃³⁵
黄陵	kæ̃⁵²	xæ̃⁵²	tʰɑ³¹	lɑ³¹	tsuæ̃⁵⁵	sæ̃³¹	tɕiæ̃⁵²	xæ̃²⁴
渭南	kæ̃⁵³	xæ̃⁵³	tʰɑ³¹	lɑ³¹	tɕiæ̃⁴⁴ / tʃæ̃⁴⁴	sɑ³¹	tɕiæ̃⁵³	xæ̃²⁴
韩城	kã⁵³	xã⁵³	tʰɑ³¹	lɑ³¹	tɕiã⁴⁴ / pfã⁴⁴	sɑ³¹	tɕiã⁵³	xaŋ²⁴
合阳	kã⁵²	xã⁵²	tʰɑ³¹	lɑ³¹	tɕiã⁵⁵ ~钱 / pfã⁵⁵ ~利	sɑ³¹	tɕiã⁵²	xã²⁴
富平	kæ̃⁵³	xæ̃⁵³	tʰɑ³¹	lɑ³¹	tʃuæ̃⁵⁵		tɕiæ̃⁵³	xæ̃²⁴
耀州	kæ̃⁵²	xæ̃⁵²	tʰɑ²¹	lɑ²¹	tɕiæ̃⁴⁴ / tʃuæ̃⁴⁴	sæ̃²¹	tɕiæ̃⁵²	xæ̃²⁴ ~菜 / ɕiæ̃²⁴ ~鸭蛋
咸阳	kã⁵³	xã⁵³	tʰɑ³¹	lɑ³¹	tʃuã⁴⁴	sã³¹	tɕiã⁵³	xã²⁴
旬邑	kã⁵²	xã⁵²	tʰɑ²¹	lɑ²¹	tʃã⁴⁴	sã²¹	tɕiã⁵²	xã²⁴ / ɕiã²⁴
三原	kã⁵²	xã⁵²	tʰɑ³¹	lɑ³¹	tɕiã⁴⁴ / tʃuã⁴⁴	sã³¹	tɕiã⁵²	xã²⁴
乾县	kæ̃⁵³	xæ̃⁵³	tʰɑ²¹	nɑ²¹	tʃuæ̃⁵⁵	sæ̃²¹	tɕiæ̃⁵³	xæ̃²⁴
岐山	kæ̃⁵³	xæ̃⁵³	tʰᴀ³¹	lᴀ³¹	tʂæ̃⁴⁴	sᴀ³¹ ~木 / sæ̃³¹ ~树	tɕiæ̃⁵³	xæ̃²⁴ ~淡 / ɕiæ̃²⁴ ~淡
凤翔	kæ̃⁵³	xæ̃⁵³	tʰɑ³¹	lɑ³¹	tʂæ̃⁴⁴	sɑ³¹	tɕiæ̃⁵³	ɕiæ̃²⁴
千阳	kæ̃⁵³	xæ̃⁵³	tʰɑ³¹	lɑ³¹	tʃæ̃⁴⁴	sæ̃³¹	tɕiæ̃⁵³	xæ̃²⁴

	0393 敢	0394 喊	0395 塔	0396 蜡	0397 赚	0398 杉~木	0399 减	0400 咸~淡
	咸开一上谈见	咸开一上谈晓	咸开一入盍透	咸开一入盍来	咸开二去咸澄	咸开二平咸生	咸开二上咸见	咸开二平咸匣
西安	kã⁵³	xã⁵³	tʰa²¹	la²¹	pfã⁴⁴	sã²¹	tɕiã⁵³	xã²⁴
户县	kã⁵¹	xã⁵¹	tʰa³¹	la³¹	tɕiã⁵⁵ ~钱 tsuã⁵⁵ ~头	sã³¹ ~木 sã³¹ ~树	tɕiã⁵¹	xã³⁵ ~得很 ɕiã³⁵ ~淡
商州	kã⁵³	xã⁵³	tʰɑ³¹	lɑ³¹	tɕiã⁴⁴	sã³¹	tɕiã⁵³	xã³⁵
镇安	kan³⁵	xan³⁵	tʰa⁵³	la⁵³	tṣuan²¹⁴	sa⁵³	tɕian³⁵	xan³³
安康	kan⁵³	xan⁵³	tʰa³¹	la³¹	pfan⁴⁴	ʂa³¹	tɕian⁵³	xan³⁵ ~淡 ɕian³⁵ ~菜
白河	kan³⁵	xan³⁵	tʰa²¹³	la²¹³	tʂuan⁴¹	ʂa²¹³	tɕian³⁵	ɕian⁴⁴
汉阴	kan⁴⁵	χan⁴⁵	tʰa⁴²	la⁴²	tsuan²¹⁴	sa³³	tɕian⁴⁵	χan⁴²
平利	kan⁴⁴⁵	xan⁴⁴⁵	tʰa⁴³	la⁴³	tʂuan²¹⁴	ʂa⁴³	tɕian⁴⁴⁵	xan⁵² ~淡 ɕian⁵² ~菜
汉中	kan³⁵⁴	xan³⁵⁴	tʌ⁵⁵	lʌ⁵⁵	tsuan²¹³	sʌ⁵⁵	tɕian³⁵⁴	xan⁴² ~的 ɕian⁴² ~盐
城固	kan⁴⁴	xan⁴⁴	ta⁵³	la⁵³	tʃuan²¹³	sa⁵³	tɕian⁴⁴	ɕian³¹¹
勉县	kɑn³⁵	xɑn³⁵	tʰɑ⁴²	lɑ⁴²	tsuɑn²¹³	sɑ⁴²	tɕiɑn³⁵	xɑn²¹ ~的 ɕiɑn⁴² ~盐
镇巴	kan⁵²	xan⁵²	tʰa³¹	la³¹	tsuan²¹³	sa³⁵	tɕian⁵²	xan³¹ ~菜 ɕian³¹

	0401 插	0402 闸	0403 夹~子	0404 衫	0405 监	0406 岩	0407 甲	0408 鸭
	咸开二入洽初	咸开二入洽崇	咸开二入洽见	咸开二平衔生	咸开二平衔见	咸开二平衔疑	咸开二入狎见	咸开二入狎影
榆林	tsʰaʔ³	tsa²¹³	tɕiaʔ³	sɛ³³	tɕiɛ³³	iɛ²¹³	tɕiaʔ³	iaʔ³
神木	tsʰaʔ⁴	tsa²¹³	tɕiaʔ⁴	sɛ²¹³	tɕiɛ²¹³	iɛ⁴⁴	tɕiaʔ⁴	iaʔ⁴
绥德	tsʰa³³	tsa³³	tɕia³³	sæ²¹³	tɕiɛ²¹³	iɛ³³	tɕia³³	ia³³
吴堡	tsʰaʔ³	tsa⁴¹²	tɕiaʔ³	sã⁴¹²	tɕiã²¹³	iɛ³³	tɕiaʔ³	ȵiaʔ³
清涧	tsʰa⁵³	tsa⁴²	tɕia⁵³	sɛ³¹²	tɕi³¹²	ȵi²⁴ ~~①/i̠²⁴ 花岗~	tɕia⁵³	ȵia⁵³
延安	tsʰa²¹³	tsa⁴⁴³	tɕia²¹³	sæ̃²¹³	tɕiæ̃²¹³	iæ̃²⁴	tɕia²¹³	ȵia²¹³ ~子 / ia²¹³ ~脖子
延川	tsʰa⁴²³	tsa³⁵	tɕia⁴²³	sæ̃²¹³	tɕiɛ²¹³	iɛ³⁵	tɕia⁴²³	ȵia⁴²³
黄陵	tsʰa³¹	tsa⁵⁵	tɕia³¹	sæ̃³¹	tɕiæ̃³¹	iæ²⁴	tɕia³¹	ȵia³¹
渭南	tsʰa³¹	tsa⁴⁴	tɕia³¹	sæ̃³¹	tɕiæ̃³¹	iae²⁴	tɕia³¹	ȵia³¹
韩城	tsʰa³¹	tsa⁴⁴	tɕia³¹	sã³¹	tɕiã³¹	iæe²⁴	tɕia⁵³	ȵia³¹
合阳	tsʰa³¹	tsa⁵⁵	tɕia³¹	sã³¹	tɕiã³¹	næe²⁴ 石~ / iæe²⁴ ~壁	tɕia³¹	ȵia³¹
富平	tsʰa³¹	tsa⁵⁵	tɕia³¹	sæ̃³¹	tɕiæ̃³¹	iɛe²⁴	tɕia³¹	ȵia³¹
耀州	tsʰa²¹	tsa⁴⁴	tɕia²¹	sæ̃²¹	tɕiæ̃²¹	iæ̃²⁴	tɕia²¹	ȵia²¹
咸阳	tsʰa³¹	tsa²⁴	tɕia³¹	sã³¹	tɕiã³¹	iã²⁴	tɕia³¹	ȵia³¹
旬邑	tsʰa²¹	tsa⁴⁴	tɕia²¹	sã²¹	tɕiã²¹	iɛi²⁴	tɕia²¹	ȵia²¹
三原	tsʰa³¹	tsa⁴⁴	tɕia³¹	sã³¹	tɕiã³¹	iai²⁴	tɕia³¹	ȵia³¹
乾县	tsʰa²¹	tsa⁵⁵	tɕia²¹	sæ̃²¹	tɕiæ̃²¹	iæ̃²⁴	tɕia²¹	ia²¹
岐山	tsʰA³¹	tsA⁴⁴	tɕiA³¹	sæ̃³¹	tɕiæ̃³¹	iæ̃²⁴	tɕiA³¹	iA³¹
凤翔	tsʰa³¹	tsa⁴⁴	tɕia³¹	sæ̃³¹	tɕiæ̃³¹	iæ̃²⁴	tɕia³¹	ia³¹
千阳	tsʰa³¹	tsa⁴⁴	tɕia³¹	sæ̃³¹	tɕiæ̃³¹	iæ²⁴	tɕia³¹	ia³¹
西安	tsʰa²¹	tsa⁴⁴	tɕia²¹	sã²¹	tɕiã²¹	iã²⁴	tɕia²¹	ia²¹
户县	tsʰa³¹	tsa⁵⁵	tɕia³¹	sã³¹	tɕiã³¹	næ³⁵ ~顶 / iæ³⁵ ~石	tɕia³¹	ȵia³¹ ~子 / ia³¹ 鸡~

① ~~：位于石崖上，上方有突出的石岩遮挡的小块儿空地。

	0401 插	0402 闸	0403 夹~子	0404 衫	0405 监	0406 岩	0407 甲	0408 鸭
	咸开二入洽初	咸开二入洽崇	咸开二入洽见	咸开二平衔生	咸开二平衔见	咸开二平衔疑	咸开二入狎见	咸开二入狎影
商州	tsʰa³¹	tsa³⁵	tɕia³¹	sã³¹	tɕiã³¹	iai³⁵	tɕia³¹	ȵia³¹
镇安	tsʰa⁵³	tsa³²²	tɕia⁵³	san⁵³	tɕian⁵³	ian³³	tɕia⁵³	ȵia⁵³
安康	tsʰa³¹	tʂa⁴⁴	tɕia³¹	ʂan³¹	tɕian³¹	ŋæ³⁵	tɕia³¹	ia³¹
白河	tʂʰa²¹³	tʂa⁴⁴	tɕia²¹³	ʂan²¹³	tɕian²¹³	ŋai⁴⁴	tɕia²¹³	ia²¹³
汉阴	tsʰɑ⁴²	tsɑ²¹⁴	tɕiɑ⁴²	san³³	tɕian³³	ŋae⁴²	tɕiɑ⁴²	iɑ⁴²
平利	tʂʰa⁴³	tʂa²¹⁴	tɕia⁴³	ʂan⁴³	tɕian⁴³	ŋai⁵²	tɕia⁴³	ia⁴³
汉中	tsʰᴀ⁵⁵	tsᴀ⁴²	tɕiᴀ⁵⁵	san⁵⁵	tɕian⁵⁵	ian⁴²	tɕiᴀ⁵⁵	iᴀ⁵⁵
城固	tsʰa⁵³	tsa³¹¹	tɕia⁵³	san⁵³	tɕian⁵³	iɛ³¹¹	tɕia⁵³	ia⁵³
勉县	tsʰɑ⁴²	tsɑ²¹	tɕiɑ⁴²	san⁴²	tɕian⁴²	ŋɑi²¹ / iɑn²¹	tɕiɑ⁴²	iɑ⁴²
镇巴	tsʰa³¹	tsa²¹³	tɕia³¹	san³⁵	tɕian³⁵	ŋai³¹	tɕia³¹	ia³¹

	0409 黏~液 咸开三平盐泥	0410 尖 咸开三平盐精	0411 签~名 咸开三平盐清	0412 占~领 咸开三去盐章	0413 染 咸开三上盐日	0414 钳 咸开三平盐群	0415 验 咸开三去盐疑	0416 险 咸开三上盐晓
榆林	ʐɛ²¹³	tɕie³³	tɕʰie³³	tʂɛ⁵²	ʐɛ²¹³	tɕʰie²¹³	ie⁵²	ɕie²¹³
神木	ʐɛ⁴⁴	tɕie²¹³	tɕʰie²¹³	tʂɛ⁵³	ʐɛ⁴⁴	tɕʰie⁴⁴	ie⁵³	ɕie²¹³
绥德	ʐæ³³	tɕie²¹³	tɕʰie²¹³	tʂæ⁵²	ʐæ²¹³	tɕʰie³³	ie⁵²	ɕie²¹³
吴堡	ȵie³³	tɕie²¹³	tɕʰie²¹³	tʂie⁵³	ʐie⁴¹²	tɕʰie³³	ie⁵³	ɕie⁴¹²
清涧	ʐei²⁴	tɕi³¹²	tɕʰi³¹²	tʂei⁴² ~领 tsɛ⁴² 抢~	ʐɑ⁵³ ~病 ʐei⁵³ ~上 ʐɛ⁵³ ~色	tɕʰi²⁴	i⁴²	ɕi⁵³
延安	ȵiæ̃²⁴	tɕiæ̃²¹³	tɕʰiæ̃²¹³	tʂæ̃⁴⁴³	ʐæ̃⁵²	tɕʰiæ̃²⁴	iæ̃⁴⁴³	ɕiæ̃⁵²
延川	ʐɤ³⁵ 面~~ ʐæ̃³⁵ ~糊	tɕie²¹³	tɕʰie²¹³	tʂɤ⁵³ ~下 tʂɛ⁵³ ~领	ʐɤ⁵³ ~头发 ʐæ̃⁵³ 传~	tɕʰie³⁵	ie⁵³	ɕie⁵³
黄陵	ʐæ̃²⁴	tɕiæ̃³¹	tɕʰiæ̃³¹	tʂæ̃⁵⁵	ʐæ̃⁵²	tɕʰiæ̃²⁴	iæ̃⁵⁵	ɕiæ̃⁵²
渭南	ʐæ̃²⁴	tɕiæ̃³¹	tɕʰiæ̃³¹	tʂæ̃⁴⁴	ʐæ̃⁵³	tɕʰiæ̃²⁴	iæ̃⁴⁴	ɕiæ̃⁵³
韩城	ʐɑŋ²⁴ ~得太 ʐã²⁴ ~土	tɕiã³¹	tɕʰiã³¹	tʂã⁴⁴	ʐã⁵³	tɕʰiaŋ²⁴ ~子 tɕʰiã²⁴ ~工	ȵiã⁴⁴	ɕiã⁵³
合阳	ʐã²⁴	tsiã³¹	tɕʰiã³¹	tʂã⁵⁵	ʐã⁵²	tɕʰiã²⁴	iã⁵⁵	ɕiã⁵³
富平	ʐæ̃²⁴	tiæ̃³¹	tʰiæ̃³¹	tʂæ̃⁵⁵	ʐæ̃⁵³	tɕʰiæ̃²⁴	iæ̃⁵⁵	ɕiæ̃⁵³
耀州	ʐæ̃²⁴ ~得很 ȵiæ̃²⁴ ~液	tɕiæ̃²¹	tɕʰiæ̃²¹	tʂæ̃⁴⁴	ʐæ̃⁵²	tɕʰiæ̃²⁴	iæ̃⁴⁴	ɕiæ̃⁵²
咸阳	ȵiã²⁴	tɕiã³¹	tɕʰiã³¹	tʂã⁴⁴	ʐã⁵³	tɕʰiã²⁴	iã⁴⁴	ɕiã⁵³
旬邑	ʐã²⁴ ~人 ȵiã²⁴ ~稠	tsiã²¹	tsʰiã²¹	tʂã⁴⁴	ʐã⁵²	tɕʰiã²⁴	iã⁴⁴	ɕiã⁵²
三原	ʐã²⁴	tɕiã³¹	tɕʰiã³¹	tʂã⁴⁴	ʐã⁵²	tɕʰiã²⁴	iã⁴⁴	ɕiã⁵²
乾县	ʐæ̃²⁴ ~面 ȵiæ̃²⁴ ~糊	tɕiæ̃²¹	tɕʰiæ̃²¹	tæ̃⁵⁵	ʐæ̃⁵³	tɕʰiæ̃²⁴	iæ̃⁵⁵	ɕiæ̃⁵³
岐山	ȵiæ̃²⁴	tiæ̃³¹	tʰiæ̃²⁴	tʂæ̃⁴⁴	ʐæ̃⁴⁴	tɕʰiæ̃²⁴	iæ̃⁴⁴	ɕiæ̃⁵³
凤翔	ʐæ̃²⁴	tsiæ̃³¹	tsʰiæ̃³¹	tʂæ̃⁴⁴	ʐæ̃⁴⁴ ~头发 ʐæ̃⁵³ ~病	tɕʰiæ̃²⁴	iæ̃⁴⁴	ɕiæ̃⁵³

	0409 黏~液	0410 尖	0411 签~名	0412 占~领	0413 染	0414 钳	0415 验	0416 险
	咸开三平盐泥	咸开三平盐精	咸开三平盐清	咸开三去盐章	咸开三上盐日	咸开三平盐群	咸开三去盐疑	咸开三上盐晓
千阳	ʑæ̃²⁴	tsiæ̃³¹	tsʰiæ̃³¹	tʂæ̃⁴⁴	ʑæ̃⁴⁴	tɕʰiæ̃²⁴	iæ̃⁴⁴	ɕiæ̃⁵³
西安	ʑã²⁴	tɕiã²¹	tɕʰiã²¹	tʂã⁴⁴	ʑã⁵³	tɕʰiã²⁴	iã⁴⁴	ɕiã⁵³
户县	ʑã³⁵	tɕiã³¹	tɕʰiã³¹	tʂã⁵⁵	ʑã⁵⁵又 ʑã⁵¹又	tɕʰiã³⁵	iã⁵⁵	ɕiã⁵¹
商州	ʑã³⁵	tɕiã³¹	tɕʰiã³¹	tʂã⁴⁴	ʑã⁵³	tɕʰiã³⁵	iã⁴⁴	ɕiã⁵³
镇安	ɲian³³	tɕian⁵³	tɕʰian⁵³	tʂan²¹⁴	ʑan³⁵	tɕʰian³³	ian³²²	ɕian³⁵
安康	ɲian³⁵	tɕian³¹	tɕʰian³¹	tʂan⁴⁴	ʑan⁵³	tɕʰian³⁵	ian⁴⁴	ɕian⁵³
白河	ɲian⁴⁴	tɕian²¹³	tɕʰian²¹³	tʂan⁴¹	ʑan³⁵	tɕʰian⁴⁴	ɲian⁴¹	ɕian³⁵
汉阴	ʑan⁴²	tɕian³³	tɕʰian³³	tʂan²¹⁴	ʑan⁴⁵	tɕʰian⁴²	ɲian²¹⁴	ɕian⁴⁵
平利	ʑan⁵² ɲian⁵²	tɕian⁴³	tɕʰian⁴³	tʂan²¹⁴	ʑan⁴⁴⁵	tɕʰian⁵²	ɲian²¹⁴考~ ian²¹⁴灵~	ɕian⁴⁴⁵
汉中	ʑan⁴²	tɕian⁵⁵	tɕʰian⁵⁵	tʂan²¹³	ʑan³⁵⁴	tɕʰian⁴²	ian²¹³	ɕian³⁵⁴
城固	ʑan³¹¹	tsian⁵³	tsʰian⁵³	tʂan²¹³	ʑan⁴⁴	tɕʰian³¹¹	ian²¹³	ɕian⁴⁴
勉县	zan²¹	tɕian⁴²	tɕʰian⁴²	tsan²¹³	zan³⁵	tɕʰian²¹	ian²¹³	ɕian³⁵
镇巴	lian³¹	tɕian³⁵	tɕʰian³⁵	tsan²¹³	zan⁵²	tɕʰian³¹	ian²¹³	ɕian⁵²

	0417 厌	0418 炎	0419 盐	0420 接	0421 折~叠	0422 叶~树	0423 剑	0424 欠
	咸开三去盐影	咸开三平盐云	咸开三平盐以	咸开三入叶精	山开三入薛章	咸开三入叶以	咸开三去严见	咸开三去严溪
榆林	iɛ⁵²	iɛ⁵²	iɛ²¹³	tɕiʌʔ³	tʂʌʔ³	iʌʔ³	tɕiɛ⁵²	tɕʰiɛ⁵²
神木	iɛ⁵³	iɛ⁵³	iɛ⁴⁴	tɕiəʔ⁴	tʂəʔ⁴	iəʔ⁴	tɕiɛ⁵³	tɕʰiɛ⁵³
绥德	iɛ⁵²	iɛ⁵²	iɛ³³	tɕiɛ³³	tʂɤ³³	iɛ³³	tɕiɛ⁵²	tɕʰiɛ⁵²
吴堡	iɛ⁵³	iɛ⁵³	iɛ³³	tɕiəʔ³	tʂəʔ³	iəʔ²¹³	tɕiɛ⁵³	tɕʰiɛ⁵³
清涧	i⁴²	i⁴²	i²⁴	tɕi⁵³	tʂɤ⁵³	i⁵³	tɕi⁴²	tɕʰi⁴²
延安	iæ̃⁴⁴³	iæ̃⁴⁴³	iæ̃²⁴	tɕiɛ²¹³	tʂə²¹³	iɛ²¹³	tɕiæ̃⁴⁴³	tɕʰiæ̃⁴⁴³
延川	iɛ⁵³	iɛ⁵³	iɛ³⁵	tɕiɛ⁴²³	tʂɤ⁴²³	iɛ⁴²³	tɕiɛ⁵³	tɕʰiɛ⁵³
黄陵	iæ̃⁵⁵	iæ̃⁵⁵	iæ̃²⁴	tɕiɛ³¹	tʂɤ³¹	iɛ³¹	tɕiæ̃⁵⁵	tɕʰiæ̃⁵⁵
渭南	iæ̃⁴⁴	iæ̃⁴⁴	iæ̃²⁴	tɕiɛ³¹	tʂə³¹	iɛ³¹	tɕiæ̃⁴⁴	tɕʰiæ̃⁴⁴
韩城	iã⁴⁴	iã⁴⁴	iɑŋ²⁴ 粗~ / iã²⁴ 碘~	tɕiᴇ³¹	tʂʅᴇ³¹	iᴇ³¹	tɕiã⁴⁴	tɕʰiã⁴⁴
合阳	iã⁵⁵	iã²⁴	iã²⁴	tsiɛ³¹	tʂɤ³¹	iɛ³¹	tɕiã⁵⁵	tɕʰiã⁵⁵
富平	iæ̃⁵⁵	iæ̃⁵⁵	iæ̃²⁴	tiɛ³¹	tʂɤ³¹	iɛ³¹	tɕiæ̃⁵⁵	tɕʰiæ̃⁵⁵
耀州	iæ̃⁴⁴	iæ̃⁴⁴	iæ̃²⁴	tɕiɛ²¹	tʂɤ²⁴	iɛ²¹	tɕiæ̃⁴⁴	tɕʰiæ̃⁴⁴
咸阳	iã⁴⁴	iã⁴⁴	iã²⁴	tɕiɛ³¹	tʂɤ³¹	iɛ³¹	tɕiã⁴⁴	tɕʰiã⁴⁴
旬邑	iã⁴⁴	iã⁴⁴	iã²⁴	tɕiɛ²¹	tʂɤ²¹	iɛ²¹	tɕiã⁴⁴	tɕʰiã⁴⁴
三原	iã⁴⁴	iã⁴⁴	iã²⁴	tɕiɛ³¹	tʂɤ³¹	iɛ³¹	tɕiã⁴⁴	tɕʰiã⁴⁴
乾县	iæ̃⁵⁵	iæ̃⁵⁵	iæ̃²⁴	tɕiə²¹	tʂɤ²¹	iə²¹	tɕiæ̃⁵³ 又 / tɕiæ̃⁵⁵ 又	tɕʰiæ̃⁵⁵
岐山	iã⁴⁴	iã⁴⁴	iã²⁴	tɕiɛ³¹	tʂɤ²⁴	iɛ³¹	tɕiæ̃⁴⁴	tɕʰiæ̃⁴⁴
凤翔	iã⁴⁴	iã⁴⁴	iã²⁴	tsiɛ³¹	tʂʅə³¹	iɛ³¹	tɕiæ̃⁴⁴	tɕʰiæ̃⁴⁴
千阳	iã⁴⁴	iã⁴⁴	iã²⁴	tsiɛ³¹	tʂə²⁴	iɛ³¹	tɕiæ̃⁴⁴	tɕʰiæ̃⁴⁴
西安	iã⁴⁴	iã⁴⁴	iã²⁴	tɕiɛ²¹	tʂɤ²¹	iɛ²¹	tɕiã⁴⁴	tɕʰiã⁴⁴
户县	iã⁵⁵	iã⁵⁵	iã³⁵	tɕiɛ³¹	tʂʅɛ³¹	iɛ³¹	tɕiã⁵⁵	tɕʰiã⁵⁵
商州	iã⁴⁴	iã⁴⁴	iã³⁵	tɕiɛ³¹	tʂə³¹	iɛ³¹	tɕiã⁴⁴	tɕʰiã⁴⁴
镇安	ian³²²	ian³²²	ian³³	tɕiɛ⁵³	tʂɛ⁵³	iɛ⁵³	tɕian²¹⁴	tɕʰian³²²
安康	ian⁴⁴	ian⁴⁴	ian³⁵	tɕiɛ³¹	tʂɤ³¹	iɛ³¹	tɕian⁴⁴	tɕʰian⁴⁴

	0417 厌	0418 炎	0419 盐	0420 接	0421 折~叠	0422 叶树~	0423 剑	0424 欠
	咸开三去盐影	咸开三平盐云	咸开三平盐以	咸开三入叶精	山开三入薛章	咸开三入叶以	咸开三去严见	咸开三去严溪
白河	ian⁴¹	ian⁴⁴	ian⁴⁴	tɕiE²¹³	tʂE⁴⁴	iE²¹³	tɕian⁴¹	tɕʰian⁴¹
汉阴	ian²¹⁴	ian²¹⁴	ian⁴²	tɕiE⁴²	tʂE⁴²	iE⁴²	tɕian²¹⁴	tɕʰian²¹⁴
平利	ian²¹⁴	ian²¹⁴	ian⁵²	tɕiE⁴³	tʂE⁵²	iE⁴³	tɕian²¹⁴	tɕʰian²¹⁴
汉中	ian²¹³	ian⁵⁵	ian⁴²	tɕiE⁵⁵	tʂɤ⁵⁵	iE⁵⁵	tɕian²¹³	tɕʰian²¹³
城固	ian²¹³	ian³¹¹	ian³¹¹	tsiε⁵³	tʂə³¹¹	iε⁵³	tɕian²¹³	tɕʰian²¹³
勉县	ian²¹³	ian⁴²	ian²¹	tɕiE⁴²	tsɤ⁴²	iE⁴²	tɕian²¹³	tɕʰian²¹³
镇巴	iɑn²¹³	iɑn³⁵	iɑn³¹	tsε³¹ ~班 tɕiε³¹ ~受	tsε³¹	iε³¹	tɕian²¹³	tɕʰian²¹³

	0425 严	0426 业	0427 点	0428 店	0429 添	0430 甜	0431 念	0432 嫌
	咸开三平严疑	咸开三入业疑	咸开四上添端	咸开四去添端	咸开四平添透	咸开四平添定	咸开四去添泥	咸开四平添匣
榆林	iɛ²¹³	iʌʔ³	tiɛ²¹³	tiɛ⁵²	tʰiɛ³³	tʰiɛ²¹³	niɛ⁵²	ɕiɛ²¹³
神木	iɛ⁴⁴	iəʔ⁴	tiɛ²¹³	tiɛ⁵³	tʰiɛ²¹³	tʰiɛ⁴⁴	ȵiɛ⁵³	ɕiɛ⁴⁴
绥德	ie³³	ie³³	tie²¹³	tie⁵²	tʰie²¹³	tʰie³³	nie⁵²	ɕie³³
吴堡	ie³³	iəʔ²¹³	tie⁴¹²	tie⁵³	tʰie²¹³	tʰie³³	ȵie⁵³	ɕie³³
清涧	i²⁴	i⁵³	ti⁵³	ti⁴²	tʰi³¹²	tʰi²⁴	ȵi⁴²	ɕi²⁴
延安	ŋæ̃²⁴ ~的 iæ̃²⁴ ~格	ȵiɛ²¹³ 毕~ iɛ²¹³ ~务	tiæ̃⁵²	tiæ̃⁴⁴³	tʰiæ̃²¹³	tʰiæ̃²⁴	ȵiæ̃⁴⁴³	ɕiæ̃²⁴
延川	ie³⁵	ie⁴²³	tie⁵³	tie⁵³	tʰiɛ²¹³	tʰiɛ³⁵	nie⁵³	ɕie³⁵
黄陵	ȵiæ̃²⁴ ~得很 iæ̃²⁴ ~肃	ȵiɛ³¹ 作~ iɛ³¹ ~营	tɕiæ̃⁵²	tɕiæ̃⁵⁵	tɕʰiæ̃³¹	tɕʰiæ̃²⁴	ȵiæ̃⁵⁵	ɕiæ̃²⁴
渭南	iæ̃²⁴	ȵie³¹	tɕiæ̃⁵³	tɕiæ̃⁴⁴	tɕʰiæ̃³¹	tɕʰiæ̃²⁴	ȵiæ̃⁴⁴	ɕiæ̃²⁴
韩城	ȵiaŋ²⁴ ~实 ȵiã²⁴ ~打	ȵiɛ³¹	tiaŋ⁵³ 一~ tiã⁵³ ~心	tiã⁴⁴	tʰiaŋ³¹ ~钱 tʰiã³¹ ~增	tʰiaŋ²⁴ ~的 tʰiã²⁴ ~蜜	ȵiaŋ⁴⁴ ~书 ȵiã⁴⁴ ~思	ɕiaŋ²⁴ ~人 ɕiã²⁴ 避~
合阳	ȵiã²⁴ ~肃 iã²⁴ ~格	ȵie³¹	tiã⁵²	tiã⁵⁵	tʰiã³¹	tʰiã²⁴	ȵiã⁵⁵	ɕiã²⁴
富平	ȵiæ̃²⁴ 盖~ iæ̃²⁴ ~肃	ȵie³¹	tiæ̃⁵³	tiæ̃⁵⁵	tʰiæ̃³¹	tʰiæ̃²⁴	ȵiæ̃⁵⁵	ɕiæ̃²⁴
耀州	iæ̃²⁴	ȵie²¹	tiæ̃⁵²	tiæ̃⁴⁴	tɕʰiæ̃²¹	tɕʰiæ̃²⁴	ȵiæ̃⁴⁴	ɕiæ̃²⁴
咸阳	iã²⁴	ȵie³¹	tiã⁵³	tiã⁴⁴	tʰiã³¹	tʰiã²⁴	ȵiã⁴⁴	ɕiã²⁴
旬邑	iã²⁴	ȵie²¹	tiã⁵²	tiã⁴⁴	tsʰiã²¹	tsʰiã²⁴	ȵiã⁴⁴	ɕiã²⁴
三原	iã²⁴	ie³¹	tɕiã⁵²	tɕiã⁴⁴	tɕʰiã³¹	tɕʰiã²⁴	ȵiã⁴⁴	ɕiã²⁴
乾县	ȵiæ̃²⁴ 姓氏 iæ̃²⁴ ~格	ȵiə²¹	tiæ̃⁵³	tiæ̃⁵⁵	tʰiæ̃²¹	tʰiæ̃²⁴	ȵiæ̃⁵⁵	ɕiæ̃²⁴
岐山	ȵiæ̃²⁴ ~实 iæ̃²⁴ ~禁	ȵie³¹	ȶiæ̃⁵³	ȶiæ̃⁴⁴	tʰiæ̃⁵³	tʰiæ̃²⁴	ȵiæ̃⁴⁴	ɕiæ̃²⁴
凤翔	ȵiæ̃²⁴ 把门关~ iæ̃²⁴ ~格	ȵie³¹	tsiæ̃⁵³	tsiæ̃⁴⁴	tsʰiæ̃³¹	tsʰiæ̃²⁴	ȵiæ̃⁴⁴	ɕiæ̃²⁴

	0425 严	0426 业	0427 点	0428 店	0429 添	0430 甜	0431 念	0432 嫌
	咸开三平严疑	咸开三入业疑	咸开四上添端	咸开四去添端	咸开四平添透	咸开四平添定	咸开四去添泥	咸开四平添匣
千阳	ȵiæ̃²⁴ 把门关~ iæ̃²⁴ ~格	ȵie³¹	tiæ̃⁵³	tiæ̃⁴⁴	tsʰiæ̃³¹	tsʰiæ̃²⁴	ȵiæ̃⁴⁴	ɕiæ̃²⁴
西安	iã²⁴	ȵie²¹	tiã⁵³	tiã⁴⁴	tʰiã²¹	tʰiã²⁴	ȵiã⁴⁴	ɕiã²⁴
户县	ȵiã³⁵ 盖~ iã³⁵ ~格	ȵie³¹	tiã⁵¹	tiã⁵⁵	tʰiã³¹	tʰiã³⁵	ȵiã⁵⁵	ɕiã³⁵
商州	ȵiã³⁵ 捂~ iã³⁵ ~格	ȵie³¹	tiã⁵³	tiã⁴⁴	tʰiã³¹	tʰiã³⁵	ȵiã⁴⁴	ɕiã³⁵
镇安	ȵian³³ 捂~ ian³³ ~格	ȵie⁵³	tian³⁵	tian³²²	tʰian⁵³	tʰian³³	ȵian³²²	ɕian³³
安康	ian³⁵	ȵie³¹	tian⁵³	tian⁴⁴	tʰian³¹	tʰian³⁵	ȵian⁴⁴	ɕian³⁵
白河	ȵian⁴⁴	ȵiɛ²¹³	tian³⁵	tian⁴¹	tʰian²¹³	tʰian⁴⁴	ȵian⁴¹	ɕian⁴⁴
汉阴	ȵian⁴² ~实 ian⁴² ~肃	ȵiɛ⁴²	tian⁴⁵	tian²¹⁴	tʰian³³	tʰian⁴²	ȵian²¹⁴	ɕian⁴²
平利	ȵian⁵² ~格 ian⁵² ~守	ȵiɛ⁴³	tian⁴⁴⁵	tian²¹⁴	tʰian⁴³	tʰian⁵²	ȵian²¹⁴	ɕian⁵²
汉中	ȵian⁴² ~实 ian⁴² ~肃	ȵiɛ⁵⁵	tian³⁵⁴	tian²¹³	tʰian⁵⁵	tʰian⁴²	ȵian²¹³	ɕian⁴²
城固	ian³¹¹	ȵiɛ⁵³	tian⁴⁴	tian²¹³	tʰian⁵³	tʰian³¹¹	ȵian²¹³	ɕian³¹¹
勉县	iɑn²¹	ȵiɛ⁴²	tiɑn³⁵	tiɑn²¹³	tʰiɑn⁴²	tʰiɑn²¹	ȵiɑn²¹³	ɕiɑn²¹
镇巴	ȵian³¹	ȵie³¹	tian⁵²	tian²¹³	tʰian³⁵	tʰian³¹	ȵian²¹³	ɕian³¹

	0433 跌	0434 贴	0435 碟	0436 协	0437 犯	0438 法	0439 品	0440 林
	咸开四入帖端	咸开四入帖透	咸开四入帖定	咸开四入帖匣	咸合三上凡奉	咸合三入乏非	深开三上侵滂	深开三平侵来
榆林	tiʌʔ³	tʰiʌʔ³	tiɛ²¹³	ɕiɛ²¹³	fɛ⁵²	faʔ³	pʰiɤ̃²¹³	liɤ̃²¹³
神木	tiəʔ⁴	tʰiəʔ⁴	tiɛ⁴⁴	ɕiəʔ⁴	fɛ⁵³	faʔ⁴	pʰiɤ̃²¹³	liɤ̃⁴⁴
绥德	tie³³	tʰie³³	ti³³	ɕie³³	fæ⁵²	fɑ³³	pʰiəɤ̃²¹³	liəɤ̃³³
吴堡	tiəʔ³	tʰiəʔ³	tʰiəʔ²¹³ / tiəʔ³	ɕiəʔ³	fã⁵³	fɑʔ³	pʰiəŋ⁴¹²	liəŋ³³
清涧	ti⁵³	tʰi⁵³	tʰi²⁴	ɕi²⁴	fɛ⁴²	fɑ⁵³	pʰiəɤ̃⁵³	liəɤ̃²⁴
延安	tiɛ²¹³	tʰiɛ²¹³	tʰiɛ²⁴ ~ ~ / tiɛ²⁴ 飞 ~	ɕiɛ²⁴	fæ⁴⁴³	fa²¹³	pʰiəŋ⁵²	liəŋ²⁴
延川	tie³⁵	tʰie⁴²³	tie³⁵	ɕie³⁵	fæ̃⁵³	fa⁴²³	pʰiŋ⁵³	liŋ³⁵
黄陵	tɕiɛ³¹	tɕʰiɛ³¹	tɕʰiɛ²⁴	ɕiɛ²⁴	fæ̃⁵⁵	fa³¹	pʰiẽ⁵²	liẽ²⁴
渭南	tɕiɛ³¹	tɕʰiɛ³¹	tɕʰiɛ²⁴	ɕiɛ²⁴	fã⁴⁴	fa³¹	pʰiə̃⁵³	liə̃²⁴
韩城	tiE³¹	tʰiE³¹	tʰiE²⁴	ɕiE²⁴	fã⁴⁴	fa³¹	pʰiẽ⁵³	liẽ²⁴
合阳	tiɛ²⁴	tʰiɛ³¹	tʰiɛ³¹	ɕiɛ²⁴	fã⁵⁵	fa³¹	pʰiẽ⁵²	liẽ²⁴
富平	tiɛ³¹	tʰiɛ³¹	tʰiɛ²⁴	ɕiɛ²⁴	fæ̃⁵⁵	fa³¹	pʰiẽ⁵³	liẽ²⁴
耀州	tiɛ²¹	tɕʰiɛ²¹	tɕʰiɛ²⁴	ɕiɛ²⁴	fæ̃⁴⁴	fa²¹	pʰiei⁵²	liei²⁴
咸阳	tiɛ³¹	tʰiɛ³¹	tiɛ²⁴	ɕiɛ²⁴	fã⁴⁴	fa³¹	pʰiẽ⁵³	liẽ²⁴
旬邑	tiɛ²¹	tsʰiɛ²¹	tsʰiɛ²⁴	ɕiɛ²⁴	fã⁴⁴	fa²¹	pʰiẽ⁵²	liẽ²⁴
三原	tɕiɛ³¹	tɕʰiɛ³¹	tɕʰiɛ²⁴	ɕiɛ²⁴	fã⁴⁴	fa³¹	pʰiẽ⁵²	liẽ²⁴
乾县	tiə²¹	tʰiə²¹	tiə²⁴	ɕiə²⁴	fæ̃⁵⁵	fa²¹	pʰiẽ⁵³	liẽ²⁴
岐山	ȶiɛ³¹	ȶʰiɛ³¹	ȶʰiɛ²⁴	ɕiɛ²⁴	fæ̃⁴⁴	fʌ³¹	pʰiŋ⁵³	liŋ²⁴
凤翔	tsie³¹	tsʰie³¹	tsie²⁴	ɕiɛ²⁴	fæ̃⁴⁴	fa³¹	pʰiŋ⁵³	liŋ²⁴
千阳	tiɛ³¹	tsʰiɛ³¹	tsʰiɛ²⁴	ɕiɛ²⁴	fæ̃⁴⁴	fa³¹	pʰiŋ⁵³	liŋ²⁴
西安	tiɛ²¹	tʰiɛ²¹	tiɛ²⁴	ɕiɛ²⁴	fã⁴⁴	fa²¹	pʰin²¹³	lin²⁴
户县	tiɛ³¹	tʰiɛ³¹	tiɛ³⁵	ɕiɛ³⁵	fã⁵⁵	fa³¹	pʰiẽ⁵¹	liẽ³⁵
商州	tiɛ³¹	tʰiɛ³¹	tʰiɛ³⁵ ~子 / tiɛ³⁵ 飞~	ɕiɛ³⁵	fã⁴⁴	fɑ³¹	pʰiẽ⁵³	liẽ³⁵
镇安	tiɛ⁵³	tʰiɛ⁵³	tiɛ³²²	ɕiɛ³³	fan³²²	fa⁵³	pʰin³⁵	lin³³
安康	tiɛ³¹	tʰiɛ³¹	tiɛ³⁵	ɕiɛ³⁵	fan⁴⁴	fa³¹	pʰin⁵³	lin³⁵

	0433 跌	0434 贴	0435 碟	0436 协	0437 犯	0438 法	0439 品	0440 林
	咸开四入帖端	咸开四入帖透	咸开四入帖定	咸开四入帖匣	咸合三上凡奉	咸合三入乏非	深开三上侵滂	深开三平侵来
白河	tiɛ⁴⁴	tʰiɛ²¹³	tiɛ⁴⁴	ɕiɛ⁴⁴	fan⁴¹	fa²¹³	pʰiən³⁵	liən⁴⁴
汉阴	tiɛ⁴²	tʰiɛ⁴²	tiɛ⁴²	ɕiɛ⁴²	χuan²¹⁴	χua⁴²	pʰin⁴⁵	lin⁴²
平利	tiɛ⁵²	tʰiɛ⁴³	tiɛ⁵²	ɕiɛ⁵²	fan²¹⁴	fa⁴³	pʰin⁴⁴⁵	lin⁵²
汉中	tiɛ⁵⁵	tʰiɛ⁵⁵	tiɛ⁴²	ɕiɛ⁴²	fan²¹³	fA⁵⁵	pʰin³⁵⁴	lin⁴²
城固	tiɛ⁵³	tʰiɛ⁵³	tiɛ³¹¹	ɕiɛ³¹¹	fan²¹³	fa⁵³	pʰin⁴⁴	lin³¹¹
勉县	tiɛ⁴²	tʰiɛ⁴²	tiɛ²¹	ɕiɛ²¹	fɑn²¹³	fɑ⁴²	pʰin³⁵	lin²¹
镇巴	tɛ³¹	tʰɛ³¹	tɛ³¹	ɕiɛ³¹	fan²¹³	fa³¹	pʰin⁵²	lin³¹

	0441 浸	0442 心	0443 寻	0444 沉	0445 参人~	0446 针	0447 深	0448 任责~
	深开三去侵精	深开三平侵心	深开三平侵邪	深开三平侵澄	深开三平侵生	深开三平侵章	深开三平侵书	深开三去侵日
榆林	tɕiɤ̃ɣ̃⁵²	ɕiɤɣ̃³³	ɕiɤɣ̃²¹³	tʂʰɤɣ̃²¹³	sɤɣ̃³³	tʂɤɣ̃³³	ʂɤɣ̃³³	ʐɤɣ̃⁵²
神木	tɕiɤ̃⁵³	ɕiɤ̃²¹³	sɤ̃⁴⁴	tʂʰɤ̃⁴⁴	sɤ̃²¹³	tʂɤ̃²¹³	ʂɤ̃²¹³	ʐɤ̃⁵³
绥德	tɕiəɣ̃⁵²	ɕiəɣ̃²¹³	ɕiəɣ̃³³	tʂʰəɣ̃³³	səɣ̃²¹³	tʂəɣ̃²¹³	ʂəɣ̃²¹³	ʐəɣ̃⁵²
吴堡	tɕiəŋ⁵³	ɕiəŋ²¹³	səŋ³³	tʂʰəŋ³³	səŋ²¹³	tʂəŋ²¹³	ʂəŋ²¹³	ʐəŋ⁵³
清涧	tɕʰiəɣ̃³¹²	ɕiəɣ̃³¹²	ɕiəɣ̃²⁴	tʂʰəɣ̃²⁴	səɣ̃³¹²	tʂəɣ̃³¹²	ʂəɣ̃³¹²	ʐəɣ̃⁴²
延安	tɕʰiəŋ⁴⁴³	ɕiəŋ²¹³	ɕiəŋ²⁴	tʂʰəŋ²⁴	səŋ²¹³	tʂəŋ²¹³	ʂəŋ²¹³	ʐəŋ⁴⁴³
延川	tɕʰiŋ²¹³	ɕiŋ²¹³	ɕiŋ³⁵	tʂʰəŋ³⁵	səŋ²¹³	tʂəŋ²¹³	ʂəŋ²¹³	ʐəŋ⁵³
黄陵	tɕʰiẽ⁵⁵	ɕiẽ³¹	ɕiẽ²⁴	tʂʰẽ²⁴	sẽ³¹	tʂẽ³¹	ʂẽ³¹	ʐẽ⁵⁵
渭南	tɕʰiə̃³¹	ɕiə̃³¹	ɕiə̃²⁴	tʂʰə̃²⁴	sə̃³¹	tʂə̃³¹	ʂə̃³¹	ʐə̃⁴⁴
韩城	tɕʰiɛ̃⁵³	ɕiɛ̃³¹	ɕiɛ̃²⁴	tʂʰɛ̃²⁴	sɛ̃³¹	tʂəŋ³¹ 吊~ tʂɛ̃³¹ 时~	ʂəŋ³¹ ~得很 ʂɛ̃³¹ ~刻	ʐɛ̃⁴⁴
合阳	tsʰiẽ⁵²	siẽ³¹	siẽ²⁴	tʂʰẽ³¹	sẽ³¹	tʂẽ³¹	ʂẽ³¹	ʐẽ⁵⁵
富平	tiẽ³¹	siẽ³¹	siẽ²⁴	tʂʰɛ̃²⁴	sɛ̃³¹	tʂɛ̃³¹	ʂɛ̃³¹	ʐɛ̃⁵⁵
耀州	tɕʰiei⁵²	ɕiei²¹	ɕiei²⁴ ~着 ɕyei²⁴ ~觅	tʂʰei²⁴	sei²¹	tʂei²¹	ʂei²¹	ʐei⁴⁴
咸阳	tɕʰiɛ̃⁵³	ɕiɛ̃³¹	ɕiɛ̃²⁴	tʂʰɛ̃²⁴	sɛ̃³¹	tʂɛ̃³¹	ʂɛ̃³¹	ʐɛ̃⁴⁴
旬邑	tsʰiɛ̃²¹ ~下去 tsiɛ̃²¹ ~泡	siɛ̃²¹	siɛ̃²⁴	tʂʰɛ̃²¹	sɛ̃²¹	tʂɛ̃²¹	ʂɛ̃²¹	ʐɛ̃⁴⁴
三原	tɕʰiẽ³¹	ɕiẽ³¹	ɕiẽ²⁴	tʂʰẽ²¹	sẽ³¹	tʂẽ³¹	ʂẽ³¹	ʐẽ⁴⁴
乾县	tɕiẽ²¹	ɕiẽ²¹	ɕiẽ²⁴ 找 ɕyẽ²⁴ 探~	tʂʰẽ²⁴	sẽ²¹	tẽ²¹	ʂẽ²¹	ʐẽ⁵⁵
岐山	tiŋ³¹	siŋ³¹	siŋ²⁴	tʂʰəŋ²⁴	səŋ³¹	tʂəŋ³¹	ʂəŋ³¹	ʐəŋ⁴⁴
凤翔	tsiŋ³¹	siŋ³¹	siŋ²⁴	tʂʰəŋ²⁴	səŋ³¹	tʂəŋ³¹	ʂəŋ³¹	ʐəŋ⁴⁴
千阳	tsiŋ³¹	siŋ³¹	siŋ²⁴	tʂʰəŋ²⁴	səŋ³¹	tʂəŋ³¹	ʂəŋ³¹	ʐəŋ⁴⁴
西安	tɕin²¹	ɕin²¹	ɕin²⁴	tʂʰən²⁴	sən²¹	tʂən²¹	ʂən²¹	ʐən⁴⁴

	0441 浸	0442 心	0443 寻	0444 沉	0445 参人~	0446 针	0447 深	0448 任责~
	深开三去侵精	深开三平侵心	深开三平侵邪	深开三平侵澄	深开三平侵生	深开三平侵章	深开三平侵书	深开三去侵日
户县	tɕʰiẽ⁵¹~泡 tɕiẽ³¹~水	ɕiẽ³¹	ɕiẽ³⁵~不来 ɕyẽ³⁵~找	tʂʰẽ³⁵	sẽ³¹	tʂẽ³¹	ʂẽ³¹	ʐẽ⁵⁵
商州	tɕiẽ³¹	ɕiẽ³¹	ɕiẽ³⁵	tʂʰẽ³⁵	sei³¹	tʂẽ³¹	ʂẽ³¹	ʐẽ⁴⁴
镇安	tɕin⁵³	ɕin⁵³	ɕin³³	tʂʰən³³	sən⁵³	tʂən⁵³	ʂən⁵³	ʐən³²²
安康	tɕʰin⁴⁴	ɕin³¹	ɕyən³⁵	tʂʰən³⁵	ʂən³¹	tʂən³¹	ʂən³¹	ʐən⁴⁴
白河	tɕʰiən²¹³	ɕiən²¹³	ɕyən⁴⁴	tʂʰən⁴⁴	sən²¹³	tʂən²¹³	ʂən²¹³	ʐən⁴¹
汉阴	tɕʰin²¹⁴	ɕin³³	ɕin⁴²	tʂʰən⁴²	sən³³	tʂən³³	ʂən³³	ʐən²¹⁴
平利	tɕʰin²¹⁴	ɕin⁴³	ʂɥen⁵²	tʂʰən⁵²	sən⁴³	tʂən⁴³	ʂən⁴³	ʐən²¹⁴
汉中	tɕʰin²¹³	ɕin⁵⁵	ɕin⁴²~人 ɕyn⁴²~找	tʂʰən⁴²	sən⁵⁵	tʂən⁵⁵	ʂən⁵⁵	ʐən²¹³
城固	tsʰin²¹³	sin⁵³	sin³¹¹	tʂʰən³¹¹	ʂəŋ⁵³	tʂən⁵³	ʂən⁵³	ʐən³¹¹
勉县	tɕʰin²¹³	ɕin⁴²	ɕioŋ²¹	tʂʰən²¹	sən⁴²	tsən⁴²	sən⁴²	zən²¹³
镇巴	tɕʰin²¹³	ɕin³⁵	ɕyn³¹	tʂʰən³¹	sən³⁵	tsən³⁵	sən³⁵	zən²¹³

	0449 金 深开三平侵见	0450 琴 深开三平侵群	0451 音 深开三平侵影	0452 立 深开三入缉来	0453 集 深开三入缉从	0454 习 深开三入缉邪	0455 汁 深开三入缉章	0456 十 深开三入缉禅
榆林	tɕiɤ̃ʏ̃³³	tɕʰiɤʏ̃²¹³	iɤʏ̃³³	liəʔ³	tɕiəʔ³	ɕiəʔ³	tʂʅʔ³	ʂəʔ³
神木	tɕiɤ̃²¹³	tɕʰiɤ̃⁴⁴	iɤ̃²¹³	liəʔ⁴	tɕiəʔ⁴	ɕiəʔ⁴	tʂəʔ⁴	ʂəʔ⁴
绥德	tɕiəʏ̃²¹³	tɕʰiəʏ̃³³	iəʏ̃²¹³	liɤ³³	tɕiɤ³³	ɕiɤ³³	tʂʅ²¹³	ʂɤ³³
吴堡	tɕiəŋ²¹³	tɕʰiəŋ³³	iəŋ²¹³	liəʔ²¹³	tɕʰiəʔ²¹³ 跟~ / tɕiəʔ³ ~中	ɕiəʔ³	tʂəʔ³	ʂəʔ³
清涧	tɕiəʏ̃³¹²	tɕʰiəʏ̃²⁴	iəʏ̃³¹²	liəʔ⁵⁴	tɕʰiəʔ⁴³ 跟~ / tɕiəʔ⁴³ ~中	ɕiəʔ⁴³	tʂəʔ⁴³	ʂəʔ⁴³
延安	tɕiəŋ²¹³	tɕʰiəŋ²⁴	iəŋ²¹³	li²¹³	tɕʰi²⁴ 赶~ / tɕi²⁴ ~体	ɕi²⁴	tʂʅ²¹³	ʂʅ²⁴ 九~ / ʂəʔ⁵ ~个
延川	tɕiŋ²¹³	tɕʰiŋ³⁵	iŋ²¹³	liɤ⁴²³	tɕiəʔ⁵⁴	ɕiəʔ⁵⁴	tʂɤ⁴²³	ʂəʔ⁵⁴
黄陵	tɕiẽ³¹	tɕʰiẽ²⁴	iẽ³¹	li³¹	tɕʰi²⁴ / tɕi²⁴	ɕi²⁴	tʂʅ³¹	ʂʅ²⁴
渭南	tɕiə̃³¹	tɕʰiə̃²⁴	iə̃³¹	li³¹	tɕʰi²⁴	ɕi²⁴	tʂʅ³¹	ʂʅ²⁴
韩城	tɕiẽ³¹	tɕʰiẽ²⁴	iẽ³¹	lɿi³¹	tɕʰi²⁴	ɕi²⁴	tʂʅ³¹	ʂʅ²⁴
合阳	tɕiẽ³¹	tɕʰiẽ²⁴	iẽ³¹	li³¹	tsʰi⁵⁵	si²⁴	tʂʅ³¹	ʂʅ²⁴
富平	tɕiẽ³¹	tɕʰiẽ²⁴	iẽ³¹	li³¹	tʰi²⁴ ~合 / ti³¹ ~体	si²⁴	tʂʅ³¹	ʂʅ²⁴
耀州	tɕiei²¹	tɕʰiei²⁴	iei²¹	li²¹	tɕʰi²⁴ 上~ / tɕi²⁴ ~体	ɕi²⁴	tʂʅ²¹	ʂʅ²⁴
咸阳	tɕiẽ³¹	tɕʰiẽ²⁴	iẽ³¹	li³¹	tɕi²⁴	ɕi²⁴	tʂʅ³¹	ʂʅ²⁴
旬邑	tɕiẽ²¹	tɕʰiẽ²⁴	iẽ²¹	li²¹	tsʰi²⁴	si²⁴	tʂʅ²¹	ʂʅ²⁴
三原	tɕiẽ³¹	tɕʰiẽ²⁴	iẽ³¹	li³¹	tɕʰi²⁴	ɕi²⁴	tʂʅ³¹	ʂʅ²⁴
乾县	tɕiẽ²¹	tɕʰiẽ²⁴	iẽ²¹	li²¹	tɕi²¹ ~合 / tɕi²⁴ ~市	ɕi²⁴	tʂʅ²¹	ʂʅ²⁴
岐山	tɕiŋ³¹	tɕʰiŋ²⁴	iŋ³¹	li³¹	tʰi²⁴	si²⁴	tʂʅ³¹	ʂʅ²⁴
凤翔	tɕiŋ³¹	tɕʰiŋ²⁴	iŋ³¹	li³¹	tsʰi²⁴ ~市 / tsʰi⁴⁴ ~中	si²⁴	tʂʅ³¹	ʂʅ²⁴
千阳	tɕiŋ³¹	tɕʰiŋ²⁴	iŋ³¹	li³¹	tsʰi²⁴ ~市 / tsi⁴⁴ ~中	si²⁴	tʂʅ³¹	ʂʅ²⁴

	0449 金	0450 琴	0451 音	0452 立	0453 集	0454 习	0455 汁	0456 十
	深开三平侵见	深开三平侵群	深开三平侵影	深开三入缉来	深开三入缉从	深开三入缉邪	深开三入缉章	深开三入缉禅
西安	tɕin²¹	tɕʰin²⁴	in²¹	li²¹	tɕi²⁴	ɕi²⁴	tʂʅ²¹	ʂʅ²⁴
户县	tɕiẽ³¹	tɕʰiẽ³⁵	iẽ³¹	li³¹	tɕi³¹~体 tɕi³⁵~市	ɕi³⁵	tʂʅ³¹	ʂʅ³⁵
商州	tɕiẽ³¹	tɕʰiẽ³⁵	iẽ³¹	li³¹	tɕʰi³⁵上~ tɕi³⁵~体	ɕi³⁵	tʂʅ³¹	ʂʅ³⁵
镇安	tɕin⁵³	tɕʰin³³	in⁵³	li⁵³	tɕi⁵³	ɕi³⁵	tʂʅ⁵³	ʂʅ³²²
安康	tɕin³¹	tɕʰin³⁵	in³¹	li³¹	tɕi³¹	ɕi³⁵	tʂʅ³¹	ʂʅ³⁵
白河	tɕiən²¹³	tɕʰiən⁴⁴	iən²¹³	li²¹³	tɕi⁴¹	ɕi⁴⁴	tʂʅ²¹³	ʂʅ⁴⁴
汉阴	tɕin³³	tɕʰin⁴²	in³³	li⁴²	tɕi⁴²	ɕi⁴²	tʂʅ³³	ʂʅ⁴²
平利	tɕin⁴³	tɕʰin⁵²	in⁴³	li⁴³	tɕi²¹⁴	ɕi⁵²	tʂʅ⁴³	ʂʅ⁵²
汉中	tɕin⁵⁵	tɕʰin⁴²	in⁵⁵	li⁵⁵	tɕi⁵⁵	ɕi⁴²	tʂʅ⁵⁵	ʂʅ⁴²
城固	tɕin⁵³	tɕʰin³¹¹	in⁵³	li⁵³	tsi⁵³	si³¹¹	tʂʅ⁵³	ʂʅ³¹¹
勉县	tɕin⁴²	tɕʰin²¹	in⁴²	li⁴²	tɕi²¹	ɕi²¹	tsɿ⁴²	sɿ²¹
镇巴	tɕin³⁵	tɕʰin³¹	in³⁵	li³¹	tɕi³¹	ɕi³¹	tsɿ³¹	sɿ³¹

	0457 入	0458 急	0459 及	0460 吸	0461 单 简~	0462 炭	0463 弹 ~琴	0464 难 ~易
	深开三入缉日	深开三入缉见	深开三入缉群	深开三入缉晓	山开一平寒端	山开一去寒透	山开一平寒定	山开一平寒泥
榆林	zᵤəʔ³	tɕiəʔ³	tɕiəʔ³	ɕiəʔ³	tɛ³³	tʰɛ⁵²	tʰɛ²¹³	nɛ²¹³
神木	zᵤəʔ⁴	tɕiəʔ⁴	tɕiəʔ⁴	ɕiəʔ⁴	tɛ²¹³	tʰɛ⁵³	tʰɛ⁴⁴	nɛ⁴⁴
绥德	zᵤɤ³³	tɕiɤ³³	tɕiɤ³³	ɕiɤ³³	tæ²¹³	tʰæ⁵²	tʰæ³³	næ³³
吴堡	zuəʔ²¹³	tɕiəʔ³	tɕiəʔ³	ɕiəʔ³	tã²¹³	tʰã⁵³	tʰã³³	nã³³
清涧	zᵤəʔ⁵⁴	tɕiəʔ⁴³	tɕiəʔ⁵⁴	ɕiəʔ⁵⁴	tɛ³¹²	tʰɛ⁴²	tʰɛ²⁴	nɛ²⁴
延安	zᵤu²¹³	tɕi²⁴ 着~ tɕiəʔ⁵ ~死	tɕi²¹³	ɕi²¹³	tã²¹³	tʰæ̃⁴⁴³	tʰæ̃²⁴	næ̃²⁴
延川	zᵤə⁴²³	tɕiə⁴²³	tɕiə⁴²³	ɕiə⁴²³	tæ̃²¹³	tʰæ̃⁵³	tʰæ̃³⁵	næ̃³⁵
黄陵	zɿ³¹	tɕi²⁴	tɕi²⁴	ɕi³¹	tæ̃³¹	tʰæ̃⁵⁵	tʰæ̃²⁴	næ̃²⁴
渭南	ʒ³¹	tɕʰi²⁴	tɕi²⁴	ɕi³¹	tæ̃³¹	tʰæ̃⁴⁴	tʰæ̃²⁴	næ̃²⁴
韩城	vu³¹	tɕi²⁴	tɕʰi²⁴	ɕi³¹	tã³¹	tʰã⁴⁴	tʰã²⁴	nã²⁴
合阳	vu³¹	tɕi²⁴	tɕʰi²⁴	ɕi³¹	tã³¹	tʰã⁵⁵	tʰã²⁴	ɳã²⁴
富平	ʒu³¹	tɕi²⁴	tɕi²⁴	ɕi³¹	tæ̃³¹	tʰæ̃⁵⁵	tʰæ̃²⁴	næ̃²⁴
耀州	ʒu²¹	tɕi²⁴	tɕi²⁴	ɕi²¹	tæ̃²¹	tʰæ̃⁴⁴	tʰæ̃²⁴	næ̃²⁴
咸阳	ʒu³¹	tɕi²⁴	tɕi²⁴	ɕi³¹	tã³¹	tʰã⁴⁴	tʰã²⁴	lã²⁴
旬邑	ʒʅ²¹	tɕi²⁴	tɕi²⁴	ɕi²¹	tã²¹	tʰã⁴⁴	tʰã²⁴	lã²⁴
三原	ʒ³¹	tɕi²⁴	tɕi²⁴	ɕi³¹	tã³¹	tʰã⁴⁴	tʰã²⁴	nã²⁴
乾县	ʒu²¹	tɕi²⁴	tɕi²⁴	ɕi²¹	tæ̃²¹	tʰæ̃⁵⁵	tʰæ̃²⁴	næ̃²⁴
岐山	zʅ³¹	tɕi²⁴	tɕi²⁴	ɕi³¹	tæ̃³¹	tʰæ̃⁴⁴	tʰæ̃²⁴	læ̃²⁴
凤翔	zʅ³¹	tɕi²⁴	tɕi²⁴	ɕi³¹	tæ̃³¹	tʰæ̃⁴⁴	tʰæ̃²⁴	læ̃²⁴
千阳	ʒʅ³¹	tɕi²⁴	tɕi²⁴	ɕi³¹	tæ̃³¹	tʰæ̃⁴⁴	tʰæ̃²⁴	læ̃²⁴
西安	vu²¹	tɕi²⁴	tɕi²⁴	ɕi²¹	tã²¹	tʰã⁴⁴	tʰã²⁴	nã²⁴
户县	zu³¹	tɕi³⁵	tɕi³⁵	ɕi³¹	tã³¹	tʰã⁵⁵	tʰã³⁵	nã³⁵
商州	ʒu³¹	tɕi³⁵	tɕi³⁵	ɕi³¹	tã³¹	tʰã⁴⁴	tʰã³⁵	nã³⁵
镇安	zᵤɿ⁵³	tɕi³⁵	tɕi³³	ɕi⁵³	tan⁵³	tʰan²¹⁴	tʰan³³	nan³³
安康	u³¹	tɕi³⁵	tɕi³⁵	ɕi³¹	tan³¹	tʰan⁴⁴	tʰan³⁵	nan³⁵
白河	y²¹³	tɕi⁴⁴	tɕi⁴⁴	ɕi²¹³	tan²¹³	tʰan⁴¹	tʰan⁴⁴	lan⁴⁴

	0457 入	0458 急	0459 及	0460 吸	0461 单﹏	0462 炭	0463 弹﹏琴	0464 难﹏易
	深开三入缉日	深开三入缉见	深开三入缉群	深开三入缉晓	山开一平寒端	山开一去寒透	山开一平寒定	山开一平寒泥
汉阴	y⁴²	tɕi⁴²	tɕi⁴²	ɕi³³	tan³³	tʰan²¹⁴	tʰan⁴²	lan⁴²
平利	ʯ⁴³	tɕi⁵²	tɕi⁴³	ɕi⁴³	tan⁴³	tʰan²¹⁴	tʰan⁵²	lan⁵²
汉中	ʐu⁵⁵	tɕi⁴²	tɕi⁴²	ɕi⁵⁵	tan⁵⁵	tʰan²¹³	tʰan⁴²	lan⁴²
城固	ʒu⁵³	tɕi³¹¹	tɕi³¹¹	ɕi⁵³	tan⁵³	tʰan²¹³	tʰan³¹¹	lan³¹¹
勉县	zu²¹	tɕi²¹	tɕi²¹	ɕi⁴²	tan⁴²	tʰɑn²¹³	tʰan²¹	lɑn²¹
镇巴	zu³¹	tɕi³¹	tɕi³¹	ɕi³⁵	tan³⁵	tʰɑn²¹³	tʰan³¹	lan³¹

	0465 兰	0466 懒	0467 烂	0468 伞	0469 肝	0470 看~见	0471 岸	0472 汉
	山开一平寒来	山开一上寒来	山开一去寒来	山开一上寒心	山开一平寒见	山开一去寒溪	山开一去寒疑	山开一去寒晓
榆林	lɛ²¹³	lɛ²¹³	lɛ⁵²	sɛ²¹³	kɛ³³	kʰɛ⁵²	nɛ⁵²	xɛ⁵²
神木	lɛ⁴⁴	lɛ²¹³	lɛ⁵³	sɛ²¹³	kɛ²¹³	kʰɛ⁵³	ŋɛ⁵³	xɛ⁵³
绥德	læ³³	læ²¹³	læ⁵²	sæ²¹³	kæ²¹³	kʰæ⁵²	ŋæ⁵²	xæ⁵²
吴堡	lã³³	lã⁴¹²	lã⁵³	sã⁴¹²	kie²¹³	kʰie⁵³	ŋie⁵³	ɕie⁵³ 老~ / xã⁵³ ~族
清涧	lɛ²⁴	lɛ⁵³	lɛ⁴²	sɛ⁵³	ki³¹² ~子 / kɛ³¹² 乙~	kʰi⁴² ~见 / kʰɛ⁴² ~守	ŋɛ⁴²	ɕi⁴² 老~ / xɛ⁴² ~族
延安	læ̃²⁴	læ̃⁵²	læ̃⁴⁴³	sæ̃⁵²	kæ̃²¹³	kʰæ̃⁴⁴³	ŋæ̃⁴⁴³	xæ̃⁴⁴³
延川	læ̃³⁵	læ̃⁵³	læ̃⁵³	sæ̃⁵³	kɤ²¹³ ~花 / kæ̃²¹³ ~脏	kʰɤ⁵³ 小~ / kʰæ̃⁵³ ~见	ŋɤ⁵³ ~河 / ŋæ̃⁵³ ~边	xɤ⁵³ 好~ / xæ̃⁵³ ~族
黄陵	læ̃²⁴	læ̃⁵²	læ̃⁵⁵	sæ̃⁵²	kæ̃³¹	kʰæ̃⁵⁵	ŋæ̃⁵⁵	xæ̃⁵⁵
渭南	læ̃²⁴	læ̃⁵³	læ̃⁴⁴	sæ̃⁵³	kæ̃³¹	kʰæ̃⁴⁴	ŋæ̃⁴⁴	xæ̃⁴⁴
韩城	lã²⁴	lã⁵³	lã⁴⁴	sã⁵³	kã³¹	kʰã⁴⁴	ŋã⁴⁴	xã⁴⁴
合阳	lɑ̃²⁴	lɑ̃²⁴	lɑ̃⁵⁵	sɑ̃⁵²	kɑ̃³¹	kʰɑ̃⁵⁵	ŋɑ̃⁵⁵	xɑ̃⁵⁵
富平	læ̃²⁴	læ̃⁵³	læ̃⁵⁵	sæ̃⁵³	kæ̃³¹	kʰæ̃⁵⁵	ŋæ̃⁵⁵	xæ̃⁵⁵
耀州	læ̃²⁴	læ̃⁵²	læ̃⁴⁴	sæ̃⁵²	kæ̃²¹	kʰæ̃⁴⁴	ŋæ̃⁴⁴	xæ̃⁴⁴
咸阳	lã²⁴	lã⁵³	lã⁴⁴	sã⁵³	kã³¹	kʰã⁴⁴	ŋã⁴⁴	xã⁴⁴
旬邑	lã²⁴	lã⁵²	lã⁴⁴	sã⁵²	kã³¹	kʰã⁴⁴	ŋã⁴⁴	xã⁴⁴
三原	lã²⁴	lã⁵²	lã⁴⁴	sã⁵²	kã³¹	kʰã⁴⁴	ŋã⁴⁴	xã⁴⁴
乾县	næ̃²⁴	næ̃⁵³	næ̃⁵⁵	sæ̃⁵³	kæ̃³¹	kʰæ̃⁵⁵	ŋæ̃⁵⁵	xæ̃⁵⁵
岐山	læ̃²⁴	læ̃⁵³	læ̃⁴⁴	sæ̃⁵³	kæ̃³¹	kʰæ̃⁴⁴	ŋæ̃⁴⁴	xæ̃⁴⁴
凤翔	læ̃²⁴	læ̃⁵³	læ̃⁴⁴	sæ̃⁵³	kæ̃³¹	kʰæ̃⁴⁴	ŋæ̃⁴⁴	xæ̃⁴⁴
千阳	læ̃²⁴	læ̃⁵³	læ̃⁴⁴	sæ̃⁵³	kæ̃³¹	kʰæ̃⁴⁴	ŋæ̃⁴⁴	xæ̃⁴⁴
西安	lã²⁴	lã⁵³	lã⁴⁴	sã⁵³	kã²¹	kʰã⁴⁴	ŋã⁴⁴	xã⁴⁴
户县	lã³⁵	lã⁵¹	lã⁵⁵	sã⁵¹	kã³¹	kʰã⁵⁵	ŋã⁵⁵	xã⁵⁵
商州	lã³⁵	lã⁵³	lã⁴⁴	sã⁵³	kã³¹	kʰã⁴⁴	ŋã⁴⁴	xã⁴⁴
镇安	lan³³	lan³⁵	lan³²²	san³⁵	kan⁵³	kʰan²¹⁴	ŋan³²²	xan³²²

	0465 兰	0466 懒	0467 烂	0468 伞	0469 肝	0470 看~见	0471 岸	0472 汉
	山开一平寒来	山开一上寒来	山开一去寒来	山开一上寒心	山开一平寒见	山开一去寒溪	山开一去寒疑	山开一去寒晓
安康	nan³⁵	nan⁵³	nan⁴⁴	san⁵³	kan³¹	kʰan⁴⁴	ŋan⁴⁴	xan⁴⁴
白河	lan⁴⁴	lan³⁵	lan⁴¹	san³⁵	kan²¹³	kʰan⁴¹	ŋan⁴¹	xan⁴¹
汉阴	lan⁴²	lan⁴⁵	lan²¹⁴	san⁴⁵	kan³³	kʰan²¹⁴	ŋan²¹⁴	χan²¹⁴
平利	lan⁵²	lan⁴⁴⁵	lan²¹⁴	san⁴⁴⁵	kan⁴³	kʰan²¹⁴	ŋan²¹⁴	xan²¹⁴
汉中	lan⁴²	lan³⁵⁴	lan²¹³	san³⁵⁴	kan⁵⁵	kʰan²¹³	ŋan²¹³	xan²¹³
城固	lan³¹¹	lan⁴⁴	lan²¹³	san⁴⁴	kan⁵³	kʰan²¹³	ŋan²¹³	xan²¹³
勉县	lɑn²¹	lɑn³⁵	lɑn²¹³	sɑn³⁵	kɑn⁴²	kʰɑn²¹³	ŋɑn²¹³	xɑn²¹³
镇巴	lan³¹	lan⁵²	lan²¹³	san⁵²	kan³⁵	kʰan²¹³	ŋan²¹³	xan²¹³

	0473 汗	0474 安	0475 达	0476 辣	0477 擦	0478 割	0479 渴	0480 扮
	山开一去寒匣	山开一平寒影	山开一入曷定	山开一入曷来	山开一入曷清	山开一入曷见	山开一入曷溪	山开二去山帮
榆林	xɛ⁵²	nɛ³³	taʔ³	laʔ³	tsʰaʔ³	kʌʔ³	kʰʌʔ³	pɛ⁵²
神木	xɛ⁵³	ŋɛ²¹³	taʔ⁴	laʔ⁴	tsʰaʔ⁴	kəʔ⁴	kʰuo⁵³	pɛ⁵³
绥德	xæ⁵²	ŋæ²¹³	ta³³	la³³	tsʰa³³	kɤ³³	kʰɤ³³	pæ⁵²
吴堡	ɕie⁵³	ŋie²¹³	taʔ³	laʔ²¹³	tsʰaʔ³	kəʔ³	kʰəʔ³	pã⁵³
清涧	ɕi⁴² 黑淋~水① xɛ⁴² ~颜	ŋi³¹² ~全 ŋɛ³¹² 西~	ta²⁴	la⁵³	tsʰa⁵³	kɤ⁵³	kʰɤ⁵³	pɛ⁴²
延安	xæ̃⁴⁴³	ŋæ̃²¹³	ta²⁴	la²¹³	tsʰa²¹³	kuo²¹³	kʰuo²¹³	pæ̃⁴⁴³
延川	xɤ⁵³ ~水 xæ̃⁵³ ~衫	ŋɤ²¹³ ~土② ŋæ̃²¹³ ~全	ta³⁵	la⁴²³	tsʰa³⁵	kə⁴²³	kʰei⁵³	pæ̃⁵³
黄陵	xæ̃⁵⁵	ŋæ̃³¹	ta²⁴	la³¹	tsʰa³¹	kɤ³¹	kʰɤ³¹	pæ̃⁵⁵
渭南	xæ̃⁴⁴	ŋæ̃³¹	ta²⁴	la³¹	tsʰa³¹	kə³¹	kʰə³¹	pæ̃³¹
韩城	xã⁴⁴	ŋã³¹	ta²⁴	la³¹	tsʰa³¹	kɤ³¹	kʰɤ³¹	pʰã⁴⁴
合阳	xã⁵⁵	ŋã³¹	ta²⁴	la³¹	tsʰa³¹	kɤ³¹	kʰɤ³¹	pʰã⁵⁵ ~装 pã⁵⁵ 打~
富平	xæ̃⁵⁵	ŋæ̃³¹	ta²⁴	la³¹	tsʰa³¹	kɤ³¹	kʰɤ³¹	pæ̃⁵³
耀州	xæ̃⁴⁴	ŋæ̃²¹	ta²⁴	la²¹	tsʰa²¹	kuo²¹ ~麦 kɤ²¹ ~舍	kʰuo²¹ ~了 kʰɤ²¹ ~望	pæ̃⁴⁴
咸阳	xã⁴⁴	ŋã³¹	ta²⁴	la³¹	tsʰa³¹	kɤ³¹	kʰɤ³¹	pã⁴⁴
旬邑	xã⁴⁴	ŋã²¹	ta²⁴	la²¹	tsʰa²¹	kuo²¹	kʰuo²¹	pã⁴⁴
三原	xã⁴⁴	ŋã³¹	ta²⁴	la³¹	tsʰa³¹	kɤ³¹	kʰɤ³¹	pã⁴⁴
乾县	xæ̃⁵⁵	ŋæ̃²¹	ta²⁴	na²¹	tsʰa²¹	kɤ²¹	kʰɤ²¹	pæ̃⁵⁵
岐山	xæ̃⁴⁴	ŋæ̃³¹	tᴀ²⁴	lᴀ³¹	tsʰᴀ³¹	kɤ³¹	kʰɤ³¹	pʰæ̃⁴⁴ ~相 pæ̃⁴⁴ 打~
凤翔	xæ̃⁴⁴	ŋæ̃³¹	ta²⁴	la³¹	tsʰa³¹	kuo³¹	kʰuo³¹	pæ̃⁴⁴

①黑淋~水：大汗淋漓的样子。
②~土：谢土。

	0473 汗 山开一去寒匣	0474 安 山开一平寒影	0475 达 山开一入曷定	0476 辣 山开一入曷来	0477 擦 山开一入曷清	0478 割 山开一入曷见	0479 渴 山开一入曷溪	0480 扮 山开二去山帮
千阳	xæ̃⁴⁴	ŋæ̃³¹	ta²⁴	la³¹	tsʰa³¹	kuo³¹	kʰuo³¹	pæ̃⁴⁴
西安	xã⁴⁴	ŋã²¹	ta²⁴	la²¹	tsʰa²¹	kɤ²¹	kʰɤ²¹	pã⁴⁴
户县	xã⁵⁵	ŋã³¹	ta³⁵	la³¹	tsʰa³¹	kɤ³¹	kʰɤ³¹	pã⁵⁵
商州	xã⁴⁴	ŋã³¹	ta³⁵	lɑ³¹	tsʰɑ³¹	kə³¹	kʰə³¹	pã⁴⁴
镇安	xan³²²	ŋan⁵³	ta³³	la⁵³	tsʰa⁵³	kuə⁵³	kʰuə⁵³	pan³²²
安康	xan⁴⁴	ŋan³¹	ta³⁵	na³¹	tsʰa³¹	kɤ³¹	kʰɤ³¹	pan⁴⁴ / pan³¹
白河	xan⁴¹	ŋan²¹³	ta⁴⁴	la²¹³	tsʰa²¹³	kuo²¹³	kʰuo²¹³	pan⁴¹
汉阴	χan²¹⁴	ŋan³³	ta⁴²	lɑ⁴²	tsʰɑ⁴²	ko⁴²	kʰo⁴²	pan²¹⁴
平利	xan²¹⁴	ŋan⁴³	ta⁵²	la⁴³	tsʰa⁴³	ko⁴³	kʰo⁴³	pan²¹⁴
汉中	xan²¹³	ŋan⁵⁵	tᴀ⁴²	lᴀ⁵⁵	tsʰᴀ⁵⁵	kɤ⁵⁵	kʰɤ⁵⁵	pan²¹³
城固	xan²¹³	ŋan⁵³	ta³¹¹	la⁵³	tsʰa⁵³	kə⁵³	kʰə⁵³	pan²¹³
勉县	xɑn²¹³	ŋɑn⁴²	ta²¹	lɑ⁴²	tsʰɑ⁴²	kɤ⁴²	kʰɤ⁴²	pɑn²¹³
镇巴	xan²¹³	ŋan³⁵	ta³¹	la³¹	tsʰa³¹	ko³¹	kʰo³¹	pan²¹³

	0481 办	0482 铲	0483 山	0484 产~妇	0485 间 房~，一~房	0486 眼	0487 限	0488 八
	山开二 去山並	山开二 上山初	山开二 平山生	山开二 上山生	山开二 平山见	山开二 上山疑	山开二 上山匣	山开二 入黠帮
榆林	pɛ⁵²	tsʰɛ²¹³	sɛ³³	tsʰɛ²¹³	tɕiɛ³³	niɛ²¹³ 屁~ iɛ²¹³ ~窝①	xɛ⁵² 门~② ɕiɛ⁵² ~制	paʔ³
神木	pɛ⁵³	tsʰɛ²¹³	sɛ²¹³	tsʰɛ²¹³	tɕiɛ²¹³	iɛ²¹³	xɛ⁵³ ~下甚 是甚 ɕiɛ⁵³ ~制	paʔ⁴
绥德	pæ⁵²	tsʰæ²¹³	sæ²¹³	tsʰæ²¹³	tɕiɛ²¹³	iɛ²¹³	xæ⁵² 门~ ɕiɛ⁵² ~制	pɑ³³
吴堡	pã⁵³	tsʰã⁴¹²	sã²¹³	tsʰã⁴¹²	tɕiã²¹³	ȵiã⁴¹²	ɕiã⁵³	paʔ³
清涧	pɛ⁴²	tsʰɛ⁵³	sɛ³¹²	tsʰɛ⁵³	tɕi⁵³	ȵi⁵³	ɕi⁴²	pa⁵³
延安	pʰæ̃⁴⁴³ 不得~③ pæ̃⁴⁴³ ~公	tsʰæ̃⁵²	sæ̃²¹³	tsʰæ̃⁵²	tɕiæ̃²¹³	ȵiæ̃⁵²	ɕiæ̃⁴⁴³	pa²¹³
延川	pæ̃⁵³	tsʰæ̃⁵³	sæ̃²¹³	tsʰæ̃⁵³	tɕiɛ²¹³	ȵiɛ⁵³	ɕiɛ⁵³	pa⁴²³
黄陵	pæ̃⁵⁵	tsʰæ̃⁵²	sæ̃³¹	tsʰæ̃⁵²	tɕiæ̃³¹	ȵiæ̃⁵²	ɕiæ̃⁵⁵	pɑ³¹
渭南	pæ̃⁴⁴	tsʰæ̃⁵³	sæ̃³¹	tsʰæ̃⁵³	tɕiæ̃³¹	ȵiæ̃⁵³	ɕiæ̃⁴⁴	pɑ³¹
韩城	pã⁴⁴	tsʰã⁵³	sã³¹	tsʰã⁵³	tɕiã³¹	ȵiã⁵³	ɕiã⁴⁴	pɑ³¹
合阳	pã⁵⁵	tsʰã⁵²	sã³¹	tsʰã⁵²	tɕiã³¹	ȵiã⁵²	xã⁵⁵ 门~ ɕiã⁵⁵ ~制	pɑ³¹
富平	pæ̃⁵⁵	tsʰæ̃⁵³	sæ̃³¹	tsʰæ̃⁵³	tɕiæ̃³¹	ȵiæ̃⁵³	ɕiæ̃⁵⁵	pɑ³¹
耀州	pæ̃⁴⁴	tsʰæ̃⁵²	sæ̃²¹	tsʰæ̃⁵²	tɕiæ̃²¹	ȵiæ̃⁵²	ɕiæ̃⁴⁴	pɑ²¹
咸阳	pã⁴⁴	tsʰã⁵³	sã³¹	tsʰã⁵³	tɕiã³¹	ȵiã⁵³	ɕiã⁴⁴	pɑ³¹
旬邑	pã⁴⁴	tsʰã⁵²	sã²¹	tsʰã⁵²	tɕiã²¹	ȵiã⁵²	ɕiã⁴⁴	pɑ²¹
三原	pã⁴⁴	tsʰã⁵²	sã³¹	tsʰã⁵²	tɕiã³¹	ȵiã⁵²	ɕiã⁴⁴	pɑ³¹
乾县	pæ̃⁵⁵	tsʰæ̃⁵³	sæ̃²¹	tsʰæ̃⁵³	tɕiæ̃²¹	ȵiæ̃⁵³	ɕiæ̃⁵⁵	pɑ²¹
岐山	pæ̃⁴⁴	tsʰæ̃⁵³	sæ̃³¹	tsʰæ̃⁵³	tɕiæ̃³¹	ȵiæ̃⁵³	ɕiæ̃⁵³	pᴀ³¹

① ~窝：眼睛。
② 门~：门槛。
③ 不得~：来不及。

	0481 办	0482 铲	0483 山	0484 产~妇	0485 间 房~，一~房	0486 眼	0487 限	0488 八
	山开二 去山並	山开二 上山初	山开二 平山生	山开二 上山生	山开二 平山见	山开二 上山疑	山开二 上山匣	山开二 入黠帮
凤翔	pæ̃⁴⁴	tsʰæ̃⁵³	sæ̃³¹	tsʰæ̃⁵³	tɕiæ̃³¹	ȵiæ̃⁵³	ɕiæ̃⁴⁴	pa³¹
千阳	pæ̃⁴⁴	tsʰæ̃⁵³	sæ̃³¹	tsʰæ̃⁵³	tɕiæ̃³¹	ȵiæ̃⁵³	ɕiæ̃⁴⁴	pa³¹
西安	pã⁴⁴	tsʰã⁵³	sã²¹	tsʰã⁵³	tɕiã²¹	ȵiã⁵³	ɕiã⁴⁴	pa²¹
户县	pã⁵⁵	tsʰã⁵¹	sã³¹	tsʰã⁵¹	tɕiã³¹	ȵiã⁵¹	ɕiã⁵⁵	pa³¹
商州	pã⁴⁴	tsʰã⁵³	sã³¹	tsʰã⁵³	tɕiã³¹	ȵiã⁵³	ɕiã⁴⁴	pa³¹
镇安	pan³²²	tsʰan³⁵	san⁵³	tsʰan³⁵	tɕian⁵³	ȵian³⁵	ɕian³²²	pa⁵³
安康	pan⁴⁴	tʂʰan⁵³	ʂan³¹	tʂʰan⁵³	tɕian³¹	ȵian⁵³	ɕian⁴⁴	pa³¹
白河	pan⁴¹	tʂʰan³⁵	ʂan²¹³	tʂʰan³⁵	tɕian²¹³	ian³⁵	ɕian⁴¹	pa⁴⁴
汉阴	pan²¹⁴	tsʰan⁴⁵	san³³	tsʰan⁴⁵	tɕian³³	ȵian⁴⁵	ɕian²¹⁴	pɑ⁴²
平利	pan²¹⁴	tʂʰan⁴⁴⁵	ʂan⁴³	tʂʰan⁴⁴⁵	tɕian⁴³	ŋan⁴⁴⁵ ~睛 ȵian⁴⁴⁵	ɕian²¹⁴	pa⁴³
汉中	pan²¹³	tsʰan³⁵⁴	san⁵⁵	tsʰan³⁵⁴	tɕian⁵⁵	ȵian³⁵⁴	ɕian²¹³	pᴀ⁵⁵
城固	pan²¹³	tsʰan⁴⁴	san⁵³	tsʰan⁴⁴	tɕian⁵³	ȵian⁴⁴	ɕian²¹³	pa⁵³
勉县	pɑn²¹³	tsʰan³⁵	san⁴²	tsʰan³⁵	tɕian⁴²	ȵian³⁵	ɕian²¹³	pɑ⁴²
镇巴	pan²¹³	tsʰuan⁵²	san³⁵	tsʰan⁵²	kan³⁵ ~屋 tɕian³⁵ ~隔	ian⁵²	ɕian²¹³	pa³¹

	0489 扎	0490 杀	0491 班	0492 板	0493 慢	0494 奸	0495 颜	0496 瞎
	山开二入黠庄	山开二入黠生	山开二平删帮	山开二上删帮	山开二去删明	山开二平删见	山开二平删疑	山开二入鎋晓
榆林	tsaʔ³	saʔ³	pɛ³³	pɛ²¹³	mɛ⁵²	tɕiɛ³³	iɛ²¹³	xaʔ³
神木	tsaʔ⁴	saʔ⁴	pɛ²¹³	pɛ²¹³	mɛ⁵³	tɕiɛ²¹³	iɛ⁴⁴	xaʔ⁴
绥德	tsa³³	sa³³	pæ²¹³	pæ²¹³	mæ⁵²	tɕie²¹³	ie³³	xa³³
吴堡	tsaʔ³	saʔ³	pã²¹³	pã⁴¹²	mã⁵³	tɕiã²¹³	ɲiã³³	xaʔ³
清涧	tsa⁵³	sa⁵³	pɛ³¹²	pɛ⁵³	mɛ⁴²	tɕi³¹²	ɲi²⁴ ~色 / i²⁴ ~容	xa⁵³
延安	tsa²¹³	sa²¹³	pæ̃²¹³	pæ̃⁵²	mæ̃⁴⁴³	tɕiæ̃²¹³	ɲiæ̃²⁴ ~色 / iæ̃²⁴ ~面	xa²¹³
延川	tsa⁴²³	sa⁴²³	pæ̃²¹³	pæ̃⁵³	mæ̃⁵³	tɕiɛ²¹³	iɛ³⁵	xa⁴²³
黄陵	tsa³¹	sa³¹	pæ̃³¹	pæ̃⁵²	mæ̃⁵⁵	tɕiæ̃³¹	ɲiæ̃²⁴ ~色 / iæ̃²⁴ ~料	xa³¹
渭南	tsa³¹	sa³¹	pæ̃³¹	pæ̃⁵³	mæ̃⁴⁴	tɕiæ̃³¹	ɲiæ̃²⁴	xa³¹
韩城	tsa³¹	sa³¹	pã³¹	pã⁵³	mã⁴⁴	tɕiã³¹	ɲiã²⁴	xa³¹ ~子 / ɕia³¹ ~扯
合阳	tsa³¹	sa³¹	pã³¹	pã⁵²	mã⁵⁵	tɕiã³¹	ɲiã²⁴	xa³¹
富平	tsa³¹	sa³¹	pæ̃³¹	pæ̃⁵³	mæ̃⁵⁵	tɕiæ̃³¹	iæ̃²⁴	xa³¹
耀州	tsa²¹	sa²¹	pæ̃²¹	pæ̃⁵²	mæ̃⁴⁴	tɕiæ̃²¹	iæ̃²⁴	xa²¹
咸阳	tsa³¹	sa³¹	pã³¹	pã⁵³	mã⁴⁴	tɕiã³¹	iã²⁴	xa³¹
旬邑	tsa²¹	sa²¹	pã²¹	pã⁵²	mã⁴⁴	tɕiã²¹	iã²⁴	xa²¹
三原	tsa³¹	sa³¹	pã³¹	pã⁵²	mã⁴⁴	tɕiã³¹	iã²⁴	xa³¹
乾县	tsa²¹	sa²¹	pæ̃²¹	pæ̃⁵³	mæ̃⁵⁵	tɕiæ̃²¹	ɲiæ̃²⁴ ~色 / iæ̃²⁴ ~面	xa²¹ ~说 / ɕia²¹ ~指挥
岐山	tsᴀ³¹	sᴀ³¹	pæ̃³¹	pæ̃⁵³	mæ̃⁴⁴	tɕiæ̃³¹	iæ̃²⁴	xᴀ³¹ ~子 / ɕiᴀ³¹ ~子
凤翔	tsa³¹	sa³¹	pæ̃³¹	pæ̃⁵³	mæ̃⁴⁴	tɕiæ̃³¹	iæ̃²⁴	xa³¹
千阳	tsa³¹	sa³¹	pæ̃³¹	pæ̃⁵³	mæ̃⁴⁴	tɕiæ̃³¹	iæ̃²⁴	xa³¹
西安	tsa²¹	sa²¹	pã²¹	pã⁵³	mã⁴⁴	tɕiã²¹	iã²⁴	xa²¹

	0489 扎	0490 杀	0491 班	0492 板	0493 慢	0494 奸	0495 颜	0496 瞎
	山开二入黠庄	山开二入黠生	山开二平删帮	山开二上删帮	山开二去删明	山开二平删见	山开二平删疑	山开二入鎋晓
户县	tsa³¹	sa³¹	pã³¹	pã⁵¹	mã⁵⁵	tɕiã³¹	ȵiã³⁵ ~色 / iã³⁵ 容~	xa³¹
商州	tsɑ³¹	sɑ³¹	pã³¹	pã⁵³	mã⁴⁴	tɕiã³¹	iã³⁵	xɑ³¹
镇安	tsa⁵³	sa⁵³	pan⁵³	pan³⁵	man³²²	tɕian⁵³	ian³³	xa⁵³
安康	tʂa³¹	ʂa³¹	pan³¹	pan⁵³	man⁴⁴	tɕian³¹	ian³⁵	xa³¹
白河	tʂa²¹³	ʂa²¹³	pan²¹³	pan³⁵	man⁴¹	tɕian²¹³	ian⁴⁴	ɕia²¹³
汉阴	tsɑ⁴²	sɑ⁴²	pan³³	pan⁴⁵	man²¹⁴	tɕian³³	ŋan⁴² 姓~ / ian⁴² ~料	χɑ⁴²
平利	tʂa⁴³	ʂa⁴³	pan⁴³	pan⁴⁴⁵	man²¹⁴	tɕian⁴³	ian⁵²	xa⁴³ / ɕia⁴³
汉中	tsʌ⁵⁵	sʌ⁵⁵	pan⁵⁵	pan³⁵⁴	man²¹³	tɕian⁵⁵	ian⁴²	xʌ⁵⁵
城固	tsa⁵³	sa⁵³	pan⁵³	pan⁴⁴	man²¹³	tɕian⁵³	ian³¹¹	xa⁵³
勉县	tsɑ⁴²	sɑ⁴²	pɑn⁴²	pɑn³⁵	mɑn²¹³	tɕian⁴²	ian²¹	xɑ⁴²
镇巴	tsa³¹	sa³¹	pan³⁵	pan⁵²	man²¹³	tɕian³⁵	ian³¹	ɕia³¹

	0497 变	0498 骗欺~	0499 便方~	0500 棉	0501 面~孔	0502 连	0503 剪	0504 浅
	山开三去仙帮	山开三去仙滂	山开三去仙並	山开三平仙明	山开三去仙明	山开三平仙来	山开三上仙精	山开三上仙清
榆林	piɛ⁵²	pʰiɛ⁵²	piɛ⁵²	miɛ²¹³	miɛ⁵²	liɛ²¹³	tɕiɛ²¹³	tɕʰiɛ²¹³
神木	piɛ⁵³	pʰiɛ⁵³	piɛ⁵³	miɛ⁴⁴	miɛ⁵³	liɛ⁴⁴	tɕiɛ²¹³	tɕʰiɛ²¹³
绥德	pie⁵²	pʰie⁵²	pie⁵²	mie³³	mie⁵²	lie³³	tɕie²¹³	tɕʰie²¹³
吴堡	pie⁵³	pʰie⁵³	pie⁵³	mie³³	mie⁵³	lie³³	tɕie⁴¹²	tɕʰie⁴¹²
清涧	pi⁴²	pʰi⁴²	pi⁴²	mi²⁴	mi⁴²	li²⁴	tɕi⁵³	tɕʰi⁵³
延安	piæ̃⁴⁴³	pʰiæ̃⁴⁴³	piæ̃⁴⁴³	miæ̃²⁴	miæ̃⁴⁴³	liæ̃²⁴	tɕiæ̃⁵²	tɕʰiæ̃⁵²
延川	piɛ⁵³	pʰiɛ⁵³	piɛ⁵³	miɛ³⁵	miɛ⁵³	liɛ³⁵	tɕiɛ⁵³	tɕʰiɛ⁵³
黄陵	piæ̃⁵⁵	pʰiæ̃⁵⁵	piæ̃⁵⁵	miæ̃²⁴	miæ̃⁵⁵	liæ̃²⁴	tɕiæ̃⁵²	tɕʰiæ̃⁵²
渭南	piæ̃⁴⁴	pʰiæ̃⁴⁴	piæ̃⁴⁴	miæ̃²⁴	miæ̃⁴⁴	liæ̃²⁴	tɕiæ̃⁵³	tɕʰiæ̃⁵³
韩城	piã⁴⁴	pʰiã⁴⁴	piã⁴⁴	miã²⁴	miã⁴⁴	liã²⁴	tɕiã⁵³	tɕʰiã⁵³
合阳	piã⁵⁵	pʰiã⁵⁵	piã⁵⁵	miã²⁴	miã⁵⁵	liã²⁴	tsiã⁵²	tsʰiã⁵²
富平	piæ̃⁵⁵	pʰiæ̃⁵⁵	piæ̃⁵⁵	miæ̃²⁴	miæ̃⁵⁵	liæ̃²⁴	tiæ̃⁵³	tʰiæ̃⁵³
耀州	piæ̃⁴⁴	pʰiæ̃⁴⁴	piæ̃⁴⁴	miæ̃²⁴	miæ̃⁴⁴	liæ̃²⁴	tɕiæ̃⁵²	tɕʰiæ̃⁵²
咸阳	piã⁴⁴	pʰiã⁴⁴	piã⁴⁴	miã²⁴	miã⁴⁴	liã²⁴	tɕiã⁵³	tɕʰiã⁵³
旬邑	piã⁴⁴	pʰiã⁴⁴	piã⁴⁴	miã²⁴	miã⁴⁴	liã²⁴	tsiã⁵²	tsʰiã⁵²
三原	piã⁴⁴	pʰiã⁴⁴	piã⁴⁴	miã²⁴	miã⁴⁴	liã²⁴	tɕiã⁵²	tɕʰiã⁵²
乾县	piæ̃⁵⁵	pʰiæ̃⁵⁵	piæ̃⁵⁵	miæ̃²⁴	miæ̃⁵⁵	liæ̃²⁴	tɕiæ̃⁵³	tɕʰiæ̃⁵³
岐山	piæ̃⁴⁴	pʰiæ̃⁴⁴	piæ̃⁴⁴	miæ̃²⁴	miæ̃⁴⁴	liæ̃²⁴	tiæ̃⁵³	tʰiæ̃⁵³
凤翔	pʰiæ̃⁴⁴ ~工 / piæ̃⁴⁴ ~化	pʰiæ̃⁴⁴	piæ̃⁴⁴	miæ̃²⁴	miæ̃⁴⁴	liæ̃²⁴	tsiæ̃⁵³	tsʰiæ̃⁵³
千阳	pʰiæ̃⁴⁴ ~工 / piæ̃⁴⁴ ~化	pʰiæ̃⁴⁴	piæ̃⁴⁴	miæ̃²⁴	miæ̃⁴⁴	liæ̃²⁴	tsiæ̃⁵³	tsʰiæ̃⁵³
西安	piã⁴⁴	pʰiã⁴⁴	piã⁴⁴	miã²⁴	miã⁴⁴	liã²⁴	tɕiã⁵³	tɕʰiã⁵³
户县	piã⁵⁵	pʰiã⁵⁵	piã⁵⁵	miã³⁵ ~花 / miã³⁵ ~裤	miã⁵⁵	liã³⁵	tɕiã⁵¹	tɕʰiã⁵¹
商州	piã⁴⁴	pʰiã⁴⁴	piã⁴⁴	miã³⁵	miã⁴⁴	liã³⁵	tɕiã⁵³	tɕʰiã⁵³
镇安	pian²¹⁴	pʰian²¹⁴	pian³²²	mian³³	mian³²²	lian³³	tɕian³⁵	tɕʰian³⁵

	0497 变	0498 骗欺~	0499 便方~	0500 棉	0501 面~孔	0502 连	0503 剪	0504 浅
	山开三去仙帮	山开三去仙滂	山开三去仙並	山开三平仙明	山开三去仙明	山开三平仙来	山开三上仙精	山开三上仙清
安康	pian⁴⁴	pʰian⁴⁴	pian⁴⁴	mian³⁵	mian⁴⁴	lian³⁵	tɕian⁵³	tɕʰian⁵³
白河	pian⁴¹	pʰian⁴¹	pian⁴¹	mian⁴⁴	mian⁴¹	lian⁴⁴	tɕian³⁵	tɕʰian³⁵
汉阴	pian²¹⁴	pʰian²¹⁴	pian²¹⁴	mian⁴²	mian²¹⁴	lian⁴²	tɕian⁴⁵	tɕʰian⁴⁵
平利	pian²¹⁴	pʰian²¹⁴	pian²¹⁴	mian⁵²	mian²¹⁴	lian⁵²	tɕian⁴⁴⁵	tɕʰian⁴⁴⁵
汉中	pian²¹³	pʰian²¹³	pian²¹³	mian⁴²	mian²¹³	lian⁴²	tɕian³⁵⁴	tɕʰian³⁵⁴
城固	pian²¹³	pʰian²¹³	pian²¹³	mian³¹¹	mian²¹³	lian³¹¹	tsian⁴⁴	tsʰian⁴⁴
勉县	pian²¹³	pʰian²¹³	pian²¹³	mian²¹	mian²¹³	lian²¹	tɕian³⁵	tɕʰian³⁵
镇巴	pian²¹³	pʰian²¹³	pian²¹³	mian³¹	mian²¹³	lian³¹	tɕian⁵²	tɕʰian⁵²

	0505 钱	0506 鲜	0507 线	0508 缠	0509 战	0510 扇名	0511 善	0512 件
	山开三平仙从	山开三平仙心	山开三去仙心	山开三平仙澄	山开三去仙章	山开三去仙书	山开三上仙禅	山开三上仙群
榆林	tɕʰiɛ²¹³	ɕiɛ³³	ɕiɛ⁵²	tʂʰɛ²¹³	tʂɛ⁵²	ʂɛ⁵²	ʂɛ⁵²	tɕiɛ⁵²
神木	tɕʰiɛ⁴⁴	ɕiɛ²¹³	ɕiɛ⁵³	tʂʰɛ⁴⁴	tʂɛ⁵³	ʂɛ⁵³	ʂɛ⁵³	tɕiɛ⁵³
绥德	tɕʰie³³	ɕie²¹³	ɕie⁵²	tʂʰæ³³	tʂæ⁵²	ʂæ⁵²	ʂæ⁵²	tɕie⁵²
吴堡	tɕʰie³³	ɕie⁴¹²	ɕie⁵³	tʂʰie³³	tʂie⁵³	ʂie⁵³	ʂie⁵³	tɕie⁵³
清涧	tɕʰi²⁴	ɕi⁵³	ɕi⁴²	tʂʰei²⁴ ~布 tʂʰɛ²⁴ 纠~	tʂei⁴² 大~ tʂɛ⁴² ~争	ʂei⁴² ~子 ʂɛ⁴² 芭蕉~	ʂei⁴² 良~ ʂɛ⁴² ~良	tɕi⁴²
延安	tɕʰiæ̃²⁴	ɕiæ̃²¹³	ɕiæ̃⁴⁴³	tʂʰæ̃²⁴	tʂæ̃⁴⁴³	ʂæ̃⁴⁴³	ʂæ̃⁴⁴³	tɕʰiæ̃⁴⁴³ 一~ tɕiæ̃⁴⁴³ 文~
延川	tɕʰiɛ³⁵	ɕiɛ²¹³	ɕiɛ⁵³	tʂʰɤ³⁵ ~麻 tʂʰæ̃³⁵ 纠~	tʂɤ⁵³ 混~ tʂæ̃⁵³ ~胜	ʂɤ⁵³ ~~ ʂæ̃⁵³ ~子	ʂɤ⁵³ 心~ ʂæ̃⁵³ ~良	tɕʰiə⁵³
黄陵	tɕʰiæ̃²⁴	ɕiæ̃⁵²	ɕiæ̃⁵⁵	tʂʰæ̃²⁴	tʂæ̃⁵⁵	ʂæ̃⁵⁵	tʂʰæ̃⁵² ~活 ʂæ̃⁵⁵ ~良	tɕʰiæ̃⁵⁵
渭南	tɕʰiæ̃²⁴	ɕiæ̃⁵³	ɕiæ̃⁴⁴	tʂʰæ̃²⁴	tʂæ̃⁴⁴	ʂæ̃⁴⁴	ʂæ̃⁴⁴	tɕʰiæ̃⁴⁴
韩城	tɕʰiã²⁴	ɕiã⁵³	ɕiã⁴⁴	tʂʰã²⁴	tʂã⁴⁴	ʂã⁴⁴	ʂã⁴⁴	tɕʰiã⁴⁴
合阳	tsʰiã²⁴	siã⁵²	siã⁵⁵	tʂʰã²⁴	tʂã⁵⁵	ʂã⁵⁵	tʂʰã⁵² ~活 ʂã⁵⁵ ~良	tɕʰiã⁵⁵
富平	tʰiæ̃²⁴	siæ̃⁵³	siæ̃⁵⁵	tʂʰæ̃²⁴	tʂæ̃⁵⁵	ʂæ̃⁵⁵	ʂæ̃⁵⁵	tɕiæ̃⁵⁵
耀州	tɕʰiæ̃²⁴	ɕiæ̃⁵²	ɕiæ̃⁴⁴	tʂʰæ̃²⁴	tʂæ̃⁴⁴	ʂæ̃⁴⁴	ʂæ̃⁴⁴	tɕiæ̃⁴⁴
咸阳	tɕʰiã²⁴	ɕiã⁵³	ɕiã⁴⁴	tʂʰã²⁴	tʂã⁴⁴	ʂã⁴⁴	ʂã⁴⁴	tɕiã⁴⁴
旬邑	tsʰiã²⁴	siã⁵²	siã⁴⁴	tʂʰã²⁴	tʂã⁴⁴	ʂã⁴⁴	ʂã⁴⁴	tɕʰiã⁴⁴
三原	tɕʰiã²⁴	ɕiã⁵²	ɕiã⁴⁴	tʂʰã²⁴	tʂã⁴⁴	ʂã⁴⁴	ʂã⁴⁴	tɕiã⁴⁴
乾县	tɕʰiæ̃²⁴	ɕiæ̃⁵³	ɕiæ̃⁵⁵	tʂʰæ̃²⁴	tæ̃⁵⁵	ʂæ̃⁵⁵	ʂæ̃⁵⁵	tɕiæ̃⁵⁵
岐山	tʰiæ̃²⁴	siæ̃⁵³	siæ̃⁴⁴	tʂʰæ̃²⁴	tʂæ̃⁴⁴	ʂæ̃⁴⁴	ʂæ̃⁴⁴	tɕʰiæ̃⁴⁴ 一~ tɕiæ̃⁴⁴ 条~
凤翔	tsʰiæ̃²⁴	siæ̃⁵³	siæ̃⁴⁴	tʂʰæ̃²⁴	tʂæ̃⁴⁴	ʂæ̃⁴⁴	ʂæ̃⁴⁴	tɕiæ̃⁴⁴
千阳	tsʰiæ̃²⁴	siæ̃⁵³	siæ̃⁴⁴	tʂʰæ̃²⁴	tʂæ̃⁴⁴	ʂæ̃⁴⁴	ʂæ̃⁴⁴	tɕʰiæ̃⁴⁴
西安	tɕʰiã²⁴	ɕiã²¹	ɕiã⁴⁴	tʂʰã²⁴	tʂã⁴⁴	ʂã⁴⁴	ʂã⁴⁴	tɕiã⁴⁴

	0505 钱	0506 鲜	0507 线	0508 缠	0509 战	0510 扇名	0511 善	0512 件
	山开三平仙从	山开三平仙心	山开三去仙心	山开三平仙澄	山开三去仙章	山开三去仙书	山开三上仙禅	山开三上仙群
户县	tɕʰiã³⁵	ɕiã⁵¹ 又 ɕiã³¹ 又	ɕiã⁵⁵	tʂʰã³⁵	tʂã⁵⁵	ʂã⁵⁵	tʂʰã⁵¹ ~得很① ʂã⁵⁵ ~良	tɕiã⁵¹
商州	tɕʰiã³⁵	ɕiã⁵³	ɕiã⁴⁴	tʂʰã³⁵	tʂã⁴⁴	ʂã⁴⁴	ʂã⁴⁴	tɕiã⁴⁴
镇安	tɕʰian³³	ɕian³⁵	ɕian²¹⁴	tʂʰan³³	tʂan³²²	ʂan³²²	ʂan³²²	tɕian³²²
安康	tɕʰian³⁵	ɕyan³¹	ɕian⁴⁴	tʂʰan³⁵	tʂan⁴⁴	ʂan⁴⁴	ʂan⁴⁴	tɕian⁴⁴
白河	tɕʰian⁴⁴	ɕian²¹³	ɕian⁴¹	tʂʰan⁴⁴	tʂan⁴¹	ʂan⁴¹	ʂan⁴¹	tɕian⁴¹
汉阴	tɕʰian⁴²	ɕian³³	ɕian²¹⁴	tʂʰan⁴²	tʂan²¹⁴	ʂan²¹⁴	ʂan²¹⁴	tɕian²¹⁴
平利	tɕʰian⁵²	ɕian⁴³	ɕian²¹⁴	tʂʰan⁵²	tʂan²¹⁴	ʂan²¹⁴	ʂan²¹⁴	tɕian²¹⁴
汉中	tɕʰian⁴²	ɕyan⁵⁵ 新~ ɕian⁵⁵ ~艳	ɕian²¹³	tʂʰan⁴²	tʂan²¹³	ʂan²¹³	ʂan²¹³	tɕian²¹³
城固	tsʰian³¹¹	ɕyan⁵³	sian²¹³	tʂʰan³¹¹	tʂan²¹³	ʂan²¹³	ʂan²¹³	tɕian²¹³
勉县	tɕʰian²¹	ɕyan⁴²	ɕian²¹³	tsʰɑn²¹	tsɑn²¹³	sɑn²¹³	sɑn²¹³	tɕian²¹³
镇巴	tɕʰian³¹	ɕyan³⁵	ɕian²¹³	tsʰɑn³¹	tsɑn²¹³	sɑn²¹³	sɑn²¹³	tɕian²¹³

①~得很：好得很。

	0513 延	0514 别~人	0515 灭	0516 列	0517 撤	0518 舌	0519 设	0520 热
	山开三平仙以	山开三入薛帮	山开三入薛明	山开三入薛来	山开三入薛彻	山开三入薛船	山开三入薛书	山开三入薛日
榆林	iɛ²¹³	piɛ²¹³	miʌʔ³	liʌʔ³	tʂʰʌʔ³	ʂə²¹³	ʂʌʔ³	ʐʌʔ³
神木	iɛ⁴⁴	piəʔ⁴	miəʔ⁴	liəʔ⁴	tʂʰəʔ⁴	ʂɚ⁴⁴	ʂəʔ⁴	ʐəʔ⁴
绥德	ie³³	pie³³	mie³³	lie³³	tʂʰɤ³³	ʂɤ³³	ʂɤ³³	ʐɤ³³
吴堡	ie³³	piəʔ³	miəʔ²¹³	liəʔ³	tʂʰəʔ³	ʂəʔ²¹³	ʂəʔ³	ʐəʔ²¹³
清涧	i²⁴	pi²⁴	mi⁵³	li⁵³	tʂʰɤ⁵³	ʂɤ²⁴	ʂɤ⁵³	ʐɤ⁵³
延安	iæ̃²⁴	pʰie²⁴	mie²¹³	lie²¹³	tʂʰə⁴⁴³	ʂə²⁴	ʂə²¹³	ʐə²¹³
延川	ie³⁵	pie³⁵	miɛ⁴²³	liɛ⁴²³	tʂʰɤ⁵³	ʂɤ³⁵	ʂɤ⁵³	ʐɤ⁵³
黄陵	iɑŋ²⁴~安 iæ̃²⁴~长	pʰie²⁴ pie²⁴	mie³¹	lie³¹	tʂʰɤ⁵²	ʂɤ²⁴	ʂɤ³¹	ʐɤ³¹
渭南	iæ̃²⁴	pie²⁴	mie³¹	lie³¹	tʂʰə⁵³	ʂə²⁴	ʂə³¹	ʐə³¹
韩城	iã²⁴	piE²⁴	miE³¹	liE³¹	tʂʰʅE⁵³	ʂʅE²⁴	ʂʅE³¹	ʐʅE³¹
合阳	iã²⁴	pie²⁴	mie³¹	lie³¹	tʂʰɤ⁵⁵	ʂɤ²⁴	ʂɤ³¹	ʐɤ³¹
富平	iæ̃²⁴	pie²⁴	mie³¹	lie³¹	tʂʰɤ⁵³	ʂɤ²⁴	ʂɤ³¹	ʐɤ³¹
耀州	iæ̃²⁴	pie²⁴	mie²¹	lie²¹	tʂʰɤ⁵²	ʂɤ²⁴	ʂɤ²¹	ʐɤ²¹
咸阳	iã²⁴	pie²⁴	mie³¹	lie³¹	tʂʰɤ³¹	ʂɤ²⁴	ʂɤ³¹	ʐɤ³¹
旬邑	iã²⁴	pie²⁴	mie²¹	lie²¹	tʂʰɤ⁵²	ʂɤ²⁴	ʂɤ²¹	ʐɤ²¹
三原	iã²⁴	pie²⁴	mie³¹	lie³¹	tʂʰɤ⁵²	ʂɤ²⁴	ʂɤ³¹	ʐɤ³¹
乾县	iæ̃²⁴	piə²⁴	miə²¹	liə²¹	tʂʰɤ⁵³	ʂɤ²⁴	ʂɤ²¹	ʐɤ²¹
岐山	iæ̃²⁴	pʰie²⁴ pie²⁴	mie³¹	lie³¹	tʂʰɤ²⁴	ʂɤ²⁴	ʂɤ⁵³	ʐɤ³¹
凤翔	iæ̃²⁴	pie²⁴	mie³¹	lie³¹	tʂʰʅə⁵³	ʂʅə²⁴	ʂʅə⁵³	ʐʅə³¹
千阳	iæ̃²⁴	pie²⁴	mie³¹	lie³¹	tʂʰə⁵³	ʂə²⁴	ʂə³¹	ʐə³¹
西安	iã²⁴	pie²⁴	mie²¹	lie²¹	tʂʰɤ⁴⁴	ʂɤ²⁴	ʂɤ²¹	ʐɤ²¹
户县	iã³⁵	pie³⁵	mie³¹	lie³¹	tʂʰʅɛ⁵¹	ʂʅɛ³⁵	ʂʅɛ³¹	ʐʅɛ³¹
商州	iã³⁵	pie³⁵	mie³¹	lie³¹	tʂʰə⁵³	ʂə³⁵	ʂə³¹	ʐə³¹
镇安	ian³³	pie³²²	mie⁵³	lie⁵³	tʂʰɛ³⁵	ʂɛ³²²	ʂɛ⁵³	ʐɥɛ⁵³
安康	ian³⁵	pie³⁵	mie³¹	lie³¹	tʂʰɤ⁵³	ʂɤ³⁵	ʂɤ³¹	ʐɤ³¹

	0513 延	0514 别~人	0515 灭	0516 列	0517 撤	0518 舌	0519 设	0520 热
	山开三平仙以	山开三入薛帮	山开三入薛明	山开三入薛来	山开三入薛彻	山开三入薛船	山开三入薛书	山开三入薛日
白河	iæn⁴⁴	piɛ⁴⁴	miɛ²¹³	liɛ²¹³	tʂʰɛ⁴⁴	ʂɛ⁴⁴	ʂɛ⁴¹	ʐɛ²¹³
汉阴	iæn⁴²	piɛ⁴²	miɛ⁴²	liɛ⁴²	tʂʰɛ⁴²	ʂɛ⁴²	ʂɛ³³	ʐɛ⁴²
平利	iæn⁵²	piɛ⁵²	miɛ⁴³	liɛ⁴³	tʂʰɛ⁴³	ʂɛ⁵²	ʂɛ²¹⁴	ɥɛ⁴³
汉中	iæn⁴²	piɛ⁴²	miɛ⁵⁵	liɛ⁵⁵	tʂʰɤ³⁵⁴	ʂɤ⁴²	ʂɤ⁵⁵	ʐɤ⁵⁵
城固	iæn³¹¹	piɛ³¹¹	miɛ⁵³	liɛ⁵³	tʂʰə⁴⁴	ʂə³¹¹	ʂə⁵³	ʐə⁵³
勉县	iɑn²¹	piɛ²¹	miɛ⁴²	liɛ⁴²	tʂʰɤ³⁵	sɤ²¹	sɤ⁴²	zɤ⁴²
镇巴	iæn³¹	pɛ³¹	mɛ³¹	lɛ³¹	tʂʰɛ⁵²	sɛ³¹	sɛ³¹	zɛ³¹

411

	0521 杰	0522 孽	0523 建	0524 健	0525 言	0526 歇	0527 扁	0528 片
	山开三入薛群	山开三入薛疑	山开三去元见	山开三去元群	山开三平元疑	山开三入月晓	山开四上先帮	山开四去先滂
榆林	tɕiʌʔ³	niʌʔ³	tɕiɛ⁵²	tɕiɛ⁵²	iɛ²¹³	ɕiʌʔ³	pɛ²¹³~的 piɛ²¹³~食① pʰiɛ²¹³~豆	pʰiɛ⁵²
神木	tɕiəʔ⁴	n̠iəʔ⁴	tɕiɛ⁵³	tɕiɛ⁵³	iɛ⁴⁴	ɕiəʔ⁴	pɛ²¹³压~ piɛ²¹³~食 pʰiɛ²¹³~豆	pʰiɛ⁵³
绥德	tɕie³³	nie³³	tɕie⁵²	tɕʰie⁵²康~② tɕie⁵²~康	ie³³	ɕie³³	pæ²¹³~咪咪③ pie²¹³~食 pʰie²¹³~豆	pʰie⁵²
吴堡	tɕiəʔ³	n̠iəʔ²¹³	tɕie⁵³	tɕie⁵³	ie³³	ɕiəʔ³	pã⁴¹²~担 pie⁴¹²~食 pʰie⁴¹²~豆	pʰie⁴¹²揪~子④ pʰie⁵³~子
清涧	tɕi²⁴	n̠i⁵³	tɕi⁴²	tɕi⁴²	n̠i²⁴~喘 i²⁴语~	ɕi⁵³	pɛ⁵³~担 pi⁵³~食 pʰi⁵³~豆	pʰi⁵³
延安	tɕiɛ²⁴	n̠iɛ²¹³	tɕiæ̃⁴⁴³	tɕiæ̃⁴⁴³	n̠iɛ²⁴~喘 iɛ²⁴语~	ɕiɛ²¹³	pæ̃⁵²压~ piæ̃⁵²~食 pʰiæ̃⁵²~豆	pʰiæ̃⁴⁴³
延川	tɕie⁴²³	nie⁴²³	tɕie⁵³	tɕie⁵³	ie³⁵	ɕie⁴²³	pæ̃⁵³压~ pie⁵³~食 pʰie⁵³~豆	pʰie⁵³

①~食：饺子。
②康~：健康。
③~咪咪：褒义，形容很扁的样子。
④揪~子：揪面片。

	0521 杰 山开三入薛群	0522 孽 山开三入薛疑	0523 建 山开三去元见	0524 健 山开三去元群	0525 言 山开三平元疑	0526 歇 山开三入月晓	0527 扁 山开四上先帮	0528 片 山开四去先滂
黄陵	tɕʰiɛ²⁴ tɕiɛ²⁴	ȵiɛ³¹	tɕiã⁵⁵	tɕiã⁵⁵	ȵiã²⁴ ~喘 iã²⁴ 语~	ɕiɛ³¹	pĩæ̃⁵² ~~子 piæ̃⁵² ~平 pʰiæ̃⁵² ~的	pʰiæ̃⁵⁵
渭南	tɕiɛ²⁴	ȵiɛ³¹	tɕiã⁴⁴	tɕiã⁴⁴	iæ̃²⁴	ɕiɛ³¹	piæ̃⁵³	pʰiæ̃⁵³
韩城	tɕʰiɛ²⁴	ȵiɛ³¹	tɕiã⁴⁴	tɕiã⁴⁴	ȵiã²⁴	ɕiɛ³¹	pã⁵³ 又 piã⁵³ 又 pʰiã⁵³ 又	pʰiã⁵³
合阳	tɕʰiɛ²⁴	ȵiɛ³¹	tɕiã⁵⁵	tɕiã⁵⁵	ȵiã²⁴ ~喘 iã²⁴ 语~	ɕiɛ³¹	piã⁵²	pʰiã⁵²
富平	tɕiɛ²⁴	ȵiɛ³¹	tɕiã⁵⁵	tɕiã⁵⁵	ȵiã²⁴ ~喘 iã²⁴ ~论	ɕiɛ³¹	piã⁵⁵	pʰiã⁵³
耀州	tɕiɛ²⁴	ȵiɛ²¹	tɕiã⁴⁴	tɕiã⁴⁴	iæ̃²⁴	ɕiɛ²¹	piæ̃⁵²	pʰiæ̃⁵²
咸阳	tɕiɛ²⁴	ȵiɛ³¹	tɕiã⁴⁴	tɕiã⁴⁴	iã²⁴	ɕiɛ³¹	piã⁵³	pʰiã⁵³
旬邑	tɕiɛ²⁴	ȵiɛ²¹	tɕiã⁴⁴	tɕiã⁴⁴	ȵiã²⁴ ~喘 iã²⁴ ~语	ɕiɛ²¹	piã⁵²	pʰiã⁵²
三原	tɕiɛ²⁴	ȵiɛ³¹	tɕiã⁴⁴	tɕiã⁴⁴	iã²⁴	ɕiɛ³¹	piã⁵²	pʰiã⁵²
乾县	tɕiə²⁴	ȵiə²¹	tɕiæ̃⁵⁵	tɕiæ̃⁵⁵	ȵiæ̃²⁴ ~喘 iæ̃²⁴ ~之 有理	ɕiə²¹	piæ̃⁵³	pʰiæ̃⁵³
岐山	tɕiɛ²⁴	ȵiɛ³¹	tɕiã⁵³	tɕiã⁴⁴	ȵiã²⁴ ~喘 iã²⁴ ~语	ɕiɛ³¹	piã⁵³	pʰiã⁵³

	0521 杰 山开三入薛群	0522 孽 山开三入薛疑	0523 建 山开三去元见	0524 健 山开三去元群	0525 言 山开三平元疑	0526 歇 山开三入月晓	0527 扁 山开四上先帮	0528 片 山开四去先滂
凤翔	tɕie²⁴	ȵie³¹	tɕiæ̃⁵³	tɕiæ̃⁵³	ȵiæ̃²⁴ ~喘 / iæ̃²⁴ 发~	ɕie³¹	piæ̃⁵³	pʰiæ̃⁵³
千阳	tɕie²⁴	ȵie³¹	tɕiæ̃⁵³	tɕiæ̃⁵³	ȵiæ̃²⁴ ~喘 / iæ̃²⁴ 发~	ɕie³¹	piæ̃⁵³	pʰiæ̃⁵³
西安	tɕie²⁴	ȵie²¹	tɕiã⁴⁴	tɕiã⁴⁴	iã²⁴	ɕiɛ²¹	piã⁵³ 压~ / piã⁵³ ~豆	pʰiã⁵³
户县	tɕie³⁵	ȵie³¹	tɕiã⁵⁵	tɕiã⁵⁵	ȵiã³⁵ ~喘 / iã³⁵ ~语	ɕiɛ³¹	piɑ⁵¹ ~~① / piã⁵¹ ~担	pʰiã⁵¹ 又 / pʰiã⁵⁵ 又
商州	tɕie³⁵	ȵie³¹	tɕiã⁴⁴	tɕiã⁴⁴	iã³⁵	ɕiɛ³¹	piɑ⁵³ 压~ / piã⁵³ ~担	pʰiã⁵³
镇安	tɕie²¹⁴	ȵie⁵³	tɕian²¹⁴	tɕian²¹⁴	ian³³	ɕie⁵³	piɑ⁵³ 压~ / pian³⁵ ~担	pʰian²¹⁴
安康	tɕie³⁵	ȵie³¹	tɕian⁴⁴	tɕian⁴⁴	ian³⁵	ɕie³¹	pian⁵³	pʰian⁵³
白河	tɕiɛ⁴⁴	ȵiɛ²¹³	tɕian⁴¹	tɕian⁴¹	ian⁴⁴	ɕiɛ²¹³	pian³⁵	pʰian³⁵
汉阴	tɕiɛ⁴²	ȵiɛ⁴²	tɕian²¹⁴	tɕian²¹⁴	ȵian⁴² ~传 / ian⁴² 语~	ɕiɛ⁴²	pian⁴⁵	pʰian²¹⁴ 尿~ / pʰian⁴⁵ 一~
平利	tɕiɛ⁵²	ȵiɛ⁴³	tɕian²¹⁴	tɕian²¹⁴	ian⁵²	ɕiɛ⁴³	pian⁴⁴⁵	pʰian⁴⁴⁵
汉中	tɕiɛ⁴²	ȵiɛ⁵⁵	tɕian²¹³	tɕian²¹³	ian⁴²	ɕiɛ⁵⁵	pian³⁵⁴	pʰian²¹³
城固	tɕiɛ³¹¹	ȵiɛ⁵³	tɕian²¹³	tɕian²¹³	ian³¹¹	ɕiɛ⁵³	pian⁴⁴	pʰian⁴⁴

① ~~：扁的（东西）。

	0521 杰	0522 孽	0523 建	0524 健	0525 言	0526 歇	0527 扁	0528 片
	山开三入薛群	山开三入薛疑	山开三去元见	山开三去元群	山开三平元疑	山开三入月晓	山开四上先帮	山开四去先滂
勉县	tɕiɛ²¹	ȵiɛ⁴²	tɕian²¹³	tɕian²¹³	ian²¹	ɕiɛ⁴²	pian³⁵	pʰian²¹³
镇巴	tɕiɛ³¹	ȵiɛ³¹	tɕian²¹³	tɕian²¹³	ian³¹	ɕiɛ³¹	pian⁵²	pʰian²¹³

	0529 面~条	0530 典	0531 天	0532 田	0533 垫	0534 年	0535 莲	0536 前
	山开四去先明	山开四上先端	山开四平先透	山开四平先定	山开四去先定	山开四平先泥	山开四平先来	山开四平先从
榆林	miɛ⁵²	tiɛ²¹³	tʰiɛ³³	tʰiɛ²¹³	tiɛ⁵²	niɛ²¹³	liɛ²¹³	tɕʰiɛ²¹³
神木	miɛ⁵³	tiɛ²¹³	tʰiɛ²¹³	tʰiɛ⁴⁴	tiɛ⁵³	ɳiɛ⁴⁴	liɛ⁴⁴	tɕʰiɛ⁴⁴
绥德	miɛ⁵²	tiɛ²¹³	tʰiɛ²¹³	tʰiɛ³³	tiɛ⁵²	niɛ³³	liɛ³³	tɕʰiɛ³³
吴堡	miɛ⁵³	tiɛ⁴¹²	tʰiɛ²¹³	tʰiɛ³³	tiɛ⁵³	ɳiɛ³³	liɛ³³	tɕʰiɛ³³
清涧	mi⁴²	ti⁵³	tʰi³¹²	tʰi²⁴	tʰi⁴²	ɳi²⁴	li²⁴	tɕʰi²⁴
延安	miæ̃⁴⁴³	tiæ̃⁵²	tʰiæ̃²¹³	tʰiæ̃²⁴	tʰiæ̃⁴⁴³	ɳiæ̃²⁴	liæ̃²⁴	tɕʰiæ̃²⁴
延川	miɛ⁵³	tiɛ⁵³	tɕʰiɛ²¹³	tɕʰiɛ³⁵	tɕʰiɛ⁵³	ɳiɛ³⁵	liɛ³⁵	tɕʰiɛ³⁵
黄陵	miæ̃⁵⁵	tɕiæ̃⁵²	tɕʰiæ̃³¹	tɕʰiæ̃²⁴	tɕʰiæ̃⁵⁵	ɳiæ̃²⁴	liæ̃²⁴	tɕʰiæ̃²⁴
渭南	miæ̃⁴⁴	tɕiæ̃⁵³	tɕʰiæ̃³¹	tɕʰiæ̃²⁴	tɕʰiæ̃⁴⁴	ɳiæ̃²⁴	liæ̃²⁴	tɕʰiæ̃²⁴
韩城	miã⁴⁴	tiã⁵³	tʰiã³¹	tʰiã²⁴	tʰiã⁴⁴ ~圈 / tiã⁴⁴ ~肩	ɳiã²⁴	liã²⁴	tɕʰiã²⁴
合阳	miã⁵⁵	tiã⁵²	tʰiã³¹	tʰiã²⁴	tʰiã⁵⁵	ɳiã²⁴	liã²⁴	tsʰiã²⁴
富平	miæ̃⁵⁵	tiæ̃⁵³	tʰiæ̃³¹	tʰiæ̃²⁴	tʰiæ̃⁵⁵ 太~了 / tiæ̃⁵⁵ ~子	ɳiæ̃²⁴	liæ̃²⁴	tʰiæ̃²⁴
耀州	miæ̃⁴⁴	tiæ̃⁵²	tɕʰiæ̃²¹	tɕʰiæ̃²⁴	tɕʰiæ̃⁴⁴ ~子 / tiæ̃⁴⁴ ~肩	ɳiæ̃²⁴	liæ̃²⁴	tɕʰiæ̃²⁴
咸阳	miã⁴⁴	tiã⁵³	tʰiã³¹	tʰiã²⁴	tiã⁴⁴	ɳiã²⁴	liẽ²⁴	tɕʰiã²⁴
旬邑	miã⁴⁴	tiã⁵²	tsʰiã²¹	tsʰiã²⁴	tsʰiã⁴⁴	ɳiã²⁴	liã²⁴	tsʰiã²⁴
三原	miã⁴⁴	tɕiã⁵²	tɕʰiã³¹	tɕʰiã²⁴	tɕiã⁴⁴	ɳiã²⁴	liã²⁴	tɕʰiã²⁴
乾县	miæ̃⁵⁵	tiæ̃⁵³	tʰiæ̃²¹	tʰiæ̃²⁴	tiæ̃⁵⁵	ɳiæ̃²⁴	liæ̃²⁴	tɕʰiæ̃²⁴
岐山	miæ̃⁴⁴	ʈiæ̃⁵³	ʈʰiæ̃³¹	ʈʰiæ̃²⁴	ʈiæ̃⁴⁴	ɳiæ̃²⁴	liæ̃²⁴	tɕʰiæ̃²⁴
凤翔	miæ̃⁴⁴	tsiæ̃⁵³	tsʰiæ̃³¹	tsʰiæ̃²⁴	tsʰiæ̃⁴⁴ ~资 / tsiæ̃⁴⁴ ~付	ɳiæ̃²⁴	liæ̃²⁴	tsʰiæ̃²⁴
千阳	miæ̃⁴⁴	tiæ̃⁵³	tsʰiæ̃³¹	tsʰiæ̃²⁴	tsʰiæ̃⁴⁴	ɳiæ̃²⁴	liæ̃²⁴	tsʰiæ̃²⁴
西安	miã⁴⁴	tiã⁵³	tʰiã²¹	tʰiã²⁴	tiã⁴⁴	ɳiã²⁴	liã²⁴	tɕʰiã²⁴
户县	miã⁵⁵	tiã⁵¹	tʰiã³¹	tʰiã³⁵	tiã⁵⁵	ɳiã³⁵	liã³⁵	tɕʰiã³⁵
商州	miã⁴⁴	tiã⁵³	tʰiã³¹	tʰiã³⁵	tʰiã⁴⁴ ~高 / tiã⁴⁴ 铺~	ɳiã³⁵	liã³⁵	tɕʰiã³⁵

	0529 面~条	0530 典	0531 天	0532 田	0533 垫	0534 年	0535 莲	0536 前
	山开四去先明	山开四上先端	山开四平先透	山开四平先定	山开四去先定	山开四平先泥	山开四平先来	山开四平先从
镇安	mian^{322}	tian^{35}	t^{h}ian^{53}	t^{h}ian^{33}	tian^{322}	ȵian^{33}	lian^{33}	tɕ^{h}ian^{33}
安康	mian^{44}	tian^{53}	t^{h}ian^{31}	t^{h}ian^{35}	tian^{44}	ȵian^{35}	lian^{35}	tɕ^{h}ian^{35}
白河	mian^{41}	tian^{35}	t^{h}ian^{213}	t^{h}ian^{44}	tian^{41}	ȵian^{44}	lian^{44}	tɕ^{h}ian^{44}
汉阴	mian^{214}	tian^{45}	t^{h}ian^{33}	t^{h}ian^{42}	tian^{214}	ȵian^{42}	lian^{42}	tɕ^{h}ian^{42}
平利	mian^{214}	tian^{445}	t^{h}ian^{43}	t^{h}ian^{52}	tian^{214}	ȵian^{52}	lian^{52}	tɕ^{h}ian^{52}
汉中	mian^{213}	tian^{354}	t^{h}ian^{55}	t^{h}ian^{42}	tian^{213}	ȵian^{42}	lian^{42}	tɕ^{h}ian^{42}
城固	mian^{213}	tian^{44}	t^{h}ian^{53}	t^{h}ian^{311}	tian^{213}	ȵian^{311}	lian^{311}	ts^{h}ian^{311}
勉县	mian^{213}	tian^{35}	t^{h}ian^{42}	t^{h}ian^{21}	tian^{213}	ȵian^{21}	lian^{21}	tɕ^{h}ian^{21}
镇巴	mian^{213}	tian^{52}	t^{h}ian^{35}	t^{h}ian^{31}	tian^{213}	ȵian^{31}	lian^{31}	tɕ^{h}ian^{31}

	0537 先	0538 肩	0539 见	0540 牵	0541 显	0542 现	0543 烟	0544 憋
	山开四平先心	山开四平先见	山开四去先见	山开四平先溪	山开四上先晓	山开四去先匣	山开四平先影	山开四入屑滂
榆林	ɕiɛ³³	tɕiɛ³³	tɕiɛ⁵²	tɕʰiɛ³³	ɕiɛ²¹³	ɕiɛ⁵²	iɛ³³	piʌʔ³
神木	ɕiɛ²¹³	tɕiɛ²¹³	tɕiɛ⁵³	tɕʰiɛ²¹³	ɕiɛ²¹³	ɕiɛ⁵³	iɛ²¹³	piəʔ⁴
绥德	ɕie²¹³	tɕie²¹³	tɕie⁵²	tɕʰie²¹³	ɕie²¹³	ɕie⁵²	ie²¹³	pie³³
吴堡	ɕie²¹³	tɕie²¹³	tɕie⁵³	tɕʰie²¹³	ɕie⁴¹²	ɕie⁵³	ie²¹³	piəʔ³ ~屈 pɛɛ⁵³ ~气
清涧	ɕi³¹²	tɕi³¹²	tɕi⁴²	tɕʰi³¹²	ɕi⁵³	ɕi⁴²	i³¹²	pi⁵³
延安	ɕiæ̃²¹³	tɕiæ̃²¹³	tɕiæ̃⁴⁴³	tɕʰiæ̃²¹³	ɕiæ̃⁵²	ɕiæ̃⁴⁴³	iæ̃²¹³	pie²¹³
延川	ɕiɛ²¹³	tɕiɛ²¹³	tɕiɛ⁵³	tɕʰiɛ²¹³	ɕiɛ⁵³	ɕiɛ⁵³	iɛ²¹³	piɛ⁴²³
黄陵	ɕiæ̃³¹	tɕiæ̃³¹	tɕiæ̃⁵⁵	tɕʰiæ̃³¹	ɕiæ̃⁵²	ɕiæ̃⁵⁵	iæ̃³¹	piɛ³¹
渭南	ɕiæ̃³¹	tɕiæ̃³¹	tɕiæ̃⁴⁴	tɕʰiæ̃³¹	ɕiæ̃⁵³	ɕiæ̃⁴⁴	iæ̃³¹	piɛ³¹
韩城	ɕiã³¹	tɕiã³¹	tɕiã⁴⁴	tɕʰiã³¹	ɕiã⁵³	ɕiã⁴⁴	iã³¹	piE³¹
合阳	siã³¹	tɕiã³¹	tɕiã⁵⁵	tɕʰiã³¹	ɕiã⁵²	ɕiã⁵⁵	iã³¹	piɛ³¹
富平	siæ̃³¹	tɕiæ̃³¹	tɕiæ̃⁵⁵	tɕʰiæ̃³¹	ɕiæ̃⁵³	ɕiæ̃⁵⁵	iæ̃³¹	piɛ³¹
耀州	ɕiæ̃²¹	tɕiæ̃²¹	tɕiæ̃⁴⁴	tɕʰiæ̃²¹	ɕiæ̃⁵²	ɕiæ̃⁴⁴	iæ̃²¹	piɛ²¹
咸阳	ɕiã³¹	tɕiã³¹	tɕiã⁴⁴	tɕʰiã³¹	ɕiã⁵³	ɕiã⁴⁴	iã³¹	piɛ³¹
旬邑	siã²¹	tɕiã²¹	tɕiã⁴⁴	tɕʰiã²¹	ɕiã⁵²	ɕiã⁴⁴	iã²¹	piɛ²¹
三原	ɕiã³¹	tɕiã³¹	tɕiã⁴⁴	tɕʰiã³¹	ɕiã⁵²	ɕiã⁴⁴	iã³¹	piɛ³¹
乾县	ɕiæ̃²¹	tɕiæ̃²¹	tɕiæ̃⁵⁵	tɕʰiæ̃²¹	ɕiæ̃⁵³	ɕiæ̃⁵⁵	iæ̃²¹	piə²¹
岐山	siæ̃³¹	tɕiæ̃³¹	tɕiæ̃⁴⁴	tɕʰiæ̃³¹	ɕiæ̃⁵³	ɕiæ̃⁴⁴	iæ̃³¹	piɛ³¹
凤翔	siæ̃³¹	tɕiæ̃³¹	tɕiæ̃⁴⁴	tɕʰiæ̃³¹	ɕiæ̃⁵³	ɕiæ̃⁴⁴	iæ̃³¹	pie³¹
千阳	siæ̃³¹	tɕiæ̃³¹	tɕiæ̃⁴⁴	tɕʰiæ̃³¹	ɕiæ̃⁵³	ɕiæ̃⁴⁴	iæ̃³¹	piɛ³¹
西安	ɕiã²¹	tɕiã²¹	tɕiã⁴⁴	tɕʰiã²¹	ɕiã⁵³	ɕiã⁴⁴	iã²¹	piɛ²¹
户县	ɕiã³¹ ɕiã⁵⁵	tɕiã³¹	tɕiã⁵⁵	tɕʰiã³¹	ɕiã⁵¹	ɕiã⁵⁵	iã³¹	piɛ³¹
商州	ɕiã³¹	tɕiã³¹	tɕiã⁴⁴	tɕʰiã³¹	ɕiã⁵³	ɕiã⁴⁴	iã³¹	piɛ³¹
镇安	ɕian⁵³	tɕian⁵³	tɕian²¹⁴	tɕʰian⁵³	ɕian³⁵	ɕian³²²	ian⁵³	piɛ⁵³
安康	ɕian³¹	tɕian³¹	tɕian⁴⁴	tɕʰian³¹	ɕian⁵³	ɕian⁴⁴	ian³¹	piɛ³¹
白河	ɕian²¹³	tɕian²¹³	tɕian⁴¹	tɕʰian²¹³	ɕian³⁵	ɕian⁴¹	ian²¹³	piE²¹³

	0537 先	0538 肩	0539 见	0540 牵	0541 显	0542 现	0543 烟	0544 憋
	山开四平先心	山开四平先见	山开四去先见	山开四平先溪	山开四上先晓	山开四去先匣	山开四平先影	山开四入屑滂
汉阴	ɕian³³	tɕian³³	tɕian²¹⁴	tɕʰian³³	ɕian⁴⁵	ɕian²¹⁴	ian³³	piɛ³³
平利	ɕian⁴³	tɕian⁴³	tɕian²¹⁴	tɕʰian⁴³	ɕian⁴⁴⁵	ɕian²¹⁴	ian⁴³	piɛ⁴³
汉中	ɕian⁵⁵	tɕian⁵⁵	tɕian²¹³	tɕʰian⁵⁵	ɕian³⁵⁴	ɕian²¹³	ian⁵⁵	piɛ⁵⁵
城固	sian⁵³	tɕian⁵³	tɕian²¹³	tɕʰian⁵³	ɕian⁴⁴	ɕian²¹³	ian⁵³	piɛ⁵³
勉县	ɕian⁴²	tɕian⁴²	tɕian²¹³	tɕʰian⁴²	ɕian³⁵	ɕian²¹³	iɑn⁴²	piɛ⁴²
镇巴	ɕian³⁵	tɕian³⁵	tɕian²¹³	tɕʰian³⁵	ɕian⁵²	ɕian²¹³	ian³⁵	pɛ³⁵

	0545 篾	0546 铁	0547 捏	0548 节	0549 切动	0550 截	0551 结	0552 搬
	山开四入屑明	山开四入屑透	山开四入屑泥	山开四入屑精	山开四入屑清	山开四入屑从	山开四入屑见	山合一平桓帮
榆林	miʌʔ³	tʰiʌʔ³	niʌʔ³	tɕiʌʔ³	tɕʰiaʔ³	tɕiɛ²¹³	tɕiʌʔ³	pɛ³³
神木	miəʔ⁴	tʰiəʔ⁴	ȵiəʔ⁴	tɕiəʔ⁴	tɕʰiəʔ⁴	tɕiəʔ⁴	tɕiəʔ⁴	pɛ²¹³
绥德	mie³³	tʰie³³	nie³³	tɕie³³	tɕʰie³³	tɕʰie³³ 一圪儿①~ / tɕie³³ ~断	tɕie³³	pæ²¹³
吴堡	miəʔ²¹³	tʰiəʔ³	ȵiəʔ²¹³	tɕiəʔ³	tɕʰiəʔ³	tɕʰiəʔ³ 圪~ / tɕiəʔ³ ~肢	tɕiəʔ³	pɤ²¹³
清涧		tʰi̞⁵³	ȵi̞⁵³	tɕi̞⁵³	tɕʰi̞⁵³	tɕi̞²⁴ 一~ / tɕi̞²⁴ ~肢	tɕi̞⁵³	pu³¹² ~动 / pɛ³¹² ~运
延安	mie²¹³	tʰie²¹³	ȵie²¹³	tɕie²¹³	tɕʰie²¹³	tɕʰie²⁴	tɕie²¹³	pæ̃²¹³
延川	miɛ⁴²³	tʰiɛ⁴²³	ȵiɛ⁴²³	tɕiɛ⁴²³	tɕʰiɛ⁴²³	tɕʰiɛ³⁵ ~断 / tɕiɛ³⁵ 一~	tɕiɛ⁴²³	pɤ²¹³ ~家 / pæ̃ ~迁
黄陵	miɛ³¹	tɕʰiɛ³¹	ȵiɛ³¹	tɕiɛ³¹	tɕʰiɛ³¹	tɕʰiɛ²⁴ ~断 / tɕiɛ³¹ 一~	tɕiɛ³¹	pæ̃³¹
渭南	mi²⁴	tɕʰiɛ³¹	ȵiɛ³¹	tɕiɛ³¹	tɕʰiɛ³¹	tɕʰiɛ²⁴	tɕiɛ³¹	pæ̃³¹
韩城	miE³¹	tʰiE³¹	ȵiE³¹	tɕiE³¹	tɕʰiE³¹	tɕʰiE²⁴	tɕiE³¹	pã³¹
合阳	miɛ³¹	tʰiɛ³¹	ȵiɛ³¹	tsiɛ²⁴	tsʰiɛ³¹	tsʰiɛ²⁴	tsiɛ²⁴	pã³¹
富平	mi²⁴	tʰiɛ³¹	ȵiɛ³¹	tiɛ³¹	tʰiɛ³¹	tiɛ²⁴	tiɛ³¹	pæ̃³¹
耀州	mi⁴⁴	tɕʰiɛ²¹	ȵiɛ²¹	tɕiɛ²¹	tɕʰiɛ²¹	tɕʰiɛ²¹	tɕiɛ²¹	pæ̃²¹
咸阳	mi²⁴	tʰiɛ³¹	ȵiɛ³¹	tɕiɛ³¹	tɕʰiɛ³¹	tɕiɛ²⁴	tɕiɛ³¹	pã³¹
旬邑	mi²⁴	tʰiɛ³¹	ȵiɛ²¹	tsiɛ²¹	tsʰiɛ²¹	tsʰiɛ²⁴	tɕiɛ²¹	pã²¹
三原	mi²⁴	tɕʰiɛ³¹	ȵiɛ³¹	tɕiɛ³¹	tɕʰiɛ³¹	tɕʰiɛ²⁴动词 / tɕiɛ³¹量词	tɕiɛ³¹	pã³¹
乾县	miə²¹	tʰiə²¹	ȵiə²¹	tɕiə²¹	tɕʰiə²¹	tɕiə²⁴	tɕiə²¹	pæ̃²¹
岐山	mi²⁴	tʰiɛ³¹	ȵiɛ³¹	ʈiɛ³¹	tʰiɛ³¹	tʰiɛ²⁴ 半~ / ʈiɛ²⁴ ~断	ʈiɛ³¹	pæ̃³¹

① 一圪~儿: 一段儿。

	0545 篾	0546 铁	0547 捏	0548 节	0549 切动	0550 截	0551 结	0552 搬
	山开四入屑明	山开四入屑透	山开四入屑泥	山开四入屑精	山开四入屑清	山开四入屑从	山开四入屑见	山合一平桓帮
凤翔	mi²⁴	tsʰie³¹	ȵie³¹	tsie³¹	tsʰie³¹	tsʰie²⁴ 半~ / tsie²⁴ ~断	tɕie³¹	pæ̃³¹
千阳	mi²⁴	tsʰie³¹	ȵie³¹	tsie³¹	tsʰie³¹	tsʰie²⁴	tɕie³¹	pæ̃³¹
西安	mi²⁴	tʰie²¹	ȵie²¹	tɕie²¹	tɕʰie²¹	tɕie²⁴	tɕie²¹	pã²¹
户县	mie³¹	tʰie³¹	ȵie³¹	tɕie³¹	tɕʰie³¹	tɕie³⁵ 又 / tɕie³¹ 又	tɕie³¹	pã³¹
商州	mie³¹	tʰie³¹	ȵie³¹	tɕie³¹	tɕʰie³¹	tɕʰie³⁵ 半~子 / tɕie³⁵ ~取	tɕie³¹	pã³¹
镇安	mie⁵³	tʰie⁵³	ȵie⁵³	tɕie⁵³	tɕʰie⁵³	tɕie³²²	tɕie⁵³	pan⁵³
安康	mie³¹	tʰie³¹	ȵie³¹	tɕie³¹	tɕʰie³¹	tɕie³⁵	tɕie³¹	pan³¹
白河	mie²¹³	tʰiɛ²¹³	ȵie²¹³	tɕiɛ⁴⁴	tɕʰiɛ²¹³	tɕiɛ⁴⁴	tɕie²¹³	pan²¹³
汉阴	miɛ⁴²	tʰiɛ⁴²	ȵiɛ³³	tɕiɛ⁴²	tɕʰiɛ⁴²	tɕiɛ⁴²	tɕiɛ⁴²	pan³³
平利	miɛ⁴³	tʰiɛ⁴³	ȵiɛ⁴³	tɕiɛ⁴³	tɕʰiɛ⁴³	tɕiɛ⁵²	tɕiɛ⁴³	pan⁴³
汉中	mi⁴²	tʰiɛ⁵⁵	ȵiɛ⁵⁵	tɕiɛ⁵⁵	tɕʰiɛ⁵⁵	tɕiɛ⁴² ~断 / tɕiɛ⁵⁵ 一~	tɕiɛ⁵⁵	pan⁵⁵
城固	mi³¹¹	tʰiɛ⁵³	ȵiɛ⁵³	tsiɛ⁵³	tsʰiɛ⁵³	tsiɛ³¹¹	tɕiɛ⁵³	pan⁵³
勉县	mie⁴²	tʰiɛ⁴²	ȵiɛ⁴²	tɕiɛ⁴²	tɕʰiɛ⁴²	tɕiɛ²¹	tɕiɛ⁴²	pɑn⁴²
镇巴	mɛ³¹	tʰɛ³¹	ȵie³¹	tsɛ³¹ 端午~ / tɕie³¹ ~约	tsʰɛ³¹	tsɛ³¹	tɕie³¹	pan³⁵

	0553 半 山合一去桓帮	0554 判 山合一去桓滂	0555 盘 山合一平桓並	0556 满 山合一上桓明	0557 端~午 山合一平桓端	0558 短 山合一上桓端	0559 断绳~了 山合一上桓定	0560 暖 山合一上桓泥
榆林	pɛ⁵²	pʰɛ⁵²	pʰɛ²¹³	mɛ²¹³	tuɛ³³	tuɛ²¹³	tuɛ⁵²	nuɛ²¹³
神木	pɛ⁵³	pʰɛ⁵³	pʰɛ⁴⁴	mɛ²¹³	tuɛ²¹³	tuɛ²¹³	tuɛ⁵³	nuɛ²¹³
绥德	pæ⁵²	pʰæ⁵²	pʰæ³³	mæ²¹³	tuæ²¹³	tuæ²¹³	tuæ⁵²	nuæ²¹³
吴堡	pɤ⁵³	pʰã⁵³	pʰɤ³³	mɤ⁴¹²	tuɤ²¹³	tuɤ⁴¹²	tuɤ⁵³	nuɤ⁴¹²
清涧	pu⁴²~个 / pɛ³¹²~岛	pʰɛ⁴²	pʰu²⁴算~ / pʰɛ²⁴开~	mu⁵³~了 / mɛ⁵³姓~	tu³¹²~盘子、~午 / tuɛ³¹²~午	tu⁵³~了 / tuɛ⁵³~板	tʰu⁴²~了 / tuɛ⁴²判~	nu⁵³~和 / nuɛ⁵³温~
延安	pʰæ̃⁴⁴³一~ / pæ̃⁴⁴³~边	pʰæ̃⁴⁴³	pʰæ̃²⁴	mæ̃⁵²	tuæ̃²¹³	tuæ̃⁵²	tʰuæ̃⁴⁴³扯~ / tuæ̃⁴⁴³~绝	nuæ̃⁵²
延川	pɤ⁵³一~ / pæ̃⁵³~斤	pʰɤ⁵³~刑 / pʰæ̃⁵³~断	pʰɤ³⁵算~ / pʰæ̃³⁵~剥	mɤ⁵³一~ / mæ̃⁵³~意	tuɤ²¹³~碗 / tuæ̃²¹³~正	tuɤ⁵³长~ / tuæ̃⁵³~命	tʰuɤ⁵³割~ / tʰuæ̃⁵³~开	nuɤ⁵³~壶 / nuæ̃⁵³温~
黄陵	pæ̃⁵⁵	pʰæ̃⁵⁵	pʰæ̃²⁴	mæ̃⁵²	tæ̃³¹又 / tuæ̃³¹又	tuæ̃⁵³	tʰuæ̃⁵⁵ / tuæ̃⁵⁵	lyæ̃⁵²
渭南	pæ̃⁴⁴	pʰæ̃⁴⁴	pʰæ̃²⁴	mæ̃⁵³	tuæ̃³¹	tuæ̃⁵³	tʰuæ̃⁴⁴	luæ̃⁵³
韩城	pã⁴⁴	pʰã⁴⁴	pʰã²⁴	mã⁵³	tã³¹	tã⁵³	tʰã⁴⁴~了 / tã⁴⁴垄~	lã⁵³
合阳	pã⁵⁵	pʰã⁵⁵	pʰã²⁴	mã⁵²	tã³¹~午 / tuã³¹~饭	tuã⁵²	tʰuã⁵⁵	yã⁵²~和 / nuã⁵²温~
富平	pæ̃⁵⁵	pʰæ̃⁵⁵	pʰæ̃²⁴	mæ̃⁵³	tuæ̃³¹	tuæ̃⁵³	tuæ̃⁵⁵	luæ̃⁵³
耀州	pæ̃⁴⁴	pʰæ̃⁴⁴	pʰæ̃²⁴	mæ̃⁵²	tuæ̃²¹	tuæ̃⁵³	tuæ̃⁴⁴	lyæ̃⁵²
咸阳	pã⁴⁴	pʰã⁴⁴	pʰã²⁴	mã⁵³	tuã³¹	tuã⁵³	tuã⁴⁴	nuã⁵³
旬邑	pã⁴⁴	pʰã⁴⁴	pʰã²⁴	mã⁵²	tuã²¹	tuã⁵²	tʰuã⁴⁴~了 / tuã⁴⁴~气	lyã⁵²
三原	pã⁴⁴	pʰã⁴⁴	pʰã²⁴	mã⁵²	tuã³¹	tuã⁵²	tuã⁴⁴	luã⁵²
乾县	pæ̃⁵⁵	pʰæ̃⁵⁵	pʰæ̃²⁴	mæ̃⁵³	tuæ̃²¹	tuæ̃⁵³	tuæ̃⁵⁵	lyæ̃⁵³~和 / nuæ̃⁵³温~
岐山	pæ̃⁴⁴	pʰæ̃⁴⁴	pʰæ̃²⁴	mæ̃⁵³	tæ̃³¹~午 / tuæ̃³¹~午	tuæ̃⁵³	tʰuæ̃⁴⁴绳~了 / tuæ̃⁴⁴折~	lyæ̃⁵³

	0553 半	0554 判	0555 盘	0556 满	0557 端~午	0558 短	0559 断绳~了	0560 暖
	山合一去桓帮	山合一去桓滂	山合一平桓並	山合一上桓明	山合一平桓端	山合一上桓端	山合一上桓定	山合一上桓泥
凤翔	pæ̃^{44}	pʰæ̃^{44}	pʰæ̃^{24}	mæ̃^{53}	tuæ̃^{31}	tuæ̃^{53}	tuæ̃^{44}	luæ̃^{53}
千阳	pæ̃^{44}	pʰæ̃^{44}	pʰæ̃^{24}	mæ̃^{53}	tæ̃^{31}	tuæ̃^{53}	tʰuæ̃^{44}	luæ̃^{53}
西安	pã^{44}	pʰã^{44}	pʰã^{24}	mã^{53}	tuã^{21}	tuã^{53}	tuã^{44}	nuã^{53}
户县	pã^{55}	pʰã^{55}	pʰã^{35}	mã^{51}	tuã^{31}	tuã^{51}	tuã^{55}	nuã^{51}
商州	pã^{44}	pʰã^{44}	pʰã^{35}	mã^{53}	tuã^{31}	tuã^{53}	tuã^{44}	luã^{53}
镇安	pan^{214}	pʰan^{214}	pʰan^{33}	man^{35}	tan^{53}	tan^{35}	tan^{322}	nan^{35}
安康	pan^{44}	pʰan^{44}	pʰan^{35}	man^{53}	tuan^{31}	tuan^{53}	tuan^{44}	luan^{53}
白河	pan^{41}	pʰan^{41}	pʰan^{44}	man^{35}	tan^{213}	tan^{35}	tan^{41}	lan^{35}
汉阴	pan^{214}	pʰan^{214}	pʰan^{42}	man^{45}	tuan^{33}	tuan^{45}	tuan^{214}	luan^{45}
平利	pan^{214}	pʰan^{214}	pʰan^{52}	man^{445}	tan^{43}	tan^{445}	tan^{214}	lan^{445}
汉中	pan^{213}	pʰan^{213}	pʰan^{42}	man^{354}	tuan^{55}	tuan^{354}	tuan^{213}	luan^{354}
城固	pan^{213}	pʰan^{213}	pʰan^{311}	man^{44}	tuan^{44}	tuan^{44}	tuan^{213}	luan^{44}
勉县	pan^{213}	pʰan^{213}	pʰɑn^{21}	man^{35}	tuan^{42}	tuan^{35}	tuan^{213}	luɑn^{35}
镇巴	pan^{213}	pʰan^{213}	pʰɑn^{31}	man^{52}	tuan^{35}	tuan^{52}	tuan^{213}	luan^{52}

	0561 乱	0562 酸	0563 算	0564 官	0565 宽	0566 欢	0567 完	0568 换
	山合一去桓来	山合一平桓心	山合一去桓心	山合一平桓见	山合一平桓溪	山合一平桓晓	山合一平桓匣	山合一去桓匣
榆林	luɛ⁵²	suɛ³³	suɛ⁵²	kuɛ³³	kʰuɛ³³	xuɛ³³	vɛ²¹³	xuɛ⁵²
神木	luɛ⁵³	suɛ²¹³	suɛ⁵³	kuɛ²¹³	kʰuɛ²¹³	xuɛ²¹³	vɛ⁴⁴	xuɛ⁵³
绥德	luæ⁵²	suæ²¹³	suæ⁵²	kuæ²¹³	kʰuæ²¹³	xuæ²¹³	væ³³	xuæ⁵²
吴堡	luɤ⁵³	suɤ²¹³	suɤ⁵³	kuɤ²¹³	kʰuɤ²¹³	xuɤ²¹³	uɤ³³	xuɤ⁵³
清涧	lu⁴²~包 luɛ⁴²紊~	su³¹²~味 suɛ³¹²穷	su⁴²~盘 suɛ⁴²计~机	ku³¹²当~ kuɛ³¹²~方	kʰu³¹²~心 kʰuɛ³¹²~容	xu³¹²~喜 xuɛ³¹²刘~	u²⁴~了 uɛ²⁴~蛋	xu⁴²~人 xuɛ⁴²交~
延安	luã⁴⁴³	suã²¹³	suã⁴⁴³	kuã²¹³	kʰuã²¹³	xuã²¹³	vɤ²⁴	xuã⁴⁴³
延川	luɤ⁵³~包 luã⁵³混	suɤ²¹³~菜 suã²¹³辛~	suɤ⁵³想~ suã⁵³打~	kuɤ²¹³当~ kuã²¹³~僚	kʰuɤ²¹³淘~ kʰuã²¹³~敞	xuɤ²¹³~实 xuã²¹³~喜	vɤ³⁵~成 vã³⁵~结	xuɤ⁵³互~ xuã⁵³交~
黄陵	lyã⁵⁵~了 luã⁵⁵混~	ɕyã³¹	ɕyã⁵⁵	kuã³¹	kʰuã³¹	xuã³¹	uã²⁴	xuã⁵⁵
渭南	luã⁴⁴	ɕyã³¹	ɕyã⁴⁴	kuã³¹	kʰuã³¹	xuã³¹	uã²⁴	xuã⁴⁴
韩城	yã⁴⁴	ɕyã³¹	ɕyã⁴⁴	kuã³¹	kʰuã³¹	xuã³¹	uã²⁴	xuã⁴⁴
合阳	yã⁵⁵	ɕyã³¹	ɕyã⁵⁵	kuã³¹	kʰuã³¹	xuã³¹	uã²⁴	xuã⁵⁵
富平	luã⁵⁵	ɕyã³¹	ɕyã⁵⁵	kuã³¹	kʰuã³¹	xuã³¹	uã²⁴	xuã⁵⁵
耀州	lyã⁴⁴	ɕyã²¹	ɕyã⁴⁴	kuã²¹	kʰuã²¹	xuã²¹	uã²⁴	xuã⁴⁴
咸阳	luã⁴⁴	suã³¹	suã⁴⁴	kuã³¹	kʰuã³¹	xuã³¹	uã²⁴	xuã⁴⁴
旬邑	lyã⁴⁴	suã²¹	suã⁴⁴	kuã²¹	kʰuã²¹	xuã²¹	uã²⁴	xuã⁴⁴
三原	luã⁴⁴	suã³¹	suã⁴⁴	kuã³¹	kʰuã³¹	xuã³¹	uã²⁴	xuã⁴⁴
乾县	luã⁵⁵	suã³¹	suã⁵⁵	kuã²¹	kʰuã³¹	xuã²¹	uã²⁴	xuã⁵⁵
岐山	lyã⁴⁴	suã³¹	suã⁴⁴	kuã³¹	kʰuã³¹	xuã³¹	vã²⁴	xuã⁴⁴
凤翔	luã⁴⁴	suã³¹	suã⁴⁴	kuã³¹	kʰuã³¹	xuã³¹	vã²⁴	xuã⁴⁴
千阳	luɛ⁴⁴	suɛ³¹	suɛ⁴⁴	kuɛ³¹	kʰuɛ³¹	xuɛ³¹	vɛ²⁴	xuɛ⁴⁴
西安	luã⁴⁴	suã²¹	suã⁴⁴	kuã²¹	kʰuã²¹	xuã²¹	uã²⁴	xuã⁴⁴
户县	luã⁵⁵	suã³¹	suã⁵⁵	kuã³¹	kʰuã³¹	xuã³¹	uã³⁵	xuã⁵⁵
商州	luã⁴⁴	ɕyã³¹	ɕyã⁴⁴	kuã³¹	kʰuã³¹	xuã³¹	vã³⁵	xuã⁴⁴
镇安	lan³²²	san⁵³	san²¹⁴	kuan⁵³	kʰuan⁵³	xuan⁵³	van³³	xuan³²²

	0561 乱	0562 酸	0563 算	0564 官	0565 宽	0566 欢	0567 完	0568 换
	山合一去桓来	山合一平桓心	山合一去桓心	山合一平桓见	山合一平桓溪	山合一平桓晓	山合一平桓匣	山合一去桓匣
安康	luan^{44}	suan^{31}	suan^{44}	kuan^{31}	k^{h}uan^{31}	xuan^{31}	uan^{35}	xuan^{44}
白河	lan^{41}	san^{213}	san^{41}	kuan^{213}	k^{h}uan^{213}	xuan^{213}	uan^{44}	xuan^{41}
汉阴	luan^{214}	suan^{33}	suan^{214}	kuan^{33}	k^{h}uan^{33}	χuan^{33}	uan^{42}	χuan^{214}
平利	lan^{214}	san^{43}	san^{214}	kuan^{43}	k^{h}uan^{43}	xuan^{43}	uan^{52}	xuan^{214}
汉中	luan^{213}	suan^{55}	suan^{213}	kuan^{55}	k^{h}uan^{55}	xuan^{55}	uan^{42}	xuan^{213}
城固	luan^{213}	ʃuan^{53}	ʃuan^{213}	kuan^{53}	k^{h}uan^{53}	xuan^{53}	uan^{311}	xuan^{213}
勉县	luan^{213}	suan^{42}	suan^{213}	kuan^{42}	k^{h}uan^{42}	xuan^{42}	vɑn^{21}	xuan^{213}
镇巴	luan^{213}	suan^{35}	suan^{213}	kuan^{35}	k^{h}uan^{35}	xuan^{35}	uan^{31}	xuan^{213}

	0569 碗	0570 拨	0571 泼	0572 末	0573 脱	0574 夺	0575 阔	0576 活
	山合一上桓影	山合一入末帮	山合一入末滂	山合一入末明	山合一入末透	山合一入末定	山合一入末溪	山合一入末匣
榆林	vɛ²¹³	paʔ³	pʰʌʔ³	mʌʔ³	tʰuʌʔ³	tuɛ²¹³	kʰuɛ⁵²	xuɛ²¹³
神木	vɛ²¹³	paʔ⁴	pʰəʔ⁴	məʔ⁴	tʰuɛʔ⁴	tuɛʔ⁴	kʰuɛʔ⁴	xuɛʔ⁴
绥德	væ²¹³	pɤ³³	pʰɤ³³	muo³³	tʰuo³³	tuo³³	kʰuo³³	xuo³³
吴堡	uɤ⁴¹²	pəʔ³	pʰəʔ³	məʔ²¹³	tʰuəʔ³	tʰuəʔ²¹³	kʰuəʔ³	xuəʔ²¹³
清涧	u⁵³老~ / uɛ⁵³打~~花	pɤ⁵³	pʰɤ⁵³~水 / pɤ⁵³活~	mɤ⁵³~~ / mu⁵³~尾	tʰuɤ⁵³	tʰuɤ²⁴	kʰuɤ⁵³	xuɤ²⁴
延安	væ̃⁵²	puo²¹³	pʰuo²¹³	muo²¹³	tʰuo²¹³	tʰuo²⁴~过来 / tuo²⁴~取	kʰuo²¹³	xuo²⁴
延川	vɤ⁵³ / væ̃⁵³	pɤ⁴²³	pʰɤ⁴²³	mɤ⁴²³	tʰuɤ⁴²³	tʰuɤ³⁵	kʰuɤ⁴²³	xuɤ³⁵
黄陵	væ̃⁵²	puɤ³¹	pʰuɤ³¹	muɤ³¹	tʰuɤ³¹	tʰuɤ²⁴	kʰuɤ³¹	xuɤ²⁴
渭南	uæ̃⁵³	pə³¹	pʰə³¹	mə³¹	tʰuə³¹	tʰuə²⁴	kʰuə³¹	xuə²⁴
韩城	uã⁵³	puɤ³¹	pʰuɤ³¹	muɤ³¹	tʰuɤ³¹	tʰuɤ²⁴	kʰuɤ³¹	xuɤ²⁴
合阳	uã⁵²	po³¹	pʰo³¹	mo³¹	tʰuo³¹	tʰuo²⁴	kʰuo³¹	xuo²⁴
富平	uæ̃⁵³	puo³¹	pʰuo³¹	muo³¹	tʰuo³¹	tuo²⁴	kʰuo³¹	xuo²⁴
耀州	uæ̃⁵²	puo²¹	pʰuo²¹	muo²¹	tʰuo²¹	tuo²⁴	kʰuo²¹	xuo²⁴
咸阳	uã⁵³	po³¹	pʰo³¹	mo³¹	tʰuo³¹	tuo²⁴	kʰuo³¹	xuo²⁴
旬邑	uã⁵²	po²¹	pʰo²¹	mo²¹	tʰuo²¹	tʰuo²⁴~下 / tuo²⁴争~	kʰuo²¹	xuo²⁴
三原	uã⁵²	pɤ³¹	pʰɤ³¹	mɤ³¹	tʰuə³¹	tuə²⁴	kʰuə³¹	xuə²⁴
乾县	uæ̃⁵³	puɤ²¹	pʰuɤ²¹	muɤ²¹	tʰuɤ²¹	tuɤ²⁴	kʰuɤ²¹	xuɤ²⁴
岐山	væ̃⁵³	po³¹	pʰo³¹	mo³¹	tʰuo³¹	tuo²⁴	kʰɤ³¹	xuo²⁴
凤翔	væ̃⁵³	po³¹	pʰo³¹	mo³¹	tʰuo³¹	tuo²⁴	kʰuo³¹	xuo²⁴
千阳	væ̃⁵³	po³¹	pʰo³¹	mo³¹	tʰuo³¹	tuo²⁴	kʰuo³¹	xuo²⁴
西安	uã⁵³	po²¹	pʰo²¹	mo²¹	tʰuo²¹	tuo²⁴	kʰuo²¹	xuo²⁴
户县	uã⁵¹	pɤ³¹	pʰɤ³¹~水 / pɤ³¹活~	mɤ³¹	tʰuɤ³¹	tuɤ³⁵	kʰuɤ³¹	xuɤ³⁵
商州	vã⁵³	pɑo³⁵	pʰuə³¹	muə³¹	tʰuə³¹	tʰuə³⁵	kʰuə³¹	xuə³⁵

	0569 碗	0570 拨	0571 泼	0572 末	0573 脱	0574 夺	0575 阔	0576 活
	山合一上桓影	山合一入末帮	山合一入末滂	山合一入末明	山合一入末透	山合一入末定	山合一入末溪	山合一入末匣
镇安	vaŋ³⁵	puə⁵³	pʰuə⁵³	muə³²²	tʰuə⁵³	tuə²¹⁴	kʰuə⁵³	xuə³²²
安康	uan⁵³	pə³¹	pʰə³¹	mə³¹	tʰuo³¹	tuo³⁵	kʰɤ³¹	xuo³⁵
白河	uan³⁵	po²¹³	pʰo²¹³	mo²¹³	tʰuo²¹³	tuo⁴⁴	kʰuo²¹³	xuo⁴⁴
汉阴	uan⁴⁵	po⁴²	pʰo⁴²	mo⁴²	tʰo⁴²	to⁴²	kʰo⁴²	χo⁴²
平利	uan⁴⁴⁵	po⁴³	pʰo⁴³	mo⁴³	tʰo⁴³	to⁵²	kʰo⁴³	xo⁵²
汉中	uan³⁵⁴	pɤ⁵⁵	pʰɤ⁵⁵	mɤ⁵⁵	tʰuɤ⁵⁵	tuɤ⁴²	kʰuɤ⁵⁵	xuɤ⁴²
城固	uan⁴⁴	pə⁵³	pʰə⁵³	mə⁵³	tʰuə⁵³	tuə³¹¹	kʰuə⁵³	xuə³¹¹
勉县	vɑn³⁵	pɤ⁴²	pʰɤ⁴²	mɤ⁴²	tʰuɤ⁴²	tuɤ²¹	kʰuɤ⁴²	xuɤ²¹
镇巴	uan⁵²	po³¹	pʰo³¹	mo³¹	tʰo³¹	to³¹	kʰo³¹	xo³¹

	0577 顽 ~皮，~固 山合二 平山疑	0578 滑 山合二 入黠匣	0579 挖 山合二 入黠影	0580 闩 山合二 平删生	0581 关~门 山合二 平删见	0582 惯 山合二 去删见	0583 还动 山合二 平删匣	0584 还副 山合二 平删匣
榆林	vɛ²¹³	xuaʔ³	va³³	ʂuɛ³³	kuɛ³³	kuɛ⁵²	xuɛ²¹³	xɛ²¹³
神木	vɛ⁴⁴	xuaʔ⁴	va²¹³	ʂuɛ²¹³	kuɛ²¹³	kuɛ⁵³	xuɛ⁴⁴	xɛ⁴⁴
绥德	væ³³	xuɑ³³	vɑ²¹³	ʂuæ²¹³	kuæ²¹³	kuæ⁵²	xuæ³³	xæ³³
吴堡	uã³³	xuɑ²¹³	uɑ²¹³	suã²¹³	kuã²¹³	kuã⁵³	xuã³³	xã³³
清涧	uɛ²⁴	xuɑ²⁴	uɑ³¹²	ʂuɛ³¹²	kuɛ³¹²	kuɛ⁴²	xuɛ²⁴	xɛ²⁴
延安	væ̃²⁴	xua²⁴	va²¹³	ʂuæ̃²¹³	kuæ̃²¹³	kuæ̃⁴⁴³	xuæ̃²⁴	xæ̃²⁴
延川	væ̃³⁵	xua⁴²³	va²¹³	ʂuæ̃²¹³	kuæ̃²¹³	kuæ̃⁵³	xuæ̃³⁵	xæ̃³⁵
黄陵	væ̃²⁴	xuɑ²⁴	uɑ³¹	suæ̃³¹	kuæ̃³¹	kuæ̃⁵⁵	xuæ̃²⁴	xæ̃²⁴
渭南	væ̃²⁴ ~皮 uæ̃²⁴ ~固	xuɑ²⁴	uɑ³¹	ʃæ̃³¹	kuæ̃³¹	kuæ̃⁴⁴	xuæ̃²⁴	xæ̃²⁴
韩城	uã²⁴	xuɑ²⁴	uɑ³¹	fã³¹	kuã³¹	kuã⁴⁴	xuã²⁴	xuã²⁴ 又 xã²⁴ 又
合阳	uã²⁴	xuɑ²⁴	uɑ³¹	fã³¹	kuã³¹	kuã⁵⁵	xuã²⁴	xã²⁴
富平	væ̃²⁴	xuɑ²⁴	uɑ³¹	ʃuæ̃⁵⁵	kuæ̃³¹	kuæ̃⁵⁵	xuæ̃²⁴	xɑ²⁴ 又 xæ̃²⁴ 又
耀州	uæ̃²⁴	xuɑ²⁴	ua²¹	ʃuæ̃²¹	kuæ̃³¹	kuæ̃⁴⁴	xuæ̃²⁴	xæ̃²⁴ 又 xæi²⁴ 又
咸阳	uã²⁴	xuɑ²⁴	uɑ³¹	ʃuã³¹	kuã³¹	kuã⁴⁴	xuã²⁴	xæ²⁴
旬邑	uã²⁴	xuɑ²⁴	uɑ²¹	ʃã²¹	kuã²¹	kuã⁴⁴	xuã²⁴	xɑ²⁴
三原	vã²⁴	xuɑ²⁴	uɑ³¹	ʃuã³¹	kuã³¹	kuã⁴⁴	xuã²⁴	xɑ²⁴
乾县	uæ̃²⁴	xuɑ²⁴	uɑ²¹	ʃuæ̃⁵⁵	kuæ̃²¹	kuæ̃⁵⁵	xuæ̃²⁴	xɑ²⁴
岐山	væ̃²⁴	xuᴀ²⁴	vᴀ³¹	ʂæ̃⁴⁴	kuæ̃³¹	kuæ̃⁴⁴	xuæ̃²⁴	xæ̃²⁴
凤翔	væ̃²⁴	xuɑ²⁴	vɑ³¹	ʂæ̃⁴⁴	kuæ̃³¹	kuæ̃⁴⁴	xuæ̃²⁴	xɑ²⁴
千阳	væ̃²⁴	xuɑ²⁴	vɑ³¹	ʃæ̃⁴⁴	kuæ̃³¹	kuæ̃⁴⁴	xuæ̃²⁴	xɑ²⁴
西安	vã²⁴	xuɑ²⁴	uɑ²¹	fã²¹ ~上 fã⁴⁴ 门~子	kuã²¹	kuã⁴⁴	xuã²⁴	xai²⁴

	0577 顽 ~皮，~固	0578 滑	0579 挖	0580 闩	0581 关~门	0582 惯	0583 还动	0584 还副
	山合二 平山疑	山合二 入黠匣	山合二 入黠影	山合二 平删生	山合二 平删见	山合二 去删见	山合二 平删匣	山合二 平删匣
户县	vã³⁵牛肉~ 得很 uã³⁵~固	xua³⁵	ua³¹	suã⁵⁵	kuã³¹	kuã⁵⁵	xuã³⁵	xæ³⁵
商州	vã³⁵	xuɑ³⁵	vɑ³¹	ʃuã³¹	kuã³¹	kuã⁴⁴	xuã³⁵	xɑ³⁵
镇安	van³³	xua³³	va⁵³	ʂuan⁵³	kuan⁵³	kuan³²²	xuan³³	xai³³
安康	uan³⁵	xua³⁵	ua³¹	fan⁴⁴	kuan³¹	kuan⁴⁴	xuan³⁵	xæ³⁵
白河	uan⁴⁴	xua⁴⁴	ua²¹³	ʂuan²¹³	kuan²¹³	kuan⁴¹	xuan⁴⁴	xai⁴⁴
汉阴	uan⁴²	χuɑ⁴²	ua³³	suan²¹⁴	kuan³³	kuan²¹⁴	χuan⁴²	χae⁴²
平利	uan⁵²	xua⁵²	ua⁴³	ʂʮan²¹⁴	kuan⁴³	kuan²¹⁴	xuan⁵²	xai⁵²
汉中	uan⁴²	xuᴀ⁴²	uᴀ⁵⁵	suan⁵⁵	kuan⁵⁵	kuan²¹³	xuan⁴²	xai⁴²
城固	uan³¹¹	xua³¹¹	ua⁵³	ʃuan⁵³	kuan⁵³	kuan²¹³	xuan³¹¹	xa³¹¹
勉县	van²¹	xuɑ²¹	vɑ⁴²	fan²¹³	kuɑn⁴²	kuɑn²¹³	xuɑn²¹	xɑi²¹
镇巴	uan³¹	xua³¹	ua³⁵	suan²¹³	kuan³⁵	kuan²¹³	xuan³¹	xai³¹

	0585 弯	0586 刷	0587 刮	0588 全	0589 选	0590 转~眼，~送	0591 传~下来	0592 传~记
	山合二平删影	山合二入鎋生	山合二入鎋见	山合三平仙从	山合三上仙心	山合三上仙知	山合三平仙澄	山合三去仙澄
榆林	vɛ³³	ʂuaʔ³	kuaʔ³	tɕʰyɛ²¹³	ɕyɛ²¹³	tʂuɛ²¹³	tʂʰuɛ²¹³	tʂuɛ⁵²
神木	vɛ²¹³	ʂuaʔ⁴	kuaʔ⁴	tɕʰyɛ⁴⁴	ɕyɛ²¹³	tʂuɛ²¹³	tʂʰuɛ⁴⁴	tʂuɛ⁵³
绥德	væ²¹³	ʂuɑ³³	kuɑ³³	tɕʰye³³	ɕye²¹³	tʂuæ²¹³	tʂʰuæ³³	tʂuæ⁵²
吴堡	uã²¹³ ~路 u²¹³ ~腰	suaʔ³	kuaʔ³	tɕʰye³³	ɕye⁴¹²	tsuɤ⁴¹² ~送 tsuɤ⁵³ ~眼	tsʰuɤ³³	tsuɤ⁵³
清涧	uɛ³¹²	ʂuɑ⁵³	kuɑ⁵³	tɕʰy²⁴	ɕy⁵³	tʂu⁵³ ~送 tʂuɛ⁵³ ~眼	tʂʰu²⁴ ~下来 tʂʰuɛ²⁴ ~达	tʂuɛ⁵³
延安	væ̃²¹³	ʂua²¹³	kua²¹³	tɕʰyæ̃²⁴	ɕyæ̃⁵²	tʂuæ̃⁵²	tʂʰuæ̃²⁴	tʂuæ̃⁴⁴³
延川	væ̃²¹³	ʂua⁴²³	kua⁴²³	tɕʰyɛ³⁵	ɕyɛ⁵³	tʂuɤ⁵³ ~圈 tsuæ̃⁵³ ~变	tʂʰuɤ³⁵ ~说 tʂʰuæ̃³⁵ ~统	tʂuɤ⁵³ 水浒~ tʂuæ̃⁵³ ~记
黄陵	væ̃³¹	sua³¹	kua³¹	tɕʰyæ̃²⁴	ɕyæ̃⁵²	tsuæ̃⁵²	tsʰuæ̃²⁴	tsuæ̃⁵⁵
渭南	uæ̃³¹	ʃa³¹	kua³¹	tɕʰyæ̃²⁴	ɕyæ̃⁵³	tʃæ̃⁵³	tʃʰæ̃²⁴	tʃæ̃⁴⁴
韩城	uã³¹	fa³¹	kua³¹	tɕʰyã²⁴	ɕyã⁵³	pfã⁵³	pfʰã²⁴	pfã⁴⁴
合阳	uã³¹	fa³¹	kua³¹	tɕʰyã²⁴	ɕyã⁵²	pfã⁵⁵	pfʰã²⁴	pfã⁵⁵
富平	uæ̃³¹	ʃua³¹	kua³¹	tɕʰyæ̃²⁴	ɕyæ̃⁵³	tʃuæ̃⁵³	tʃʰuæ̃²⁴	tʃuæ̃⁵⁵
耀州	uæ̃²¹	ʃua²¹	kua²¹	tɕʰyæ̃²⁴	ɕyæ̃⁵²	tʃuæ̃⁴⁴	tʃʰuæ̃²⁴	tʃuæ̃⁴⁴
咸阳	uã³¹	ʃua³¹	kua³¹	tɕʰyã²⁴	ɕyã⁵³	tʃuã⁵³	tʃʰuã²⁴	tʃuã⁴⁴
旬邑	uã²¹	ʃa²¹	kua²¹	tsʰuã²⁴	suã⁵²	tʃã⁵²	tʃʰã²⁴	tʃã⁴⁴
三原	uã³¹	ʃua³¹	kuɑ³¹	tsʰuã²⁴	suã⁵²	tʃuã⁵²	tʃʰuã²⁴	tʃuã⁴⁴
乾县	uæ̃²¹	ʃua²¹	kua²¹	tɕʰyæ̃²⁴	ɕyæ̃⁵³	tʃuæ̃⁵⁵	tʃʰuæ̃²⁴	tʃuæ̃⁵⁵
岐山	væ̃³¹	ʂA³¹	kuA³¹	tsʰuæ̃²⁴ ~须 ~尾 tɕʰyæ̃²⁴ ~部	suæ̃⁵³ ~择 ɕyæ̃⁵³ ~举	tʂæ̃⁵³	tʂʰæ̃²⁴	tʂæ̃⁴⁴
凤翔	væ̃³¹	ʂa³¹	kua³¹	tsʰuæ̃²⁴ ~部 tɕʰyæ̃²⁴ ~心 ~意	suæ̃⁵³	tʂæ̃⁵³	tʂʰæ̃²⁴	tʂæ̃⁴⁴
千阳	væ̃³¹	ʃa³¹	kua⁵³	tsʰuæ̃²⁴	suæ̃⁵³	tʃæ̃⁵³	tʃʰæ̃²⁴	tʃæ̃⁴⁴
西安	uã²¹	fa²¹	kua²¹	tɕʰyã²⁴	ɕyã⁵³	pfã⁵³	pfʰã²⁴	pfã⁴⁴

	0585 弯	0586 刷	0587 刮	0588 全	0589 选	0590 转 ~眼，~送	0591 传~ 下来	0592 传 ~记
	山合二 平删影	山合二 入鎋生	山合二 入鎋见	山合三 平仙从	山合三 上仙心	山合三 上仙知	山合三 平仙澄	山合三 去仙澄
户县	uã³¹	sua³¹	kua³¹	tsʰuã³⁵ 浑~ / tɕʰyã³⁵ ~面	suã⁵¹ ~一个 / ɕyã⁵¹ 开~	tsuã⁵¹	tsʰuã³⁵	tsuã⁵⁵
商州	vã³¹	ʃuɑ³¹	kuɑ³¹	tɕʰyã³⁵	ɕyã⁵³	tʃuã⁵³	tʃʰuã³⁵	tʃuã⁴⁴
镇安	van⁵³	ʂua⁵³	kua⁵³	tʂʰuan³³	ɕian³⁵	tʂuan³⁵	tʂʰuan³³	tʂuan³²²
安康	uan³¹	fa³¹	kua³¹	tɕʰyan³⁵	ɕyan⁵³	pfan⁵³	pfʰan³⁵	pfan⁴⁴
白河	uan²¹³	ʂua²¹³	kua²¹³	tɕʰyan⁴⁴	ɕian³⁵ ~人 / ɕyan³⁵ ~举	tʂuan³⁵	tʂʰuan⁴⁴	tʂuan⁴¹
汉阴	uan³³	suɑ⁴²	kuɑ⁴²	tsʰuan⁴² / tɕʰyan⁴²	ɕyan⁴⁵	tsuan⁴⁵	tsʰuan⁴²	tsuan²¹⁴
平利	uan⁴³	ʂɥa⁴³	kua⁴³	tʂʰɥan⁵²	ɕian⁴⁴⁵	tʂɥan⁴⁴⁵	tʂʰɥan⁵²	tʂɥan²¹⁴
汉中	uan⁵⁵	suᴀ⁵⁵	kuᴀ⁵⁵	tɕʰyan⁴²	ɕyan³⁵⁴	tsuan³⁵⁴	tsʰuan⁴²	tsuan²¹³
城固	uan⁵³	ʃuan⁵³	kua⁵³	tɕʰyan³¹¹	ɕyan⁴⁴	tʃuan⁴⁴	tʃʰuan³¹¹	tʃuan²¹³
勉县	vɑn⁴²	fɑ⁴² ~子 / suɑ⁴² 洗~	kuɑ⁴²	tɕʰyɑn²¹	ɕyɑn³⁵	tsuɑn³⁵	tsʰuɑn²¹	tsuɑn²¹³
镇巴	uan³⁵	sua³¹	kua³¹	tɕʰyan³¹	ɕyan⁵²	tsuan⁵²	tsʰuan³¹	tsuan²¹³

431

	0593 砖 山合三平仙章	0594 船 山合三平仙船	0595 软 山合三上仙日	0596 卷 ~起 山合三上仙见	0597 圈 圆~ 山合三平仙溪	0598 权 山合三平仙群	0599 圆 山合三平仙云	0600 院 山合三去仙云
榆林	tʂuɛ³³	tʂʰuɛ²¹³	ʐuɛ²¹³	tɕyɛ²¹³	tɕʰyɛ³³	tɕʰyɛ²¹³	yɛ²¹³	yɛ⁵²
神木	tʂuɛ²¹³	tʂʰuɛ⁴⁴	ʐuɛ²¹³	tɕyɛ²¹³	tɕʰyɛ²¹³	tɕʰyɛ⁴⁴	yɛ⁴⁴	yɛ⁵³
绥德	tʂuæ²¹³	tʂʰuæ³³	ʐuæ²¹³	tɕye²¹³	tɕʰye²¹³	tɕʰye³³	ye³³	ye⁵²
吴堡	tsuɤ²¹³	tsʰuɤ³³	zuɤ⁴¹²	tɕye⁴¹²	tɕʰye²¹³	tɕʰye³³	ye³³	ye⁵³
清涧	tʂu³¹² ~块子 tʂuɛ³¹² 增~添瓦	tʂʰu²⁴ 水~ tʂʰuɛ²⁴ ~舟	ʐuɛ⁵³ ~硬 ʐuɛ⁵³ ~实力	tɕy⁵³	tɕʰy³¹²	tɕʰy²⁴	y²⁴	y⁴²
延安	tʂuæ̃²¹³	tʂʰuæ̃²⁴	ʐuæ̃⁵²	tɕyæ̃⁵²	tɕʰyæ̃²¹³	tɕʰyæ̃²⁴	yæ̃²⁴	yæ̃⁴⁴³
延川	tʂuɤ²¹³ 烧~ tʂuæ̃²¹³ 红~	tʂʰuɤ³⁵ 扳~ tʂʰuæ̃³⁵ 划~	ʐuɤ⁵³ 绵~ ʐuæ̃⁵³ ~件	tɕyɛ⁵³	tɕʰyɛ²¹³	tɕʰyɛ³⁵	yɛ³⁵	yɛ⁵³
黄陵	tsuæ̃³¹	suæ̃²⁴ 坐~ tsʰuæ̃²⁴ 轮~	zuæ̃⁵²	tɕyæ̃⁵²	tɕʰyæ̃³¹	tɕʰyæ̃²⁴	yæ̃²⁴	yæ̃⁵⁵
渭南	tʃæ̃³¹	ʃæ̃²⁴	ʒæ̃⁵³	tɕyæ̃⁵³	tɕʰyæ̃³¹	tɕʰyæ̃²⁴	yæ̃²⁴	yæ̃⁴⁴
韩城	pfã³¹	fã²⁴ 坐~ pfʰã²⁴ 帆~	vã⁵³	tɕyã⁵³	tɕʰyã³¹	tɕʰyã²⁴	yã²⁴	yã⁴⁴
合阳	pfã³¹	fã²⁴ 坐~ pfʰã²⁴ 划~	vã⁵²	tɕyã⁵²	tɕʰyã³¹	tɕʰyã²⁴	yã²⁴	yã⁵⁵
富平	tʃuæ̃³¹	ʃuæ̃²⁴	ʒuæ̃⁵³	tɕyæ̃⁵³	tɕʰyæ̃³¹	tɕʰyæ̃²⁴	yæ̃²⁴	yæ̃⁵⁵
耀州	tʃuæ̃²¹	ʃuæ̃²⁴ 坐~ tʃʰuæ̃²⁴ 轮~	ʒuæ̃⁵²	tɕyæ̃⁵²	tɕʰyæ̃²¹	tɕʰyæ̃²⁴	yæ̃²⁴	yæ̃⁴⁴
咸阳	tʃuã³¹	tʃʰuã²⁴	ʒuã⁵³	tɕyã⁵³	tɕʰyã³¹	tɕʰyã²⁴	yã²⁴	yã⁴⁴
旬邑	tʃã²¹	ʃã²⁴	ʒã⁵²	tɕyã⁵²	tɕʰyã²¹	tɕʰyã²⁴	yã²⁴	yã⁴⁴
三原	tʃuã³¹	tʃʰuã²⁴	ʒuã⁵²	tɕyã⁵²	tɕʰyã³¹	tɕʰyã²⁴	yã²⁴	yã⁴⁴
乾县	tʃuæ̃²¹	tʃʰuæ̃²⁴	ʒuæ̃⁵³	tɕyæ̃⁵³	tɕʰyæ̃²¹	tɕʰyæ̃²⁴	yæ̃²⁴	yæ̃⁵⁵
岐山	tʂæ̃³¹	ʂæ̃²⁴ ~家娃 tʂʰæ̃²⁴ 划~	ʐæ̃⁵³	tɕyæ̃⁵³	tɕʰyæ̃³¹	tɕʰyæ̃²⁴	yæ̃²⁴	yæ̃⁴⁴
凤翔	tʂæ̃³¹	tʂʰæ̃²⁴	ʐæ̃⁵³	tɕyæ̃⁵³	tɕʰyæ̃³¹	tɕʰyæ̃²⁴	yæ̃²⁴	yæ̃⁴⁴
千阳	tʃæ̃³¹	ʃæ̃²⁴	ʒæ̃⁵³	tɕyæ̃⁵³	tɕʰyæ̃³¹	tɕʰyæ̃²⁴	yæ̃²⁴	yæ̃⁴⁴

	0593 砖	0594 船	0595 软	0596 卷 ~起	0597 圈 圆~	0598 权	0599 圆	0600 院
	山合三平仙章	山合三平仙船	山合三上仙日	山合三上仙见	山合三平仙溪	山合三平仙群	山合三平仙云	山合三去仙云
西安	pfã²¹	pfʰã²⁴	vã⁵³	tɕyã⁵³	tɕʰyã²¹	tɕʰyã²⁴	yã²⁴	yã⁴⁴
户县	tsuã³¹	suã³⁵	zuã⁵¹	tɕyã⁵¹	tɕʰyã³¹	tɕʰyã³⁵	yã³⁵	yã⁵⁵
商州	tʃuã³¹	ʃuã³⁵ 坐~ / tʃʰuã³⁵ 帆~	ʒuã⁵³	tɕyã⁵³	tɕʰyã³¹	tɕʰyã³⁵	yã³⁵	yã⁴⁴
镇安	tʂuan⁵³	tʂʰuan³³	ʐuan³⁵	tʂuan³²²	tʂʰuan⁵³	tʂʰuan³³	ʐuan³³	ʐuan³²²
安康	pfan³¹	pfʰan³⁵	van⁵³	tɕyan⁵³	tɕʰyan³¹	tɕʰyan³⁵	yan³⁵	yan⁴⁴
白河	tʂuan²¹³	tʂʰuan⁴⁴	yan³⁵ ~的 / ʐuan³⁵ ~弱	tɕyan³⁵	tɕʰyan²¹³	tɕʰyan⁴⁴	yan⁴⁴	yan⁴¹
汉阴	tsuan³³	tsʰuan⁴²	ʐuan⁴⁵	tɕyan⁴⁵	tɕʰyan³³	tsʰuan⁴² / tɕʰyan⁴²	yan⁴²	yan²¹⁴
平利	tʂɥan⁴³	tʂʰɥan⁵²	ɥan⁴⁴⁵	tʂɥan⁴⁴⁵	tʂʰɥan⁴³	tʂʰɥan⁵²	ɥan⁵²	ɥan²¹⁴
汉中	tsuan⁵⁵	tsʰuan⁴²	ʐuan³⁵⁴	tɕyan³⁵⁴	tɕʰyan⁵⁵	tɕʰyan⁴²	yan⁴²	yan²¹³
城固	tʃuan⁵³	tʃʰuan³¹¹	ʒuan⁴⁴	tɕyan⁴⁴	tɕʰyan⁵³	tɕʰyan³¹¹	yan³¹¹	yan²¹³
勉县	tsuan⁴²	tsʰuan²¹	zuan³⁵	tɕyan³⁵	tɕʰyan⁴²	tɕʰyan²¹	yan²¹	yan²¹³
镇巴	tsuan³⁵	tsʰuan³¹	zuan⁵²	tɕyan⁵²	tɕʰyan³⁵	tɕʰyan³¹	yan³¹	yan²¹³

	0601 铅~笔	0602 绝	0603 雪	0604 反	0605 翻	0606 饭	0607 晚	0608 万 麻将牌
	山合三 平仙以	山合三 入薛从	山合三 入薛心	山合三 上元非	山合三 平元敷	山合三 去元奉	山合三 上元微	山合三 去元微
榆林	tɕʰiɛ³³	tɕyʌʔ³	ɕyʌʔ³	fɛ²¹³	fɛ³³	fɛ⁵²	vɛ²¹³	vɛ⁵²
神木	tɕʰiɛ²¹³	tɕyəʔ⁴	ɕyəʔ⁴	fɛ²¹³	fɛ²¹³	fɛ⁵³	vɛ²¹³	vɛ⁵³
绥德	tɕʰiɛ²¹³	tɕye³³	ɕye³³	fæ²¹³	fæ²¹³	fæ⁵²	væ²¹³	væ⁵²
吴堡	tɕʰia²¹³	tɕyəʔ³	ɕyəʔ³	fã⁴¹²	fã²¹³	fã⁵³	uã⁴¹²	uã⁵³
清涧	tɕʰi³¹²	tɕy²⁴	ɕy⁵³	fɛ⁵³	fɛ³¹²	fɛ⁴²	vɛ⁵³	vɛ⁴²
延安	tɕʰiæ²¹³	tɕʰyo²⁴ ~后 tɕyo²⁴ ~情	ɕyo²¹³	fæ̃⁵²	fæ̃²¹³	fæ̃⁴⁴³	væ̃⁵²	væ̃⁴⁴³
延川	tɕʰiɛ²¹³	tɕyɛ³⁵	ɕyɛ⁴²³	fæ̃⁵³	fæ̃²¹³	fæ̃⁵³	væ̃⁵³	væ̃⁵³
黄陵	tɕʰiæ³¹	tɕyɣ²⁴	ɕyɣ³¹	fæ̃⁵²	fæ̃³¹	fæ̃⁵⁵	væ̃⁵²	væ̃⁵⁵
渭南	tɕʰiæ³¹	tɕyə²⁴	ɕyə³¹	fæ̃⁵³	fæ̃³¹	fæ̃⁴⁴	væ̃⁵³	væ̃⁴⁴
韩城	tɕʰia³¹	tɕyE²⁴	ɕyE³¹	fã⁵³	fã³¹	fã⁴⁴	vã⁵³	vã⁴⁴
合阳	tɕʰia³¹	tɕʰyə²⁴ ~对 tɕyə²⁴ ~情	ɕyə³¹	fã³¹ ~正 fã⁵² 正~	fã³¹	fã⁵⁵	vã⁵²	vã⁵⁵
富平	tɕʰiæ³¹	tɕyɛ²⁴	ɕyɛ³¹	fæ̃⁵³	fæ̃³¹	fæ̃⁵⁵	væ̃⁵³	væ̃⁵⁵
耀州	tɕʰiæ²¹	tɕyɛ²⁴	ɕyɛ²¹	fæ̃⁵²	fæ̃²¹	fæ̃⁴⁴	uæ̃⁵²	uæ̃⁴⁴
咸阳	tɕʰiæ³¹	tɕyo²⁴	ɕyo³¹	fã⁵³	fã³¹	fã⁴⁴	uã⁵³	vã⁴⁴
旬邑	tɕʰiæ²¹	tɕyo²⁴	ɕyo²¹	fæ̃⁵²	fæ̃²¹	fæ̃⁴⁴	væ̃⁵²	væ̃⁴⁴
三原	tɕʰia³¹	tɕyɛ²⁴	ɕyɛ³¹	fã⁵²	fã³¹	fã⁴⁴	vã⁵²	vã⁴⁴
乾县	tɕʰia²¹	tɕyə²⁴	ɕyə²¹	fæ̃⁵³	fæ̃²¹	fæ̃⁵⁵	væ̃⁵³	væ̃⁵⁵
岐山	tɕʰiæ³¹	tɕyɛ²⁴	ɕyɛ³¹	fæ̃⁵³	fæ̃³¹	fæ̃⁴⁴	væ̃⁵³	væ̃⁴⁴
凤翔	tɕʰiæ³¹	tɕye²⁴	ɕye³¹	fæ̃⁵³	fæ̃³¹	fæ̃⁴⁴	væ̃⁵³	væ̃⁴⁴
千阳	tɕʰiæ³¹	tɕye²⁴	ɕye³¹	fæ̃⁵³	fæ̃³¹	fæ̃⁴⁴	væ̃⁵³	væ̃⁴⁴
西安	tɕʰia²¹	tɕyɛ²⁴	ɕyɛ²¹	fã⁵³	fã²¹	fã⁴⁴	vã⁵³	vã⁴⁴
户县	tɕʰia³¹	tɕye³⁵	ɕyɛ³¹	fã³¹ ~正 fã⁵¹ ~对	fã³¹	fã⁵⁵	vã⁵¹	vã⁵⁵
商州	tɕʰia³¹	tɕyɛ³⁵	ɕyɛ³¹	fã⁵³	fã³¹	fã⁴⁴	vã⁵³	vã⁴⁴
镇安	tɕʰian⁵³	tʂɥɛ³²²	ɕiɛ⁵³	fan³⁵	fan⁵³	fan³²²	van³⁵	van³²²

	0601 铅~笔	0602 绝	0603 雪	0604 反	0605 翻	0606 饭	0607 晚	0608 万麻将牌
	山合三平仙以	山合三入薛从	山合三入薛心	山合三上元非	山合三平元敷	山合三去元奉	山合三上元微	山合三去元微
安康	tɕʰian³¹	tɕye³⁵	ɕye³¹	fan⁵³	fan³¹	fan⁴⁴	uan⁵³	uan⁴⁴
白河	tɕʰian²¹³	tɕiɛ⁴⁴ ~对 tɕyɛ⁴⁴ ~境	ɕyɛ²¹³	fan³⁵	fan²¹³	fan⁴¹	uan³⁵	uan⁴¹
汉阴	tɕʰian³³	tɕyɛ⁴²	ɕyɛ⁴²	χuan⁴⁵	χuan³³	χuan²¹⁴	uan⁴⁵	uan²¹⁴
平利	tɕʰian⁴³	tʂɿɛ⁵²	ɕiɛ⁴³	fan⁴⁴⁵	fan⁴³	fan²¹⁴	uan⁴⁴⁵	uan²¹⁴
汉中	tɕʰian⁵⁵	tɕyɤ⁴²	ɕyɤ⁵⁵	fan³⁵⁴	fan⁵⁵	fan²¹³	uan³⁵⁴	uan²¹³
城固	tɕʰian⁵³	tɕyɛ³¹¹	ɕyɛ⁵³	fan⁴⁴	fan⁵³	fan²¹³	van⁴⁴	van²¹³
勉县	tɕʰian⁴²	tɕyɤ²¹	ɕyɤ⁴²	fɑn³⁵	fɑn⁴²	fɑn²¹³	vɑn³⁵	vɑn²¹³
镇巴	tɕʰian³⁵	tɕyɛ³¹	ɕyɛ³¹	fan⁵²	fan³⁵	fan²¹³	uan⁵²	uan²¹³

	0609 劝 山合三 去元溪	0610 原 山合三 平元疑	0611 冤 山合三 平元影	0612 园 山合三 平元云	0613 远 山合三 上元云	0614 发头~ 山合三 入月非	0615 罚 山合三 入月奉	0616 袜 山合三 入月微
榆林	tɕʰyɛ⁵²	yɛ²¹³	yɛ³³	yɛ²¹³	yɛ²¹³	faʔ³	faʔ³	vaʔ³
神木	tɕʰyɛ⁵³	yɛ⁴⁴	yɛ²¹³	yɛ⁴⁴	yɛ²¹³	fɛ²¹³	faʔ⁴	vaʔ⁴
绥德	tɕʰye⁵²	ye³³	ye²¹³	ye³³	ye²¹³	fa³³	fa³³	va³³
吴堡	tɕʰye⁵³	ye³³	ye²¹³	ye³³	ye⁴¹²	faʔ³	faʔ²¹³	uaʔ²¹³
清涧	tɕʰy⁴²	y²⁴	y³¹²	y²⁴	y⁵³	fɑ⁵³	fɑ²⁴	vɑ⁵³
延安	tɕʰyæ̃⁴⁴³	yæ̃²⁴	yæ̃²¹³	yæ̃²⁴	yæ̃⁵²	fa²¹³	fa²⁴	va²¹³
延川	tɕʰyɛ⁵³	yɛ³⁵	yɛ²¹³	yɛ³⁵	yɛ⁵³	fa⁴²³	fa³⁵	va⁴²³
黄陵	tɕʰyæ̃⁵⁵	yæ̃²⁴	yæ̃³¹	yæ̃²⁴	yæ̃⁵²~近 væ̃⁵⁵~路	fɑ³¹	fɑ²⁴	vɑ³¹
渭南	tɕʰyæ̃⁴⁴	yæ̃²⁴	yæ̃³¹	yæ̃²⁴	yæ̃⁵³	fɑ³¹	fɑ²⁴	vɑ³¹
韩城	tɕʰyã⁴⁴	yã²⁴	yã³¹	yã²⁴	yã⁵³	fɑ³¹	fɑ²⁴	vɑ³¹
合阳	tɕʰyã⁵⁵	yã²⁴	yã³¹	yã²⁴	yã⁵²	fɑ³¹	fɑ²⁴	vɑ³¹
富平	tɕʰyã⁵⁵	yæ̃²⁴	yæ̃³¹	yæ̃²⁴	yæ̃⁵³	fɑ³¹	fɑ²⁴	vɑ³¹
耀州	tɕʰyã⁴⁴	yæ̃²⁴	yæ̃²¹	yæ̃²⁴	yæ̃⁵²	fa²¹	fa²⁴	ua²¹
咸阳	tɕʰyã⁴⁴	yã²⁴	yã³¹	yã²⁴	yã⁵³	fɑ³¹	fɑ²⁴	vɑ³¹
旬邑	tɕʰyã⁴⁴	yã²⁴	yã²¹	yã²⁴	yã⁵²	fɑ²¹	fɑ²⁴	vɑ²¹
三原	tɕʰyã⁴⁴	yã²⁴	yã³¹	yã²⁴	yã⁵²	fɑ³¹	fɑ²⁴	vɑ³¹
乾县	tɕʰyæ̃⁵⁵	yæ̃²⁴	yæ̃²¹	yæ̃²⁴	yæ̃⁵³	fɑ²¹	fɑ²⁴	vɑ²¹
岐山	tɕʰyã⁴⁴	yã²⁴	yã³¹	yã²⁴	yã⁵³	fA³¹	fA²⁴	vA³¹
凤翔	tɕʰyæ̃⁴⁴	yæ̃²⁴	yæ̃³¹	yæ̃²⁴	yæ̃⁵³~近 yæ̃⁴⁴~开①	fɑ³¹	fɑ²⁴	vɑ³¹
千阳	tɕʰyæ̃⁴⁴	yæ̃²⁴	yæ̃³¹	yæ̃²⁴	yæ̃⁵³~近 yæ̃⁴⁴~开②	fɑ³¹	fɑ²⁴	vɑ³¹
西安	tɕʰyã⁴⁴	yã²⁴	yã²¹	yã²⁴	yã⁵³	fa²¹	fa²⁴	ua²¹
户县	tɕʰyã⁵⁵	yã³⁵	yã³¹	yã³⁵	yã⁵¹	fa³¹	fa³⁵	va³¹

①②~开：绕开。

	0609 劝	0610 原	0611 冤	0612 园	0613 远	0614 发头~	0615 罚	0616 袜
	山合三去元溪	山合三平元疑	山合三平元影	山合三平元云	山合三上元云	山合三入月非	山合三入月奉	山合三入月微
商州	tɕʰyã⁴⁴	yã³⁵	yã³¹	yã³⁵	yã⁵³	fɑ³¹	fɑ³⁵	vɑ³¹
镇安	tʂʰuan²¹⁴	ʐuan³³	ʐuan⁵³	ʐuan³³	ʐuan³⁵	fa⁵³	fa³²²	va⁵³
安康	tɕʰyan⁴⁴	yan³⁵	yan³¹	yan³⁵	yan⁵³	fa³¹	fa³⁵	ua³¹
白河	tɕʰyan⁴¹	yan⁴⁴	yan²¹³	yan⁴⁴	yan³⁵	fa²¹³	fa⁴⁴	ua²¹³
汉阴	tɕʰyan²¹⁴	yan⁴²	yan³³	yan⁴²	yan⁴⁵	χuɑ⁴²	χuɑ⁴²	uɑ⁴²
平利	tʂʰɥan²¹⁴	ɥan⁵²	ɥan⁴³	ɥan⁵²	ɥan⁴⁴⁵	fa⁴³	fa⁵²	ua⁴³
汉中	tɕʰyan²¹³	yan⁴²	yan⁵⁵	yan⁴²	yan³⁵⁴	fᴀ⁵⁵	fᴀ⁴²	uᴀ⁵⁵
城固	tɕʰyan²¹³	yan³¹¹	yan⁵³	yan³¹¹	yan⁴⁴	fa⁵³	fa³¹¹	va⁵³
勉县	tɕʰyɑn²¹³	yɑn²¹	yɑn⁴²	yɑn²¹	yɑn³⁵	fɑ⁴²	fɑ²¹	vɑ⁴²
镇巴	tɕʰyan²¹³	yan³¹	yan³⁵	yan³¹	yan⁵²	fa³¹	fa³¹	ua³¹

	0617 月	0618 越	0619 县	0620 决	0621 缺	0622 血	0623 吞	0624 根
	山合三入月疑	山合三入月云	山合四去先匣	山合四入屑见	山合四入屑溪	山合四入屑晓	臻开一平痕透	臻开一平痕见
榆林	yʌʔ³	yʌʔ³	ɕie⁵²	tɕyʌʔ³	tɕʰyʌʔ³	ɕiʌʔ³	tʰɤɣ̃³³	kɯ³³
神木	yəʔ⁴	yəʔ⁴	ɕie⁵³	tɕyəʔ⁴	tɕʰyəʔ⁴	ɕyəʔ⁴	tʰɤ̃²¹³	kɤ̃²¹³
绥德	ye³³	ye³³	ɕie⁵²	tɕye³³	tɕʰye³³	ɕie³³	tʰəɣ̃²¹³	kɯ²¹³
吴堡	yəʔ²¹³	yəʔ²¹³	ɕie⁵³	tɕyəʔ³	tɕʰyəʔ³	ɕyəʔ³	tʰəŋ²¹³	kəŋ²¹³
清涧	y⁵³	y⁵³	ɕi⁵³	tɕy²⁴	tɕʰy⁵³	ɕi⁵³	tʰuəɣ̃³¹²	kəɣ̃³¹²
延安	yo²¹³	yo²¹³	ɕiæ̃⁴⁴³	tɕyo²⁴	tɕʰyo²¹³	ɕie²¹³ 流~ / ɕyo²¹³ ~债	tʰəŋ²¹³	kəŋ²¹³
延川	ye⁴²³	yɛ⁵³	ɕie⁵³	tɕye³⁵	tɕʰye⁴²³	ɕie⁴²³	tʰəŋ²¹³	kəŋ²¹³
黄陵	yɤ³¹	yɤ³¹	ɕiæ̃⁵⁵	tɕyɤ⁵²	tɕʰyɤ³¹	ɕie³¹	tʰəŋ³¹	kẽ³¹
渭南	yə³¹	yə³¹	ɕiæ̃⁴⁴	tɕyə⁵³	tɕʰyə³¹	ɕie³¹	tʰəŋ³¹	kə̃³¹
韩城	yE³¹	yE³¹	ɕiã⁴⁴	tɕyE⁵³	tɕʰyE³¹	ɕiE³¹	tʰəŋ³¹	tɕiẽ³¹ / kɤ̃³¹
合阳	yə³¹	yə⁵⁵	ɕiã⁵⁵	tɕyə²⁴	tɕʰyə³¹	ɕie³¹	tʰəŋ³¹	kẽ³¹
富平	yɛ³¹	yɛ³¹	ɕiæ̃⁵⁵	tɕyɛ⁵³	tɕʰyɛ³¹	ɕie³¹	tʰəɣ̃³¹	kɤ³¹
耀州	yɛ²¹	yɛ²¹	ɕiæ̃⁴⁴	tɕyɛ⁵²	tɕʰyɛ²¹	ɕiɛ²¹	tʰəŋ²¹	kei²¹
咸阳	yo³¹	yo³¹	ɕiã⁴⁴	tɕyo³¹	tɕʰyo³¹	ɕie³¹	tʰuẽ³¹	kɤ³¹
旬邑	yo²¹	yo²¹	ɕiã⁴⁴	tɕyo⁵²	tɕʰyo²¹	ɕiɛ²¹	tʰəŋ²¹	kɤ²¹
三原	yɛ³¹	yɛ³¹	ɕiã⁴⁴	tɕyɛ⁵²	tɕʰyɛ³¹	ɕie³¹	tʰəŋ³¹	kẽ³¹
乾县	yə²¹	yə²¹	ɕiæ̃⁵⁵	tɕyə⁵³ 又 / tɕyə²⁴ 又	tɕʰyə²¹	ɕiə²¹	tʰɤŋ²¹ 蛇~象 / tʰuẽ²¹ 生~活剥	kẽ²¹
岐山	yɛ³¹	yɛ³¹	ɕiæ̃⁴⁴	tɕyɛ⁵³	tɕʰyɛ³¹	ɕie³¹ 淌~ / ɕyɛ³¹ 献~	tʰəŋ³¹	kəŋ³¹
凤翔	ye³¹	ye³¹	ɕiæ̃⁴⁴	tɕye³¹	tɕʰye³¹	ɕie³¹	tʰəŋ³¹	kəŋ³¹
千阳	ye³¹	ye³¹	ɕiæ̃⁴⁴	tɕye³¹	tɕʰye³¹	ɕie³¹	tʰəŋ³¹	kəŋ³¹
西安	yɛ²¹	yɛ²¹	ɕiã⁴⁴	tɕyɛ⁵³	tɕʰyɛ³¹	ɕiɛ²¹	tʰəŋ²¹	kən²¹
户县	yɛ³¹	yɛ³¹	ɕiã⁵⁵	tɕyɛ⁵¹	tɕʰyɛ³¹	ɕie³¹	tʰəŋ³¹	kẽ³¹

	0617 月	0618 越	0619 县	0620 决	0621 缺	0622 血	0623 吞	0624 根
	山合三入月疑	山合三入月云	山合四去先匣	山合四入屑见	山合四入屑溪	山合四入屑晓	臻开一平痕透	臻开一平痕见
商州	yɛ³¹	yɛ³¹	ɕiã⁴⁴	tɕyɛ³⁵	tɕʰyɛ³¹	ɕiɛ³¹	tʰəŋ³¹	kẽ³¹
镇安	z̩ʮɛ⁵³	z̩ʮɛ⁵³	ɕian³²²	tʂʮɛ²¹⁴	tʂʰʮɛ⁵³	ɕiɛ⁵³	tʰən⁵³	kən⁵³
安康	yɛ³¹	yɛ³¹	ɕian⁴⁴	tɕyɛ⁵³	tɕʰyɛ³¹	ɕiɛ³¹	tʰən³¹	kən³¹
白河	yɛ²¹³	yɛ²¹³	ɕian⁴¹	tɕyɛ⁴⁴	tɕʰyɛ²¹³	ɕiɛ²¹³	tʰən²¹³	kən²¹³
汉阴	yɛ⁴²	yɛ⁴²	ɕian²¹⁴	tɕyɛ⁴⁵	tɕʰyɛ⁴²	ɕiɛ⁴²	tʰən³³	kən³³
平利	ʮɛ⁴³	ʮɛ⁴³	ɕian²¹⁴	tʂʮɛ⁴⁴⁵	tʂʰʮɛ⁴³	ɕiɛ⁴³	tʰən⁴³	kən⁴³
汉中	yɤ⁵⁵	yɤ⁵⁵	ɕian²¹³	tɕyɤ⁴²	tɕʰyɤ⁵⁵	ɕiɛ⁵⁵	tʰən⁵⁵ ~下去 / tʰuən⁵⁵ ~咽	kən⁵⁵
城固	yɛ⁵³	yɛ⁵³	ɕian²¹³	tɕyɛ³¹¹	tɕʰyɛ⁵³	ɕiɛ⁵³	tʰən⁵³	kən⁵³
勉县	yɤ⁴²	yɤ⁴²	ɕian²¹³	tɕyɤ²¹	tɕʰyɤ⁴²	ɕiɛ⁴²	tʰən⁴²	kən⁴²
镇巴	yɛ³¹	yɛ³¹	ɕian²¹³	tɕyɛ³¹	tɕʰyɛ³¹	ɕyɛ³¹	tʰən³⁵	kən³⁵

	0625 恨	0626 恩	0627 贫	0628 民	0629 邻	0630 进	0631 亲~人	0632 新
	臻开一去痕匣	臻开一平痕影	臻开三平真並	臻开三平真明	臻开三平真来	臻开三去真精	臻开三平真清	臻开三平真心
榆林	xɤɣ̃⁵²	ɤɣ̃³³	pʰiɤɣ̃²¹³	miɤɣ̃²¹³	liɤɣ̃²¹³	tɕiɤɣ̃⁵²	tɕʰiɤɣ̃³³	ɕiɤɣ̃³³
神木	xɤ̃⁵³	ŋɤ̃²¹³	pʰiɤ̃⁴⁴	miɤ̃⁴⁴	liɤ̃⁴⁴	tɕiɤ̃⁵³	tɕʰiɤ̃²¹³	ɕiɤ̃²¹³
绥德	xɯ⁵²	ŋɯ²¹³	pʰiəɣ̃³³	miəɣ̃³³	liəɣ̃³³	tɕiəɣ̃⁵²	tɕʰiəɣ̃²¹³	ɕiəɣ̃²¹³
吴堡	xəŋ⁵³	ŋəŋ²¹³	pʰiəŋ³³	miəŋ³³	liəŋ³³	tɕiəŋ⁵³	tɕʰiəŋ²¹³	ɕiəŋ²¹³
清涧	xəɣ̃⁴²	ŋəɣ̃³¹²	pʰiəɣ̃²⁴	miəɣ̃²⁴	liəɣ̃²⁴	tɕiəɣ̃⁴²	tɕʰiəɣ̃³¹²	ɕiəɣ̃³¹²
延安	xəŋ⁴⁴³	ŋəŋ²¹³	pʰiəŋ²⁴	miəŋ²⁴	liəŋ²⁴	tɕiəŋ⁴⁴³	tɕʰiəŋ²¹³	ɕiəŋ²¹³
延川	xəŋ⁵³	ŋəŋ²¹³	pʰiŋ³⁵	miŋ³⁵	liŋ³⁵	tɕiŋ⁵³	tɕʰiŋ²¹³	ɕiŋ²¹³
黄陵	xẽ⁵⁵	ŋẽ³¹	pʰiẽ²⁴	miẽ²⁴	liẽ²⁴	tɕiẽ⁵⁵	tɕʰiẽ³¹	ɕiẽ³¹
渭南	xə̃⁴⁴	ŋə̃³¹	pʰiə̃²⁴	miə̃²⁴	liə̃²⁴	tɕiə̃⁴⁴	tɕʰiə̃³¹	ɕiə̃³¹
韩城	xɜ̃⁴⁴	ŋɜ̃³¹	pʰiɜ̃²⁴	miɜ̃²⁴	liɜ̃²⁴	tɕiɜ̃⁴⁴	tɕʰiɜ̃³¹	ɕiɜ̃³¹
合阳	xẽ⁵⁵	ŋẽ³¹	pʰiẽ²⁴	miẽ²⁴	liẽ²⁴	tɕiẽ⁵⁵	tsʰiẽ³¹	siẽ³¹
富平	xɜ̃⁵⁵	ŋɜ̃³¹	pʰiɜ̃²⁴	miɜ̃²⁴	liɜ̃²⁴	tiɜ̃⁵⁵	tʰiɜ̃³¹	siɜ̃³¹
耀州	xei⁴⁴	ŋei²¹	pʰiei²⁴	miei²⁴	liei²⁴	tɕiei⁴⁴	tɕʰiei²¹	ɕiei²¹
咸阳	xɜ̃⁴⁴	ŋɜ̃³¹	pʰiɜ̃²⁴	miɜ̃²⁴	liɜ̃²⁴	tɕiɜ̃⁴⁴	tɕʰiɜ̃³¹	ɕiɜ̃³¹
旬邑	xɜ̃⁴⁴	ŋɜ̃²¹	pʰiɜ̃²⁴	miɜ̃²⁴	liɜ̃²⁴	tɕiɜ̃⁴⁴	tɕʰiɜ̃²¹	ɕiɜ̃²¹
三原	xẽ⁴⁴	ŋẽ³¹	pʰiẽ²⁴	miẽ²⁴	liẽ²⁴	tɕiẽ⁴⁴	tɕʰiẽ³¹	ɕiẽ³¹
乾县	xẽ⁵⁵	ŋẽ²¹	pʰiẽ²⁴	miẽ²⁴	liẽ²⁴	tɕiẽ⁵⁵	tɕʰiẽ²¹	ɕiẽ²¹
岐山	xəŋ⁴⁴	ŋəŋ³¹	pʰiŋ²⁴	miŋ²⁴	liŋ²⁴	tɕiŋ⁴⁴	tʰiŋ³¹	siŋ³¹
凤翔	xəŋ⁴⁴	ŋəŋ³¹	pʰiŋ²⁴	miŋ²⁴	liŋ²⁴	tsiŋ⁴⁴	tsʰiŋ³¹	siŋ³¹
千阳	xəŋ⁴⁴	ŋəŋ³¹	pʰiŋ²⁴	miŋ²⁴	liŋ²⁴	tsiŋ⁴⁴	tsʰiŋ³¹	siŋ³¹
西安	xən⁴⁴	ŋən²¹	pʰin²⁴	min²⁴	lin²⁴	tɕin⁴⁴	tɕʰin²¹	ɕin²¹
户县	xẽ⁵⁵	ŋẽ³¹	pʰiẽ³⁵	miẽ³⁵	liẽ³⁵	tɕiẽ⁵⁵	tɕʰiẽ³¹	ɕiẽ³¹
商州	xẽ⁴⁴	ŋẽ³¹	pʰiẽ³⁵	miẽ³⁵	liẽ³⁵	tɕiẽ⁴⁴	tɕʰiẽ³¹	ɕiẽ³¹
镇安	xən³²²	ŋən⁵³	pʰin³³	min³³	lin³³	tɕin³²²	tɕʰin⁵³	ɕin⁵³
安康	xən⁴⁴	ŋən³¹	pʰin³⁵	min³⁵	lin³⁵	tɕin⁴⁴	tɕʰin³¹	ɕin³¹
白河	xən⁴¹	ŋən²¹³	pʰiən⁴⁴	miən⁴⁴	liən⁴⁴	tɕiən⁴¹	tɕʰiən²¹³	ɕiən²¹³
汉阴	χən²¹⁴	ŋən³³	pʰin⁴²	min⁴²	lin⁴²	tɕin²¹⁴	tɕʰin³³	ɕin³³

	0625 恨	0626 恩	0627 贫	0628 民	0629 邻	0630 进	0631 亲~人	0632 新
	臻开一去痕匣	臻开一平痕影	臻开三平真並	臻开三平真明	臻开三平真来	臻开三去真精	臻开三平真清	臻开三平真心
平利	xən²¹⁴	ŋən⁴³	pʰin⁵²	min⁵²	lin⁵²	tɕin²¹⁴	tɕʰin⁴³	ɕin⁴³
汉中	xən²¹³	ŋən⁵⁵	pʰin⁴²	min⁴²	lin⁴²	tɕin²¹³	tɕʰin⁵⁵	ɕin⁵⁵
城固	xən²¹³	ŋən⁵³	pʰin³¹¹	min³¹¹	lin³¹¹	tsin²¹³	tsʰin⁵³	sin⁵³
勉县	xən²¹³	ŋən⁴²	pʰin⁴²	min²¹	lin²¹	tɕin²¹³	tɕʰin⁴²	ɕin⁴²
镇巴	xən²¹³	ŋən³⁵	pʰin³¹	min³¹	lin³¹	tɕin²¹³	tɕʰin³⁵	ɕin³⁵

	0633 镇	0634 陈	0635 震	0636 神	0637 身	0638 辰	0639 人	0640 认
	臻开三去真知	臻开三平真澄	臻开三去真章	臻开三平真船	臻开三平真书	臻开三平真禅	臻开三平真日	臻开三去真日
榆林	tʂɤ̃⁵²	tʂʰɤ̃²¹³	tʂɤ̃⁵²	ʂɤ̃²¹³	ʂɤ̃³³	tʂʰɤ̃²¹³	ʐɤ̃²¹³	ʐɤ̃⁵²
神木	tʂɛ̃⁵³	tʂʰɛ̃⁴⁴	tʂɛ̃⁵³	ʂɛ̃⁴⁴	ʂɛ̃²¹³	tʂʰɛ̃⁴⁴	ʐɛ̃⁴⁴	ʐɛ̃⁵³
绥德	tʂəɤ̃⁵²	tʂʰəɤ̃³³	tʂəɤ̃⁵²	ʂəɤ̃³³	ʂəɤ̃²¹³	ʂəɤ̃³³ 时~① / tʂʰəɤ̃³³ ~时	ʐəɤ̃³³	ʐəɤ̃⁵²
吴堡	tʂəŋ⁵³	tʂʰəŋ³³	tʂəŋ⁵³	ʂəŋ³³	ʂəŋ²¹³	tʂʰəŋ³³	ʐəŋ³³	ʐəŋ⁵³
清涧	tʂəɤ̃⁴²	tʂʰəɤ̃²⁴	tʂəɤ̃⁴²	ʂəɤ̃²⁴	ʂəɤ̃³¹²	tʂʰəɤ̃²⁴	ʐəɤ̃²⁴	ʐəɤ̃⁴²
延安	tʂəŋ⁴⁴³	tʂʰəŋ²⁴	tʂəŋ⁴⁴³	ʂəŋ²⁴	ʂəŋ²¹³	tʂʰəŋ²⁴	ʐəŋ²⁴	ʐəŋ⁴⁴³
延川	tʂəŋ⁵³	tʂʰəŋ³⁵	tʂəŋ⁵³	ʂəŋ³⁵	ʂəŋ²¹³	tʂʰəŋ³⁵	ʐəŋ³⁵	ʐəŋ⁵³
黄陵	tʂẽ⁵⁵	tʂʰẽ²⁴	tʂẽ⁵⁵	ʂẽ²⁴	ʂẽ³¹	tʂʰẽ²⁴	ʐẽ²⁴	ʐẽ⁵⁵
渭南	tʂə̃⁴⁴	tʂʰə̃²⁴	tʂə̃⁴⁴	ʂə̃²⁴	ʂə̃³¹	ʂə̃³¹ ~龙 / tʂʰə̃²⁴ 生~八字	ʐə̃²⁴	ʐə̃⁴⁴
韩城	tʂɜ̃⁴⁴	tʂʰɜ̃²⁴	tʂɜ̃⁴⁴	ʂɜ̃²⁴	ʂɜ̃³¹	ʂɜ̃²⁴ ~巳午未 / tʂʰɜ̃²⁴ 时~	ʐɜ̃²⁴	ʐɜ̃⁴⁴
合阳	tʂẽ⁵⁵	tʂʰẽ²⁴	tʂẽ⁵⁵	ʂẽ²⁴	ʂẽ³¹	tʂʰẽ²⁴	ʐẽ²⁴	ʐẽ⁵⁵
富平	tʂɜ̃⁵⁵	tʂʰɜ̃²⁴	tʂɜ̃⁵⁵	ʂɜ̃²⁴	ʂɜ̃³¹	ʂɜ̃²⁴ / tʂʰɜ̃²⁴	ʐɜ̃²⁴	ʐɜ̃⁵⁵
耀州	tʂei⁴⁴	tʂʰei²⁴	tʂei⁴⁴	ʂei²⁴	ʂei²¹	tʂʰei²⁴	ʐei²⁴	ʐei⁴⁴
咸阳	tʂɜ̃⁴⁴	tʂʰɜ̃²⁴	tʂɜ̃⁴⁴	ʂɜ̃²⁴	ʂɜ̃³¹	ʂɜ̃²⁴	ʐɜ̃²⁴	ʐɜ̃⁴⁴
旬邑	tʂɜ̃⁴⁴	tʂʰɜ̃²⁴	tʂɜ̃⁴⁴	ʂɜ̃²⁴	ʂɜ̃²¹	tʂʰɜ̃²⁴	ʐɜ̃²⁴	ʐɜ̃⁴⁴
三原	tʂẽ⁴⁴	tʂʰẽ²⁴	tʂẽ⁴⁴	ʂẽ²⁴	ʂẽ³¹	ʂẽ²⁴	ʐẽ²⁴	ʐẽ⁴⁴
乾县	tẽ⁵⁵	tʂʰẽ²⁴	tẽ⁵⁵	ʂẽ²⁴	ʂẽ²¹	tʂʰẽ²⁴	ʐẽ²⁴	ʐẽ⁵⁵
岐山	tʂəŋ⁴⁴	tʂʰəŋ²⁴	tʂəŋ⁴⁴	ʂəŋ²⁴	ʂəŋ³¹	tʂʰəŋ²⁴	ʐəŋ²⁴	ʐəŋ⁴⁴
凤翔	tʂəŋ⁴⁴	tʂʰəŋ²⁴	tʂəŋ⁴⁴	ʂəŋ²⁴	ʂəŋ³¹	tʂʰəŋ²⁴	ʐəŋ²⁴	ʐəŋ⁴⁴
千阳	tʂəŋ⁴⁴	tʂʰəŋ²⁴	tʂəŋ⁴⁴	ʂəŋ²⁴	ʂəŋ³¹	tʂʰəŋ²⁴	ʐəŋ²⁴	ʐəŋ⁴⁴
西安	tʂən⁴⁴	tʂʰən²⁴	tʂən⁴⁴	ʂən²⁴	ʂən²¹	tʂʰən²⁴	ʐən²¹	ʐən⁴⁴

①时~：时间。

	0633 镇	0634 陈	0635 震	0636 神	0637 身	0638 辰	0639 人	0640 认
	臻开三去真知	臻开三平真澄	臻开三去真章	臻开三平真船	臻开三平真书	臻开三平真禅	臻开三平真日	臻开三去真日
户县	tʂẽ⁵⁵	tʂʰẽ³⁵	tʂẽ⁵⁵	ʂẽ³⁵	ʂẽ³¹	ʂẽ³⁵~巳午未 / tʂʰẽ³⁵诞~	ʐẽ³⁵	ʐẽ⁵⁵
商州	tʂẽ⁴⁴	tʂʰẽ³⁵	tʂẽ⁴⁴	ʂẽ³⁵	ʂẽ³¹	ʂẽ³¹时~ / tʂʰẽ³⁵诞~	ʐẽ³⁵	ʐẽ⁴⁴
镇安	tʂən³²²	tʂʰən³³	tʂən³²²	ʂən³³	ʂən⁵³	ʂən⁵³ / tʂʰən³⁵	ʐən³³	ʐən³²²
安康	tʂən⁴⁴	tʂʰən³⁵	tʂən⁵³	ʂən³⁵	ʂən³¹	ʂən³⁵	ʐən³⁵	ʐən⁴⁴
白河	tʂən⁴¹	tʂʰən⁴⁴	tʂən⁴¹	ʂən⁴⁴	ʂən²¹³	tʂʰən⁴⁴	ʐən⁴⁴	ʐən⁴¹
汉阴	tʂən²¹⁴	tʂʰən⁴²	tʂən²¹⁴	ʂən⁴²	ʂən³³	ʂən⁴²	ʐən⁴²	ʐən²¹⁴
平利	tʂən²¹⁴	tʂʰən⁵²	tʂən⁴⁴⁵	ʂən⁵²	ʂən⁴³	ʂən⁵²	ʐən⁵²	ʐən²¹⁴
汉中	tʂən²¹³	tʂʰən⁴²	tʂən²¹³	ʂən⁴²	ʂən⁵⁵	tʂʰən⁴²	ʐən⁴²	ʐən²¹³
城固	tʂən²¹³	tʂʰən³¹¹	tʂən²¹³	ʂən³¹¹	ʂən⁵³	tʂʰən³¹¹	ʐən³¹¹	ʐən²¹³
勉县	tsən²¹³	tsʰən⁴²	tsən²¹³	sən²¹	sən⁴²	tsʰən²¹	zən²¹	zən²¹³
镇巴	tsən²¹³	tsʰən³¹	tsən²¹³	sən³¹	sən³⁵	sən³¹	zən³¹	zən²¹³

	0641 紧 臻开三 上真见	0642 银 臻开三 平真疑	0643 印 臻开三 去真影	0644 引 臻开三 上真以	0645 笔 臻开三 入质帮	0646 匹 臻开三 入质滂	0647 密 臻开三 入质明	0648 栗 臻开三 入质来
榆林	tɕiɤ̃ɤ̃²¹³	iɤ̃ɤ̃²¹³	iɤ̃ɤ̃⁵²	iɤ̃ɤ̃²¹³	piəʔ³	pʰiəʔ³	miəʔ³	liəʔ³
神木	tɕiɤ̃²¹³	iɤ̃⁴⁴	iɤ̃⁵³	iɤ̃²¹³	piəʔ⁴	pʰiəʔ⁴	miəʔ⁴	liəʔ⁴
绥德	tɕiəɤ̃²¹³	iəɤ̃³³	iəɤ̃⁵²	iəɤ̃²¹³	piɤ³³	pʰiɤ³³	miɤ³³	li⁵²
吴堡	tɕiəŋ⁴¹²	ɲiəŋ³³	iəŋ⁵³	iəŋ⁴¹²	piəʔ³	pʰiəʔ³	miəʔ²¹³	lɛe⁵³
清涧	tɕiəɤ̃⁵³	ɲiəɤ̃²⁴ ~子 iəɤ̃²⁴ ~行	iəɤ̃⁴²	iəɤ̃⁵³	piəʔ⁵⁴	pʰiəʔ⁵⁴	miəʔ⁵⁴	li⁴²
延安	tɕiəŋ⁵²	iəŋ²⁴	iəŋ⁴⁴³	iəŋ⁵²	pi²¹³	pʰi²⁴	mi²¹³	li⁵²又 li⁴⁴³又
延川	tɕiŋ⁵³	ɲiŋ³⁵	iŋ⁵³	iŋ⁴²³	piəʔ⁴²³	pʰɿ²¹³	miə⁴²³	li⁴²³
黄陵	tɕiẽ⁵²	ɲiẽ²⁴	iẽ⁵⁵	iẽ⁵²	pi³¹	pʰi⁵²	mi³¹	li³¹
渭南	tɕiə̃⁵³	ɲiə̃²⁴	iə̃⁴⁴	iə̃⁵³	pi³¹	pʰi⁵³	mi³¹	lei³¹
韩城	tɕiɛ̃⁵³	ɲiɛ̃²⁴	iɛ̃⁴⁴	iɛ̃⁵³	pi³¹	pʰi²⁴	mi³¹	lɹi⁵³
合阳	tɕiẽ⁵²	ɲiẽ²⁴	iẽ⁵⁵	iẽ⁵²	pi³¹	pʰi⁵⁵	mi³¹	li³¹
富平	tɕiɛ̃⁵³	iɛ̃²⁴	iɛ̃⁵⁵	iɛ̃⁵³	pi³¹	pʰi⁵³	mi³¹	li³¹
耀州	tɕiei⁵²	iei²⁴	iei⁴⁴	iei⁵²	pi²¹	pʰi⁵²	mi²¹	li²¹
咸阳	tɕiɛ̃⁵³	iɛ̃²⁴	iɛ̃⁴⁴	iɛ̃⁵³	pi³¹	pʰi⁵³	mi³¹	li³¹
旬邑	tɕiɛ̃⁵²	iɛ̃²⁴	iɛ̃⁴⁴	iɛ̃⁵²	pi²¹	pʰi⁵²	mi²¹	li²¹
三原	tɕiẽ⁵²	iẽ²⁴	iẽ⁴⁴	iẽ⁵²	pi³¹	pʰi⁵²	mi³¹	li³¹
乾县	tɕiẽ⁵³	iẽ²⁴	iẽ⁵⁵	iẽ⁵³	pi²¹	pʰi²⁴	mi²¹	li²¹
岐山	tɕiŋ⁵³	iŋ²⁴	iŋ⁴⁴	iŋ⁵³	pi³¹	pʰi⁴⁴	mi³¹	li³¹
凤翔	tɕiŋ⁵³	iŋ²⁴	iŋ⁴⁴	iŋ⁵³	pi³¹	pʰi⁵³	mi³¹	li³¹
千阳	tɕiŋ⁵³	iŋ²⁴	iŋ⁴⁴	iŋ⁵³	pi³¹	pʰi⁵³	mi³¹	li³¹
西安	tɕin⁵³	in²⁴	in⁴⁴	in⁵³	pi²¹	pʰi⁵³	mi²¹	li²¹
户县	tɕiẽ⁵¹	iẽ³⁵	iẽ⁵⁵	iẽ⁵¹	pi³¹	pʰi⁵¹	mi³¹	li³¹
商州	tɕiẽ⁵³	iẽ³⁵	iẽ⁴⁴	iẽ⁵³	pi³¹	pʰi³⁵	mi³¹	li³¹
镇安	tɕin³⁵	in³³	in²¹⁴	in³³	pi⁵³	pʰi³⁵	mi⁵³	li⁵³
安康	tɕin⁵³	in³⁵	in⁴⁴	in⁵³	pi³¹	pʰi³⁵	mi³¹	li³¹

	0641 紧	0642 银	0643 印	0644 引	0645 笔	0646 匹	0647 密	0648 栗
	臻开三上真见	臻开三平真疑	臻开三去真影	臻开三上真以	臻开三入质帮	臻开三入质滂	臻开三入质明	臻开三入质来
白河	tɕiən³⁵	iən⁴⁴	iən⁴¹	iən³⁵	pi⁴⁴	pʰi⁴⁴	mi²¹³	li²¹³
汉阴	tɕin⁴⁵	in⁴²	in²¹⁴	in⁴⁵	pi⁴²	pʰi⁴²	mi⁴²	li⁴²
平利	tɕin⁴⁴⁵	in⁵²	in²¹⁴	in⁴⁴⁵	pi⁴³	pʰi⁵²	mi⁴³	li⁴³
汉中	tɕin³⁵⁴	in⁴²	in²¹³	in³⁵⁴	pi⁵⁵	pʰi⁴²	mi⁵⁵	li⁵⁵
城固	tɕin⁴⁴	in³¹¹	in²¹³	in⁴⁴	pi⁵³	pʰi³¹¹	mi⁵³	li⁵³
勉县	tɕin³⁵	in²¹	in²¹³	in³⁵	pi⁴²	pʰi²¹	mi⁴²	li²¹
镇巴	tɕin⁵²	in³¹	in²¹³	in⁵²	pi³¹	pʰi³¹	mi³¹	li³¹

	0649 七	0650 侄	0651 虱	0652 实	0653 失	0654 日	0655 吉	0656 一
	臻开三入质清	臻开三入质澄	臻开三入质生	臻开三入质船	臻开三入质书	臻开三入质日	臻开三入质见	臻开三入质影
榆林	tɕʰiəʔ³	tʂəʔ³	saʔ³	ʂəʔ³	ʂəʔ³	ʐəʔ³	tɕiəʔ³	iəʔ³
神木	tɕʰiəʔ⁴	tʂəʔ⁴	səʔ⁴	ʂəʔ⁴	ʂəʔ⁴	ʐəʔ⁴	tɕiəʔ⁴	iəʔ⁴
绥德	tɕʰiɤ³³	tʂɤ³³	sɤ³³	ʂɤ³³	ʂɤ³³	ʐɤ³³	tɕiɤ³³	iɤ³³
吴堡	tɕʰiəʔ³	tʂʰəʔ²¹³	saʔ³	ʂəʔ²¹³	ʂəʔ³	ʐəʔ²¹³	tɕiəʔ³	iəʔ³
清涧	tɕʰiəʔ⁵⁴	tʂʰəʔ⁴³	sɛ⁵³	ʂəʔ⁴³	ʂəʔ⁴³	ʐəʔ⁵⁴	tɕiəʔ⁵⁴	iəʔ⁵⁴
延安	tɕʰi²¹³	tʂʰʅ²⁴~儿 / tʂʅ²⁴~子	sei²¹³	ʂʅ²⁴~在 / ʂəʔ⁵老~	ʂʅ²¹³	ər²¹³~头 / ʐʅ²¹³~子	tɕi²¹³	i²¹³第~ / iəʔ⁵~二
延川	tɕʰiəʔ⁴²³	tʂʰəʔ⁵⁴	səʔ⁴²³	ʂəʔ⁵⁴	ʂəʔ⁴²³	ʐəʔ⁴²³	tɕiəʔ⁴²³	iəʔ⁵⁴
黄陵	tɕʰi³¹	tʂʰʅ²⁴	sei³¹	ʂʅ²⁴	ʂʅ³¹	ʐʅ³¹	tɕi³¹	i³¹
渭南	tɕʰi³¹	tʂʰʅ²⁴	sei³¹	ʂʅ²⁴	ʂʅ³¹	ər³¹~子 / ʐʅ³¹~月	tɕi³¹	i³¹
韩城	tɕʰi³¹	tʂʰʅ²⁴	sɪi³¹	ʂʅ²⁴	ʂʅ³¹	ʐʅ³¹	tɕi³¹	i²⁴
合阳	tsʰi³¹	tʂʰʅ²⁴	sei³¹	ʂʅ²⁴	ʂʅ³¹	ər³¹~子 / ʐʅ³¹~历	tɕi²⁴	i³¹
富平	tʰi³¹	tʂʰʅ²⁴	seɪ³¹	ʂʅ²⁴	ʂʅ³¹	ər³¹	tɕi³¹	i³¹
耀州	tɕʰi²¹	tʂʰʅ²⁴	sei²¹	ʂʅ²⁴	ʂʅ²¹	ər²¹~子 / ʐʅ²¹~历	tɕi²¹	i²¹
咸阳	tɕʰi³¹	tʂʅ²⁴	sei³¹	ʂʅ²⁴	ʂʅ³¹	ər³¹	tɕi³¹	i³¹
旬邑	tɕʰi²¹	tʂʰʅ²⁴	sei²¹	ʂʅ²⁴	ʂʅ²¹	ər²¹生~ / ʐʅ²¹~弄	tɕi²¹	i²¹
三原	tɕʰi³¹	tʂʰʅ²⁴	sei³¹	ʂʅ²⁴	ʂʅ³¹	ər³¹	tɕi³¹	i³¹
乾县	tɕʰi²¹	tʂʅ²⁴	se²¹	ʂʅ²⁴	ʂʅ²¹	ʐʅ²¹	tɕi²¹	i²¹
岐山	tʰi³¹	tʂʰʅ²⁴	sei³¹	ʂʅ²⁴	ʂʅ³¹	ʐʅ³¹	tɕi³¹	i³¹
凤翔	tsʰi³¹	tʂʅ²⁴	sei³¹	ʂʅ²⁴	ʂʅ³¹	ər³¹~子 / ʐʅ³¹~常	tɕi³¹	i³¹

	0649 七 臻开三入质清	0650 侄 臻开三入质澄	0651 虱 臻开三入质生	0652 实 臻开三入质船	0653 失 臻开三入质书	0654 日 臻开三入质日	0655 吉 臻开三入质见	0656 一 臻开三入质影
千阳	tsʰi˧¹	tʂʰʅ²⁴	sei³¹	ʂʅ²⁴	ʂʅ³¹	ər³¹ ~子 z̩ʅ³¹ ~常	tɕi³¹	i³¹
西安	tɕʰi²¹	tʂʅ²⁴	sei²¹	ʂʅ²⁴	ʂʅ²¹	ər²¹	tɕi²¹	i²¹
户县	tɕʰi³¹	tʂʅ³⁵	sei³¹	ʂʅ³⁵	ʂʅ³¹	ɯ³¹	tɕi³¹	i³¹
商州	tɕʰi³¹	tʂʅ³⁵	sei³¹	ʂʅ³⁵	ʂʅ³¹	ər³¹ ~子 z̩ʅ³¹ ~常	tɕi³¹	i³¹
镇安	tɕʰi⁵³	tʂʅ²¹⁴	sɛ⁵³	ʂʅ³²²	ʂʅ⁵³	ər⁵³ ~子 z̩ʅ⁵³ ~常	tɕi⁵³	i⁵³
安康	tɕʰi³¹	tʂʅ³⁵	ʂei³¹	ʂʅ³⁵	ʂʅ³¹	ər³¹	tɕi³¹	i³¹
白河	tɕʰi⁴⁴	tʂʅ⁴⁴	sɛ²¹³	ʂʅ⁴⁴	ʂʅ²¹³	ər²¹³ ~本 z̩ʅ²¹³ ~光	tɕi⁴⁴	i⁴⁴
汉阴	tɕʰi⁴²	tʂʅ⁴²	sɛ⁴²	ʂʅ⁴²	ʂʅ⁴²	ar⁴²	tɕi⁴²	i⁴²
平利	tɕʰi⁴³	tʂʅ⁵²	sɛ⁴³	ʂʅ⁵²	ʂʅ⁴³	ər⁴³	tɕi⁴³	i⁴³
汉中	tɕʰi⁵⁵	tʂʅ⁴²	sei⁵⁵	ʂʅ⁴²	ʂʅ⁵⁵	z̩ʅ⁵⁵	tɕi⁵⁵	i⁵⁵
城固	tsʰi⁵³	tʂʅ³¹¹	sei⁵³	ʂʅ³¹¹	ʂʅ⁵³	z̩ʅ⁵³	tɕi⁵³	i⁵³
勉县	tɕʰi⁴²	tsʅ²¹	sei⁴²	sʅ²¹	sʅ⁴²	ər⁴² ~头 z̩ʅ⁴² ~本	tɕi²¹	i⁴²
镇巴	tɕʰi³¹	tsʅ³¹	sɛ³¹	sʅ³¹	sʅ³¹	ər³¹ 向~葵 z̩ʅ³¹ ~子	tɕi³¹	i³¹

	0657 筋 臻开三平殷见	0658 劲有~ 臻开三去殷见	0659 勤 臻开三平殷群	0660 近 臻开三上殷群	0661 隐 臻开三上殷影	0662 本 臻合一上魂帮	0663 盆 臻合一平魂並	0664 门 臻合一平魂明
榆林	tɕiɤ̃ʏ̃³³	tɕiɤ̃ʏ̃⁵²	tɕʰiɤ̃ʏ̃²¹³	tɕiɤ̃ʏ̃⁵²	iɤ̃ʏ̃²¹³	pɤʏ̃²¹³	pʰɤʏ̃²¹³	mɤʏ̃²¹³
神木	tɕiʏ̃²¹³	tɕiʏ̃⁵³	tɕʰiʏ̃⁴⁴	tɕiʏ̃⁵³	iʏ̃²¹³	pʏ̃²¹³	pʰʏ̃⁴⁴	mʏ̃⁴⁴
绥德	tɕiəʏ̃²¹³	tɕiəʏ̃⁵²	tɕʰiəʏ̃³³	tɕiəʏ̃⁵²	iəʏ̃²¹³	pəʏ̃²¹³	pʰəʏ̃³³	məʏ̃³³
吴堡	tɕiəŋ²¹³	tɕiəŋ⁵³	tɕʰiəŋ³³	tɕiəŋ⁵³	iəŋ⁴¹²	pəŋ⁴¹²	pʰəŋ³³	məŋ³³
清涧	tɕiəʏ̃³¹²	tɕiəʏ̃⁴²	tɕʰiəʏ̃²⁴	tɕʰiəʏ̃⁴²	iəʏ̃⁵³	pəʏ̃⁵³	pʰəʏ̃²⁴	məʏ̃²⁴
延安	tɕiəŋ²¹³	tɕiəŋ⁴⁴³	tɕʰiəŋ²⁴	tɕʰiəŋ⁴⁴³ 远~ / tɕiəŋ⁴⁴³ ~视	iəŋ⁵²	pəŋ⁵²	pʰəŋ²⁴	məŋ²⁴
延川	tɕiŋ²¹³	tɕiŋ⁵³	tɕʰiŋ³⁵	tɕiŋ⁵³	iŋ²¹³	pəŋ⁵³	pʰəŋ³⁵	məŋ³⁵
黄陵	tɕiẽ³¹	tɕiẽ⁵⁵	tɕʰiẽ²⁴	tɕʰiẽ⁵⁵	iẽ⁵²	pẽ⁵²	pʰẽ²⁴	mẽ²⁴
渭南	tɕiə̃³¹	tɕiə̃⁴⁴	tɕʰiə̃²⁴	tɕʰiə̃⁴⁴	iə̃⁵³	pə̃⁵³	pʰə̃²⁴	mə̃²⁴
韩城	tɕiɛ̃³¹	tɕiəŋ⁴⁴ 又 / tɕiɛ̃⁴⁴ 又	tɕʰiɛ̃²⁴	tɕʰiɛ̃⁴⁴	iɛ̃⁵³	pɛ̃⁵³	pʰɛ̃²⁴	mɛ̃²⁴
合阳	tɕiẽ³¹	tɕiẽ⁵⁵	tɕʰiẽ²⁴	tɕʰiẽ⁵⁵	ɲiẽ⁵²	pẽ⁵²	pʰẽ²⁴	mẽ²⁴
富平	tɕiɛ̃³¹	tɕiɛ̃⁵⁵	tɕʰiɛ̃²⁴	tɕʰiɛ̃⁵⁵	iɛ̃⁵³	pɛ̃⁵³	pʰɛ̃²⁴	mɛ̃²⁴
耀州	tɕiei²¹	tɕiei⁴⁴	tɕʰiei²⁴	tɕiei⁴⁴	iei⁵²	pei⁵²	pʰei²⁴	mei²⁴
咸阳	tɕiɛ̃³¹	tɕiɛ̃⁴⁴	tɕʰiɛ̃²⁴	tɕiɛ̃⁴⁴	iɛ̃⁵³	pɛ̃⁵³	pʰɛ̃²⁴	mɛ̃²⁴
旬邑	tɕiɛ̃²¹	tɕiɛ̃⁴⁴	tɕʰiɛ̃²⁴	tɕʰiɛ̃⁴⁴	iɛ̃⁵²	pɛ̃⁵²	pʰɛ̃²⁴	mɛ̃²⁴
三原	tɕiẽ³¹	tɕiẽ⁴⁴	tɕʰiẽ²⁴	tɕiẽ⁴⁴	iẽ⁵²	pẽ⁵²	pʰẽ²⁴	mẽ²⁴
乾县	tɕiẽ²¹	tɕiẽ⁵⁵	tɕʰiẽ²⁴	tɕiẽ⁵⁵	iẽ⁵³	pẽ⁵³	pʰẽ²⁴	mẽ²⁴
岐山	tɕiŋ³¹	tɕiŋ⁴⁴	tɕʰiŋ²⁴	tɕiŋ⁴⁴	iŋ⁵³	pəŋ⁵³	pʰəŋ²⁴	məŋ²⁴
凤翔	tɕiŋ³¹	tɕiŋ⁴⁴	tɕʰiŋ²⁴	tɕiŋ⁴⁴	iŋ⁵³	pəŋ⁵³	pʰəŋ²⁴	məŋ²⁴
千阳	tɕiŋ³¹	tɕiŋ⁴⁴	tɕʰiŋ²⁴	tɕʰiŋ⁴⁴ 远~ / tɕiŋ⁴⁴ 接~	iŋ⁵³	pəŋ⁵³	pʰəŋ²⁴	məŋ²⁴
西安	tɕin²¹	tɕin⁴⁴	tɕʰin²⁴	tɕin⁴⁴	in⁵³	pən⁵³	pʰən²⁴	mən²⁴
户县	tɕiẽ³¹	tɕiẽ⁵⁵	tɕʰiẽ³⁵	tɕiẽ⁵⁵	iẽ⁵¹	pẽ⁵¹	pʰẽ³⁵	mẽ³⁵
商州	tɕiẽ³¹	tɕiẽ⁴⁴	tɕʰiẽ³⁵	tɕiẽ⁴⁴	iẽ⁵³	pẽ⁵³	pʰẽ³⁵	mẽ³⁵
镇安	tɕin⁵³	tɕin²¹⁴	tɕʰin³³	tɕin³²²	in³⁵	pən³⁵	pʰən³³	mən³³

	0657 筋	0658 劲有~	0659 勤	0660 近	0661 隐	0662 本	0663 盆	0664 门
	臻开三平殷见	臻开三去殷见	臻开三平殷群	臻开三上殷群	臻开三上殷影	臻合一上魂帮	臻合一平魂並	臻合一平魂明
安康	tɕin³¹	tɕin⁴⁴	tɕʰin³⁵	tɕin⁴⁴	in⁵³	pən⁵³	pʰən³⁵	mən³⁵
白河	tɕiən²¹³	tɕiən⁴¹	tɕʰiən⁴⁴	tɕiən⁴¹	iən³⁵	pən³⁵	pʰən⁴⁴	mən⁴⁴
汉阴	tɕin³³	tɕin²¹⁴	tɕʰin⁴²	tɕin²¹⁴	in⁴⁵	pən⁴⁵	pʰən⁴²	mən⁴²
平利	tɕin⁴³	tɕin²¹⁴	tɕʰin⁵²	tɕin²¹⁴	in⁴⁴⁵	pən⁴⁴⁵	pʰən⁵²	mən⁵²
汉中	tɕin⁵⁵	tɕin²¹³	tɕʰin⁴²	tɕin²¹³	in³⁵⁴	pən³⁵⁴	pʰən⁴²	mən⁴²
城固	tɕin⁵³	tɕin²¹³	tɕʰin³¹¹	tɕin²¹³	in⁴⁴	pən⁴⁴	pʰən³¹¹	mən³¹¹
勉县	tɕin⁴²	tɕin²¹³	tɕʰin²¹	tɕin²¹³	in³⁵	pəŋ³⁵	pʰəŋ²¹	məŋ²¹
镇巴	tɕin³⁵	tɕin²¹³	tɕʰin³¹	tɕin²¹³	in⁵²	pən⁵²	pʰən³¹	mən³¹

	0665 墩 臻合一平魂端	0666 嫩 臻合一去魂泥	0667 村 臻合一平魂清	0668 寸 臻合一去魂清	0669 蹲 臻合一平魂从	0670 孙~子 臻合一平魂心	0671 滚 臻合一上魂见	0672 困 臻合一去魂溪
榆林	tuɤɣ̃³³	nuɤɣ̃⁵²	tsʰuɤɣ̃³³	tsʰuɤɣ̃⁵²	tuɤɣ̃³³	suɤɣ̃³³	kuɤɣ̃²¹³	kʰuɤɣ̃⁵²
神木	tuɣ̃²¹³	nuɣ̃⁵³	tsʰuɣ̃²¹³	tsʰuɣ̃⁵³	tuɣ̃²¹³	suɣ̃²¹³	kuɣ̃²¹³	kʰuɣ̃⁵³
绥德	tuəɣ̃²¹³	nuəɣ̃⁵²	tsʰuəɣ̃²¹³	tsʰuəɣ̃²¹³	tuəɣ̃²¹³	suəɣ̃²¹³	kuəɣ̃²¹³	kʰuəɣ̃⁵²
吴堡	tuəŋ²¹³	nuəŋ⁵³	tsʰuəŋ²¹³	tsʰuəŋ⁴¹² 又 / tsʰuəŋ⁵³ 又	tuəŋ²¹³	suəŋ²¹³	kuəŋ⁴¹²	kʰuəŋ⁵³
清涧	tuəɣ̃³¹²	nuəɣ̃⁴²	tsʰuəɣ̃³¹²	tsʰuəɣ̃⁵³	tuəɣ̃³¹²	suəɣ̃³¹²	kuəɣ̃⁵³	kʰuəɣ̃⁴²
延安	tuəŋ²¹³	nuəŋ⁴⁴³	tsʰuəŋ²¹³	tsʰuəŋ⁴⁴³	tuəŋ²¹³	suəŋ²¹³	kuəŋ⁵²	kʰuəŋ⁴⁴³
延川	tuŋ²¹³	nuŋ⁵³	tsʰuŋ²¹³	tsʰuŋ⁵³	tuŋ²¹³	suŋ²¹³	kuŋ⁵³	kʰuŋ⁵³
黄陵	tuẽ³¹	lyẽ⁵⁵	tɕʰyẽ³¹	tɕʰyẽ⁵⁵	tuẽ³¹	ɕyẽ³¹	kuẽ⁵²	kʰuẽ⁵⁵
渭南	tuə̃³¹	luə̃⁵³	tɕʰyə̃³¹	tɕʰyə̃⁴⁴	tuə̃³¹	ɕyə̃³¹	kuə̃⁵³	kʰuə̃⁴⁴
韩城	tɛ̃³¹	yɛ̃⁵³	tɕʰyɛ̃³¹	tɕʰyɛ̃⁵³	tɛ̃³¹	ɕyɛ̃³¹	kuɛ̃⁵²	kʰuɛ̃⁴⁴
合阳	tuẽ³¹	yẽ⁵² 又 / luẽ⁵² 又	tɕʰyẽ³¹	tɕʰyẽ⁵⁵	tuẽ³¹	ɕyẽ³¹	kuẽ⁵²	kʰuẽ⁵⁵
富平	tuɛ̃³¹	luɛ̃⁵⁵	tsʰuɛ̃³¹	tsʰuɛ̃⁵⁵	tuɛ̃³¹	ɕyɛ̃³¹	kuɛ̃⁵³	kʰuɛ̃⁵⁵
耀州	tuei²¹	lyei⁴⁴	tɕʰyei²¹	tɕʰyei⁴⁴	tuei²¹	ɕyei²¹	kuei⁵²	kʰuei⁴⁴
咸阳	tuɛ̃³¹	luɛ̃⁴⁴	tsʰuɛ̃³¹	tsʰuɛ̃⁴⁴	tuɛ̃³¹	suɛ̃³¹	kuɛ̃⁵³	kʰuɛ̃⁴⁴
旬邑	tuɛ̃²¹	lyɛ̃⁴⁴	tsʰuɛ̃²¹	tsʰuɛ̃⁴⁴	tuɛ̃²¹	suɛ̃²¹	kuɛ̃⁵²	kʰuɛ̃⁴⁴
三原	tuɛ̃³¹	luɛ̃⁴⁴	tsʰuɛ̃³¹	tsʰuɛ̃⁴⁴	tuɛ̃³¹	suɛ̃³¹	kuɛ̃⁵²	kʰuɛ̃⁴⁴
乾县	tuẽ²¹	nuẽ⁵⁵	tsʰuẽ²¹	tsʰuẽ⁵⁵	tuẽ²¹	suẽ²¹	kuẽ⁵³	kʰuẽ⁵⁵
岐山	tuŋ³¹	lyŋ⁴⁴	tsʰuŋ³¹	tsʰuŋ⁴⁴	tuŋ³¹	suŋ³¹	kuŋ⁵³	kʰuŋ⁴⁴
凤翔	tuŋ³¹	lyŋ⁴⁴	tsʰuŋ³¹	tsʰuŋ⁴⁴	tuŋ³¹	suŋ³¹	kuŋ⁵³	kʰuŋ⁴⁴
千阳	tuŋ³¹	lyŋ⁴⁴	tsʰuŋ³¹	tsʰuŋ⁴⁴	tuŋ³¹	suŋ³¹	kuŋ⁵³	kʰuŋ⁴⁴
西安	tuən²¹	nuən⁴⁴	tsʰuən²¹	tsʰuən⁴⁴	tuən²¹	suən²¹	kuən⁵³	kʰuən⁴⁴
户县	tuẽ³¹	nuẽ⁵⁵	tsʰuẽ³¹	tsʰuẽ⁵⁵	tuẽ³¹	suẽ³¹	kuẽ⁵¹	kʰuẽ⁵⁵
商州	tuẽ³¹	luẽ⁴⁴	tɕʰyẽ³¹	tɕʰyẽ⁴⁴	tuẽ³¹	ɕyẽ³¹	kuẽ⁵³	kʰuẽ⁴⁴
镇安	tuən⁵³	nən³²²	tsʰən⁵³	tsʰən²¹⁴	tən⁵³	sən⁵³	kuən³⁵	kʰuən³²²
安康	tuən³¹	lyən⁴⁴	tsʰuən³¹	tsʰuən⁴⁴	tuən³¹	suən³¹	kuən⁵³	kʰuən⁴⁴

	0665 墩	0666 嫩	0667 村	0668 寸	0669 蹲	0670 孙~子	0671 滚	0672 困
	臻合一平魂端	臻合一去魂泥	臻合一平魂清	臻合一去魂清	臻合一平魂从	臻合一平魂心	臻合一上魂见	臻合一去魂溪
白河	tən²¹³	lən⁴¹	tsʰən²¹³	tsʰən⁴¹	tən²¹³	sən²¹³	kuən³⁵	kʰuən⁴¹
汉阴	tuən³³	lən²¹⁴	tsʰuən³³	tsʰuən²¹⁴	tuən³³	suən³³	kuən⁴⁵	kʰuən²¹⁴
平利	tən⁴³	lən²¹⁴	tsʰən⁴³	tsʰən²¹⁴	tən⁴³	sən⁴³	kuən⁴⁴⁵	kʰuən²¹⁴
汉中	tuən⁵⁵	luən²¹³	tsʰuən⁵⁵	tsʰuən²¹³	tuən⁵⁵	suən⁵⁵	kuən³⁵⁴	kʰuən²¹³
城固	tuən⁵³	luən²¹³	tʃʰuən⁵³	tʃʰuən²¹³	tuən⁵³	ʃuən⁵³	kuən⁴⁴	kʰuən²¹³
勉县	toŋ⁴²	lioŋ²¹³	tsʰoŋ⁴²	tsʰoŋ²¹³	toŋ⁴²	soŋ⁴²	koŋ³⁵	kʰoŋ²¹³
镇巴	tən³⁵	lən²¹³	tsʰən³⁵	tsʰən²¹³	tən³⁵	sən³⁵	kun⁵²	kʰun²¹³

	0673 婚	0674 魂	0675 温	0676 卒棋子	0677 骨	0678 轮	0679 俊	0680 笋
	臻合一平魂晓	臻合一平魂匣	臻合一平魂影	臻合一入没精	臻合一入没见	臻合三平谆来	臻合三去谆精	臻合三上谆心
榆林	xuɤɣ̃³³	xuɤɣ̃²¹³	vɤɣ̃³³	tsuəʔ³	kuəʔ³	lyɤɣ̃²¹³	tɕyɤɣ̃⁵²	suɤɣ̃²¹³
神木	xuɤ̃²¹³	xuɤ̃⁴⁴	vɤ̃²¹³	tsuəʔ⁴	kuəʔ⁴	lyɤ̃⁴⁴ ~你了 / luɤ̃⁴⁴ ~子	tɕyɤ̃⁵³	suɤ̃²¹³
绥德	xuəɣ̃²¹³	xuəɣ̃³³	vəɣ̃²¹³	tsuər⁵²①	kuɤ³³	lyəɣ̃³³	tɕyəɣ̃⁵²	suəɣ̃²¹³
吴堡	xuəŋ²¹³	xuəŋ³³	uəŋ²¹³	tɕʰyəʔ²¹³	kuəʔ³	luəŋ³³	tɕyəŋ⁵³	suəŋ⁴¹²
清涧	xuəɣ̃³¹²	xuəɣ̃²⁴	uəɣ̃³¹²	tsʰuəʔ⁵⁴	kuəʔ⁵⁴	lyəɣ̃²⁴	tɕyəɣ̃⁴²	suəɣ̃⁵³
延安	xuəŋ²¹³	xuəŋ²⁴	vəŋ²¹³	tsʰu²⁴拱~ / tsu²⁴小~	ku²¹³ ~排 / kuəʔ⁵ ~殖	luəŋ²⁴	tɕyəŋ⁴⁴³	suəŋ⁵²
延川	xuŋ²¹³	xuŋ³⁵	vəŋ²¹³	tsʅ³⁵	kuə⁴²³	lyŋ³⁵	tɕyŋ⁵³	suŋ⁵³
黄陵	xuẽ³¹	xuẽ²⁴	v ẽ³¹	tsʰəu²⁴ / tsəu²⁴	ku³¹	lyẽ²⁴	tɕyẽ⁵⁵	ɕyẽ⁵²
渭南	xuɜ̃³¹	xuɜ̃²⁴	uɜ̃³¹	tsəu²⁴	ku³¹	luɜ̃²⁴	tɕyɜ̃⁴⁴	ɕyɜ̃⁵³
韩城	xuɜ̃³¹	xuɜ̃²⁴	uɜ̃³¹	tsʰəu²⁴	ku³¹	yɜ̃²⁴	tɕyɜ̃⁴⁴	ɕyɜ̃⁵³
合阳	xuẽ³¹	xuẽ²⁴	uẽ³¹	tsʰou²⁴	ku³¹	yẽ²⁴	tɕyẽ⁵⁵	ɕyẽ⁵²
富平	xuɜ̃³¹	xuɜ̃²⁴	uɜ̃³¹	tsou²⁴	ku³¹	luɜ̃²⁴	tɕyɜ̃⁵⁵	ɕyɜ̃⁵³
耀州	xuei²¹	xuei²⁴	uei²¹	tsou²⁴	ku²¹	lyei²⁴	tɕyei⁴⁴	ɕyei⁵²
咸阳	xuɜ̃³¹	xuɜ̃²⁴	uɜ̃³¹	tsu²⁴	ku³¹	luɜ̃²⁴	tɕyɜ̃⁴⁴	suɜ̃⁵³
旬邑	xuɜ̃²¹	xuɜ̃²⁴	vɜ̃²¹	tsəu²⁴	ku²¹	lyɜ̃²⁴	tsuɜ̃⁴⁴	suɜ̃⁵²
三原	xuẽ³¹	xuẽ²⁴	uẽ³¹	tsou²⁴	ku³¹	luẽ²⁴	tsuẽ⁴⁴	suẽ⁵²
乾县	xuẽ³¹	xuẽ²⁴	uẽ²¹	tsu²⁴	ku²¹	nuẽ²⁴	tɕyẽ⁵⁵	suẽ⁵³
岐山	xuŋ³¹	xuŋ²⁴	vəŋ³¹	tsu²⁴	ku³¹	lyŋ²⁴	tsuŋ⁴⁴	suŋ⁵³
凤翔	xuŋ³¹	xuŋ²⁴	vəŋ³¹	tsu²⁴	ku³¹	lyŋ²⁴	tsuŋ⁴⁴	suŋ⁵³
千阳	xuŋ³¹	xuŋ²⁴	vəŋ³¹	tsu²⁴	ku³¹	lyŋ²⁴	tsuŋ⁴⁴	suŋ⁵³
西安	xuən²¹	xuən²⁴	uən²¹	tsou²⁴	ku²¹	luən²⁴	tɕyən⁴⁴	suən⁵³

①只有儿化音。

	0673 婚	0674 魂	0675 温	0676 卒棋子	0677 骨	0678 轮	0679 俊	0680 笋
	臻合一平魂晓	臻合一平魂匣	臻合一平魂影	臻合一入没精	臻合一入没见	臻合三平谆来	臻合三去谆精	臻合三上谆心
户县	xuẽ³¹	xuẽ³⁵	uẽ³¹	tsʐu³⁵	ku³¹	luẽ³⁵	tsuẽ⁵⁵ ~气 / tɕyẽ⁵⁵ 英~	suẽ⁵¹
商州	xuẽ³¹	xuẽ³⁵	vẽ³¹	tsou³⁵	ku³¹	luẽ³⁵	tɕyẽ⁴⁴	ɕyẽ⁵³
镇安	xuən⁵³	xuən³³	vən⁵³	tsəu²¹⁴	ku⁵³	luən³³	tʂuən³²²	sən³⁵
安康	xuən³¹	xuən³⁵	uən³¹	tsou³⁵	ku³¹	lyən³⁵	tsuən⁴⁴	suən⁵³
白河	xuən²¹³	xuən⁴⁴	uən²¹³	tsəu⁴⁴	ku²¹³	lən⁴⁴	tɕyən⁴¹	sən³⁵
汉阴	χuən³³	χuən⁴²	uən³³	tsəu⁴²	ku⁴²	luən⁴²	tsuən²¹⁴ / tɕyn²¹⁴	suən⁴⁵
平利	xuən⁴³	xuən⁵²	uən⁴³	tsou⁵²	ku⁴³	lən⁵²	tʂuən²¹⁴	sən⁴⁴⁵
汉中	xuən⁵⁵	xuən⁴²	uən⁵⁵	tsu⁴²	ku⁵⁵	luən⁴²	tɕyn²¹³	suən³⁵⁴
城固	xuən⁵³	xuən³¹¹	uən⁵³	tʃu³¹¹	ku⁵³	luən³¹¹	tɕyən²¹³	ʃuən⁴⁴
勉县	xoŋ⁴²	xoŋ²¹	voŋ⁴²	tsu²¹	ku⁴²	lioŋ²¹	tɕioŋ²¹³	soŋ³⁵
镇巴	xun³⁵	xun³¹	un³⁵	tsu³¹	ku³¹	lən³¹	tɕyn²¹³	sən⁵²

	0681 准 臻合三上谆章	0682 春 臻合三平谆昌	0683 唇 臻合三平谆船	0684 顺 臻合三去谆船	0685 纯 臻合三平谆禅	0686 闰 臻合三去谆日	0687 均 臻合三平谆见	0688 匀 臻合三平谆以
榆林	tʂuɤ̃²¹³	tʂʰuɤ̃³³	tʂʰuɤ̃²¹³	ʂuɤ̃⁵²	tʂʰuɤ̃²¹³	ʐuɤ̃⁵²	tɕyɤ̃²¹³	iɤ̃²¹³
神木	tʂu̯ɤ̃²¹³	tʂʰu̯ɤ̃²¹³	tʂʰu̯ɤ̃⁴⁴	ʂu̯ɤ̃⁵³	tʂʰu̯ɤ̃⁴⁴	ʐu̯ɤ̃⁵³	tɕyɤ̃²¹³	iɤ̃⁴⁴ ~~的 yɤ̃⁴⁴ 均~
绥德	tʂuə̃²¹³	tʂʰuə̃²¹³	tʂʰuə̃³³	ʂuə̃⁵²	tʂʰuə̃³³	ʐuə̃⁵²	tɕyə̃²¹³	iə̃³³
吴堡	tsuəŋ⁴¹²	tsʰuəŋ²¹³	tsʰuəŋ²¹³	suəŋ⁵³	tsʰuəŋ³³	zuəŋ⁵³	tɕyəŋ²¹³	iəŋ³³ ~~的 yəŋ³³ 均~
清涧	tʂuə̃⁵³	tʂʰuə̃³¹²	tʂʰuə̃²⁴	ʂuə̃⁴²	tʂʰuə̃²⁴	ʐuə̃⁴²	tɕyə̃³¹²	yə̃²⁴
延安	tʂuəŋ⁵²	tʂʰuəŋ²¹³	tʂʰuəŋ²⁴	ʂuəŋ⁴⁴³	tʂʰuəŋ²⁴	ʐuəŋ⁴⁴³	tɕyəŋ²¹³	yəŋ²⁴
延川	tʂuŋ⁵³	tʂʰuŋ²¹³	tʂʰuŋ³⁵	ʂuŋ⁵³	tʂʰuŋ³⁵	ʐuŋ⁵³	tɕyŋ²¹³	yŋ³⁵
黄陵	tsuẽ⁵²	tsʰuẽ³¹	suei²⁴ 嘴~ tsʰuẽ²⁴ ~膏	suẽ⁵⁵	tsʰuẽ²⁴	zuẽ⁵⁵	tɕyẽ³¹	yẽ²⁴
渭南	tʃɜ̃⁵³	tʃʰɜ̃³¹	ʃɜ̃²⁴	ʃɜ̃⁴⁴	tʃʰɜ̃²⁴	ʒɜ̃⁴⁴	tɕyɜ̃³¹	iɜ̃²⁴ 搅~ yɜ̃²⁴ 均~
韩城	pfɛ̃⁵³	pfʰɛ̃³¹	fɜ̃²⁴	fɜ̃⁴⁴	pfʰɛ̃²⁴	vɛ̃⁴⁴	tɕyɛ̃³¹	iɛ̃²⁴
合阳	pfẽ⁵²	pfʰẽ³¹	fẽ²⁴ 嘴~ pfʰẽ²⁴ ~膏	fẽ⁵⁵	pfʰẽ²⁴	vẽ⁵⁵	tɕyẽ³¹	iẽ²⁴
富平	tʃuɜ̃⁵³	tʃʰuɜ̃³¹	ʃuɜ̃²⁴	ʃuɜ̃⁵⁵	tʃʰuɜ̃²⁴	ʒuɜ̃⁵⁵	tɕyɜ̃³¹	iɜ̃²⁴ 搅~ yɜ̃²⁴ 均~
耀州	tʃuei⁵²	tʃʰuei²¹	ʃuei²⁴ 嘴~ tʃʰuei²⁴ ~彩	ʃuei⁴⁴	tʃʰuei²⁴	ʒuei⁴⁴	tɕyei²¹	yei²⁴
咸阳	tʃuɛ̃⁵³	tʃʰuɛ̃³¹	tʃʰuɛ̃²⁴	ʃuɛ̃⁴⁴	tʃʰuɛ̃²⁴	ʒuɛ̃⁴⁴	tɕyɛ̃³¹	yɛ̃²⁴
旬邑	tʃɛ̃⁵²	tʃʰɛ̃²¹	ʃɛ̃²⁴ tʃʰɛ̃²⁴	ʃɛ̃⁴⁴	tʃʰɛ̃²⁴	ʒɛ̃⁴⁴	tɕyɛ̃²¹	iɛ̃²⁴
三原	tʃuẽ⁵²	tʃʰuẽ³¹	ʃuẽ²⁴	ʃuẽ⁴⁴	tʃʰuẽ²⁴	ʒuẽ⁴⁴	tɕyẽ³¹	iẽ²⁴
乾县	tʃuẽ⁵³	tʃʰuẽ²¹	ʃuẽ²⁴	ʃuẽ⁵⁵	tʃʰuẽ²⁴	ʒuẽ⁵⁵	tɕyẽ²¹	yẽ²⁴
岐山	tʂəŋ⁵³	tʂʰəŋ³¹	ʂəŋ³¹ tʂʰəŋ²⁴	ʂəŋ⁴⁴	tʂʰəŋ²⁴	ʐəŋ⁴⁴	tɕyŋ³¹	iŋ²⁴

	0681 准	0682 春	0683 唇	0684 顺	0685 纯	0686 闰	0687 均	0688 匀
	臻合三上谆章	臻合三平谆昌	臻合三平谆船	臻合三去谆船	臻合三平谆禅	臻合三去谆日	臻合三平谆见	臻合三平谆以
凤翔	tʂəŋ⁵³	tʂʰəŋ³¹	ʂəŋ²⁴	ʂəŋ⁴⁴	tʂʰəŋ²⁴	ʐəŋ⁴⁴	tɕyŋ³¹	iŋ²⁴ 搅~ / yŋ²⁴ ~称
千阳	tʃəŋ⁵³	tʃʰəŋ³¹	ʃəŋ²⁴	ʃəŋ⁴⁴	tʃʰəŋ²⁴	ʒəŋ⁴⁴	tɕyŋ³¹	iŋ²⁴ 搅~ / yŋ²⁴ ~称
西安	pfən⁵³	pfʰən²¹	pfʰən²⁴	fən⁴⁴	pfʰən²⁴	vən⁴⁴	tɕyən²¹	yən²⁴
户县	tsuẽ⁵¹	tsʰuẽ³¹	suẽ³⁵	suẽ⁵⁵	tsʰuẽ³⁵	zuẽ⁵⁵	tɕyẽ³¹	iẽ³⁵ 和~ / yẽ³⁵ 均~
商州	tʃuẽ⁵³	tʃʰuẽ³¹	tʃʰuẽ³⁵	ʃuẽ⁴⁴	tʃʰuẽ³⁵	ʒuẽ⁴⁴	tɕyẽ³¹	yẽ³⁵
镇安	tʂuən³⁵	tʂʰuən⁵³	tʂʰuən³³	ʂuən³²²	tʂʰuən³³	ʐuən³²²	tʂuən⁵³	ʐuən³³
安康	pfən⁵³	pfʰən³¹	pfʰən³⁵	fən⁴⁴	pfʰən³⁵	uən⁴⁴	tɕyən³¹	yən³⁵
白河	tʂuən³⁵	tʂʰuən²¹³	tɕʰyən⁴⁴ 嘴~ / tʂʰuən⁴⁴ ~膏	ʂuən⁴¹	tʂʰuən⁴⁴	yən⁴¹ ~月 / ʐuən⁴¹ ~土	tɕyən²¹³	yən⁴⁴
汉阴	tsuən⁴⁵	tsʰuən³³	ʂən⁴² 嘴~ / tsʰuən⁴² ~膏	suən²¹⁴	tsʰuən⁴²	yn²¹⁴	tɕyn³³	yn⁴²
平利	tʂɥən⁴⁴⁵	tʂʰɥən⁴³	tʂʰɥən⁵²	ʂɥən²¹⁴	tʂʰɥən⁵²	ɥən²¹⁴	tʂɥən⁴³	ɥən⁵²
汉中	tsuən³⁵⁴	tsʰuən⁵⁵	tsʰuən⁴²	suən²¹³	tsʰuən⁴²	ʐuən²¹³	tɕyn⁵⁵	yn⁴²
城固	tʃuən⁴⁴	tʃʰuən⁵³	tʃʰuən³¹¹	ʃuən²¹³	tʃʰuən³¹¹	ʒuən²¹³	tɕyən⁵³	yən³¹¹
勉县	tsoŋ³⁵	tsʰoŋ⁴²	tsʰoŋ²¹	foŋ²¹³ ~风 / soŋ²¹³ ~利	tsʰoŋ²¹	zoŋ²¹³	tɕioŋ⁴²	ioŋ²¹
镇巴	tsun⁵²	tsʰun³⁵	tsʰun³¹	sun²¹³	sun³¹	zun²¹³	tɕyn³⁵	yn³¹

	0689 律	0690 出	0691 橘	0692 分动	0693 粉	0694 粪	0695 坟	0696 蚊
	臻合三入术来	臻合三入术昌	臻合三入术见	臻合三平文非	臻合三上文非	臻合三去文非	臻合三平文奉	臻合三平文微
榆林	luəʔ³	tʂʰuəʔ³	tɕyəʔ³	fɤɣ̃³³	fɤɣ̃²¹³	fɤɣ̃⁵²	fɤɣ̃²¹³	vɤɣ̃²¹³
神木	luəʔ⁴	tʂʰuəʔ⁴	tɕyəʔ⁴	fɤ²¹³	fɤ²¹³	fɤ⁵³	fɤ⁴⁴	vɤ⁴⁴
绥德	luɤ³³	tʂʰuɤ³³	tɕyɤ³³	fəɣ̃²¹³	fəɣ̃²¹³	fəɣ̃⁵²	fəɣ̃³³	vəɣ̃³³
吴堡	luəʔ²¹³	tsʰuəʔ³	tɕyəʔ³	fəŋ²¹³	fəŋ⁴¹²	fəŋ⁵³	fəŋ³³	uəŋ³³
清涧	luəʔ⁵⁴	tʂʰuəʔ⁵⁴	tɕyəʔ⁵⁴	fəɣ̃³¹²	fəɣ̃⁵³	fəɣ̃⁴²	fəɣ̃²⁴	vəɣ̃²⁴
延安	ly⁵²	tʂʰu²¹³ ~进 tʂʰuəʔ⁵ ~去	tɕy²¹³	fəŋ²¹³	fəŋ⁵²	fəŋ⁴⁴³	fəŋ²⁴	vəŋ²⁴
延川	luəʔ⁴²³	tʂʰuə⁴²³	tɕyəʔ⁵⁴	fəŋ²¹³	fəŋ⁵³	fəŋ⁵³	fəŋ³⁵	vəŋ³⁵
黄陵	ly³¹	tsʰʅ³¹	tɕy³¹	fẽ³¹	fẽ⁵²	fẽ⁵⁵	fẽ²⁴	vẽ²⁴
渭南	ly³¹	tʃʰʒ³¹	tɕy³¹	fɚ̃³¹	fɚ̃⁵³	fɚ̃⁴⁴	fɚ̃²⁴	vɚ̃²⁴
韩城	y³¹	pfʰu³¹	tɕy³¹	fɛ̃³¹	fɛ̃⁵³	fɛ̃⁴⁴	fɛ̃²⁴	vɛ̃²⁴
合阳	y³¹	pfʰu³¹	tɕy³¹	fẽ³¹	fẽ⁵²	fẽ⁵⁵	fẽ²⁴	vẽ²⁴
富平	ly³¹	tʃʰu³¹	tɕy³¹	fɛ̃³¹	fɛ̃⁵³	fɛ̃⁵⁵	fɛ̃²⁴	vɛ̃²⁴
耀州	ly²¹	tʃʰu²¹	tɕy²¹	fei²¹	fei⁵²	fei⁴⁴	fei²⁴	uei²⁴
咸阳	ly³¹	tʃʰu³¹	tɕy³¹	fɛ̃³¹	fɛ̃⁵³	fɛ̃⁴⁴	fɛ̃²⁴	vɛ̃²⁴
旬邑	ly²¹	tʃʰʅ²¹	tɕy²¹	fɛ̃²¹	fɛ̃⁵²	fɛ̃⁴⁴	fɛ̃²⁴	vɛ̃²⁴
三原	ly³¹	tʃʰʒ³¹	tɕy³¹	fẽ³¹	fẽ⁵²	fẽ⁴⁴	fẽ²⁴	vẽ²⁴
乾县	ly²¹	tʃʰu²¹	tɕy²¹	fẽ²¹	fẽ⁵³	fẽ⁵⁵	fẽ²⁴	vẽ²⁴
岐山	ly³¹	tʂʰʅ³¹	tɕy³¹	fəŋ³¹	fəŋ⁵³	fəŋ⁴⁴	fəŋ²⁴	vəŋ²⁴
凤翔	ly³¹	tʂʰʅ³¹	tɕy³¹	fəŋ³¹	fəŋ⁵³	fəŋ⁴⁴	fəŋ²⁴	vəŋ²⁴
千阳	ly³¹	tʃʰʅ³¹	tɕy³¹	fəŋ³¹	fəŋ⁵³	fəŋ⁴⁴	fəŋ²⁴	vəŋ²⁴
西安	ly²¹	pfʰu²¹	tɕy²¹	fən²¹	fən⁵³	fən⁴⁴	fən²⁴	vən²⁴
户县	ly³¹	tsʰu³¹	tɕy³¹	fẽ³¹	fẽ⁵¹	fẽ⁵⁵	fẽ³⁵	vẽ³⁵
商州	ly³¹	tʃʰu³¹	tɕy³¹	fẽ³¹	fẽ⁵³	fẽ⁴⁴	fẽ³⁵	vẽ³⁵
镇安	li⁵³	tʂʰʅ⁵³	tʂʅ⁵³	fən⁵³	fən³⁵	fən²¹⁴	fən³³	vən³³
安康	ly³¹	pfʰu³¹	tɕy³¹	fən³¹	fən⁵³	fən⁴⁴	fən³⁵	vən³⁵
白河	liː²¹³法~ ly²¹³格~三	tʂʰu⁴⁴	tɕy²¹³	fən²¹³	fən³⁵	fən⁴¹	fən⁴⁴	uən⁴⁴

	0689 律	0690 出	0691 橘	0692 分动	0693 粉	0694 粪	0695 坟	0696 蚊
	臻合三入术来	臻合三入术昌	臻合三入术见	臻合三平文非	臻合三上文非	臻合三去文非	臻合三平文奉	臻合三平文微
汉阴	ly⁴²	tsʰʯ⁴²	tɕy⁴²	χuən³³	χuən⁴⁵	χuən²¹⁴	χuən⁴²	uən⁴²
平利	li⁴³	tʂʰʯ⁴³	tʂʯ⁴³	fən⁴³	fən⁴⁴⁵	fən²¹⁴	fən⁵²	uən⁵²
汉中	ly⁵⁵	tsʰu⁵⁵	tɕy⁵⁵	fən⁵⁵	fən³⁵⁴	fən²¹³	fən⁴²	uən⁴²
城固	y⁵³	tʃʰu⁵³	tɕy⁵³	fən⁵³	fən⁴⁴	fən²¹³	fən³¹¹	vən³¹¹
勉县	y⁴²	tsʰu⁴²	tɕy²¹	fəŋ⁴²	fəŋ³⁵	fəŋ²¹³	fəŋ²¹	vəŋ²¹
镇巴	ly⁵²	tsʰu³¹	tɕy³¹	fən³⁵	fən⁵²	fən²¹³	fən³¹	un³¹

	0697 问	0698 军	0699 裙	0700 熏	0701 云~彩	0702 运	0703 佛~像	0704 物
	臻合三去文微	臻合三平文见	臻合三平文群	臻合三平文晓	臻合三平文云	臻合三去文云	臻合三入物奉	臻合三入物微
榆林	vɤ̃⁵²	tɕyɤ̃³³	tɕʰyɤ̃²¹³	ɕyɤ̃³³	yɤ̃²¹³	yɤ̃⁵²	fuə²¹³	vaʔ³
神木	vɤ̃⁵³	tɕyɤ̃²¹³	tɕʰyɤ̃⁴⁴	ɕyɤ̃²¹³	yɤ̃⁴⁴	yɤ̃⁵³	fəʔ⁴	vəʔ⁴
绥德	vəɣ̃⁵²	tɕyəɣ̃²¹³	tɕʰyəɣ̃³³	ɕyəɣ̃²¹³	yəɣ̃³³	yəɣ̃⁵²	fɤ³³	vɤ³³
吴堡	uəŋ⁵³	tɕyəŋ²¹³	tɕʰyəŋ³³	ɕyəŋ²¹³ 烟~ / ɕyəŋ⁵³ ~枣	yəŋ³³	yəŋ⁵³	fəʔ³	uəʔ²¹³
清涧	vəɣ̃⁴²	tɕyəɣ̃³¹²	tɕʰyəɣ̃²⁴	ɕyəɣ̃³¹²	yəɣ̃²⁴	yəɣ̃⁴²	fɤ²⁴	vɤ⁵³
延安	vəŋ⁴⁴³	tɕyəŋ²¹³	tɕʰyəŋ²⁴	ɕyəŋ²¹³	yəŋ²⁴	yəŋ⁴⁴³	fuo²⁴	vuo²¹³ ~体 / vu⁴⁴³ ~件
延川	vəŋ⁵³	tɕyŋ²¹³	tɕʰyŋ³⁵	ɕyŋ²¹³	yŋ³⁵	yŋ⁵³	fɤ³⁵	vəʔ⁴²³
黄陵	vẽ⁵⁵	tɕyẽ³¹	tɕʰyẽ²⁴	ɕyẽ³¹	yẽ²⁴	yẽ⁵⁵	fuɤ²⁴	uɤ³¹
渭南	və̃⁴⁴	tɕyə̃³¹	tɕʰyə̃²⁴	ɕyə̃³¹	yə̃²⁴	yə̃⁴⁴	fə²⁴	və³¹
韩城	vɛ̃⁴⁴	tɕyɛ̃³¹	tɕʰyɛ̃²⁴	ɕyɛ̃³¹	yɛ̃²⁴	yɛ̃⁴⁴	fuɤ²⁴	vuɤ³¹
合阳	vɛ̃⁵⁵	tɕyɛ̃³¹	tɕʰyɛ̃²⁴	ɕyɛ̃³¹	yɛ̃²⁴	yɛ̃⁵⁵	fo²⁴	vo³¹
富平	vɛ̃⁵⁵	tɕyɛ̃³¹	tɕʰyɛ̃²⁴	ɕyɛ̃³¹	yɛ̃²⁴	yɛ̃⁵⁵	fuo²⁴	vuo³¹
耀州	uei⁴⁴	tɕyei²¹	tɕʰyei²⁴	ɕyei²¹	yei²⁴	yei⁴⁴	fuo²⁴	uo²¹
咸阳	vɛ̃⁴⁴	tɕyɛ̃³¹	tɕʰyɛ̃²⁴	ɕyɛ̃³¹	yɛ̃²⁴	yɛ̃⁴⁴	fo²⁴	vo²⁴
旬邑	vɛ̃⁴⁴	tɕyɛ̃³¹	tɕʰyɛ̃²¹	ɕyɛ̃²¹	yɛ̃²⁴	yɛ̃⁴⁴	fo²⁴	vo²¹
三原	vẽ⁴⁴	tɕyẽ³¹	tɕʰyẽ²⁴	ɕyẽ³¹	yẽ²⁴	yẽ⁴⁴	fɤ²⁴	vɤ³¹
乾县	vẽ⁵⁵	tɕyẽ²¹	tɕʰyẽ²¹	ɕyẽ²¹	yẽ²⁴	yẽ⁵⁵	fuɤ²⁴	vuɤ²¹
岐山	vəŋ⁴⁴	tɕyŋ³¹	tɕʰyŋ²⁴	ɕyŋ³¹	yŋ²⁴	yŋ⁴⁴	fo²⁴	vo³¹
凤翔	vəŋ⁴⁴	tɕyŋ³¹	tɕʰyŋ²⁴	ɕyŋ³¹	yŋ²⁴	yŋ⁴⁴	fo²⁴	vo³¹
千阳	vəŋ⁴⁴	tɕyŋ³¹	tɕʰyŋ²⁴	ɕyŋ³¹	yŋ²⁴	yŋ⁴⁴	fo²⁴	vo³¹
西安	vən⁴⁴	tɕyən²¹	tɕʰyən²⁴	ɕyən²¹	yən²⁴	yən⁴⁴	fo²⁴	vo²¹
户县	vẽ⁵⁵	tɕyẽ³¹	tɕʰyẽ³⁵	ɕyẽ³¹	yẽ³⁵	yẽ⁵⁵	fɤ³⁵	vɤ³¹
商州	vẽ⁴⁴	tɕyẽ³¹	tɕʰyẽ³⁵	ɕyẽ³¹	yẽ³⁵	yẽ⁴⁴	fuə³⁵	və³¹
镇安	vəŋ³²²	tʂuən⁵³	tʂʰuən³³	ʂuən⁵³	ʐuən³³	ʐuən³²²	fuə³³	vuə⁵³
安康	vən⁴⁴	tɕyən³¹	tɕʰyən³⁵	ɕyən³¹	yən³⁵	yən⁴⁴	fə³⁵	uo³¹

	0697 问	0698 军	0699 裙	0700 熏	0701 云~彩	0702 运	0703 佛~像	0704 物
	臻合三去文微	臻合三平文见	臻合三平文群	臻合三平文晓	臻合三平文云	臻合三去文云	臻合三入物奉	臻合三入物微
白河	uən⁴¹	tɕyən²¹³	tɕʰyən⁴⁴	ɕyən²¹³	yən⁴⁴	yən⁴¹	fo⁴⁴	u²¹³
汉阴	uən²¹⁴	tɕyn³³	tɕʰyn⁴²	ɕyn³³	yn⁴²	yn²¹⁴	χu⁴²	uo⁴²
平利	uən²¹⁴	tʂɥən⁴³	tʂʰɥən⁵²	ʂɥən⁴³	ɥən⁵²	ɥən²¹⁴	fo⁵²	uo⁴³
汉中	uən²¹³	tɕyn⁵⁵	tɕʰyn⁴²	ɕyn⁵⁵	yn⁴²	yn²¹³	fɤ⁴²	uɤ⁵⁵
城固	vən²¹³	tɕyən⁵³	tɕʰyən³¹¹	ɕyən⁵³	yən³¹¹	yən²¹³	fə³¹¹	və⁵³
勉县	vəŋ²¹³	tɕioŋ⁴²	tɕʰioŋ²¹	ɕioŋ⁴²	ioŋ²¹	ioŋ²¹³	fɤ⁴²	vɤ⁴²
镇巴	un²¹³	tɕyn³⁵	tɕʰyn³¹	ɕyn³⁵	yn³¹	yn²¹³	fo³¹	uo³¹

	0705 帮	0706 忙	0707 党	0708 汤	0709 糖	0710 浪	0711 仓	0712 钢名
	宕开一平唐帮	宕开一平唐明	宕开一上唐端	宕开一平唐透	宕开一平唐定	宕开一去唐来	宕开一平唐清	宕开一平唐见
榆林	pã³³	mã²¹³	tã²¹³	tʰã³³	tʰã²¹³	lã⁵²	tsʰã³³	kã³³
神木	pã²¹³	mã⁴⁴	tã²¹³	tʰã²¹³	tʰã⁴⁴	lã⁵³	tsʰã²¹³	kã²¹³
绥德	pã²¹³	mã³³	tã²¹³	tʰã²¹³	tʰã³³	lã⁵²	tsʰã²¹³	kã²¹³
吴堡	pɤu²¹³	mɤu³³	tã⁴¹²	tʰɤu²¹³	tʰã³³	lɤu⁵³	tsʰɤu²¹³	kɤu²¹³
清涧	pɒ̃³¹²	mɒ̃²⁴	tɒ̃⁵³	tʰɯ³¹² ~水 tʰɒ̃³¹² 姓~	tʰɒ̃²⁴	lɯ⁴² 起~ lɒ̃⁴² ~花	tsʰɯ³¹² 粮~ tsʰɒ̃³¹² ~库	kɒ̃³¹²
延安	paŋ²¹³	maŋ²⁴	taŋ⁵²	tʰaŋ²¹³	tʰaŋ²⁴	laŋ⁴⁴³	tsʰaŋ²¹³	kaŋ²¹³
延川	paŋ²¹³	maŋ³⁵	taŋ⁵³	tʰei²¹³	tʰaŋ³⁵	laŋ⁵³	tsʰaŋ²¹³	kaŋ²¹³
黄陵	paŋ³¹	maŋ²⁴	taŋ⁵²	tʰaŋ³¹	tʰaŋ²⁴	laŋ⁵⁵	tsʰaŋ³¹	kaŋ³¹
渭南	paŋ³¹	maŋ²⁴	taŋ⁵³	tʰaŋ³¹	tʰaŋ²⁴	laŋ⁴⁴	tsʰaŋ³¹	kaŋ³¹
韩城	paŋ³¹	maŋ²⁴	taŋ³¹	tʰuɤ³¹ 米~ tʰaŋ³¹ ~锅	tʰaŋ²⁴	laŋ⁴⁴	tsʰaŋ³¹	kaŋ³¹
合阳	paŋ³¹	maŋ²⁴	taŋ⁵²	tʰaŋ³¹	tʰaŋ²⁴	laŋ⁵⁵	tsʰaŋ³¹	kaŋ³¹
富平	paɣ̃³¹	maɣ̃²⁴	taɣ̃⁵³	tʰaɣ̃³¹	tʰaɣ̃²⁴	laɣ̃⁵⁵	tsʰaɣ̃³¹	kaɣ̃³¹
耀州	paŋ²¹	maŋ²⁴	taŋ⁵²	tʰaŋ²¹	tʰaŋ²⁴	laŋ⁴⁴	tsʰaŋ²¹	kaŋ²¹
咸阳	paŋ³¹	maŋ²⁴	taŋ⁵³	tʰaŋ³¹	tʰaŋ²⁴	laŋ⁴⁴	tsʰaŋ³¹	kaŋ³¹
旬邑	paŋ²¹	maŋ²⁴	taŋ⁵²	tʰaŋ²¹	tʰaŋ²⁴	laŋ⁴⁴	tsʰaŋ²¹	kaŋ²¹
三原	paŋ³¹	maŋ²⁴	taŋ⁵²	tʰaŋ³¹	tʰaŋ²⁴	laŋ⁴⁴	tsʰaŋ³¹	kaŋ³¹
乾县	paŋ²¹	maŋ²⁴	taŋ⁵³	tʰaŋ²¹	tʰaŋ²⁴	naŋ⁵⁵	tsʰaŋ²¹	kaŋ²¹
岐山	paŋ³¹	maŋ²⁴	taŋ⁵³	tʰaŋ³¹	tʰaŋ²⁴	laŋ⁴⁴	tsʰaŋ³¹	kaŋ³¹
凤翔	paŋ³¹	maŋ²⁴	taŋ⁵³	tʰaŋ³¹	tʰaŋ²⁴	laŋ⁴⁴	tsʰaŋ³¹	kaŋ³¹
千阳	paŋ³¹	maŋ²⁴	taŋ⁵³	tʰaŋ³¹	tʰaŋ²⁴	laŋ⁴⁴	tsʰaŋ³¹	kaŋ³¹
西安	paŋ²¹	maŋ²⁴	taŋ⁵³	tʰaŋ²¹	tʰaŋ²⁴	laŋ⁴⁴	tsʰaŋ²¹	kaŋ²¹
户县	paŋ³¹	maŋ³¹	taŋ⁵¹ taŋ⁵⁵ 姓氏	tʰaŋ³¹	tʰaŋ³⁵	laŋ⁵⁵	tsʰaŋ³¹	kaŋ³¹
商州	paŋ³¹	maŋ³⁵	taŋ⁵³	tʰaŋ³¹	tʰaŋ³⁵	laŋ⁵⁵	tsʰaŋ³¹	kaŋ³¹
镇安	pʌŋ⁵³	mʌŋ³³	tʌŋ³⁵	tʰʌŋ⁵³	tʰʌŋ³³	lʌŋ³²²	tsʰʌŋ⁵³	kʌŋ⁵³

	0705 帮	0706 忙	0707 党	0708 汤	0709 糖	0710 浪	0711 仓	0712 钢 名
	宕开一平唐帮	宕开一平唐明	宕开一上唐端	宕开一平唐透	宕开一平唐定	宕开一去唐来	宕开一平唐清	宕开一平唐见
安康	paŋ³¹	maŋ³⁵	taŋ⁵³	tʰaŋ³¹	tʰaŋ³⁵	laŋ⁴⁴	tsʰaŋ³¹	kaŋ³¹
白河	paŋ²¹³	maŋ⁴⁴	taŋ³⁵	tʰaŋ²¹³	tʰaŋ⁴⁴	laŋ⁴¹	tsʰaŋ²¹³	kaŋ²¹³
汉阴	paŋ³³	maŋ⁴²	taŋ⁴⁵	tʰaŋ³³	tʰaŋ⁴²	laŋ²¹⁴	tsʰaŋ³³	kaŋ³³
平利	paŋ⁴³	maŋ⁵²	taŋ⁴⁴⁵	tʰaŋ⁴³	tʰaŋ⁵²	laŋ²¹⁴	tsʰaŋ⁴³	kaŋ⁴³
汉中	paŋ⁵⁵	maŋ⁴²	taŋ³⁵⁴	tʰaŋ⁵⁵	tʰaŋ⁴²	laŋ²¹³	tsʰaŋ⁵⁵	kaŋ⁵⁵
城固	paŋ⁵³	maŋ³¹¹	taŋ⁴⁴	tʰaŋ⁵³	tʰaŋ³¹¹	laŋ²¹³	tsʰaŋ⁵³	kaŋ⁵³
勉县	paŋ⁴²	maŋ²¹	taŋ³⁵	tʰaŋ⁴²	tʰaŋ²¹	laŋ²¹³	tsʰaŋ⁴²	kaŋ⁴²
镇巴	paŋ³⁵	maŋ³¹	taŋ⁵²	tʰaŋ³⁵	tʰaŋ³¹	laŋ²¹³	tsʰaŋ³⁵	kaŋ³⁵

	0713 糠	0714 薄形	0715 摸	0716 托	0717 落	0718 作	0719 索	0720 各
	宕开一平唐溪	宕开一入铎並	宕开一入铎明	宕开一入铎透	宕开一入铎来	宕开一入铎精	宕开一入铎心	宕开一入铎见
榆林	kʰã³³	puə²¹³	muə³³	tʰuʌʔ³	luʌʔ³	tsuʌʔ³	suʌʔ³	kʌʔ³
神木	kʰã²¹³	puo⁴⁴	muo⁴⁴	tʰuəʔ⁴	luəʔ⁴	tsuəʔ⁴	suəʔ⁴	kəʔ⁴
绥德	kʰã²¹³	puo³³	muo²¹³	tʰɤ³³	lɤ³³	tsɤ³³	suo²¹³	kɤ³³
吴堡	kʰɤu²¹³	pʰəʔ²¹³	məʔ²¹³	tʰɑʔ³	lɑʔ²¹³ ~后 lo⁵³ ~底①	tsɑʔ³	sɑʔ³	kəʔ³
清涧	kʰɯ³¹² ~谷 kʰɒ̃³¹² 糟~	pʰɤ²⁴	mɤ⁵³	tʰɤ⁵³ ~付 tʰɤ³¹² ~儿所	lɤ⁵³	tsɤ⁵³	sɑ⁵³ ~利 su⁵³ ~取	kɤ⁵³
延安	kʰaŋ²¹³	pʰuo²⁴ ~厚 puo²⁴ ~边	mɔ²¹³ ~揣 muo²¹³ ~~	tʰuo²¹³	luo²¹³	tsuo²¹³	suo²¹³	kuo²¹³
延川	kʰei²¹³	pʰɤ³⁵	mɤ⁴²³	tʰɤ³⁵	lɤ⁴²³	tsuɤ⁴²³	suɤ⁴²³	kɤ⁴²³
黄陵	kʰaŋ³¹	pʰuɤ²⁴ ~ puɤ²⁴	mɔ³¹ 一下 muɤ³¹ ~索	tʰuɤ³¹	lɑ⁵⁵ ~下 luɤ³¹ ~后	tsuɤ³¹	suɤ³¹	kɤ³¹
渭南	kʰaŋ³¹	pʰə²⁴	mɔ³¹	tʰuə³¹	luə³¹	tʃə³¹	ʃə³¹	kə³¹
韩城	kʰɤ³¹ 米~ kʰaŋ³¹ 糟~	pʰuɤ²⁴	muɤ³¹	tʰuɤ³¹	luɤ³¹	tsuɤ³¹	suɤ³¹	kɤ³¹
合阳	kʰɤ³¹ 谷~ kʰaŋ³¹ 稻~	pʰo²⁴	mɔ³¹ 一下 mo³¹ ~索	tʰuo³¹	luo³¹	tɕyə³¹	ɕyə³¹	kɤ³¹
富平	kʰaɤ̃³¹	pʰuo²⁴	mao³¹ 一下 muo³¹ ~索	tʰuo³¹	luo³¹	tsuo³¹	suo³¹	kɤ³¹
耀州	kʰaŋ²¹	pʰuo²⁴	mɔu²¹ 一下 muo²¹ 抚~	tʰuo²¹	luo²¹	tsuo²¹	suo²¹	kɤ²¹
咸阳	kʰaŋ³¹	po²⁴	mɔ³¹	tʰuo³¹	luo³¹	tsuo³¹	suo³¹	kɤ³¹
旬邑	kʰaŋ²¹	pʰo²⁴	mau²¹ ~头 mo²¹ ~索	tʰuo²¹	lɑ²¹ 丢三~四 luo²¹ ~后	tsuo²¹	suo²¹	kɤ²¹
三原	kʰaŋ³¹	pʰɤ²⁴	mɔ³¹	tʰuə³¹	luə³¹	tsuə³¹	suə³¹	kɤ³¹

① ~底：落到底部。

	0713 糠	0714 薄形	0715 摸	0716 托	0717 落	0718 作	0719 索	0720 各
	宕开一平唐溪	宕开一入铎並	宕开一入铎明	宕开一入铎透	宕开一入铎来	宕开一入铎精	宕开一入铎心	宕开一入铎见
乾县	kʰaŋ²¹	puɤ²⁴	muɤ²¹	tʰuɤ²¹	nuɤ²¹	tsuɤ²¹	suɤ²¹	kɤ²¹
岐山	kʰaŋ³¹	pʰo²⁴	mo³¹	tʰuo³¹	luo³¹	tsuo³¹	suo³¹	kɤ³¹
凤翔	kʰaŋ³¹	po²⁴	mo³¹	tʰuo³¹	luo³¹	tsuo³¹	suo³¹	kuo³¹
千阳	kʰaŋ³¹	pʰo²⁴	mo³¹	tʰuo³¹	luo³¹	tsuo³¹	suo³¹	kuo³¹
西安	kʰaŋ²¹	po²⁴	mau²¹	tʰuo²¹	luo²¹	tsuo²¹	suo²¹	kɤ²¹
户县	kʰaŋ³¹	pɤ³⁵	mau³¹ 拿手~ / mɤ³¹ ~索	tʰuɤ³¹	luɤ³¹	tsuɤ³¹	suɤ³¹	kɤ³¹
商州	kʰaŋ³¹	puə³⁵	mɑo³¹ / muə³¹	tʰuə³¹	luə³¹	tʃuə³¹	ʃuə⁵³	kə³¹
镇安	kʰʌŋ⁵³	puə³²²	muə⁵³	tʰuə⁵³	luə⁵³	tsuə⁵³	suə³⁵	kuə³²²
安康	kʰaŋ³¹	pə³⁵	mə³¹	tʰuo³¹	luo³¹	tsuo³¹	suo³¹	kɤ³¹
白河	kʰaŋ²¹³	po⁴⁴	mo²¹³	tʰuo²¹³	luo²¹³	tsuo²¹³	suo²¹³	kuo⁴⁴
汉阴	kʰaŋ³³	po⁴²	mo³³	tʰo⁴²	lo⁴²	tso⁴²	so⁴⁵	ko⁴²
平利	kʰaŋ⁴³	po⁵²	mo⁴³	tʰo⁴³	lo⁴³	tso⁴³	so⁴³	ko⁴³
汉中	kʰaŋ⁵⁵	pɤ⁴²	mɤ⁵⁵	tʰuɤ⁵⁵	luɤ⁵⁵	tsuɤ⁴²	suɤ³⁵⁴	kɤ⁵⁵
城固	kʰaŋ⁵³	puə³¹¹	muə⁵³	tʰuə⁵³	luə⁵³	tsuə⁵³	suə⁴⁴	kə⁵³
勉县	kʰaŋ⁴²	pɤ²¹	mɤ⁴²	tʰuɤ⁴²	luɤ⁴²	tsuɤ²¹	suɤ³⁵	kɤ⁴²
镇巴	kʰaŋ³⁵	po³¹	mo³⁵	tʰo³¹	lo³¹	tso³¹	so³¹	ko³¹

	0721 鹤	0722 恶形,入声	0723 娘	0724 两斤~	0725 亮	0726 浆	0727 抢	0728 匠
	宕开一入铎匣	宕开一入铎影	宕开三平阳泥	宕开三上阳来	宕开三去阳来	宕开三平阳精	宕开三上阳清	宕开三去阳从
榆林	xʌʔ³	nʌʔ³	niã²¹³	liã²¹³	liã⁵²	tɕiã³³	tɕʰiã²¹³	tɕiã⁵²
神木	xəʔ⁴	ŋəʔ⁴	ȵyo⁴⁴ 老~~① ȵiã⁴⁴ 姑~	liã²¹³	liã⁵³	tɕiã²¹³	tɕʰiã²¹³	tɕiã⁵³
绥德	xɤ⁵²	ŋɤ³³	niã³³	liã²¹³	liã⁵²	tɕiã⁵²	tɕʰiã²¹³	tɕiã⁵²
吴堡	xəʔ³	ŋəʔ³	ȵiɤu³³	liɤu⁴¹²	liɤu⁵³ liã⁵³	tɕiɤu²¹³	tɕʰiɤu⁴¹²	tɕiɤu⁵³
清涧	xɤ²⁴	ŋɤ⁵³	ȵiɯ²⁴ ~的 ȵiɒ̃²⁴ ~~②	liɒ̃⁵³	liɒ̃⁵³	tɕiɯ⁴²	tɕʰiɒ̃⁵³	tɕʰiɒ̃⁴² ~人 tɕiɒ̃⁴² ~心
延安	xuo⁴⁴³	ŋuo²¹³	ȵiaŋ²⁴	liaŋ⁵²	liaŋ⁴⁴³	tɕiaŋ²¹³	tɕʰiaŋ⁵²	tɕʰiaŋ⁴⁴³
延川	xəʔ⁵⁴	ŋə⁴²³	ȵiaŋ³⁵	liaŋ⁵³	liaŋ⁵³	tɕiaŋ²¹³	tɕʰiaŋ⁵³	tɕʰiaŋ⁵³
黄陵	xuɤ⁵⁵	ŋuɤ³¹	ȵyɤ²⁴ ~~ ȵiaŋ²⁴ ~的	liaŋ⁵²	liaŋ⁵⁵	tɕiaŋ³¹	tɕʰiaŋ⁵²	tɕʰiaŋ⁵⁵
渭南	xuə³¹	ŋə³¹	ȵiaŋ²⁴	liaŋ⁵³	liaŋ⁴⁴	tɕiaŋ³¹	tɕʰiaŋ⁵³	tɕʰiaŋ⁴⁴
韩城	xuɤ³¹	ŋuɤ³¹	ȵiɤ²⁴ 丈母娘~ ȵiaŋ²⁴ 大~	liaŋ⁵³	liaŋ⁴⁴	tɕiaŋ⁴⁴	tɕʰiaŋ⁵³	tɕʰiaŋ⁴⁴
合阳	xuo³¹	ŋɤ³¹	ȵiaŋ²⁴	liaŋ⁵²	liaŋ⁵⁵	tsiaŋ³¹	tsʰiaŋ⁵²	tsʰiaŋ⁵⁵
富平	xuo³¹	ŋɤ³¹	ȵiaɣ̃²⁴	liaɣ̃⁵³	liaɣ̃⁵⁵	tiaɣ̃³¹	tʰiaɣ̃⁵³	tiaɣ̃⁵⁵
耀州	xuo²¹	ŋɤ²¹	ȵiaŋ²⁴	liaŋ⁵²	liaŋ⁴⁴	tɕiaŋ²¹	tɕʰiaŋ⁵²	tɕiaŋ⁴⁴
咸阳	xuo³¹	ŋɤ³¹	ȵiaŋ²⁴	liaŋ⁵³	liaŋ⁴⁴	tɕiaŋ³¹	tɕʰiaŋ⁵³	tɕiaŋ⁴⁴
旬邑	xuo²¹	ŋɤ²¹	ȵia²⁴ 后~ ȵiaŋ²⁴ 婆~	liaŋ⁵²	liaŋ⁴⁴	tsiaŋ²¹	tsʰiaŋ⁵²	tsʰiaŋ⁴⁴
三原	xuə³¹	ŋɤ³¹	ȵiaŋ²⁴	liaŋ⁵²	liaŋ⁴⁴	tɕiaŋ³¹	tɕʰiaŋ⁵²	tɕiaŋ⁴⁴
乾县	xɤ²¹	ŋɤ²¹	ȵiaŋ²⁴	liaŋ⁵³	liaŋ⁵⁵	tɕiaŋ²¹	tɕʰiaŋ⁵³	tɕiaŋ⁵⁵

① 老~~：曾祖母。
② ~~：祖母；对女神的尊称。

	0721 鹤	0722 恶形,入声	0723 娘	0724 两斤~	0725 亮	0726 浆	0727 抢	0728 匠
	宕开一入铎匣	宕开一入铎影	宕开三平阳泥	宕开三上阳来	宕开三去阳来	宕开三平阳精	宕开三上阳清	宕开三去阳从
岐山	xuo³¹	ŋɤ³¹	ȵiʌ²⁴ ~① ȵiaŋ²⁴ ~了	liaŋ⁵³	liaŋ⁴⁴	tɕiaŋ⁴⁴	tɕʰiaŋ⁵³	tɕʰiaŋ⁴⁴ 木~ tɕiaŋ⁴⁴ ~人
凤翔	xuo³¹	ŋuo³¹	ȵia²⁴ 奶~ ȵiaŋ²⁴ 新~	liaŋ⁵³	liaŋ⁴⁴	tsiaŋ³¹	tsʰiaŋ⁵³	tsiaŋ⁴⁴
千阳	xuo³¹	ŋuo³¹	ȵia²⁴ 奶~ ȵiaŋ²⁴ 新~	liaŋ⁵³	liaŋ⁴⁴	tsiaŋ³¹	tsʰiaŋ⁵³	tsiaŋ⁴⁴
西安	xuo²¹	ŋɤ²¹	ȵiaŋ⁴⁴	liaŋ⁵³	liaŋ⁴⁴	tɕiaŋ²¹	tɕʰiaŋ⁵³	tɕiaŋ⁴⁴
户县	xuɤ³¹	ŋɤ³¹	ȵiaŋ³⁵	liaŋ⁵¹	liaŋ⁵⁵	tɕiaŋ³¹	tɕʰiaŋ⁵¹	tɕiaŋ⁵⁵
商州	xuə³¹	ŋə³¹	ȵiaŋ³⁵	liaŋ⁵³	liaŋ⁴⁴	tɕiaŋ⁴⁴	tɕʰiaŋ⁵³	tɕiaŋ⁴⁴
镇安	xuə³²²	ŋuə⁵³	ȵiʌŋ³³	liʌŋ³⁵	liʌŋ³²²	tɕiʌŋ⁵³	tɕʰiʌŋ³⁵	tɕiʌŋ³²²
安康	xuo³¹	ŋɤ³¹	liaŋ³⁵	liaŋ⁵³	liaŋ⁴⁴	tɕiaŋ³¹	tɕʰiaŋ⁵³	tɕiaŋ⁴⁴
白河	xuo²¹³	ŋuo²¹³	ȵiaŋ⁴⁴	liaŋ³⁵	liaŋ⁴¹	tɕiaŋ²¹³	tɕʰiaŋ³⁵	tɕiaŋ⁴¹
汉阴	χo⁴²	ŋo⁴²	ȵiaŋ⁴²	liaŋ⁴⁵	liaŋ²¹⁴	tɕiaŋ³³	tɕʰiaŋ⁴⁵	tɕiaŋ²¹⁴
平利	xo⁵²	ŋo⁴³	ȵiaŋ⁵²	liaŋ⁴⁴⁵	liaŋ²¹⁴	tɕiaŋ⁴³	tɕʰiaŋ⁴⁴⁵	tɕiaŋ²¹⁴
汉中	xɤ²¹³	ŋɤ⁵⁵	ȵiaŋ⁴²	liaŋ³⁵⁴	liaŋ²¹³	tɕiaŋ⁵⁵	tɕʰiaŋ³⁵⁴	tɕiaŋ²¹³
城固	xə⁵³	ŋə⁵³	ȵiaŋ³¹¹	liaŋ⁴⁴	liaŋ²¹³	tsiaŋ⁵³	tsʰiaŋ⁴⁴	tsiaŋ²¹³
勉县	xɤ⁴²	ŋɤ⁴²	ȵiaŋ²¹	liaŋ³⁵	liaŋ²¹³	tɕiaŋ⁴²	tɕʰiaŋ³⁵	tɕiaŋ²¹³
镇巴	xo³¹	ŋo³¹	ȵiaŋ³¹	liaŋ⁵²	liaŋ²¹³	tɕiaŋ²¹³	tɕʰiaŋ⁵²	tɕiaŋ²¹³

① ~：母亲。

	0729 想 宕开三上阳心	0730 像 宕开三上阳邪	0731 张量 宕开三平阳知	0732 长~短 宕开三平阳澄	0733 装 宕开三平阳庄	0734 壮 宕开三去阳庄	0735 疮 宕开三平阳初	0736 床 宕开三平阳崇
榆林	ɕiã²¹³	ɕiã⁵²	tʂã³³	tʂʰã²¹³	tʂuã³³	tʂuã⁵²	tʂʰuã³³	tʂʰuã²¹³
神木	ɕiã²¹³	ɕiã⁵³	tʂã²¹³	tʂʰã⁴⁴	tʂuã²¹³	tʂuã⁵³	tʂʰuã²¹³	tʂʰuã⁴⁴
绥德	ɕiã²¹³	ɕiã⁵²	tʂã²¹³	tʂʰã³³	tʂuã²¹³	tʂuã⁵²	tʂʰuã²¹³	tʂʰuã³³
吴堡	ɕiɤ⁴¹²	ɕiɤ⁵³	tʂɤ²¹³	tʂʰɤ³³	tsuɤ²¹³	tsuã⁵³	tsʰuɤ²¹³	tsʰuɤ³³
清涧	ɕiɯ⁵³~算 ɕiɔ̃⁵³~念	ɕiɒ̃⁴²	tʂɒ̃³¹²	tʂʰɯ²⁴~短 tʂʰɒ̃²⁴~处	tʂu³¹²~打 tʂuɒ̃³¹²包~	tʂuɒ̃⁴²	tʂʰʅ³¹²毒~ tʂʰuɒ̃³¹²~痈	tʂʰuɒ̃²⁴
延安	ɕiaŋ⁵²	ɕiaŋ⁴⁴³	tʂaŋ²¹³	tʂʰaŋ²⁴	tʂuaŋ²¹³	tʂuaŋ⁴⁴³	tʂʰuaŋ²¹³	tʂʰuaŋ²⁴
延川	ɕie⁵³~念 ɕiaŋ⁵³思~	ɕiaŋ⁵³	tʂaŋ²¹³	tʂʰei³⁵	tʂuaŋ²¹³	tʂuaŋ⁵³	tʂʰʅ²¹³白~ tʂʰuaŋ²¹³生~	tʂʰuaŋ³⁵
黄陵	ɕiaŋ⁵²	ɕiaŋ⁵⁵	tʂaŋ³¹	tʂʰaŋ²⁴	tsuaŋ³¹	tsuaŋ⁵⁵	tsʰuaŋ³¹	tsʰuaŋ²⁴
渭南	ɕiaŋ⁵³	ɕiaŋ⁴⁴	tʂaŋ³¹	tʂʰaŋ²⁴	tʃaŋ³¹	tʃaŋ⁴⁴	tʃʰaŋ³¹	tʃʰaŋ²⁴
韩城	ɕiaŋ⁵³	ɕiaŋ⁴⁴	tʂaŋ³¹	tʂʰuɤ²⁴~腿子① tʂʰaŋ²⁴~江	pfuɤ³¹~酒 pfaŋ³¹~病	pʰuɤ⁴⁴得很 pfaŋ⁴⁴雄~	pfʰaŋ³¹	pfʰuɤ²⁴~上 pfʰaŋ²⁴~头
合阳	siaŋ⁵²	siɔ⁵⁵~老虎 siaŋ⁵⁵头~	tʂaŋ³¹	tʂʰuo²⁴~短 tʂʰaŋ²⁴~豆芽	pfaŋ³¹	pfaŋ⁵⁵	pfʰaŋ³¹	pfʰaŋ²⁴
富平	siaɤ̃⁵³	siaɤ̃⁵⁵	tʂaɤ̃³¹	tʂʰaɤ̃²⁴	tʃuaɤ̃³¹	tʃuaɤ̃⁵⁵	tʃʰuaɤ̃³¹	tʃʰuaɤ̃²⁴
耀州	ɕiaŋ⁵²	ɕiaŋ⁴⁴	tʂaŋ²¹	tʂʰaŋ²⁴	tʃuaŋ²¹	tʃuaŋ⁴⁴	tʃʰuaŋ³¹	tʃʰuaŋ²⁴
咸阳	ɕiaŋ⁵³	ɕiaŋ⁴⁴	tʂaŋ³¹	tʂʰaŋ²⁴	tʃuaŋ³¹	tʃuaŋ⁴⁴	tʃʰuaŋ³¹	tʃʰuaŋ²⁴
旬邑	siaŋ⁵²	siaŋ⁴⁴	tʂaŋ²¹	tʂʰaŋ²⁴	tʃaŋ²¹	tʃaŋ⁴⁴	tʃʰaŋ²¹	tʃʰaŋ²⁴
三原	ɕiaŋ⁵²	ɕiaŋ⁴⁴	tʂaŋ³¹	tʂʰaŋ²⁴	tʃuaŋ³¹	tʃuaŋ⁴⁴	tʃʰuaŋ³¹	tʃʰuaŋ²⁴
乾县	ɕiaŋ⁵³	ɕiaŋ⁵⁵	ʈaŋ²¹	tʂʰaŋ²⁴	tʃuaŋ³¹	tʃuaŋ⁵⁵	tʃʰuaŋ²¹	tʃʰuaŋ²⁴
岐山	siaŋ⁵³	siaŋ⁴⁴	tʂaŋ³¹	tʂʰaŋ²⁴	tʂaŋ³¹	tʂaŋ⁴⁴	tʂʰaŋ³¹	tʂʰaŋ²⁴
凤翔	siaŋ⁵³	siaŋ⁴⁴	tʂaŋ³¹	tʂʰaŋ²⁴	tʂaŋ³¹	tʂaŋ⁴⁴	tʂʰaŋ³¹	tʂʰaŋ²⁴
千阳	siaŋ⁵³	siaŋ⁴⁴	tʂaŋ³¹	tʂʰaŋ²⁴	tʃaŋ³¹	tʃaŋ⁴⁴	tʃʰaŋ³¹	tʃʰaŋ²⁴
西安	ɕiaŋ⁵³	ɕiaŋ⁴⁴	tʂaŋ²¹	tʂʰaŋ²⁴	pfaŋ²¹	pfaŋ⁴⁴	pfʰaŋ²¹	pfʰaŋ²⁴

①~腿子：蚊子。

	0729 想 宕开三 上阳心	0730 像 宕开三 上阳邪	0731 张量 宕开三 平阳知	0732 长~短 宕开三 平阳澄	0733 装 宕开三 平阳庄	0734 壮 宕开三 去阳庄	0735 疮 宕开三 平阳初	0736 床 宕开三 平阳崇
户县	ɕiaŋ⁵¹	ɕiaŋ⁵⁵	tʂaŋ³¹	tʂʰaŋ³⁵	tsuaŋ³¹	tsuaŋ⁵⁵	tsʰuaŋ³¹	tsʰuaŋ³⁵
商州	ɕiaŋ⁵³	ɕiaŋ⁴⁴	tʂaŋ³¹	tʂʰaŋ³⁵	tʃuaŋ³¹	tʃuaŋ⁴⁴	tʃʰuaŋ³¹	tʃʰuaŋ³⁵
镇安	ɕiʌŋ³⁵	ɕiʌŋ³²²	tʂʌŋ⁵³	tʂʰʌŋ³³	tʂuʌŋ⁵³	tʂuʌŋ³²²	tʂʰuʌŋ⁵³	tʂʰuʌŋ³³
安康	ɕiaŋ⁵³	ɕiaŋ⁴⁴	tʂaŋ³¹	tʂʰaŋ³⁵	pfaŋ³¹	pfaŋ⁴⁴	pfʰaŋ³¹	pfʰaŋ³⁵
白河	ɕiaŋ³⁵	tɕʰiaŋ⁴¹ 不~ ɕiaŋ⁴¹ 相~	tʂaŋ²¹³	tʂʰaŋ⁴⁴	tʂuaŋ²¹³	tʂuaŋ⁴¹	tʂʰuaŋ²¹³	tʂʰuaŋ⁴⁴
汉阴	ɕiaŋ⁴⁵	tɕʰiaŋ²¹⁴ 长得~ ɕiaŋ²¹⁴ 雕~	tʂaŋ³³	tʂʰaŋ⁴²	tsuaŋ³³	tsuaŋ²¹⁴	tsʰuaŋ³³	tsʰuaŋ⁴²
平利	ɕiaŋ⁴⁴⁵	ɕiaŋ²¹⁴	tʂaŋ⁴³	tʂʰaŋ⁵²	tʂɥaŋ⁴³	tʂɥaŋ²¹⁴	tʂʰɥaŋ⁴³	tʂʰɥaŋ⁵²
汉中	ɕiaŋ³⁵⁴	tɕʰiaŋ²¹³ ~得很 ɕiaŋ²¹³ 画~	tʂaŋ⁵⁵	tʂʰaŋ⁴²	tsuaŋ⁵⁵	tsuaŋ²¹³	tsʰuaŋ⁵⁵	tsʰuaŋ⁴²
城固	siaŋ⁴⁴	tsʰiaŋ²¹³ 动词 siaŋ²¹³ 名词	tʂaŋ⁵³	tʂʰaŋ³¹¹	tʃuaŋ⁵³	tʃuaŋ²¹³	tʃʰuaŋ⁵³	tʃʰuaŋ³¹¹
勉县	ɕiaŋ³⁵	tɕʰiaŋ²¹³ 长得~ ɕiaŋ²¹³ 画~	tsaŋ⁴²	tsʰaŋ²¹	tsuaŋ⁴²	tsuaŋ²¹³	tsʰuaŋ⁴²	tsʰuaŋ²¹
镇巴	ɕiaŋ⁵²	tɕʰiaŋ²¹³ 名词 ɕiaŋ²¹³ 动词	tsaŋ³⁵	tsʰaŋ³¹	tsuaŋ³⁵	tsuaŋ²¹³	tsʰuaŋ³⁵	tsʰuaŋ³¹

	0737 霜	0738 章	0739 厂	0740 唱	0741 伤	0742 尝	0743 上~去	0744 让
	宕开三平阳生	宕开三平阳章	宕开三上阳昌	宕开三去阳昌	宕开三平阳书	宕开三平阳禅	宕开三上阳禅	宕开三去阳日
榆林	ʂuã³³	tʂã³³	tʂʰã²¹³	tʂʰã⁵²	ʂã³³	tʂʰã²¹³	ʂã⁵²	ʐã⁵²
神木	ʂuã²¹³	tʂã²¹³	tʂʰã²¹³	tʂʰã⁵³	ʂã²¹³	ʂã⁴⁴	ʂã⁵³	ʐã⁵³
绥德	ʂuã²¹³	tʂã²¹³	tʂʰã²¹³	tʂʰã⁵²	ʂã²¹³	ʂã³³	ʂã⁵²	ʐã⁵²
吴堡	suɤu²¹³	tʂã²¹³	tʂʰɤu³¹²	tʂʰɤu⁵³	ʂɤu²¹³	ʂɤu³³	ʂɤu⁵³	ʐɤu⁵³
清涧	ʂu³¹²~降 ʂuə̃³¹²冰~	tʂə̃³¹²	tʂʰə̃⁵³	tʂʰə̃⁴²	ʂə̃³¹²	ʂɯ²⁴~给下 ʂə̃²⁴~试	ʂɯ⁴²~去 ʂə̃⁴²~班	ʐə̃⁴²
延安	ʂuaŋ²¹³	tʂaŋ²¹³	tʂʰaŋ⁵²	tʂʰaŋ⁴⁴³	ʂaŋ²¹³	ʂaŋ²⁴	ʂaŋ⁴⁴³	ʐaŋ⁴⁴³
延川	ʂuaŋ²¹³	tʂaŋ²¹³	tʂʰaŋ⁵³	tʂʰaŋ⁵³	ʂaŋ²¹³	ʂei³⁵	ʂei⁵³	ʐaŋ⁵³
黄陵	suaŋ³¹	tʂaŋ³¹	tʂʰaŋ⁵²	tʂʰaŋ⁵⁵	ʂaŋ³¹	ʂaŋ²⁴~一下 tʂʰaŋ²⁴~试	ʂaŋ⁵⁵	ʐaŋ⁵⁵
渭南	ʃaŋ³¹	tʂaŋ³¹	tʂʰaŋ⁵³	tʂʰaŋ⁴⁴	ʂaŋ³¹	ʂaŋ²⁴	ʂaŋ⁴⁴	ʐaŋ⁴⁴
韩城	faŋ³¹	tʂaŋ³¹	tʂʰaŋ⁵³	tʂʰaŋ⁴⁴	ʂaŋ³¹	ʂuɤ²⁴~一下 tʂʰaŋ²⁴品~	ʂuɤ⁴⁴~去 ʂaŋ⁴⁴~午	ʐaŋ⁴⁴
合阳	faŋ³¹	tʂaŋ³¹	tʂʰaŋ⁵²	tʂʰaŋ⁵⁵	ʂaŋ³¹	ʂuo²⁴~味道 ʂaŋ²⁴~一下 tʂʰaŋ²⁴品~	ʂuo⁵⁵~头 ʂaŋ⁵⁵~下	ʐaŋ⁵⁵
富平	ʃuaɣ̃³¹	tʂaɣ̃³¹	tʂʰaɣ̃⁵³	tʂʰaɣ̃⁵⁵	ʂaɣ̃³¹	ʂaɣ̃²⁴	ʂaɣ̃⁵⁵	ʐaɣ̃⁵⁵
耀州	ʃuaŋ²¹	tʂaŋ²¹	tʂʰaŋ⁵²	tʂʰaŋ⁴⁴	ʂaŋ²¹	ʂaŋ²⁴	ʂaŋ⁴⁴	ʐaŋ⁴⁴
咸阳	ʃuaŋ³¹	tʂaŋ³¹	tʂʰaŋ⁵³	tʂʰaŋ⁴⁴	ʂaŋ³¹	ʂaŋ²⁴	ʂaŋ⁴⁴	ʐaŋ⁴⁴
旬邑	ʃaŋ²¹	tʂaŋ²¹	tʂʰaŋ⁵²	tʂʰaŋ⁴⁴	ʂaŋ²¹	ʂaŋ²⁴	ʂaŋ⁴⁴	ʐaŋ⁴⁴
三原	ʃuaŋ³¹	tʂaŋ³¹	tʂʰaŋ⁵²	tʂʰaŋ⁴⁴	ʂaŋ³¹	ʂaŋ²⁴	ʂaŋ⁴⁴	ʐaŋ⁴⁴
乾县	ʃuaŋ²¹	taŋ²¹	tʂʰaŋ⁵³	tʂʰaŋ⁵⁵	ʂaŋ²¹	ʂaŋ²⁴~味道 tʂʰaŋ²⁴品~	ʂaŋ⁵⁵	ʐaŋ⁵⁵
岐山	ʂaŋ³¹	tʂaŋ³¹	tʂʰaŋ⁵³	tʂʰaŋ⁴⁴	ʂaŋ³¹	ʂaŋ⁵³	ʂaŋ⁴⁴	ʐaŋ⁴⁴
凤翔	ʂaŋ³¹	tʂaŋ³¹	tʂʰaŋ⁵³	tʂʰaŋ⁴⁴	ʂaŋ³¹	ʂaŋ²⁴	ʂaŋ⁴⁴	ʐaŋ⁴⁴
千阳	ʃaŋ³¹	tʂaŋ³¹	tʂʰaŋ⁵³	tʂʰaŋ⁴⁴	ʂaŋ³¹	ʂaŋ²⁴	ʂaŋ⁴⁴	ʐaŋ⁴⁴
西安	faŋ²¹	tʂaŋ²¹	tʂʰaŋ⁵³	tʂʰaŋ⁴⁴	ʂaŋ²¹	tʂʰaŋ²⁴	ʂaŋ⁴⁴	ʐaŋ⁴⁴

	0737 霜	0738 章	0739 厂	0740 唱	0741 伤	0742 尝	0743 上~去	0744 让
	宕开三平阳生	宕开三平阳章	宕开三上阳昌	宕开三去阳昌	宕开三平阳书	宕开三平阳禅	宕开三上阳禅	宕开三去阳日
户县	suaŋ³¹	tʂaŋ³¹	tʂʰaŋ⁵¹	tʂʰaŋ⁵⁵	ʂaŋ31	ʂaŋ³⁵ 孟~君 / tʂʰaŋ³⁵ ~味道	ʂaŋ⁵⁵	ʐaŋ⁵⁵
商州	ʃuaŋ³¹	tʂaŋ³¹	tʂʰaŋ⁵³	tʂʰaŋ⁴⁴	ʂaŋ³¹	ʂaŋ³⁵ ~菜 / tʂʰaŋ³⁵ ~试	ʂaŋ⁴⁴	ʐaŋ⁴⁴
镇安	ʂuʌŋ⁵³	tʂʌŋ⁵³	tʂʰʌŋ³⁵	tʂʰʌŋ²¹⁴	ʂʌŋ⁵³	ʂʌŋ³³ ~菜 / tʂʰʌŋ³³ ~试	ʂʌŋ³²²	ʐʌŋ³²²
安康	faŋ³¹	tʂaŋ³¹	tʂʰaŋ⁵³	tʂʰaŋ⁴⁴	ʂaŋ³¹	ʂaŋ³⁵	ʂaŋ⁴⁴	ʐaŋ⁴⁴
白河	suaŋ²¹³	tʂaŋ²¹³	tʂʰaŋ³⁵	tʂʰaŋ⁴¹	ʂaŋ²¹³	ʂaŋ⁴⁴ ~一下 / tʂʰaŋ⁴⁴ 品~	ʂaŋ⁴¹	ʐaŋ⁴¹
汉阴	suaŋ³³	tʂaŋ³³	tʂʰaŋ⁴⁵	tʂʰaŋ²¹⁴	ʂaŋ³³	ʂaŋ⁴²	ʂaŋ²¹⁴	ʐaŋ²¹⁴
平利	sɥaŋ⁴³	tʂaŋ⁴³	tʂʰaŋ⁴⁴⁵	tʂʰaŋ²¹⁴	ʂaŋ⁴³	ʂaŋ⁵²	ʂaŋ²¹⁴	ʐaŋ²¹⁴
汉中	suaŋ⁵⁵	tʂaŋ⁵⁵	tʂʰaŋ³⁵⁴	tʂʰaŋ²¹³	ʂaŋ⁵⁵	ʂaŋ⁴² ~味道 / tʂʰaŋ⁴² 品~	ʂaŋ²¹³	ʐaŋ²¹³
城固	ʃuaŋ⁵³	tʂaŋ⁵³	tʂʰaŋ⁴⁴	tʂʰaŋ²¹³	ʂaŋ⁵³	ʂaŋ³¹¹	ʂaŋ²¹³	ʐaŋ²¹³
勉县	faŋ⁴²	tsaŋ⁴²	tsʰaŋ³⁵	tsʰaŋ²¹³	saŋ⁴²	saŋ²¹	saŋ²¹³	zaŋ²¹³
镇巴	suaŋ³⁵	tsaŋ³⁵	tsʰaŋ⁵²	tsʰaŋ²¹³	saŋ³⁵	saŋ³¹	saŋ²¹³	zaŋ²¹³

	0745 姜 生~ 宕开三 平阳见	0746 响 宕开三 上阳晓	0747 向 宕开三 去阳晓	0748 秧 宕开三 平阳影	0749 痒 宕开三 上阳以	0750 样 宕开三 去阳以	0751 雀 宕开三 入药精	0752 削 宕开三 入药心
榆林	tɕiã³³	ɕiã²¹³	ɕiã⁵²	iã³³	iã²¹³	iã⁵²	tɕʰiɔc²¹³	ɕiəu³³~铅笔 ɕyʌʔ³~果子
神木	tɕiã²¹³	ɕiã²¹³	ɕiã⁵³	iã²¹³~子 iã⁴⁴~歌	iã²¹³	iã⁵³	tɕʰiɔc²¹³	ɕiəɜ²¹³~铅笔 ɕyʔ²⁴~剥
绥德	tɕiã²¹³	ɕiã²¹³	ɕiã⁵²	iã³³	iã²¹³	iã⁵²	tɕʰiɔʁ²¹³	ɕiəu²¹³1~铅笔 ɕyʁ³³2~苹果① ɕiɔʁ²¹³剥~
吴堡	tɕiã²¹³	ɕiɤu⁴¹²	ɕiɤu⁵³~谁 ɕiã⁵³方~	iã³³	iã⁴¹²	iɤu⁵³	tɕʰiɤ⁴¹²	ɕyəʔ³
清涧	tɕiɒ̃³¹²	ɕiɒ̃⁵³	ɕiɯ⁴²~谁 ɕiɒ̃⁴²方~	iɒ̃³¹²插~ iɒ̃²⁴~歌	iɒ̃⁵³	iɒ̃⁴²	tɕʰiɔʁ³¹²②	ɕiɔ³¹²剥 ɕyʔ⁵⁴~苹果
延安	tɕiaŋ²¹³	ɕiaŋ⁵²	ɕiaŋ⁴⁴³	iaŋ²¹³	iaŋ⁵²	iaŋ⁴⁴³	tɕʰiɔ⁴⁴³	ɕiou²¹³~苹果 ɕyo²¹³剥~
延川	tɕiaŋ²¹³	ɕiaŋ⁵³	ɕiaŋ⁵³	iaŋ²¹³	iaŋ⁵³	iaŋ⁵³	tɕʰiɑo⁵³	ɕyɛ⁴²³
黄陵	tɕiaŋ³¹	ɕiaŋ⁵²	ɕiaŋ⁵⁵	ȵiaŋ³¹插~ iaŋ³¹~歌	iaŋ⁵²	iaŋ⁵⁵	tɕʰiɔ⁵²~儿 tɕyɤ⁵²麻~	ɕyɤ³¹
渭南	tɕiaŋ³¹	ɕiaŋ⁵³	ɕiaŋ⁴⁴	ȵiaŋ³¹~子 iaŋ³¹~歌	iaŋ⁵³	iaŋ⁴⁴	tɕʰyə³¹	ɕyə³¹
韩城	tɕiaŋ³¹	ɕiɤ⁵³~屁 ɕiaŋ⁵³~亮	ɕiaŋ⁴⁴	ȵiaŋ³¹~子 iaŋ³¹~歌	iaŋ⁵³	iaŋ⁴⁴	tɕʰiɤ³¹	ɕyE³¹
合阳	tɕiaŋ³¹	ɕiaŋ⁵²	ɕiaŋ⁵⁵	ȵiaŋ³¹	iaŋ⁵²	iaŋ⁵⁵	tsʰiɔ⁵²~儿 tsʰyə⁵²麻~	siɔ³¹~洋芋 ɕyə³¹剥~
富平	tɕiaɣ̃³¹	ɕiaɣ̃⁵³	ɕiaɣ̃⁵⁵	iaɣ̃³¹	iaɣ̃⁵³	ȵiaɣ̃³¹这~ iaɣ̃⁵⁵~板戏	tʰiɑo⁵³~~③ tɕʰyɛ³¹巢	suo⁵³

①前两个音为白读1、白读2。
②只有儿化音。
③~~：鸟儿。

	0745 姜 生~	0746 响	0747 向	0748 秧	0749 痒	0750 样	0751 雀	0752 削
	宕开三平阳见	宕开三上阳晓	宕开三去阳晓	宕开三平阳影	宕开三上阳以	宕开三去阳以	宕开三入药精	宕开三入药心
耀州	tɕiaŋ²¹	ɕiaŋ⁵²	ɕiaŋ⁴⁴	iaŋ²¹	iaŋ⁵²	iaŋ⁴⁴	tɕʰiɔu⁵²	tɕyo⁵²
咸阳	tɕiaŋ³¹	ɕiaŋ⁵³	ɕiaŋ⁴⁴	iaŋ³¹	iaŋ⁵³	iaŋ⁴⁴	tɕʰyo³¹	ɕyo³¹
旬邑	tɕiaŋ²¹	ɕiaŋ⁵²	ɕiaŋ⁴⁴	ɲiaŋ²¹	iaŋ⁵²	iaŋ⁴⁴	tɕʰyo²¹	ɕyo²¹
三原	tɕiaŋ³¹	ɕiaŋ⁵²	ɕiaŋ⁴⁴	iaŋ³¹	iaŋ⁵²	iaŋ⁴⁴	tɕʰyɤ³¹	suə³¹
乾县	tɕiaŋ²¹	ɕiaŋ⁵³	ɕiaŋ⁵⁵	iaŋ²¹	iaŋ⁵³	iaŋ⁵⁵	tɕʰyə²¹	ɕiɔ²¹ ~苹果 / ɕyə²¹ 剥~
岐山	tɕiaŋ³¹	ɕiaŋ⁵³	ɕiaŋ⁴⁴	iaŋ³¹	iaŋ⁵³	iaŋ⁴⁴	tɕʰyo³¹	siɔ³¹
凤翔	tɕiaŋ³¹	ɕiaŋ⁵³	ɕiaŋ⁴⁴	iaŋ³¹	iaŋ⁵³	iaŋ⁴⁴	tsʰiɔ⁵³ ~~① / tɕʰyo³¹ 孔~	ɕyo³¹
千阳	tɕiaŋ³¹	ɕiaŋ⁵³	ɕiaŋ⁴⁴	iaŋ³¹	iaŋ⁵³	iaŋ⁴⁴	tsʰiɔ⁵³ ~~② / tɕʰyo³¹ 孔~	ɕyo³¹
西安	tɕiaŋ²¹	ɕiaŋ⁵³	ɕiaŋ⁴⁴	iaŋ²¹	iaŋ⁵³	iaŋ⁴⁴	tɕʰiau⁵³	ɕyo²¹
户县	tɕiaŋ³¹	ɕiaŋ⁵¹	ɕiaŋ⁵⁵	iaŋ³¹	iaŋ⁵¹	iaŋ⁵⁵	tɕʰiau⁵¹ ~儿③ / tɕʰyɤ³¹ 麻~	suɤ³¹
商州	tɕiaŋ³¹	ɕiaŋ⁵³	ɕiaŋ⁴⁴	iaŋ³¹	iaŋ⁵³	iaŋ⁴⁴	tɕʰyɛ³¹	ɕyɛ³¹
镇安	tɕiʌŋ⁵³	ɕiʌŋ³⁵	ɕiʌŋ²¹⁴	iʌŋ⁵³	iʌŋ³⁵	iʌŋ³²²	tʂʰʮɛ⁵³	ɕiə³¹
安康	tɕiaŋ³¹	ɕiaŋ⁵³	ɕiaŋ⁴⁴	iaŋ³¹	iaŋ⁵³	iaŋ⁴⁴	tɕʰyo⁵³	ɕyo³¹
白河	tɕiaŋ²¹³	ɕiaŋ³⁵	ɕiaŋ⁴¹	iaŋ²¹³	iaŋ³⁵	iaŋ⁴¹	tɕʰyo³⁵	ɕyo²¹³
汉阴	tɕiaŋ³³	ɕiaŋ⁴⁵	ɕiaŋ²¹⁴	iaŋ³³	iaŋ⁴⁵	iaŋ²¹⁴	tɕʰio⁴⁵	ɕio⁴²
平利	tɕiaŋ⁴³	ɕiaŋ⁴⁴⁵	ɕiaŋ²¹⁴	iaŋ⁴³	iaŋ⁴⁴⁵	iaŋ²¹⁴	tɕʰio⁴⁴⁵	ɕio⁴³
汉中	tɕiaŋ⁵⁵	ɕiaŋ³⁵⁴	ɕiaŋ²¹³	iaŋ⁵⁵	iaŋ³⁵⁴	iaŋ²¹³	tɕʰyɤ²¹³	ɕyɤ⁵⁵
城固	tɕiaŋ⁵³	ɕiaŋ⁴⁴	ɕiaŋ²¹³	iaŋ⁵³	iaŋ⁴⁴	iaŋ²¹³	tɕʰyɛ²¹³	ɕyɛ⁵³
勉县	tɕiaŋ⁴²	ɕiaŋ³⁵	ɕiaŋ²¹³	iaŋ⁴²	iaŋ³⁵	iaŋ²¹³	tɕʰiɔ²¹ ~~ / tɕʰyɤ³⁵ 孔~	ɕyɤ⁴²
镇巴	tɕiaŋ³⁵	ɕiaŋ⁵²	ɕiaŋ²¹³	iaŋ³⁵	iaŋ⁵²	iaŋ²¹³	tɕʰio³¹	ɕyɛ³¹

① ~~：鸟儿。
② ~~：鸟儿。
③ ~儿：麻雀。

	0753 着~了	0754 勺	0755 弱	0756 脚	0757 约	0758 药	0759 光~线	0760 慌
	宕开三入药知	宕开三入药禅	宕开三入药日	宕开三入药见	宕开三入药影	宕开三入药以	宕合一平唐见	宕合一平唐晓
榆林	tʂuə²¹³ 睡~ tʂuə²¹³ ~火	ʂuə²¹³	ʐuʌʔ³	tɕiʌʔ³	yʌʔ³	iʌʔ³	kuã³³	xuã³³
神木	tʂʰəʔ⁴ 睡~ tʂəʔ⁴ ~火	ʂəʔ⁴	ʐuəʔ⁴	tɕiəʔ⁴	iəʔ⁴	iəʔ⁴	kuã²¹³	xuã²¹³
绥德	tʂʰɤ³³	ʂɤ³³	ʐuɤ³³	tɕie³³	ie³³	ie³³	kuã²¹³	xuã²¹³
吴堡	tʂʰəʔ²¹³	suəʔ²¹³	ʐəʔ²¹³	tɕiəʔ³	iəʔ³	iəʔ²¹³	kuã²¹³	xu²¹³
清涧	tʂʰɤ²⁴	ʂɤ²⁴	ʐɤ²⁴	tɕi⁵³	i⁵³	i⁵³	kuɒ̃³¹²	xu³¹² ~失 xuɒ̃³¹² ~乱
延安	tʂʰuo²⁴ ~火 tʂuo²⁴ ~急	ʂuo²⁴	ʐuo²¹³	tɕyo²¹³	yo²¹³	yo²¹³	kuaŋ²¹³	xuaŋ²¹³
延川	tʂʰɤ³⁵	ʂɤ³⁵	ʐuɤ⁴²³	tɕie⁴²³	yɛ⁴²³	ie⁴²³	ku²¹³	xuaŋ²¹³
黄陵	tʂʰuɤ²⁴	ɕyɤ²⁴ ~~ ʂuɤ²⁴ ~子	ʐuɤ²⁴	tɕyɤ³¹	yɤ³¹	yɤ³¹	kuaŋ³¹	xuaŋ³¹
渭南	tɕʰyə²⁴	ɕyə²⁴	ʒə²⁴	tɕyə³¹	yə³¹	yə³¹	kuaŋ³¹	xuaŋ³¹
韩城	tʂʰuɤ²⁴	ʂuɤ²⁴	ʐuɤ²⁴	tɕyE³¹	ȵiɤ³¹	iɤ³¹	kuaŋ³¹	xuaŋ³¹
合阳	tʂʰuo²⁴	ʂuo²⁴	ʐuo²⁴	tɕyə³¹	ȵyə³¹ ~时间 yə³¹ 大~	yə³¹	kuaŋ³¹	xuaŋ³¹
富平	tʂʰuo²⁴	ɕyɛ²⁴	ʐuo²⁴	tɕyɛ³¹	yɛ³¹	yɛ³¹	kuaɣ̃³¹	xuaɣ̃³¹
耀州	tʃʰuo²⁴	ɕyo²⁴	luo²⁴ ~得很 ʒuo²⁴ ~小	tɕyo²¹	yo²¹	yo²¹	kuaŋ²¹	xuaŋ²¹
咸阳	tʃʰuo²⁴	ɕyo²⁴	ʒuo²⁴	tɕyo³¹	yo³¹	yo³¹	kuaŋ³¹	xuaŋ³¹
旬邑	tʃʰuo²⁴	ʃuo²⁴	ʒuo²⁴	tɕyo²¹	yo²¹	yo²¹	kuaŋ²¹	xuaŋ²¹
三原	tʂʰuə²⁴	ɕyɤ²⁴	ʐuə²⁴	tɕyɤ³¹	yɤ³¹	yɤ³¹	kuaŋ³¹	xuaŋ³¹
乾县	tʂʰuɤ²⁴ ~火 tɔ²⁴ ~迷	ɕyə²⁴ 马~ ʂɔ²⁴ 水~	ʒuɤ²¹	tɕyə²¹	yə²¹	yə²¹	kuaŋ²¹	xuaŋ²¹
岐山	tʂʰuo²⁴ 火~ tʂuo²⁴ ~火	ʂuo²⁴	ʐuo³¹	tɕyo³¹	yo³¹	yo³¹	kuaŋ³¹	xuaŋ³¹

	0753 着~了	0754 勺	0755 弱	0756 脚	0757 约	0758 药	0759 光~线	0760 慌
	宕开三入药知	宕开三入药禅	宕开三入药日	宕开三入药见	宕开三入药影	宕开三入药以	宕合一平唐见	宕合一平唐晓
凤翔	tʂʰuo²⁴	ɕyo²⁴	ʐuo³¹	tɕyo³¹	yo³¹	yo³¹	kuaŋ³¹	xuaŋ³¹
千阳	tsʰuo²⁴	suo²⁴	ʐuo³¹	tɕyo³¹	yo³¹	yo³¹	kuaŋ³¹	xuaŋ³¹
西安	pfʰo²⁴	fo²⁴	ʐuo²⁴	tɕyo²¹	yo²¹	yo²¹	kuaŋ²¹	xuaŋ²¹
户县	tɕʰyɤ³⁵	ɕyɤ³⁵	ʐuɤ³¹	tɕyɤ³¹	ȵyɤ³¹ ~时间 / yɤ³¹ ~定	yɤ³¹	kuaŋ³¹	xuaŋ³¹
商州	tʂʰuə³⁵	ɕyɛ³⁵	ʐuə³¹	tɕyə³¹	yɛ³¹	yə³¹	kuaŋ³¹	xuaŋ³¹
镇安	tʂuə³²²	ʂuə²¹⁴	ʐuə⁵³	tɕiə⁵³	iə⁵³	iə⁵³	kuʌŋ⁵³	xuʌŋ⁵³
安康	pfʰə³⁵	fə³⁵	uo³¹	tɕyo³¹	yo³¹	yo³¹	kuaŋ³¹	xuaŋ³¹
白河	tʂuo⁴⁴	ʂuo⁴⁴	ʐuo⁴⁴	tɕyo²¹³	yo²¹³	yo²¹³	kuaŋ²¹³	xuaŋ²¹³
汉阴	tʂo⁴²	ʂo⁴²	ʐo⁴²	tɕio⁴²	io⁴²	io⁴²	kuaŋ³³	χuaŋ³³
平利	tʂo⁵²	ʂo⁵²	ʐo⁴³	tɕio⁴³	io⁴³	io⁴³	kuaŋ⁴³	xuaŋ⁴³
汉中	tʂʰɤ⁴²	ʂɤ⁴²	ʐuɤ⁵⁵	tɕyɤ⁵⁵	yɤ⁵⁵	yɤ⁵⁵	kuaŋ⁵⁵	xuaŋ⁵⁵
城固	tʂʰə³¹¹	ʂə³¹¹	ʐə⁵³	tɕyɛ⁵³	yɛ⁵³	yɛ⁵³	kuaŋ⁵³	xuaŋ⁵³
勉县	tsuɤ²¹	fɤ²¹	zuɤ⁴²	tɕyɤ⁴²	yɤ⁴²	yɤ⁴²	kuaŋ⁴²	xuaŋ⁴²
镇巴	tso³¹	so³¹	zo³¹	tɕio³¹	io³¹	io³¹	kuaŋ³⁵	xuaŋ³⁵

	0761 黄	0762 郭	0763 霍	0764 方	0765 放	0766 纺	0767 房	0768 防
	宕合一平唐匣	宕合一入铎见	宕合一入铎晓	宕合三平阳非	宕合三去阳非	宕合三上阳敷	宕合三平阳奉	宕合三平阳奉
榆林	xuã²¹³	kuʌʔ³	xuəʔ³	fã³³	fã⁵²	fã²¹³	fã²¹³	fã²¹³
神木	xuã⁴⁴	kuəʔ⁴	xuəʔ⁴	fã²¹³	fã⁵³	fã²¹³	fã⁴⁴	fã⁴⁴
绥德	xuã³³	kuo³³	xuɤ³³	fã²¹³	fã⁵²	fã²¹³	fã³³	fã³³
吴堡	xu³³	kuəʔ³	xuəʔ³	fɤu²¹³	fɤu⁵³ ~下 / fã⁵³ ~解	fɤu⁴¹²	fɤu³³	fɤu³³ ~备 / fã³³ 国~
清涧	xu²⁴ 蛋~~ / xuD̃²⁴ ~金	ku⁵³	xuəʔ⁵⁴	fD̃³¹²	fv⁴² ~心 / fD̃⁴² ~解	fD̃⁵³	fD̃²⁴	fD̃²⁴
延安	xuaŋ²⁴	kuo²¹³	xuo⁴⁴³	faŋ²¹³	faŋ⁴⁴³	faŋ⁵²	faŋ²⁴	faŋ²⁴
延川	xu³⁵	kuɤ⁴²³	xuə⁴²³	faŋ²¹³	fei⁵³	faŋ⁵³	faŋ³⁵	faŋ³⁵
黄陵	xuaŋ²⁴	kuɤ³¹	xuɤ³¹	faŋ³¹	faŋ⁵⁵	faŋ⁵²	faŋ²⁴	faŋ²⁴
渭南	xuaŋ²⁴	kuə³¹	xuə³¹	faŋ³¹	faŋ⁴⁴	faŋ⁵³	faŋ²⁴	faŋ²⁴
韩城	xuaŋ²⁴	kuɤ³¹	xuɤ³¹	faŋ³¹	faŋ⁴⁴	faŋ⁵³	faŋ²⁴	faŋ²⁴
合阳	xuaŋ²⁴	kuo³¹	xuo³¹	faŋ³¹	fo⁵⁵ ~心 / faŋ⁵⁵ ~解	fo⁵² ~棉花 / faŋ⁵² ~织	faŋ²⁴	faŋ²⁴
富平	xuaɣ̃²⁴	kuo³¹	xuo³¹	faɣ̃³¹	faɣ̃⁵⁵	faɣ̃⁵³	faɣ̃²⁴	faɣ̃²⁴
耀州	xuaŋ²⁴	kuo²¹	xuo²¹	faŋ²¹	faŋ⁴⁴	faŋ⁵²	faŋ²⁴	faŋ²⁴
咸阳	xuaŋ²⁴	kuo³¹	xuo³¹	faŋ³¹	faŋ⁴⁴	faŋ⁵³	faŋ²⁴	faŋ²⁴
旬邑	xuaŋ²⁴	kuo²¹	xuo²¹	faŋ²¹	faŋ⁴⁴	faŋ⁵²	faŋ²⁴	faŋ²⁴
三原	xuaŋ²⁴	kuə³¹	xuə³¹	faŋ³¹	faŋ⁴⁴	faŋ⁵²	faŋ²⁴	faŋ²⁴
乾县	xuaŋ²⁴	kuɤ²¹	xuɤ²¹	faŋ²¹	faŋ⁵⁵	faŋ⁵³	faŋ²⁴	faŋ²⁴
岐山	xuaŋ²⁴	kuo³¹	xuo³¹	faŋ³¹	faŋ⁴⁴	faŋ⁵³	faŋ²⁴	faŋ²⁴
凤翔	xuaŋ²⁴	kuo³¹	xuo³¹	faŋ³¹	faŋ⁴⁴	faŋ⁵³	faŋ²⁴	faŋ²⁴
千阳	xuaŋ²⁴	kuo³¹	xuo³¹	faŋ³¹	faŋ⁴⁴	faŋ⁵³	faŋ²⁴	faŋ²⁴
西安	xuaŋ²⁴	kuo²¹	xuo²¹	faŋ²¹	faŋ⁴⁴	faŋ⁵³	faŋ²⁴	faŋ²⁴
户县	xuaŋ³⁵	kuɤ³¹	xuɤ³¹	faŋ³¹	faŋ⁵⁵	faŋ⁵¹	faŋ³⁵	faŋ³⁵
商州	xuaŋ³⁵	kuə³¹	xuə³¹	faŋ³¹	faŋ⁴⁴	faŋ⁵³	faŋ³⁵	faŋ³⁵
镇安	xuʌŋ³³	kuə⁵³	xuə³²²	fʌŋ⁵³	fʌŋ²¹⁴	fʌŋ³⁵	fʌŋ³³	fʌŋ³³

	0761 黄	0762 郭	0763 霍	0764 方	0765 放	0766 纺	0767 房	0768 防
	宕合一 平唐匣	宕合一 入铎见	宕合一 入铎晓	宕合三 平阳非	宕合三 去阳非	宕合三 上阳敷	宕合三 平阳奉	宕合三 平阳奉
安康	xuaŋ^{35}	kuo^{31}	xuo^{31}	faŋ^{31}	faŋ^{44}	faŋ^{53}	faŋ^{35}	faŋ^{35}
白河	xuaŋ^{44}	kuo^{44}	xuo^{41}	faŋ^{213}	faŋ^{41}	faŋ^{35}	faŋ^{44}	faŋ^{44}
汉阴	χuɑŋ^{42}	ko^{42}	χo^{33}	χuɑŋ^{33}	χuɑŋ^{214}	χuɑŋ^{45}	χuɑŋ^{42}	χuɑŋ^{42}
平利	xuaŋ^{52}	ko^{43}	xo^{214}	faŋ^{43}	faŋ^{214}	faŋ^{445}	faŋ^{52}	faŋ^{52}
汉中	xuɑŋ^{42}	kuɤ^{55}	xuɤ^{213}	fɑŋ^{55}	fɑŋ^{213}	fɑŋ^{354}	fɑŋ^{42}	fɑŋ^{42}
城固	xuɑŋ^{311}	kuə^{53}	xuə^{213}	fɑŋ^{53}	fɑŋ^{213}	fɑŋ^{44}	fɑŋ^{311}	fɑŋ^{311}
勉县	xuɑŋ^{21}	kuɤ^{42}	xɤ^{21}	fɑŋ^{42}	fɑŋ^{213}	fɑŋ^{35}	fɑŋ^{21}	fɑŋ^{21}
镇巴	xuaŋ^{31}	ko^{31}	xo^{213}	faŋ^{35}	faŋ^{213}	faŋ^{52}	faŋ^{31}	faŋ^{31}

	0769 网	0770 筐	0771 狂	0772 王	0773 旺	0774 缚	0775 绑	0776 胖
	宕合三上阳微	宕合三平阳溪	宕合三平阳群	宕合三平阳云	宕合三去阳云	宕合三入药奉	江开二上江帮	江开二去江滂
榆林	vã²¹³	kʰuã³³	kʰuã²¹³	vã²¹³	vã⁵²	fu⁵²	pã²¹³	pʰã⁵²
神木	vã²¹³	kʰuã²¹³	kʰuã⁴⁴	vã⁴⁴	vã⁵³	fəʔ⁴	pã²¹³	pʰã⁵³
绥德	vã²¹³	kʰuã²¹³	kʰuã³³	vã³³	vã⁵²	fɤ³³	pã²¹³	pʰã⁵²
吴堡	uã⁴¹²	kʰuã²¹³	kʰuã²¹³	u³³地名，~家山 uã³³姓	u⁵³兴~ uã⁵³人气~	fəʔ²¹³	pʮ⁴¹²	pʰɑʔ³
清涧	vɒ̃⁵³	kʰuɒ̃³¹²	kʰuɒ̃²⁴	uɒ̃²⁴	uɒ̃⁴²	fəʔ⁵⁴	pɒ̃⁵³	pʰɒ̃⁴²
延安	vaŋ⁵²	kʰuaŋ²¹³	kʰuaŋ²⁴	vaŋ²⁴	vaŋ⁴⁴³	fuo²⁴	paŋ⁵²	pʰaŋ⁴⁴³
延川	vaŋ⁵³	kʰuaŋ²¹³	kʰuaŋ³⁵	vaŋ³⁵	vaŋ⁵³	fu³⁵	paŋ⁵³	pʰaŋ⁵³
黄陵	uaŋ³¹	kʰuaŋ³¹	kʰuaŋ²⁴	uaŋ²⁴	uaŋ⁵⁵	fu⁵²	paŋ⁵²	pʰaŋ⁵⁵
渭南	vaŋ⁵³	kʰuaŋ³¹	kʰuaŋ²⁴	uaŋ²⁴	uaŋ⁴⁴	fu⁵³	paŋ⁵³	pʰaŋ⁴⁴
韩城	vaŋ⁵³	kʰuaŋ³¹	kʰuaŋ²⁴	uaŋ²⁴	uaŋ⁴⁴	fuɤ⁵³	paŋ⁵³	pʰaŋ⁴⁴
合阳	vaŋ⁵²	kʰuaŋ³¹	kʰuaŋ²⁴	uaŋ²⁴	uaŋ⁵⁵	fo²⁴	paŋ⁵²	pʰaŋ⁵⁵
富平	vaɤ̃⁵³	kʰuaɤ̃³¹	kʰuaɤ̃²⁴	uaɤ̃²⁴	uaɤ̃⁵⁵	fuo⁵³	paɤ̃⁵³	pʰaɤ̃⁵⁵
耀州	uaŋ⁵²	kʰuaŋ²¹	kʰuaŋ²⁴	uaŋ²⁴	uaŋ⁴⁴	fu⁵²	paŋ⁵²	pʰaŋ⁴⁴
咸阳	vaŋ⁵³	kʰuaŋ³¹	kʰuaŋ²⁴	uaŋ²⁴	uaŋ⁴⁴	fu²⁴	paŋ⁵³	pʰaŋ⁴⁴
旬邑	vaŋ⁵²	kʰuaŋ²¹	kʰuaŋ²⁴	uaŋ²⁴	uaŋ⁴⁴	fo²⁴	paŋ⁵²	pʰaŋ⁴⁴
三原	vaŋ⁵²	kʰuaŋ³¹	kʰuaŋ²⁴	uaŋ²⁴	uaŋ⁴⁴	fɤ⁵²	paŋ⁵²	pʰaŋ⁴⁴
乾县	vaŋ⁵³	kʰuaŋ²¹	kʰuaŋ²⁴	uaŋ²⁴	uaŋ⁵⁵	fuɤ⁵³	paŋ⁵³	pʰaŋ⁵⁵
岐山	vaŋ⁵³	kʰuaŋ³¹	kʰuaŋ²⁴	vaŋ²⁴	vaŋ⁴⁴	fo²⁴	paŋ⁵³	pʰaŋ⁴⁴
凤翔	vaŋ⁵³	kʰuaŋ³¹	kʰuaŋ²⁴	vaŋ²⁴	vaŋ⁴⁴	fo²⁴	paŋ⁵³	pʰaŋ⁴⁴
千阳	vaŋ⁵³	kʰuaŋ³¹	kʰuaŋ²⁴	vaŋ²⁴	vaŋ⁴⁴	fo²⁴	paŋ⁵³	pʰaŋ⁴⁴
西安	uaŋ⁵³	kʰuaŋ²¹	kʰuaŋ²⁴	uaŋ²⁴	uaŋ⁴⁴	fu⁵³	paŋ⁵³	pʰaŋ⁴⁴
户县	vaŋ⁵¹	kʰuaŋ³¹	kʰuaŋ³⁵	uaŋ³⁵	uaŋ⁵⁵	fɤ³⁵	paŋ⁵¹	pʰaŋ⁵⁵
商州	vaŋ⁵³	kʰuaŋ³¹	kʰuaŋ³⁵	vaŋ³⁵	vaŋ⁴⁴	fu⁴⁴	paŋ⁵³	pʰaŋ⁴⁴
镇安	vʌŋ³³	kʰuʌŋ⁵³	kʰuʌŋ³³	vʌŋ³³	vʌŋ³²²	fu³²²	pʌŋ³⁵	pʰʌŋ²¹⁴
安康	uaŋ⁵³	kʰuaŋ³¹	kʰuaŋ³⁵	uaŋ³⁵	uaŋ⁴⁴	fu³¹	paŋ⁵³	pʰaŋ⁴⁴
白河	uaŋ³⁵	kʰuaŋ²¹³	kʰuaŋ⁴⁴	uaŋ⁴⁴	uaŋ⁴¹		paŋ³⁵	pʰaŋ⁴¹

	0769 网	0770 筐	0771 狂	0772 王	0773 旺	0774 缚	0775 绑	0776 胖
	宕合三上阳微	宕合三平阳溪	宕合三平阳群	宕合三平阳云	宕合三去阳云	宕合三入药奉	江开二上江帮	江开二去江滂
汉阴	uaŋ⁴⁵	kʰuaŋ³³	kʰuaŋ⁴²	uaŋ⁴²	uaŋ²¹⁴	χu²¹⁴	paŋ⁴⁵	pʰaŋ²¹⁴
平利	uaŋ⁴⁴⁵	kʰuaŋ⁴³	kʰuaŋ⁵²	uaŋ⁵²	uaŋ²¹⁴	fu²¹⁴	paŋ⁴⁴⁵	pʰaŋ²¹⁴
汉中	uaŋ³⁵⁴	kʰuaŋ⁵⁵	kʰuaŋ⁴²	uaŋ⁴²	uaŋ²¹³	fu⁴²	paŋ³⁵⁴	pʰaŋ²¹³
城固	vaŋ⁴⁴	kʰuaŋ⁵³	kʰuaŋ³¹¹	uaŋ³¹¹	uaŋ²¹³	fə²¹³	paŋ⁴⁴	pʰaŋ²¹³
勉县	vaŋ³⁵	kʰuaŋ⁴²	kʰuaŋ²¹	vaŋ²¹	vaŋ²¹³	fu²¹	paŋ³⁵	pʰaŋ²¹³
镇巴	uaŋ⁵²	kʰuaŋ³⁵	kʰuaŋ³¹	uaŋ³¹	uaŋ²¹³	fu³¹	paŋ⁵²	pʰaŋ²¹³

	0777 棒 江开二上江並	0778 桩 江开二平江知	0779 撞 江开二去江澄	0780 窗 江开二平江初	0781 双 江开二平江生	0782 江 江开二平江见	0783 讲 江开二上江见	0784 降投~ 江开二平江匣
榆林	pã⁵²	tʂuã³³	tʂʰuã⁵²	tʂʰuã³³	ʂuã³³	tɕiã³³	tɕiã²¹³	ɕiã²¹³
神木	pã⁵³	tʂuã²¹³	tʂʰuã⁵³ ~了一下 / tʂuã⁵³ ~见	tʂʰuã²¹³	ʂuã²¹³	tɕiã²¹³	tɕiã²¹³	ɕiã⁴⁴
绥德	pã⁵²	tʂuã²¹³	tʂʰuã⁵²	tʂʰuã²¹³	ʂuã²¹³	tɕiã²¹³	tɕiã²¹³	ɕiã³³
吴堡	pɤu⁵³	tsuɤu²¹³	tsʰuɤu⁵³	tsʰuɤu²¹³	suɤu²¹³	tɕiã²¹³	tɕiã⁴¹²	ɕiã³³
清涧	pʰɒ̃⁴²	tʂuɒ̃³¹²	tʂʰuɒ̃⁴²	tʂʰuɒ̃³¹²	ʂuɒ̃³¹²	tɕiɒ̃³¹²	tɕiɒ̃⁵³	ɕiɒ̃²⁴
延安	paŋ⁴⁴³	tʂuaŋ²¹³	tʂʰuaŋ⁴⁴³	tʂʰuaŋ²¹³	ʂuaŋ²¹³	tɕiaŋ²¹³	tɕiaŋ⁵²	ɕiaŋ²⁴
延川	paŋ⁵³	tʂuaŋ²¹³	tʂʰuaŋ⁵³	tʂʰuaŋ²¹³	ʂuaŋ²¹³	tɕiaŋ²¹³	tɕiaŋ⁵³	ɕiaŋ³⁵
黄陵	paŋ⁵⁵	tsuaŋ³¹	tsʰuaŋ⁵⁵	tsʰuaŋ³¹	suaŋ³¹	tɕiaŋ³¹	tɕiaŋ⁵²	ɕiaŋ²⁴
渭南	paŋ⁴⁴	tʃaŋ³¹	tʃʰaŋ⁴⁴	tʃʰaŋ³¹	ʃaŋ³¹	tɕiaŋ³¹	tɕiaŋ⁵³	ɕiaŋ²⁴
韩城	paŋ⁴⁴	pfaŋ³¹	pfʰaŋ⁴⁴	pfʰaŋ³¹	faŋ³¹	tɕiaŋ³¹	tɕiaŋ⁵³	ɕiaŋ²⁴
合阳	pʰaŋ⁵⁵	pfaŋ³¹	pfʰaŋ⁵⁵	pfʰaŋ³¹	faŋ³¹	tɕiaŋ³¹	tɕiaŋ⁵²	ɕiaŋ²⁴
富平	paɤ̃⁵⁵	tʃuaɤ̃³¹	tʃʰuaɤ̃⁵⁵	tʃʰuaɤ̃³¹	ʃuaɤ̃³¹	tɕiaɤ̃³¹	tɕiaɤ̃⁵³	ɕiaɤ̃²⁴
耀州	paŋ⁴⁴	tʃuaŋ²¹	tʃʰuaŋ⁴⁴	tʃʰuaŋ²¹	ʃuaŋ²¹	tɕiaŋ²¹	tɕiaŋ⁵²	ɕiaŋ²⁴
咸阳	paŋ⁴⁴	tʃuaŋ³¹	tʃʰuaŋ⁴⁴	tʃʰuaŋ³¹	ʃuaŋ³¹	tɕiaŋ³¹	tɕiaŋ⁵³	ɕiaŋ²⁴
旬邑	pʰaŋ⁴⁴	tʃaŋ²¹	tʃʰaŋ⁴⁴	tʃʰaŋ²¹	ʃaŋ²¹	tɕiaŋ²¹	tɕiaŋ⁵²	tɕʰiaŋ²⁴
三原	paŋ⁴⁴	tʃuaŋ³¹	tʃʰuaŋ⁴⁴	tʃʰuaŋ³¹	ʃuaŋ³¹	tɕiaŋ³¹	tɕiaŋ⁵²	ɕiaŋ²⁴
乾县	paŋ⁵⁵	tʃuaŋ²¹	tʃʰuaŋ⁵⁵	tʃʰuaŋ²¹	ʃuaŋ²¹	tɕiaŋ²¹	tɕiaŋ⁵³	ɕiaŋ²⁴
岐山	pʰaŋ⁴⁴ 玉米~~ / paŋ⁴⁴ 指挥~	tʂaŋ³¹	tʂʰaŋ⁴⁴	tʂʰaŋ³¹	ʂaŋ³¹	tɕiaŋ³¹	tɕiaŋ⁵³	ɕiaŋ²⁴
凤翔	paŋ⁴⁴	tʂaŋ³¹	tʂʰaŋ⁴⁴	tʂʰaŋ³¹	ʂaŋ³¹	tɕiaŋ³¹	tɕiaŋ⁵³	ɕiaŋ²⁴
千阳	paŋ⁴⁴	tʃaŋ³¹	tʃʰaŋ⁴⁴	tʃʰaŋ³¹	ʃaŋ³¹	tɕiaŋ³¹	tɕiaŋ⁵³	ɕiaŋ²⁴
西安	paŋ⁴⁴	pfaŋ²¹	pfʰaŋ⁴⁴	pfʰaŋ²¹	faŋ²¹	tɕiaŋ²¹	tɕiaŋ⁵³	ɕiaŋ²⁴
户县	paŋ⁵⁵ 又 / paŋ³⁵ 又	tsuaŋ³¹	tsʰuaŋ⁵⁵	tsʰuaŋ³¹	suaŋ³¹	tɕiaŋ³¹	tɕiaŋ⁵¹	ɕiaŋ³⁵
商州	paŋ⁴⁴	tʃuaŋ³¹	tʃʰuaŋ⁴⁴ ~车 / tʃuaŋ⁴⁴ ~击	tʃʰuaŋ³¹	ʃuaŋ³¹	tɕiaŋ³¹	tɕiaŋ⁵³	ɕiaŋ³⁵

	0777 棒	0778 桩	0779 撞	0780 窗	0781 双	0782 江	0783 讲	0784 降投~
	江开二上江並	江开二平江知	江开二去江澄	江开二平江初	江开二平江生	江开二平江见	江开二上江见	江开二平江匣
镇安	pʌŋ³²²	tʂuʌŋ⁵³	tʂʰuʌŋ³²² ~车 tʂuʌŋ³²² ~击	tʂʰuʌŋ⁵³	ʂuʌŋ⁵³	tɕiʌŋ⁵³	tɕiʌŋ³⁵	ɕiʌŋ³³
安康	paŋ⁴⁴	pfaŋ³¹	pfʰaŋ⁵³ ~见 pfaŋ⁴⁴ ~击	pfʰaŋ³¹	faŋ³¹	tɕiaŋ³¹	tɕiaŋ⁵³	tɕʰiaŋ³⁵ 投~ ɕiaŋ³⁵ ~服
白河	paŋ⁴¹	tʂuaŋ²¹³	tʂuaŋ⁴¹	tʂʰuaŋ²¹³	ʂuaŋ²¹³	tɕiaŋ²¹³	tɕiaŋ³⁵	tɕʰiaŋ⁴⁴ 投~ ɕiaŋ⁴⁴ ~服
汉阴	paŋ²¹⁴	tsuaŋ³³	tsuaŋ²¹⁴	tsʰuaŋ³³	suaŋ³³	tɕiaŋ³³	tɕiaŋ⁴⁵	tɕʰiaŋ⁴²
平利	paŋ²¹⁴	tʂʯaŋ⁴³	tʂʰʯaŋ⁴⁴⁵ tʂʯaŋ²¹⁴	tʂʰʯaŋ⁴³	ʂʯaŋ⁴³	tɕiaŋ⁴³	tɕiaŋ⁴⁴⁵	tɕʰiaŋ⁵²
汉中	paŋ²¹³	tsuaŋ⁵⁵	tsʰuaŋ²¹³ ~烂咑 tsuaŋ²¹³ 碰~	tsʰuaŋ⁵⁵	suaŋ⁵⁵	tɕiaŋ⁵⁵	tɕiaŋ³⁵⁴	ɕiaŋ⁴²
城固	paŋ²¹³	tʃuaŋ⁵³	tʃʰuaŋ⁴⁴	tʃʰuaŋ⁵³	ʃuaŋ⁵³	tɕiaŋ⁵³	tɕiaŋ⁴⁴	ɕiaŋ³¹¹
勉县	paŋ²¹³	tsuaŋ⁴²	tsʰuaŋ³⁵	tsʰuaŋ⁴²	faŋ⁴²	tɕiaŋ⁴²	tɕiaŋ³⁵	ɕiaŋ²¹
镇巴	paŋ²¹³	tsuaŋ³⁵	tsuaŋ²¹³	tsʰuaŋ³⁵	suaŋ³⁵	tɕiaŋ³⁵	tɕiaŋ⁵²	ɕiaŋ³¹

	0785 项	0786 剥	0787 桌	0788 镯	0789 角	0790 壳	0791 学	0792 握
	江开二上江匣	江开二入觉帮	江开二入觉知	江开二入觉崇	江开二入觉见	江开二入觉溪	江开二入觉匣	江开二入觉影
榆林	xã⁵² ~圈 / ɕiã⁵² ~链	pʌʔ³	tʂuaʔ³	tʂʰuəʔ²¹³	tɕiaʔ³ 豆~~ / tɕyaʔ³ ~楼儿①	kʰaʔ³	ɕyɛ²¹³	vʌʔ³
神木	xã⁵³ 脖~ / ɕiã⁵³ ~链	paʔ⁴	tʂuaʔ⁴	tʂuaʔ⁴	tɕyaʔ⁴	kʰəʔ⁴	ɕiɔ⁴⁴ ~手的② / ɕyəʔ⁴ ~校	vaʔ⁴
绥德	tɕʰiã⁵² 脖~骨 / ɕiã⁵² ~链	pɤ³³	tʂuo³³	tʂʰuo³³	tɕie³³ ~~③ / tɕye³³ ~度	kʰɤ³³	ɕie³³ / ɕye³³	vɤ³³
吴堡	xɤu⁵³ ~圈 / ɕiã⁵³ ~目	paʔ³	tsuaʔ³	tsʰuaʔ³	tɕyaʔ³	kʰəʔ³	ɕiɤʔ³³ ~会 / ɕiəʔ³ ~校 / ɕyəʔ³ ~习	uaʔ³
清涧	xɛ̃⁴² ~圈 / ɕiɛ̃⁴² ~目	pɤ⁵³	tʂuɤ⁵³	tʂʰuɤ⁵³	tɕi⁵³	kʰɤ⁵³	ɕi²⁴	uɤ²⁴
延安	xaŋ⁴⁴³ ~圈 / ɕiaŋ⁴⁴³ ~目	puo²¹³	tʂuo²¹³	tʂʰuo²⁴	tɕyo²¹³	kʰuo²¹³	ɕyo²⁴	vuo⁴⁴³
延川	xaŋ⁵³ 脖~ / ɕiaŋ⁵³ ~链	pɤ⁴²³	tʂuɤ⁴²³	tʂʰuei³⁵	tɕyɛ⁴²³	kʰɤ²¹³	ɕiɛ³⁵	və⁴²³
黄陵	xaŋ⁵⁵ 一~ / ɕiaŋ⁵⁵ ~目	puɤ³¹	tsuɤ³¹	suɤ²⁴ ~~ / tsʰuɤ²⁴ ~子	tɕyɤ³¹	kʰɤ³¹	ɕyɤ²⁴	uɤ³¹
渭南	xaŋ⁴⁴	pə³¹	tʃə³¹	ɕyə²⁴ ~子 / tʃə²⁴ 手~	tɕyə³¹	tɕʰyə³¹ 蜕~ / kʰə³¹ 贝~	ɕyə³¹	uə³¹
韩城	xaŋ⁴⁴ 脖~ / ɕiaŋ⁴⁴ ~目	puɤ³¹	pfuɤ³¹	pfʰuɤ²⁴	tɕiɤ³¹	kʰɤ³¹	ɕiɤ²⁴	uɤ⁴⁴
合阳	xaŋ⁵⁵ ~圈 / ɕiaŋ⁵⁵ ~目	pɔo³¹ ~花生 / po³¹ ~削	pfo³¹	pfʰo²⁴	tɕyə³¹	tɕʰyə³¹ 蛋~ / kʰɤ³¹ 贝~	ɕyə³¹	yə³¹ ~手 / uo³¹ ~拳
富平	xaɤ̃⁵⁵	puo³¹	tʃuo³¹	tʃuo²⁴	tɕyɛ³¹	kʰɤ³¹	ɕyɛ²⁴	uo³¹
耀州	xaŋ⁴⁴ 脖~ / ɕiaŋ⁴⁴ ~目	puo²¹	tʃuo²¹	tʃʰuo²⁴	tɕyo²¹	tɕʰyo²¹ ~子 / kʰɤ²¹ 地~	ɕyo²¹	uo²¹
咸阳	xaŋ⁴⁴	po³¹	tʃuo³¹	tʃuo²⁴	tɕyo³¹	kʰɤ³¹	ɕyo²⁴	ȵyo³¹ ~手 / uo³¹ 把~

① ~楼儿：角。
② ~手的：徒弟。
③ ~~：角。

	0785 项	0786 剥	0787 桌	0788 镯	0789 角	0790 壳	0791 学	0792 握
	江开二上江匣	江开二入觉帮	江开二入觉知	江开二入觉崇	江开二入觉见	江开二入觉溪	江开二入觉匣	江开二入觉影
旬邑	xaŋ⁴⁴	po²¹	tʃɤ²¹	tʃɤ²⁴	tɕyo²¹	kʰɤ²¹	ɕyo²⁴	uo²¹
三原	xaŋ⁴⁴~圈 ɕiaŋ⁴⁴~链	pɤ³¹	tʃuə³¹	tʃʰuə²⁴	tɕyɤ³¹	tɕʰyɤ³¹ 蜕~ kʰɤ³¹ 贝~	ɕyɤ²⁴	uə³¹
乾县	xaŋ⁵⁵ 脖~ ɕiaŋ⁵⁵~目	puɤ²¹	tʃuɤ²¹	tʃuɤ²⁴	tɕyə²¹	tɕʰiɔ⁵⁵地~ kʰɤ²¹~儿	ɕyə²⁴	uɤ²¹
岐山	xaŋ⁴⁴ 脖~ ɕiaŋ⁴⁴~目	po³¹	tʂuo³¹	tʂʰuo²⁴	tɕyo³¹	kʰɤ³¹	ɕyo²⁴	ŋyo³¹ vo³¹
凤翔	xaŋ⁴⁴~目 ɕiaŋ⁴⁴~链	pɔ³¹~皮 po³¹~削	tʂuo³¹	tsuo²⁴	tɕyo³¹	tɕʰyo³¹知了~① kʰuo³¹ 贝~	ɕyo²⁴	ŋyo³¹ 把~ vo³¹~手
千阳	xaŋ⁴⁴	pɔ³¹~皮 po³¹~削	tsuo³¹	tsʰuo²⁴	tɕyo³¹	tɕʰyo³¹知了~ kʰuo³¹贝~	ɕyo²⁴	yo³¹
西安	ɕiaŋ⁴⁴	po²¹	pfo²¹	pfo²⁴	tɕyo²¹	kʰɤ²¹	ɕyo²⁴	uo²¹
户县	xaŋ⁵⁵~圈 ɕiaŋ⁵⁵~目	pɤ³¹	tsɤ³¹	tsɤ³⁵	tɕyɤ³¹	tɕʰyɤ³¹ 硬~ kʰɤ³¹ 蜕~	ɕyɤ³⁵	ŋyɤ³¹~手 uɤ³¹ 把~
商州	xaŋ⁴⁴~圈 ɕiaŋ⁴⁴~目	puə³¹	tʃuə³¹	ɕyɛ³⁵~子 tʃuə³⁵ 手~	tɕyɛ³¹	kʰə³¹	ɕyɛ³⁵	ŋyɛ³¹~住 və³¹ 把~
镇安	ɕiʌŋ³²²	puə⁵³	tʂuə⁵³	tʂuə³³	tɕiə⁵³	kʰuə⁵³	ɕiə³²²	vuə⁵³
安康	xaŋ⁴⁴~圈 ɕiaŋ⁴⁴~目	pə³¹	pfə³¹	tsuo³⁵	tɕyo³¹	kʰɤ³¹	ɕyo³⁵	uo³¹
白河	xaŋ⁴¹~圈 ɕiaŋ⁴¹事~	po²¹³	tʂuo²¹³	tʂuo⁴⁴	tɕyo²¹³	kʰuo²¹³	ɕyo⁴⁴	uo²¹³~手 u⁴¹ 掌~
汉阴	χaŋ²¹⁴~圈 ɕiaŋ²¹⁴~链	po⁴²	tso⁴²	tso⁴²	ko⁴² 牛~ tɕio⁴²~色	kʰo⁴²	ɕio⁴²	uo⁴²
平利	xaŋ²¹⁴ ɕiaŋ²¹⁴	po⁴³	tʂo⁴³	tʂo⁵²	tɕio⁴³	kʰo⁴³	ɕio⁵²	u⁴³
汉中	xaŋ²¹³ 脖~ ɕiaŋ²¹³~目	pɤ⁵⁵	tsuɤ⁵⁵	tsuɤ⁴²	tɕyɤ⁵⁵	kʰɤ⁵⁵	ɕyɤ⁴²	uɤ⁵⁵
城固	xaŋ²¹³	puə⁵³	tʃuə⁵³	tʃuə³¹¹	tɕyɛ⁵³	kʰə⁵³	ɕyɛ³¹¹	uə⁵³
勉县	xaŋ²¹³	pɤ⁴²	tsuɤ⁴²	tsuɤ²¹	tɕyɤ⁴²	kʰɤ⁴²	ɕyɤ²¹	vɤ⁴²
镇巴	xaŋ²¹³~目 ɕiaŋ²¹³~链	po³¹	tso³¹	tso³¹	ko³¹ 牛~峰 tɕio³¹ 直~	kʰo³¹	ɕio³¹	uo³¹

① 知了~：蝉蜕。

	0793 朋	0794 灯	0795 等	0796 凳	0797 藤	0798 能	0799 层	0800 僧
	曾开一平登並	曾开一平登端	曾开一上登端	曾开一去登端	曾开一平登定	曾开一平登泥	曾开一平登从	曾开一平登心
榆林	pʰɤɣ̃²¹³	tɤɣ̃³³	tɤɣ̃²¹³	tɤɣ̃⁵²	tʰɤɣ̃³³	nɤɣ̃²¹³	tsʰɤɣ̃²¹³	sɤɣ̃³³
神木	pʰɤ̃⁴⁴	tɤ̃²¹³	tɤ̃²¹³	tɤ̃⁵³	tʰɤ̃²¹³	nɤ̃⁴⁴	tsʰɤ̃⁴⁴	sɤ̃²¹³
绥德	pʰəɣ̃³³	təɣ̃²¹³	təɣ̃²¹³	təɣ̃⁵²	tʰəɣ̃³³	nəɣ̃³³	tsʰəɣ̃³³	səɣ̃²¹³
吴堡	pʰəŋ³³	təŋ²¹³	təŋ⁴¹²	təŋ⁵³	tʰəŋ²¹³	nəŋ³³	tsʰəŋ³³	səŋ²¹³
清涧	pʰəɣ̃²⁴	təɣ̃³¹²	təɣ̃⁵³	təɣ̃⁴²	tʰəɣ̃³¹²	nəɣ̃²⁴	tsʰəɣ̃²⁴	səɣ̃³¹²
延安	pʰəŋ²⁴	təŋ²¹³	təŋ⁵²	təŋ⁴⁴³	tʰəŋ²⁴	nəŋ²⁴	tsʰəŋ²⁴	səŋ²¹³
延川	pʰəŋ³⁵	təŋ²¹³	təŋ⁵³	təŋ⁵³	tʰəŋ³⁵	nəŋ³⁵	tsʰəŋ³⁵	səŋ²¹³
黄陵	pʰəŋ²⁴	təŋ³¹	təŋ⁵²	təŋ⁵⁵	tʰəŋ³¹	nəŋ²⁴	tsʰəŋ²⁴	səŋ³¹
渭南	pʰəŋ²⁴	təŋ³¹	təŋ⁵³	təŋ⁴⁴	tʰəŋ²⁴	nəŋ²⁴	tsʰəŋ²⁴	səŋ³¹
韩城	pʰəŋ²⁴	təŋ³¹	təŋ⁵³	təŋ⁴⁴	tʰəŋ²⁴	nəŋ²⁴	tsʰəŋ²⁴	səŋ³¹
合阳	pʰəŋ²⁴	təŋ³¹	təŋ⁵²	təŋ⁵⁵	tʰəŋ²⁴	nəŋ²⁴	tsʰəŋ²⁴	səŋ³¹
富平	pʰəɣ̃²⁴	təɣ̃³¹	təɣ̃⁵³	təɣ̃⁵⁵	tʰəɣ̃²⁴	nəɣ̃²⁴	tsʰəɣ̃²⁴	tsəɣ̃³¹ ~人 səɣ̃³¹ 唐~
耀州	pʰəŋ²⁴	təŋ²¹	təŋ⁵²	təŋ⁴⁴	tʰəŋ²⁴	nəŋ²⁴	tsʰəŋ²⁴	səŋ²¹
咸阳	pʰəŋ²⁴	təŋ³¹	təŋ⁵³	təŋ⁴⁴	tʰəŋ²⁴	ləŋ²⁴	tsʰəŋ²⁴	səŋ³¹
旬邑	pʰəŋ²⁴	təŋ²¹	təŋ⁵²	təŋ⁴⁴	tʰəŋ²⁴	ləŋ²⁴	tsʰəŋ²⁴	səŋ²¹
三原	pʰəŋ²⁴	təŋ³¹	təŋ⁵²	təŋ⁴⁴	tʰəŋ²⁴	nəŋ²⁴	tsʰəŋ²⁴	səŋ³¹
乾县	pʰɤŋ²⁴	tɤŋ²¹	tɤŋ⁵³	tɤŋ⁵⁵	tʰɤŋ²⁴	nɤŋ²⁴	tsʰɤŋ²⁴	sɤŋ²¹
岐山	pʰəŋ²⁴	təŋ³¹	təŋ⁵³	təŋ⁴⁴	tʰəŋ²⁴	ləŋ²⁴	tsʰəŋ²⁴	səŋ³¹
凤翔	pʰəŋ²⁴	təŋ³¹	təŋ⁵³	təŋ⁴⁴	tʰəŋ²⁴	ləŋ²⁴	tsʰəŋ²⁴	səŋ³¹
千阳	pʰəŋ²⁴	təŋ³¹	təŋ⁵³	təŋ⁴⁴	tʰəŋ³¹	ləŋ²⁴	tsʰəŋ²⁴	səŋ³¹
西安	pʰəŋ²⁴	təŋ²¹	təŋ⁵³	təŋ⁴⁴	tʰəŋ²⁴	nəŋ²⁴	tsʰəŋ²⁴	səŋ²¹
户县	pʰəŋ³⁵	təŋ³¹	təŋ⁵¹	təŋ⁵⁵	tʰəŋ³⁵	nəŋ³⁵	tsʰəŋ³⁵	səŋ³¹
商州	pʰəŋ³⁵	təŋ³¹	təŋ⁵³	təŋ⁴⁴	tʰəŋ³⁵	nəŋ³⁵	tsʰəŋ³⁵	səŋ³¹
镇安	pʰɤŋ³³	tən⁵³	tən³⁵	tən²¹⁴	tʰən³³	nən³³	tsʰən³³	sən⁵³
安康	pʰəŋ³⁵	təŋ³¹	təŋ⁵³	təŋ⁴⁴	tʰəŋ³⁵	ləŋ³⁵	tsʰəŋ³⁵	səŋ³¹
白河	pʰəŋ⁴⁴	tən²¹³	tən³⁵	tən⁴¹	tʰən⁴⁴	lən⁴⁴	tsʰən⁴⁴	sən²¹³

	0793 朋	0794 灯	0795 等	0796 凳	0797 藤	0798 能	0799 层	0800 僧
	曾开一平登並	曾开一平登端	曾开一上登端	曾开一去登端	曾开一平登定	曾开一平登泥	曾开一平登从	曾开一平登心
汉阴	$p^h oŋ^{42}$	$tən^{33}$	$tən^{45}$	$tən^{214}$	$t^hən^{42}$	$lən^{42}$	$ts^hən^{42}$	$sən^{33}$
平利	$p^h oŋ^{52}$	$tən^{43}$	$tən^{445}$	$tən^{214}$	$t^hən^{52}$	$lən^{52}$	$ts^hən^{52}$	$sən^{43}$
汉中	$p^hən^{42}$	$tən^{55}$	$tən^{354}$	$tən^{213}$	$t^hən^{42}$	$lən^{42}$	$ts^hən^{42}$	$sən^{55}$
城固	$p^həŋ^{311}$	$təŋ^{53}$	$təŋ^{44}$	$təŋ^{213}$	$t^həŋ^{311}$	$ləŋ^{311}$	$ts^həŋ^{311}$	$səŋ^{53}$
勉县	$p^həŋ^{21}$	$tən^{42}$	$tən^{35}$	$tən^{213}$	$t^hən^{21}$	$lən^{21}$	$ts^hən^{21}$	$sən^{42}$
镇巴	$p^hoŋ^{31}$	$tən^{35}$	$tən^{52}$	$tən^{213}$	$t^hən^{31}$	$lən^{31}$	$ts^hən^{31}$	$sən^{35}$

	0801 肯	0802 北	0803 墨	0804 得	0805 特	0806 贼	0807 塞	0808 刻
	曾开一上登溪	曾开一入德帮	曾开一入德明	曾开一入德端	曾开一入德定	曾开一入德从	曾开一入德心	曾开一入德溪
榆林	kʰɤɣ̃²¹³	piʌʔ³	miʌʔ³	tʌʔ³	tʰʌʔ³	tsɛe²¹³	saʔ³ ~住 sɛe⁵² ~外	kʰʌʔ³
神木	kʰɤ̃²¹³	piəʔ⁴	miəʔ⁴	təʔ⁴	tʰaʔ⁴	tsɛe²¹³	saʔ⁴	kʰəʔ⁴
绥德	kʰɯ²¹³	pie³³	mie³³	tɤ³³	tʰɤ³³	tsai³³	sɤ³³	kʰɤ³³
吴堡	kʰəŋ⁴¹²	piəʔ³	miəʔ²¹³	təʔ³	tʰaʔ³	tsɛe²¹³	sɑe⁵³	kʰəʔ³
清涧	kʰɤɣ̃⁵³	pəʔ⁵⁴	mai²⁴	təʔ⁵⁴	tʰəʔ⁵⁴	tsei²⁴	sɤʔ⁵⁴ ~子 sai⁴² ~边	kʰɤ⁵³
延安	kʰəŋ⁵²	pei²¹³	mei²⁴	tei²¹³	tʰei²⁴	tsʰei²⁴	sei²¹³	kʰei²¹³
延川	kʰəŋ⁵³	pei⁴²³	mai³⁵	təʔ⁴²³	tʰəʔ⁴²³	tsei³⁵	sai⁵³	kʰəʔ⁴²³
黄陵	kʰẽ⁵²	pei³¹	mei²⁴	tei³¹	tʰei²⁴	tsʰei²⁴ tsei²⁴	sei³¹ ~住 sɛ⁵⁵ ~外	kʰei³¹ ~苦 kʰɤ³¹ ~画
渭南	kʰɜ⁵³	pei³¹	mei²⁴	tei³¹	tʰei²⁴	tsei²⁴	sei³¹	kʰei³¹
韩城	kʰɜ⁵³	pu³¹ ~岸儿 pɪi³¹ 东~	mɪi²⁴	tɪi³¹	tʰɪi²⁴	tsʰɪi²⁴	sɪi³¹	kʰɪi³¹
合阳	kʰẽ⁵²	pu³¹ ~边 pei³¹ ~京	mei²⁴	tei³¹	tʰei²⁴	tsʰei²⁴	sei³¹	kʰei³¹
富平	kʰɜ⁵³	peɪ³¹	mɜ²⁴	teɪ³¹	tʰeɪ²⁴	tseɪ²⁴	seɪ³¹ ~进去 sɛe⁵⁵ 安~县	kʰeɪ³¹
耀州	kʰei⁵²	pei²¹	mei²⁴	tei²¹	tʰei²⁴	tsei²⁴	sei²¹	kʰei²¹
咸阳	kʰɜ⁵³	pei³¹	mei²⁴	tei³¹	tʰei²⁴	tsei²⁴	sei³¹	kʰei³¹
旬邑	kʰɜ⁵²	pei²¹	mei²¹	tei²¹	tʰei²⁴	tsʰei²⁴	sei²¹	kʰei²¹
三原	kʰẽ⁵²	pei³¹	mei²⁴	tei³¹	tʰei²⁴	tsei²⁴	sei³¹	kʰei³¹
乾县	kʰẽ⁵³	pe²¹	me²⁴	te²¹	tʰe²⁴	tse²⁴	se²¹	kʰe²¹
岐山	kʰəŋ⁵³	pei³¹	mei²⁴	tei³¹	tʰei²⁴	tsei²⁴	sei³¹	kʰei³¹
凤翔	kʰəŋ⁵³	pei³¹	mei²⁴	tei³¹	tʰei²⁴	tsei²⁴	tsei³¹ ~柴 sei³¹ 堵~	kʰei³¹
千阳	kʰəŋ⁵³	pei³¹	mei²⁴	tei³¹	tʰei²⁴	tsei²⁴	sei³¹	kʰei³¹

	0801 肯	0802 北	0803 墨	0804 得	0805 特	0806 贼	0807 塞	0808 刻
	曾开一上登溪	曾开一入德帮	曾开一入德明	曾开一入德端	曾开一入德定	曾开一入德从	曾开一入德心	曾开一入德溪
西安	kʰən⁵³	pei²¹	mei²⁴	tei²¹	tʰei²⁴	tsei²⁴	sei²¹	kʰei²¹
户县	kʰẽ⁵¹	pei³¹	mei³⁵	tei³¹	tʰei³⁵	tsei³⁵	tsei³¹① / sei³¹ 堵~	kʰei³¹
商州	kʰẽ⁵³	pei³¹	mei³⁵	tei³¹	tʰei³⁵	tsei³⁵	tsei³¹ ~住 / sei³¹ 堵~	kʰei³¹
镇安	kʰən³⁵	pɛ⁵³	mɛ⁵³	tɛ⁵³	tʰɛ³²²	tsɛ³²²	sɛ⁵³	kʰɛ⁵³
安康	kʰən⁵³	pei³¹	mei³⁵	tei³¹	tʰei³¹	tsei³⁵	sei³¹	kʰei³¹
白河	kʰən³⁵	pE⁴⁴	miE⁴⁴ ~水 / mE⁴⁴ 石~	tE⁴⁴	tʰE⁴⁴	tsei⁴⁴	sE²¹³	kʰE²¹³
汉阴	kʰən⁴⁵	pE⁴²	mE⁴²	tE⁴²	tʰE⁴²	tsE⁴²	sE⁴²	kʰE⁴²
平利	kʰən⁴⁴⁵	pE⁴³	mei⁵²	tE⁴³	tʰE⁴³	tsei⁵²	sE⁴³	kʰE⁴³
汉中	kʰən³⁵⁴	pei⁵⁵	mei⁴²	tei⁵⁵	tʰei⁵⁵	tsei⁴²	sei⁵⁵ ~住 / sai²¹³ 边~	kʰei⁵⁵
城固	kʰən⁴⁴	pei⁵³	mei²¹³	tei⁵³	tʰai⁵³	tsei³¹¹	sei⁵³	kʰei⁵³
勉县	kʰən³⁵	pei⁴²	mei²¹	tei²¹	tʰɑi²¹	tsei²¹	sei⁴²	kʰei⁴²
镇巴	kʰən⁵²	pɛ³¹	mɛ³¹	tɛ³¹	tʰɛ³¹	tsuei³¹	sɛ³¹	kʰɛ³¹

①用于骂人的话。

	0809 黑 曾开一入德晓	0810 冰 曾开三平蒸帮	0811 证 曾开三去蒸章	0812 秤 曾开三去蒸昌	0813 绳 曾开三平蒸船	0814 剩 曾开三去蒸船	0815 升 曾开三平蒸书	0816 兴高~ 曾开三去蒸晓
榆林	xʌʔ³	piɤɣ̃³³	tʂɤɣ̃⁵²	tʂʰɤɣ̃⁵²	ʂɤɣ̃²¹³	ʂɤɣ̃⁵²	ʂɤɣ̃³³	ɕiɤɣ̃⁵²
神木	xəʔ⁴	pi ɣ̃²¹³	tʂɣ̃⁵³	tʂʰɣ̃⁵³	ʂɣ̃⁴⁴	ʂɣ̃⁵³	ʂɣ̃²¹³	ɕi ɣ̃⁵³
绥德	xɤ³³	piəɣ̃²¹³	tʂəɣ̃⁵²	tʂʰəɣ̃⁵²	ʂəɣ̃³³	ʂəɣ̃⁵²	ʂəɣ̃²¹³	ɕieɣ̃⁵²
吴堡	xəʔ³	pɛe²¹³形容词 piəŋ²¹³名词	tʂəŋ⁵³	tʂʰɛe⁵³	ʂɛe³³	ʂɛe⁵³	ʂɛe²¹³~子 ʂəŋ²¹³~旗	ɕiəŋ⁵³
清涧	xəʔ⁵⁴	p̠i³¹²~人 p̠iəɣ̃³¹²~雪	tʂəɣ̃⁴²	tʂʰəɣ̃⁴²	ʂəɣ̃²⁴	ʂəɣ̃⁴²	ʂəɣ̃³¹²	ɕieɣ̃⁴²
延安	xei²¹³	piəŋ²¹³	tʂəŋ⁴⁴³	tʂʰəŋ⁴⁴³	ʂəŋ²⁴	ʂəŋ⁴⁴³	ʂəŋ²¹³	ɕieŋ⁴⁴³
延川	xəʔ⁴²³	pi²¹³	tʂəŋ⁵³	tʂʰəŋ⁵³	ʂəŋ³⁵	ʂəŋ⁵³	ʂəŋ²¹³	ɕiŋ⁵³
黄陵	xei³¹	piəŋ³¹	tʂəŋ⁵⁵	tʂʰəŋ⁵⁵	ʂəŋ²⁴	ʂəŋ⁵⁵	ʂəŋ³¹	ɕieŋ⁵⁵
渭南	xei³¹	piəŋ³¹	tʂəŋ⁴⁴	tʂʰəŋ⁴⁴	ʂəŋ²⁴	ʂəŋ⁴⁴	ʂəŋ³¹	ɕieŋ⁴⁴
韩城	xɯ³¹天~了 xɿ³¹~人	piəŋ³¹	tʂəŋ⁴⁴	tʂʰəŋ⁴⁴	ʂəŋ²⁴	ʂəŋ⁴⁴	ʂəŋ³¹	ɕieŋ⁴⁴
合阳	xɯ³¹~猪 xei³¹~皮	piŋ³¹	tʂəŋ⁵⁵	tʂʰəŋ⁵⁵	ʂəŋ²⁴	ʂəŋ⁵⁵	ʂəŋ³¹	ɕiŋ⁵⁵
富平	xei³¹	piəɣ̃³¹	tʂəɣ̃⁵⁵	tʂʰəɣ̃⁵⁵	ʂəɣ̃²⁴	ʂəɣ̃⁵⁵	ʂəɣ̃³¹	ɕiəɣ̃⁵⁵
耀州	xei²¹	piŋ²¹	tʂəŋ⁴⁴	tʂʰəŋ⁴⁴	ʂəŋ²⁴	ʂəŋ⁴⁴	ʂəŋ²¹	ɕiŋ⁴⁴
咸阳	xei³¹	piəŋ³¹	tʂəŋ⁴⁴	tʂʰəŋ⁴⁴	ʂəŋ²⁴	ʂəŋ⁴⁴	ʂəŋ³¹	ɕieŋ⁴⁴
旬邑	xei²¹	piəŋ²¹	tʂəŋ⁴⁴	tʂʰəŋ⁴⁴	ʂəŋ²⁴	ʂəŋ⁴⁴	ʂəŋ²¹	ɕieŋ⁴⁴
三原	xei³¹	piŋ³¹	tʂəŋ⁵⁵	tʂʰəŋ⁵⁵	ʂəŋ²⁴	ʂəŋ⁵⁵	ʂəŋ³¹	ɕiŋ⁴⁴
乾县	xe²¹	piɤŋ²¹	tʂɤŋ⁵⁵	tʂʰɤŋ⁵⁵	ʂɤŋ²⁴	ʂɤŋ⁵⁵	ʂɤŋ²¹	ɕiɤŋ⁵⁵
岐山	xei³¹	piŋ³¹	tʂəŋ⁴⁴	tʂʰəŋ⁴⁴	ʂəŋ²⁴	ʂəŋ⁴⁴	ʂəŋ³¹	ɕiŋ⁴⁴
凤翔	xei³¹	piŋ³¹	tʂəŋ⁴⁴	tʂʰəŋ⁴⁴	ʂəŋ²⁴	ʂəŋ⁴⁴	ʂəŋ³¹	ɕiŋ⁴⁴
千阳	xei³¹	piŋ³¹	tʂəŋ⁴⁴	tʂʰəŋ⁴⁴	ʂəŋ²⁴	ʂəŋ⁴⁴	ʂəŋ³¹	ɕiŋ⁴⁴
西安	xei²¹	piəŋ²¹	tʂəŋ⁴⁴	tʂʰəŋ⁴⁴	ʂəŋ²⁴	ʂəŋ⁴⁴	ʂəŋ²¹	ɕieŋ²⁴
户县	xei³¹	piŋ³¹	tʂəŋ⁵⁵	tʂʰəŋ⁵⁵	ʂəŋ³⁵	ʂəŋ⁵⁵	ʂəŋ³¹	ɕiŋ⁵⁵
商州	xei³¹	piəŋ³¹	tʂəŋ⁴⁴	tʂʰəŋ⁴⁴	ʂəŋ³⁵	ʂəŋ⁴⁴	ʂəŋ³¹	ɕieŋ⁴⁴

	0809 黑	0810 冰	0811 证	0812 秤	0813 绳	0814 剩	0815 升	0816 兴高~
	曾开一入德晓	曾开三平蒸帮	曾开三去蒸章	曾开三去蒸昌	曾开三平蒸船	曾开三去蒸船	曾开三平蒸书	曾开三去蒸晓
镇安	xɛ⁵³	pin⁵³	tʂən²¹⁴	tʂʰən²¹⁴	ʂən³³	ʂən³²²	ʂən⁵³	ɕin²¹⁴
安康	xei³¹	pin³¹	tʂən⁴⁴	tʂʰən⁴⁴	ʂən³⁵	ʂən⁴⁴	ʂən³¹	ɕin⁴⁴
白河	xɛ²¹³	piən²¹³	tʂən⁴¹	tʂʰən⁴¹	ʂən⁴⁴	ʂən⁴¹	ʂən²¹³	ɕiən⁴¹
汉阴	χɛ⁴²	pin³³	tʂən²¹⁴	tʂʰən²¹⁴	ʂən⁴²	ʂən²¹⁴	ʂən³³	ɕin²¹⁴
平利	xɛ⁴³	pin⁴³	tʂən²¹⁴	tʂʰən²¹⁴	ʂən⁵²	ʂən²¹⁴	ʂən⁴³	ɕin²¹⁴
汉中	xei⁵⁵	pin⁵⁵	tʂən²¹³	tʂʰən²¹³	ʂən⁴²	ʂən²¹³	ʂən⁵⁵	ɕin²¹³
城固	xei⁵³	piŋ⁵³	tʂəŋ²¹³	tʂʰəŋ²¹³	ʂəŋ³¹¹	ʂəŋ²¹³	ʂəŋ⁵³	ɕiŋ²¹³
勉县	xei⁴²	pin⁴²	tsən²¹³	tsʰən²¹³	sən²¹	sən²¹³	sən⁴²	ɕin²¹³
镇巴	xɛ³¹	pin³⁵	tsən²¹³	tsʰən²¹³	sən³¹	sən²¹³	sən³⁵	ɕin²¹³

	0817 蝇 曾开三 平蒸以	0818 逼 曾开三 入职帮	0819 力 曾开三 入职来	0820 息 曾开三 入职心	0821 直 曾开三 入职澄	0822 侧 曾开三 入职庄	0823 测 曾开三 入职初	0824 色 曾开三 入职生
榆林	iɤɣ̃³³	piəʔ³	liəʔ³	ɕiəʔ³	tʂəʔ³	tsʰaʔ³	tsʰaʔ³	saʔ³
神木	iɣ̃⁴⁴	piəʔ⁴	liəʔ⁴	ɕiəʔ⁴	tʂəʔ⁴	tsaʔ⁴ ~楞 tsʰaʔ⁴ ~面	tsʰaʔ⁴	səʔ⁴
绥德	iəɣ̃³³	piɤ³³	liɤ³³	ɕiɤ³³	tʂɤ³³	tsʰɤ³³	tsʰɤ³³	sɤ³³
吴堡	i³³	piəʔ³	liəʔ²¹³	ɕiəʔ³	tʂʰəʔ²¹³ ~端 tʂəʔ³ ~接	tsʰɑʔ³ ~楞 tsʰɑʔ³ ~面	tsʰaʔ³	ʂaʔ³ 颜~ saʔ³ 好~
清涧	iəɣ̃²⁴	piəʔ⁵⁴	liəʔ⁵⁴	ɕiəʔ⁵⁴	tʂʰəʔ⁴³ ~端 tʂəʔ⁴³ ~角	tsɤ⁵³ ~楞 tsʰɤ²⁴ ~转	tsʰɤ²⁴	sɤ⁵³
延安	iəŋ²⁴	pi²¹³	li²¹³	ɕi²¹³	tʂʰɻ²⁴ 性子~ tʂɻ²⁴ ~接	tsʰei²¹³	tsʰei²¹³	sei²¹³
延川	iŋ³⁵	piəʔ⁴²³	liəʔ⁴²³	ɕiəʔ⁴²³	tʂəʔ⁵⁴	tsʰəʔ⁴²³	tsʰəʔ⁴²³	səʔ⁴²³
黄陵	iəŋ²⁴	pi³¹	li³¹	ɕi³¹	tʂʰɻ²⁴ 棍子~ tʂɻ²⁴ ~接	tsʰei³¹	tsʰei³¹	sei³¹
渭南	iəŋ²⁴	pi³¹	li³¹	ɕi³¹	tʂʰɻ²⁴	tsʰei³¹	tsʰei³¹	sei³¹
韩城	iəŋ²⁴	pi³¹	lɪi³¹	ɕi³¹	tʂʰɻ²⁴	tsʰɪi³¹	tsʰɪi³¹	sɪi³¹
合阳	iŋ²⁴	pi³¹	li³¹	si³¹	tʂʰɻ²⁴	tsʰei³¹	tsʰei³¹	sei³¹
富平	iəɣ̃²⁴	pi³¹	li³¹	si³¹	tʂɻ²⁴	tsʰeɪ³¹	tsʰeɪ³¹	seɪ³¹
耀州	iŋ²⁴	pi²¹	li²¹	ɕi²¹	tʂɻ²⁴	tsʰei²¹	tsʰei²¹	sei²¹
咸阳	iəŋ²⁴	pi³¹	li³¹	ɕi³¹	tʂɻ²⁴	tsʰei³¹	tsʰei³¹	sei³¹
旬邑	iəŋ²⁴	pi²¹	li²¹	si²¹	tʂʰɻ²⁴	tsʰei²¹	tsʰei²¹	sei²¹
三原	iŋ²⁴	pi³¹	li³¹	ɕi³¹	tʂɻ²⁴	tsʰei³¹	tsʰei³¹	sei³¹
乾县	iɤŋ²⁴	pi²¹	li²¹	ɕi²¹	tʂɻ²⁴	tsʰe²¹	tsʰe²¹	se²¹
岐山	iŋ²⁴	pi³¹	li³¹	si³¹	tʂʰɻ²⁴ ~走 tʂɻ²⁴ ~线	tsʰei³¹	tsʰei³¹	sei³¹
凤翔	iŋ²⁴	pi³¹	li³¹	si³¹	tʂɻ²⁴	tsei³¹ ~楞 tsʰei³¹ ~面	tsʰei³¹	sei³¹

	0817 蝇	0818 逼	0819 力	0820 息	0821 直	0822 侧	0823 测	0824 色
	曾开三平蒸以	曾开三入职帮	曾开三入职来	曾开三入职心	曾开三入职澄	曾开三入职庄	曾开三入职初	曾开三入职生
千阳	iŋ²⁴	pi³¹	li³¹	si³¹	tʂʅ²⁴	tsei³¹ ~楞 tsʰei³¹ ~面	tsʰei³¹	sei³¹
西安	iəŋ²⁴	pi²¹	li²¹	ɕi²¹	tʂʅ²⁴	tsʰei²¹	tsʰei²¹	sei²¹
户县	iŋ³⁵	pi³¹	li³¹	ɕi³¹	tʂʅ³⁵	tsei³¹ ~楞 tsʰei³¹ ~身	tsʰei³¹	sei³¹
商州	iəŋ³⁵	pi³¹	li³¹	ɕi³¹	tʂʅ³⁵	tsʰei³¹	tsʰei³¹	sei³¹
镇安	in³³	pi⁵³	li⁵³	ɕi⁵³	tʂʅ³²²	tsʰɛ⁵³	tsʰɛ⁵³	sɛ³²²
安康	in³⁵	pi³¹	li³¹	ɕi³¹	tʂʅ³⁵	tʂʰei³¹	tʂʰei³¹	ʂei³¹
白河		pi⁴⁴	li²¹³	ɕi²¹³	tʂʅ⁴⁴	tsʰE²¹³	tsʰE²¹³	sE⁴⁴
汉阴	in⁴²	pi³³	li⁴²	ɕi⁴²	tʂʅ⁴²	tsE⁴² tsʰE⁴²	tsʰE⁴²	sE⁴²
平利	in⁵²	pi⁴³	li⁴³	ɕi⁴³	tʂʅ⁵²	tsʰE⁴³	tsʰE⁴³	sE⁴³
汉中	in⁴²	pi⁵⁵	li⁵⁵	ɕi⁵⁵	tʂʅ⁴²	tsʰei⁵⁵	tsʰei⁵⁵	sei⁵⁵
城固	iŋ³¹¹	pi⁵³	li⁵³	si⁵³	tʂʅ³¹¹	tsʰai⁵³	tsʰai⁵³	sei⁵³
勉县	in²¹	pi⁴²	li⁴²	ɕi⁴²	tsʅ²¹	tsʰɤ⁴²	tsʰɤ⁴²	sei⁴²
镇巴	in³¹	pi³¹	li³¹	ɕi³¹	tsʅ³¹	tsʰɛ³¹	tsʰɛ³¹	sɛ³¹

	0825 织	0826 食	0827 式	0828 极	0829 国	0830 或	0831 猛	0832 打
	曾开三入职章	曾开三入职船	曾开三入职书	曾开三入职群	曾合一入德见	曾合一入德匣	梗开二上庚明	梗开二上庚端
榆林	tʂəʔ³	ʂəʔ³	ʂəʔ³	tɕiəʔ³	kuʌʔ³	xuʌʔ³	mɤɣ̃²¹³	ta²¹³
神木	tʂəʔ⁴	ʂəʔ⁴	ʂəʔ⁴	tɕiəʔ⁴	kuəʔ⁴	xuəʔ⁴	mɤ̃²¹³	ta²¹³
绥德	tʂɤ³³	ʂɤ³³	ʂɤ³³	tɕiɤ³³	kuo³³	xuo³³	məɣ̃²¹³	ta²¹³
吴堡	tʂəʔ³	ʂəʔ²¹³	ʂəʔ³	tɕiəʔ³	kuəʔ³	xuəʔ³	miɑ⁴¹²~打 məŋ⁴¹²~然	ta⁴¹²
清涧	tʂəʔ⁵⁴	ʂəʔ⁴³	ʂəʔ⁵⁴	tɕiəʔ⁵⁴	kuəʔ⁵⁴	xuəʔ⁵⁴	məɣ̃⁵³	ta⁵³
延安	tʂʅ²¹³	ʂʅ²⁴~品 ʂəʔ⁵粮~	ʂʅ²¹³公~ ʂəʔ⁵~子	tɕi²⁴	kuei²¹³	xuo²⁴	məŋ⁵²	ta⁵²
延川	tʂəʔ⁴²³	ʂəʔ⁵⁴	ʂəʔ⁴²³	tɕiəʔ⁵⁴	kuəʔ⁴²³	xuəʔ⁴²³	məŋ⁵³	ta⁵³
黄陵	tʂʅ³¹	ʂʅ²⁴	ʂʅ³¹	tɕi²⁴	kuei³¹~家 kuɤ³¹~歌	xuei²⁴	məŋ⁵²	ta⁵²
渭南	tʂʅ³¹	ʂʅ²⁴	ʂʅ³¹	tɕi²⁴	kuei³¹	xuei²⁴	məŋ⁵³	ta⁵³
韩城	tʂʅ³¹	ʂʅ²⁴	ʂʅ³¹	tɕʰi²⁴	kuɪi³¹	xuɪi²⁴	məŋ⁵³	ta⁵³
合阳	tʂʅ³¹	ʂʅ²⁴	ʂʅ³¹	tɕʰi²⁴	kuei³¹	xuei²⁴	məŋ⁵²	ta⁵²
富平	tʂʅ³¹	ʂʅ²⁴	ʂʅ³¹	tɕi²⁴	kuɛi³¹	xuɛi²⁴	məɣ̃⁵³	ta⁵³
耀州	tʂʅ²¹	ʂʅ²⁴	ʂʅ²¹	tɕi²⁴	kuei²¹	xuei²⁴	məŋ⁵²	ta⁵²
咸阳	tʂʅ³¹	ʂʅ²⁴	ʂʅ³¹	tɕi²⁴	kuei³¹	xuei²⁴	məŋ⁵³	ta⁵³
旬邑	tʂʅ²¹	ʂʅ²⁴	ʂʅ²¹	tɕi²⁴	kuei³¹	xuei²⁴	məŋ⁵²	ta⁵²
三原	tʂʅ³¹	ʂʅ²⁴	ʂʅ³¹	tɕi²⁴	kuei³¹	xuei²⁴	məŋ⁵²	ta⁵²
乾县	tʂʅ²¹	ʂʅ²⁴	ʂʅ²¹	tɕi²⁴	kue²¹	xue²⁴	mɤŋ⁵³	ta⁵³
岐山	tʂʅ³¹	ʂʅ²⁴	ʂʅ³¹	tɕi²⁴	kuei³¹	xuei²⁴	məŋ⁵³	tᴀ⁵³
凤翔	tʂʅ³¹	ʂʅ²⁴	ʂʅ³¹	tɕi²⁴	kuei³¹	xuei²⁴	məŋ⁵³	ta⁵³
千阳	tʂʅ³¹	ʂʅ²⁴	ʂʅ³¹	tɕi²⁴	kuei³¹	xuei²⁴	məŋ⁵³	ta⁵³
西安	tʂʅ²¹	ʂʅ²⁴	ʂʅ²¹	tɕi²⁴	kuei²¹	xuei²⁴	məŋ⁵³	ta⁵³
户县	tʂʅ³¹	ʂʅ³⁵	ʂʅ³¹	tɕi³⁵	kuei³¹	xuei³⁵	məŋ⁵¹	ta⁵¹
商州	tʂʅ³¹	ʂʅ³⁵	ʂʅ³¹	tɕi³⁵	kuei³¹	xuei³⁵	məŋ⁵³	ta⁵³
镇安	tʂʅ⁵³	ʂʅ³²²	ʂʅ³²²	tɕi³³	kuɛ⁵³	xuɛi³³	mɤŋ³⁵	ta³⁵

	0825 织	0826 食	0827 式	0828 极	0829 国	0830 或	0831 猛	0832 打
	曾开三入职章	曾开三入职船	曾开三入职书	曾开三入职群	曾合一入德见	曾合一入德匣	梗开二上庚明	梗开二上庚端
安康	tʂʅ³¹	ʂʅ³⁵	ʂʅ⁴⁴	tɕi³⁵	kuei³¹	xuæ³⁵	məŋ⁵³	ta⁵³
白河	tʂʅ²¹³	ʂʅ⁴⁴	ʂʅ⁴¹	tɕi⁴⁴	kuE⁴⁴	xuE⁴¹	məŋ³⁵	ta³⁵
汉阴	tʂʅ⁴²	ʂʅ⁴²	ʂʅ²¹⁴	tɕi⁴²	kuE⁴²	χuae⁴²	moŋ⁴⁵	ta⁴⁵
平利	tʂʅ⁴³	ʂʅ⁵²	ʂʅ²¹⁴	tɕi⁴³	kuei⁴³	xuai⁵²	moŋ⁴⁴⁵	ta⁴⁴⁵
汉中	tʂʅ⁵⁵	ʂʅ⁴²	ʂʅ²¹³	tɕi⁴²	kuɤ⁵⁵	xuai⁴² ~者 / xuɤ⁴² ~许	mən³⁵⁴	tA³⁵⁴
城固	tʂʅ⁵³	ʂʅ³¹¹	ʂʅ²¹³	tɕi³¹¹	kuai⁵³	xuai²¹³	məŋ⁴⁴	ta⁴⁴
勉县	tsʅ⁴²	sʅ²¹	sʅ²¹³	tɕi²¹	kuɤ⁴²	xuɑ²¹	məŋ³⁵	ta³⁵
镇巴	tsʅ³¹	sʅ³¹	sʅ²¹³	tɕi³¹	kuɛ³¹	xuɛ³¹	moŋ⁵²	ta⁵²

	0833 冷 梗开二 上庚来	0834 生 梗开二 平庚生	0835 省 ~长 梗开二 上庚生	0836 更 三~，打~ 梗开二 平庚见	0837 梗 梗开二 上庚见	0838 坑 梗开二 平庚溪	0839 硬 梗开二 去庚疑	0840 行 ~为，~走 梗开二 平庚匣
榆林	lɤỹ²¹³	sɤỹ³³	sɤỹ²¹³	kɯ³³	kɤỹ²¹³	kʰɤỹ³³	niɤỹ⁵²	ɕiɤỹ²¹³
神木	lỹ²¹³	sỹ²¹³	sỹ²¹³	kỹ²¹³	kỹ²¹³	kʰỹ²¹³	ɲiỹ⁵³	ɕiỹ⁴⁴
绥德	ləỹ²¹³	səỹ²¹³	səỹ²¹³	kɯ²¹³	kɯ²¹³	kʰɯ²¹³	nieỹ⁵²	ɕieỹ³³
吴堡	liɑ⁴¹²	ʂɑ²¹³	səŋ⁴¹²	tɕiəŋ⁴¹²	kəŋ⁴¹²	kʰəŋ²¹³	ȵiəŋ⁵³	ɕiəŋ³³
清涧	ləỹ⁵³	səỹ³¹²	səỹ⁵³	kəỹ³¹²	kəỹ³¹²	kʰəỹ³¹²	ȵiəỹ⁴²	ɕiəỹ²⁴
延安	ləŋ⁵²	səŋ²¹³	səŋ⁵²	kəŋ²¹³	kəŋ²¹³	kʰəŋ²¹³	ȵiəŋ⁴⁴³	ɕiəŋ²⁴
延川	la⁵³ ~饭 ləŋ⁵³ ~气	səŋ²¹³	səŋ⁵³	kəŋ²¹³	kəŋ²¹³	kʰəŋ²¹³	ȵiŋ⁵³	ɕiŋ³⁵
黄陵	ləŋ⁵²	səŋ³¹	səŋ⁵²	kəŋ³¹	kəŋ³¹	kʰəŋ³¹	ȵiəŋ⁵⁵	ɕiəŋ²⁴
渭南	ləŋ⁵³	səŋ³¹	səŋ⁵³	tɕiəŋ³¹ 三~ kəŋ³¹ 打~	kəŋ⁵³	kʰəŋ³¹	ȵiəŋ⁴⁴	ɕiəŋ²⁴
韩城	ləŋ⁵³	səŋ³¹	səŋ⁵³	kəŋ³¹	kəŋ⁵³	kʰəŋ³¹	ȵiE⁴⁴ ~得很 ȵiəŋ⁴⁴ ~骨头	ɕiəŋ²⁴
合阳	ləŋ⁵²	sɤ³¹ ~熟 səŋ³¹ 学~	səŋ⁵²	tɕiŋ³¹ 五~ kəŋ³¹ 打~	kəŋ³¹	kʰəŋ³¹	ȵiŋ⁵⁵	ɕiŋ²⁴
富平	ləỹ⁵³	səỹ³¹	səỹ⁵³	kəỹ³¹	kəỹ⁵³	kʰəỹ³¹	ȵieỹ⁵⁵	ɕieỹ²⁴
耀州	ləŋ⁵²	səŋ²¹	səŋ⁵²	tɕiŋ²¹ 三~ kəŋ²¹ 打~	kəŋ⁵²	kʰəŋ²¹	ȵiŋ⁴⁴	ɕiŋ²⁴
咸阳	ləŋ⁵³	səŋ³¹	səŋ⁵³	kəŋ³¹	kəŋ⁵³	kʰəŋ³¹	ȵiəŋ⁴⁴	ɕiəŋ²⁴
旬邑	ləŋ⁵²	səŋ²¹	səŋ⁵²	kəŋ²¹	kəŋ⁵²	kʰəŋ²¹	ȵiəŋ⁴⁴	ɕiəŋ²⁴
三原	ləŋ⁵²	səŋ³¹	səŋ⁵²	tɕiŋ³¹ 三~ kəŋ³¹ 打~	kəŋ⁵²	kʰəŋ³¹	ȵiŋ⁴⁴	ɕiŋ²⁴
乾县	nɤŋ⁵³	sɤŋ²¹	sɤŋ⁵³	kɤŋ²¹	kɤŋ⁵³	kʰɤŋ²¹	ȵiɤŋ⁵⁵	ɕiɤŋ²⁴
岐山	ləŋ⁵³	səŋ³¹	səŋ⁵³	kəŋ³¹	kəŋ⁵³	kʰəŋ³¹	ȵiŋ⁴⁴	ɕiŋ²⁴
凤翔	ləŋ⁵³	səŋ³¹	səŋ⁵³	kəŋ³¹	kəŋ⁵³	kʰəŋ³¹	ȵiŋ⁴⁴	ɕiŋ²⁴
千阳	ləŋ⁵³	səŋ³¹	səŋ⁵³	kəŋ⁴⁴	kəŋ⁴⁴	kʰəŋ³¹	ȵiŋ⁴⁴	ɕiŋ²⁴

	0833 冷	0834 生	0835 省 ~长	0836 更 三~，打~	0837 梗	0838 坑	0839 硬	0840 行 ~为，~走
	梗开二上庚来	梗开二平庚生	梗开二上庚生	梗开二平庚见	梗开二上庚见	梗开二平庚溪	梗开二去庚疑	梗开二平庚匣
西安	ləŋ⁵³	səŋ²¹	səŋ⁵³	kəŋ²¹	kəŋ⁵³	kʰəŋ²¹	ȵiəŋ⁴⁴	ɕiəŋ²⁴
户县	ləŋ⁵¹	səŋ³¹	səŋ⁵¹	kəŋ³¹	kəŋ⁵¹	kʰəŋ³¹	ȵiŋ⁵⁵	xəŋ³⁵ ~走 ɕiŋ³⁵ ~为
商州	ləŋ⁵³	səŋ³¹	səŋ⁵³	kəŋ³¹	kəŋ⁵³	kʰəŋ³¹	ȵiəŋ⁴⁴	ɕiəŋ³⁵
镇安	lən³⁵	sən⁵³	sən³⁵	kən⁵³	kən³⁵	kʰən⁵³	ŋən³²² 嘴~ ȵin³²² ~朗	ɕin³³
安康	lən⁵³	ʂən³¹	ʂən⁵³	kən³¹	kən⁵³	kʰən³¹	ȵin⁴⁴	ɕin³⁵
白河	lən³⁵	sən²¹³	sən³⁵	kən²¹³	kən³⁵	kʰən²¹³	ŋən⁴¹	ɕiən⁴⁴
汉阴	lən⁴⁵	sən³³	sən⁴⁵	kən³³	kən⁴⁵	kʰən³³	ŋən²¹⁴ ȵin²¹⁴	ɕin⁴²
平利	lən⁴⁴⁵	sən⁴³	sən⁴⁴⁵	kən⁴³	kən²¹⁴	kʰən⁴³	ŋən²¹⁴	ɕin⁵²
汉中	lən³⁵⁴	sən⁵⁵	sən³⁵⁴	kən⁵⁵	kən³⁵⁴	kʰən⁵⁵	ȵin²¹³	ɕin⁴²
城固	ləŋ⁴⁴	səŋ⁵³	səŋ⁴⁴	tɕiŋ⁵³ 三~ kəŋ⁵³ 打~	kəŋ⁴⁴	kʰəŋ⁵³	ȵiŋ²¹³	ɕiŋ³¹¹
勉县	lən³⁵	sən⁴²	sən³⁵	kən⁴²	kən³⁵	kʰən⁴²	ȵin²¹³	ɕin²¹
镇巴	lən⁵²	sən³⁵	sən⁵²	kən³⁵	kən⁵²	kʰən³⁵	ŋən²¹³ ȵin²¹³ 嘴~	ɕin³¹

	0841 百 梗开二入陌帮	0842 拍 梗开二入陌滂	0843 白 梗开二入陌並	0844 拆 梗开二入陌彻	0845 择 梗开二入陌澄	0846 窄 梗开二入陌庄	0847 格 梗开二入陌见	0848 客 梗开二入陌溪
榆林	piʌʔ³	pʰiʌʔ³	piɛ²¹³	tsʰaʔ³	tsʌʔ³	tsʌʔ³	kʌʔ³	kʰaʔ³
神木	piəʔ⁴	pʰiəʔ⁴	piɛ⁴⁴	tsʰaʔ⁴	tsaʔ⁴	tsaʔ⁴	kəʔ⁴	kʰəʔ⁴
绥德	pie³³	pʰie³³	pi³³	tsʰɤ³³	tsɤ³³	tsɤ³³	kɤ³³	kʰɤ³³
吴堡	piəʔ³	pʰiəʔ³	pʰiəʔ²¹³	tʂʰaʔ³	tsʰaʔ³~日子 / tsaʔ³选~	tʂaʔ³	kəʔ³	kʰəʔ³
清涧	pi⁵³	pʰi⁵³	pʰi²⁴	tsʰɛ⁵³	tsɤ²⁴	tsɛ⁵³	kɤ⁵³	kʰɤ⁵³
延安	pei²¹³	pʰei²¹³	pʰei²⁴	tsʰei²¹³	tsei²¹³	tsei²¹³	kei²¹³	kʰei²¹³请~ / kʰə²¹³~人
延川	pei⁴²³	pʰə⁴²³	pʰəʔ⁵⁴	tsʰəʔ⁴²³	tsəʔ⁴²³	tsəʔ⁴²³	kəʔ³⁵	kʰəʔ⁴²³
黄陵	pei³¹	pʰei³¹	pʰei²⁴	tsʰei³¹	tsʰei²⁴~菜 / tsei²⁴选~	tsei³¹	kei³¹ / kɤ³¹	kʰei³¹ / kʰɤ³¹
渭南	pei³¹	pʰei³¹	pʰei²⁴	tsʰei³¹	tsʰei²⁴	tsei³¹	kei³¹	kʰei³¹
韩城	pɪi³¹	pʰɪi³¹	pʰɪi²⁴	tsʰɪi³¹	tsʰɪi²⁴	tsɪi³¹	kɪi³¹	kʰɪi³¹
合阳	pei³¹	pʰei³¹	pʰei²⁴	tsʰei³¹	tsʰei²⁴	tsei³¹	kei³¹	kʰei³¹
富平	peɪ³¹	pʰeɪ³¹	peɪ²⁴	tsʰeɪ³¹	tseɪ²⁴	tseɪ³¹	keɪ³¹	kʰeɪ³¹
耀州	pei²¹	pʰei²¹	pei²⁴	tsʰei³¹	tsʰei²⁴~菜 / tsei²⁴选~	tsei²¹	kei²¹	kʰei²¹
咸阳	pei³¹	pʰei³¹	pei²⁴	tsʰei³¹	tsei²⁴	tsei³¹	kei³¹	kʰei³¹
旬邑	pei²¹	pʰei²¹	pʰei²⁴	tsʰei³¹	tsʰei²⁴	tsei²¹	kei²¹	kʰei²¹
三原	pei³¹	pʰei³¹	pei²⁴	tsʰei³¹	tsʰei²⁴~菜 / tsei²⁴选~	tsei³¹	kei³¹	kʰei³¹
乾县	pe²¹	pʰe²¹	pe²⁴	tsʰe²¹	tse²⁴	tse²¹	ke²¹	kʰe²¹
岐山	pei³¹	pʰei³¹	pei²⁴	tsʰei³¹	tsʰei²⁴~菜 / tsei²⁴选~	tsei³¹	kei³¹合~ / kɤ³¹~外	kʰei³¹
凤翔	pei³¹	pʰei³¹	pei²⁴	tsʰei³¹	tsʰei²⁴~菜 / tsei²⁴选~	tsei³¹	kei³¹	kʰei³¹

	0841 百	0842 拍	0843 白	0844 拆	0845 择	0846 窄	0847 格	0848 客
	梗开二入陌帮	梗开二入陌滂	梗开二入陌並	梗开二入陌彻	梗开二入陌澄	梗开二入陌庄	梗开二入陌见	梗开二入陌溪
千阳	pei³¹	pʰei³¹	pei²⁴	tsʰei³¹	tsʰei²⁴ ~菜 tsei²⁴ 选~	tsei³¹	kei³¹	kʰei³¹
西安	pei²¹	pʰei²¹	pei²⁴	tsʰei²¹	tsei²⁴	tsei²¹	kei²¹	kʰei²¹
户县	pei³¹	pʰei³¹	pei³⁵	tsʰei³¹	tsei³⁵	tsei³¹	kei³¹	kʰei³¹
商州	pei³¹	pʰei³¹	pei³⁵	tsʰei³¹	tsʰei³⁵ ~菜 tsei³⁵ 选~	tsei³¹	kei³¹	kʰei³¹
镇安	pɛ⁵³	pʰɛ⁵³	pɛ³²²	tsʰɛ⁵³	tsɛ³²²	tsɛ⁵³	kɛ⁵³	kʰɛ⁵³
安康	pei³¹	pʰei³¹	pei³⁵	tʂʰei³¹	tʂei³⁵	tʂei³¹	kei³¹	kʰei³¹
白河	pɛ²¹³	pʰɛ²¹³	pɛ⁴⁴	tsʰɛ²¹³	tsɛ⁴⁴	tsɛ²¹³	kɛ²¹³	kʰɛ²¹³
汉阴	pɛ⁴²	pʰɛ⁴²	pɛ⁴²	tsʰɛ⁴²	tsɛ⁴²	tsɛ⁴²	kɛ⁴²	kʰɛ⁴²
平利	pɛ⁴³	pʰɛ⁴³	pɛ⁵²	tsʰɛ⁴³	tsɛ⁵²	tsɛ⁴³	kɛ⁴³	kʰɛ⁴³
汉中	pei⁵⁵	pʰei⁵⁵	pei⁴²	tsʰei⁵⁵	tsei⁴²	tsei⁵⁵	kei⁵⁵	kʰei⁵⁵
城固	pei⁵³	pʰei⁵³	pei³¹¹	tsʰei⁵³	tsei³¹¹	tsei⁵³	kei⁵³	kʰei⁵³
勉县	pei⁴²	pʰei⁴²	pei²¹	tsʰei⁴²	tsɤ²¹	tsei⁴²	kei⁴²	kʰei⁴²
镇巴	pɛ³¹	pʰɛ³¹	pɛ³¹	tsʰɛ³¹	tsʰɛ³¹	tsɛ³¹	kɛ³¹	kʰɛ³¹

	0849 额	0850 棚	0851 争	0852 耕	0853 麦	0854 摘	0855 策	0856 隔
	梗开二入陌疑	梗开二平耕並	梗开二平耕庄	梗开二平耕见	梗开二入麦明	梗开二入麦知	梗开二入麦初	梗开二入麦见
榆林	nʌʔ³	pʰɤɣ̃²¹³	tsɤɣ̃³³	kɯ³³	miʌʔ³	tsaʔ³	tsʰaʔ³	kaʔ³
神木	ŋəʔ⁴	pʰiɛ⁴⁴~子 pʰɤɣ̃⁴⁴顶~	tsɤ̃²¹³	tɕiɛ²¹³~地 kɤɣ̃²¹³~种	miəʔ⁴	tsaʔ⁴	tsʰaʔ⁴	kəʔ⁴
绥德	ŋɤ³³	pʰie³³凉~~① pʰəɣ̃³³大~	tsəɣ̃²¹³	kɯ²¹³	mie³³	tsɤ³³	tsʰɤ³³	kɤ³³
吴堡	ŋəʔ³	pʰia³³~子 pʰəŋ³³牛~	tsəŋ²¹³	tɕia²¹³	miəʔ²¹³	tʂaʔ³	tsʰaʔ³	kəʔ³
清涧	ŋɤ⁵³~数 ŋɤ²⁴~头	pʰia²⁴~~ pʰəɣ̃²⁴牛~	tsəɣ̃³¹²	tɕi³¹²~地 kəɣ̃³¹²~耘	mi⁵³	tsɛ⁵³	tsʰɤ⁵³	kɤ⁵³
延安	ŋuo²⁴	pʰəŋ²⁴	tsəŋ²¹³	tɕiæ̃²¹³~地 kəŋ²¹³退~ 还林	mei²¹³	tsei²¹³	tsʰei²¹³	kei²¹³~开 kə²¹³~离
延川	ŋə³⁵	pʰəŋ³⁵	tsəŋ²¹³	tɕi²¹³~地 kəŋ²¹³~种	məʔ⁴²³	tsəʔ⁴²³	tsʰəʔ⁴²³	kəʔ⁴²³
黄陵	ŋɛ̃³¹	pʰəŋ²⁴	tsəŋ³¹	tɕiɛ³¹~地 kəŋ³¹~种	mei³¹	tsei³¹	tsʰei³¹	kei³¹
渭南	ŋei³¹	pʰəŋ²⁴	tsəŋ³¹	kəŋ³¹	mei³¹	tsei³¹	tsʰei³¹	kei³¹
韩城	ŋɪi⁵³	pʰəŋ²⁴	tsəŋ³¹	kəŋ³¹	mɪi³¹	tsɪi³¹	tsʰɪi³¹	kɪi³¹
合阳	ŋei³¹	pʰəŋ²⁴	tsəŋ³¹	tɕiŋ³¹~地 kəŋ³¹~播	mei³¹	tsei³¹	tsʰei³¹	kei³¹
富平	ŋɤ³¹	pʰəɣ̃²⁴	tsəɣ̃³¹	tɕiɛ³¹~地 kəɣ̃³¹~种	mɤ̃³¹~苗 meɪ³¹小~	tseɪ³¹	tsʰeɪ³¹	keɪ³¹
耀州	ŋei²¹	pʰəŋ²⁴	tsəŋ²¹	kəŋ²¹	mei²¹	tsei²¹	tsʰei²¹	kei²¹

①凉~~：凉棚。

	0849 额	0850 棚	0851 争	0852 耕	0853 麦	0854 摘	0855 策	0856 隔
	梗开二入陌疑	梗开二平耕並	梗开二平耕庄	梗开二平耕见	梗开二入麦明	梗开二入麦知	梗开二入麦初	梗开二入麦见
咸阳	ŋei³¹	pʰəŋ²⁴	tsəŋ³¹	kəŋ³¹	mei³¹	tsei²⁴	tsʰei³¹	kei³¹
旬邑	ŋei²¹	pʰəŋ²⁴	tsəŋ²¹	kəŋ²¹	mei²¹	tsei²¹	tsʰei²¹	kei²¹
三原	ŋei³¹	pʰəŋ²⁴	tsəŋ³¹	kəŋ³¹	mei³¹	tsei³¹	tsʰei³¹	kei³¹
乾县	ŋɛ²¹	pʰɤŋ²⁴	tsɤŋ²¹	kɤŋ²¹	me²¹	tse²¹	tsʰe²¹	ke²¹ ~离 / kɤ²⁴ 间~
岐山	ŋei³¹	pʰəŋ²⁴	tsəŋ³¹	kəŋ³¹	mei³¹	tsei³¹	tsʰei³¹	kei³¹
凤翔	ŋei³¹	pʰəŋ²⁴	tsəŋ³¹	kəŋ³¹	mei³¹	tsei³¹	tsʰei³¹	kei³¹
千阳	ŋei³¹	pʰəŋ²⁴	tsəŋ³¹	kəŋ³¹	mei³¹	tsei³¹	tsʰei³¹	kei³¹
西安	ŋei²¹	pʰəŋ²⁴	tsəŋ²¹	kəŋ²¹	mei²¹	tsei²¹	tsʰei²¹	kei²¹
户县	ŋei³¹	pʰəŋ³⁵	tsəŋ³¹	kəŋ³¹	mei³¹	tsei³⁵	tsʰei³¹	kei³¹
商州	ŋei³¹	pʰəŋ³⁵	tsəŋ³¹	kəŋ³¹	mei³¹	tsei³¹	tsʰei³¹	kei³¹
镇安	ŋɛ⁵³	pʰɤŋ³³	tsən⁵³	kən⁵³	mɛ⁵³	tsɛ⁵³	tsʰɛ⁵³	kɛ⁵³
安康	ŋei³¹	pʰəŋ³⁵	tʂən³¹	kən³¹	mei³¹	tʂei³⁵	tʂʰei³¹	kei³¹
白河	ŋE²¹³	pʰəŋ⁴⁴	tsən²¹³	kən²¹³	miE²¹³	tsE⁴⁴	tsʰE²¹³	kE²¹³
汉阴	ŋE⁴²	pʰoŋ⁴²	tsən³³	kən³³	mE⁴²	tsE⁴²	tsʰE⁴²	kE⁴²
平利	ŋE⁴³	pʰoŋ⁵²	tsən⁴³	kən⁴³	mE⁴³	tsE⁵²	tsʰE⁴³	kE⁴³
汉中	ŋei⁵⁵	pʰən⁴²	tsən⁵⁵	kən⁵⁵	mei⁵⁵	tsei⁴²	tsʰei⁵⁵	kei⁵⁵
城固	ŋei⁵³	pʰəŋ³¹¹	tsən⁵³	kəŋ⁵³	mei⁵³	tsei³¹¹	tsʰei⁵³	kei⁵³
勉县	ŋai²¹	pʰəŋ²¹	tsən⁴²	kən⁴²	mei⁴²	tsei²¹	tsʰɤ⁴²	kei⁴²
镇巴	ŋɛ³¹	pʰoŋ³¹	tsən³⁵	kən³⁵	mɛ³¹	tsɛ³¹	tsʰɛ³¹	kɛ³¹

	0857 兵 梗开三平庚帮	0858 柄 梗开三去庚帮	0859 平 梗开三平庚並	0860 病 梗开三去庚並	0861 明 梗开三平庚明	0862 命 梗开三去庚明	0863 镜 梗开三去庚见	0864 庆 梗开三去庚溪
榆林	piɤ̃³³	piɤ̃²¹³	pʰiɤ̃²¹³	piɤ̃⁵²	miɤ̃²¹³	miɤ̃⁵²	tɕiɤ̃⁵²	tɕʰiɤ̃⁵²
神木	piɤ̃²¹³	piɤ̃²¹³	pʰiɤ̃⁴⁴	piɤ̃⁵³	miɤ̃⁴⁴	miɤ̃⁵³	tɕiɤ̃⁵³	tɕʰiɤ̃⁵³
绥德	piəɤ̃²¹³	piəɤ̃²¹³	pʰiəɤ̃³³	piəɤ̃⁵²	miəɤ̃³³	miəɤ̃⁵²	tɕiəɤ̃⁵²	tɕʰiəɤ̃⁵²
吴堡	piəŋ²¹³	piəŋ⁴¹²	pʰεε³³	pεε⁵³	mεε³³	mεε⁵³	tɕi⁵³	tɕʰiəŋ⁵³
清涧	piəŋ³¹²	piəŋ⁵³	pʰi²⁴~地 pʰiəɤ̃²⁴~安	pʰi⁴²生~ piəɤ̃⁴²疾~	mi²⁴~儿 miəɤ̃²⁴~天	mi⁴²要~ miəɤ̃⁴²~令	tɕiəɤ̃⁴²	tɕʰiəɤ̃⁴²
延安	piəŋ²¹³	piəŋ⁵²	pʰiəŋ²⁴	pʰiəŋ⁴⁴³	miəŋ²⁴	miəŋ⁴⁴³	tɕiəŋ⁴⁴³	tɕʰiəŋ⁴⁴³
延川	piŋ²¹³	piŋ⁵³	pʰiŋ³⁵	pʰi⁵³	mi³⁵~晃晃 miŋ³⁵~亮	mi⁵³要~ miŋ⁵³~令	tɕiŋ⁵³	tɕʰiŋ⁵³
黄陵	piəŋ³¹	piəŋ⁵²	pʰiəŋ²⁴	pʰiəŋ⁵⁵	miəŋ²⁴	miəŋ⁵⁵	tɕiəŋ⁵⁵	tɕʰiəŋ⁵⁵
渭南	piəŋ³¹	piəŋ⁵³	pʰiəŋ²⁴	pʰiəŋ⁴⁴	miəŋ²⁴	miəŋ⁴⁴	tɕiəŋ⁴⁴	tɕʰiəŋ⁴⁴
韩城	piəŋ³¹	piəŋ⁵³	pʰiE²⁴~路 pʰiəŋ²⁴~静	pʰiE⁴⁴~了 pʰiəŋ⁴⁴疾~	miE²⁴~儿个 miəŋ²⁴~白	miE⁴⁴~好 miəŋ⁴⁴~运	tɕiE⁴⁴① tɕiəŋ⁴⁴眼~	tɕʰiəŋ⁴⁴
合阳	piŋ³¹	piŋ⁵²	pʰiŋ²⁴	pʰiŋ⁵⁵大~ piŋ⁵⁵疾~	miE²⁴天~ miŋ²⁴~天	miE⁵⁵人~ miŋ⁵⁵~运	tɕiŋ⁵⁵	tɕʰiŋ⁵⁵
富平	piəɤ̃³¹	piəɤ̃⁵³	pʰiəɤ̃²⁴	piəɤ̃⁵⁵	miəɤ̃²⁴	miəɤ̃⁵⁵	tɕiəɤ̃⁵⁵	tɕʰiəɤ̃⁵⁵
耀州	piŋ²¹	piŋ⁵²	pʰiŋ²⁴	piŋ⁴⁴	miŋ²⁴	miŋ⁴⁴	tɕiŋ⁴⁴	tɕʰiŋ⁴⁴
咸阳	piəŋ³¹	piəŋ⁵³	pʰiəŋ²⁴	piəŋ⁴⁴	miəŋ²⁴	miəŋ⁴⁴	tɕiəŋ⁴⁴	tɕʰiəŋ⁴⁴
旬邑	piəŋ²¹	piəŋ⁵²	pʰiəŋ²⁴	pʰiəŋ⁴⁴~人 piəŋ⁴⁴疾~	miəŋ²⁴	miəŋ⁴⁴	tɕiəŋ⁴⁴	tɕʰiəŋ⁴⁴
三原	piŋ³¹	piŋ⁵²	pʰiŋ²⁴	piŋ⁴⁴	miŋ²⁴	miŋ⁴⁴	tɕiŋ⁴⁴	tɕʰiŋ⁴⁴
乾县	piɤŋ²¹	piɤŋ⁵³	pʰiɤŋ²⁴	piɤŋ⁵⁵	miɤŋ²⁴	miɤŋ⁵⁵	tɕiɤŋ⁵⁵	tɕʰiɤŋ⁵⁵
岐山	piŋ³¹	piŋ⁵³	pʰiŋ²⁴	piŋ⁴⁴	miŋ²⁴	miŋ⁴⁴	tɕiŋ⁴⁴	tɕʰiŋ⁴⁴
凤翔	piŋ³¹	piŋ⁵³	pʰiŋ²⁴	piŋ⁴⁴	miŋ²⁴	miŋ⁴⁴	tɕiŋ⁴⁴	tɕʰiŋ⁴⁴

① ~：镜子。

	0857 兵 梗开三 平庚帮	0858 柄 梗开三 去庚帮	0859 平 梗开三 平庚並	0860 病 梗开三 去庚並	0861 明 梗开三 平庚明	0862 命 梗开三 去庚明	0863 镜 梗开三 去庚见	0864 庆 梗开三 去庚溪
千阳	piŋ^{31}	piŋ^{53}	pʰiŋ^{24}	piŋ^{44}	miŋ^{24}	miŋ^{44}	tɕiŋ^{44}	tɕʰiŋ^{44}
西安	piəŋ^{21}	piəŋ^{53}	pʰiəŋ^{24}	piəŋ^{44}	miəŋ^{24}	miəŋ^{44}	tɕiəŋ^{44}	tɕʰiəŋ^{44}
户县	piŋ^{31}	piŋ^{51}	pʰiŋ^{35}	piŋ^{55}	miŋ^{35}	miŋ^{55}	tɕiŋ^{55}	tɕʰiŋ^{55}
商州	piəŋ^{31}	piəŋ^{53}	pʰiəŋ^{35}	piəŋ^{44}	miəŋ^{35}	miəŋ^{44}	tɕiəŋ^{44}	tɕʰiəŋ^{44}
镇安	pin^{53}	pin^{35}	pʰin^{33}	pin^{322}	min^{33}	min^{322}	tɕin^{214}	tɕʰin^{214}
安康	pin^{31}	pin^{53}	pʰin^{35}	pin^{44}	min^{35}	min^{44}	tɕin^{44}	tɕʰin^{44}
白河	piən^{213}	piən^{35}	pʰiən^{44}	piən^{41}	miən^{44}	miən^{41}	tɕiən^{41}	tɕʰiən^{41}
汉阴	pin^{33}	pin^{45}	pʰin^{42}	pin^{214}	min^{42}	min^{214}	tɕin^{214}	tɕʰin^{214}
平利	pin^{43}	pin^{445}	pʰin^{52}	pin^{214}	min^{52}	min^{214}	tɕin^{214}	tɕʰin^{214}
汉中	pin^{55}	pin^{354}	pʰin^{42}	pin^{213}	min^{42}	min^{213}	tɕin^{213}	tɕʰin^{213}
城固	piŋ^{53}	piŋ^{44}	pʰiŋ^{311}	piŋ^{213}	miŋ^{311}	miŋ^{213}	tɕiŋ^{213}	tɕʰiŋ^{213}
勉县	pin^{42}	pin^{35}	pʰin^{21}	pin^{213}	min^{21}	min^{213}	tɕin^{213}	tɕʰin^{213}
镇巴	pin^{35}	pin^{52}	pʰin^{31}	pin^{213}	min^{31}	min^{213}	tɕin^{213}	tɕʰin^{213}

	0865 迎 梗开三平庚疑	0866 影 梗开三上庚影	0867 剧戏~ 梗开三入陌群	0868 饼 梗开三上清帮	0869 名 梗开三平清明	0870 领 梗开三上清来	0871 井 梗开三上清精	0872 清 梗开三平清清
榆林	iɤ̃²¹³	iɤ̃²¹³	tɕy⁵²	piɤ̃²¹³	miɤ̃²¹³	liɤ̃²¹³	tɕiɤ̃²¹³	tɕʰiɤ̃³³
神木	iɤ̃⁴⁴	i̠²¹³ ~住了① / iɤ̃²¹³ 电~	tɕy⁵³	piɤ̃²¹³	miɤ̃⁴⁴	liɤ̃²¹³	tɕiɤ̃²¹³	tɕʰiɤ̃²¹³
绥德	iəɤ̃³³	iəɤ̃²¹³	tɕy⁵²	piəɤ̃²¹³	miəɤ̃³³	liəɤ̃²¹³	tɕiəɤ̃²¹³	tɕʰiəɤ̃²¹³
吴堡	iəŋ³³	i̠⁵³ ~子 / i̠əŋ⁴¹² 电~	tɕʉ⁵³	pɛe⁵³ ~子 / p̠i̠əŋ⁴¹² ~干	mɛe³³	lɛe⁴¹² ~子 / l̠i̠əŋ⁴¹² ~袖	tsɛe⁴¹²	tsʰɛe²¹³
清涧	iəɤ̃²⁴	i̠⁵³ ~子 / i̠əɤ̃⁵³ 电~	tsʅ⁴²	pi⁵³ ~子 / p̠iəɤ̃⁵³ ~干	mi²⁴ ~字 / m̠iəɤ̃²⁴ ~誉	li⁵³ ~口 / l̠iəɤ̃⁵³ ~袖	tɕi⁵³ ~子 / tɕ̠iəɤ̃⁵³ ~岗山	tɕʰi³¹² 水~ / tɕʰiəɤ̃³¹² ~官
延安	iəŋ²⁴	iəŋ⁵²	tɕy⁴⁴³	piəŋ⁵²	miəŋ²⁴	liəŋ⁵²	tɕiəŋ⁵²	tɕʰiəŋ²¹³
延川	iŋ³⁵	iŋ⁵³	tsʅ⁵³	piŋ⁵³	mi³⁵ ~字 / m̠iŋ³⁵ 姓~	liŋ⁵³	tɕiŋ⁵³	tɕʰiŋ²¹³
黄陵	iəŋ²⁴	ȵiəŋ⁵² ~子 / i̠əŋ⁵² ~视	tɕy⁵⁵	piəŋ⁵²	miəŋ²⁴	liəŋ⁵²	tɕiəŋ⁵²	tɕʰiəŋ³¹
渭南	iəŋ²⁴	ȵiəŋ⁵³ ~子 / i̠əŋ⁵³ ~响	tɕy⁴⁴	piəŋ⁵³	miəŋ²⁴	liəŋ⁵³	tɕiəŋ⁵³	tɕʰiəŋ³¹
韩城	ȵiəŋ²⁴	ȵiE⁵³ ~~ / ȵ̠iəŋ⁵³ ~片	tɕy⁴⁴	piəŋ⁵³	miE²⁴ ~字 / m̠iəŋ²⁴ 有~	liE⁵³ ② / l̠iəŋ⁵³ ~书	tɕiE⁵³ 打~ / tɕ̠iəŋ⁵³ 油~	tɕʰiəŋ³¹
合阳	ȵiŋ²⁴	ȵiŋ⁵²	tɕy⁵⁵	piŋ⁵²	miɛ²⁴ ~字 / m̠iŋ²⁴ 姓~	liŋ⁵²	tsiɛ⁵² 打~ / tsiŋ⁵² 深~	tsʰiŋ³¹
富平	iəɤ̃²⁴	iəɤ̃⁵³	tɕy⁵⁵	piəɤ̃⁵³	miəɤ̃²⁴	liəɤ̃⁵³	tiəɤ̃⁵³	tʰiəɤ̃³¹
耀州	iŋ²⁴	ȵiŋ⁵²	tɕy⁴⁴	piŋ⁵²	miŋ²⁴	liŋ⁵²	tɕiŋ⁵²	tɕʰiŋ²¹
咸阳	iəŋ²⁴	iəŋ⁵³	tɕy⁴⁴	piəŋ⁵³	miəŋ²⁴	liəŋ⁵³	tɕiəŋ⁵³	tɕʰiəŋ³¹

① ~住了：光线被挡住了。
② ~：领子。

	0865 迎	0866 影	0867 剧戏~	0868 饼	0869 名	0870 领	0871 井	0872 清
	梗开三平庚疑	梗开三上庚影	梗开三入陌群	梗开三上清帮	梗开三平清明	梗开三上清来	梗开三上清精	梗开三平清清
旬邑	iəŋ²⁴	n̩iəŋ⁵²~子 iəŋ⁵²电~	tɕy⁴⁴	piəŋ⁵²	miəŋ²⁴	liəŋ⁵²	tsiəŋ⁵²	tsʰiəŋ²¹
三原	iŋ²⁴	iŋ⁵²	tɕy⁴⁴	piŋ⁵²	miŋ²⁴	liŋ⁵²	tɕiŋ⁵²	tɕʰiŋ³¹
乾县	iɤŋ²⁴	iɤŋ⁵³	tɕy⁵⁵	piɤŋ⁵³	miɤŋ²⁴	liɤŋ⁵³	tɕiɤŋ⁵³	tɕʰiɤŋ²¹
岐山	iŋ²⁴	iŋ⁵³	tɕy⁴⁴	piŋ⁵³	miŋ²⁴	liŋ⁵³	tiŋ⁵³	tʰiŋ³¹
凤翔	iŋ²⁴	n̩iŋ⁵³	tɕy⁴⁴	piŋ⁵³	miŋ²⁴	liŋ⁵³	tsiŋ⁵³	tsʰiŋ³¹
千阳	iŋ²⁴	iŋ⁵³	tɕy⁴⁴	piŋ⁵³	miŋ²⁴	liŋ⁵³	tsiŋ⁵³	tsʰiŋ³¹
西安	iəŋ²⁴	iəŋ⁵³	tɕy⁴⁴	piəŋ⁵³	miəŋ²⁴	liəŋ⁵³	tɕiəŋ⁵³	tɕʰiəŋ²¹
户县	iŋ³⁵	iŋ⁵¹	tɕy⁵⁵	piŋ⁵¹	miŋ³⁵	liŋ⁵¹	tɕiŋ⁵¹	tɕʰiŋ³¹
商州	iəŋ³⁵	iəŋ⁵³	tɕy⁴⁴	piəŋ⁵³	miəŋ³⁵	liəŋ⁵³	tɕiəŋ⁵³	tɕʰiəŋ³¹
镇安	in³³	in³⁵	tʂʅ²¹⁴	pin³⁵	min³³	lin³⁵	tɕin³⁵	tɕʰin⁵³
安康	in³⁵	in⁵³	tɕy⁴⁴	pin⁵³	min³⁵	lin⁵³	tɕin⁵³	tɕʰin³¹
白河	iən⁴⁴	iən³⁵	tɕy⁴¹	piən³⁵	miən⁴⁴	liən³⁵	tɕiən³⁵	tɕʰiən²¹³
汉阴	in⁴²	in⁴⁵	tɕy²¹⁴	pin⁴⁵	min⁴²	lin⁴⁵	tɕin⁴⁵	tɕʰin³³
平利	in⁵²	in⁴⁴⁵	tʂʅ²¹⁴	pin⁴⁴⁵	min⁵²	lin⁴⁴⁵	tɕin⁴⁴⁵	tɕʰin⁴³
汉中	in⁴²	in³⁵⁴	tɕy²¹³	pin³⁵⁴	min⁴²	lin³⁵⁴	tɕin³⁵⁴	tɕʰin⁵⁵
城固	iŋ³¹¹	iŋ⁴⁴	tɕy²¹³	piŋ⁴⁴	miŋ³¹¹	liŋ⁴⁴	tsiŋ⁴⁴	tsʰiŋ⁵³
勉县	in²¹	in³⁵	tɕy²¹³	pin³⁵	min²¹	lin³⁵	tɕin³⁵	tɕʰin⁴²
镇巴	in³¹	in⁵²	tɕy²¹³	pin⁵²	min³¹	lin⁵²	tɕin⁵²	tɕʰin³⁵

	0873 静 梗开三 上清从	0874 姓 梗开三 去清心	0875 贞 梗开三 平清知	0876 程 梗开三 平清澄	0877 整 梗开三 上清章	0878 正~反 梗开三 去清章	0879 声 梗开三 平清书	0880 城 梗开三 平清禅
榆林	tɕiɤ̃^{52}	ɕiɤ̃^{52}	tʂɤ^{33}	tʂʰɤ^{213}	tʂɤ^{213}	tʂɤ̃^{52}	ʂɤ^{33}	tʂʰɤ^{213}
神木	tɕiɤ̃^{53}	ɕiɤ̃^{53}	tʂɤ̃^{213}	tʂʰɤ̃^{44}	tʂɤ̃^{213}	tʂɤ̃^{53}	ʂɤ̃^{213}	tʂʰɤ̃^{44}
绥德	tɕiəɤ̃^{52}	ɕiəɤ̃^{52}	tʂəɤ̃^{213}	tʂʰəɤ̃^{33}	tʂəɤ̃^{213}	tʂəɤ̃^{52}	ʂəɤ̃^{213}	tʂʰəɤ̃^{33}
吴堡	tɕiəŋ^{53}	ɕiəŋ^{53}	tʂəŋ^{213}	tʂʰəŋ^{33}	tʂɛɛ^{412}拴~ tʂəŋ^{412}~理	tʂɛɛ^{53}反~ tʂəŋ^{53}~方	ʂɛɛ^{213}	tʂʰəŋ^{33}
清涧	tɕiəɤ̃^{42}	ɕiəɤ̃^{42}	tʂəɤ̃^{312}	tʂʰəɤ̃^{24}	tʂei^{53}拴~ tʂəɤ̃^{53}~数	tʂei^{42}反~ tʂəɤ̃^{42}~负	ʂei^{312}音~ ʂəɤ̃^{312}~明	tʂʰəɤ̃^{24}
延安	tɕʰiəŋ^{443}心~ tɕiəŋ^{443}安~	ɕiəŋ^{443}	tʂəŋ^{213}	tʂʰəŋ^{24}	tʂəŋ^{52}	tʂəŋ^{443}	ʂəŋ^{213}	tʂʰəŋ^{24}
延川	tɕiŋ^{53}	ɕiŋ^{53}	tʂəŋ^{213}	tʂʰəŋ^{35}	tʂəŋ^{53}	tʂəŋ^{53}	ʂəŋ^{213}	tʂʰəŋ^{35}
黄陵	tɕʰiəŋ^{55}夜~了 tɕiəŋ^{55}安~	ɕiəŋ^{55}	tʂẽ^{31}	tʂʰəŋ^{24}	tʂəŋ^{52}	tʂəŋ^{55}	ʂəŋ^{31}	tʂʰəŋ^{24}
渭南	tɕʰiəŋ^{44}	ɕiəŋ^{44}	tʂə̃^{31}	tʂʰəŋ^{24}	tʂəŋ^{53}	tʂəŋ^{44}	ʂəŋ^{31}	tʂʰəŋ^{24}
韩城	tɕʰiəŋ^{44}	ɕiəŋ^{44}	tʂɤ̃^{31}	tʂʰəŋ^{24}	tʂʅE^{53}平~ tʂəŋ^{53}完~	tʂʅE^{44}~的 tʂəŋ^{44}反~	ʂəŋ^{31}	tʂʰəŋ^{24}
合阳	tsʰiŋ^{55}	siŋ^{55}	tʂəŋ^{31}又 tʂẽ^{31}又	tʂʰəŋ^{24}	tʂɤ^{52}平~ tʂəŋ^{52}~个	tʂɤ^{55}反~ tʂəŋ^{55}~面	ʂɤ^{31}~大 ʂəŋ^{31}~音	tʂʰəŋ^{24}
富平	tiəɤ̃^{55}	siəɤ̃^{55}	tʂɤ̃^{31}	tʂʰəɤ̃^{24}	tʂəɤ̃^{53}	tʂəɤ̃^{55}	ʂɤ̃^{31}	tʂʰəɤ̃^{24}
耀州	tɕiŋ^{44}	ɕiŋ^{44}	tʂei^{21}	tʂʰəŋ^{24}	tʂəŋ^{52}	tʂəŋ^{44}	ʂəŋ^{21}	tʂʰəŋ^{24}
咸阳	tɕiəŋ^{44}	ɕiəŋ^{44}	tʂɤ̃^{31}	tʂʰəŋ^{24}	tʂəŋ^{53}	tʂəŋ^{44}	ʂəŋ^{31}	tʂʰəŋ^{24}
旬邑	tsiəŋ^{44}	siəŋ^{44}	tʂɤ̃^{21}	tʂʰəŋ^{24}	tʂəŋ^{52}	tʂəŋ^{44}	ʂəŋ^{21}	tʂʰəŋ^{24}
三原	tɕiŋ^{44}	ɕiŋ^{44}	tʂẽ^{31}	tʂʰəŋ^{24}	tʂəŋ^{52}	tʂəŋ^{44}	ʂəŋ^{31}	tʂʰəŋ^{24}
乾县	tɕiɤŋ^{55}	ɕiɤŋ^{55}	tʅẽ^{21}	tʂʰɤŋ^{24}	tʅɤŋ^{53}	tʅɤŋ^{55}	ʂɤŋ^{21}	tʂʰɤŋ^{24}
岐山	tɕiŋ^{44}	ɕiŋ^{44}	tʂəŋ^{31}	tʂʰəŋ^{24}	tʂəŋ^{53}	tʂəŋ^{44}	ʂəŋ^{31}	tʂʰəŋ^{24}
凤翔	tsiŋ^{44}	siŋ^{44}	tʂəŋ^{31}	tʂʰəŋ^{24}	tʂəŋ^{53}	tʂəŋ^{44}	ʂəŋ^{31}	tʂʰəŋ^{24}

	0873 静 梗开三上清从	0874 姓 梗开三去清心	0875 贞 梗开三平清知	0876 程 梗开三平清澄	0877 整 梗开三上清章	0878 正~反 梗开三去清章	0879 声 梗开三平清书	0880 城 梗开三平清禅
千阳	tsiŋ⁴⁴	siŋ⁴⁴	tʂəŋ³¹	tʂʰəŋ²⁴	tʂəŋ⁵³	tʂəŋ⁴⁴	ʂəŋ³¹	tʂʰəŋ²⁴
西安	tɕiəŋ⁴⁴	ɕiəŋ⁴⁴	tʂən²¹	tʂʰəŋ²⁴	tʂəŋ⁵³	tʂəŋ⁴⁴	ʂən²¹	tʂʰəŋ²⁴
户县	tɕiŋ⁵⁵	ɕiŋ⁵⁵	tʂẽ³¹	tʂʰəŋ³⁵	tʂəŋ⁵¹	tʂəŋ⁵⁵	ʂən³¹	tʂʰəŋ³⁵
商州	tɕiəŋ⁴⁴	ɕiəŋ⁴⁴	tʂẽ³¹	tʂʰəŋ³⁵	tʂəŋ⁵³	tʂəŋ⁴⁴	ʂən³¹	tʂʰəŋ³⁵
镇安	tɕin³²²	ɕin²¹⁴	tʂən⁵³	tʂʰən³³	tʂən³⁵	tʂən²¹⁴	ʂən⁵³	tʂʰən³³
安康	tɕin⁴⁴	ɕin⁴⁴	tʂən³¹	tʂʰən³⁵	tʂən⁵³	tʂən⁴⁴	ʂən³¹	tʂʰən³⁵
白河	tɕiən⁴¹	ɕiən⁴¹	tʂən²¹³	tʂʰən⁴⁴	tʂən³⁵	tʂən⁴¹	ʂən²¹³	tʂʰən⁴⁴
汉阴	tɕin²¹⁴	ɕin²¹⁴	tʂən³³	tʂʰən⁴²	tʂən⁴⁵	tʂən²¹⁴	ʂən³³	tʂʰən⁴²
平利	tɕin²¹⁴	ɕin²¹⁴	tʂən⁴³	tʂʰən⁵²	tʂən⁴⁴⁵	tʂən²¹⁴	ʂən⁴³	tʂʰən⁵²
汉中	tɕin²¹³	ɕin²¹³	tʂən⁵⁵	tʂʰən⁴²	tʂən³⁵⁴	tʂən²¹³	ʂən⁵⁵	tʂʰən⁴²
城固	tsiŋ²¹³	siŋ²¹³	tʂən⁵³	tʂʰəŋ³¹¹	tʂəŋ⁴⁴	tʂəŋ²¹³	ʂəŋ⁵³	tʂʰəŋ³¹¹
勉县	tɕin²¹³	ɕin²¹³	tsən⁴²	tsʰən²¹	tsən³⁵	tsən²¹³	sən⁴²	tsʰən²¹
镇巴	tɕin²¹³	ɕin²¹³	tsən³⁵	tsʰən³¹	tsən⁵²	tsən²¹³	sən³⁵	tsʰən³¹

	0881 轻	0882 赢	0883 积	0884 惜	0885 席	0886 尺	0887 石	0888 益
	梗开三平清溪	梗开三平清以	梗开三入昔精	梗开三入昔心	梗开三入昔邪	梗开三入昔昌	梗开三入昔禅	梗开三入昔影
榆林	tɕʰiɤ̃³³	iɤ̃²¹³	tɕiəʔ³	ɕiəʔ³	ɕiəʔ³	tʂʰəʔ³	ʂəʔ³	iəʔ³
神木	tɕʰiɤ̃²¹³	iɤ̃⁴⁴	tɕiəʔ⁴	ɕiəʔ⁴	ɕiəʔ⁴	tʂʰəʔ⁴	ʂəʔ⁴	iəʔ⁴ 又 i⁵³ 又
绥德	tɕʰiəɤ̃²¹³	iəɤ̃³³	tɕiɤ³³	ɕie³³	ɕiɤ³³	tʂʰɤ³³	ʂɤ³³	i⁵²
吴堡	tɕʰiəŋ²¹³	i³³	tɕiəʔ³	ɕiəʔ³	ɕiəʔ²¹³	tʂʰəʔ³	ʂəʔ²¹³	iəʔ³
清涧	tɕʰi³¹² ~重 tɕʰiəɤ̃³¹² ~视	i²⁴ ~输 iəɤ̃²⁴ ~利	tɕiəʔ⁵⁴	ɕiəʔ⁵⁴	ɕiəʔ⁴³	tʂʰəʔ⁵⁴	ʂəʔ⁴³	iəʔ⁵⁴
延安	tɕʰiəŋ²¹³	iəŋ²⁴	tɕi²¹³	ɕi²¹³	ɕi²⁴	tʂʰi²¹³	ʂʅ²⁴ 姓~ ʂəʔ⁵ ~匠	i⁴⁴³
延川	tɕʰi²¹³	i³⁵ ~输 iŋ³⁵ ~利	tɕiəʔ⁴²³	ɕiəʔ⁴²³	ɕiəʔ⁵⁴	tʂʰəʔ⁴²³	ʂəʔ⁵⁴	iəʔ⁴²³
黄陵	tɕʰiəŋ³¹	iəŋ²⁴	tɕi³¹	ɕi³¹	ɕi²⁴	tʂʰʅ³¹	ʂʅ²⁴	i³¹
渭南	tɕʰiəŋ³¹	iəŋ²⁴	tɕi³¹	ɕi³¹	ɕi²⁴	tʂʰʅ³¹	ʂʅ²⁴	i³¹
韩城	tɕʰiɛ³¹ 年~ tɕʰiəŋ³¹ ~工	iɛ²⁴ ~了 iəŋ²⁴ ~得	tɕi³¹	ɕi³¹	ɕi²⁴	tʂʰʅ³¹	ʂʅ²⁴	i³¹
合阳	tɕʰiɛ³¹ ~重 tɕʰiŋ³¹ ~放	iɛ²⁴ ~了 iŋ²⁴ ~输	tɕi³¹	si³¹	si²⁴	tʂʰʅ³¹	ʂʅ²⁴	i³¹
富平	tɕʰiəɤ̃³¹	iəɤ̃²⁴	ti³¹	si³¹	si²⁴	tʂʰʅ³¹	ʂʅ²⁴	i³¹
耀州	tɕʰiŋ²¹	iŋ²⁴	tɕi²¹	ɕi²¹	ɕi²⁴	tʂʰʅ²¹	ʂʅ²⁴	i²¹
咸阳	tɕʰiəŋ³¹	iəŋ²⁴	tɕi³¹	ɕi³¹	ɕi²⁴	tʂʰʅ³¹	ʂʅ²⁴	i³¹
旬邑	tɕʰiəŋ²¹	iəŋ²⁴	tɕi²¹	si²¹	si²⁴	tʂʰʅ²¹	ʂʅ²⁴	i²¹
三原	tɕʰiŋ³¹	iŋ²⁴	tɕi³¹	ɕi³¹	ɕi²⁴	tʂʰʅ³¹	ʂʅ²⁴	i³¹
乾县	tɕʰiɤŋ²¹	iɤŋ²⁴	tɕi²¹	ɕi²¹	ɕi²⁴	tʂʰʅ²¹	ʂʅ²⁴	i²¹
岐山	tɕʰiŋ³¹	iŋ²⁴	tɕi³¹	si³¹	si²⁴	tʂʰʅ³¹	ʂʅ²⁴	i³¹
凤翔	tɕʰiŋ³¹	iŋ²⁴	tsi³¹	si³¹	si²⁴	tʂʰʅ³¹	ʂʅ²⁴	i³¹
千阳	tɕʰiŋ³¹	iŋ²⁴	tsi³¹	si³¹	si²⁴	tʂʰʅ³¹	ʂʅ²⁴	i³¹
西安	tɕʰiəŋ²¹	iəŋ²⁴	tɕi²¹	ɕi²¹	ɕi²⁴	tʂʰʅ²¹	ʂʅ²⁴	i²¹

	0881 轻	0882 赢	0883 积	0884 惜	0885 席	0886 尺	0887 石	0888 益
	梗开三平清溪	梗开三平清以	梗开三入昔精	梗开三入昔心	梗开三入昔邪	梗开三入昔昌	梗开三入昔禅	梗开三入昔影
户县	tɕʰiŋ³¹	iŋ³⁵	tɕi³¹	ɕi³¹	ɕi³⁵	tʂʰʅ³¹	ʂʅ³⁵	i³¹
商州	tɕʰiəŋ³¹	iəŋ³⁵	tɕi³¹	ɕi³¹	ɕi³⁵	tʂʰʅ³¹	ʂʅ³⁵	i³¹
镇安	tɕʰin⁵³	in³³	tɕi⁵³	ɕi⁵³	ɕi³²²	tʂʰʅ⁵³	ʂʅ³²²	i⁵³
安康	tɕʰin³¹	in³⁵	tɕi³¹	ɕi³¹	ɕi³⁵	tʂʰʅ³¹	ʂʅ³⁵	i³¹
白河	tɕʰiən²¹³	iən⁴⁴	tɕi²¹³	ɕi²¹³	ɕi⁴⁴	tʂʰʅ²¹³	ʂʅ⁴⁴	i⁴¹
汉阴	tɕʰin³³	in⁴²	tɕi⁴²	ɕi⁴²	ɕi⁴²	tʂʰʅ⁴²	ʂʅ⁴²	i⁴²
平利	tɕʰin⁴³	in⁵²	tɕi⁴³	ɕi⁴³	ɕi⁵²	tʂʰʅ⁴³	ʂʅ⁵²	i⁴³
汉中	tɕʰin⁵⁵	in⁴²	tɕi⁵⁵	ɕi⁵⁵	ɕi⁴²	tʂʰʅ⁵⁵	ʂʅ⁴²	i⁵⁵
城固	tɕʰiŋ⁵³	iŋ³¹¹	tsi⁵³	si⁵³	si³¹¹	tʂʰʅ⁵³	ʂʅ³¹¹	i⁵³
勉县	tɕʰin⁴²	in²¹	tɕi⁴²	ɕi⁴²	ɕi²¹	tsʰʅ⁴²	sʅ²¹	i²¹³
镇巴	tɕʰin³⁵	in³¹	tɕi³¹	ɕi³¹	ɕi³¹	tsʰʅ³¹	sʅ³¹	i³¹

	0889 瓶	0890 钉名	0891 顶	0892 厅	0893 听~见	0894 停	0895 挺	0896 定
	梗开四 平青并	梗开四 平青端	梗开四 上青端	梗开四 平青透	梗开四 平青透	梗开四 平青定	梗开四 上青定	梗开四 去青定
榆林	$p^h iɤ̃^{213}$	$tiɤ̃^{33}$	$tiɤ̃^{213}$	$t^h iɤ̃^{33}$	$t^h iɤ̃^{33}$	$t^h iɤ̃^{213}$	$t^h iɤ̃^{213}$	$tiɤ̃^{52}$
神木	$p^h iɤ̃^{44}$	$tiɤ̃^{213}$	$tiɤ̃^{213}$	$t^h iɤ̃^{213}$	$t^h iɤ̃^{213}$	$t^h iɤ̃^{44}$	$t^h iɤ̃^{213}$	$tiɤ̃^{53}$
绥德	$p^h iəɤ̃^{33}$	$tiəɤ̃^{213}$	$tiəɤ̃^{213}$	$t^h iəɤ̃^{213}$	$t^h iəɤ̃^{213}$	$t^h iəɤ̃^{33}$	$t^h iəɤ̃^{213}$	$tiəɤ̃^{52}$
吴堡	$p^h εe^{33}$	$tεe^{213}$	$tεe^{412}$ ~牛 $tiəŋ^{412}$ 窑~	$t^h iəŋ^{213}$	$t^h εe^{213}$	$t^h εe^{33}$ ~当 $t^h iəŋ^{33}$ 暂~	$t^h iəŋ^{412}$	$tεe^{53}$ 捏~ $tiəŋ^{53}$ ~义
清涧	$p^h iəɤ̃^{24}$	ti^{312} ~子 $tiəŋ^{312}$ 铆~	$tiəɤ̃^{53}$	$t^h iəɤ̃^{312}$	$t^h i^{312}$ ~着 $t^h iəɤ̃^{312}$ ~力	$t^h i^{24}$ ~当 $t^h iəɤ̃^{24}$ 暂~	$t^h iəɤ̃^{53}$	$tiəɤ̃^{42}$
延安	$p^h iəŋ^{24}$	$tiəŋ^{213}$	$tiəŋ^{52}$	$t^h iəŋ^{213}$	$t^h iəŋ^{213}$	$t^h iəŋ^{24}$	$t^h iəŋ^{52}$	$tiəŋ^{443}$
延川	$p^h iŋ^{35}$	ti^{213}	$tiŋ^{53}$	$t^h iŋ^{213}$	$tɕ^h i^{213}$	$tɕ^h iŋ^{35}$	$tɕ^h iŋ^{53}$	$tiŋ^{53}$
黄陵	$p^h iəŋ^{24}$	$tɕiəŋ^{31}$	$tɕiəŋ^{52}$	$tɕ^h iəŋ^{31}$	$tɕ^h iəŋ^{31}$	$tɕ^h iəŋ^{24}$	$tɕ^h iəŋ^{52}$	$tɕiəŋ^{55}$
渭南	$p^h iəŋ^{24}$	$tɕiəŋ^{31}$	$tɕiəŋ^{53}$	$tɕ^h iəŋ^{31}$	$tɕ^h iəŋ^{31}$	$tɕ^h iəŋ^{24}$	$tɕ^h iəŋ^{53}$	$tɕiəŋ^{44}$
韩城	$p^h iəŋ^{24}$	$tiɛ^{31}$ ~子 $tiəŋ^{31}$ 铁~	$tiəŋ^{53}$	$t^h iəŋ^{31}$	$t^h iɛ^{31}$ ~见 $t^h iəŋ^{31}$ 视~	$t^h iəŋ^{24}$	$t^h iəŋ^{53}$	$tiəŋ^{44}$
合阳	$p^h iŋ^{24}$	$tiŋ^{31}$	$tiŋ^{52}$	$t^h iŋ^{31}$	$t^h iɛ^{31}$ ~话 $t^h iŋ^{31}$ ~音	$t^h iŋ^{24}$	$t^h iŋ^{52}$	$tiŋ^{55}$
富平	$p^h iəɤ̃^{24}$	$tiəɤ̃^{31}$	$tiəɤ̃^{53}$	$t^h iəɤ̃^{31}$	$t^h iəɤ̃^{31}$	$t^h iəɤ̃^{24}$	$t^h iəɤ̃^{53}$	$tiəɤ̃^{55}$
耀州	$p^h iŋ^{24}$	$tiŋ^{21}$	$tiŋ^{52}$	$tɕ^h iŋ^{21}$	$tɕ^h iŋ^{21}$	$tɕ^h iŋ^{24}$	$tɕ^h iŋ^{52}$	$tiŋ^{44}$
咸阳	$p^h iəŋ^{24}$	$tiəŋ^{31}$	$tiəŋ^{53}$	$t^h iəŋ^{31}$	$t^h iəŋ^{31}$	$t^h iəŋ^{24}$	$t^h iəŋ^{53}$	$tiəŋ^{44}$
旬邑	$p^h iəŋ^{24}$	$tiəŋ^{21}$	$tiəŋ^{52}$	$ts^h iəŋ^{21}$	$ts^h iəŋ^{21}$	$ts^h iəŋ^{44}$	$ts^h iəŋ^{52}$	$tiəŋ^{44}$
三原	$p^h iŋ^{24}$	$tɕiŋ^{31}$	$tɕiŋ^{52}$	$tɕ^h iŋ^{31}$	$tɕ^h iŋ^{31}$	$tɕ^h iŋ^{24}$	$tɕ^h iŋ^{52}$	$tɕiŋ^{44}$
乾县	$p^h iɤŋ^{24}$	$tiɤŋ^{21}$	$tiɤŋ^{53}$	$t^h iɤŋ^{21}$	$t^h iɤŋ^{21}$	$t^h iɤŋ^{55}$	$t^h iɤŋ^{53}$	$tiɤŋ^{55}$
岐山	$p^h iŋ^{24}$	$ʈiŋ^{31}$	$ʈiŋ^{53}$	$ʈ^h iŋ^{31}$	$ʈ^h iŋ^{31}$	$ʈ^h iŋ^{44}$	$ʈ^h iŋ^{44}$	$ʈiŋ^{44}$
凤翔	$p^h iŋ^{24}$	$tsiŋ^{31}$	$tsiŋ^{53}$	$ts^h iŋ^{31}$	$ts^h iŋ^{31}$	$ts^h iŋ^{44}$	$ts^h iŋ^{44}$	$tsiŋ^{44}$
千阳	$p^h iŋ^{24}$	$tiŋ^{31}$	$tiŋ^{53}$	$ts^h iŋ^{31}$	$ts^h iŋ^{31}$	$ts^h iŋ^{44}$	$ts^h iŋ^{53}$	$tiŋ^{44}$
西安	$p^h iəŋ^{24}$	$tiəŋ^{21}$	$tiəŋ^{53}$	$t^h iəŋ^{21}$	$t^h iəŋ^{21}$	$t^h iəŋ^{24}$	$t^h iəŋ^{53}$	$tiəŋ^{44}$

	0889 瓶	0890 钉名	0891 顶	0892 厅	0893 听~见	0894 停	0895 挺	0896 定
	梗开四平青並	梗开四平青端	梗开四上青端	梗开四平青透	梗开四平青透	梗开四平青定	梗开四上青定	梗开四去青定
户县	pʰiŋ³⁵	tiŋ³¹	tiŋ⁵¹	tʰiŋ³¹	tʰiŋ³¹	tʰiŋ⁵⁵ 又 tʰiŋ³⁵ 又	tʰiŋ⁵¹	tiŋ⁵⁵
商州	pʰiəŋ³⁵	tiəŋ³¹	tiəŋ⁵³	tʰiəŋ³¹	tʰiəŋ³¹	tʰiəŋ³⁵	tʰiəŋ⁵³	tiəŋ⁴⁴
镇安	pʰin³³	tin⁵³	tin³⁵	tʰin⁵³	tʰin⁵³	tʰin³³	tʰin³⁵	tin³²²
安康	pʰin³⁵	tin³¹	tin⁵³	tʰin³¹	tʰin³¹	tʰin³⁵	tʰin⁵³	tin⁴⁴
白河	pʰiən⁴⁴	tiən²¹³	tiən³⁵	tʰiən²¹³	tʰiən²¹³	tʰiən⁴⁴	tʰiən³⁵	tiən⁴¹
汉阴	pʰin⁴²	tin³³	tin⁴⁵	tʰin³³	tʰin³³	tʰin⁴²	tʰin⁴⁵	tin²¹⁴
平利	pʰin⁵²	tin⁴³	tin⁴⁴⁵	tʰin⁴³	tʰin⁴³	tʰin⁵²	tʰin⁴⁴⁵	tin²¹⁴
汉中	pʰin⁴²	tin⁵⁵	tin³⁵⁴	tʰin⁵⁵	tʰin⁵⁵	tʰin⁴²	tʰin³⁵⁴	tin²¹³
城固	pʰiŋ³¹¹	tiŋ⁵³	tiŋ⁴⁴	tʰiŋ⁵³	tʰiŋ⁵³	tʰiŋ³¹¹	tʰiŋ⁴⁴	tiŋ²¹³
勉县	pʰin²¹	tin⁴²	tin³⁵	tʰin⁴²	tʰin⁴²	tʰin²¹	tʰin³⁵	tin²¹³
镇巴	pʰin³¹	tin³⁵	tin⁵²	tʰin³⁵	tʰin³⁵	tʰin³¹	tʰin⁵²	tin²¹³

	0897 零	0898 青	0899 星	0900 经	0901 形	0902 壁	0903 劈	0904 踢
	梗开四平青来	梗开四平青清	梗开四平青心	梗开四平青见	梗开四平青匣	梗开四入锡帮	梗开四入锡滂	梗开四入锡透
榆林	liɤ̃²¹³	tɕʰiɤ̃³³	ɕiɤ̃³³	tɕiɤ̃³³	ɕiɤ̃²¹³	piəʔ³	pʰiəʔ³	tʰiəʔ³
神木	liɤ̃⁴⁴	tɕʰiɤ̃²¹³	ɕiɤ̃²¹³	tɕiɤ̃²¹³	ɕiɤ̃⁴⁴	piəʔ⁴	pʰiəʔ⁴	tʰiəʔ⁴
绥德	liəɣ̃³³	tɕʰiəɣ̃²¹³	ɕiəɣ̃²¹³	tɕiəɣ̃²¹³	ɕiəɣ̃³³	piɤ³³	pʰiɤ³³	tʰiɤ³³
吴堡	lɛɛ³³ ~头 liəŋ³³ ~分	tsʰɛɛ²¹³	sɛɛ²¹³ ~宿 ɕiəŋ²¹³ ~~	tɕiəŋ²¹³	ɕiəŋ³³	piəʔ³	pʰiəʔ³ ~柴 pʰi⁵³ ~斧	tʰiəʔ³
清涧	li²⁴ ~钱 liəɣ̃²⁴ 数字	tɕʰi³¹² 黑~ tɕʰiəɣ̃³¹² ~年	ɕi³¹² ~宿 ɕiəɣ̃³¹² ~~	tɕi³¹² ~线 tɕiəɣ̃³¹² ~过	ɕiəɣ̃²⁴	piəʔ⁵⁴	pʰiəʔ⁵⁴	tʰiəʔ⁵⁴
延安	liəŋ²⁴	tɕʰiəŋ²¹³	ɕiəŋ²¹³	tɕiəŋ²¹³	ɕiəŋ²⁴	pi²¹³	pʰi²¹³	tʰi²¹³
延川	liŋ³⁵	tɕʰiŋ²¹³	ɕi²¹³ ~宿 ɕiŋ²¹³ ~球	tɕiŋ²¹³	ɕiŋ³⁵	piəʔ⁴²³	pʰiəʔ⁴²³	tʰiəʔ⁴²³
黄陵	liəŋ²⁴	tɕʰiəŋ³¹	ɕiəŋ³¹	tɕiəŋ³¹	ɕiəŋ²⁴	pi³¹	pʰi⁵²	tɕʰi³¹
渭南	liəŋ²⁴	tɕʰiəŋ³¹	ɕiəŋ³¹	tɕiəŋ³¹	ɕiəŋ²⁴	pi³¹	pʰi⁵³	tɕʰi³¹
韩城	liəŋ²⁴	tɕʰiE³¹ ~的 tɕʰiəŋ³¹ 沥~	ɕiE³¹ 星~ ɕiəŋ³¹ 水~	tɕiE³¹ 已~ tɕiəŋ³¹ ~济	ɕiəŋ²⁴	pi³¹	pʰi⁵³	tʰi³¹
合阳	liɛ²⁴ ~干① liŋ²⁴ ~蛋	tsʰiɛ³¹ ~草 tsʰiŋ³¹ ~年	siɛ³¹ 星~ siŋ³¹ ~期	tɕiŋ³¹	ɕiŋ²⁴	pi³¹	pʰi⁵²	tʰi³¹
富平	liəɣ̃²⁴	tʰiəɣ̃³¹	siəɣ̃³¹	tɕiəɣ̃³¹	ɕiəɣ̃²⁴	pi³¹	pʰi⁵³	tʰi³¹
耀州	liŋ²⁴	tɕʰiŋ²¹	ɕiŋ²¹	tɕiŋ²¹	ɕiŋ²⁴	pi²¹	pʰi⁵²	tɕʰi²¹
咸阳	liəŋ²⁴	tɕʰiəŋ³¹	ɕiəŋ³¹	tɕiəŋ³¹	ɕiəŋ²⁴	pi³¹	pʰi⁵³	tʰi³¹
旬邑	liəŋ²⁴	tsʰiəŋ²¹	siəŋ²¹	tɕiəŋ²¹	ɕiəŋ²⁴	pi²¹	pʰi⁵²	tsʰi²¹
三原	liŋ²⁴	tɕʰiŋ³¹	ɕiŋ³¹	tɕiŋ³¹	ɕiŋ²⁴	pi³¹	pʰi⁵²	tɕʰi³¹
乾县	liɤŋ²⁴	tɕʰiɤŋ²¹	ɕiɤŋ²¹	tɕiɤŋ²¹	ɕiɤŋ²⁴	pi²¹	pʰi⁵³	tʰi²¹
岐山	liŋ²⁴	tɕʰiŋ³¹	siŋ³¹	tɕiŋ³¹	ɕiŋ²⁴	pi³¹	pʰi⁵³	tʰi³¹
凤翔	liŋ²⁴	tsʰiŋ³¹	siŋ³¹	tɕiŋ³¹	ɕiŋ²⁴	pi³¹	pʰi⁵³	tsʰi³¹

①~干：人死。

	0897 零	0898 青	0899 星	0900 经	0901 形	0902 壁	0903 劈	0904 踢
	梗开四平青来	梗开四平青清	梗开四平青心	梗开四平青见	梗开四平青匣	梗开四入锡帮	梗开四入锡滂	梗开四入锡透
千阳	liŋ²⁴	tsʰiŋ³¹	siŋ³¹	tɕiŋ³¹	ɕiŋ²⁴	pi³¹	pʰi⁵³	tsʰi³¹
西安	lieŋ²⁴	tɕʰieŋ²¹	ɕieŋ²¹	tɕieŋ²¹	ɕieŋ²⁴	pi²¹	pʰi⁵³	tʰi²¹
户县	liŋ³⁵	tɕʰiŋ³¹	ɕiŋ³¹	tɕiŋ³¹ ~济	ɕiŋ³⁵	pi³¹	pʰia⁵¹ ~叉 / pʰi⁵¹ ~柴	tʰi³¹
商州	lieŋ³⁵	tɕʰieŋ³¹	ɕieŋ³¹	tɕieŋ³¹	ɕieŋ³⁵	pi³¹	pʰi³¹	tʰi³¹
镇安	lin³³	tɕʰin⁵³	ɕin⁵³	tɕin⁵³	ɕin³³	pi⁵³	pʰi⁵³	tʰi⁵³
安康	lin³⁵	tɕʰin³¹	ɕin³¹	tɕin³¹	ɕin³⁵	pi³¹	pʰi⁵³	tʰi³¹
白河	liən⁴⁴	tɕʰiən²¹³	ɕiən²¹³	tɕiən²¹³	ɕiən⁴⁴	pi⁴⁴	pʰi²¹³	tʰi²¹³
汉阴	lin⁴²	tɕʰin³³	ɕin³³	tɕin³³	ɕin⁴²	pi⁴²	pʰi³³	tʰi⁴²
平利	lin⁵²	tɕʰin⁴³	ɕin⁴³	tɕin⁴³	ɕin⁵²	pi⁴³	pʰi⁴⁴⁵	tʰi⁴³
汉中	lin⁴²	tɕʰin⁵⁵	ɕin⁵⁵	tɕin⁵⁵	ɕin⁴²	pi⁵⁵	pʰi³⁵⁴	tʰi⁵⁵
城固	liŋ³¹¹	tsʰiŋ⁵³	siŋ⁵³	tɕiŋ⁵³	ɕiŋ³¹¹	pi⁵³	pʰi⁴⁴	tʰi⁵³
勉县	lin²¹	tɕʰin⁴²	ɕin⁴²	tɕin⁴²	ɕin²¹	pi⁴²	pʰi³⁵	tʰi⁴²
镇巴	lin³¹	tɕʰin³⁵	ɕin³⁵	tɕin³⁵	ɕin³¹	pi³¹	pʰi⁵²	tʰi³¹

	0905 笛	0906 历农~	0907 锡	0908 击	0909 吃	0910 横~竖	0911 划计~	0912 兄
	梗开四入锡定	梗开四入锡来	梗开四入锡心	梗开四入锡见	梗开四入锡溪	梗合二平庚匣	梗合二入麦匣	梗合三平庚晓
榆林	tiəʔ³	li⁵²	ɕi³³	tɕiəʔ³	tʂʰəʔ³	xɤɣ̃²¹³	xua⁵²	ɕyɣɣ̃³³
神木	tiəʔ⁴	liəʔ⁴	ɕiəʔ⁴	tɕiəʔ⁴	tʂʰəʔ⁴	ɕyɛ⁴⁴~顺① / xuɣ̃⁴⁴~竖	xua⁵³	ɕyɣ̃²¹³
绥德	tiɤ³³	liɤ³³	ɕiɤ³³	tɕiɤ³³	tʂʰɤ³³	xuəɣ̃³³~竖 / xəɣ̃³³~放	xua⁵²	ɕyəɣ̃²¹³
吴堡	tiəʔ³	liəʔ³	ɕiəʔ³	tɕiəʔ³	tʂʰəʔ³	ɕya³³~沟 / xuəŋ³³~竖	xua⁵³	suɛɛ²¹³弟~ / ɕyəŋ²¹³~长
清涧	tiəʔ⁴³	liəʔ⁵⁴	ɕiəʔ⁵⁴	tɕiəʔ⁵⁴	tʂʰəʔ⁵⁴	xəɣ̃²⁴	xua⁴²	ɕyɣ³¹²弟~ / ɕyəɣ̃³¹²~长
延安	t̪ʰɿ²⁴~子 / t̪ɿ²⁴长~	li⁴⁴³	ɕi²¹³	tɕi²¹³	tʂʰɿ²¹³~饭 / tʂʰəʔ⁵~了	xuəŋ²⁴~竖 / xəŋ²⁴~撇	xua⁴⁴³	ɕyəŋ²¹³
延川	tiəʔ⁵⁴	liəʔ⁴²³	ɕiəʔ⁴²³	tɕiəʔ⁴²³	tʂʰəʔ⁴²³	xəŋ³⁵	xua⁵³	ɕyɣ²¹³~弟 / ɕyŋ²¹³师~
黄陵	tɕʰi²⁴	li³¹	ɕi³¹	tɕi³¹	tʂʰɿ³¹	ɕyɤ²⁴~着 / xuŋ⁵⁵~竖	xua⁵⁵	ɕyŋ³¹
渭南	tɕʰi²⁴	li³¹	ɕi³¹	tɕi³¹	tʂʰɿ³¹	xuəŋ⁴⁴	xua⁴⁴	ɕyəŋ³¹
韩城	tʰi²⁴	lɿi³¹	ɕi³¹	tɕi³¹	tʂʰɿ³¹	ɕya²⁴~蟹子 / xuəŋ⁴⁴蛮~	xua⁴⁴	ɕyəŋ³¹
合阳	tʰi²⁴	li³¹	si³¹	tɕi³¹	tʂʰɿ³¹	ɕyɛ²⁴~顺 / xəŋ²⁴~竖	xua⁵⁵	ɕyŋ³¹
富平	tʰi²⁴	li³¹	si³¹	tɕi³¹	tʂʰɿ³¹	ɕyɛ²⁴~顺 / xuəɣ̃⁵⁵~线	xua⁵⁵	ɕyəɣ̃³¹
耀州	tɕʰi²⁴	li²¹	ɕi²¹	tɕi²¹	tʂɿ²¹	ɕyɛ²⁴~着 / xuŋ⁴⁴~得很 / xəŋ²⁴~行	xua⁴⁴	ɕyŋ²¹
咸阳	ti²⁴	li³¹	ɕi³¹	tɕi³¹	tʂʰɿ³¹	xəŋ²⁴	xua⁴⁴	ɕyəŋ³¹

① ~顺：横竖。

	0905 笛	0906 历农~	0907 锡	0908 击	0909 吃	0910 横~竖	0911 划计~	0912 兄
	梗开四入锡定	梗开四入锡来	梗开四入锡心	梗开四入锡见	梗开四入锡溪	梗合二平庚匣	梗合二入麦匣	梗合三平庚晓
旬邑	tsʰi²⁴	li²¹	ɕi²¹	tɕi²¹	tʂʰʅ²⁴	ɕyo²⁴ ~顺 xəŋ²⁴ ~竖	xua⁴⁴	ɕyəŋ²¹
三原	tɕʰi²⁴	li²⁴	ɕi³¹	tɕi³¹	tʂʰʅ³¹	xuŋ⁴⁴	xuɑ⁴⁴	ɕyŋ³¹
乾县	ti²⁴	li²¹	ɕi²¹	tɕi²¹	tʂʰʅ²¹	xoŋ²⁴	xua⁵⁵	ɕyoŋ²¹
岐山	tɕʰi²⁴	li³¹	si³¹	tɕi³¹	tʂʰʅ³¹	xuŋ²⁴	xuᴀ⁴⁴	ɕyŋ³¹
凤翔	tsʰi²⁴	li³¹	si³¹	tɕi³¹	tʂʰʅ³¹	xuŋ⁴⁴	xua⁴⁴	ɕyŋ³¹
千阳	tsʰi²⁴	li³¹	si³¹	tɕi³¹	tʂʰʅ³¹	xuŋ²⁴ 又 xuŋ⁴⁴ 又	xua⁴⁴	ɕyŋ³¹
西安	ti²⁴	li⁴⁴	ɕi²¹	tɕi²¹	tʂʰʅ²¹	xəŋ²⁴	xua⁴⁴	ɕyoŋ²¹
户县	ti³⁵	li⁵⁵ ~头 li³¹ 日~	ɕi³¹	tɕie³¹ 在脸上~① tɕi³¹ 打~	tʂʰʅ³¹	ɕyɛ³⁵ ~顺 xuəŋ³⁵ ~得很② xəŋ³⁵ 一~	xua⁵⁵	ɕyŋ³¹
商州	ti³⁵	li³¹	ɕi³¹	tɕi³¹	tʂʰʅ³¹	xəŋ³⁵	xuɑ⁴⁴	ɕyəŋ³⁵
镇安	ti³²²	li⁵³	ɕi⁵³	tɕi⁵³	tʂʰʅ⁵³	xɤŋ³²²	xua³²²	ɕioŋ⁵³
安康	ti³⁵	li³¹	ɕi³¹	tɕi³¹	tʂʰʅ³¹	xuen³⁵	xua⁴⁴	ɕyŋ³¹
白河	ti⁴⁴	li²¹³	ɕi²¹³	tɕi²¹³	tʂʰʅ²¹³	xuən⁴⁴ ~直 xen⁴⁴ ~线	xua⁴¹	yŋ²¹³
汉阴	ti⁴²	li⁴²	ɕi⁴²	tɕi⁴²	tʂʰʅ⁴²	χen⁴²	χua²¹⁴	ɕioŋ³³
平利	ti⁵²	li²¹⁴	ɕi⁴³	tɕi⁴³	tʂʰʅ⁴³	xən⁵²	xua²¹⁴	ɕioŋ⁴³
汉中	ti⁴²	li²¹³	ɕi⁵⁵	tɕi⁵⁵	tʂʰʅ⁵⁵	xen²¹³	xuᴀ²¹³	ɕioŋ⁵⁵
城固	ti³¹¹	li²¹³	ɕi⁵³	tɕi⁵³	tʂʰʅ⁵³	xəŋ³¹¹	xua²¹³	ɕyŋ⁵³
勉县	ti²¹	li²¹³	ɕi⁴²	tɕi⁴²	tʂʰʅ⁴²	xen²¹³	xuɑ²¹³	ɕioŋ⁴²
镇巴	ti³¹	li³¹	ɕi³¹	tɕi³¹	tʂʰʅ³¹	xun³¹ ~竖 xuan³¹ ~起	xua²¹³	ɕioŋ³⁵

①在脸上~：打。
②~得很：蛮横。

	0913 荣	0914 永	0915 营	0916 蓬~松	0917 东	0918 懂	0919 冻	0920 通
	梗合三平庚云	梗合三上庚云	梗合三平清以	通合一平东並	通合一平东端	通合一上东端	通合一去东端	通合一平东透
榆林	ʐuɤ̃ỹ²¹³	yɤ̃ỹ²¹³	iɤ̃ỹ²¹³	pʰɤ̃ỹ²¹³	tuɤ̃ỹ³³	tuɤ̃ỹ²¹³	tuɤ̃ỹ⁵²	tʰuɤ̃ỹ³³
神木	yɤ̃⁴⁴	yɤ̃²¹³	iɤ̃⁴⁴	pʰɤ̃⁴⁴	tuɤ̃²¹³	tuɤ̃²¹³	tuɤ̃⁵³	tʰuɤ̃²¹³
绥德	yəỹ³³ ʐuəỹ³³	yəỹ²¹³	iəỹ³³	pʰəỹ³³	tuəỹ²¹³	tuəỹ²¹³	tuəỹ⁵²	tʰuəỹ²¹³
吴堡	yŋ³³	yŋ⁴¹²	i̠ŋ³³ ~生 iəŋ³³ 军~	pʰəŋ³³	tuŋ²¹³	tuŋ⁴¹²	tuəŋ²¹³ 名词，冰 tuəŋ⁵³ 动词	tʰuəŋ²¹³
清涧	yəỹ²⁴	yəỹ⁵³	iəỹ²⁴	pʰəỹ²⁴	tuəỹ³¹²	tuəỹ⁵³	tuəỹ³¹² 名词，冰 tuəỹ⁴² 动词	tʰuəỹ³¹²
延安	yəŋ²⁴	yəŋ⁵²	iəŋ²⁴	pʰəŋ²⁴	tuəŋ²¹³	tuəŋ⁵²	tuəŋ⁴⁴³	tʰuəŋ²¹³
延川	yŋ³⁵	yŋ⁵³	iŋ³⁵	pʰəŋ³⁵	tuŋ²¹³	tuŋ⁵³	tuŋ⁵³	tʰuŋ²¹³
黄陵	yŋ²⁴	yŋ⁵²	iəŋ²⁴	pʰəŋ²⁴	tuŋ³¹	tuŋ⁵²	tuŋ⁵⁵	tʰuŋ³¹
渭南	yŋ²⁴	yŋ⁵³	iəŋ²⁴	pʰəŋ²⁴	tuəŋ³¹	tuəŋ⁵³	tuəŋ⁴⁴	tʰuəŋ³¹
韩城	yŋ²⁴	yŋ⁵³	iəŋ²⁴	pʰəŋ²⁴	təŋ³¹	təŋ⁵³	təŋ⁴⁴	tʰəŋ³¹
合阳	yŋ²⁴	yŋ⁵²	iŋ²⁴	pʰəŋ²⁴	tuŋ³¹	tuŋ⁵²	tuŋ⁵⁵	tʰuŋ³¹
富平	yəỹ²⁴	yəỹ⁵³	iəỹ²⁴	pʰəỹ²⁴	tuəỹ³¹	tuəỹ⁵³	tuəỹ⁵⁵	tʰuəỹ³¹
耀州	yŋ²⁴	yŋ⁵²	iŋ²⁴	pʰəŋ²⁴	tuŋ²¹	tuŋ⁵²	tuŋ⁴⁴	tʰuŋ²¹
咸阳	yəŋ²⁴	yəŋ⁵³	iəŋ²⁴	pʰəŋ²⁴	tuəŋ³¹	tuəŋ⁵³	tuəŋ⁴⁴	tʰuəŋ³¹
旬邑	yŋ²⁴	yŋ⁵²	iŋ²⁴	pʰəŋ²⁴	tuŋ²¹	tuŋ⁵²	tuŋ⁴⁴	tʰuŋ²¹
三原	yŋ²⁴	yŋ⁵²	iŋ²⁴	pʰəŋ²⁴	tuŋ³¹	tuŋ⁵²	tuŋ⁴⁴	tʰuŋ³¹
乾县	yoŋ²⁴	yoŋ⁵³	iɤŋ²⁴	pʰɤŋ²⁴	toŋ²¹	toŋ⁵³	toŋ⁵⁵	tʰoŋ²¹
岐山	yŋ²⁴	yŋ⁵³	iŋ²⁴	pʰəŋ²⁴	tuŋ³¹	tuŋ⁵³	tuŋ⁴⁴	tʰuŋ³¹
凤翔	yŋ²⁴	yŋ⁵³	iŋ²⁴	pʰəŋ²⁴	tuŋ³¹	tuŋ⁵³	tuŋ⁴⁴	tʰuŋ³¹
千阳	yŋ²⁴	yŋ⁵³	iŋ²⁴	pʰəŋ²⁴	tuŋ³¹	tuŋ⁵³	tuŋ⁴⁴	tʰuŋ³¹
西安	yoŋ²⁴	yoŋ⁵³	iəŋ²⁴	pʰəŋ²⁴	toŋ²¹	toŋ⁵³	toŋ⁴⁴	tʰoŋ²¹
户县	ʐŋ³⁵	yŋ⁵¹	iŋ³⁵	pʰəŋ³⁵	tuŋ³¹	tuŋ⁵¹	tuŋ⁵⁵	tʰuŋ³¹
商州	yəŋ³⁵	yəŋ⁵³	iəŋ³⁵	pʰəŋ³⁵	tuəŋ³¹	tuəŋ⁵³	tuəŋ⁴⁴	tʰuəŋ³¹
镇安	ioŋ³³	ioŋ³⁵	iŋ³³	pʰɤŋ³³	tuoŋ⁵³	tuoŋ³⁵	tuoŋ²¹⁴	tʰuoŋ⁵³

	0913 荣	0914 永	0915 营	0916 蓬~松	0917 东	0918 懂	0919 冻	0920 通
	梗合三平庚云	梗合三上庚云	梗合三平清以	通合一平东並	通合一平东端	通合一上东端	通合一去东端	通合一平东透
安康	yŋ³⁵	yən⁵³	in³⁵	pʰəŋ³⁵	tuŋ³¹	tuŋ⁵³	tuŋ⁴⁴	tʰuŋ³¹
白河	yŋ⁴⁴ 光~ ʐuəŋ⁴⁴ ~誉	yən³⁵ ~远 yŋ³⁵ ~久	iən⁴⁴	pʰəŋ⁴⁴	təŋ²¹³	təŋ³⁵	təŋ⁴¹	tʰəŋ²¹³
汉阴	ioŋ⁴²	yn⁴⁵	in⁴²	pʰoŋ⁴²	toŋ³³	toŋ⁴⁵	toŋ²¹⁴	tʰoŋ³³
平利	ioŋ⁵²	ɥeŋ⁴⁴⁵	in⁵²	pʰoŋ⁵²	toŋ⁴³	toŋ⁴⁴⁵	toŋ²¹⁴	tʰoŋ⁴³
汉中	ʐoŋ⁴²	ioŋ³⁵⁴	in⁴²	pʰəŋ⁴²	toŋ⁵⁵	toŋ³⁵⁴	toŋ²¹³	tʰoŋ⁵⁵
城固	yŋ³¹¹	yŋ⁴⁴	iŋ³¹¹	pʰəŋ³¹¹	tuŋ⁵³	tuŋ⁴⁴	tuŋ²¹³	tʰuŋ⁵³
勉县	ioŋ²¹	ioŋ³⁵	in²¹	pʰəŋ²¹	toŋ⁴²	toŋ³⁵	toŋ²¹³	tʰoŋ⁴²
镇巴	ioŋ³¹	yŋ⁵² ~久 ioŋ⁵² ~远	in³¹	pʰoŋ³¹	toŋ³⁵	toŋ⁵²	toŋ²¹³	tʰoŋ³⁵

	0921 桶 通合一 上东透	0922 痛 通合一 去东透	0923 铜 通合一 平东定	0924 动 通合一 上东定	0925 洞 通合一 去东定	0926 聋 通合一 平东来	0927 弄 通合一 去东来	0928 粽 通合一 去东精
榆林	tʰuɤɣ̃²¹³	tʰuɤɣ̃⁵²	tʰuɤɣ̃²¹³	tuɤɣ̃⁵²	tuɤɣ̃⁵²	luɤɣ̃²¹³	luɤɣ̃⁵²	tsuɤɣ̃⁵²
神木	tʰuɤ̃⁵²¹³	tʰuɤ̃⁵³	tʰuɤ̃⁴⁴	tuɤ̃⁵³	tuɤ̃⁵³	luɤ̃⁴⁴	luɤ̃⁵³	tɕyɤ̃⁵³
绥德	tʰuəɣ̃²¹³	tʰuəɣ̃⁵²	tʰuəɣ̃³³	tuəɣ̃⁵²	tuəɣ̃⁵²	luəɣ̃³³	luəɣ̃⁵²	tsuəɣ̃⁵²
吴堡	tʰuəŋ⁴¹²	tʰuəŋ⁵³	tʰuəŋ³³	tuəŋ⁵³	tuəŋ⁵³	luəŋ³³	luəŋ⁵³	tɕyəŋ⁵³
清涧	tʰuəɣ̃⁵³	tʰuəɣ̃⁴²	tʰuəɣ̃²⁴	tʰuəɣ̃⁴² ~一下 tuəɣ̃⁴² ~作	tuəɣ̃⁴²	luəɣ̃²⁴	luəɣ̃⁴²	tsuəɣ̃⁴²
延安	tʰuəŋ⁵²	tʰuəŋ⁴⁴³	tʰuəŋ²⁴	tʰuəŋ⁴⁴³ ~一 tuəŋ⁴⁴³ ~物	tʰuəŋ⁴⁴³ ~~ tuəŋ⁴⁴³ 老鼠~	luəŋ²⁴	nuəŋ⁴⁴³	tsuəŋ⁴⁴³
延川	tʰuŋ⁵³	tʰuŋ⁵³	tʰuŋ³⁵	tuŋ⁵³	tuŋ⁵³	luŋ³⁵	luŋ⁵³	tsuŋ⁵³
黄陵	tʰuŋ⁵²	tʰuŋ⁵⁵	tʰuŋ²⁴	tʰuŋ⁵⁵ tuŋ⁵⁵	tʰuŋ⁵⁵	luŋ²⁴	nuŋ⁵⁵	tsuŋ⁵⁵
渭南	tʰuəŋ⁵³	tʰuəŋ⁴⁴	tʰuəŋ²⁴	tʰuəŋ⁴⁴	tʰuəŋ⁴⁴	luəŋ²⁴	nuəŋ⁴⁴	tʃəŋ⁵³
韩城	tʰəŋ⁵³	tʰəŋ⁴⁴	tʰəŋ²⁴	təŋ⁴⁴	tʰəŋ⁴⁴	ləŋ²⁴	nəŋ⁴⁴	tsəŋ⁴⁴
合阳	tʰuŋ⁵²	tʰuŋ⁵⁵	tʰuŋ²⁴	tʰuŋ⁵⁵	tʰuŋ⁵⁵	ləŋ²⁴	nəŋ⁵⁵	tɕyŋ⁵⁵
富平	tʰuəɣ̃⁵³	tʰuəɣ̃⁵⁵	tʰuəɣ̃²⁴	tuəɣ̃⁵⁵	tuəɣ̃⁵⁵	nəɣ̃²⁴ ~子 luəɣ̃²⁴ ~哑	nuəɣ̃⁵⁵	tsuəɣ̃⁵⁵
耀州	tʰuŋ⁵²	tʰuŋ⁴⁴	tʰuŋ²⁴	tuŋ⁴⁴	tuŋ⁴⁴	nəŋ²⁴	nəŋ⁴⁴	tʃuŋ⁵²
咸阳	tʰuəŋ⁵³	tʰuəŋ⁵³	tʰuəŋ²⁴	tuəŋ⁴⁴	tuəŋ⁴⁴	luəŋ²⁴	nuəŋ⁴⁴	tsuəŋ³¹
旬邑	tʰuəŋ⁵²	tʰuəŋ⁴⁴	tʰuəŋ²⁴	tʰuəŋ⁴⁴ 地~ tuəŋ⁴⁴ 运~	tʰuəŋ⁴⁴	luəŋ²⁴	luəŋ⁴⁴	tsuəŋ⁴⁴
三原	tʰuŋ⁵²	tʰuŋ⁴⁴	tʰuŋ²⁴	tuŋ⁴⁴	tuŋ⁴⁴	nəŋ²⁴	nəŋ⁴⁴	tsuŋ⁵²
乾县	tʰoŋ⁵³	tʰoŋ⁵⁵	tʰoŋ²⁴	toŋ⁵⁵	toŋ⁵⁵	noŋ²⁴	noŋ⁵⁵	tsoŋ⁵⁵
岐山	tʰuŋ⁵³	tʰuŋ⁴⁴	tʰuŋ²⁴	tʰuŋ⁴⁴ ~弹 tuŋ⁴⁴ ~作	tuŋ⁴⁴	luŋ²⁴	luŋ⁴⁴	tsuŋ⁴⁴
凤翔	tʰuŋ⁵³	tʰuŋ⁴⁴	tʰuŋ²⁴	tuŋ⁴⁴	tuŋ⁴⁴	luŋ²⁴	luŋ⁴⁴	tsuŋ⁵³

	0921 桶	0922 痛	0923 铜	0924 动	0925 洞	0926 聋	0927 弄	0928 粽
	通合一上东透	通合一去东透	通合一平东定	通合一上东定	通合一去东定	通合一平东来	通合一去东来	通合一去东精
千阳	tʰuŋ⁵³	tʰuŋ⁴⁴	tʰuŋ²⁴	tʰuŋ⁴⁴ ~弹 / tuŋ⁴⁴ ~作	tuŋ⁴⁴	luŋ²⁴	luŋ⁴⁴	tsuŋ⁴⁴
西安	tʰoŋ⁵³	tʰoŋ⁴⁴	tʰoŋ²⁴	toŋ⁴⁴	toŋ⁴⁴	noŋ²⁴	noŋ⁴⁴	tsoŋ⁵³
户县	tʰuəŋ⁵¹	tʰuəŋ⁵⁵	tʰuəŋ³⁵	tuəŋ⁵⁵	tuəŋ⁵⁵	nuəŋ³⁵	nuəŋ⁵⁵	tsuəŋ⁵¹
商州	tʰuəŋ⁵³	tʰuəŋ⁴⁴	tʰuəŋ³⁵	tuəŋ⁴⁴	tuəŋ⁴⁴	luəŋ³⁵	nuəŋ⁴⁴	tʃuəŋ⁵³
镇安	tʰuoŋ³⁵	tʰuoŋ²¹⁴	tʰuoŋ³³	tuoŋ³²²	tuoŋ³²²	lɤŋ⁵³	nɤŋ³²²	tsuoŋ³⁵
安康	tʰuŋ⁵³	tʰuŋ⁴⁴	tʰuŋ³⁵	tuŋ⁴⁴	tuŋ⁴⁴	luŋ³⁵	ləŋ⁴⁴	tsuŋ⁴⁴
白河	tʰəŋ³⁵	tʰəŋ⁴¹	tʰəŋ⁴⁴	təŋ⁴¹	təŋ⁴¹	ləŋ²¹³	ləŋ⁴¹	tsəŋ⁴¹
汉阴	tʰoŋ⁴⁵	tʰoŋ²¹⁴	tʰoŋ⁴²	toŋ²¹⁴	toŋ²¹⁴	loŋ³³	loŋ²¹⁴	tsoŋ²¹⁴
平利	tʰoŋ⁴⁴⁵	tʰoŋ²¹⁴	tʰoŋ⁵²	toŋ²¹⁴	toŋ²¹⁴	loŋ⁴³	loŋ²¹⁴	tsoŋ²¹⁴
汉中	tʰoŋ³⁵⁴	tʰoŋ²¹³	tʰoŋ⁴²	toŋ²¹³	toŋ²¹³	loŋ⁴²	loŋ²¹³	tsoŋ²¹³
城固	tʰuŋ⁴⁴	tʰuŋ²¹³	tʰuŋ³¹¹	tuŋ²¹³	tuŋ²¹³	luŋ³¹¹	luŋ²¹³	tʃuŋ²¹³
勉县	tʰoŋ³⁵	tʰoŋ²¹³	tʰoŋ²¹	toŋ²¹³	toŋ²¹³	loŋ²¹	loŋ²¹³	tsoŋ²¹³
镇巴	tʰoŋ⁵²	tʰoŋ²¹³	tʰoŋ³¹	toŋ²¹³	toŋ²¹³	loŋ³⁵	loŋ²¹³	tsoŋ²¹³

	0929 葱 通合一平东清	0930 送 通合一去东心	0931 公 通合一平东见	0932 孔 通合一上东溪	0933 烘~干 通合一平东晓	0934 红 通合一平东匣	0935 翁 通合一平东影	0936 木 通合一入屋明
榆林	tsʰuɤɣ̃³³	suɤɣ̃⁵²	kuɤɣ̃³³	kʰuɤɣ̃²¹³	xuɤɣ̃³³	xuɤɣ̃²¹³	vɤɣ̃³³	məʔ³
神木	tsʰuɣ̃²¹³	suɣ̃⁵³	kuɣ̃²¹³	kʰuɣ̃²¹³	xuɣ̃²¹³	xuɣ̃⁴⁴	vɣ̃²¹³	məʔ⁴
绥德	tsʰuəɣ̃²¹³	suəɣ̃⁵²	kuəɣ̃²¹³	kʰuəɣ̃²¹³	xuəɣ̃⁵²	xuəɣ̃³³	vəɣ̃²¹³	mɤ³³
吴堡	tsʰuaŋ²¹³	suaŋ⁵³	kuaŋ²¹³	kʰuaŋ⁴¹²	xuaŋ⁵³	xuaŋ³³	kuaŋ²¹³	məʔ²¹³
清涧	tsʰuəɣ̃³¹²	suəɣ̃⁵³	kuəɣ̃³¹²	kʰuəɣ̃⁵³	xuəɣ̃⁴²	xuəɣ̃²⁴	uəɣ̃³¹²	məʔ⁵⁴
延安	tsʰuaŋ²¹³	suaŋ⁴⁴³	kuaŋ²¹³	kʰuaŋ⁵²	xuaŋ²¹³	xuaŋ²⁴	vəŋ²¹³	mu²¹³
延川	tsʰuŋ²¹³	suŋ⁵³	kuŋ²¹³	kʰuŋ⁵³	xuŋ⁵³	xuŋ³⁵	vəŋ²¹³	məʔ⁴²³
黄陵	tsʰuŋ³¹	suŋ⁵⁵	kuŋ³¹	kʰuŋ⁵²	xuŋ³¹	xuŋ²⁴	vəŋ³¹	mu³¹
渭南	tʃʰəŋ³¹	ʃəŋ⁴⁴	kuəŋ³¹	kʰuəŋ⁵³	xuəŋ³¹	xuəŋ²⁴	uəŋ³¹	mu³¹
韩城	tsʰəŋ³¹	səŋ⁴⁴	kuəŋ³¹	kʰuəŋ⁵³	xuəŋ³¹	xuəŋ²⁴	uəŋ³¹	mu³¹
合阳	tɕʰyŋ³¹	ɕyŋ⁵⁵	kuŋ³¹	kʰuŋ⁵²	xuŋ³¹	xuŋ²⁴	uŋ³¹	mu³¹ 又 mu⁵⁵ 又
富平	tsʰuəɣ̃³¹	suəɣ̃⁵⁵	kuəɣ̃³¹	kʰuəɣ̃⁵³	xuəɣ̃³¹	xuəɣ̃²⁴	uəɣ̃³¹	mu³¹
耀州	tʃʰuŋ²¹	ʃuŋ⁴⁴	kuŋ²¹	kʰuŋ⁵²	xuŋ²¹	xuŋ²⁴	uŋ²¹	mu²¹
咸阳	tsʰuəŋ³¹	suəŋ⁴⁴	kuəŋ³¹	kʰuəŋ⁵³	xuəŋ³¹	xuəŋ²⁴	uəŋ³¹	mu³¹
旬邑	tsʰuəŋ²¹	suəŋ⁴⁴	kuəŋ²¹	kʰuəŋ⁵²	xuəŋ²¹	xuəŋ²⁴	uəŋ²¹	mu²¹
三原	tsʰuŋ³¹	suŋ⁴⁴	kuŋ³¹	kʰuŋ⁵²	xuŋ³¹	xuŋ²⁴	uŋ³¹	mu³¹
乾县	tsʰoŋ²¹	soŋ⁵⁵	koŋ²¹	kʰoŋ⁵³	xoŋ²¹	xoŋ²⁴	oŋ²¹	mu²¹
岐山	tsʰuŋ³¹	suŋ⁴⁴	kuŋ³¹	kʰuŋ⁵³	xuŋ³¹	xuŋ²⁴	vəŋ³¹	mu³¹
凤翔	tsʰuŋ³¹	suŋ⁴⁴	kuŋ³¹	kʰuŋ⁵³	xuŋ³¹	xuŋ²⁴	vəŋ³¹	mu³¹
千阳	tsʰuŋ³¹	suŋ⁴⁴	kuŋ³¹	kʰuŋ⁵³	xuŋ³¹	xuŋ²⁴	vəŋ³¹	mu³¹
西安	tsʰoŋ²¹	soŋ⁴⁴	koŋ²¹	kʰoŋ⁵³	xoŋ²¹	xoŋ²⁴	uoŋ²¹	mu²¹
户县	tsʰuəŋ³¹	suəŋ⁵⁵	kuəŋ³¹	kʰuəŋ⁵¹	xuəŋ³¹	xuəŋ³⁵	uəŋ³¹	mu³¹ ~头 mu⁵⁵ 麻~
商州	tʃʰuəŋ³¹	ʃuəŋ⁴⁴	kuəŋ³¹	kʰuəŋ⁵³	xuəŋ³¹	xuəŋ³⁵	vəŋ³¹	mu³¹
镇安	tsʰuoŋ⁵³	sɤŋ²¹⁴	kuoŋ⁵³	kʰuoŋ³⁵	xuoŋ⁵³	xuoŋ³³	v ɤŋ⁵³	muə⁵³
安康	tsʰuŋ³¹	suŋ⁴⁴	kuŋ³¹	kʰuŋ⁵³	xuŋ³¹	xuŋ³⁵	vuŋ³¹	mu³¹

	0929 葱	0930 送	0931 公	0932 孔	0933 烘~干	0934 红	0935 翁	0936 木
	通合一平东清	通合一去东心	通合一平东见	通合一上东溪	通合一平东晓	通合一平东匣	通合一平东影	通合一入屋明
白河	tsʰəŋ²¹³	səŋ⁴¹	kuəŋ²¹³	kʰuəŋ³⁵	xuəŋ²¹³	xuəŋ⁴⁴	uəŋ²¹³	mo²¹³
汉阴	tsʰoŋ³³	soŋ²¹⁴	koŋ³³	kʰoŋ⁴⁵	χoŋ³³	χoŋ⁴²	uŋ³³	mo⁴²
平利	tsʰoŋ⁴³	soŋ²¹⁴	koŋ⁴³	kʰoŋ⁴⁴⁵	xoŋ⁴³	xoŋ⁵²	uoŋ⁴³	mo⁴³
汉中	tsʰoŋ⁵⁵	soŋ²¹³	koŋ⁵⁵	kʰoŋ³⁵⁴	xoŋ⁵⁵	xoŋ⁴²	uəŋ⁵⁵	mu⁵⁵
城固	tʃʰuŋ⁵³	ʃuŋ²¹³	kuŋ⁵³	kʰuŋ⁴⁴	xuŋ⁵³	xuŋ³¹¹	uŋ⁵³	mu⁵³
勉县	tsʰoŋ⁴²	soŋ²¹³	koŋ⁴²	kʰoŋ³⁵	xoŋ⁴²	xoŋ²¹	vəŋ⁴²	mu⁴²
镇巴	tsʰoŋ³⁵	soŋ²¹³	koŋ³⁵	kʰoŋ⁵²	xoŋ³⁵	xoŋ³¹	uoŋ³⁵	mu³¹

	0937 读	0938 鹿	0939 族	0940 谷稻~	0941 哭	0942 屋	0943 冬~至	0944 统
	通合一入屋定	通合一入屋来	通合一入屋从	通合一入屋见	通合一入屋溪	通合一入屋影	通合一平冬端	通合一去冬透
榆林	tuəʔ³	lu⁵²	tsʰuəʔ³	kuəʔ³	kʰuəʔ³	vu³³	tuɤ̃³³	tʰuɤ̃²¹³
神木	tuəʔ⁴	luəʔ⁴	tsʰuəʔ⁴	kuəʔ⁴	kʰuəʔ⁴	vəʔ⁴	tuɤ̃²¹³	tʰuɤ̃²¹³
绥德	tuɤ³³	luər⁵²①	tsʰuɤ³³	kuɤ³³	kʰuɤ³³	vɤ³³	tuɤ̃²¹³	tʰuəɤ̃²¹³
吴堡	tuəʔ³	luəʔ²¹³	tsuəʔ³	kuəʔ³	kʰuəʔ³	uəʔ³	tuəŋ²¹³	tʰuəŋ⁴¹²
清涧	tuəʔ⁴³	luər³¹²②	tsʰuəʔ⁴³	kuəʔ⁵⁴	kʰuəʔ⁵⁴	uɤ²⁴	tuəɤ̃³¹²	tʰuəɤ̃⁵³
延安	tʰu²⁴ ~书 tu²⁴ ~字	lou²¹³	tsʰu²⁴	ku²¹³	kʰu²¹³ ~笑 kʰuəʔ⁵ ~下	vu⁵²	tuəŋ²¹³	tʰuəŋ⁵²
延川	tuəʔ⁵⁴	luəʔ⁴²³	tsuəʔ⁵⁴	kuəʔ⁴²³	kʰuəʔ⁴²³	vəʔ⁴²³	tuŋ²¹³	tʰuŋ⁵³
黄陵	tʰu²⁴ tu²⁴	ləu³¹	tsʰəu²⁴ tsəu²⁴	ku³¹	kʰu³¹	u³¹	tuŋ³¹	tʰuŋ⁵²
渭南	tʰəu²⁴	ləu³¹	tsʰəu²⁴	ku³¹	kʰu³¹	u³¹	tuəŋ³¹	tʰuəŋ⁵³
韩城	tʰu²⁴	ləu³¹	tsʰəu²⁴	ku³¹	kʰu³¹	u³¹	təŋ³¹	tʰəŋ⁵³
合阳	tʰu²⁴	lou³¹	tsʰou²⁴	ku³¹	kʰu³¹	u³¹	tuŋ³¹	tʰuŋ⁵²
富平	tou²⁴	lou³¹	tsʰou²⁴	ku³¹	kʰu³¹	u³¹	tuəɤ̃³¹	tʰuəɤ̃⁵³
耀州	tou²⁴	lou²¹	tsou²⁴	ku²¹	fu²¹ ~了 kʰu²¹ ~啼啼	u²¹	tuŋ²¹	tʰuŋ⁵²
咸阳	tu²⁴	lou³¹	tsu²⁴	ku³¹	fu³¹ 褽~ kʰu³¹ ~泣	u³¹	tuəŋ³¹	tʰuəŋ⁵³
旬邑	tʰu²⁴	ləu²¹	tsʰu²⁴	ku²¹	fu²¹ ~了 kʰu²¹ ~泣	u²¹	tuəŋ²¹	tʰuəŋ⁵²
三原	tou²⁴	lou³¹	tsou²⁴	ku³¹	kʰu³¹	u³¹	tuŋ³¹	tʰuŋ⁵²
乾县	tu²⁴	lu²¹	tsu²⁴	ku²¹	fu²¹ 褽~ kʰu²¹ ~泣	u²¹	toŋ²¹	tʰoŋ⁵³
岐山	tʰu²⁴	lu³¹	tsu²⁴	ku³¹	kʰu³¹	vu³¹	tuŋ³¹	tʰuŋ⁵³

①只有儿化音。
②只有儿化音。

	0937 读 通合一入屋定	0938 鹿 通合一入屋来	0939 族 通合一入屋从	0940 谷稻~ 通合一入屋见	0941 哭 通合一入屋溪	0942 屋 通合一入屋影	0943 冬~至 通合一平冬端	0944 统 通合一去冬透
凤翔	tu²⁴	lu³¹	tsu²⁴	ku³¹	fu³¹ 大~ / kʰu³¹ ~音①	vu³¹	tuŋ³¹	tʰuŋ⁵³
千阳	tu²⁴	lu³¹	tsu²⁴	ku³¹	fu³¹ 大~ / kʰu³¹ ~音②	vu³¹	tuŋ³¹	tʰuŋ⁵³
西安	tu²⁴	lu²¹	tsou²⁴	ku²¹	kʰu²¹	u²¹	toŋ²¹	tʰoŋ⁵³
户县	tʏu³⁵	lʏu³¹	tsʰʏu³⁵ 户~③ / tsʏu³⁵ 民~	ku³¹	fu³¹ 娃~呢 / kʰu³¹ ~穷	u³¹	tuəŋ³¹	tʰuəŋ⁵¹
商州	tou³⁵	lou³¹	tsou³⁵	ku³¹	kʰu³¹	u³¹	tuəŋ³¹	tʰuəŋ⁵³
镇安	təu²¹⁴	ləu⁵³	tsəu²¹⁴	ku⁵³	kʰu⁵³	vu⁵³	tuoŋ⁵³	tʰuoŋ³⁵
安康	tu³⁵	nou³¹	tsʰou³⁵	ku³¹	kʰu³¹	u³¹	tuŋ³¹	tʰuŋ⁵³
白河	təu⁴⁴	ləu²¹³	tsʰəu⁴⁴ 汉~ / tsəu⁴⁴ ~人	ku²¹³	kʰu²¹³	u²¹³	təŋ²¹³	tʰəŋ³⁵
汉阴	təu⁴²	ləu⁴²	tsʰəu⁴²	ku⁴²	kʰu⁴²	u⁴²	toŋ³³	tʰoŋ⁴⁵
平利	tou⁵²	lou⁴³	tsʰou⁵²	ku⁴³	kʰu⁴³	u⁴³	toŋ⁴³	tʰoŋ⁴⁴⁵
汉中	tu⁴²	lu⁵⁵	tsu⁴²	ku⁵⁵	kʰu⁵⁵	u⁵⁵	toŋ⁵⁵	tʰoŋ³⁵⁴
城固	tu³¹¹	ləu⁵³	tʃʰu³¹¹	ku⁵³	kʰu⁵³	u⁵³	tuŋ⁵³	tʰuŋ⁴⁴
勉县	tu²¹	lu⁴²	tsʰu⁴²	ku⁴²	kʰu⁴²	vu⁴²	toŋ⁴²	tʰoŋ³⁵
镇巴	tu³¹	lu³¹	tsʰu³¹	ku³¹	kʰu³¹	u³¹	toŋ³⁵	tʰoŋ⁵²

① ~音：戏曲演唱中表示哭泣的行腔。
② ~音：戏曲演唱中表示哭泣的行腔。
③ 户~：家族。

	0945 脓	0946 松~紧	0947 宋	0948 毒	0949 风	0950 丰	0951 凤	0952 梦
	通合一平冬泥	通合一平冬心	通合一去冬心	通合一入沃定	通合三平东非	通合三平东敷	通合三去东奉	通合三去东明
榆林	nuɤỹ²¹³	suɤỹ³³	suɤỹ⁵²	tuəʔ³	fɤỹ³³	fɤỹ³³	fɤỹ⁵²	mɤỹ⁵²
神木	nuɤ̃⁴⁴	suɤ̃²¹³	suɤ̃⁵³	tuəʔ⁴	fɤ̃²¹³	fɤ̃²¹³	fɤ̃⁵³	mɤ̃⁵³
绥德	nuəỹ³³	suəỹ²¹³	suəỹ⁵²	tuɤ³³	fəỹ²¹³	fəỹ²¹³	fəỹ⁵²	məỹ⁵²
吴堡	nuəŋ³³	suəŋ²¹³	suəŋ⁵³	tʰuəʔ²¹³ ~药 tuəʔ³ 中~	fəŋ²¹³	fəŋ²¹³	fəŋ⁵³	məŋ⁵³
清涧	nuəỹ²⁴	suəỹ³¹²	suəỹ⁴²	tʰuəʔ⁵⁴ ~气 tuəʔ⁵⁴ ~蜂	fəỹ³¹²	fəỹ³¹²	fəỹ⁴²	məỹ⁴²
延安	nuəŋ²⁴	suəŋ²¹³	suəŋ⁴⁴³	tʰu²⁴ ~药 tu²⁴ ~气	fəŋ²¹³	fəŋ²¹³	fəŋ⁴⁴³	məŋ⁴⁴³
延川	nuŋ³⁵	suŋ²¹³	suŋ⁵³	tuəʔ⁵⁴	fəŋ²¹³	fəŋ²¹³	fəŋ⁵³	məŋ⁵³
黄陵	luŋ²⁴	suŋ³¹	suŋ⁵⁵	tʰu²⁴	fəŋ³¹	fəŋ³¹	fəŋ⁵⁵	məŋ⁵⁵
渭南	luəŋ²⁴	ʃəŋ³¹	ʃəŋ⁴⁴	tʰəu²⁴	fəŋ³¹	fəŋ³¹	fəŋ⁴⁴	məŋ⁴⁴
韩城	ləŋ²⁴	səŋ³¹	səŋ⁴⁴	tʰu²⁴	fəŋ³¹	fəŋ³¹	fəŋ⁴⁴	məŋ⁴⁴
合阳	ləŋ²⁴	ɕyŋ³¹	ɕyŋ⁵⁵	tʰu²⁴	fəŋ³¹	fəŋ³¹	fəŋ⁵⁵	məŋ⁵⁵
富平	luəỹ²⁴	suəỹ³¹	suəỹ⁵⁵	tou²⁴	fəỹ³¹	fəỹ³¹	fəỹ⁵⁵	məỹ⁵⁵
耀州	nəŋ²⁴	ʃuŋ²¹	ʃuŋ⁴⁴	tou²⁴	fəŋ²¹	fəŋ²¹	fəŋ⁴⁴	məŋ⁴⁴
咸阳	nuəŋ²⁴	suəŋ³¹	suəŋ⁴⁴	tu²⁴	fəŋ³¹	fəŋ³¹	fəŋ⁴⁴	məŋ⁴⁴
旬邑	luəŋ²⁴	suəŋ²¹	suəŋ⁴⁴	tʰu²⁴	fəŋ²¹	fəŋ²¹	fəŋ⁴⁴	məŋ⁴⁴
三原	nəŋ²⁴	suŋ³¹	suŋ⁴⁴	tou²⁴	fəŋ³¹	fəŋ³¹	fəŋ⁴⁴	məŋ⁴⁴
乾县	noŋ²⁴	soŋ²¹	soŋ⁵⁵	tu²⁴	fɤŋ²¹	fɤŋ²¹	fɤŋ⁵⁵	mɤŋ⁵⁵
岐山	luŋ²⁴	suŋ³¹	suŋ⁴⁴	tʰu²⁴	fəŋ³¹	fəŋ³¹	fəŋ⁴⁴	məŋ⁴⁴
凤翔	luŋ²⁴	suŋ³¹	suŋ⁴⁴	tʰu²⁴	fəŋ³¹	fəŋ³¹	fəŋ⁴⁴	məŋ⁴⁴
千阳	luŋ²⁴	suŋ³¹	suŋ⁴⁴	tʰu²⁴	fəŋ³¹	fəŋ³¹	fəŋ⁴⁴	məŋ⁴⁴
西安	noŋ²⁴	soŋ²¹	soŋ⁴⁴	tu²⁴	fəŋ²¹	fəŋ²¹	fəŋ⁴⁴	məŋ⁴⁴
户县	nuəŋ³⁵	suəŋ³¹	suəŋ⁵⁵	tɤu³⁵	fəŋ³¹	fəŋ³¹	fəŋ⁵⁵	mɤ⁵⁵ 做睡~ məŋ⁵⁵ ~想

	0945 脓	0946 松~紧	0947 宋	0948 毒	0949 风	0950 丰	0951 凤	0952 梦
	通合一平冬泥	通合一平冬心	通合一去冬心	通合一入沃定	通合三平东非	通合三平东敷	通合三去东奉	通合三去东明
商州	nuəŋ³⁵	ʃuəŋ³¹	ʃuəŋ⁴⁴	tou³⁵	fəŋ³¹	fəŋ³¹	fəŋ⁴⁴	məŋ⁴⁴
镇安	nɤŋ³³	suoŋ⁵³	suoŋ²¹⁴	təu³²²	fɤŋ⁵³	fɤŋ⁵³	fɤŋ³²²	mɤŋ³²²
安康	nuŋ³⁵	suŋ³¹	suŋ⁴⁴	tu³⁵	fəŋ³¹	fəŋ³¹	fəŋ⁴⁴	məŋ⁴⁴
白河	ləŋ⁴⁴	səŋ²¹³	səŋ⁴¹	təu⁴⁴	fəŋ²¹³	fəŋ²¹³	fəŋ⁴¹	məŋ⁴¹
汉阴	loŋ⁴²	soŋ³³	soŋ²¹⁴	təu⁴²	χoŋ³³	χoŋ³³	χoŋ²¹⁴	moŋ²¹⁴
平利	loŋ⁵²	soŋ⁴³	soŋ²¹⁴	tou⁵²	fəŋ⁴³	fəŋ⁴³	fəŋ²¹⁴	məŋ²¹⁴
汉中	loŋ⁴²	soŋ⁵⁵	soŋ²¹³	tu⁴²	fən⁵⁵	fən⁵⁵	fən²¹³	mən²¹³
城固	luŋ³¹¹	ʃuŋ⁵³	ʃuŋ²¹³	tu³¹¹	fəŋ⁵³	fəŋ⁵³	fəŋ²¹³	məŋ²¹³
勉县	loŋ²¹	soŋ⁴²	soŋ²¹³	tu²¹	fəŋ⁴²	fəŋ⁴²	fəŋ²¹³	məŋ²¹³
镇巴	loŋ³¹	soŋ³⁵	soŋ²¹³	tu³¹	foŋ³⁵	foŋ³⁵	foŋ²¹³	moŋ²¹³

	0953 中当~	0954 虫	0955 终	0956 充	0957 宫	0958 穷	0959 熊	0960 雄
	通合三平东知	通合三平东澄	通合三平东章	通合三平东昌	通合三平东见	通合三平东群	通合三平东云	通合三平东云
榆林	tʂuɤȳ³³	tʂʰuɤȳ²¹³	tʂuɤȳ³³	tʂʰuɤȳ²¹³	kuɤȳ³³	tɕʰyɤȳ²¹³	ɕyɤȳ²¹³	ɕyɤȳ²¹³
神木	tʂuɤ̃²¹³	tʂʰuɤ̃⁴⁴	tʂuɤ̃²¹³	tʂʰuɤ̃²¹³	kuɤ̃²¹³	tɕʰyɤ̃⁴⁴	ɕyɤ̃⁴⁴	ɕyɤ̃⁴⁴
绥德	tʂuəȳ²¹³	tʂʰuəȳ³³	tʂuəȳ²¹³	tʂʰuəȳ²¹³	kuəȳ²¹³	tɕʰyəȳ³³	ɕyəȳ³³	ɕyəȳ³³
吴堡	tsuəŋ²¹³	tsʰuəŋ³³	tsuəŋ²¹³	tsʰuəŋ⁴¹²	kuəŋ²¹³	tɕʰyəŋ³³	ɕyəŋ³³	ɕyəŋ³³
清涧	tʂʰuəȳ⁴²	tʂʰuəȳ³¹²	tʂʰuəȳ³¹²	tʂʰuəȳ⁵³	kuəȳ³¹²	tɕʰyəȳ²⁴	ɕyəȳ²⁴	ɕyəȳ²⁴
延安	tsuəŋ²¹³	tsʰuəŋ²⁴	tsuəŋ²¹³	tsʰuəŋ²¹³	kuəŋ²¹³	tɕʰyəŋ²⁴	ɕyəŋ²⁴	ɕyəŋ²⁴
延川	tsuŋ²¹³	tsʰuŋ³⁵	tsuŋ²¹³	tsʰuŋ²¹³	kuŋ²¹³	tɕʰyŋ³⁵	ɕyŋ³⁵	ɕyŋ³⁵
黄陵	tsuŋ³¹	tsʰuŋ²⁴	tsuŋ³¹	tsʰuŋ⁵²	kuŋ³¹	tɕʰyŋ²⁴	ɕyŋ²⁴	ɕyŋ²⁴
渭南	tʃəŋ³¹	tʃʰəŋ²⁴	tʃəŋ³¹	tʃʰəŋ³¹	kuəŋ³¹	tɕʰyəŋ²⁴	ɕyəŋ²⁴	ɕyəŋ²⁴
韩城	pfəŋ³¹	pfʰəŋ²⁴	pfəŋ³¹	pfʰəŋ³¹	kuəŋ³¹	tɕʰyŋ²⁴	ɕyŋ²⁴	ɕyŋ²⁴
合阳	pfʰəŋ³¹ 当~ / pfəŋ³¹ ~国	pfʰəŋ²⁴	pfəŋ³¹	pfʰəŋ³¹	kuŋ³¹	tɕʰyŋ²⁴	ɕyŋ²⁴	ɕyŋ²⁴
富平	tʃuəȳ³¹	tʃʰuəȳ²⁴	tʃuəȳ³¹	tʃʰuəȳ³¹	kuəȳ³¹	tɕʰyəȳ²⁴	ɕyəȳ²⁴	ɕyəȳ²⁴
耀州	tʃuŋ²¹	tʃʰuŋ²⁴	tʃuŋ²¹	tʃʰuŋ⁵²	kuŋ²¹	tɕʰyŋ²⁴	ɕyŋ²⁴	ɕyŋ²⁴
咸阳	tʃuəŋ³¹	tʃʰuəŋ²⁴	tʃuəŋ³¹	tʃʰuəŋ⁵³	kuəŋ³¹	tɕʰyəŋ²⁴	ɕyəŋ²⁴	ɕyəŋ²⁴
旬邑	tʃəŋ²¹	tʃʰəŋ²⁴	tʃəŋ²¹	tʃʰəŋ⁵²	kuəŋ²¹	tɕʰyəŋ²⁴	ɕyəŋ²⁴	ɕyəŋ²⁴
三原	tʃuŋ³¹	tʃʰuŋ²⁴	tʃuŋ³¹	tʃʰuŋ³¹	kuŋ³¹	tɕʰyŋ²⁴	ɕyŋ²⁴	ɕyŋ²⁴
乾县	tʃuɤŋ²¹	tʃʰuɤŋ²⁴	tʃuɤŋ²¹	tʃʰuɤŋ⁵³	koŋ²¹	tɕʰyoŋ²⁴	ɕyoŋ²⁴	ɕyoŋ²⁴
岐山	tʂəŋ³¹	tʂʰəŋ²⁴	tʂəŋ³¹	tʂʰəŋ⁵³	kuŋ³¹	tɕʰyŋ²⁴	ɕyŋ²⁴	ɕyŋ³¹
凤翔	tʂəŋ³¹	tʂʰəŋ²⁴	tʂəŋ³¹	tʂʰəŋ⁵³	kuŋ³¹	tɕʰyŋ²⁴	ɕyŋ²⁴	ɕyŋ²⁴
千阳	tʃəŋ³¹	tʃʰəŋ²⁴	tʃəŋ³¹	tʃʰəŋ⁵³	kuŋ³¹	tɕʰyŋ²⁴	ɕyŋ²⁴	ɕyŋ²⁴
西安	pfəŋ²¹	pfʰəŋ²⁴	pfəŋ²¹	pfʰəŋ²¹	koŋ²¹	tɕʰyoŋ²⁴	ɕyoŋ²⁴	ɕyoŋ²⁴
户县	tsuəŋ³¹	tsʰuəŋ³⁵	tsuəŋ³¹	tsʰuəŋ⁵¹	kuəŋ³¹	tɕʰyŋ³⁵	ɕyŋ³⁵	ɕyŋ³⁵
商州	tʃuəŋ³¹	tʃʰuəŋ³⁵	tʃuəŋ³¹	tʃʰuəŋ⁵¹	kuəŋ³¹	tɕʰyəŋ³⁵	ɕyəŋ³⁵	ɕyəŋ³⁵
镇安	tʂuoŋ⁵³	tʂʰuoŋ³³	tʂuoŋ⁵³	tʂʰuoŋ³⁵	kuoŋ⁵³	tɕʰioŋ³³	ɕioŋ³³	ɕioŋ³³
安康	pfəŋ³¹	pfʰəŋ³⁵	pfəŋ³¹	pfʰəŋ³¹	kuŋ³¹	tɕʰyŋ³⁵	ɕyŋ³⁵	ɕyŋ³⁵
白河	tʂuəŋ²¹³	tʂʰuəŋ⁴⁴	tʂuəŋ²¹³	tʂʰuəŋ²¹³	kuəŋ²¹³	tɕʰyŋ⁴⁴	ɕyŋ⁴⁴	ɕyŋ⁴⁴

	0953 中当~	0954 虫	0955 终	0956 充	0957 宫	0958 穷	0959 熊	0960 雄
	通合三平东知	通合三平东澄	通合三平东章	通合三平东昌	通合三平东见	通合三平东群	通合三平东云	通合三平东云
汉阴	tsoŋ³³	tsʰoŋ⁴²	tsoŋ³³	tsʰoŋ³³	koŋ³³	tɕʰioŋ⁴²	ɕioŋ⁴²	ɕioŋ⁴²
平利	tsoŋ⁴³	tsʰoŋ⁵²	tsoŋ⁴³	tsʰoŋ⁴³	koŋ⁴³	tɕʰioŋ⁵²	ɕioŋ⁵²	ɕioŋ⁵²
汉中	tsoŋ⁵⁵	tsʰoŋ⁴²	tsoŋ⁵⁵	tsʰoŋ⁵⁵	koŋ⁵⁵	tɕʰioŋ⁴²	ɕioŋ⁴²	ɕioŋ⁴²
城固	tʃuŋ⁵³	tʃʰuŋ³¹¹	tʃuŋ⁵³	tʃʰuŋ⁵³	kuŋ⁵³	tɕʰyŋ³¹¹	ɕyŋ³¹¹	ɕyŋ³¹¹
勉县	tsoŋ⁴²	tsʰoŋ²¹	tsoŋ⁴²	tsʰoŋ⁴²	koŋ⁴²	tɕʰioŋ²¹	ɕioŋ²¹	ɕioŋ²¹
镇巴	tsoŋ³⁵	tsʰoŋ³¹	tsoŋ³⁵	tsʰoŋ⁵²	koŋ³⁵	tɕʰioŋ³¹	ɕioŋ³¹	ɕioŋ³¹

	0961 福	0962 服	0963 目	0964 六	0965 宿 住~，~舍	0966 竹	0967 畜~生	0968 缩
	通合三入屋非	通合三入屋奉	通合三入屋明	通合三入屋来	通合三入屋心	通合三入屋知	通合三入屋彻	通合三入屋生
榆林	fəʔ³	fəʔ³	məʔ³	liəu⁵²	ɕyəʔ³	tʂuəʔ³	ɕyəʔ³	ʂuaʔ³
神木	fəʔ⁴	fəʔ⁴	məʔ⁴	liəu⁵³	ɕyəʔ⁴	tʂuəʔ⁴	tʂʰuəʔ⁴	ʂuəʔ⁴
绥德	fɤ³³	fɤ³³	mɤ³³	liəu⁵²	ɕyɤ³³	tʂuɤ³³	ɕyɤ³³	ʂuã²¹³ 圪~ / ʂua³³ ~小 / suo³³ ~水
吴堡	fəʔ³	fəʔ²¹³	məʔ²¹³	liao⁵³	ɕyəʔ³	tsuəʔ³	ɕyəʔ²¹³	suaʔ³
清涧	fəʔ⁵⁴	fəʔ⁴³	məʔ⁵⁴	liəu⁴²	ɕyəʔ⁵⁴	tʂuəʔ⁵⁴	ɕyəʔ⁵⁴	suɤ⁵³
延安	fu²¹³	fu²¹³	mu²¹³	liou²¹³	ɕy²¹³	tʂu²¹³	tʂʰu⁴⁴³	suo²¹³
延川	fəʔ⁴²³	fəʔ⁵⁴	məʔ⁴²³	liəu⁵³	ɕyəʔ⁴²³	tʂuəʔ⁴²³	tʂʰuəʔ⁴²³	suaʔ⁴²³
黄陵	fu³¹	fu²⁴	mu³¹	liəu³¹	ɕy³¹ ~舍 / səu³¹ ~营	tsəu³¹	tsʰʅ⁵²	suaŋ²⁴ 手~下① / suɤ³¹ 收~
渭南	fu³¹	fu²⁴	mu³¹	liəu³¹	ɕy³¹	tsəu³¹	tsʰəu³¹	ʃə³¹
韩城	fu³¹	fu²⁴	mu³¹	liəu³¹	ɕy³¹	tsəu³¹	tsʰəu³¹	fuɤ³¹
合阳	fu³¹	fu²⁴	mu³¹	liou³¹	ɕy³¹	tsou³¹	tsʰou³¹	fou³¹
富平	fu³¹	fu²⁴	mu³¹	liou³¹	ɕy³¹	tsou³¹	tsʰou³¹	ʃuaɤ̃²⁴ 手~下 / suo³¹ ~小
耀州	fu²¹	fu²⁴	mu²¹	liou²¹	ɕy²¹	tsou²¹	tsʰou²¹	ʃuo²¹
咸阳	fu³¹	fu²⁴	mu³¹	liəu³¹	ɕy³¹	tʃu³¹	ɕy³¹	suo³¹
旬邑	fu²¹	fu²⁴	mu²¹	liəu²¹	ɕy²¹	tsəu²¹	tʃʰʅ⁵²	ʃɤ²¹
三原	fu³¹	fu²⁴	mu³¹	liou³¹	ɕy³¹	tsou³¹	tsʰou³¹	suə³¹
乾县	fu²¹	fu²⁴	mu²¹	liou²¹	ɕy²¹	tʃu²¹	tʃʰu⁵³	ʃuɤ²¹
岐山	fu³¹	fu²⁴	mu³¹	liəu³¹	ɕy³¹	tʂʅ³¹	ɕy³¹ / tʂʰʅ⁵³	ʂuo³¹
凤翔	fu³¹	fu²⁴	mu³¹	liəu³¹	ɕy³¹	tʂʅ³¹	ɕy³¹	ʂaŋ⁵³ ~进去 / suo³¹ ~小

①手~下：双手插在袖筒里。

	0961 福	0962 服	0963 目	0964 六	0965 宿 住~，~舍	0966 竹	0967 畜 ~生	0968 缩
	通合三入屋非	通合三入屋奉	通合三入屋明	通合三入屋来	通合三入屋心	通合三入屋知	通合三入屋彻	通合三入屋生
千阳	fu³¹	fu²⁴	mu³¹	liou³¹	ɕy³¹	tʃʅ³¹	ɕy³¹	ʃɑŋ⁵³ ~进去 / suo³¹ ~小
西安	fu²¹	fu²⁴	mu²¹	liou²¹	ɕy²¹	pfu²¹	pfʰu²¹	suo²¹
户县	fu³¹	fu³⁵	mu³¹	liɤu³¹	ɕy³¹ 住~ / sɤu³¹ ~命	tsɤu³¹	tsʰɤu³¹	suɤ³¹
商州	fu³¹	fu³⁵	mu³¹	liou³¹	ɕy³¹ / sou³¹	tsou³¹	tsʰou³¹	ʃuə³¹
镇安	fu⁵³	fu²¹⁴	mu⁵³	ləu⁵³ ~个 / liəu⁵³ ~亲不认	səu⁵³	tʂəu⁵³	tʂʰəu⁵³	suə⁵³
安康	fu³¹	fu³⁵	mu³¹	liou³¹	ɕy³¹	pfu³¹	pfʰu³¹	suo³⁵
白河	fu²¹³	fu⁴⁴	mo²¹³	ləu⁴⁴	səu⁴⁴	tʂəu²¹³	tʂʰəu²¹³	səu⁴⁴
汉阴	χu⁴²	χu⁴²	mo⁴²	liəu⁴²	ɕy⁴² / səu⁴²	tʂəu⁴²	tʂʰəu⁴²	so⁴²
平利	fu⁴³	fu⁵²	mo⁴³	lou⁴³ / liou⁴³	sou⁵²	tʂou⁴³	tʂʰou⁴³	sou⁵²
汉中	fu⁵⁵	fu⁴²	mu⁵⁵	liəu⁵⁵	ɕy⁵⁵	tsu⁵⁵	tsʰu⁵⁵	suɤ⁵⁵
城固	fu⁵³	fu³¹¹	mu⁵³	liəu⁵³	ɕy⁵³	tʃu⁵³	tʃʰu⁵³	ʃuə⁵³
勉县	fu⁴²	fu²¹	mu⁴²	liəu⁴²	ɕy⁴²	tsu²¹	tsʰu⁴²	suɤ⁴²
镇巴	fu³¹	fu³¹	mu³¹	lu³¹ ~个 / liəu³¹ ~天	ɕy³¹	tsu³¹	tsʰu³¹	so³¹

	0969 粥 通合三入屋章	0970 叔 通合三入屋书	0971 熟 通合三入屋禅	0972 肉 通合三入屋日	0973 菊 通合三入屋见	0974 育 通合三入屋以	0975 封 通合三平钟非	0976 蜂 通合三平钟敷
榆林	tʂəu³³	ʂuəʔ³	ʂuəʔ³	ʐəu⁵²	tɕyəʔ³	y⁵²	fɤɣ̃³³ ~神榜 fɤɣ̃⁵² 一~信	fɤɣ̃³³
神木	tʂəu²¹³	ʂuəʔ⁴	ʂuəʔ⁴	ʐəu⁵³	tɕyəʔ⁴	y⁵³	fɤ̃²¹³	fɤ̃²¹³
绥德	tʂəu²¹³	ʂuɤ³³	ʂuɤ³³	ʐəu⁵²	tɕyɤ³³	y⁵²	fəɣ̃²¹³	fəɣ̃²¹³
吴堡	tʂao²¹³	suəʔ³	suəʔ²¹³	ʐao⁵³	tɕʰyəʔ³	ʉ⁵³	fəŋ²¹³	fəŋ²¹³
清涧	tʂəu³¹²	ʂuəʔ⁵⁴	ʂuəʔ⁴³	ʐəu⁴²	tɕyəʔ⁴³	zɿ⁴²	fəɣ̃³¹²	fəɣ̃³¹²
延安	tʂou²¹³	ʂu²¹³	ʂu²⁴	ʐou⁴⁴³	tɕy²¹³	y⁴⁴³	fəŋ²¹³	fəŋ²¹³
延川	tʂəu²¹³	ʂuəʔ⁴²³	ʂuəʔ⁵⁴	ʐəu⁵³	tɕyəʔ⁴²³	zɿ⁵³	fəŋ²¹³	fəŋ²¹³
黄陵	tʂəu³¹	səu³¹① səu²⁴②	səu²⁴	ʐəu³¹ 吃~ ʐəu⁵⁵ ~馅	tɕy³¹	y⁵⁵	fəŋ³¹	fəŋ³¹
渭南	tʂəu³¹	səu²⁴	səu²⁴	ʐəu⁴⁴	tɕy³¹	y⁴⁴	fəŋ³¹	fəŋ³¹
韩城	tʂəu³¹	səu³¹	səu²⁴	ʐəu⁴⁴	tɕy²⁴	y⁴⁴	fəŋ³¹	fəŋ³¹
合阳	tsou³¹	sou²⁴	sou²⁴	zou³¹ 猪~ zou⁵⁵ 大~ z̪ou⁵⁵ ~菜	tɕy³¹	y⁵⁵	fəŋ³¹	fəŋ³¹
富平	tsou³¹	sou³¹	sou²⁴	z̪ou⁵⁵	tɕy³¹	y⁵⁵	fəɣ̃³¹	fəɣ̃³¹
耀州	tsou²¹	sou²⁴	sou²⁴	zou²¹ 大~ z̪ou⁴⁴ 买~	tɕy²¹	y⁴⁴	fəŋ²¹	fəŋ²¹
咸阳	tsou³¹	ʃu²⁴	ʃu²⁴	z̪ou⁴⁴	tɕy³¹	y⁴⁴	fəŋ³¹	fəŋ³¹
旬邑	tsəu²¹	səu²⁴	ʃʅ²⁴	zəu⁴⁴	tɕy³¹	y⁴⁴	fəŋ²¹	fəŋ²¹
三原	tsou³¹	sou²⁴	sou²⁴	z̪ou⁴⁴	tɕy³¹	y⁴⁴	fəŋ³¹	fəŋ³¹
乾县	tou²¹	ʃu²⁴	ʃu²⁴	z̪ou⁵⁵	tɕy²¹	y⁵⁵	fɤŋ²¹	fɤŋ²¹
岐山	tʂʅ³¹	ʂʅ³¹	ʂʅ²⁴	ʐou⁴⁴	tɕy³¹	y⁴⁴	fəŋ³¹	fəŋ³¹
凤翔	tʂʅ³¹ 腊八米~ tʂəu³¹ 八宝~	ʂʅ²⁴	ʂʅ²⁴	ʐʅ³¹ ~皮③ z̪əu⁴⁴ 大~	tɕy³¹	y⁴⁴	fəŋ³¹	fəŋ³¹

①岳父及亲属称谓。
②社交称谓。
③~皮：皮肤。

	0969 粥	0970 叔	0971 熟	0972 肉	0973 菊	0974 育	0975 封	0976 蜂
	通合三入屋章	通合三入屋书	通合三入屋禅	通合三入屋日	通合三入屋见	通合三入屋以	通合三平钟非	通合三平钟敷
千阳	tʃʅ⁵³	ʃʅ³¹	ʃʅ²⁴	ʒʅ³¹ ~皮① / ʐou⁴⁴ 大~	tɕy³¹	y⁴⁴	fəŋ³¹	fəŋ³¹
西安	tʂou²¹	fu²¹	sou²⁴ 又 / fu²⁴ 又	ʐou⁴⁴	tɕy²¹	y⁴⁴	fəŋ²¹	fəŋ²¹
户县	tsɤu³¹	sɤu³¹ 叙称 / sɤu³⁵ 呼称	sɤu³⁵	ʐɤu³¹ ~皮② / ʐɤu⁵⁵ 吃~	tɕy³¹	y⁵⁵	fəŋ³¹	fəŋ³¹
商州	tsou³¹	sou³⁵	sou³⁵	ʐou⁴⁴	tɕy³¹	y⁴⁴	fəŋ³¹	fəŋ³¹
镇安	tʂəu⁵³	ʂəu⁵³	ʂəu³²²	ʐəu²¹⁴	tʂʅ⁵³	ʐʅ³²²	fɤŋ⁵³	fɤŋ⁵³
安康	tsou³¹	sou³⁵	fu³⁵	ʐou⁴⁴	tɕy³¹	y³¹	fəŋ³¹	fəŋ³¹
白河	tʂəu²¹³	ʂəu⁴⁴	ʂəu⁴⁴	ʐəu⁴¹	tɕy⁴⁴	y⁴¹	fəŋ²¹³	fəŋ²¹³
汉阴	tʂəu³³	ʂəu⁴²	ʂəu⁴²	ʐəu²¹⁴	tɕy⁴²	y⁴²	χoŋ³³	χoŋ³³
平利	tsou⁴³	sou⁴³	sou⁵²	ʐou²¹⁴	tʂʅ⁴³	iou²¹⁴	fəŋ⁴³	fəŋ⁴³
汉中	tʂəu⁵⁵	su⁵⁵	su⁴²	ʐəu²¹³	tɕy⁵⁵	y²¹³	fən⁵⁵	fən⁵⁵
城固	tʂəu⁵³	ʃu⁵³	ʃu³¹¹	ʐəu²¹³	tɕy⁵³	y²¹³	fəŋ⁵³	fəŋ⁵³
勉县	tʂəu⁴²	fu²¹	fu²¹	zəu²¹³	tɕy⁴²	y⁴²	fəŋ⁴²	fəŋ⁴²
镇巴	tsəu³⁵	su³¹	su³¹	zəu²¹³	tɕy³¹	y³¹	foŋ³⁵	foŋ³⁵

① ~皮：皮肤。
② ~皮：皮肤。

	0977 缝 一条~	0978 浓	0979 龙	0980 松 ~树	0981 重 轻~	0982 肿	0983 种 ~树	0984 冲
	通合三去钟奉	通合三平钟泥	通合三平钟来	通合三平钟邪	通合三上钟澄	通合三上钟章	通合三去钟章	通合三平钟昌
榆林	fɤỹ⁵²	nuɤỹ²¹³	luɤỹ²¹³	suɤỹ³³	tʂuɤỹ⁵²	tʂuɤỹ²¹³	tʂuɤỹ⁵²	tʂʰuɤỹ³³
神木	fɤ̃⁵³	nuɤ̃⁴⁴	luɤ̃⁴⁴	suɤ̃²¹³	tʂuɤ̃⁵³	tʂuɤ̃²¹³	tʂuɤ̃⁵³	tʂʰuɤ̃²¹³
绥德	fəỹ⁵²	luəỹ³³ / nuəỹ³³	luəỹ³³	suəỹ²¹³	tʂuəỹ⁵²	tʂuəỹ²¹³	tʂuəỹ⁵²	tʂʰuəỹ²¹³
吴堡	fəŋ⁵³	nuəŋ³³	luəŋ³³	suəŋ²¹³	tsuəŋ⁵³	tsuəŋ⁴¹²	tsuəŋ⁵³	tsʰuəŋ²¹³
清涧	fəỹ⁴²	nuəỹ²⁴	luəỹ²⁴	suəỹ³¹²	tʂuəỹ⁴²	tʂuəỹ⁵³	tʂuəỹ⁴²	tʂʰuəỹ⁵³
延安	fəŋ⁴⁴³	nuəŋ²⁴	luəŋ²⁴	suəŋ²¹³	tʂuəŋ⁴⁴³	tʂuəŋ⁵²	tʂuəŋ⁴⁴³	tʂʰuəŋ²¹³
延川	fəŋ⁵³	nuŋ³⁵	luŋ³⁵	suŋ²¹³	tʂʰuŋ⁵³	tʂuŋ⁵³	tʂuŋ⁵³	tʂʰuŋ²¹³
黄陵	fəŋ⁵⁵	luŋ²⁴	luŋ²⁴	suŋ³¹	tsʰuŋ⁵⁵	tsuŋ⁵²	tsuŋ⁵⁵	tsʰuŋ³¹
渭南	fəŋ⁴⁴	luəŋ²⁴	luəŋ²⁴	ʃəŋ³¹	tʃʰəŋ⁴⁴	tʃəŋ⁵³	tʃəŋ⁴⁴	tʃʰəŋ³¹
韩城	fəŋ⁴⁴	ləŋ²⁴	ləŋ²⁴	səŋ³¹	pfəŋ⁴⁴	pfəŋ⁵³	pfəŋ⁴⁴	pfʰəŋ³¹
合阳	fəŋ⁵⁵	ləŋ²⁴	ləŋ²⁴	ɕyŋ³¹	pfʰəŋ⁵⁵	pfəŋ⁵³	pfəŋ⁵⁵	pfʰəŋ⁵⁵
富平	fəỹ⁵⁵	luəỹ²⁴	luəỹ²⁴	suəỹ³¹	tʃuəỹ⁵⁵	tʃuəỹ⁵³	tʃuəỹ⁵⁵	tʃʰuəỹ³¹
耀州	fəŋ⁴⁴	luŋ²⁴	luŋ²⁴	ʃuŋ²¹	tʃuŋ⁴⁴	tʃuŋ⁵²	tʃuŋ⁴⁴	tʃʰuŋ²¹
咸阳	fəŋ⁴⁴	luəŋ²⁴	luəŋ²⁴	suəŋ³¹	tʃuəŋ⁴⁴	tʃuəŋ⁵³	tʃuəŋ⁴⁴	tʃʰuəŋ³¹
旬邑	fəŋ⁴⁴	luəŋ²⁴	luəŋ²⁴	suəŋ²¹	tʃʰəŋ⁴⁴	tʃəŋ⁵²	tʃəŋ⁴⁴	tʃʰəŋ²¹
三原	fəŋ⁴⁴	luŋ²⁴	luŋ²⁴	suŋ³¹	tʃuŋ⁴⁴	tʃuŋ⁵²	tʃuŋ⁴⁴	tʃʰuŋ³¹
乾县	fɤŋ⁵⁵	noŋ²⁴	noŋ²⁴	soŋ²¹	tʃuɤŋ⁵⁵	tʃuɤŋ⁵³	tʃuɤŋ⁵⁵	tʃʰuɤŋ²¹
岐山	fəŋ⁴⁴	luŋ²⁴	luŋ²⁴	suŋ³¹	tʂʰəŋ⁴⁴ 轻~ / tʂəŋ⁴⁴ ~量	tʂəŋ⁵³	tʂəŋ⁴⁴	tʂʰəŋ³¹
凤翔	fəŋ⁴⁴	luŋ²⁴	luŋ²⁴	suŋ³¹	tʂəŋ⁴⁴	tʂəŋ⁵³	tʂəŋ⁴⁴	tʂʰəŋ³¹
千阳	fəŋ⁴⁴	luŋ²⁴	luŋ²⁴	suŋ³¹	tʃəŋ⁴⁴	tʃəŋ⁵³	tʃəŋ⁴⁴	tʃʰəŋ³¹
西安	fəŋ⁴⁴	noŋ²⁴	loŋ²⁴	soŋ²¹	pfəŋ⁴⁴	pfəŋ⁵³	pfəŋ⁴⁴	pfʰəŋ²¹
户县	fəŋ⁵⁵	luəŋ³⁵	luəŋ³⁵	suəŋ³¹	tsuəŋ⁵⁵	tsuəŋ⁵¹	tsuəŋ⁵⁵	tsʰuəŋ³¹
商州	fəŋ⁴⁴	nuəŋ³⁵	luəŋ³⁵	ʃuəŋ³¹	tʃuəŋ⁴⁴	tʃuəŋ⁵³	tʃuəŋ⁴⁴	tʃʰuəŋ³¹
镇安	fɤŋ³²²	lɤŋ³³	lɤŋ³³	sɤŋ⁵³	tʂuoŋ³²²	tʂuoŋ³⁵	tʂuoŋ²¹⁴	tʂʰuoŋ⁵³
安康	fəŋ⁴⁴	luŋ³⁵	luŋ³⁵	suŋ³¹	pfəŋ⁴⁴	pfəŋ⁵³	pfəŋ⁴⁴	pfʰəŋ³¹

	0977 缝 一条~	0978 浓	0979 龙	0980 松 ~树	0981 重 轻~	0982 肿	0983 种 ~树	0984 冲
	通合三 去钟奉	通合三 平钟泥	通合三 平钟来	通合三 平钟邪	通合三 上钟澄	通合三 上钟章	通合三 去钟章	通合三 平钟昌
白河	fəŋ⁴¹	ləŋ⁴⁴	ləŋ⁴⁴	səŋ²¹³	tʂuəŋ⁴¹	tʂuəŋ³⁵	tʂuəŋ⁴¹	tʂʰuəŋ²¹³
汉阴	χoŋ²¹⁴	loŋ⁴²	loŋ⁴²	soŋ³³	tsoŋ²¹⁴	tsoŋ⁴⁵	tsoŋ²¹⁴	tsʰoŋ³³
平利	fəŋ²¹⁴	loŋ⁵²	loŋ⁵²	soŋ⁴³	tʂoŋ²¹⁴	tʂoŋ⁴⁴⁵	tʂoŋ²¹⁴	tʂʰoŋ⁴³
汉中	fən²¹³	loŋ⁴²	loŋ⁴²	soŋ⁵⁵	tsoŋ²¹³	tsoŋ³⁵⁴	tsoŋ²¹³	tsʰoŋ⁵⁵
城固	fəŋ²¹³	luŋ³¹¹	luŋ³¹¹	ʃuŋ⁵³	tʃuŋ²¹³	tʃuŋ⁴⁴	tʃuŋ²¹³	tʃʰuŋ⁵³
勉县	fəŋ²¹³	loŋ²¹	loŋ²¹	soŋ⁴²	tsoŋ²¹³	tsoŋ³⁵	tsoŋ²¹³	tsʰoŋ⁴²
镇巴	foŋ²¹³	loŋ³¹	loŋ³¹	soŋ³⁵	tsoŋ²¹³	tsoŋ⁵²	tsoŋ²¹³	tsʰoŋ³⁵

	0985 恭 通合三平钟见	0986 共 通合三去钟群	0987 凶吉~ 通合三平钟晓	0988 拥 通合三上钟影	0989 容 通合三平钟以	0990 用 通合三去钟以	0991 绿 通合三入烛来	0992 足 通合三入烛精
榆林	kuɤɣ³³	kuɤɣ⁵²	ɕyɤɣ³³	yɤɣ̃³³	yɤɣ̃²¹³ / z̩uɤɣ²¹³	yɤɣ̃⁵²	luəʔ³	tɕyəʔ³ ~劲① / tsuəʔ³ ~球
神木	kuɤ²¹³	kuɤ̃⁵³	ɕyɤ̃²¹³	yɤ̃²¹³	yɤ⁴⁴	yɤ̃⁵³	luəʔ⁴	tɕyəʔ⁴
绥德	kuəɣ²¹³	kuəɣ̃⁵²	ɕyəɣ̃²¹³	yəɣ̃²¹³	yəɣ̃³³ / z̩uəɣ̃³³	yəɣ̃⁵²	luɤ³³	tɕyɤ³³ ~劲 / tsuɤ³³ ~球儿
吴堡	kuəŋ²¹³	kuəŋ⁵³	ɕyəŋ²¹³	yəŋ⁴¹²	yəŋ³³	yəŋ⁵³	luəʔ²¹³	tɕyəʔ³
清涧	kuəɣ̃³¹²	kuəɣ̃⁴²	ɕyəɣ̃³¹²	yəɣ̃⁵³	yəɣ̃²⁴	yəɣ̃⁴²	luəʔ⁵⁴	tɕyəʔ⁵⁴
延安	kuəŋ²¹³	kuəŋ⁴⁴³	ɕyəŋ²¹³	yəŋ²¹³	yəŋ²⁴ ~颜 / z̩uəŋ²⁴ ~易	yəŋ⁴⁴³	liou²¹³	tɕy²¹³ 满~ / tɕyəʔ⁵ ~劲 / tsu²¹³ ~球
延川	kuŋ²¹³	kuŋ⁵³	ɕyŋ²¹³	yŋ²¹³	yŋ³⁵	yŋ⁵³	luəʔ⁴²³	tɕyəʔ⁴²³
黄陵	kuŋ³¹	kuŋ⁵⁵	ɕyŋ³¹	yŋ³¹	yŋ²⁴	yŋ⁵⁵	liəu³¹ ~的 / ləu³¹ ~化	tɕy³¹ ~球 / tsəu³¹ ~迹
渭南	kuəŋ³¹	kuəŋ⁴⁴	ɕyəŋ³¹	yəŋ³¹	yəŋ²⁴	yəŋ⁴⁴	liəu³¹	tɕy³¹
韩城	kuəŋ³¹	kuəŋ⁴⁴	ɕyəŋ³¹	yəŋ³¹	yəŋ²⁴	yəŋ⁴⁴	liəu³¹	tɕy³¹
合阳	kuŋ³¹	kuŋ⁵⁵	ɕyŋ³¹	yŋ³¹	yŋ²⁴	yŋ⁵⁵	liou³¹	tɕy³¹ ~球 / tsou³¹ 满~
富平	kuəɣ̃³¹	kuəɣ̃⁵⁵	ɕyəɣ̃³¹	yəɣ̃³¹	yəɣ̃²⁴	yəɣ̃⁵⁵	lou³¹ 又 / liou³¹ 又	tɕy³¹
耀州	kuŋ²¹	kuŋ⁴⁴	ɕyŋ²¹	yŋ²¹	yŋ²⁴	yŋ⁴⁴	liou²¹ ~豆 / ly²¹ ~化	tɕy²¹ 不 / tsou²¹ ~球
咸阳	kuəŋ³¹	kuəŋ⁴⁴	ɕyəŋ³¹	yəŋ³¹	yəŋ²⁴	yəŋ⁴⁴	liou³¹ ~的 / lou³¹ ~化	tɕy³¹
旬邑	kuəŋ²¹	kuəŋ⁴⁴	ɕyəŋ²¹	yəŋ²¹	yəŋ²⁴	yəŋ⁴⁴	liəu²¹	tɕy²¹ 满~ / tsu²¹ ~球
三原	kuŋ³¹	kuŋ⁴⁴	ɕyŋ³¹	yŋ³¹	yŋ²⁴	yŋ⁴⁴	liou³¹	tɕy³¹
乾县	koŋ²¹	koŋ⁵⁵	ɕyoŋ²¹	yoŋ²¹	yoŋ²⁴	yoŋ⁵⁵	liou²¹ ~豆 / ly²¹ ~灯	tsu²¹

① ~劲：很好，很给力。

	0985 恭	0986 共	0987 凶吉~	0988 拥	0989 容	0990 用	0991 绿	0992 足
	通合三平钟见	通合三去钟群	通合三平钟晓	通合三上钟影	通合三平钟以	通合三去钟以	通合三入烛来	通合三入烛精
岐山	kuŋ³¹	kuŋ⁴⁴	ɕyŋ³¹	yŋ³¹	yŋ²⁴	yŋ⁴⁴	liou³¹ 绿~ lu³¹ ~林好汉 ly̠³¹ ~化	tsu³¹
凤翔	kuŋ³¹	kuŋ⁴⁴	ɕyŋ³¹	yŋ³¹	yŋ²⁴	yŋ⁴⁴	liəu³¹ ~豆 ly̠³¹ ~化	tsu³¹
千阳	kuŋ³¹	kuŋ⁴⁴	ɕyŋ³¹	yŋ³¹	yŋ²⁴	yŋ⁴⁴	liou³¹ ~豆 ly̠³¹ ~化	tsu³¹
西安	koŋ²¹	koŋ⁴⁴	ɕyoŋ²¹	yoŋ²¹	yoŋ²⁴	yoŋ⁴⁴	liou²¹	tsou²¹
户县	kuəŋ³¹	kuəŋ⁵⁵	ɕyŋ³¹	yŋ³¹	yŋ³⁵	yŋ⁵⁵	liʅu³¹ ~颜色 lʅu³¹ ~化	tɕy³¹ 没~尽① tɕiʅu³¹ 吃不~② tsʅu³¹ 满~
商州	kuəŋ³¹	kuəŋ⁴⁴	ɕyəŋ³¹	yəŋ³¹	yəŋ³⁵	yəŋ⁴⁴	liou³¹ ~草 ly̠³¹ ~化	tsou³¹
镇安	kuoŋ⁵³	kuoŋ³²²	ɕioŋ⁵³	ioŋ⁵³	ioŋ³³	ioŋ³²²	ləu⁵³	tsəu⁵³
安康	kuŋ³¹	kuŋ⁴⁴	ɕyŋ³¹	yŋ⁵³	yŋ³⁵	yŋ⁴⁴	liou³¹	tsu³¹
白河	kuəŋ²¹³	kuəŋ⁴¹	ɕyŋ²¹³	yŋ³⁵	yŋ⁴⁴ ~易 z̩uəŋ⁴⁴ 妆~	yŋ⁴¹	ləu²¹³	tsəu⁴⁴
汉阴	koŋ³³	koŋ²¹⁴	ɕioŋ³³	ioŋ³³	ioŋ⁴²	ioŋ²¹⁴	liəu³³ liəu⁴²	tsəu⁴²
平利	koŋ⁴³	koŋ²¹⁴	ɕioŋ⁴³	ioŋ⁴⁴⁵	ioŋ⁵²	ioŋ²¹⁴	lou⁴³	tsou⁵²
汉中	koŋ⁵⁵	koŋ²¹³	ɕioŋ⁵⁵	ioŋ⁵⁵	z̩oŋ⁴²	ioŋ²¹³	liəu⁵⁵	tɕy⁵⁵ 满~ tsu⁵⁵ ~球
城固	kuŋ⁵³	kuŋ²¹³	ɕyŋ⁵³	yŋ⁵³	yŋ³¹¹	yŋ²¹³	liəu⁵³	tɕy⁵³
勉县	koŋ⁴²	koŋ²¹³	ɕioŋ⁴²	ioŋ⁴²	ioŋ²¹	ioŋ²¹³	liəu⁴²	tɕy⁴² 满~ tsu⁴² ~球
镇巴	koŋ³⁵	koŋ²¹³	ɕioŋ³⁵	ioŋ⁵²	ioŋ³¹	ioŋ²¹³	liəu³⁵ ~豆 lu³¹	tsu³¹

①没~尽：贪得无厌。
②吃不~：百吃不厌。

	0993 烛	0994 赎	0995 属	0996 褥	0997 曲 ~折，歌~	0998 局	0999 玉	1000 浴
	通合三入烛章	通合三入烛船	通合三入烛禅	通合三入烛日	通合三入烛溪	通合三入烛群	通合三入烛疑	通合三入烛以
榆林	tʂuəʔ³	ʂuəʔ³	ʂuəʔ³	ʐuəʔ³	tɕʰyəʔ³	tɕyəʔ³	y⁵²	y⁵²
神木	tʂuəʔ⁴	ʂuəʔ⁴	ʂuəʔ⁴	ʐuəʔ⁴	tɕʰyəʔ⁴	tɕyəʔ⁴	y⁵³	yəʔ⁴
绥德	tʂuɤ³³	ʂuɤ³³	ʂuɤ³³	ʐuɤ³³	tɕʰyɤ³³	tɕyɤ³³	y⁵²	y⁵²
吴堡	tsuəʔ³	suəʔ²¹³	suəʔ²¹³	zuəʔ²¹³	tɕʰyəʔ³	tɕyəʔ³	ʉ⁵³	ʉ⁵³
清涧	tʂuəʔ⁵⁴	ʂuəʔ⁵⁴	ʂuəʔ⁵⁴	ʐuəʔ⁵⁴	tɕʰyəʔ⁵⁴	tɕyəʔ⁴³	ʐɿ⁴²	yəʔ⁴³
延安	tʂu²¹³	ʂu²⁴	ʂu⁵²	ʐu²¹³	tɕʰy²¹³	tɕʰy²⁴ ~长 / tɕy²⁴ 骗~	y⁴⁴³	y⁴⁴³
延川	tʂuəʔ⁴²³	ʂuəʔ⁵⁴	ʂuəʔ⁵⁴	ʐuəʔ⁴²³	tɕʰyəʔ⁴²³	tɕyəʔ⁵⁴	ʐɿ⁵³	ʐɿ⁵³
黄陵	tsəu³¹	səu²⁴	səu²⁴	zəu³¹	tɕʰy³¹	tɕʰy²⁴	y³¹	y³¹
渭南	tsəu³¹	səu²⁴	səu²⁴	zəu³¹	tɕʰy³¹	tɕʰy³¹	y³¹	y³¹
韩城	tsəu³¹	fu²⁴	fu²⁴	vu³¹	tɕʰy³¹	tɕʰy³¹	y³¹	y³¹
合阳	tsou³¹	sou²⁴	sou²⁴	zou³¹	tɕʰy³¹	tɕʰy³¹	y³¹	y³¹
富平	tsou³¹	sou²⁴	sou²⁴	zou³¹	tɕʰy³¹	tɕy³¹	y³¹	y³¹
耀州	tsou²¹	sou²⁴	sou²⁴	zou⁵²	tɕʰy²¹	tɕʰy²⁴	y²¹	y²¹
咸阳	tʃu³¹	ʃu²⁴	ʃu²⁴	ʒu³¹	tɕʰy³¹	tɕy²⁴	y³¹	y³¹
旬邑	tsəu²¹	ʃɿ²⁴	ʃɿ²⁴	ʒɿ²¹	tɕʰy²¹	tɕʰy²⁴	y²¹	y²¹
三原	tsou³¹	sou²⁴	sou²⁴	ʐou³¹	tɕʰy³¹	tɕʰy³¹	y³¹	y³¹
乾县	tʃu²¹	ʃu²⁴	ʃu²⁴	ʒu²¹	tɕʰy²¹	tɕy²⁴	y²¹	y²¹
岐山	tʂɿ³¹	ʂɿ²⁴	ʂɿ⁵³	ʐɿ⁵³	tɕʰy³¹	tɕʰy³¹	y³¹	y³¹
凤翔	tʂɿ³¹	ʂɿ²⁴	ʂɿ⁵³	ʐɿ³¹	tɕʰy³¹	tɕʰy³¹	y³¹	y³¹
千阳	tʃɿ³¹	ʃɿ²⁴	ʃɿ²⁴	ʒɿ³¹	tɕʰy³¹	tɕʰy³¹	y³¹	y³¹
西安	pfu²⁴	fu²⁴	fu²⁴	vu²¹	tɕʰy²¹	tɕy²⁴	y²¹	y²¹
户县	tsɤu³¹	sɤu³⁵	sɤu³⁵ ~于 / sɤu⁵⁵ ~相	ʐɤu³¹	tɕʰy³¹	tɕy³⁵	y³¹	y³¹
商州	tsou³¹	sou³⁵	sou³⁵	ʐou⁵³	tɕʰy³¹	tɕy³⁵	y³¹	y³¹
镇安	tʂəu⁵³	ʂəu²¹⁴	ʂəu³²²	ʐəu⁵³	tʂʰʅ⁵³	tʂʅ²¹⁴	ʐʅ⁵³	ʐʅ⁵³
安康	pfu³⁵	fu³⁵	fu³⁵	ʐou³¹	tɕʰy³¹	tɕy³⁵	y³¹	y³¹

	0993 烛	0994 赎	0995 属	0996 褥	0997 曲 ~折，歌~	0998 局	0999 玉	1000 浴
	通合三入烛章	通合三入烛船	通合三入烛禅	通合三入烛日	通合三入烛溪	通合三入烛群	通合三入烛疑	通合三入烛以
白河	tʂəu⁴⁴	ʂəu⁴⁴	ʂəu⁴⁴~鸡 su³⁵归~	ʐəu²¹³	tɕʰy²¹³	tɕy⁴⁴	y⁴¹	y⁴¹
汉阴	tʂəu⁴²	ʂəu⁴²	səu⁴²	ʐəu³³	tɕʰy³³	tɕy⁴²	y²¹⁴	y⁴²
平利	tʂou⁵²	ʂou⁵²	ʂou⁵²	ʐou⁴³	tʂʰɿ⁴³	tsɿ⁵²	ɿ²¹⁴	ɿ²¹⁴
汉中	tsu⁴²	su⁴²	su³⁵⁴	ʐu⁵⁵	tɕʰy³⁵⁴	tɕy⁴²	y²¹³	y²¹³
城固	tʃu³¹¹	ʃu³¹¹	ʃu⁴⁴	ʒu⁵³	tɕʰy⁵³	tɕy³¹¹	y⁵³	y²¹³
勉县	tsu²¹	fu²¹	fu²¹	zu⁴²	tɕʰy⁴²	tɕy²¹	y⁴²	y⁴²
镇巴	tsu³¹	su⁵²	su³¹	zu⁵²	tɕʰy³¹	tɕy³¹	y²¹³	y³¹

参考文献

北京大学中国语言文学系、语言学教研室 2003 《汉语方音字汇》(第 2 版重排本),语文出版社。

北京大学中国语言文学系、语言学教研室 2005 《汉语方言词汇》(第 2 版),语文出版社。

高　峰 2010 陕西榆林话音系研究,《榆林学院学报》第 3 期。

黑维强 2016 《绥德方言调查研究》,北京师范大学出版社。

柯西钢 2013 《白河方言调查研究》,中华书局。

兰宾汉 2011 《西安方言语法调查研究》,中华书局。

刘勋宁 1998 《现代汉语研究》,北京语言文化大学出版社。

刘勋宁、黑维强 2014 绥德话、清涧话古全浊仄声字今声母送气比较,《应用言语学研究》,有限会社タナカ企画。

刘育林 1990 《陕西省志·方言志(陕北部分)》,陕西人民出版社。

[日] 秋谷裕幸、徐朋彪 2017 《韩城方言调查研究》,中华书局。

孙立新 2001 《户县方言研究》,东方出版社。

王军虎 1996 《西安方言词典》,江苏教育出版社。

吴　媛、韩宝育 2016 《岐山方言调查研究》,中华书局。

邢向东 2006 《陕北晋语语法比较研究》,商务印书馆。

邢向东 2007 关于深化汉语方言词汇研究的思考,《陕西师大学报》第 2 期。

邢向东 2007 陕西省的汉语方言,《方言》第 4 期。

邢向东、蔡文婷 2010 《合阳方言调查研究》,中华书局。

邢向东、王兆富 2014 《吴堡方言调查研究》,中华书局。

邢向东 2020 《神木方言研究》(增订本),中华书局。

邢向东 2021　《近八十年来关中方音微观演变研究》，中华书局。

张成材 1990　《商县方言志》，语文出版社。

张　崇 1990　《延川县方言志》，语文出版社。

张　崇 1993　《陕西方言古今谈》，陕西人民教育出版社。

张　崇 2007　《陕西方言词汇集》，西安交通大学出版社。

周　政 2009　《平利方言调查研究》，中华书局。

周　政、戴承元 2015　《安康方言调查研究》，陕西人民教育出版社。

后　记

《中国语言资源集·陕西》（下文简称《资源集》）是中国语言资源保护工程（下称"语保工程"）陕西省方言调查的成果汇编。

陕西省语保工程于2015年11月启动，2016年3月正式立项。经过三年的艰苦工作，2018年12月完成32个点的纸本记录、音视频摄录，全部通过中国语保中心正式验收，所有材料正式入库。2019年启动《资源集》的编纂，分为语音、词汇、语法、口头文化几大部分，由三位副主编分工负责。各课题组密切配合，反复核对语料，统一规范，提高质量。现已完成全部书稿。全书共四卷七册，包括《语音卷》《词汇卷》《语法卷》《口头文化卷》。

陕西语保工程共有32个调查点（另有濒危方言点4个，未收入《资源集》），先后成立了23个课题组，每个课题组3~5人参与，动员了全省所有的方言调查力量。发音合作人总计140余人。陕西语保团队的力量在全国是比较突出的，课题组负责人都是方言学专业毕业的博士、硕士，担任高校语言学专业教学工作，具有丰富的田野调查经验，调查、研究能力强，而且事业心和责任感很强，保证了语保工程的顺利进行。

在《资源集》即将付梓之际，我们首先要感谢语保团队的所有成员。陕西语保工程能够高质量地圆满完成，首先是因为有一个工作认真、专业性强、富有合作精神的团队。在项目实施过程中，课题组负责人、课题组成员、发音合作人积极配合，相互支持，攻坚克难，一丝不苟，努力做到最好。我们两位首席专家经常为团队成员的忘我工作精神所感动，对他们充满敬意！在此，我们要感谢每位发音合作人，感谢他们的积极配合和辛勤付出。他们理解自己肩上的历史责任，为了家乡的方言能够在国家工程中以最佳的状态呈现出来、保留下来，热情参与，不辱使命，不畏炎热酷暑，克服了重重困难。尤其是面对摄像镜头，因为紧张和压力，发音有一点不到位，画面有一点不符合要求，都必须反复演练，一次次地重新摄录，不厌其烦，直到完全符合规范要求为止。发音合作人是语保工作中最辛苦、最让人感动的人!

陕西省语保工程的实施和《资源集》的编纂,自始至终得到国家语委语信司、陕西省语委的领导和中国语言资源保护研究中心的指导。2016春,教育部语信司司长田立新同志亲临西安,出席了"陕西省语保工程启动会"。陕西省教育厅副厅长、省语委主任王海波同志亲自参加了2016年语保工程启动会和本年度的工程预验收会议,并进行现场办公,提出整改意见,限定时间进度。教育厅副厅长赵昶葆同志接任语言文字的主管工作后,参加了有关的语保工作会议,对推进语保工作提出了指导意见。语工处的处长刘宏恩同志、陈娟同志、李强同志,调研员曹军平同志,经常与首席专家和有关部门进行沟通,解决了语保项目实施中的各种困难。

在陕西语保工程实施期间,一大批专家学者和国家语保中心的工作人员参加了项目的中检、预验收、正式验收,为陕西的语保工作严格把关,保证了工程项目得以高质量完成。他们牺牲了节假日,一路风尘仆仆,夜以继日审读材料、反馈意见,表现出了崇高的责任感和专业精神。"语保永远在路上!"这句话就是语保人的真实写照,令人感动。在此特别感谢中国语保工程首席专家曹志耘教授和北京语言大学赵日新教授、张世方教授、黄晓东教授、王莉宁教授、孙林嘉教授,陕西师范大学乔全生教授,河北师范大学吴继章教授,兰州城市学院莫超教授,湖南师范大学罗昕如教授,河南大学辛永芬教授,天津师范大学支建钢教授,西南大学孙红举教授,杭州师范大学张薇教授。

我们要对陕西人民出版社、本书责任编辑和校对的老师、同学们表示诚挚的感谢!责任编辑王辉同志为提高书稿质量付出了辛勤劳动,她是汉语言文字学专业毕业的硕士,有很好的学术修养,在编辑校对中提出了非常专业的修改意见和建议,使得本书避免了不少问题。参与本书初稿编辑和校对的有陕西师范大学文学院侯治中老师,硕博士俄华楠、莫昱鼎、徐静、蒋学、王润楠、孙翠翠、何怡嘉等。

最后,要特别感谢陕西师范大学文学院的领导。在《资源集》筹措出版经费遇到困难的时候,文学院领导毫不犹豫地拿出了"世界一流学科建设"经费予以支持,从而使本书能够顺利出版。

语保工程是"功在当代,利在千秋,做在当今,流芳后世"的事业。在留声机发明以前,我们的先人们说话是什么样子,今人无从知晓,而语保成果可以使后人听到今天地道的方言腔调,读到准确的语音标注材料。让今天的语言、方言流传久远,让后世看到其真正的面貌，这是多么令人兴奋、神往的事业！1956~1959年，我国曾进行了第一次全国汉语方言普查工作，那时我们中的绝大部分人尚未出生。六十年后的2016~2019年，我们躬逢盛事，参加了浩大的语保工程。作为语言学工作者，能够为国家的语言学事业贡献一份力量，深感荣幸和自豪。

在《资源集》的编纂过程中，本书主编和副主编尽了最大的努力提高书稿的质量，但一定还存在不少问题，恳请专家和读者批评指正，不胜感激之至。

黑维强　邢向东
2023年10月15日